앙트러프러너십 개론

INTRODUCTION TO ENTREPRENEURSHIP : THEORY AND PRACTICE

이우진 . 장용석 . 이성상 . 한유진 . 배태준 . 최병철

Business & Management Books
비앤엠북스

머리말

이 책을 읽고 공부하시는 여러분께

우리는 최근 4차 산업혁명, 디지털 트랜스포메이션, 빅데이터, 인공지능, 자율주행과 같은 새로운 용어 등을 각종 미디어에서 빈번하게 접하고 있습니다. 이렇게 기술 발전속도가 그 어느 때보다 빨라짐에 따라 기업환경에 대한 변화 역시 가속화되고 있고, 이에 민첩하게 대응할 수 있는 "스타트업(startup)"이 많이 생겨나고 있습니다. 아울러 전통적인 기업들도 불확실성이 높은 지금의 시장에서 새로운 가치를 창출하기 위해 "스타트업(startup)"과 같은 조직을 만들어 대응하고 있는 추세입니다.

그럼 "스타트업" 혹은 "스타트업과 같은 기업"을 이끌어 나가기 위해 반드시 필요한 요소가 무엇일까요? 다른 어느 것보다 가장 밑바탕이 되어야 하는 것이 바로 앙트러프러너십(entrepreneurship)이라고 할 수 있을 것입니다. 따라서 최근 국내 대학에서 이 분야에 대한 교육이 점차 활발해지고 있습니다. 그럼에도 불구하고, 지금까지 대학생들에게 친숙하게 다가갈 수 있는 교재가 매우 부족하였습니다.

이에 저자들은 앙트러프러너십의 영역에서 다루어야 하는 중요한 개념들을 수차례 논의한 끝에 본서를 집필하기로 하였습니다. 그리고 교재를 총 16개의 장으로 구성하였고, 대학생들이 친숙하게 개념을 학습할 수 있도록 가능한 많은 사례를 작성하였습니다. 이후 저자들은 최종 집필이 완료된 책으로 한 학기 동안 실제 수업을 진행해보며 부족한 부분을 수정하였고, 최종 출간을 하게 되었습니다.

본서는 크게 네 부분으로 나뉩니다. 먼저 1장~5장에서는 앙트러프러너십의 기본 개념에 대한 이해를 다루고 있습니다. 기존의 많은 교재들이 창업실무를 중심으로 한 내용을 주로 포함했던 데 반해 본서는 맨 앞부분에 기업가정신(1장)과 기업가(2장)가 무엇인가에 대한 상세한 설명을 통해 학생들이 앙트러프러너십에 대한 본질을 고민할 수 있도록 하였습니다. 또한 최근 대기업들을 포함한 기존기업들에서 매우 강조되고 있는 사내벤처(3장)에 대한 내용을 앞부분에 배치하여 "스타트업과 같은 기업"으로 변화하고 있는 기업들의 현실을 반영하였습니다. 아울러 사회적기업(4장), 대학 및 연구소 기업(5장) 등 기업가정신에 기반해 새롭게 변화하고 있는 주체들에 대한 내용을 포함하였습니다.

다음으로 6장~9장에서는 기업가정신이 태동하기 위해 어떠한 요소들을 반영해야 하는가에 대한 내용을 주로 하였습니다. 먼저 가장 근간이 되는 혁신(innovation)에 대한 내용을 가장 앞에 배치(6장)하고, 관련 이론 및 사례들을 풍부하게 구성하였습니다. 그리고 이러한 기본 이해를 바탕으로 사업기회에 대한 발견을 하는 과정 및 방법(7장), 조직 설립을 위해 반드시 고려해야 할 요소(8장), 초기 자금 조달(9장) 등에 대한 설명이 이루어졌습니다.

그리고 10장~13장에서는 조직이 설립된 이후, 제품이나 서비스를 판매하기 위한 다양한 기법에 대해 다루었습니다. 최근 아이디어, 지식, 콘텐츠, 기술이 기반이 되는 스타트업이 많이 생겨나면서 지식재산에 대한 보호가 그 어느 때보다 중요해지고 있습니다. 따라서 특허, 상표, 디자인, 저작권 등을 포함하는 지식재산권 관리(10장)에 대한 내용을 가장 먼저 언급하였습니다. 다음으로 자원이나 자본이 넉넉하지 않은 스타트업 초기에 교과적으로 제품을 홍보하고 판매할 수 있는 다양한 마케팅 이슈(11장)에 대한 내용을 다루었습니다. 아울러 신생조직을 설립할 때 투입했던 자금 이외에 추가적으로 외부 자금을 조달하는 방법(12장) 등에 대한 논의가 이루어졌습니다. 마지막으로는 이 모든 것들을 종합하여 어떻게 사업계획서를 작성해야 하는가(13장)에 대한 설명을 포함하였습니다.

마지막으로 14장~16장에서는 설립된 스타트업이 성장하는 데 있어서 반드시 고려해야 할 요소들에 대해 언급하였습니다. 먼저 신생기업이 성장하는 데 고려해야 할 다양한 전략 등에 대한 논의(14장)가 이루어졌습니다. 다음으로 주식시장에 상장되지 않은 스타트업 등의 가치평가를 어떻게 할 것인지에 대한 기존 기법(15장) 등이 소개되었습니다. 마지막으로는 창업자들과 투자자들이 투자했던 자금을 회수(16장)하고, 기업을 한 단계 더 성장시킬 수 있는 방법에 대한 내용이 포함되어 있습니다.

구분	장	제목
기업가정신의 이해	1장	기업가정신이란 무엇인가
	2장	기업가란 누구인가
	3장	기업가정신과 회사
	4장	기업가정신과 사회문제
	5장	기업가정신과 대학 및 연구소
기업가정신의 태동	6장	혁신의 종류와 체계
	7장	사업기회의 발견과 평가
	8장	신생조직의 설립
	9장	벤처자본의 원천
기업가정신의 실천	10장	지식재산권 활용과 위험관리
	11장	기업가적 마케팅
	12장	벤처의 투자유치 전략
	13장	사업계획서란 무엇인가
기업가정신의 성장과 수확	14장	벤처를 위한 성장전략
	15장	스타트업과 벤처기업의 가치평가
	16장	하베스팅

물론 앙트러프러너십에 대한 내용을 이렇게 글로 모두 표현할 수는 없습니다. 실제 우리가 접하는 유명한 "기업가"들은 이 분야에 대한 강의를 전혀 듣지 않고도 본인의 직관(insight)과 동물적인 감각으로 사업을 추진하여 성공하기도 합니다. 이렇게 일반화를 할 수 없다는 이유로 아직도 앙트러프러너십에 대한 다양한 관점이 존재합니다. 그러나 바꾸어 생각하면 여러분들이 본서에 나온 내용을 학습하고, 아직 완성되지 않은 영역에 무언가를 더할 수 있는 여지가 많다고도 볼 수 있겠습니다.

어떤 대상에 대해 '아낌없이 다 줄 때의 장점은 미련이 남지 않는 것'이라는 말이 있습니다. 저자들은 본서를 집필하며 많은 시간과 노력을 아낌없이 투자했습니다. 그럼에도 지금 최종 원고를 읽으며 약간의 미련이 남는다는 것은, 저자들이 앞으로도 이 책의 내용을 지속적으로 고민하고 수정하며 더욱 완성도를 높여야 하는 숙제를 해나가야 하는 것이 아닐까 생각합니다.

이 책을 집필하는 과정에서 도움을 주신 모든 분께 감사드립니다. 그리고 이 책을 읽고 공부하시는 학생들이 이 분야에 대한 기본 개념을 이해하고, 향후에도 지속적인 관심을 가지는 데 도움이 되기를 바랍니다.

2022년 8월

저자일동

차 례

CHAPTER 01 기업가정신이란 무엇인가

CHAPTER 02 기업가란 어떤 존재인가

CHAPTER 03 사내벤처를 통한 창업

CHAPTER 04 사회적 기업

CHAPTER 05 기업가정신과 대학·연구기관

CHAPTER 06 기회의 발견과 평가

CHAPTER 14 벤처의 성장전략

CHAPTER 15 스타트업과 벤처기업의 가치평가

CHAPTER 16 하베스팅

CHAPTER

01

기업가정신이란 무엇인가

학습목표

1. 기업가정신과 창업활동에 대해 학습한다.
2. 기업가정신이 자본주의 사회에 미치는 영향에 대해 학습한다.
3. 신규창업의 종류와 유형에 대해 학습한다.

챕터 시작 이야기

LA에 거주하는 이진아는 임신과 함께 당뇨를 겪게 된다. 남편인 유지헝(Tze Hung U)은 아내를 돕기 위한 방안으로 고단백 저칼로리 음식을 찾게 되지만, 시중에 마땅한 제품을 발견하지 못한다. 평소 요리를 즐겨하던 남편은 아내가 먹을 만한 간식 개발에 착수하여, 미국인이 좋아하는 비프저키를 포테이토칩과 같은 식감으로 즐길 수 있는 비프저키칩의 레시피를 개발하게 된다. 주변 지인들의 뜻밖의 호응과 격려에 힘입어, 이진아 부부는 본격적으로 사업화에 착수하였다.

그림 1-1 비프저키칩 먼차

출처 Munch! 킥스타터 캠페인 웹페이지
(https://www.kickstarter.com/projects/munchachips/muncha-beef-jerky-chips-0)

“자기야, 애기가 떡볶이가 먹고 싶대. 한인타운에 있는 조폭떡볶이 알지? 꼭 그 할머니 떡볶이여야 한대.” 그렇게 남자는 추운 겨울밤 겨우 택시를 잡아 타고 1시간 거리를 달려 떡볶이를 테이크아웃 해 온다.

가상의 이야기이다. 하지만 이런 요청을 하는 사람이 임산부임을, 우리는 쉽게 상상해 볼 수 있다. 임신을 하면 식탐에 대한 면죄부가 주어지듯 모든 걸 즐겨 먹을 수 있으리라 생각하지만 실상은 그렇지 않다. 운 좋게 입덧이 심하지 않은 경우에도 마찬가지이다.

임신 24-26주차, 모든 임산부들은 당뇨검사를 받는다. 그리고 매년 2~10%의 여성들이 임신당뇨 진단을 받는다(미국 CDC.gov 참고). 2018년, LA에 사는 직장 여성 이진아 씨도 그 중 한 명이었다.

임신당뇨라니. 뭐가 잘못된 걸까. 바꾸자. 바꿔야 한다. 탄수화물을 줄이라는 진단을 받았다. 미량의 섭취만으로도 글루코스 수치가 크게 상승하기 때문이다. 소위 저탄고지 다이어트가 유행한다는 말은 들었지만 강제로 하게 될 줄은 몰랐다. 식사 때 탄수화물을 줄이는 것은 생각보다 어렵지 않았다. 문제는 간식이다. 치즈, 견과류 등 탄수화물 함량이 낮은 간식들은 있으나 바삭한 특유의 식감을 살린 저탄수화물 간식을 찾는 것은 쉽지가 않았다.

Honey!

바꾸기로 했다. 무엇을? 메뉴를! 세상에서 가장 맛있는 음식을 해줘야지. 그게 뭘까. 제일 맛있는 음식은 남이 해 주는 음식이지. 맛있는 건 보장. 내가 해주니까. 남편이 해주니까. 그런데 당뇨는? 먹기도 좋고 몸에도 좋은 음식을 만들자. 아내를 위해 남편이 만들자. 탄수화물은 적고, 단백질이 풍부한 간식으로 무엇이 있을까. 물론 시중에는 케일로 만든 칩이 있고, 'pork rind'라는 간식용 돼지껍데기 과자가 있다. 기름기와 탄수화물 함유도가 높은 포테이토칩에 비하면 재료와 콘셉트가 생소하여 대중적이지 못한 게 현실이다. 그러니 결국 건강 생각해서 한두 번 시도는 해 보지만, 다시금 포테이토칩으로 손이 가는 게 현실이다. 단백질은 풍부하고 칼로리와 탄수화물은 적게 섭취하는 게 목표다. 임신당뇨가 아니라 해도 저탄고지의 시대에는 인기를 끌 수밖에 없다. 저탄고지 다이어트 간식은 비프저키가 맛이 있다. 간식처럼 먹게 만들자. 이렇게 만든 게 '비프저키칩 먼차'이다.

육류로 만든 간식거리

생각보다 맛이 좋다. 맛도 좋지만 바삭한 식감이 제대로다. 비프저키는 그냥 소고기 말린 거잖아. 그걸 칩처럼 먹는 게 신기하다. 주변 사람들도 좋아한다. 한 봉지 팔 수 없냐며 더 찾는다. 그냥 하는 소리겠지. 그런데 제법 많이 물어본다. 돈까지 내겠다고. 인기란 허상일 수 있다. 그래서 더 많은 사람들에게 물어보기로 했다. 약 3개월간 300명이 넘는 가족과 지인, 친구의 친구들에게 샘플을 전했고, 대다수가 상품가능성을 지지했다. 그들 중에는 팔로워를 3백만 명이나 둔 인플루언서도 있었고, 월마트 브로커와 같은 소매산업 전문가 및 10억 달러짜리 테크스타트업 창업가도 있었다. 다양한 직군의 사람들이 한 가지 목소리를 내주었다. 상품화 가능성이 있다는 것이다. 처음에 우리가 먹으려고 만들던 것이 재미 삼아 하는 사이드프로젝트가 되었고, 이참에 경험 삼아 회사도 설립하였다.

토론주제

1. 이진아와 유지헝에게 창업은 무엇이었을까. 선택이었나, 필수였나.
2. 왜 반드시 창업이어야만 했을까. 만약 창업하지 않았다면 이진아와 유지헝이 감수해야 할 손해는 무엇일까.
3. 최초의 아이디어는 어떤 과정을 통해 확신으로 발전되었는가.

제1절 기업가정신이란 무엇인가

1990년대 히트곡 〈어머니〉(지오디)에는 어머니가 식당을 차린 일화가 나온다. 어려운 살림에 짜장면 값과 같은 푼돈을 모으고 모아서 어느 날 식당을 개업한 것이다. 한편 영화 〈소셜 네트워크(*The Social Network*)〉에서는 하버드대학에 재학 중이던 마크 저커버그가 페이스북을 창업하는 이야기가 나온다. 알려진 대로 저커버그는 페이스북 창업을 위해 하버드를 중퇴한다. 창업이란 무엇인가. 누군가에겐 짜장면 값을 모아야 하는 일이고, 누군가에겐 값비싼 학비라는 투자도 포기할 수 있는 일이다. 각자 걸어온 길은 다르지만, 이들은 모두 창업이라는 지점에서 만났고, 이들은 모두 '사장님'이다. 무엇이 이들을 창업으로 인도하는가. 이 장에서는 사람을 창업하게 만드는 힘, '기업가정신'에 대해 알아보기로 하자.

1. 창업활동과 기업가정신

일반적으로 창업학의 기원으로 슘페터(J. Schumpeter)를 이야기한다. 슘페터는 창업활동을 사회경제적 활동의 관점에서 조망하여, 창업가들의 신상품 개발과 같은 혁신활동의 결과로 자본주의가 발전한다고 보았다.[1] 이와 같은 슘페터의 관점에서 창업활동은 새로운 상품과 서비스 제공을 위한 자원의 동원을 가능케 할 새로운 조직의 출현을 의미하며, 창업활동에 수반되는 일련의 과정을 통해 자본주의 경제체제는 새로운 활력을 얻게 된다.[2]

슘페터의 관점으로 보자면 먼차의 상품개발은 자본주의 혁신을 초래하는 창업과정 중 초기단계의 일부이다. 이렇게 보면 기업가인 이진아와 유지형은 혁신활동의 주체(agent)가 된다. 건강식 스낵 시장에 존재하지 않는 신상품인 '비프저키칩 먼차'를 소개하는 것은 '신시장 개척' 및 '신상품 개발'과 같은 시장혁신 활동의 일환으로 볼 수 있다. 이들은 새로운 조직, 즉 '기업'을 만들어 혁신상품의 공급을 현실화한다. 투자의 유치, 원재료 공급과 상품판매의 유통망을 구축하는 것은 모두 '혁신'의 과정에서 빚어지는 경제활동이다. 이와 같은 과정을 통해 기업가는 생산요소의 새로운 조합 혹은 재편성 및 생산조직의 재구성을 통해 기존에 존재하지 않던 새로운 구조의 산업과 조직체(organizations)의 출현을 자극하는 등 새로운 것들의 등장 혹은 '창조'를 유발한다.[3] 유기농 상품의 등장이 유기농 인증(certification)기관의 출현을 야기한 것처럼 규제체계 및 관련제도의 정비 및 출현을 야기하는 경우도 있다. 이와 같은 창조는 한편으로 기존 체제를 '파괴'하여 새로운 체제의 재편을 강제한다. 우버(Uber)의 등장으로 택시산업은 근본적인 변화를 꾀했고, 아이폰의 등장으로 블랙베리와 노키아가 구시대의 잔재로 사라진 것 등이 유사한 경우이다. 이렇게 새로운 것이 등장하여 옛것을 파괴하는 현상, 즉 '창조적 파괴(creative destruction)'가 발생한다. 슘페터의 관점에 따르면 먼차는 창업의 실행이라는 일련의 혁신을 통해 자본주의 경제에 '순환적 단절(cyclical discontinuities)'을 촉발시킨다. 쉬운 말로 하자면, 새로운 체제를 만들어 정체된 경제체제에 새로운 활력을 불어 넣는 역할을 한다는 뜻이다. 이와 같이 슘페터에게 기업가정신의 핵심은 '혁신'이며 창업가는 바로 그 '혁신의 주체'이다.

다시 먼차로 돌아가 보자. 먼차는 혁신의 주체인가. 먼차가 하려는 것이 뭔가 새로운 것 같기는 하다. 양심의 가책 없이 즐겨도 되는 간식(Guilt-free snack)이라는 점이 뭔가 혁신적이기는 하지만, 스티브 잡스의 애플이나 일론 머스크의 테슬라 같지는 않다. 주위를 둘러보면 '이노베이션'까지는 아니어도 '최신' 혹은 '컴퓨터'라는 용어는 동네 세탁소에도 걸려 있는 것 같다. 과연 혁신이란 무엇인가. 동네 세탁소는 아니어도 '배달의 기수'는 엄청난 성공을 자랑한다. 배달만 해주는 사업을 혁신이라 볼 수 있을까. 배달이라는 서비스는 유사 이래 존재했었다. 혁신은 반드시 필요한가. 혁신이 없다면 창업이 아닌가. 스타트업은 늘 반드시 혁신을 수반해야 하는 것인가. 이와 같은 질문들이 꼬리에 꼬리를 문다.

돌이켜 보면 수많은 신생업체들이 태어나지만, 어디선가 본 듯한 사업체가 훨씬 많다. 이러한 사업체들은 슘페터가 말한 '혁신'과는 거리가 있어 보인다. 다른 학자의 견해를 빌어 보자. 커즈너(I. Kirzner)에 따르면 창업활동은 시장의 수요공급 불균형 상태로 빚어진 '사업기회'를 포착하는 행위이다. 커즈너는 창업가가 재정거래를 통해 이윤을 추구하는 행위를 통해 시장은 또 다른 균형상태를 이루게 된다고 보았다.[4] 재정거래 행위란 재화에 대한 가치평가의 불균형 상태를 이용하여 이윤을 창조하는 것이다. 재화의 가치는 수요와 공급에 의해 결정되지만, 수요와 공급은 다시 시점과 지역의 영향을 받는다. 우리나라에서는 싸구려 소주 한 병이 교포사회에서는 비싼 술이 될 수 있는 것과 같은 이치이다. 국내에서는 흔하지만, 해외에서는 찾기 어려운 까닭이다. 같은 국가 내에서라 할지라도 시장의 차이에 따라 가격은 달라진다. 재정거래라는 용어의 뜻은 쉽게 말하자면 '싸게 사서 비싸게 판다'는 뜻이다. 칸티용(R. Cantillon) 역시 이와 같은 입장에 동의하여, 기업가정신을 생산요소를 조합하여 재정거래 행위를 통해 불균형 시장상황을 통한 이익을 추구하는 등의 위험을 부담하는 행위체계로 정의하였다.[5]

창업활동에 적용시켜 보자. 동대문 의류상가의 수많은 옷가게에서는 동대문 포목상의 값이 싼 원단으로 저렴한 가격의 의류를 생산한다. 한편 같은 상품일지라도 해외의 시장에는 고가 상품으로 판매가 가능하다. 이때 생산요소는 싸고 질 좋은 '원단'이 되고, 원재료의 가격차이가 기업가의 이윤창출 원동력이 된다. 한편 창업의 다른 한 축은 시장인데 수요가 존재해야 공급이 가능하기 때문이다. 값싼 전자제품에 대한 수요가 존재하니 '직접구매(직구)'라는 공급망이 형성된 것이다. 고가품 보급전략을 추구한 국내가전시장에는 존재하지 않는 '공급부족'을 직구라는 방식을 통해 해결한 것이다. 이렇게 보자면 창업은 공급과 수요가 불균형한 시장의 균형을 맞춰주는 경제행위이다.

그림 1-2 개업 초기 쉐이크쉑버거 1호점

2016년 강남역에 개업한 쉐이크쉑버거 앞에 손님들이 입장을 위해 줄을 서 있다. 언론보도에 따르면 개업 첫날 입장을 위해 건물 외곽에서 기다리던 손님은 1,500명도 넘어 보였으며, 33도의 고온의 날씨에서 3시간을 기다렸다고 한다.

출처 https://www.asiae.co.kr/article/2016072213432305820

이렇게 보면 '혁신'이 불분명한 많은 사업체의 존재가 설명이 된다. 2016년 강남역에 개업한 쉐이크쉑버거(Shake Shack Burger)는 개업 초기 한 시간 넘게 줄을 서서 기다려야 입장이 가능했다.

바로 옆 동네에 2호점이 들어섰다면 어떨까. 1호점과 2호점 사이에는 아무런 차이도 없지만, 고객의 입장에서는 기다려야 하는 시간이 30분으로 줄어든다. 수요초과로 인해 빚어진 고객불만족 문제가 처리되는 것이다. 수많은 신생업체들이 같은 원리로 사업을 시작한다. 혁신은 없다. 그러나 고객경험의 '변화'를 추구한다면 창업은 가능하다.

그렇다면 창업가의 역할은 무엇인가. 손님들이 한 시간씩 기다리는 동안 '불만족'이 증가 하는 것을 감지하는 것이다. 문제가 있는 부분을 감지하면 해결책 제시가 가능해지고, 이는 곧 '사업기회'의 개발로 이어진다. 커즈너는 이와 같은 역할의 수행을 위해 기회포착을 위한 민감성(alertness) 유지의 중요성을 강조했다. 불균형한 시장상황은 외부환경의 역동성에서 비롯되며, 사업가는 이와 같은 변동으로 발생하는 수요공급 간 비대칭 상황을 사업기회로 인지할 수 있어야 하기 때문이다. 이후 셰인과 벤카트라만(Shane and Venkataraman) 역시 새로운 사업기회의 검색과 포착의 중요성을 강조했으며, 그에 기반한 사업화라는 일련의 활동을 기업가정신의 핵심적 기능으로 인식했다.[6)]

커즈너의 입장을 피상적으로만 이해하면, 슘페터가 말한 '혁신'의 의미가 사라지는 듯하다. 다시 쉐이크쉑버거의 예로 돌아가 보자. 미국의 유명 햄버거 체인점이 강남에 1호점을 열었다는 것은 소비자에게 어떤 의미인가. 해외여행을 하지 않고도 뉴욕의 햄버거를 즐기는 '체험'일 것이다. 서울 강남에 가면 뉴욕커가 되는 기분을 낼 수 있는 것이다. 3시간을 기다릴 가치는 동일한 체험을 하기 위해 요구되는 효용의 비교우위에서 비롯된다. 강남에서 3시간 기다리는 것이 뉴욕을 가는 데 드는 시간과 비용보다 훨씬 저렴하기 때문이다. 앞서 살펴본 가상의 2호점은 어떤 의미인가. 개점 첫날 1호점을 방문한다는 흥분감이 있다. 그런데 매번 3시간을 기다려야 한다면, 인내심은 한계에 다다른다. 한두 번 먹다 보면 '뉴요커'로서의 경험의 가치는 사라지고, 결국 햄버거는 그냥 햄버거일 뿐이라는 생각이 든다. 이때부터 3시간을 기다리는 것은 말도 안 되고, 그냥 지치고 힘든 경험이 될 뿐이다. 똑같은 햄버거를 똑같은 가격에 파는 2호점은 바로 이 '지루함'의 문제를 해결해준다. 단순히 공급을 증가시켰을 뿐이지만, '지루함'이라는 비용이 사라지니, 소비자 입장에서 체험의 질은 향상되는 것이다. 이렇게 시장은 혁신을 경험하게 된다. 신제품과 신상품은 없지만, 공급의 확충을 통해 고객의 체험을 향상시키는 혁신적인 효과를 내기 때문이다.

개념적으로 요약해 보자. 강남 1호점은 뉴욕을 가야 얻을 수 있는 체험을 강남으로 끌어왔다. 한국에 존재하지 않던 서비스를 시작한 것이니, 고객의 입장에서는 '접근성(accessibility)'이 확보된 것이다. 2호점은 같은 서비스를 한 개 더 늘렸으니 공급을 늘린 것이다. 3시간을 기다려야 얻게 되는 강남 1호점의 동일한 경험을 기다림 없이 체험할 수 있도록 만들었다. 서비스의 '가용성(availability)'을 증가시켜 고객 체험을 향상시킨 것이다. 똑같은 햄버거 집이지만, 위치와 수량에 따라 체험의 변혁을 이뤄낸 것이다. 이렇게 기업가정신은 때로 신상품과 신제품이라는 혁신으로, 때로 수요 공급의 균형을 맞추는 역할로 자본주의 경제에 새로운 활력을 불어 넣는 것이다.

기업가정신은 이와 같은 상품혁신과 시장혁신을 가능케 해 주는 일종의 사고 및 행위체계이다.[7] 이렇게 생각한다면 타고난 기업가도 있겠지만, 기업가정신은 교육 및 훈련이 가능하다고 결론 낼 수 있다. 그렇다면 기업가정신은 어떤 특성을 가지는가. 흔히 창업에는 위험부담이 따르나 기업가는 위험을 감수하는 사람(risk-taker)이라고 생각한다. 창업과정을 스카이다이빙과 같은 스포츠에 비유해 보자. 낙하산을 사용한다고 해도 누구나 쉽게 할 수 있는 스포츠는 아니다. 공중에 올라가고 뛰어내리는 과정은 일종의 '위험'을 수반하기 때문이다. 그러나 스카이다이버의 입장에서는 '낙하산'을 사용하니 안전하다고 항변할 것이다. 창업도 마찬가지이다. 투자한 자산에 대한 손실 위험을 부담하는 게 사실이지만, 기업가는 철저하게 계산된 투자를 하고 위험요소를 분산시키는 방법을 택한다. 위험에 대한 계산 및 예측은 늘 보상의 규모와 관련되어 고려된다. 위험과 보상의 비교분석 과정을 통해 기업가는 투자 및 사업규모를 고려하고, 단독기업을 설립할지 위험분산을 위해 사내창업을 할지 등등의 결정에 이르게 된다. 이와 같은 관점에서 기업가는 위험을 부담한다. 그러나 계산된 위험만 부담한다. 따라서 위험감수자(Risk-taker)보다는 계산된 위험감수자(Calculated Risk-taker)라고 부르는 것이 보다 적절하다.

이와 같은 요소들을 정리해 보자. 티몬스(J. Timons)에 따르면 기업가정신은 우선 존재하지 않는 무엇인가를 창조하는 행위의 요체이며, 피터 드러커(Peter Drucker)는 창조를 넘어 변화를 일으키는 행위까지 포함시켰다. 창조와 변화를 추구하는 기업가정신은 다시 '기회포착' 행위이기도 하다. 스티븐스(H. Stevens)에 따르면 가용자원에 얽매이지 않으며 기회를 추구하는 행위양식을 의미한다. 경영자(managers)들이 하듯 확보된 자원에 맞춰서 사업을 기획하는 것이 아니라, 기회추구 행위를 위해 자본 및 노동력과 같은 신규자원을 수집하고 동원한다는 것이다. 요약해 보면, 기업가정신은 새로운 것을 출현시키는 접근방식이며, 지속적인 기회 탐색행위를 통해 사업기회를 포착하고, 그렇게 포착된 사업기회를 추구하기 위해 자원을 동원하는 일련의 행위체계이다.

2. 경제적 행위로서의 창업

앞서 창업이 자본주의 경제에 활력을 불어 넣는다고 했다. 창업활동이 자본주의 경제활동에 불어 넣는 활력이란 무슨 의미일까. 창업이라는 활동의 경제적 공헌이란 어떤 의미일까. 이 절에서는 창업활동을 세부적으로 분류하여 구체적으로 어떤 내용들이 있는지를 생각해 보기로 한다.

1) 창업활동이 경제에 미치는 영향

(1) 고용창출

일반적으로 기업의 핵심적 기능은 고용창출이다. 미국의 경우 자영업과 중소기업이 고용창출에 미치는 영향은 절반이 넘는 것으로 집계되고 있다.[8] 지자체가 대기업을 유치할 경우를 보자. 해당 지역의 고용창출 효과는 순간적으로 급증하지만, 해당 대기업이 지역을 떠나갈 때 지역은 다시 엄청난 양의 일자리를 잃게 된다. 대체로 지역기반 산업으로 여겨지는 자영업과 중소기업의 경우는 이런 고민을 하지 않아도 된다. 이들은 대체로 지역에서 나고 자라 지역을 떠나지 않기 때문이다.

(2) 혁신

소위 말하는 '스타트업'은 시장에 신제품과 서비스를 제공하는 역할을 한다. 대기업도 혁신의 주체이다. 그러나 대기업은 기존 고객의 만족에 집중하는 관계로 급진적 혁신(radical innovation)보다는 점진적 혁신(incremental innovation)에 집중하는 유인이 크다. 한편 신생기업은 대기업이 보지 못하는 새로운 마켓니즈를 포착하고 이를 공략하기 위해 제품개발 등과 같은 혁신을 주도하게 된다. 이는 작은 사이즈로 인해 투자실패 시 감내해야 하는 위험부담이 적기 때문이며, 한편으로는 단순한 조직구조로 인해 신생기업은 결정과정이 단순하고 신속하여 빠르게 변화하는 환경에 적응하는 데 유리하다. 따라서 이와 같은 창업활동은 국가적 차원에서는 국제경쟁력 향상으로 이어진다.[9)]

(3) 사업기회 창출 및 개발

전술한 바와 같이 《스타트업 매뉴얼(*The Startup Owner's Manual*)》의 저자 스티브 블랭크는 스타트업의 주된 임무는 새로운 비즈니스 모델의 탐색 및 개발이라고 주장한다. 새로운 비즈니스 모델 개발을 위한 최초 작업은 사업기회를 포착하고 평가하는 것이다. 스타트업은 포착된 사업기회를 통해 이윤을 창출할 새로운 방안을 기획하게 되고, 이는 새로운 '비즈니스 모델'이 된다. 이어 스타트업이 개발한 새로운 비즈니스 모델은 연관산업의 붕괴 및 새로운 산업의 등장을 촉구하게 된다. 동시에 기존 산업의 가치사슬을 재편하여 동료 사업자들에게 새로운 수익창출 기회를 제공한다.

제 2 절 창업활동과 경제체제

표 1-1 창업활동의 트렌드

구분	역할	비고
초기창업활동 (Early Stage entrepreneurship)	기업가 본인을 위한 일자리와 소득 창출	• 중남미 국가에서 강세 • 고소득 국가에서 약세
직원의 기업가적 활동 (Entrepreneurial Employee Activity)	사내혁신	• 호주, UAE, UK 등 개발국가(developed countries)에서 강세
여성기업가정신 (Female Entrepreneurship)	양성평등 및 지역소득확충에 기여	• 여성의 참여를 통한 새로운 형태의 기업의 도래를 유도하는 전략 • 사회적 평등에 기여
사회변혁 지향 창업 활동(Motivated "to make a difference in the world")	사회 및 공동체에 기여	• '목적지향적' 기업가정신의 부상 • 한국에서 강세
개인창업 (Independent Entrepreneurship)	경제적 독립성	• 중남미 지역에서 강세
고용창출 지향 창업(High job-growth-oriented entrepreneurship)	성장지향성	• 일자리의 창출 및 증가에 공헌도가 큼
전국적 규모 지향 창업 (National Scope)	지역시장을 넘어 전국시장으로	• 전국적 시장을 겨냥한 창업활동은 세계적으로도 흔하지 않음
신상품 및 서비스제공(Product/Services new to the world)	제품과 서비스의 혁신	• 경제에 미치는 영향이 막강한 잠재적 창업 현상 • 이스라엘, 아일랜드, 미국에서 강세

출처 Bosma, N. S. A. D. J., Hill, S., Ionescu-Somers, A., Kelley, D., Levie, J., & Tarnawa, A. (2020). Global entrepreneurship monitor 2019/2020 global report. Global Entrepreneurship Research Association, London Business School. 재구성.

글로벌앙트러프러너십 모니터(Global Entrepreneurship Monitor)에 의하면 2020년 전 세계 창업활동의 트렌드를 **표 1-1** 과 같이 정리할 수 있다. 경제활동으로서 창업활동은 단순히 창업가의 생계에 공헌하는 것을 넘어 기존 조직의 혁신 및 사회공동체에 기여한다. 이와 같은 창업활동의 공헌은 개별 국가의 경제적 환경에 따라 공헌도가 조금씩 다르게 관찰되지만, 전 세계적으로 활발한 모습을 보인다. 창업활동은 여러 가지 종류로 나뉘는데, 우선 기업가 본인을 위한 일자리와 소득창출에 목적을 둔 '초기창업활동'을 기본적으로 생각할 수 있다. 경제활동이라는 점에서 창업활동은 창업가 자신과 가족의 경제적 독립을 확보하는 중요한 수단으로 역할하기도 하며, 그중 강한 '성장지향성'을 보이는 창업활동은 사회와 공동체에게 '일자리 창출 및 증가'라는 긍정적 역할을 하기도 한다.[10] 신생조직의 창조라는 의미의 창업은 한편 동일한 역량과 과정을 통해 기존 조직의 혁신을 추구하는 '사내혁신'의 형태로 나타나기도 하는데, 대체로 호주 영국 등의 개발국가에서 두드러지는 것으로 보고되었다. 미디어에서 주목하는 '전국적 규모'의 시장공략을 추구하는 창업활동은 그 희소성이 가치의 원천이라 할 수 있다. 슘페터가 주목했던 '제품과 서비스의 혁신'을 추구하는 창업활동 역시, 광범위하게 정의되는 창업활동의 일부로서 2020년에는 이스라엘, 아일랜드, 그리고 미국에서 두드러지게 관찰되었다. 이와 같이 경제적 활동으로서 창업은 다양한 면에서 자본주의 경제체제에 긍정적 역할을 하고 있다.[11] 주목할 것은 이와 같은 공헌이 개인과 조직의 '경제적'인 차원을 넘어 평등과 같은 사회적인 문제에까지 영향을 미치고 있다는 사실이다. 창업 주체가 여성인 경우 창업활동은 경제활동을 하는 여성에게 새로운 '무기'로서 역할하여 성별소득격차 및 여성의 지위 향상에 긍정적 영향을 미친다. 한편 창업은 '사회적 문제' 해결의 도구로서도 각광받고 있으며, 이를 '목적지향적' 기업가정신이라고 부른다. 2020년의 보고에 따르면 이와 같은 '목적지향적 기업가정신'이 가장 활발하게 관찰된 국가는 우리나라였다. 아마도 우리나라의 창업가들이 사회와 공동체에 기여하고자 했던 열망이 다른 나라보다 높았던 것 같다.

제 3 절 신규창업의 종류와 유형

새로운 기업을 창조해 낸다고 할 때 '새로운 기업'의 유형에는 어떤 것이 있을까. 미디어에서는 '쿠팡'과 같은 기업을 '유니콘'이라 하며 잘나가는 기업들을 보여준다. 그러나 주위를 둘러보면 동네의 작은 세탁소와 빵집 혹은 분식집 같은 사업체들이 즐비하다. '쿠팡' 이전에도 쿠폰 사업자는 존재했으며, '배달의 민족' 전에도 배달을 주로 하는 업체들은 셀 수 없이 많았다. 유튜브(YouTube)에는 미슐랭가이드에 등재된 수많은 고급 레스토랑이 등장하지만, 지오디의 '어머니'가 차렸을 법한 일반 식당도 나온다. 어떤 회사는 '스타트업'이고 어떤 회사는 '자영업'인가. 대학생이 설립한 푸드트럭과 고든램지의 햄버거 프랜차이즈는 동종업계 경쟁대상인가. '좋은 기업'이란 무슨 뜻일까. 높은 이윤율을 기록해야 좋은 기업인가. 이윤율은 좋지만 고용창출이 부진한 기업은 어떠한가. 일자리 창출에 효과적이지만, 환경에 피해를 준다면 어떨까. 작은 기업을 원하는 창업가에게 큰 기업을 만들지 못했다고 비판하는 것은 타당한가. 이와 같은 문제를 다루기 위해 3절에서는 신생기업의 유형을 성장모델을 중심으로 생각해 보기로 한다.

1. 신생기업의 분류

표 1-2 에서 정리하는 바와 같이 신생기업은 크게 4가지 정도로 분류해 볼 수 있다.

1) 생계형

우선 생계형은 그야말로 자신과 가족의 생계 및 부양을 목적으로 창업된 조직이다. 전통시장에서 흔히 보이는 이름 모를 점포를 비롯하여 추운 겨울 몸을 녹이기 위해 뛰어드는 길거리의 어묵가게, 떡볶이가게 등이 생계형 사업이라 할 수 있다. 시장의 혁신보다는 생계를 위한 수입창출에 초점이 맞춰져 있으니 기업의 성장보다

표 1-2 신생기업의 4가지 분류

구분	생계형	생활스타일형	성장관리형	성장지향형
연평균성장률	거의 균일	5% 미만	10~15%	20% 이상
경영시간단위	일단위	주 혹은 월단위	1~2년	2~5년
경영중점사항	무엇이든 소유한 것을 판매하여 재화로 전환	개발된 사업모델의 유지 및 운영	점진적 성장전략	양산체제를 통한 급진적 성장
경영스타일	방어적	전술적	전략적	전략적 및 선제적
기업가정신 지향성(EO)	매우 낮음	낮음	중간	높음
기술의존도	없음	제한적	중간	높음
소규모의 불리함 (liability of newness)	심각함	심각함	그다지 중요치 않음	의미 없음
주요 투자원	기업가 자신	기업가, 가족, 친구, 은행 등	기업가, 가족, 친구, 은행 및 개인투자자	기업가, 가족, 친구, 은행, 개인투자자 및 기관투자자(VC와 주주들)
출구전략 방식	폐업	폐업, 매도, 혹은 인계	매도 및 인수합병	매도 인수합병 및 상장
경영역량	제조 혹은 판매	사업체 운영 및 기본적인 경영역량이 요구	계획적, 전략적, 협력적(delegating), 전략적 지렛대 활용(leveraging)	계획적, 혁신적, 현금흐름관리, 협상을 통한 경영
조직구조	극단적으로 단순 혹은 부존재	단순 구조	기능중심의 중앙지배 구조	기능중심, 상품과 시장 기반 조직
경제적 동기	본인 및 가족 부양	소득대체	부의 창출	부의 창출
주요 보상	불특정 소득	일정한 소득과 보너스	소득, 성과급, 자산	소득 및 자본증식

출처 Morris, M. H., Neumeyer, X., Jang, Y., & Kuratko, D. F. (2018). Distinguishing types of entrepreneurial ventures: An identity based perspective. *Journal of Small Business Management*, 56(3), 453-474.

는 생존이 중요하다. 따라서 경영스타일은 방어적이며, 가진 것을 되팔거나, 단순한 기술을 동원한 개인사업체가 대부분이다.

2) 생활스타일형(life-style)

생활스타일형은 창업가가 추구하는 모종의 생활스타일을 유지하기 위해 사업을 하는 경우라 할 수 있다. 생계형 창업보다는 규모를 추구하지만, 높은 이윤율을 추구하기 위한 성장이라든가 부의 축적보다는 창업가가 원하는 삶의 모형이 중요하다.

한적한 곳에 꾸려진 맛집은 사람들이 줄을 서지만, 정작 주인은 프랜차이즈 등을 통해 고속성장을 추구하지 않는다. 부의 추구보다는 단골손님과의 관계를 유지하며 적당히 넉넉한 삶에 만족하기 때문이다. 따라서 성장지향적이라기보다는 기존의 사업모델을 유지하고 운영하는 데 초점이 맞춰져 있다. 생계형은 사업의 소득수준이 생존을 위한 '최소한'이었던 데 비해 생활스타일형은 일정 정도의 소득에 만족한다.

3) 성장관리형(managed-growth)

성장관리형 사업은 소규모 사업에서 시작하지만 몇 번의 성장과정을 거치며 점진적인 성장을 이뤄낸 사업체를 의미한다. 생활스타일형과는 달리 이들은 성장을 추구한다. 이들은 주요 성장전략으로 새로운 곳에 지점을 낸다든가, 유사한 신제품을 추가하는 방식을 택한다. 앞의 두 종류에 비해 독특한 점은 전문투자자가 관여하기 시작한다는 것이다. 신규 지점을 내거나 새로운 브랜드를 론칭하는 데에는 일정규모의 자금이 동원되어야 하며 상권조사와 같은 전략적 접근이 요구되기 때문이다. 지점을 늘리는 식으로 성장을 추구하는 결과로 완만한 성장을 일궈내며, 연평균 10% 정도 되는 성장률을 기록한다.

4) 성장지향형(aggressive growth venture)

성장지향형 사업체는 양산체제를 구축하여 공격적인 성장전략을 구사한다. 앞선 3가지 유형과 달리 성장지향형 사업체는 창사 초기부터 고도성장을 염두에 두고 전략적으로 창업에 임한다. 이들은 2년에서 5년가량을 염두에 두고 전략적 접근을 하는 관계로 진취적이고 선제적인 면에서 가장 높은 기업가정신 지향성을 보인다. 고도성장을 추구하는 관계로 기술의존도가 높고, 따라서 전문투자자들의 관여도는 필수이며 벤처투자사와 같은 기관투자자의 관여도 활발하다. 이들 중 크게 성공한 소수의 기업이 유니콘 혹은 데카콘이라고 불리게 된다.

2. 기업가정신의 구현- CSI Entrepreneurship

기업가, 혹은 창업가라면 떠오르는 이미지들이 있다. 대학생들이라면 '스티브 잡스'나 '일론 머스크'를 떠올릴 것이다. 창업에 조금 더 관심이 있는 학생들은 우리나라의 '김봉진 대표'를 생각할 수도 있다. 모두 '스타트업의 영웅'들이다. 그런데 주위를 둘러보면 취업 말고, 창업에 뛰어든 수많은 사람들이 있다. 한때 우리나라에는 '이공계의 미래'라는 재미있는 그림이 네티즌들 사이에 유행했었는데, 이공계는 어떻게든 '치킨집'을 하게 된다는 자조적인 풍자로 인기를 끌었다. 치킨집을 여는 것은 '창업'일까. 창업이다. 그러면 이들도 '김봉진'과 같은 영웅일까. 갸우뚱하게 된다. 다양한 기업이 존재하고 다양한 기업가들이 다른 형태로 존재하기 때문이다. 이 절에서는 기업가정신이 구현되는 방식을 크게 개인창업(Independent Entrepreneurship), 사내창업(Corporate Entrepreneurship), 사회적 기업(Social Entrepreneurship)의 3가지 형태로 알아보기로 한다. 3가지 다른 유형의 영어 단어의 앞글자를 조합해 보면 'ICS'가 되지만, 기억하기 쉽게 순서를 조금 바꿔보면 'CSI'가 되어 한때 유명했던 미국드라마의 제목과 같아진다. 그러니 이를 'CSI entrepreneurship'으로 명하여 기억하기로 하자. 표 1-3 은 CSI entrepreneurship에 대해 논의한 내용들을 개괄적으로 정리하고 있다.

표 1-3 CSI 기업가정신

구분	정의	주된 목적	혁신성/효율성/고객중심/창의성
개인창업(Independent Entrepreneurship)	개인이나 소규모 집단이 자원조달, 조직구성, 상품개발 등을 독자적으로 수행하는 창업활동(일반적 창업활동)	• 이윤창출	혁신성/효율성/고객중심/창의성
사내창업(Corporate Entrepreneurship)	개인이나 소규모 집단이 소속된 기업 혹은 조직의 혁신을 목적으로 하는 창업활동	• 조직혁신 • 이윤창출	혁신성/고객중심
사회적 기업(Social Entrepreneurship)	개인이나 소규모 집단이 자원조달, 조직구성, 상품개발 등을 독자적으로 수행하는 창업활동	• 사회적 목적달성 • 이윤창출	창의성/고객중심/효율성

출처 Katz, J. A., & Green, R. P. (2018). Entrepreneurial small business. McGraw-Hill Education. 재구성.

1) 개인창업(Independent Entrepreneurship)

이름 모를 수많은 사업체들이 태어나고 또 사라지고 있다. 우리는 이들을 '자영업자'라고 한다. 왜 창업이라고 하지 않을까. 영어권에서는 이들을 비즈니스(business)라고 통칭한다. 동네 주택가에서 집을 수리하는 데 필요한 소소한 일들을 하는 핸디맨(handy man)부터, 전 세계 인터넷 장악을 목적으로 시작한 구글과 같은 사업체 모두 모두 '비즈니스'이다. 테라사이클(TerraCycle)의 창업자 톰 재키(Tom Szaky)가 프린스턴 대학교를 입학할 때 창업가를 꿈꿨을까. 그가 평생 비료나 만지게 될 줄은 꿈에도 몰랐을 것이다. 이들은 모두 기업가이고 창업가(entrepreneurs)로서 법적 지위로는 자영업자(self-employed)가 되는 것이다.

이렇게 흔하게 떠올리는 창업의 모습을 정리해 보자. 우선 창업을 이뤄내는 주체부터 생각해 보자. 이들은 대체로 개인 혹은 소수의 그룹 단위로 창업활동에 임하게 된다. 마이크로소프트는 빌 게이츠가 단독으로 창업했지만, 애플은 잡스가 워즈니악과 함께 만들었다. 동네 치킨집은 김 사장님이 은퇴자금으로 가족과 만들었지만, 영화 〈기생충〉의 '대만카스테라집'은 아버지 혼자 창업하셨다. 대만카스테라집 운영에 가족이 참여한다면 '가족기업'이 된다.

창업의 필수요건인 자본은 어떻게 마련했을까. 김 사장님은 은퇴자금으로, 지오디의 어머니는 짜장면 값을 아껴서 돈을 모으셨다. 그런 방식으로 언제 식당 차릴 돈을 마련할까. 본인이 모아놓은 돈 외에 대체로 친구, 부모님과 같은 친지의 돈을 빌린다. 소위 부트스트래핑(Boot straping)이라는 멋진 말로 불리는 투자 기법이지만 쉽게 말해서 있는 돈을 긁어모으고 빌릴 수 있는 돈은 죄다 끌어 쓰는 방식이다. 그러다 보니 카드 빚은 가장 손쉬운 선택으로서 초기창업자금 조달에 가장 흔한 선택이 된다. 대체로 개인이나 소규모 집단이다 보니 담보거리도 소규모이고, 신용등급이 낮은 경우가 많아 이런 방식이 거의 유일한 선택지인 것이다. 학생창업의 경우는 말할 것도 없으며, 미국 창업가의 절대 다수가 이와 같은 방식으로 창업 초기자금을 마련한다.

창업아이템은 다양하다. 잡스는 PC를 만드는 사업을 시작했지만, 지오디의 어머니는 '작은 식당'을 선택하셨다. 애플 창업의 핵심은 당시에는 기업용 '장비'로만 인식되었던, 컴퓨터를 개인용으로 보급하겠다는 발상의 전환, '혁신'이 기본이었다. 지오디 어머니의 동네식당은 저가 외식 상품을 제공하기 위하여 한정된 자원의 효과적인 사용, 즉 '효율성'이 중요하다. 동네 상권의 손님들이 동네식당을 찾는 이유는 주로 간단하게 허기를 달래기 위함이기 때문이다. 도시노동자들의 허기를 신속하게 달래기 위해 등장한 얇고 넙적하고 조각으로 나온 뉴욕피자가 좋은 예가 될 것이다. 똑같이 외식업을 하더라도 파인다이닝 마켓을 공략한다면, 주차장과 주변환경이 좋은 입지를 고려해야 한다. 한 끼에 10만 원이 훌쩍 넘는 외식은 '허기'를 달래기보다는 가족 및 연인과의 근사한 저녁시간이라는 '경험'을 판매하기 때문이다. 따라서 이와 같은 핵심은 효율에서 '고객중심'으로 전환된다. 그렇다 하더라도 '효율성'은 모든 창업단계에서 빠질 수 없는 핵심적 가치이다. 그 유명한 잡스도 애플이라는 회사를 자신의 차고에서 시작했으며, 전 세계 거부로 성장한 베이조스 역시 허름한 사무실에서 아마존을 시작했다. 창업 초기의 자금난은 작은 조직이라는 한계에서 비롯되는 공통적 현상(liability of smallness)이기 때문이다. 한편 독립적 창업은 없는 조직을 잉태하고 탄생시키는 과정이므로 '창조력(creation)'이라는 역량을 또 다른 핵심적 역량으로 요구한다.

이를 위한 자구책으로, 개인 혹은 소규모 그룹의 창업가들은 자신들의 경험과 지식을 동원해서 잘하는 것들 중 소규모 자본으로 가능한 프로젝트를 아이템으로 삼는 게 보통이다. 독립적 창업이 있다면, 비독립적 창업도 있을까. 누군가의 지원을 받는 창업이 있다면 이는 사내창업이다.

2) 사내창업(Corporate Entrepreneurship)

사내창업은 기존 기업 내의 조직 혁신과 신시장 개척을 목표로 하는 창업활동이다. 새로운 조직을 탄생시키기도 하는데, 프로젝트 차원에 그치는 경우가 대부분이지만 동원되는 역량이나 과정이 창업과정과 매우 유사하다. 주도권을 쥐는 기획자는 창업가와 마찬가지로 신시장의 사업 기회를 탐색하고 시장개척 방안을 모색한다. 사내창업과 일반경영의 차이점은 해당 조직이 탐색하지 못하는 새로운 것을 개발해 낸다는 데 있다. 따라서 신생조직을 창조하는 능력인 창의성(creation)보다는 기존조직의 문제점과 약점을 파악하고, 조직 재편, 자원 재구성, 시장 재정의 등과 같은 변화를 이끌어낼 혁신성(innovation)이 핵심적 가치이며, 신시장 개발을 위한 고객이해도가 필요하므로 '고객중심'의 사고방식이 함께 요구된다.

3) 사회적 기업(Social Entrepreneurship)

개인창업이 이윤창출을 목표로 하는 모든 종류의 창업이라면 사회적 기업은 사회적 문제에 공헌하기 위한 목적을 가진다는 점에서 차이가 있다. 이렇게 생각하면 '비영리사업'과 유사하지만, 사회적 기업은 영리행위를 추구한다는 점에서 조금 다르다. 정부자금이나 기부금으로 운영되는 자선사업과도 다르다. 사회적 기업은 이윤을 창출하며, 그렇게 창출된 부를 이용하여 사회적 공헌을 위한 지속 가능한 기업을 만드는 것이 사회적 기업이 가지는 독창성이다. 상업적 활동을 한다는 점에서 자선단체와 다르고, 그렇게 창출된 부를 분배함에 있어 주주의 이익보다 사회적 가치를 우선시한다는 점에서 사회적 기업은 일반 창업과 다른 것이다. 톰스슈즈가 '바이원, 기브원(Buy One, Give One)'이라는 비즈니스 모델을 통해 소비자가 사회적 공헌에 참여할 인센티브를 제공하여 빈곤문제 해결에 공헌한 사례는 너무도 유명해서 진부할 정도이다.

그러나 역시 새로운 조직을 잉태하고 탄생시키는 작업이 주된 작업이므로 '창조력'이 요구되며, 사회적 문제를 겪고 있는 참여자(participants, 이를테면 위사이클의 저소득가구)들에 대한 높은 이해도가 필수적이라는 점에서 '고객중심' 사고력이 필요하다. 일반 독립창업의 한 부류라는 점에서 '효율성'은 여전히 중요하지만, 이윤을 재투자하여 조직의 운영에 사용하는 경영 우선순위상, 자원을 효율적으로 사용하는 능력은 사회적 기업가에게는 필수적 역량이다.

환경을 위한 사회적 기업 – 위사이클

빌리키스 아데비이 아비올라가 MIT 슬론스쿨 MBA를 입학했을 때 많은 사람들은 그가 월스트리트 같은 곳에 자리 잡아 적지 않은 부를 누리며 여유 있는 삶을 누리게 될 것이라 생각했을 것이다. 물론 빌리키스는 적지 않은 부를 누리고 있다. 중요한 것은 '어떻게'이다. 우선 빌리키스가 선택한 일터는 월스트리트가 아니었다. 그녀의 고향은 나이지리아의 길거리였다. 취업 대신 창업을 선택했으며, 주요 고객도 월스트리트의 투자자들 대신 나이지리아의 가난한 동네에 사는 저소득가구였다. 그녀가 만든 회사 위사이클(Wecyclers)은 이들이 자발적으로 쓰레기를 재활용하여 소득을 창조하는 인센티브 시스템을 개발하였다. 빌리키스는 이를 위해 코카콜라와 글락소 스미스클라인과 같은 대기업의 펀드를 받아 프로젝트를 진행했다.

이상의 내용에서 우리는 창업의 형태를 '개인창업(Independent Entrepreneurship)', '사내창업(Corporate Entrepreneurship)' 그리고 '사회적 기업(Social Entrepreneurship)' 3가지 정도로 살펴보았다. 기업가정신이 적용되는 것은 마찬가지이지만, 일반적 상황에서 독립적인 기업을 만드는 형태로, 혹은 기업에서 조직혁신을 목표로, 혹은 사회적 목적을 구현하기 위한 수단으로 기업가정신이 다르게 구현되는 차이일 뿐이다.

챕터 마무리 이야기

비프저키칩인 '먼차(Muncha)'는 어떤 상품인가. 비프저키는 비만에 빠진 미국인들의 친구지만 단백질이 풍부한 키토다이어트 스낵이다. 맛과 건강, 두 마리 토끼를 잡는 것이 먼차의 비프저키칩이다. 시작은 부부의 하와이 베이비문(임신여행)이었다. 로컬상품을 홍보하는 Made in Hawaii 행사에서 접한 비프저키칩이 매우 신선했다. 이미 로컬에서는 한두 해 전부터 인기를 끌어 직거래장터 등에서 손쉽게 볼 수 있는 제품이었으나, 하와이 섬들 안에서만 유통되고 있었다.

하와이 상품은 하와이를 중심으로 유통되고 있기에 Hawaiian Jerky Chips가 대표적인 회사임에도 키토프렌들리 상품으로서 본토시장을 공략하기에는 부족하다. 그러다 보니 다이어트 식품으로서의 기준치를 미달할 뿐 아니라 미주 본토에서의 공급채널이 빈약하다는 점이 지적되었다. 그런 이유 때문에, 아직 본토 미국인 고객들에게는 널리 알려져 있지 않다. 하와이식 비프저키칩에 당분의 함량이 크다는 점도 먼차에게는 기회이다. 달달한 것을 좋아하는 하와이 사람들의 입맛에 맞추다 보니 당분의 함량이 높기 때문이다. 이는 최근 저탄고지, 키토를 위시한 No Sugar 트렌드와 크게 반한다.

용도도 조금 다르다. 비프저키로 대변되는 육류 기반 스낵은 주로 허기해소용으로 소비된다. 기능성 스낵으로서, 그냥 심심풀이 주전부리용 간식과는 성격이 다르다는 뜻이다. 먼차는 비프저키의 맛을 즐기지만 칩을 먹는 듯한 식감을 제공하여 심심풀이 주전부리와 함께 따라오는 탄수화물과 칼로리에 대한 고민을 해소했다. 미국인이라면 누구에게나 익숙한 맛을 바삭하고 새로운 방식으로 즐길 수 있게 만들었다는 점에서도 다르다. 백숙으로 끓여 보양식으로 먹던 닭을 치킨으로 만들어 즐기는 식품으로 만든 격이랄까.

물론 비프저키 스낵 시장에는 이미 건강식품 바람의 영향을 받은 Bovino 와 같은 회사들이 있다. 목초지에서 자란 소고기를 사용하여 비프저키라는 신선식품으로 만든 것이다. EPIC provision이라는 육류스낵 회사는 최근 목초지 소고기라는 재료를 이용하여 비프저키 시장에 뛰어 들었다. 그들의 선택은 막대형(Bar) 상품으로 차별성을 둔 것이다. 그 외에 Slim Jim, Country Archer, Tillamoc 같은 회사들이 유사한 상품을 만든다. 그러나 이런 상품들은 여전히 출출한 허기를 달래는 목적으로 소비되는 기능성 스낵으로서의 비프저키일 뿐이다.

유사한 상품이라는 점에서 먼차는 팔로워인가. 먹고 즐기는 니즈를 만족하는 비즈니스, 여기까지는 같다. 그러나 먼차의 타깃은 다이어트족이다. 맛보고 뜯고 즐기면서 다이어트도 하겠다는 양심 없는 고객이 그들이다. 양심에 거리낌 없이 욕망을 즐기는 스낵. 비양심족을 위한 뻔뻔한 스낵(guilt-free snack), 이것이 먼차의 본질이다. 이런 상품은 존재하지 않는다. 블루오션이고 퍼스트무버(first mover)이다.

미국인에게 '주전부리' 하면 바로 떠오르는 것은 여전히 '포테이토칩'같이 짭짤하고 바삭한 과자이다. 이게 먼차다. 양심 없이 뻔뻔하게 스낵을 즐길 수 있다는 길트프리 상품이 익숙함과 새로움의 조화를 통해 시장성에 날개를 단 것이다. California Jerky company가 먼차와 유사한 상품을 만들지만, 질적인 면에서 키토프렌들리 상품으로서는 자격미달이며 시장에서의 존재감도 미약한 편이다. 품질로 승부하는 먼차에게는 충분히 승산이 있는 시장이다. 먼차의 품질을 규정하는 주요 특색은 다음과 같이 정리된다.

- 고단백(18g), 저탄수화물(1g), 당분 0g
- 100% 풀 먹인 소고기(grass-fed beef) 사용
- 글루텐 프리, 방부제 없는 천연재료 사용

토론주제

1. 〈표 1-2 신생기업의 4가지 분류〉에 따르면 먼차의 경우 어느 것에 가까운가.
2. 먼차는 양심의 가책 없이 탄수화물을 즐길 수 있는 해결책을 제시하려는 목적으로 '상품'을 제작해서 팔기로 결정했다. 상품을 제작하지 않으면서 동일한 목적을 이루기 위해 할 수 있는 것은 어떤 것이 있을까.
3. 먼차는 시중에 일종의 건강식품을 제공하려 하고 있다. 사회적 기업의 정의로 미루어 봤을 때 먼차는 사회적 기업이라 할 수 있을까.

생각해볼 문제

1. 기회형 창업과 생계형 창업을 정의하고 각각의 실제 사례를 제시하여 차이를 설명하시오.
2. 창업은 자본주의 사회에 〈고용창출, 혁신, 사업기회 창출 및 개발〉이라는 3가지 역할로서 공헌한다. 자신이 꿈꾸는 사업아이템을 생각해 보고, 이 3가지 중 어떤 부문에 역할할 수 있을지 설명하시오. 약한 부분이 있다면 왜 그런지 설명하시오.
3. 4가지 종류의 창업활동을 생각해 보고 주위에서 각각의 경우에 맞는 사례를 찾아 제시하고 설명하시오. 그리고 자신이 구상 중인 사업은 어느 부류에 가까운지 생각해 보시오.
4. CSI 창업모델과 각자 주어진 상황을 고려했을 때, 자신의 비전을 구현할 가장 적절한 모델을 선정하고 이유를 설명하시오.

그룹토의(그룹토의는 3-4명의 학생들로 소그룹을 만들고, 다음의 문제들 중 하나를 선택하여 5-10분 정도 자유토론을 진행한 후 공유한다.)

1. 대한민국을 비롯한 전 세계는 오랜 기간 동안 청년실업 문제로 신음하고 있다. 청년의 창업은 청년실업 문제의 대안이 될 수 있을까.
2. 각자 자신이 구상 중인 사업에 대해 발제하고, 발제한 사업아이템에 대해 각자 장점과 단점을 제시하여 발전방향을 토론하시오.
3. 톰스슈즈는 사회적 기업의 대명사가 되었다. 톰스슈즈의 기부모델은 빈곤국 국민들에게 신발을 제공한다는 공헌을 인정받고 있지만, 한편 해당 국가의 신발산업의 발전을 저해한다는 비난도 있다. 톰스슈즈는 이 문제를 어떻게 해결해야 할지 토론하고 대안을 제시하시오.

핵심개념정리

첫 번째 챕터에서는 기업가정신에 대해 다뤄 보았다. 요컨대 기업가정신은 창업과정에 요구되는 일종의 행동양식을 의미한다. 상품혁신과 시장혁신을 초래하는 창업은 다양한 방식으로 자본주의 경제에 활력을 불어 넣는다. 창업은 개인과 가족의 경제 문제를 해결하며, 산업의 구조를 재편하는 등의 경제적으로 긍정적인 영향을 미치는 데 그치지 않고, 양성평등 및 소외된 계층의 고용기회 창출, 환경문제와 같은 사회적 문제에 대한 효율적인 해결책을 제시함으로써 긍정적으로 기여하는 것을 살펴보았다. 기업가정신은 한편 다양한 창업형태를 통하여 구현되고 있음을 알 수 있었다. 가장 흔한 형태인 독립적 창업을 넘어 창업가는 사회적 기업을 통해 사회문제를 해결하고, 사내창업을 통해 기업혁신을 이뤄내는 것을 알게 되었다.

그렇다면 기업가정신을 구현하는 주체, 즉 창업가에 대해 생각해 볼 준비가 되었다. 우선 수를 기준으로 본다면, 단독창업가, 그룹창업가로 나누어 생각해 볼 수 있다. 평생 창업만 하고 경영은 하지 않는 사람들이 있다. 이런 사람들을 연쇄창업가(Serial Entrepreneurs)라고 한다. 창업의 아이템으로 '재정거래'를 주된 기법으로 해외를 사업지로 택하는 창업가들이 있다. 이들을 국제 창업가(Global Entrepreneurs)라고 한다. 2000년대 들어 사무실도 없이 집에서 인터넷으로 사업을 시작하는 온라인 창업가 (Digital Entrepreneurs)들도 있다. 이와 같은 분류 외에도 창업가는 차고 넘친다. 피아노나 영어를 가르치는 개인과외를 주 소득원으로 하는 사업가는 어떻게 봐야 할까. 회사로 하는 온라인 영어 회화는 사업이고, 개인교수는 그냥 아르바이트인가. 젊은이들 가운데 고소득 직종으로 평가받는 유튜버는 어떻게 이해해야 할까. 1인기업의 형태이지만 영상편집, 촬영, 대본작가, 배우 등 다양한 참여자의 협업이 요구된다. 조직을 꾸리게 되고 이를 위해 기업가정신이 필요하고 창업을 위하여 필요한 동일한 역량이 동원된다. 사업가는 차고 넘친다. 기업가는 어디에나 존재한다. Entrepreneurs are everywhere.

CHAPTER

02

기업가란 어떤 존재인가

학습목표

1. 기업가의 정의와 종류에 대해 학습한다.
2. 성공적인 기업가의 성품 및 필수역량, 그리고 창업 초기의 필수활동에 대해 학습한다.
3. 이상적인 기업가에 대해 학습한다.

챕터 시작 이야기

상품 개발과 판매를 하는 회사로서 먼차는 수익을 내야 한다. 비프저키칩은 일단 술안주로서 매력적인 상품이다. 그러니 레스토랑이나 브루어리에 납품하는 식으로 수익을 창출하는 게 가능하다. 이런 식의 비즈니스 모델을 시도하는 많은 회사들이 납품만 하다가 잊힌다. 원청에서 인기가 사라지면 대체되면서 시장에서 사라진다. 하나의 브랜드로 성장하지는 못하는 것이다.

그렇게 될 수는 없지. 적어도 페어링 정도는 가능한 상품이 되어야 브랜드로서 성장이 가능하다. 아예 그냥 단독 상품으로 소비자에게 직접 판매하는 것도 가능하다. 레이즈(Lays)나 도리토스(Dorritos)처럼 되는 것이다. 그러면 레스토랑과 브루어리와의 거래도 가능해지고 오히려 입지가 유리해진다. 그러나 어떤 경우든 양산(scale)이 필요하다. 이 시점에서 대량생산체제를 갖추는 것이 필수적이면서도 시급한 이유이다.

토론주제

1. 먼차를 통해 이루려는 창업가의 비전은 무엇인가.
2. 시놉시스를 통해 드러난 먼차의 성장모델을 무엇인가.
3. 분석한 성장모델에 기반하여 먼차가 참고할 만한 국내기업을 제시하시오.
4. 현재 창업단계에서 이진아 대표가 직면한 당면 과제는 무엇인가.

제 1 절

기업가의 종류와 유형

나고 자라는 과정을 통해 '좋은 기업에 취업하라'는 충고는 많이 들었다. 그러나 '좋은 기업을 만들어 봐라'라는 조언을 들은 경우는 많지 않다. 누군가가 기업을 만들었으니, 취업이라는 행위가 가능한 것이다. 1장에서 우리는 신생기업의 종류를 살펴보았다. 신생기업은 대체로 4가지로 분류될 수 있으며, 각기 다른 목적과 배경을 통해 탄생한 기업은 교차비교의 대상이 아니며 독립된 유형임을 학습하였다. 이제 관심을 '기업가'에게 돌려 보자. 우리가 말하는 기업가란 누구인가. 4가지 유형의 신생기업을 만드는 창업주는 어떤 사람들일까. 어떤 경로를 통해 기업가가 되는가. '좋은 기업'을 만드는 기업가들은 어떤 사람들일까. 이번 절에서는 이와 같은 주제들에 대해 생각해 보기로 한다.

1. 동기별 분류

첫 번째 분류법은 창업이라는 선택지를 구상하게 되는 계기로 보는 것이다. 소위 '동기별 분류'이다. 지오디의 어머니가 창업을 하신 것은 짜장면이 싫어서가 아니다. 모르긴 해도 가족의 생계를 위해서일 것이다. 그분의 어릴 적 장래희망이 동네 식당주인이었을까. 영화 〈기생충〉의 주인공 기택은 '대만카스테라' 사업을 하다가 망했다고 한다. 어쩌다 보니 식당에 취직을 하게 되었고, 어쩌다 보니 퇴직금을 손에 쥐게 된 것이다. 가족의 생계를 이어가려는 목적으로 자신이 할 수 있는 것(feasible) 중 한 가지를 골라, 자신이 편한 것(desirable)으로 아이템을 잡아 시작하는 것, 그것이 창업이다.[1] 길거리에 있는 수많은 분식집과 치킨집이 대부분 그렇게 시작한다. 레이놀즈(P. D. Reynolds)는 이를 '생계형 창업(necessity-based entrepreneurship)'이라 하였다.[2] 지금 이 순간에도 손님을 기다리는 길거리의 수많은 업체들이 대부분 이런 사업들이다. 가족을 부양하기 위한 부모님들의 거룩한 결단 그리고 헌신이 만든 보석 같은 작품들이다. 이들이야말로 진정한 스타트업 영웅들이다.

잘 다니던 대기업을 그만두고 회사를 차리겠다면 말리는 가족들이 많다. 대부분 '이거 지금 하면 대박인데'라는 사업아이템을 가지고 있다. 그리고 창업을 한다. 이런 경우를 '스핀오프'라고 한다. 직장경험에서 사업아이템을 발견하고 창업에 뛰어드는 경우이다. 굳이 왜 창업을 선택할까. 사업화했을 경우 성공이 확실하며, 성공에 따른 보상이 현재 자신이 받는 '월급'보다 훨씬 크다는 믿음 때문이다.[3] 물론 창업하지 않아도 안정된 직장이 있으니 생계 걱정을 할 필요는 없다. 이렇게 사업기회를 좇아 창업에 뛰어드는 경우를 '기회형 창업(opportunity-based entrepreneurship)'이라고 한다. '기회형'과 '생계형' 중 어떤 것이 더 바람직하다고는 할 수 없지만, 대체로 '기회형' 창업이 일자리 창출에 기여하는 바가 높고, 고부가가치 사업으로 이어지는 경우가 많다.

2. 경로형 분류

1) 신규 창업

다음으로 기업가가 되는 과정을 통해 살펴보자. **표 2-1** 은 기업가가 되는 길을 5가지 경로를 통해 설명하고 있다. 완전히 백지장(clean slate)에서 시작하여 기업을 만드는 방식으로 기업가가 되는 방식은 매우 흔하다. 아무것도 없는 상태에서 시작하니 사업의 위험이 크지만, 성공했을 때 돌아오는 보상도 가장 크며, 이와 같은 이유로 많은 창업가들에게 인기가 있다. 한편 아무것도 없다는 뜻은, 비즈니스 모델부터 대상 고객까지 정말로 아무것도 없다는 뜻이므로 위험요소이기도 하다. 인맥 등의 사회적 자본이 중요한데, 신규기업은 이러한 자원이 부족한 것이 현실이다. 금전적 자원이 부족하니, 당장 볼펜 한 자루부터 아쉽다. 게다가 직원을 채용할 경우 훈련 및 숙련화를 위한 시간적 자본이 요구된다. '없는 것' 중 가장 절실한 것은 '영업실적'이 없다는 점이다. 전술한 바와 같이 신규창업은 자본이 드는 일인데, 실적이 없는 관계로 투자자 설득에 한계가 있다. 영업실적이 없으니 시장의 평판 또한 존재할 리가 없고 이와 같은 사회적 정당성(social legitimacy)의 결여는 협력업체를 구하는 데 장애가 된다. 이를 '신생의 불리함(Liability of Newness)'이라고 한다.[4]

표 2-1 창업의 5가지 경로

구분	장점	단점
신규 창업	• 깨끗한 출발 • 경로의존성 없음 • 신상품 및 서비스 제공 가능 • 위험관리에 용이	• 평판 등 사회적 자본 전무 • 시간적 · 물적 자원의 소요 • 투자 유치의 어려움 • 협력업체 유치의 어려움 • 직원의 경험 부족
기존사업체 인수	• 기존 고객 및 시장에 대한 이해도가 높음 • 사업개발과정의 단축 • 초기투자자금의 절약	• 실패한 기업이 매물로 나옴 • 기업가치 평가가 어려움 • 기존 직원의 고용승계로 인한 문제점 • 인수자의 부정적 평판 및 사회적 자본까지 감수하게 됨 • 매수기업의 실패 이유-기술 후진성 및 산업침체일 경우 • 낙후된 기존 시설 및 설비 • 이월 계약 의무이행의 의무
프랜차이즈	• 검증된 비즈니스 모델	• 로열티 지급으로 인한 낮은 이윤율 • 모기업 프로모션의 압박
상속	• 사업 소유권 및 지배력 유지 및 강화 • 사회적 자본의 상속	• 상속자 선정의 문제 • 가족 간의 불화 • 사업-가족생활의 갈등
스타트업 취업	• 위험부담 없는 창업경험 간접 체험 • 기업 내 다양한 직군의 경험 체득 • 산업특화지식 체득 • 리더십 경험 체득 • 창업기회 탐색의 경험	• 창업으로 이어진다는 보장이 없음 • 다양한 경험이지만 소규모 기업의 경우에 국한 • 관심 산업과 무관할 경우 상당기간 동안 저소득 혹은 무소득 감내

출처 Katz, J. A., & Green, R. P. (2018). Entrepreneurial small business. McGraw-Hill Education. 재구성.

그러나 한편 무에서 유를 창조하는 만큼 청산해야 할 빚이나 계약의무 혹은 부정적으로 고착된 기업문화가 없다는 면에서 장점이기도 하다. 처음부터 새로운 기업을 만드는 관계로, 기존시장에 없는 신상품이나 서비스를 제공하는 데 유리하기도 하다. 시장에서 자리 잡은 기업들은 시장을 새롭게 규정하고 공급망을 재편해야 하는 혁신적 사업을 하는 것이 자기파괴적 행위로 이어질 수 있는 데 반해 신규창업은 그런 부담이 없기 때문이다. 우버가 기존 택시산업을 전복하여 새로운 택시산업을 정의해낸 것은 좋은 예가 된다. 물론 창업가의 자본이 투자되는 만큼 위험부담이 있기는 하지만, 창업가 스스로가 창업규모를 소규모로 운영하는 등의 방식으로 위험을 관리하는 데 용이하다.

2) 기존사업체 인수

기업가가 되는 방식 중 두 번째는 기존사업체를 인수하는 것이다. 우리나라의 경우 대표적인 예로 요식업을 생각하면 되겠다. 프리미엄을 주고 주요 상권에 진입하는 방식으로 창업하는 경우가 많은데, 혁신적인 메뉴를 선택하지 않는 한 '단골'이라는 가장 큰 장점을 살리기 위해 기존 업체를 인수하는 경우가 많다. 부동산업이나, 개인 병원, 혹은 동네 슈퍼마켓의 경우도 기존사업체를 인수하여 시작하는 경우가 많다. 이들의 공통점은 하나같이 '단골' 중심의 영업전략을 구사한다는 점이다. 따라서 기존사업체 인수의 첫 번째 장점은 기존 고객 및 시장에 대한 이해도가 높다는 점이다. 따라서 사업모델이나 상품 및 서비스 개발에 요구되는 '시행착오' 기간이 단축된다. 기존의 시설 및 설비까지 인수한다면 초기투자자금을 절약하는 금전적 장점도 누리게 된다. 그러나 시장에 대한 높은 이해도라는 점은 인수업자에게는 주의해야 할 사항이기도 하다. 과거의 시장이 사라졌거나 활력을 잃어버렸을 경우가 있기 때문이다. 브랜드가치까지 얻게 되는 것 역시 인수의 장점이다. KIA가 프로야구단 해태타이거즈를 인수한 후에도 '타이거즈'라는 팀명을 유지한 것도 같은 맥락이다.

사업체를 인수한다고 해서 이와 같은 장점이 항상 따라오는 것은 아니다. 이는 때로 시장에 매도하기 위해 나온 기업은 실패한 기업일 경우가 많기 때문이다. 도산 직전의 기업을 인수한다면, 이전 매도자나 직원들이 시장에 대해 오해하고 있다는 뜻도 되는 것이다. 앞에서 신규창업의 경우 기존사업의 유산으로부터 자유로운 장점이 있다고 했지만, 기존사업체를 인수한다면 이야기는 달라진다. 고용승계를 할 경우 의무이행을 위한 계약적 문제가 발생하며, 기존에 있던 부정적 평판 등의 사회적 자본을 감내한다면 생각보다 비용은 증가한다. 기업을 시장에 내놓은 이유가 단순히 영업전략적인 문제가 아니라 해당 산업의 침체인 경우일 수도 있다. 주인이 바뀐다고 해서 큰 물이 바뀌지 않으므로 인수자는 산업 전체의 트렌드도 신중하게 살펴야 한다.

3) 프랜차이즈

프랜차이즈란 인수합병과 같이 법적인 결합이 없이, 사업모델과 브랜드명을 사용할 권리를 계약하는 것을 의미한다. 어디를 가도 흔하게 보이는 사업체는 프랜차이즈라고 생각할 수 있지만 모두가 그런 것은 아니다. 미국 서부에서 유명한 햄버거 브랜드인 '인앤아웃'은 캘리포니아 전역에 자리 잡고 있지만, 가족이 전 지점을 소유하고 경영하는 전형적인 '가족기업'이다. 지점의 소유주가 창업하고 프랜차이저(franchisor)의 브랜드와 사업모델을 그대로 인수받으며 마케팅 지원까지 받는 경우로서 대표적인 예로는 맥도날드가 있겠다. 인앤아웃과 동종업계의 경쟁자로서 겉으로는 비슷해 보이지만 경우가 다르다. 사업모델을 개발하는 대신 검증된 비즈니스 모델 및 사업망을 사용료를 지불하여 쓰는 방식이기 때문이다. 비용만 지불하면 성공사업의 업주가 되니 성공으로 가는 열쇠를 가지게 되는 경우라 하여 턴키(Turnkey) 방식이라고도 한다.

그러나 이와 같은 장점이 문제가 되기도 한다. 때로 지점에 따라 매출과 인건비의 규모가 다른데 과도한 로열티가 부담으로 작용할 때가 있다. 한편 모기업의 무분별한 출점전략이 지점의 이익과 상충하기도 한다. 우리나라 편의점이 대표적인 경우이다. 모기업의 입장에서는 골목마다 지점을 운영하여 '매출' 확대를 추진할 수 있지만, 지점장에게 이와 같은 전략은 옆집과 손님을 두고 경쟁해야 하는 상권쪼개기에 지나지 않는다. 모기업의 매출확대전략이 지점에게는 이윤율 하락의 원인이 되는 것이다. 같은 방식으로 모기업의 공격적인 가격할인 등의 판촉행사 등으로 지점이 이윤율 감소를 떠안아야 할 때도 있다. 한편 모기업이 사회적으로 부정적인 일에 얽힐 때에도 지점은 매출에 타격을 입기도 한다. 같은 브랜드를 사용한다는 사업방식으로 인한 연대책임을 지게 되는 것은 프랜차이즈의 함정이라 할 수 있다.

4) 상속

상속을 통하여 기업가(entrepreneur)가 되기도 한다. 그런데 상속도 창업(founding)으로 볼 수 있을까. 상속을 통한 가족기업을 책임지게 되어 신제품과 신상품을 통한 혁신, 그리고 새로운 사업기회 탐구 및 포착, 투자 및 융자 등의 위험부담 행위를 통해 기업가정신(entrepreneurship)을 실행해 나간다는 점은 변하지 않는다. 시작하기보다는 물려받는다는 점에서 창업활동의 성격은 약할지 모른다. 그러나 지속적인 생존과 성장을 위하여 기업가정신을 동원 및 실천한다는 점에서 가족기업의 리더들 역시 엄연한 기업가이다. 오히려 선대 때부터 이어온 경영노하우나 시장에 대한 높은 지식은 훌륭한 경영자산으로서 역할하는 경우가 많으며, 특히 이미 구축된 공급망 등 사업파트너와 같은 사회적 자산은 상속의 가장 큰 장점이다. 문제는 가족 및 친지들 간의 사적인 관계를 관리하는 부분이다. 드라마에서 나오는 것처럼 상속은 정치적인 문제이며, 상속 후 경영행위를 통해 부와 권력의 재분배 문제에서 가족이라는 사적인 관계와 경영이라는 공적인 관계가 혼재되어 갈등을 유발하는 경우는 매우 흔하다. 한편 상속과정에서 배제된 친족에 대한 배려 문제 및 지분관리 문제 또한 단독 창업가들에게는 해당하지 않는 가족기업의 독특한 문제이다.

5) 스타트업 취업

스타트업에 취업하여 얻게 되는 창업 경험은 직원들의 추가 창업에 큰 자산이 된다. 이러한 이점을 염두에 두고 청년 예비창업가들은 창업을 준비하는 하나의 과정으로서 스타트업 취업을 선택한다. 스타트업 취업을 통해 해당 산업의 주요 인맥과 시장성 및 위험요소 등에 대한 이해도를 높일 수 있다고 기대하기 때문이다. 일종의 엿보기 전략인데, 이와 같은 해당 산업에 특화된 지식의 습득은 경험만을 통해 체득되기 때문이다. 이외에도 스타트업 취업은 다양한 이점을 제공한다. 먼저, 스타트업 환경 탓에 직원으로 일하게 되면 다양한 직무를 두루두루 수행하게 된다. 따라서 직원은 학업으로 성취한 전공분야와 무관한 업무는 물론 때로 지원분야와도 상관없는 업무를 수행하게 된다. 이러한 경험을 거친 직원은 단순히 다양한 업무에 대한 이해도와 숙련도를 높이게 되는 것을 넘어 순간순간 변하는 스타트업 환경에 적절하게 대응하는 적응력까지 기르게 되며 대표의 권한을 대행하거나 결정과정에 참여함으로써 리더십을 기를 수도 있다. 스타트업 취업의 가장 큰 장점은 이와 같은 값진 경험을 투자에 대한 위험부담 없이 간접적으로 체험해 볼 수 있다는 점이다. 미국의 다양한 대학들도 이점을 인지하여, 창업 프로그램 학생들에게 스타트업 환경을 경험할 수 있는 인턴십 프로그램을 운영하기도 한다.

현실은 어떨까. 많은 예비창업가들의 바람과 달리, 창업으로 연계된다는 보장은 없다. 창업지식 혹은 경험습득에 용이하지만, 창업은 창업가의 의지와 철저한 계획의 산물이기 때문이다. 체득하게 되는 다양한 직군에 대한 경험 역시 소기업 환경에 국한된 것이며, 예비창업자의 관심산업이 바뀔 경우 산업특화지식의 체득은 의미를 상실한다. 결정적으로 스타트업 취업은 상당한 정도의 기회비용을 감수해야 한다. 산업경험이 전무한 학생이나 청년의 경우는 몰라도 부양가족을 책임져야 하는 시니어 창업자들에게는 저소득 혹은 무소득을 감내해야 하는 등의 엄청난 기회비용에 대한 대비가 필요하다.

제 2 절 기업가의 성품과 필수역량

이상에서 기업가를 동기와 경로별로 구분하여 보았다. 그렇다면 인간으로서의 그들은 어떤 존재인가. 어떤 성품과 역량이 요구되는가. 2절에서는 성공한 사업가들의 성품에 대해서 알아보고, 기업가로서 성공하기 위하여 보유 및 연마해야 할 필수역량에 대해 생각해 보기로 하자.

1. 기업가의 성품(Five P model)

1) 열정(passion)

삶을 대하는 태도에는 다양한 종류가 있지만, 기업가들은 공통적으로 사업의 성공과 사회적 변화에 대한 열정이 가득하다. '열정'은 될 것이라는 강한 느낌(intense positive feeling)을 의미한다.[5] 사업을 하다 보면 뜻하지 않은 고난으로 매출이 증감하는 것을 겪게 되는 등 상황의 부침은 상존한다. 사업가들이 열정적이라는 뜻은 상황이 좋지 않을 때에도 맹목적인 희망을 가진다는 의미가 아니다. 오히려 상황의 유/불리와 무관하게 사업에 매진하는 에너지를 유지함을 의미한다. 열정을 가진 기업가는 좋을 때도 물론 최선을 다하지만, 기업이 어려운 상황에 처했을 때에도 쉽게 좌절하지 않고, 오히려 극복하려는 강한 의지와 에너지를 가지고 있다. 따라서 '열정'은 단시간의 성공에 들뜨는 감정이 아니라 장시간을 통해 지속적으로 유지되는 감정 상태이다. 열정은 전파력이 강해서 때로 부모님을 사업가로 둔 자녀들도 이와 같은 긍정적 에너지의 영향을 받아 사업가에 대한 꿈을 키우기도 한다.[6] 성공에 대한 열정은 상황을 개선시키기 위한 노력으로 이어지고, 지속적인 열정은 '끈기(perseverance)'를 유지하는 기반이 된다.[7] 이와 같은 감정의 상태는 문제를 해결하는 방법에 집중하게 하며 업무의 집중력을 향상시켜 창업가의 성공가능성을 증가시킨다. 장기적 효과 외에 단기적으로도 사업가의 열정은 투자자를 설득해내는 데 효과적이며, 불확실한 상황을 함께 해야 하는 직원 및 협력업체 들에게도 확신을 심어준다.

2) 끈기(perseverance)

'끈기'는 지속적으로 학습된 낙관주의(learned optimism)라 할 수 있으며 성공과 실패가 불확실한 상황에서 장기간에 걸쳐 노력을 지속하는 것을 의미한다. 반두라(A. Bandura)에 따르면 끈기는 악조건 속에서도 뚫고 나갈 수 있는 의지와 힘을 의미한다.[8] 사업가들의 무용담 중 수많은 실패를 자랑하는 경우가 많다. 실패를 통해 '학습'한 효과도 있겠지만, 배운 내용을 써 먹으려면 '재도전'을 해야 한다. 즉 수많은 실패 끝에도 포기하지 않았다는 점이 핵심인 것이다.[9] 인생의 대부분이 그렇지만, 창업의 성공 역시 수많은 실패 속에서 피어나는 것이다. '해낼 수 있다는 자신감'이 끈기의 핵심이지만, 같은 실수를 반복하지 않아야 한다는 전제가 있다. 끈기는 사업가의 자기확신을 통해 강화되며 지속적으로 사업계획을 수정하고 발전시키는 원동력을 제공하며, 따라서 성공한 사업가들은 누구나 보유하는 공통적인 기질이다.[10]

3) 촉진 및 방지(promotion/prevention)

일종의 자기규제(self-regulation) 방식으로서 '촉진형'은 이득의 극대화를 추구하는 방식이며, 방지형은 손실을 최소화하는 데 집중하는 방식이다.[11] 즉 전자는 획득추구형(pursuit of gains)인 관계로 성장과 발전을 중시하며, 후자는 손실회피형(avoidance of loss)인 이유로 책임져야 할 상황을 미연에 예방하는 것을 중시한다. 따라서 촉진형을 추구하는 사람은 적극적인 행동을 취하지 않을 가능성이 적은 반면, 방지형은 실수를 할 가능성이 적다. 주말이라는 여가선용에 대한 행동양상을 살펴보자. 이틀이라는 시간을 투자하여 즐거움을 극대화하는 '활동'에 집중한다면 '촉진형' 행동양식을 따르는 것이며, 같은 시간 동안 휴식을 추구하는 것은 업무 복귀 후 찾아올지 모르는 피로감이라는 '손실'을 회피하는 '방지형' 행동양식이 되겠다. 성공적인 창업가는 양자의 균형을 추구한다. 미국의 경우 대중들이 기업가들에게 자주 묻는 질문이, 과도한 업무로 인해 가족생활을 포기하게 되지 않는가 하는 것인데, 이때 기업가들은 한결같이 자신은 자녀의 야구게임을 빼먹은 적이 없다고 답한다. 창업환경에서 벗어나 가족과의 시간을 사용하며 삶의 질을 '촉진'하지만, 적절한 휴식과 회복을 통해 과로로 인한 생산성 저하를 '방지'하는 것이다. 이와 같은 원칙은 사업환경에도 적용되는데, 사업기회에 뛰어들어 매출을 향상시키는 촉진형 전략은 불확실한 시장환경에 효과적인 한편, 손실을 최소화하는 방지형 전략은 체제가 안정적으로 자리 잡은 시장환경에 효과적이다.

4) 계획성(planning style)

계획하는 방식에는 '종합적, 개괄적, 기회주의적, 수동적, 간헐적'으로 크게 다섯 가지 정도 유형이 있다. 종합적 계획방식(comprehensive)은 전체적인 상황을 염두에 두고 일이 틀어 졌을 상황까지 고려한다. 대체로 성공한 사업가들이 이와 같은 접근방식을 사용한다. 창업 상황에 대입해 보면 종합적 계획은 반드시 필요하다. 이를테면 창업상황에서 결정해야 할 중요한 것 중 하나가 사업체의 법적 형태인데, 단순히 비용이 저렴하고 이윤을 독점한다는 이유로 개인창업의 형태를 결정하면 후에 투자유치에 어려움을 겪게 된다. 이후 어떤 식으로 사업을 확장하고 나아가 어떤 방식으로 투자회수를 할지까지 고려하지 않으면 향후 법적지위를 변경해야 하는 등 고생하는 경우가 많다. 이에 비해 개괄적 방식은 주요 상황(critical point)에 대해서만 계획을 하고 대비책을 마련하는 접근방법이다. 이와 같은 계획방식은 전체적인 얼개에 대한 개념은 확보하지만 구체적 상황에 대한 대비는 약한 편이다. 기회주의적(opportunistic) 계획방식은 사업기회가 포착되었을 때에만 계획하는 접근방식이다. 따라서 기회가 포착되지 않았을 때에는 상대적으로 방만하게 되는 단점이 있다. 반응적 (reactive) 계획방식은 '문제'가 터졌을 때에야 계획하는 것을 말한다. 따라서 촉진형보다는 방지형에 가까우며 사업계획을 검색하고 포착해야 하는 창업환경에는 효과적이지 않다. 간헐적(habit-based)으로 접근하는 사람은 딱히 계획이라는 것을 하지 않는다. 우리식으로 표현하자면, 기분파라고 할 수 있다. 그때그때 기분에 따라 계획하는 방식으로 창업환경에 효과적이지 않다. 창업을 꿈꾸는 예비창업가는 종합적 접근방식을 고려하여 계획하고 실행에 옮길 수 있도록 해야 한다.

5) 전문성(professionalization)

성공적인 사업가는 대체로 평범한 사람들에 비해 한 가지 두드러지게 잘하는 무엇인가를 가지고 있다. 애플의 공동창업자 워즈니악이 컴퓨터 상품개발에 재능

그림 2-1 성공한 기업가의 성품(Five P model)

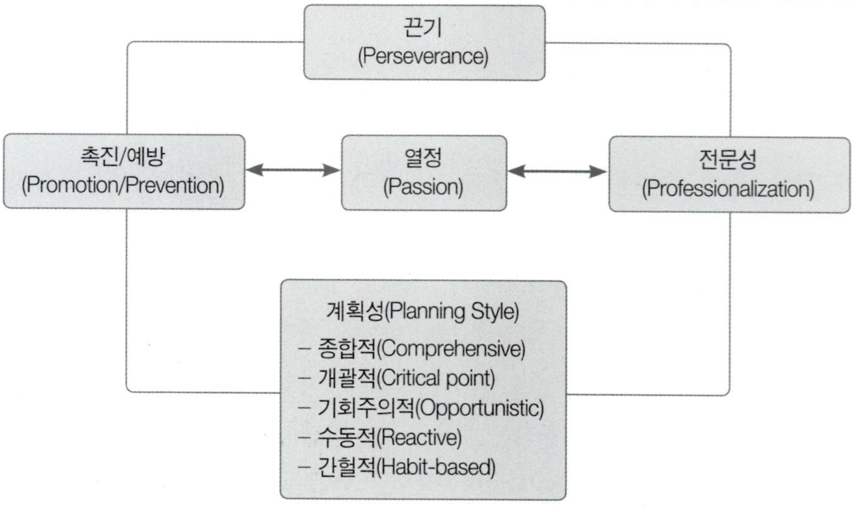

출처 Katz, J. A., & Green, R. P. (2018). Entrepreneurial small business. McGraw-Hill Education. 재구성.

이 있었다면, 잡스는 마케팅에 재능이 있었다. 잡스에게는 소비자를 이해하는 능력이 남들보다 잘하는 무엇이었던 것이다. 창업가들에게는 소위 말하는 '업계표준(standard business practice)'을 능가하는 무엇인가가 요구되며, 성공한 창업가는 단지 표준을 넘어서는 데 그치지 않고, 전문가 수준(expert professionalization)에 이르는 능력을 보유한 경우가 많다. 우리식으로 보면 해당 분야의 '달인'의 경지에 이르는 경우라고 할 수 있겠다.

2. 기업가의 역량

앞에서 간략하게 언급한 대로 기업가는 관리자와 다르다. 창업에 임하는 기업가는 기성기업의 기업가와는 또 다른 상황을 다뤄야 한다. 그렇다면 창업활동에 성공하는 기업가가 되기 위해 요구되는 역량에는 어떤 것이 있을까. **표 2-2** 가 제시하는 '기업가의 핵심역량'에 대해 알아보자.

표 2-2 기업가의 핵심역량

핵심역량	내용
기업가 공통역량	• 판촉, 운영, 회계, 재무, 인사관리 등 기업운영에 전반적으로 요구되는 역량 • 창업 및 기업활동에 공통적으로 요구됨
산업특화역량	• 창업예정기업이 진입할 산업에 관한 특정한 지식을 의미 • 특정 산업의 경쟁자, 주요 판로, 시장, 성공요인, 인맥 등 • 창업 초기 시장진입전략 수립을 위해 필수적인 역량
자원관리역량	• 금전적, 비금전적, 자원조달, 전문성, 기술자원, 시간 및 공간적 자원, 인력동원에 관련된 기업활동을 수행할 역량 • 창업 초기 존재하지 않는 자원을 동원하는 필수 역량
의사결정역량	• 창업과정 시 수반되는 다양한 선택에 대한 결정을 내리는 역량 • 창업을 할 것인가의 문제부터 결정이 필요하므로 기업가에게는 필수적인 역량
사업기회역량	• 사업기회를 감지하고 평가하는 능력 • 창업과정의 시작은 기회의 포착에서 비롯되고 다양한 기회의 평가가 필수적임

출처 Katz, J. A., & Green, R. P. (2018). Entrepreneurial small business. McGraw-Hill Education. 재구성

1) 기업가 공통역량

창업이라는 특수한 업무에 임하는 기업가라 할지라도 일반 비즈니스 업무인 마케팅, 세일즈, 조직운영, 재무/회계, 인사관리와 같은 핵심적인 업무(key business functions)를 수행할 수 있는 기본역량은 중요하다. 팀이 깨지는 많은 경우 핵심적 역할을 하는 기업가가 '몽상가'일 경우가 많은데, 재무/회계에 대한 이해도가 부족한 관계로 원대한 포부에 비해 비용구조와 같은 문제에 대한 무지의 탓이 크다. 이와 같은 이유로 창업에 특화된 학위과정에서도 같은 과목을 공통필수로 요구하는 경우가 많으며, 재무/회계에 대한 기본적인 이해(financial literacy)를 대학원 과정의 입학조건에 포함시키는 경우도 흔하다.

2) 산업특화역량

성공적인 기업가가 되려면 해당 산업에 대한 높은 이해도를 확보하는 것이 중요하다. 이를 산업특화지식(Industry-specific knowledge)이라고 한다. 창업은 기회포착 행위이고 기회포착은 시장에 대한 지식을 전제로 하기 때문이다. 연평균성장률, 성공요인, 트렌드와 같은 산업과 시장에 대한 이해는 산업특화역량의 기본이며, 나아가 조직을 구성하기 위한 역량의 기반으로서 가용노동력 현황, 자본시장의 규모 및 우호도, 직능단체 및 협회 등에 대한 지식은 이후 조직을 연착륙시키기 위해 필수적이다. 앞서 언급한 먼차의 이진아 대표가 자신이 이루고자 하는 회사의 미래에 대한 이상향을 그릴 수 있었던 것도, 해당 산업체의 트렌드를 알고 있었기 때문이다.

3) 자원관리역량

자원관리역량(resource competencies)은 창업하는 기업인에게 결정적으로 중요한데, 이는 창업이라는 상황이 거대자본 운용가능성을 전제로 운영되는 대기업과 같은 기존조직의 관리자들(managers)이 겪는 상황과는 근본적으로 다르기 때문이다. 자본유치에서 중요한 투자자 선정과 관계설정 및 유지, 투자유치를 위한 계획까지 일련의 과정에 창업의 성패가 달려 있다고 해도 과언이 아니다. 기술창업의 경우 초기 대부분의 기술창업가가 기술개발단계에서 사업적 영감을 얻게 되지만, 실제로 창업에 임했을 경우 많은 시간을 투자자와의 미팅에 소진하게 되는 경우가 많다. 핵심기술 개발 및 상용화를 위해서 필수적으로 요구되는 보완기술(complementary technology)에 대한 탐색 및 확보의 능력 역시 자원관리 역량의 일종이다. 기술확보 및 투자유치 외에 핵심인력을 창업팀에 합류시키는 것도 중요하다. 작은 일 같아 보이지만, 사업체의 위치를 선정하고 사무실 등의 공간을 확보하고 꾸리는 것도 창업환경에서는 매우 중요한 활동이라 할 수 있다. 이 모든 것들을 해내는 능력을 일컬어 자원관리 역량이라 한다.

4) 의사결정역량

의사결정역량(determination competencies)은 무엇인가를 결정하는 능력을 일컫는다. 결정하는 것이 어렵지 않아 보이지만, '결정장애'라는 말이 흔히 쓰이는 것을 본다면, 어떤 이슈에 대한 결정을 내리는 것이 쉬운 일은 아니라는 뜻이 되겠다. 이는 결정하는 모든 순간 희생하고 포기하는 것이 따르기 때문이다. 짜장면을 먹는 날이 행복하면서도 불행한 건, 동시에 짬뽕을 안 먹기로 '결정'했기 때문이다. 창업의 과정은 결정(decision)과 결단(determination)에서 비롯된다. 사업을 하겠다는 결단은 동시에 취업을 하지 않겠다는 결단이다. 취업을 하지 않으니 당분간은 매우 낮은 소득으로 버티거나 최악의 경우 아예 없이 지낼 수 있다는 결단이다. 취업을 하지 않으니 당분간 부모님께는 '실업자 자녀'가 되겠다는 결단을 하는 것이다. 재활용 사업을 하겠다는 것은 평생 '쓰레기 사업가'라는 오해와 싸우겠다는 결단을 하는 것이다. 투자를 하겠다는 결정은 금 같은 적금으로 호캉스를 즐기지 않겠다는 결단이며, 부모님과 친구들을 빚쟁이로 만들지 모를 앞날에 대한 결단이다. 업무의 집중도가 높은 직원의 사기 진작을 위해 사무실에서 빈둥대는 배우자의 막내 동생을 해고할 결정을 해야 하는 것이 창업이라는 결정이다. 이와 같은 결정과정에서 반대하는 구성원을 설득해야 하며, 자신의 결정에 대한 확신을 심어줄 수 있어야 한다.

5) 사업기회역량

사업기회역량(opportunity competencies)은 사업기회 포착을 위해 요구되는 능력을 말한다. 론칭 이전 단계에서 기업가는 사업기회를 포착하기 위해 끊임없이 환경탐색(environmental scanning)을 해야 한다. 창업과정에서도 신문과 잡지를 통해 급변하는 사회적 환경에 대해 민감해야 하며, 주요 직능그룹과의 교류를 통해 산업체와 소비자의 트렌드 파악을 게을리하지 말아야 한다. 특히 기술창업에 임하는 경우 하루가 다르게 변하는 기술발전 상황에 대한 모니터링이 매우 중요하다. 거액의 투자가 요구되는 특허 관련 업무에 임하는 상황인데, 이미 한물 간 기술에 투자를 해서는 안 되기 때문이다. 이런 이유로 인해 창업환경에서 기업가는 조직 내의 관리도 중요하지만, 외부인사 및 잠재고객과의 교류를 꾸준히 지속해야 한다.

사업기회역량은 기회를 포착하는 것으로 시작하지만, 포착된 기회를 평가할 수 있는 능력도 중요하다. 대개 환경탐색을 지속하는 기업가의 경우 다양한 기회를 포착하게 된다. 그러나 포착된 기회를 전부 추구할 수는 없으므로, 사업가는 포착된 기회를 비교분석하여 가장 가치 있고 실현 가능한 기회를 선택해야 한다.

제 3 절 이상적인 기업가

이상에서 성공한 기업가가 되기 위한 역량과 필수적인 업무영역을 개괄적으로 살펴보았다. 그렇다면 성공이란 무엇인가. 창업에 연착륙하고 유니콘 기업으로 키우는 것, 그 또한 성공을 정의하는 하나의 단면일 것이다. 최근 모 스타트업이 미국 주식시장에 상장하는 쾌거를 이뤘다. 상업적 성공이라는 정의에서 해당 스타트업은 크게 성공하였다. 그러나 이후 해당기업은 직원 착취라는 비난을 받게 된다. 성공한 기업인가. 이외에도 수많은 기업가들이 상업적 성공을 거둔 후, 우울한 말년을 살고 있다는 이야기들을 듣는다. 그렇다면 기업가로서 성공한다는 것은 과연 무엇인가. 이 절에서는 우리가 꿈꾸는 이상적인 기업가의 상에 대해서 생각해 보기로 한다.

1. 기업가로서 성공한 인생의 의미

그림 2-2 는 기업가의 성공을 정의하는 4가지 관점을 제시한다. 첫 번째 관점은 우선 기업의 성공이다. 우리가 흔히 생각하는 창업의 연착륙 및 생존(survival), 그리고 사업에서 이윤을 내고 성공적으로 성장시키는 것 등이 되겠다. 어느 정도 이윤을 내야 성공한 것일까. 유니콘이 아니어도 좋다. 기업가의 필요에 따라 '이윤'은 3가지로 정의될 수 있다. 먼저 보충적 이윤(supplemental profits)을 생각해 보자. 이는 창업가가 직업이 있는 경우 추가소득 창출을 위해 창업하는 경우이다. 일차적인 소득 창출 수단이 있는 만큼 창업을 통해 추구하는 이윤규모가 크지 않다. 규모 면에서 다음으로 큰 것은 소득대체이윤(substitution profits)으로서 직장에 다니면서 기대할 수 있는 소득수준과 적어도 유사한 정도의 이윤을 의미한다. 취업을 통해 연봉 5천을 받을 수 있다면 창업을 통해서 그만큼은 벌어야 한다는 논리이다. 이때 '성공'한 창업의 기준은 연이윤 5천이 되겠다. 상대적으로 위험부담이 큰 '스타트업' 창업의 경우 대체소득을 압도하는 정도의 이윤을 추구한다. 이와 같은 경우를 성공이윤(success profits)이라 한다. 전술한 바와 같이 창업의 의도와 맥락은 개인에 따라 다르다. 따라서 성공을 규정하는 한 단면인 이윤규모도 각각 다르다. 흔히 생각하는 '성공이윤'만이 창업성공을 규정하는 절대적인 이유일 필요가 없고, 그래서도 안 된다.

그림 2-2 쿼드러플 바텀 라인 모델(Quadruple bottom line model)

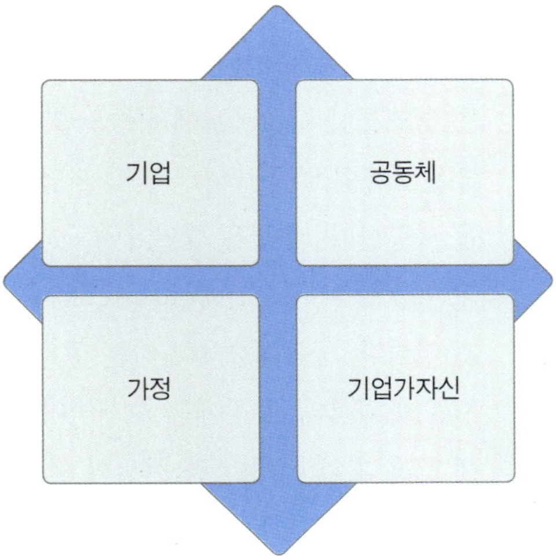

출처 Katz, J. A., & Green, R. P. (2018). Entrepreneurial small business. McGraw-Hill Education. 재구성.

이윤창출 외에 다른 기준으로 '공동체'가 있다. 미국의 대형 기업 '아마존(Amazon)'이 엄청난 상업적 성공에도 불구하고 대중의 비난을 받는 경우를 생각해 보자. 사업주인 제프 베조스는 전 세계 부호랭킹 1위에 오를 정도로 부를 창출했지만, 직원들에 대한 처우가 열악하다는 것이 주된 이유이다. 부를 창출하는 데 탁월했지만 공유하는 능력이 부족했던 것이다. 따라서 성공의 두 번째 관점은 '공동체'를 생각하는 것이다. 내부적 관여자인 직원의 처우부터 시작하면 되겠다. 아마존과 대비되는 기업을 꼽으라면 미국의 대형 유통기업인 '코스트코(Costco)'를 들 수 있겠다. 코스트코에 가면 직원들이 항상 밝은 얼굴로 손님을 맞이한다. 경쟁사인 월마트가 운영하는 샘즈클럽(Sam's Club)에서는 느낄 수 없는 친절함이 있다. 코스트코가 직원에 대해 좋은 처우를 제공하니 직원의 표정에 드러나는 것이다. 그러니 손님들도 코스트코를 사랑한다. 물건을 할인가에 구매하는 것은 샘즈클럽과 마찬가지이지만, 직원에 대한 좋은 처우로 인해 코스트코는 지역공동체에 베푸는 기업이라는 이미지를 얻게 된 것이다. 공동체를 챙긴다는 좋은 소문은 이렇게 기업에 대한 고객사랑으로 이어지게 마련이다. 공동체는 고객이나 지역주민과 같은 외부관여자도 포함하며, 경우에 따라 기업과 개인 간 신뢰의 재고와 같은 공동체적 가치의 창출 및, 자연환경을 보호하는 행위도 포함한다. 최근 많은 기업들이 친환경사업 전략을 채택하고 공격적으로 홍보하는 것은 전부 이유가 있는 것이다. 열악한 지역의 교육인프라 구축을 위해 기업이 자선활동을 하는 것들도 모두 기업성공을 위한 활동에 해당한다.

관점을 좁혀 보자. 기업가에게 개인적으로 중요한 성공의 잣대라면 가정을 빼놓을 수 없다. 직장인이 일과 삶의 균형(work-life balance)을 중시하는 것과 같이 기업가에게도 가정생활은 매우 중요한데, 이는 창업이라는 업무 자체가 휴식시간 없이 일에 빠지게 만드는 마력이 있기 때문이다. 투자상황을 생각해 보자. 직원은 퇴근하면 그만이지만, 기업가는 언제 어느 때 투자자와의 미팅이 잡힐지 모른다. 가족들과 나들이를 약속한 저녁시간에 투자자가 급하게 만나자고 하는 상황이 생길 수 있다. 그러나 사업을 중시한 나머지 가족에게 충실하지 못한다면 그의 삶은 황폐화될 것이다. 가정이라는 삶이 무너진 뒤에는 기업가의 사업 성공이 무의미해지는 것이 자명하다.

마지막으로 기업가 자신이다. 인생의 주인은 본인이며, 끝까지 자신의 곁을 지키는 것도 본인이다. 이를 위해 기업가는 본인이 원하는 것을 분명하게 이해할 필요가 있다. 추구하는 기업의 목적이 무엇인가. 사회적인 문제를 해결하는 것인지, 재정적인 성공을 추구하는 것인지 명확히 해야 한다.

2. 기업가로서 윤리적인 인생

1) 윤리문제의 이해

이상적인 기업가로서 성공을 이해하는 것이 매우 중요하다면, 또 다른 한 축은 기업을 윤리적인 원칙에 입각하여 경영하는 것이다. 윤리는 공동체의 가치를 규정하는 체계이며, 마땅히 해야 할 것을 규정하고, 하지 말아야 할 것의 선을 긋는다. 기업은 사회의 구성원(citizen)으로서 사회가 공유하는 윤리적 체계를 준수할 책임을 진다. 기업을 창조하고 운영하는 기업가에게 윤리체계에 대한 이해가 중요한 이유이다. 윤리문제는 언제나 유사한 가치의 충돌로 인한 딜레마를 겪게 되는데, 이때 기업가가 숙지해야 할 기준은 의무론적 관점, 공리주의적 관점, 그리고 덕윤리적 관점의 3가지로 이해할 수 있다.[12)]

(1) 의무론적 관점

먼저 '의무론적 관점'은 어떤 행동에 대한 동기가 윤리적 명령에 부합하는지 여부를 중시한다. 의무론적 관점은 선험적 명령의 존재를 긍정한다. 이를테면 성경이나 불경과 같은 경전이 규정하는 도덕률을 인류가 보편적으로 받아들여야 하는 기준으로 본다. 따라서 '거짓말 하지 말라'라든가 '살인하지 말라'라는 명령은 그 자체로서 윤리적 근원(fundamental)을 제시하며 행위의 판단기준이 된다고 주장한다. 행위의 윤리성은 이와 같이 객관적이고 절대적인 기준에 따라 판단이 가능하다. 그러나 이와 같은 점은 문화적 맥락에 따른 상대적 차이를 무시하며 교조주의에 빠질 가능성이 있다는 점을 주지하여야 한다. 다문화사회로 전환해 가는 우리의 조직문화에 원론적으로 적용된다면 타문화 출신 구성원들 간의 오해를 유발할 소지도 있다.

(2) 공리주의적 관점

'의무론적 관점'은 행동의 동기에 관심을 가진 데 비해 '공리주의적 관점'은 행동의 결과의 윤리성에 초점을 맞춘다. 결과가 좋으면 좋은 것이라는 뜻도 된다. 한편 선의에서 비롯되었다 할지라도 결과가 부정적이라면 '비윤리적' 행동이라 할 수 있다. 문제는 대부분의 경우 행위의 결과가 단순하지 않다는 것이다. 좋은 면과 나쁜

면이 혼재하는 경우 공리주의 관점은 결과의 합을 채택하게 되고, 부정적 결과는 긍정적 결과에 의해 정당화되기도 하니, 감사의 상황에서는 부정적 효과를 축소하게끔 유도할 가능성이 크다. 행위의 윤리성이 결과에 따라 결정되므로 결과론으로 빠질 위험성도 있다.

(3) 덕윤리의 관점

'덕윤리의 관점'은 동기와 결과보다는 공동체의 관계 향상에 이바지했는지를 중점적으로 보며 공동체의 덕이 보존되고 향상되었는지 여부를 윤리적 행위의 기준으로 제시한다. 행위의 비윤리성은 '덕스럽지 못한' 행동인지 여부에 의해 결정된다. 행위의 맥락을 고려한다는 점에서 의무론적 관점의 절대성을 보완하는 한편, 결과까지 고려한다는 점에서 공리주의적 관점을 부분적으로 수용한 면이 있다. 결과론의 함정은 맥락의 고려로 보완하지만, 과도할 경우 '상황윤리'로 경도되어, 모든 평가가 '입장의 차이'로 변질될 수 있다. 이럴 경우 윤리적 판단은 모호해지고 윤리와 비윤리의 경계가 허물어지는 경우가 많다. '공동체의 덕'이라는 것도 정의가 모호하며, 카리스마적 리더십이 이끄는 경우 리더의 주관에 의해 좌우될 가능성이 크다.

2) 윤리경영의 중요성

소위 '열정페이' 사태는 우리 사회에 적지 않은 파장을 일으켰다.[13] 취업에 목마른 청년 인재들의 절박한 상황을 이용하여 고용주들이 청년들을 착취하는 행태가 사태의 본질이었다. 고용주가 고용인의 불안전한 상황을 이용하여 계약에 없는 노동을 강요하는 형태가 기본이었다면, 이에 대해 항의하는 직원에 대해 폭언과 욕설 등의 정신적 폭력을 넘어 폭행까지 하는 경우가 언론을 통해 보도되었다. 이외에도 모집공고에 기록된 사항들을 성실히 이행하지 않는다든가 하는 방식으로 직원을 기만하는 형태에서부터, 인턴 혹은 인턴과 유사한 형태의 임시직으로 고용하여 필요한 작업에 동원한 후 고용을 해지해 버리는 대담한 형태까지 다양한 양상이 존재했다. 충격적인 사실은 이런 기업들 중 상당수가 젊은 창업자들이 일궈낸 스타트업이었다는 것이다. 최근 국내 굴지의 IT기업의 경우 폐쇄적 결정과정과 수직적 문화가 고발되어 '젊은 꼰대'라는 오명을 얻기도 하였다. 기업의 도덕적(moral) 윤리적(ethical) 문제는 이와 같이 고객들을 응대하는 과정에서 비롯될 뿐만 아니라, 직원들과의 관계에서도 비롯된다. 언론 사회면에 보도되는 즉시 회사는 이미지와 주가에 타격을 입게 되는 등, 막대한 비용을 치르게 된다는 점에서 윤리적 문제에 대한 경각심을 가지는 것은 매우 중요하다.

현장의 생각은 어떨까. 연구에 따르면 현장관리자들은 법적 처벌에 대해 가장 큰 경각심을 가지고 있다고 한다.[14] 즉 법적 처벌이 불가능한 문제에 대해서는 상대적으로 경각심이 덜하다는 것이다. 임시직의 애매한 신분을 활용하여 착취하고 버리는 방식으로 직원을 기망하는 행동을 하는 것은 어쩌면 불법성 여부가 애매하다는 점을 이용한 것인지도 모르겠다. 그렇다면 불법이 아니라면 괜찮을까. 표 2-3 은 윤리경영이 실패했을 경우와 기업이 부담해야 하는 대가를 단계별로 표현하고 있다. 표에서 드러나는 바와 같이 경영진의 관심과 손실의 중요성은 상호비대칭적이다. 이는 현장의 경영진들이 실제로 중요한 일에 대해서는 관심이 적은 반면 별로 중요치 않은 경우에 비중을 두고 있다는 것을 의미한다. 여기에서는 어떠한 종류의 대가를 치러야 하는지 각 단계별로 알아보자.

표 2-3 윤리경영 실패의 대가

구분	손실의 중요성	경영진의 관심	손실 발생원인	손실의 성격
1단계	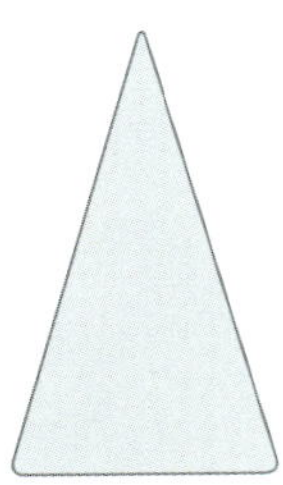	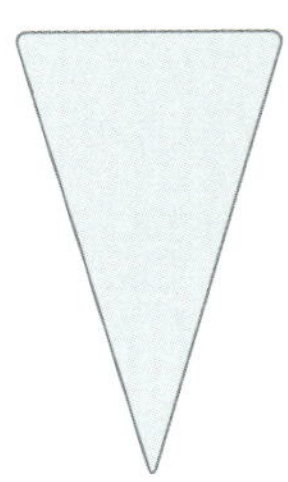	경미한 법률적 문제	• 규제위반 범칙금 납부 및 적정수준 제제
2단계			중대한 법률적 문제	• 감독기관의 감사 • 기관급 재교육
3단계			이해관계자와의 문제	• 고객이탈가속화 • 직원사기저하 • 직원이직률 증가

출처 Katz, J. A., & Green, R. P. (2018). Entrepreneurial small business. McGraw-Hill Education. 재구성.

(1) 실패의 1단계

윤리문제 실패의 첫 번째 단계는 기업이 경미한 법률적 문제에 휘말렸을 경우이다. 규제를 위반하여 범칙금을 납부하거나 일정수준의 사업 제제를 당할 경우인데, 당장 영업에 지장을 초래하며 금전적 부담이 발생하니 경영진으로서 가장 피하고 싶은 상황인 것은 이해한다. 그러나 역으로 생각하면 단기간의 제제나 벌금으로 마무리가 될 수도 있는 상황이다.

(2) 실패의 2단계

윤리문제 실패의 2단계는 중대한 법률적 문제를 위반한 경우로서 단순 범칙금이나 제제로 끝나지 않고 감사 및 기관의 재교육을 받아야 하는 상황이다. 상황의 여파가 1단계와 같이 단기간에 끝나는 것이 아니라는 상황에서 여파가 크다. 그러나 경영진의 관심이 1단계만 못한 것은 중대법률 위반이라는 행위를 통해 얻어지는 이익에 눈이 먼 탓일 가능성이 크다. 한편 중대법률 위반 행위의 적발 빈도가 낮거나 이를 관행처럼 여기는 풍토도 있을 것이다.

(3) 실패의 3단계

마지막으로 3단계는 내부적 외부적 이해관계자와의 관계에서 윤리적 문제가 발생한 경우이다. 소비자의 불만이 누적되면 소비자가 떠나는 경우가 발생한다. 범칙금이나 재교육은 장단기 손실을 유발하지만, 소비자가 떠난 기업은 그 자체로 영업의 종료를 의미한다. 내부적으로는 직원들의 처우가 부실한 것을 넘어 부당한 대우가 누적될 경우인데, 직원 간에 냉소주의가 자리 잡는 것으로 증상이 시작되며 이는 직원들의 일할 의욕 감소 및 사기 저하로 이루어진다. 보신주의가 자리 잡게 되고, 조직은 소위 '정치질'에 능한 직원이 보상을 받는다는 분위기가 팽배하게 된다. 열정적으로 일하던 직원에게는 하루하루 떠날 이유만 쌓이게 되고, 괜찮은 보상을 약속하는 다른 일자리가 나오는 순간 이직에 주저할 이유가 없어진다. 따라서 이런 조직 내 직원의 이직률은 증가세를 보이게 된다. 고객이 떠나고, 직원이 떠난다면 조직의 존재 이유는 사라진다. 문제는 다수의 경영진이 이와 같은 상황에 대해 가장 낮은 경각심을 가지고 있다는 것이다.

(4) 위기상황에 대한 적절한 대응

그렇다면 윤리적 위기상황에 직면했을 때 어떻게 대응해야 할까. **그림 2-3** 은 윤리문제의 대응절차를 보여주고 있다. 첫 번째 단계로, 고객이나 직원과 관련된 윤리적 문제가 발생하였을 경우 가장 먼저 해야 할 것은 문제의 진상을 파악하는 것이다. 다음으로, 이를 위해 전담인력을 신속하게 배치하는 것부터 시작하여 담당인력이 문제 해결에 집중할 수 있는 환경을 만들어 주는 것이 좋다. 담당인력이 정해지면, 윤리적 기준에 따른 대안 마련 및 협상에 임한다. 이때 중요한 것은 법적 기준보다 윤리적 기준이 선행한다는 점을 인정하는 것이다. 다음으로 경제적 기준을 마련하고 마땅한 보상책을 수립한다. 이와 같은 3가지 기준 및 우선순위에 따른 대응방안을 마련하고 시행하는 절차는 한 번 하고 끝나는 것이 아니라, 반복적으로 되풀이하여야 한다. 기준과 절차에 따라 마련된 대응방안이라 할지라도 여전히 완벽한 것은 아닌 관계로, 진행상황을 모니터링하고 그에 따른 피드백에 기반하여 추가 수정해야 하기 때문이다.

그림 2-3 윤리문제의 대응절차

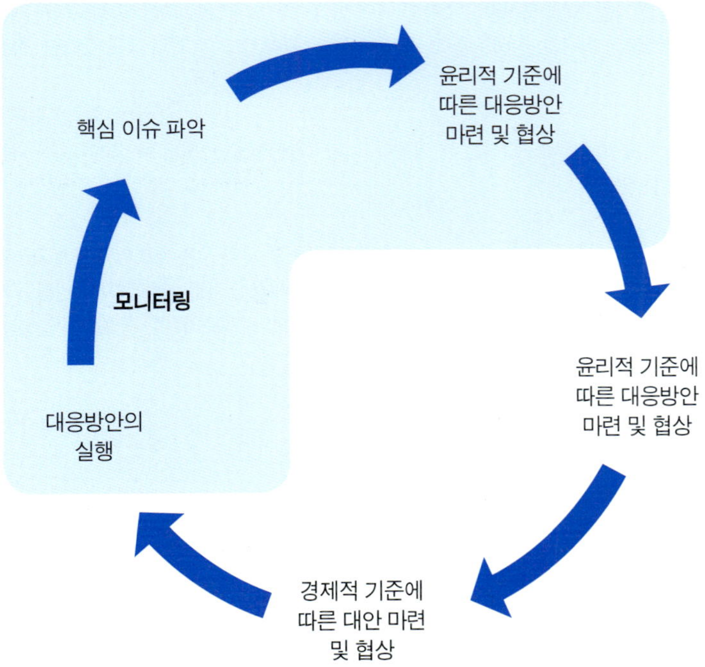

출처 Hosmer, L. T. (2003). The Ethics of Management(4th edition). McGraw Hill Irwin New York.

챕터 마무리 이야기

요리를 좋아하는 남편과 스낵을 좋아하는 부인. 둘 다 일찍이 사업에 관심이 많았고, 제품 개발 및 CPG 마케팅 경력을 가지고 있었다. 남편이 레시피를 개발하고, 부인이 시장조사를 통해 타깃 white space 및 제품스펙을 제시하였다. 충분히 승산이 있어 보였다. 이진아 대표의 상품 개발과 마케팅 경험은 스타트업 먼차에 도움이 된다. 남편인 유지헝의 레시피 개발도 성공적이다.

그런데 가정에서 양산체제를 구축하려면 어떤 장비들이 필요할까. 필수장비만 생각해 보자. 식품건조 기능이 탁월한 영업용 오븐이나 식품건조기, 그리고 고기의 두께를 균등한 정도로 얇게 썰 수 있는 영업장용 미트슬라이가 필요하다. 좋은 딜을 찾는다면 필수장비는 천 불 정도 선에서 해결할 수 있었다. 고기를 보관할 영업용 냉장고나 패키징에 필요한 물품 구매는 주문수량을 봐 가면서 결정할 수 있다.

주방도구 등의 구매물품을 리스트업하고 비용을 산정해 보니 비용도 만만치 않게 들었지만, 불가능한 것은 아니었다. 이진아 대표와 남편 유지헝은 2019년을 떠올렸다. 지인들에게 대접용으로 내 놓던 것이 인기를 끌었던 경험이 있기 때문이다. 집에서 하는 가족모임에서 혹은 외부에서 가졌던 지인들과의 만남 자리에서 먼차는 인기 상품이었다. 300여 명까지 대접을 했지만, 일일 생산량이 소량일 때의 이야기다. 일주일에 30여 명 정도에게 제공하는 양을 생산했으니 그렇다고 극소량은 아니다. 장비도 없고 생산시스템을 갖추지도 않고 그 정도 했다면, 작정하고 덤비면 못 할 것도 없다.

원재료인 육류는 코스트코 홀세일에서 구입하는 게 가능했고, 가격경쟁력도 있었다. 무엇보다 소화 가능한 수량을 생각하면 이 정도 공급원은 없었다.

시간 문제도 있었다. 레고에서 현직을 유지하는 남편 유지헝이 퇴근 후 꼬박 오븐에만 매달려야 가능한 시간이었다. 지하실을 조금 정리하고 개조하면 장소 문제는 없었다. 오븐 사용시간 증가로 인한 전기세 인상도 계산에 넣어야 한다. 초기 비용이 증가하는 것 같은데, 장비를 반드시 사서 써야 하나. 렌트하거나 중고를 구입하는 방법도 있다.

토론주제

1. 이진아와 유지헝이 보유한 창업 관련 역량은 어떤 것이 있는가.
2. 시놉시스를 분석하여 먼차의 창업과정에서 걸림돌이 되었던 요소를 발견하고 토론하시오.

생각해볼 문제

1. 기업가의 5P 성품 모델을 기준으로 자신의 성품을 돌아보고 강점과 약점을 생각해 보시오.
2. 기업가 핵심역량모델을 사용하여 스스로의 역량을 평가하여 강점과 약점을 제시하시오.
3. 윤리문제를 다루는 3가지 기준에 대해 정의하고 실제 사례를 들어 설명하시오.

그룹토의(그룹토의는 3-4명의 학생들로 소그룹을 만들고, 다음의 문제들 중 하나를 선택하여 5-10분 정도 자유토론을 진행한 후 공유한다.)

1. 기업가는 윤리적이어야 하는가. 적당한 수로 나눠 찬성과 반대를 정하고 토론하시오.
2. 각자 자신이 구상 중인 사업에 대해 발제하고, 잠재적 윤리문제에 대해 생각해 보시오. 발제자가 제시한 윤리문제 외에 추가적 문제나 해결방안에 대해 피드백을 하시오.
3. 현재 자신이 속한 기업이나 조직을 돌아보고, 윤리경영에서 실패한 부분을 사례로 들어 '실패의 3단계' 중 어디에 속하는지 각자 제시하고 토론하시오.

핵심개념정리

기업가는 누구인가. 이전 장에서 창업에 수반되는 일련의 행동양식으로서 기업가정신에 대해 학습하였다. 따라서 기업가(entrepreneur)는 광의적으로 기업가정신을 실행하는 사람이라 볼 수 있겠다. 이들은 기업가정신을 동원하여 때로는 기존 조직을 혁신하고 때로는 새로운 사업을 만들어 내기도 한다. 이 중 어떤 이는 생계를 위해, 어떤 이는 고부가가치 창출을 위해, 혹은 사회적 문제를 해결하기 위해 '기업가정신'을 활용한다. 어떤 이는 창업을 주도하고 어떤 이는 타인의 창업에 함께하며 '창업가'의 길을 걷게 된다. 이 중 주도적으로 창업에 임하는 인물이 '창업주'라는 역할을 맡게 되고 'founder'라는 칭호를 얻게 된다. 연쇄창업가, 즉 Serial Entrepreneur는 물론 사내창업가들의 경우 진행 중인 사업체 없이 과거의 무용담을 강연만 하고 다녀도 '기업가(entrepreneurs)' 대우를 받게 되지만, 과거든 현재든 모종의 신규 사업을 개발했을 때에야 비로소 창업가(founder)로서 자격을 얻게 되는 것이다. 요컨대 기업가는 기업가정신을 체득하고 실행에 옮기는 모든 이를 일컫는다. 기업가정신의 요체가 '정신'이 아니라, '실행'이라는 방증이다. 한편, 수많은 뉴스와 영화에서 기업가는 탐욕적인 존재로 그려진다. 이윤을 추구한다는 단편적인 명분으로 공동체와 환경을 희생한다면 기업가정신의 부분만 이해했거나, 심각하게 오해한 것이다. 문제해결을 통해 긍정적인 변화를 추구하는 이상적인 기업가의 이미지와도 무관하다. 기업가정신의 참된 의미를 되새겨야 할 또 다른 이유가 되겠다.

CHAPTER

03

사내벤처를 통한 창업

학습목표

1. 사내벤처의 정의, 등장 배경, 분류체계 등에 대하여 학습한다.
2. 사내벤처 육성을 위해 기업이 준비해야 할 요소들을 이해한다.
3. 사내벤처의 프로세스 및 분사과정을 학습한다.
4. 사내벤처전략의 시대적 상황적 흐름에 따른 트렌드를 이해한다.

챕터 시작 이야기

네이버는 1999년 6월 11일, 삼성SDS에서 '네이버컴'이라는 사내벤처기업으로 출발하였다. 네이버는 사내벤처로서 주목할 만한 결과물들을 내놓으면서 성장했지만, 창업자인 이해진 의장은 세 가지 문제에 직면하였다. 첫째, 회사 내에서는 계속 적자를 내며 타 부서의 지원금으로 연명하는 문제 부서라는 시각도 존재하였기 때문이다. 두 번째 고민은 적절한 인재 확보의 문제였다. 기본적으로 삼성의 공채를 통해 입사한 사람으로 충원을 해야 했는데, 이러한 방식은 업무적합도 및 시간적인 측면에서 타 경쟁업체와 비교하면, 네이버에 불리하게 작용할 요인이었다. 마지막 고민은 역설적으로 삼성이라는 커다란 우산이 주는 어려움이었다. 독립된 사내벤처임에도 불구하고, 1990년대의 인식으로 네이버는 여전히 '삼성의 부서'로 여겨졌기 때문이다. 이는 각종 제휴 시 혜택이나 손해를 떠나서 불필요하고 복잡한 과정을 요구하였다. 이해진 의장은 신속한 분사를 결정하고 1999년 6월, 자본금 5억 원으로 삼성SDS로부터 분사를 단행했다. 이후 같은 삼성SDS 출신인 김범수 카카오 의장이 만들었던 '한게임'을 인수합병(M&A)하며 몸집 불리기에 성공하였고, 그 당시까지 벤처 사상 최대투자액인 100억 원을 한국기술투자로부터 유치하였다. 이후 '지식iN'이라는 검색서비스와 통합검색포털로서의 편리함을 바탕으로 2004년 이후부터 국내 포털시장에서 1위를 확고하게 유지해오고 있다. 또한, 일본 메신저 시장의 70% 이상 점유하고 2억 명 이상이 사용하고 있는 글로벌 모바일 메신저 '라인(Line)'을 비롯하여, 현재 누적 다운로드 수가 2억을 넘긴 동영상 카메라 앱 '스노우', 디지털만화서비스 '네이버웹툰' 등 다양한 사내벤처를 통해 지속적인 혁신을 추구하고 있다. 네이버는 모바일 서비스의 혁신을 가속하기 위해 2014년 4월 본부직속의 벤처조직인 셀(cell)을 신설하여 사업 부문으로 벤처조직으로 개편하였다. 이후 이에 대한 독자적인 운영 지원을 대폭 강화하고, 또 사내창업교육 기능까지 담당하는 사내독립기업 '회사 속의 회사(Company-In-Company, CIC)' 제도를 도입하여 셀(cell)들을 관리 및 운영하도록 하였다.

출처 이동기 · 조영곤(2001). 인터넷 기업 간 합병을 위한 협상: 네이버와 새롬기술. *Korea Business Review*, 5(1), pp. 159-178; 김문선 외 8명(2019). 혁신성장 기회를 잡아라. 다할미디어.

토론주제

1. 개인 창업가와 비교해서 사내벤처 창업가가 누릴 수 있는 이점과, 극복해야 하는 어려움은 무엇인지 논의해 보자.
2. 삼성SDS의 네이버컴과 네이버의 Company-In-Company와의 공통점과 차이점에 대하여 생각해 보자.

제 1 절 사내벤처의 기본개념

창업에 성공한 모든 기업의 궁극적인 목적은 영속적인 존속이다. 이는 '지속가능한 경쟁우위(sustainable competitive advantages) 창출'로 요약되는 전략경영의 궁극적인 목표와도 일맥상통한다. 영속적인 존속과 지속가능한 경쟁우위의 첫째 조건이 기업이 시장에서 경쟁력 있는 제품이나 사업 아이템을 보유하는 것임은 두말할 나위가 없다. 하지만, 치열한 경쟁 속에서 100년이 넘는 기간 동안 영속해온 '위대한 기업들(great companies)' 중에서 창업 당시의 제품과 사업을 그대로 유지하고 있는 기업은 극히 드물다. 예를 들어, 아메리칸익스프레스(American Express)는 현재는 신용카드와 다양한 금융서비스를 제공하는 금융회사로 알려졌지만, 이름 속 Express라는 용어에서 유추할 수 있듯이 본래 화물운송업을 바탕으로 설립된 회사이다. 발명왕 토머스 에디슨이 설립하여, 전구 사업으로 시작한 제너럴일렉트릭(General Electric)의 경우 현재는 첨단엔진, 운송설비, 의료기기 등에서 선두를 달리는 거대복합기업이 되어 있다. 이는 100년 이상의 역사는 아니지만, 상당 기간 시장에서 우수한 성과를 보이며 존속하고 있는 기업들에도 적용된다. 한국의 대표 기업인 현대자동차와 삼성전자 역시 예외가 아니다, 세계 최고의 로봇기술 업체인 보스턴다이내믹스(Boston Dynamics)를 인수하여 로봇공학 분야까지 활발한 진출을 준비하고 있는 글로벌 완성차 업체인 현대자동차도 시작은 창업자 정주영 회장이 설립한 '현대자동차공업사'라는 작은 자동차정비사업이었다. 휴대전화와 반도체로 세계시장을 점령하고 있는 삼성전자 역시 과일과 건어물을 팔던 삼성상회와 건설 및 도매업을 하던 삼성물산이라는 작은 회사에서 시작하였으며, 창업자 이병철 회장의 결단과 뒤를 이은 이건희 회장의 노력이 없었다면, 반도체는 삼성의 사업군에서 찾아볼 수 없었을지도 모른다. 온라인 메신저로 시작한 카카오(Kakao)의 경우, 현재 은행업을 비롯하여 온라인 쇼핑몰까지 활발하게 영역을 넓혀가고 있다. 온라인 서점으로 출발한 아마존(Amazon)은 현재 인공지능(AI)부터 오프라인 식료품 사업까지 진출하는 폭넓은 행보를 보여주고 있다. 현재 컴퓨터용 중앙처리장치(CPU) 시장을 지배하고 있는 인텔(Intel)의 경우, 창업 당시 주력 제품은 현재 한국의 삼성과 SK하이닉스가 지배하고 있는 메모리칩이었다. 이처럼 긴 역사와 치열한 경쟁 속에서 살아남고 성공적으로 사업을 영위하는 기업들의 공통점은 무엇일까? 그것은 바로 시대의 흐름을 읽는 안목, 끊임없이 새로운 영역을 개척하고자 하는 의지, 그리고 이러한 것들을 새로운 가치창출로 연결할 수 있는 내부의 혁신역량이다. 다시 말해, 이들은 기업가정신을 바탕으로 관습에서 벗어나 새로운 기회를 추구하고, 이를 사업적 기회로 연결시키며, 그 연결된 기회에서 새로운 가치를 창출하였기 때문에 생존해왔다.

1. 사내벤처의 정의

사내벤처는 용어 자체에서 알 수 있듯이 '사내에서 신제품 개발 및 신시장 진출을 위해 설립된 조직'이다.[1] 일반적인 벤처 혹은 스타트업과 마찬가지로 소규모 인원으로 이루어진 팀 단위의 조직으로 구성되는 경우가 많으며 기존의 주력사업과 차별화되는 사업아이템 발굴에 집중할 수 있도록, 모기업은 사내벤처팀에게 높은 수준의 자율성과 재량권을 부여한다. 사내벤처는 1960년대에 이미 〈포춘(*Fortune*)〉이 선정한 500대 기업을 중심으로 시작되어 오늘날까지 이어지고 발전된 기업의 주요 혁신전략이며, 시간의 흐름 혹은 연구관점에 따라 다양한 방식으로 정의되어왔다. 사내벤처 연구의 대표적인 학자인 에드워드 로버츠(E. B. Roberts)[2]는 '신시장 개척 혹은 기존의 제품군과 근본적으로 다른 제품을 개발할 목적으로 기업이 별도의 사업체 혹은 독립적인 조직을 설립하는 것'으로 사내벤처를 정의하였다. '고객에 의한 혁신(user innovation)'으로 유명한 MIT의 대표적인 혁신경영학자 에릭 본 히펠(Eric Von Hippel)[3]은 사내벤처를 '신제품에 대한 아이디어부터 판매활동의 초기 단계까지 해당 업무에 전권을 가진 개인 혹은 조직체'로 규정하였다. 로버트 버겔만(Robert Burgelman)[4]은 듀폰, GE, IBM, 3M 등 당시 이미 내부 벤처조직을 운영하던 대기업의 사례와 함께 사내벤처를 '회사의 성장과 신규 사업을 위해 독립된 사업부조직'으로 정의하였고, 이후 후속 연구를 통하여 '회사의 구성원들이 생각하는 미래의 방향을 제시해주는 도구의 역할'로까지 그 의미를 확장하였다.[5] 돌린저(M. J. Dollinger)[6]는 사내벤처의 독립성과 자치성에 주목하여 '기업 내부의 자원을 활용하여 새로운 제품 혹은 서비스를 창출하는 소규모의 자치적 성격이 강한 조직'으로 보았다. 블록(Z. Block)과 맥밀런(I. MacMillan)[7]의 경우, 사내벤처를 '새롭고 실패할 확률이 높은 활동을 내부적으로 수행하는 조직'으로 정의하였다. 사내벤처는 단지 기업 내에서 아이디어의 제시에 그치는 것이 아니라, 아이디어의 발전 및 개발까지 담당하기 때문에, '기업 내부에서 설립되어 성장하는 새로운 사업을 담당하는 조직'으로도 정의되었다.[8] 유사한 맥락에서 버킨쇼(J. Birkinshaw)와 힐(S. A. Hill)[9]은 사내벤처를 '모기업의 혁신과 신사업 추진 기회 탐색 및 발전을 위해 특별하게 고안된 내부조직'으로 정의하였다. 사내벤처에 대한 국내 연구들도 위에서 언급된 보편적인 정의를 따르고 있다. 대표적인 예로, 백현기와 배종태[10], 이민화[11] 등이 사내벤처를 '기업에서 사내 자원을 활용하여 신규 사업을 창출하기 위해 독립적인 조직을 운영하는 경영전략의 한 부분'으로 정의한 것을 들 수 있다.

사내벤처는 학자마다 주목하는 특성에 따라 비슷하면서 다양한 형태로 정의되고 논의되었다. 이는 사내벤처가 단순히 특정한 기능만 담당하거나 특정 시기에만 존재하는 임시적인 조직이 아니라, 전사적인 영향력을 가지는 조직으로서 중요한 임무를 수행하는 주요 전략 도구임을 보여준다. **표 3-1** 에 정리되어 있듯이, 1970년대부터 1980년대까지 사내벤처에 대한 초기의 정의들이 '신제품 개발과 새로운 시장 진출을 위한 독립적인 조직'이라는 업무적인 특성을 규정하는 데 초점을 맞췄다면, 1990년대 이후에는 미래 성장, 기업의 발전 방향, 경영전략의 본원적인 역할과 영향력까지 포함하는 식으로 해석의 영역을 확장하였다. **표 3-1** 에 정리된 정의를 바탕으로 사내벤처에 대한 종합적인 정의를 내린다면, '혁신적인 가치창출 및 기업의 성장을 위해 전략적으로 설계되고 고도의 자치를 누리는 조직'으로 정리될 수 있다.

2. 사내벤처의 등장 배경

현대의 기업들은 초경쟁(hypercompetition) 시대를 맞이하고 있다. 초경쟁이란 경쟁우위를 구축하는 것과 유지하는 것이 과거와는 확연하게 다를 정도로 어려워진 치열한 경쟁환경을 의미한다.[12] 초경쟁 시대의 특징으로는 글로벌경제, 기술발전 패

표 3-1 사내벤처에 대한 정의

학자	정의
Von Hippel(1977)	신제품에 대한 아이디어부터 판매 활동의 초기 단계까지 해당 업무에 전권을 가진 개인 혹은 조직체
Roberts(1980)	신제품 · 신시장을 위해 기업 내 존재하는 별도의 사업체 혹은 독립적인 조직
Burgelman(1984)	회사의 성장과 신규 사업을 위해 독립된 사업부 조직
Block & MacMillan(1993)	새롭고 실패할 확률이 높은 활동을 내부적으로 수행하는 조직
Dollinger(1995)	기업 내부의 자원을 활용하여 새로운 제품 혹은 서비스를 창출하는 소규모의 자치적 성격이 강한 조직
Sharma & Chrisman(1999) Covin, Garrett Jr., Gupta, Kuratko, & Shepherd(2018)	기업 내부에서 설립되어 성장하는 새로운 사업을 담당하는 조직
Burgelman & Välikangas(2005)	회사의 구성원들이 생각하는 미래의 방향을 제시해주는 도구의 역할
Birkinshaw & Hill(2005)	기업의 혁신과 신사업 추진 기회 탐색 및 발전을 위해 특별하게 고안된 내부조직
백현기 · 배종태(1998) 이민화(2018)	기업에서 사내 자원을 활용하여 신규 사업을 창출하기 위해 독립적인 조직을 운영하는 경영전략의 한 부분

출처 백현기 · 배종태 (1998). 국내기업에서의 효과적인 사내벤처 구축방안에 관한 사례연구. 벤처경영연구, 1(1), 71-99; 이민화(2018). 기업가정신 2.0. 창조경제연구회(KCERN); 김도현 · 이우진 · 오혜미 · 김가영 (2019). 국내외 사내벤처 운영실태 조사 및 정책 개선방안 마련. 한국벤처창업학회.

턴의 변화, 독보적 기업의 등장 등을 꼽을 수 있다.

첫 번째 특징인 글로벌경제는 말 그대로 상품, 서비스, 인적자원, 기술, 아이디어 등이 지정학적 한계를 넘어서 국가 간에 자유롭게 이동할 수 있게 된 경제체제를 의미한다. 과거 주로 선진국에서 개발도상국으로 이동하던 지식 자원이 현재는 쌍방향으로 호환되며 신사업의 종류와 등장 속도가 전 세계적으로 급격하게 증가하고 있다. 특히 선진국 기업의 전유물로 여겨졌던 첨단산업에서 이러한 움직임이 활발한데, 최근 중국에서 개발되어 글로벌시장으로 진출한 화상회의시스템 기업 줌(Zoom)과 SNS 기업 틱톡(Tiktok), 그리고 미국철도시장에 진출하는 중국국영철도기업(CRRC) 등이 그 대표적 예다. 이러한 경쟁체제의 변화는 기업이 무한한 기회와 위협이 공존하는 불확실성의 시대로 진입함을 의미한다.

두 번째 특징인 기술발전 패턴의 변화는 기술의 개발 속도, 기술의 확산 속도, 기술적 복잡성 등이 모두 급격하게 증가하는 현상을 말하는데, 이는 기업으로서는 더욱 어려운 작업을, 더욱 빠르게, 더욱 정확히 해야 하는 삼중고의 부담으로 작용한다. 한 예로 스마트폰의 신제품 출시 기간은 점점 단축되고 있지만, 더욱 많은 시장에 동시적으로 노출되고, 더욱 많은 복합적인 기능들이 요구되고 있는 점을 상상해 본다면, 해당 기업들이 직면하고 있는 어려움을 짐작할 수 있다. 실제로 수많은 스마트폰 기업들이 존재하지만, 삼성과 애플을 제외한 대다수 기업의 영업이익률은 매우 낮은 실정이다.

세 번째로, '선도자 기업(first mover)'이나 '후발 주자 기업(fast follower)'도 아닌 '독보적 기업'의 등장을 특징으로 들 수 있다. 기술 중심 산업의 경우, 역사적으로 선도자 기업과 후발 주자 기업이 시장을 양분하면서 발전해왔다.[13] 하지만 기하급수적으로 증가하는 지식자원의 규모와 복잡성을 활용하여 많은 선도자 기업들은 독보적 기업으로의 도약을 준비하고 있다. 독보적 기업의 목적은, 상대적으로 우수한 품질의 제품이 아니라, 경쟁 자체를 초월하는 독과점 시스템 구축이기 때문이다. 따라서 모방이나 추격 자체가 어렵게 되거나 의미가 없어진다. 예를 들면, 현재 애플이나 구글이 구축하고 있는 거대한 데이터 기반 생태계의 경우, 다른 기업의 모방 자체를 어렵게 하고 있다.

이러한 초경쟁 시대의 도래에 따라, 내부적으로 혁신의 기회를 탐색하고 이를 새로운 가치창출로 연결하는 것은 그 어느 때보다도 기업의 생존에 필수적인 역량이 되었다. 스스로 혁신역량을 확보하지 못하는 기업은 도태될 수밖에 없기 때문이다. 따라서 기업들은 자연스럽게, 기업 내부의 자원을 바탕으로 강력하고 독창적인 혁신을 준비하게 되었고, 이는 사내벤처(internal corporate venture)의 빠른 확산이라는 현상으로 연결되었다. 이러한 현실을 반영하여, 전 세계적으로 기업의 벤처 활동은 2010년 이후 폭발적인 증가세를 기록하고 있다.

국내에서도 많은 기업이 사내벤처를 혁신과 신사업을 위한 중요한 전략으로 인식하여 사내벤처에 대한 수요는 활발하게 증가하고 있고, 이에 맞추어 정부도 2018년부터 기업벤처 육성을 체계적으로 지원하는 프로그램들을 적극적으로 운용하고 있다. 하지만 사내벤처는 기본적으로 성공 확률이 기존 사업에 관련되어 운영되던 프로젝트에 비해 높지 않고, 현실적으로도 극복해야만 할 다양한 제약과 어려움이 존재한다. 특히 조직 내의 다양한 관성을 벗어나서 새로운 영역에 도전하는 사내벤처의 경우, 전체 과정에 걸친 폭넓은 이해와 관리 없이는 성공이 매우 어렵다. 하지만,

국내적으로는 이에 관한 체계적인 연구가 아직 부족한 실정이다.

특히 현재 성공적인 기업 혹은 과거에 기업을 업계의 독보적인 존재로 이끌어준 성공방정식이 많이 존재하는 기업일수록 과거의 성공방식에 매몰되어 변화를 보지 못하는 경우가 많으므로, 이를 경계하고 극복하려는 노력은 매우 중요하다. 사내벤처는 이러한 과정에서 핵심적인 역할을 담당하고 있다. 사내창업 분야의 대표적인 학자들은 사내벤처가 단순히 새로운 아이디어의 창출이라는 기능적인 부분을 넘어서서 전사적인 영향력을 가질 수 있음을 역설하였다.[14] 효과적으로 운용되는 사내벤처는 전사적으로 기업가정신 및 혁신역량을 확산시키는 역할을 담당하고, 기업의 활동영역 자체를 확장할 수 있다. 구글(Google)의 'Area 120'나 보쉬(Bosch)의 'Grow Platform' 등은 각 회사의 대표적인 사내벤처 프로그램으로서, 신제품 출시라는 단기적으로 목표를 넘어서 사내기업가정신을 전파하기 위한 시드(seed) 조직으로 활용되고 있다.[15]

3. 사내벤처의 분류체계

사내벤처는 크게 보면 '기업벤처(corporate venture)'라는 개념에 속한다. 기업벤처는 '기업이 기업가정신을 바탕으로 새로운 비즈니스 조직 창출을 이끄는 전사적 역량과 전략의 총합'[16]으로 정의할 수 있다. 기업벤처의 활동은 크게 기존 조직 내에서 독립적인 벤처기업을 추진하는 '사내벤처(internal corporate venture, ICV)'와 조직 외부주체와의 협력을 통해 벤처기업을 육성 혹은 발굴하려는 '외부협력벤처(external corporate venture, ECV)'로 나눌 수 있다.

사내벤처는 다시 조직된 벤처기업이 내부에 남아서 사업화 단계를 밟아가는 '내부사업화 벤처(internalized venture)'와 기업 외부로 분사하여 벤처를 운영하는 '분사형 벤처(spin-off & out)'로 나눌 수 있다. 내부사업화 벤처는 기업 내부에서 조직된 사내벤처에 의해 새로운 아이템이 발굴되어 사업화한 경우이고, 분사형 벤처는 사내벤처 프로젝트 중 내부화가 되지 않고 기업 외부에 조직을 설립하게 되는 경우를 의미한다. 분사형 벤처는 사업 아이템의 특성, 모기업과의 관계 등에 따라 다시 스핀오프(spin-off)와 스핀아웃(spin-out)으로 나뉜다. 외부협력벤처의 경우 협력 방식에 따라서 외부의 조직과 다양한 형태의 협력(예: 조인트 벤처, 오픈 이노베이션 등)을 통해 벤처를 설립하고 운영하는 '벤처연합(venture alliance)'과 외부벤처에 대한 투자를 목적으로 한 펀드를 설립하고 투자 형식으로 참여하는 '벤처캐피털(venture capital)'로 다시 구분할 수 있다(그림 3-1 참조). 이러한 분석체계는 연구자의 시각에 따라 세부 차원에서는 다소 다른 관점이 존재하지만(예: 스핀오프를 사내벤처로 보느냐 외부협력벤처로 보느냐), 대다수 연구자는 기업벤처 활동을 총체적으로 바라볼 때 기업의 경계를 기준으로 내부와 외부로 구분하는 관점에 동의하고 있다.[17]

그림 3-1 에서는 체계를 설명하기 위해 각각의 벤처 형태를 명확히 구분하였지만, 현실에서 기업이 반드시 한 가지 전략씩 순차적으로 운용하거나, 특정한 전략만을 고수하는 것이 아니다. 사내벤처를 위한 전략과 외부협력벤처를 위한 전략을 시기와 아이템에 맞게 동시적으로 혼용하고 있는 모습을 종종 보인다.

그림 3-1 기업벤처의 체계와 사내벤처

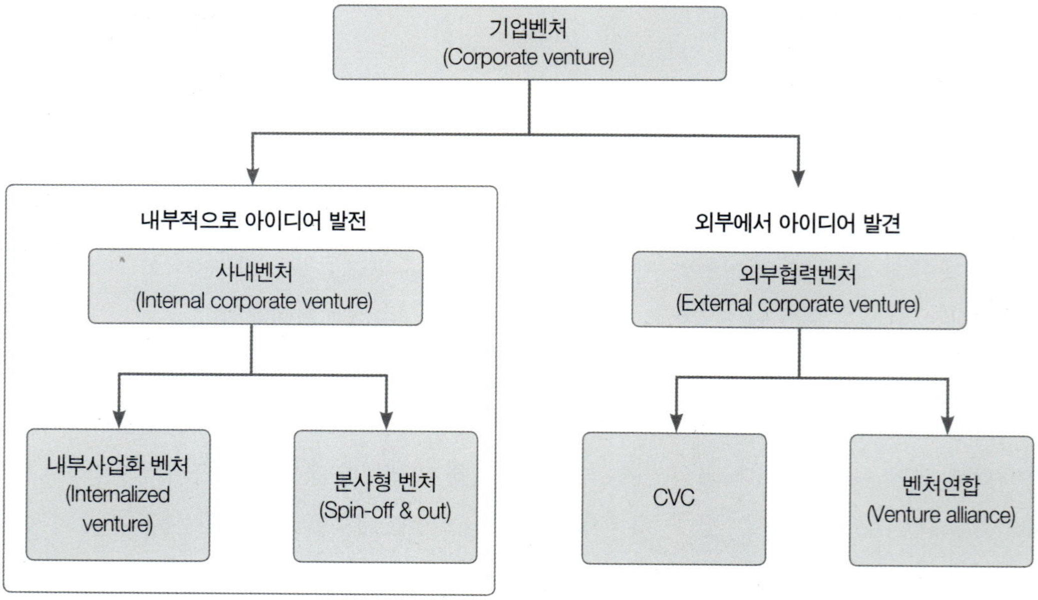

출처 Von Hippel, E. (1977). Successful and failing internal corporate ventures: An empirical analysis. Industrial Marketing Management, 6(3), 163-174; Sharma, P., & Chrisman, J. J. (1999). Toward a reconciliation of the definitional issues in the field of corporate entrepreneurship. Entrepreneurship Theory and Practice, 23(3), 11-26; Chesbrough, H. (2003). The logic of open innovation: managing intellectual property. California management review, 33-58; Birkinshaw, J., & Hill, S. A. (2005). Corporate Venturing Units: Vehicles for Strategic Success in the New Europe. Organizational Dynamics, 34(3), 247-257 재구성.

제 2 절 사내벤처의 준비

인력과 자원이 풍부한 대기업이면 내부에서 사내벤처가 저절로 발현될 수 있을까? 물론 아닐 것이다. 모든 다른 벤처와 마찬가지로 사내벤처 역시, 즉흥적으로 추진되는 것이 아니라 체계적인 계획과 세심한 실행이 요구된다. 본 절에서는 사내벤처의 추진을 위해서 기업이 준비해야 하는 요소들 대하여 집중적으로 논의한다.

1. 사내벤처환경 진단

1) 사내 기업가정신 지향성(entrepreneurial orientation) 측정

사내벤처를 추구하는 기업은 현재 자신들의 기업가정신의 수준과 현황에 대하여 진단하고 이를 바탕으로 구체적인 실행계획을 수립하여야 한다. 사내벤처는 일반적인 신생벤처와는 다르게 현재 주력사업을 운영하는 기업이 조직 내에서 보유하고 있는 상당량의 역량과 자원을 투입하여야 하는 과정을 요구한다. 따라서 올바른 방향의 설정은 매우 중요하며 이는 현재 자신들의 위치와 상황에 대하여 정확한 인식을 가지는 데서 시작된다. 이번 장에서는 신사업을 추진하려는 기업 내부에 존재하는 기업가정신에 대하여 ① 지향성(orientation)과 ② 강도(intensity)라는 두 가지 관점에서 진단하는 방법을 소개하고자 한다. 먼저, 기업의 기업가정신 지향성(entrepreneurial orientation)은 다음의 다섯 가지 범주(혁신성, 위험감수성, 선도성, 경쟁적 공격성, 자율성)에서 측정될 수 있다.[18)]

(1) 혁신성(innovation)

새로운 제품에 대한 기술적 우위뿐만 아니라 신제품 · 서비스의 도입을 통해 창의성에 몰입하려는 정도를 의미한다. 즉, 기술혁신(기초, 응용, 상용)과 기술 리더십, 경영혁신(조직문화, 프로세스, 구조 등), 시장혁신(시장조사, 고객재정의 등) 등 모든 면에서 전방위적인 혁신을 추구하는 성향을 말한다. 테슬라(Tesla)의 경우 효율적이고 친환경적 이미지로 전기차 시장을 선도하고 있지만, 사실 테슬라 자동차의 에너지원이 되는 전기 자체의 생산까지 고려한 효율성은 아직 미지수이다. 하지만, 테슬라는 다양한 경영 기법과 마케팅 기법을 활용하여, 테슬라가 기술뿐만이 아니라 환경적인 측면에서도 우수한 차임을 각인시키려고 노력하고 있다. 이케아(IKEA)의 경우 역시 새로운 형태의 가구뿐만 아니라, 소비자의 오감을 만족시키는 다양한 소비환경과 마케팅 면에서도 지속적인 혁신을 보여주고 있다. 국제운송업체인 페덱스(Fedex)의 스마트패키지(smart package)도 좋은 예시이다. 페덱스는 화물 전송자와 수신자가 실시간으로 위치, 온도, 습도 등을 추적할 수 있는 스마트패키지라는 서비스를 개발하였다. 이는 인간의 장기, 의학표본 등 민감한 물품 운송의 가격 및 편리성 면에서 혁신적으로 시장을 개척한 것으로서, 전형적인 레드오션인 운송 시장에서 혁신적인 아이디어를 통해 블루오션을 창출한 사례이다.

(2) 위험감수성(risk taking)

불확실한 상황에서도 중요한 자원을 투입하고, 알려지지 않은 것에 벤처링(venturing)하는 등 대담한 실행을 하는 것을 의미한다. 위험감수성이 높은 조직은 새로운 사업 성공에 대한 확신이 없어도, 과감하게 기회를 포착하고 필요한 행동을 취함으로써, 불확실성 속에서도 도전하는 의사결정 구조를 갖추고 있다. 미국의 방위고등연구계획국(DARPA)은 인터넷 기술의 모체가 된 아르파넷(ARPANet), GPS, 스텔스 기술, 스트릿뷰, 애플의 시리(Siri) 등에 사용된 음성인식기술 등을 개발한 혁신의 산실과 같은 조직이다. DARPA의 경우 기본적으로 성공할 확률이 보이지 않는 프로젝트에만 집중하는 것으로 유명하다. 현재에도 한 번에 500톤 이상의 화물을 공중에서 운송할 수 있는 드래곤드림 프로젝트, 1,000여 개의 소형 위성으로 지구를 뒤덮는 프로젝트 등 다양한 극한 혁신에 도전하고 있다. 한국에서도 과학기술정보통신부와 한국과학기술기획평가원(KISTEP)이 협동으로 한국판 DARPA인 '혁신도전프로젝트 추진단(KARPA)'를 발주하기도 하였다.

(3) 선도성(proactiveness)

미래를 적극적으로 탐색하여, 경쟁이 본격화되기 전에 선제적으로 신제품이나 서비스를 도입하는 것을 의미한다. 선도성이 높은 기업들은 경쟁자들보다 기회를 빠르게 탐색할 뿐만 아니라, 탐색된 기회를 바탕으로 새로운 제품을 도입하는 실행 능력이 탁월하다. 또한 이들은 효율성이 떨어지거나, 성숙기나 쇠퇴기에 들어간 사업들을 발 빠르게 수정 혹은 제거하는 데에도 능하다. 선도성은 산업이나 업종과 관계없이 매우 중요한 사항이고 다양한 산업에서 사례를 발견할 수 있다. 연 매출 30조 이상의 세계 최대 패스트패션(fast fashion) 의류업체인 자라(Zara)는 디자인-생산-유통의 수직계열화를 하여 모든 과정이 2주 이내에 완결될 수 있도록 하였으며, 매년 12,000개의 새로운 디자인을 소개하고 있다. 프로액티브커뮤니케이션스(Proactive Communications)는 극한 지역(분쟁지역/자연재해지역)의 통신시설 구축 전문기업으로서, 다양한 극한 상황의 경험을 통해 군통신산업(통신장비 헬멧 등)까지 진출하였다. 선도적인 시장 진출로 인해서 프로액티브커뮤니케이션스는 기술적 · 환경적 · 정치적으로 극한 지역 혹은 상황의 통신 분야에 있어서 독보적인 위치를 차지하고 있다.

(4) 경쟁적 공격성(competitive aggressiveness)

적극적으로 경쟁자를 공격하고 경쟁자의 공격에 적극적으로 대응함으로써 시장에서 경쟁자를 압도하는 성과를 내기 위한 기업의 노력을 의미한다. 경쟁적 공격성이 높은 기업들은 경쟁 자체를 두려워하지 않고, 추적전략보다는 선도전략을 선호하며, 자신들만의 방식으로 업계를 정복하려 한다. 예를 들면, 애플의 창업자인 스티브 잡스는 생전에 구글과의 경쟁을 '성전(holy war)'이라 칭하며, "우리는 구글과 모든 영역에서 경쟁하기를 원한다"라고 종종 강조하곤 하였다. 이는 적극적인 경쟁을 통하여 산업의 일인자 자리만을 추구하는 정신을 반영한다. 전자상거래업체 쿠팡도, 초반에 막대한 자원 투입으로 인한 재무제표에 불리한 결과를 감수하고, 로켓배송, 생필품 배송, 배달원 정규직화, 음식 배달 등 끊임없는 새로운 바람을 업계에 불러들여서 경쟁을 유도하고 있다.

(5) 자율성(autonomy)

개인이나 팀이 아이디어나 비전을 제시하기 위해 독립적으로 일을 하거나 의사결정을 함으로써 창의성을 높이는 것을 의미한다. 자율독립성은 IT나 첨단서비스 분야 기업에서 종종 발견되지만, 역설적으로 강력한 표준화 시스템을 기반으로 운영효율성이 핵심경쟁력인 항공회사 내에서도 그 가치가 종종 발견된다. 사우스웨스트항공사(Southwest Airline)의 경우 승무원들에게 '재미(fun)'라는 주제로 자유롭게 승객들을 응대하도록 하는 정책을 취하고 있는데, 이를 통해 승무원들은 본인의 개성을 드러내고자 할 뿐만 아니라, 해당 업무에 대해서 더욱 고민하고 책임감까지 느끼게 되면서 일거양득의 효과를 누리고 있다. 버진항공사(Virgin Airline) 역시 CEO이자 창업가인 리처드 브랜슨의 영향을 받아, 재미있고 파격적인 기내방송 비디오를 제작하는 것 등으로 유명하다.

2) 사내 기업가정신 강도(Entrepreneurial Intensity) 측정

기업의 기업가정신 강도(Entrepreneurial Intensity)는 다양한 방법으로 측정될 수 있는데, 가장 대표적인 프레임워크(framework)는 쿠랏코(Kuratko)와 동료들이 다음

그림 3-2 기업가정신 강도

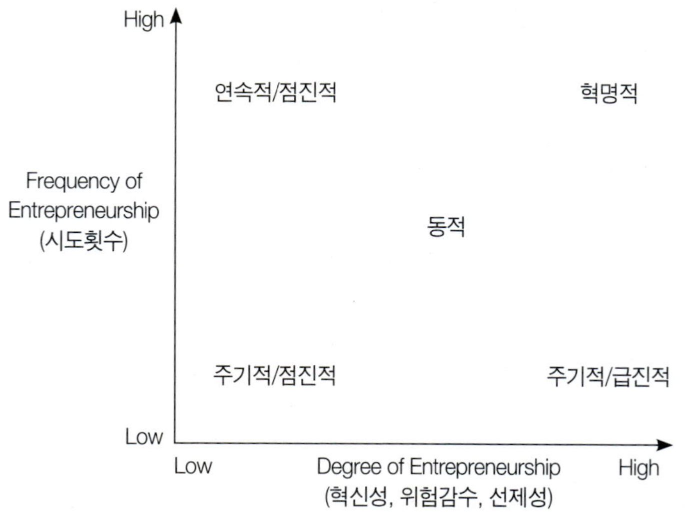

출처 Kuratko, D. F., Morris, M. H., & Covin, J. G. (2011). Corporate innovation and entrepreneurship. South-Westrn Cengage Learning Australia, United States. 재구성.

그림 3-2 과 같이 제시한 모델이다.[19] 쿠랏코와 동료 연구자들은 '강도(intensity) = 빈도(frequency) × 정도(degree)'라는 개념을 활용하여 기업의 기업가정신 강도를 시각적으로 표시했다.

(1) 연속적·점진적

프록터 앤드 갬블(P&G)은 출시하고 있는 제품의 50% 이상이 시장을 선도하고 있을 만큼 소비재 분야에서 독보적인 존재감을 과시하고 있는 종합소비재 회사이다. 이러한 P&G의 저력은 꾸준하게 유지되고 있는 연구 · 개발 투자에서 비롯된 것으로, 기본적으로는 기존제품의 꾸준한 개선을 유지하면서, 주기적인 신제품 출시를 기본전략으로 하고 있다. 우선 P&G의 신제품 출시전략의 기본은 기존제품의 획기적 개선 혹은 혁신적인 적응에 바탕을 둔다. 이러한 전략을 유지하기 위해서는, 다양한 제품군에서 지속적인 혁신 가능성을 탐색하는 것이 핵심능력인데, P&G의 경우 R&D(research & development)를 넘어서 C&D(connect & development) 전략을 실행하여, 외부로부터 신제품에 대한 다양한 아이디어를 얻고 있다. 한 예로, 스낵 부문에서 2004년 출시하여 큰 인기를 끌었던 '프링글스 프린트'의 경우도, 스낵 위에 프린트를 할 수 있는 이탈리아의 작은 빵집과 기술제휴를 통하여 출시된 제품이다. P&G의 경우 다변화된 제품라인을 바탕으로 안정적인 혁신구조를 운영하는 경우이다. 회사의 기업전략을 변화시킬 만큼 급격하지는 않지만, 사업부 수준에서 의미 있는 다양한 개선을 통하여 지속적으로 경쟁우위를 창출하고 있다. 이러한 P&G의 전략은 오랫동안 업계를 선도해온 P&G innovation만의 혁신력을 보여주는 것이다. 다만 이러한 전략은 P&G처럼 다변화되었지만, 전반적으로 시장에서 우위를 차지하는 제품군을 다수 보유한 기업에 적합한 경우로서, 소수의 혹은 단수의 제품으로 경쟁을 하는 기업에게는 위험이 동반되는 전략일 수 있다.

(2) 주기적·점진적

1969년에 설립된 웬디즈(Wendy's)는 매우 성공적인 패스트푸드 업체로서, 혁신적인 제품, 배달 서비스, 일정 품질 이상의 패스트푸드를 원하는 젊은 층을 공략하는 전략 등을 통해 업계 3위까지 성장하였다. 웬디즈의 경우 설립된 이래, 급진적인 혁신보다는 환경 및 트렌드 변화에 기민하고 효과적으로 반응하여 성공한 사례라고 볼 수 있다. 대표적인 예로, 편리함을 중시하는 소비자 성향을 생각해 드라이브 스루 서비스를 실시하고, 소비자 식습관의 변화를 파악하여, 샐러드와 구운 감자 등이 포함된 저열량 식단 등을 선보인 것 등이다. 이밖에도 패스트푸드 경쟁이 격화되자 선제적으로 Value menu 등을 내놓으며 경쟁에서 앞서나갔다.

비록 이러한 변화들이 급진적 혁신이라고 볼 수는 없지만, 주기적으로 변화되는 추세를 기민하고 또한 정확하게 파악하여 효과적이고 선제적으로 계획하고 실행하는 능력은 기업의 지속적인 경쟁력 확보에 유용한 도구가 될 수 있다. 단, 이러한 전략은 패스트푸드 산업과 같이, 산업구조와 고객층이 비교적 안정된 상황에서 보다 큰 효과를 발휘할 수 있다.

(3) 주기적·급진적

누코(Nucor)는 1968년에 미니밀(minimill) 공법을 사용하여 건설용 철강재를 만드는 회사로 시작하였다. 비록 초기에는 제한된 종류의 철강재만을 생산할 수 있는 미니밀 공법이 주 생산기술이었지만, 이후 혁신적 기술개발에 전념했다. 그 결과 전기로를 활용한 봉강(bar steel)-구조강(structural steel)-평판강(sheet steel)의 생산공법을 연속적으로 개발하였고, 이는 기존 제철 프로세스의 효율을 획기적으로 개선한 것이었다. 이 새로운 전기로 공법은, 단지 생산공정 방식의 변화를 넘어서서, 철강 산업의 가격구조 및 연관 산업에 관련된 제품라인에 영향을 주었고, 이후 누코는 주기적으로 산업에 큰 영향을 미치는 신제품들을 잇달아 선보이면서, 가장 혁신적인 철강회사로 자리매김 할 수 있었다.

(4) 혁명적

레벨3커뮤니케이션즈(Level 3 Communications)는 end-to-end Internet Protocol(IP)를 국제통신망에 도입하여 상용화시킨 최초의 회사이다. 혁신적인 다국적 통신 및 인터넷 서비스 제공 기술을 바탕으로 레벨3커뮤니케이션즈는 미국과 유럽에만 2만 마일(3만km 이상)의 광섬유 네트워크를 구축하였는데 이는 매우 과감하고 혁신적인 도전이었다. 이후 이러한 혁신적이고 우위에 있는 기술력을 활용하여 지상뿐 아니라 대서양과 태평양 바다 밑을 관통하는 해저 통신망 기술을 개발하고, 실제로 이를 구축하였으며, Information Storage Process Systems, 전자통신 전용회로, 인터넷

access, 네트워크 설비 등 다양한 제반 분야에의 사업에 공격적으로 참여하면서, 주목할 만한 혁신적 기술들을 선보이고 있다.

(5) 동적

쓰리엠(3M)은 새로운 기술의 상업화 가능성 탐색, 기술의 다양한 활용시장 개발, 독창적인 활용성을 지닌 제품 개발 등에 독보적인 역량을 보유하고 있는 기업이다. 대표적인 예가 접착테이프의 대명사가 된 스카치테이프(Scotch cellophane tape)로 스카치테이프는 이제 단순한 사무용품이 아니라, 다양한 분야에서 다양한 방식으로 접착능력을 활용할 수 있는 별도의 제품군으로 발전하였다. 또한 3M은 매년 매출액의 25%는 5년 이내 개발된 제품에서 발생하여야 한다는 원칙의 '25% 법칙'으로도 유명하다. 이처럼 상업화 기회, 기술개발 및 탐색, 신속한 제품 출시 주기를 활용하는 3M은 동적 역량 활용의 대표적인 기업이라 볼 수 있다.

2. 사내벤처환경 조성

사내벤처는 '벤처'라는 용어에서 나타나듯이 기업 내부에 있는 사람들, 즉 직원에 의해 발현되는 기업가정신에 기반을 두고 있다. 따라서 직원들의 창의성은 사내벤처의 실현에 근원적인 요소이다. 성공적인 사내창업가로서 흔히 프로젝트에 열정을 불어넣고 결정적인 공헌을 하는 직원을 '프로젝트 챔피언'이라는 용어로 지칭하곤 한다. 이들은 아이디어 제시, 창조력, 열정, 추진력 등에서 발군의 기량을 보인다. 미국 텍사스인스트루먼트(Texas Instruments)가 40개의 혁신 프로젝트를 조사하고 발표한 자료에 따르면, 실패한 프로젝트의 경우 프로젝트 챔피언이 거의 존재하지 않았던 반면, 성공한 혁신 프로젝트는 예외 없이 프로젝트 챔피언이 존재하였음을 발견하였다. 즉, 이러한 프로젝트 챔피언들이 다수 있어야, 그 기업은 혁신에 성공할 수 있다는 의미이다.

하지만 사내혁신의 임무를 이러한 챔피언들에게만 맡기는 것은 안정적이지도 않고, 실질적으로도 쉬운 일은 아닌데 그 이유는 다음과 같다. 첫째, 사내혁신을 불러일으킬 수 있는 프로젝트 챔피언의 존재 자체가 많지 않고, 무엇보다 이들의 등장

패턴이 예측하기 어렵다. 두 번째는, 프로젝트 챔피언이 등장하더라도 이들은 신사업이 발전함에 따라 관리직 등으로 보직을 옮기거나 다른 회사로 이직을 한다는 점이다. 3M, GE, IBM, Dupon, Kodak 등 다양한 분야의 대표적인 혁신기업을 연구한 밥슨칼리지(Babson College)의 지나 오코너(Gina O'Connor)와 동료들의 연구[20]에 따르면 "프로젝트 챔피언들은 그 자체로 매우 희귀하고, 70% 이상은 3년 이내에 보직을 변경하거나 회사를 떠난다. 더 안타까운 점은 이직한 챔피언들의 경우 90% 가까이가 이직 후에야 그들이 원했던 혁신 관련 업무에 다시 종사한다"고 한다.

사내창업의 임무를 수행하는 구성원들은 조직 내에서 새로운 아이디어를 제시하고 혁신을 통해 새로운 가치를 창출하는 데 핵심적인 역할을 한다. 이들은 현재 조직의 구성원이라는 사실에서 오는 보장된 안정감을 거부하고, 조직의 미래를 준비하는 불확실하고 위험한 도전에 능동적으로 참여하는 소중한 내부 인적자원이다. 다시 말해 아무리 좋은 기회가 다가오고 정교한 전략적 방안이 준비되어도 기업 내부 구성원들의 창의적인 역량이 뒷받침되지 않으면 새로운 기회를 포착하고 이를 위한 실질적인 준비 과정을 시작할 수 없다. 마찬가지로 창의적인 아이디어를 구체화하고 사업화하는 혁신에 대한 지식 없이는 직원들의 창의성이 사업전략으로 연결될 수가 없다. 따라서 성공적인 사내벤처제도의 안착을 위해서는 직원의 창의성을 촉진하고 장려하는 것이 매우 중요하고 이를 위해서는 전사적으로 다양한 노력이 필요하다. 직원의 창의성에 대하여 기업이 갖추어야 할 요소와 피해야 할 요소에 대하여 표 3-2 와 같이 정리할 수 있다.[21]

물론 직원의 창의성은 직원 개인만의 노력이나 단순히 제도를 갖추었다고 창출되는 것은 아니다. 기업의 관리자 혹은 리더가 솔선수범하여 열린 사고방식과 새로움을 추구하는 모범이 되어야 한다. 버진그룹(Virgin Group)의 창업자이자 CEO인 리처드 브랜슨, 애플의 스티브 잡스, 테슬라의 일론 머스크 등이 좋은 예시가 될 수 있다. 리더가 변화와 창의적 아이디어에 대하여 긍정적으로 바라보고 솔선수범하는 모습을 보여야만, 이를 뒷받침하는 문화가 형성되고, 문화가 형성되어야만 직원들이 비로소 주인의식을 가지고 주도적으로 변화를 이끌 수 있다.

이와 동시에 실질적인 지원 프로그램을 장려하고 이를 효과적으로 운영하는 것 역시 중요하다. 한 예로 SK텔레콤은 사내기업가 육성 플랫폼인 'Start@'을 운영하여 직원들의 창의적인 아이디어가 공론화되고 건전한 토론과 함께 적절한 지원을 유도하는 데 도움을 주고 있다. SK텔레콤의 직원이라면 누구든 'Start@'에 자신의 아이디어를 게시할 수 있으며, 구성원들은 이에 대해 추천을 할 수도 있고, 본인의 전문 분야에 따라서 실무적인 조언을 제시할 수도 있다. 구성원의 추천을 100건 이상 받은 아이디어는 전략, 기술, 법무 등 다양한 분야 실무자로 구성된 전문가 검증(Expert Review)을 받아 향후 지원 여부를 결정하게 된다.

결론적으로 사내기업가의 가치를 활용하고 이를 육성하기 위해서는 리더의 모범과 지원, 새로운 도전을 장려하는 문화, 아이디어가 표출되고 평가받을 수 있는 프로세스가 필수적인 요소라고 볼 수 있다.

표 3-2 직원 창의성에 대한 지원 · 제한 요소

직원의 창의성을 지원하는 요소	직원의 창의성을 제한하는 요소
• 혁신과 창의성을 위한 가용자원의 양과 질 • 개방형 의사소통 시스템 • 개방적이며 건설적인 갈등 해결법 • 낮은 이직률 • 합리적인 상벌 제도 • 조직의 환경변화 대응 능력	• 보고 프로세스의 행정적 부담 • 과도하고 세세한 규정 • 단기적 관점의 예산 편성 • 혁신에 대해 충분하지 않은 보상 • 위험회피 문화 • 새로운 아이디어 활용 제도 미비

출처 Hisrich, R., & Kearney, C. (2012). Corporate entrepreneurship: How to create a thriving entrepreneurial spirit throughout your company. McGraw Hill Professional.

제 3 절 사내벤처 프로세스 및 분사

사내벤처를 위한 환경을 진단하고, 창의성과 의욕으로 가득 찬 종업원들을 보유했다고 하더라도, 실제 사내벤처를 조직하고, 프로세스를 관리하며, 사내벤처의 활용하기 위해서는 체계적인 접근이 요구된다. 실제 사내벤처의 규모는 어느 정도가 적절한가. 어떠한 과정을 통해 아이템을 개발하여야 하는가. 또 아이디어에 대한 평가는 어떻게 이루어지고, 소기의 목적을 달성한 사내벤처는 어떻게 진화하여야 하는가.

1. 사내벤처 조직화

초기의 사내벤처는 일반적으로 소수의 인원으로 구성된 팀으로 시작되며, 사업 진행도와 업무량의 증가에 따라 인원이 보강된다. 일반적으로 사내벤처 CEO(혹은 팀장)는 팀원 선발, 프로젝트 선정 등 팀을 운영하는 데 있어 상당한 정도의 독립적인 권한이 부여된다. 대표적인 사내기업가정신 학자인 로버트 히스리치와 클라우딘 커니(R. Hisrich & C. Kearney)[22]는 사내벤처의 조직화 과정에서 고려해야 할 요소로 5가지 영역을 다음과 같이 정의한다. 첫째는 조직의 구조로서 과업의 설계, 보고체계, 의사소통 프로세스 구축 등을 의미한다. 둘째로는 사내벤처의 사업목적과 이를 측정하는 평가제도이다. 셋째는 구성원들을 위한 금전적 요소와 비금전적 요소를 모두 포함한 보상체계이다. 넷째는 사내벤처 구성원들의 모집과 선발에 대한 기준이고, 다섯째는 확보된 구성원들에 대한 교육과 훈련으로서, 이는 특정한 목적을 띠고 출범한 조직인 사내벤처의 목적 달성에 있어서 매우 중요한 요소이다. 실제로 사내벤처의 성공에 중요한 것은 이러한 요소들을 형식적으로 갖추는 것이 아니라, 주어진 상황과 시장 및 제품의 성격 등 다면적인 요소를 종합적인 시각을 가지고 유연하게 관리하는 역량이다.

조직설계와 같은 내부적인 요소에 대한 구성과 합의를 마친 사내벤처는 사업 방향과 성격에 대하여 모기업과도 거시적인 수준에서 협의해 나가야 한다. 이 과정에서의 핵심은 자율성의 정도(degree of autonomy)와 관련성의 정도(degree of relatedness)로 요약될 수 있다. 사내벤처는 높은 수준의 자율성(autonomy)을 기본 전제로 출범한 조직이지만, 근본적으로는 모기업 일부이고, 사내벤처의 활동은 조직 내 다른 사업부 혹은 부서에도 영향을 미칠 수 있으므로, 일정 부분의 통제는 불가피한 측면이 있다. 사내벤처에 필요한 인력과 자원 또한 결국 모기업 내의 인력과 자원에 기반하기 때문이다. 그럼에도 자율성은 사내벤처 프로젝트의 혁신과 창의성의 수준에 매우 중요한 요소이므로, 사내벤처의 CEO는 이러한 사항을 모두 고려하여 합리적이고 현실적인 수준의 자율성을 확보하여야 한다. 물론 모기업의 입장에서는 사내벤처를 진행하는 데 있어서 적절한 수준의 통제가 불가피할 수 있다. 단, 여기서 말하는 통제가 강압적으로 권한과 행위를 제어하는 것을 의미하지는 않는다. 사내벤처의 경우 벤처라는 특성으로 인해서 다양한 가능성과 불확실성이 동시에 존재한다. 따라서 다양한 가능성의 탐색을 장려하되, '사내'라는 특성을 고려하여 사내벤처가 일정 수준 추구하거나 계획했던 목표 혹은 기준에 부합되고 있는지 적절한 모니터링 및 관리 프로세스가 필요하다.

사내벤처의 자율성에 대한 논의는 자연스럽게 사내벤처 아이템과 모기업 사업의 관련성(relatedness)과도 연결될 수 있다. 이때 관련성은 사내벤처가 기존 조직의 지식과 자원을 활용하는 수준에 따라 좌우된다. 사실 사내벤처의 경우, 모기업에 존재하는 사업에 대한 관성(inertia)을 어떻게 관리하는가에 따라서 프로젝트의 성공 여부를 떠나 결과에 깊은 영향을 준다. 한 예로 CPU 업체의 선두 주자인 인텔은 지나치게 높은 CPU에 대한 의존도를 낮춰보고자 New Business Initiatives(NBI)라는 사내벤처 프로젝트를 의욕적으로 추진하였다. 인텔은 기존의 핵심사업과 관련성이 적은 프로젝트를 별도로 관리할 만큼 주의를 기울였지만, 이러한 프로젝트의 상당수는 결국 직접적 혹은 간접적으로라도 CPU 사업과 연관성이 있는 결과로 귀결되는 것을 막을 수 없었다. 물론 사내벤처가 모기업의 사업과 적절한 수준의 관련성을 유지하는 것이 부정적인 효과만 있다고 볼 수는 없다. 사내벤처와 모기업 간 사업 관련성이 높으면, 사내벤처는 모기업 내에 존재하는 핵심자원에 대한 접근과 활용도를 증가시킬 수 있고, 이는 적절한 아이템이 발굴될 경우 사업화 혹은 시장 진입을 가속할 수 있는 이점으로 작용된다. 또한, 시장 진입 후 모기업의 지원에 힘입어 필요한 기술발전을 원활하게 추진할 수 있다는 강점 또한 존재한다.

결국, 사내벤처의 운영에 있어 자율성과 관련성은 양날의 검(double-edged sword)과 같은 측면을 가지며, 사내벤처의 CEO는 폭넓은 시야와 경영능력을 넘어서, 심지어 정치적인 역량이 요구되기도 한다. 이론적으로 사내창업은 조직의 미래를 위한 새로운 가치창출이라는 중요한 역할을 담당하지만, 현실에서는 조직 내외부의 모든 조직 혹은 구성원들의 지지를 받는 것은 아니며 다양한 견제와 반대에 부딪히는 경우가 많기 때문이다. 실제로 이러한 신사업들은 내부구성원들에 의해서도 종종 어려움을 겪곤 한다. 따라서 사내벤처를 관리하는 팀장 혹은 사내벤처를 지원하는 최고경영진에게도 이러한 문제를 인식하고 풀어나갈 수 있는 정치적인 역량이 요구된다. 해당 산업의 선두주자 위치를 오랫동안 유지했던 제너럴모터스(General Motors), 시어스(Sears) 등이 전통적인 관료주의를 극복하지 못하여 시장 변화에 적절하게 대응하지 못했던 점이 좋은 반면교사가 될 수 있다. 비록 사내벤처는 아니지만, 새로운 신설 조직에 대한 내부저항을 성공적으로 극복한 사례로는 카카오의 파이랩(People & Innovation Lab)을 들 수 있다. 파이랩은 구성원들에게 데이터 기반 의사결정 프로세스를 정착시키기 위한 목적으로 설립된 카카오의 신설 내부조직이다. 파이랩의 업무에는 구성원들에 대한 분석이 포함되었는데, 내부 구성원의 업무 성향과 의사결정 과정을 데이터로 분석한다는 점이 내부적으로 많은 반발과 저항을 불러일으켰다. 이를 극복하기 위해 파이랩은 '개인정보를 침해하지 않는 모든 정보와 분석 프로세스를 공개한다', '데이터와 개인의 평판은 구분한다' 등의 원칙을 세운 뒤 최대한 업무의 투명성을 높이고, 실질적으로 실행 가능한 대안 제시에 집중함으로써 내부 구성원들의 거부감과 저항을 극복해냈다.

2. 사내벤처 프로세스

적절한 프로세스의 확립과 이행은 사내벤처 성패의 필수요소이다. 사내벤처 프로세스는 모기업의 상황 혹은 산업의 특징에 따라서 부분적으로 조정될 수 있지만, 일반적으로 ① 기회의 인식과 평가, ② 사업계획서 작성, ③ 필요한 자원의 결정, ④ 사업체의 시작과 운영 등 4단계로 구분될 수 있다.[23] 각각의 단계들은 점진적 · 순차적으로 진행되지만, 완벽하게 구분되거나 한 단계를 반드시 마쳐야 다음 단계로 넘어갈 수 있는 것은 아니다.

기회의 인식과 평가는 사내벤처의 설립에 근본적인 선행조건이기 때문에 주도면밀하게 다루어져야 하는 단계이다. 대부분의 새로운 사업기회는 우연히, 혹은 저절로 찾아오는 것이 아니라, 시장과 제품에 대한 고도의 이해와 분석이 뒷받침되어야 찾아온다. 다양하고 폭넓은 기회 포착을 위해서 사내벤처팀은 기존에 구상하고 있던 아이템뿐만 아니라 소비자, 기업협회, 공급업자, 시장 밖 환경 변화 등 다양한 요소에 주의를 기울여야 한다. 물론 이러한 광범위한 탐색에서 기본적으로 전제되어야 하는 것은 탐색된 기회의 가치가 사내벤처팀의 정체성과 역량에 부합되어야 한다는 점이다.

사업계획서 작성은 사내벤처 프로세스 중 가장 세밀한 분석과 주의가 요구되는 단계로 볼 수 있다. 물론 아직 실현되지 않은 아이디어에 대해서 모든 사항을 정확하게 예측하고 분석하기에는 많은 제약이 뒤따른다. 하지만 사업 개념(business concept)은 결국 타인과 논의가 가능할 만큼 구체화되어야 하고, 이를 위해서는 지속적인 수정과 보완의 노력을 기울여야 한다. 이런 맥락에서 사업계획서는 최소한 사업 아이템에 대한 명확한 정의, 제품 및 서비스 분석, 모기업과의 적합성 시장 분석, 마케팅 계획, 수익성 예측, 향후 활동계획 등에 대해서 최대한 구체적이고 현실을 반영한 내용으로 작성되어야 한다. 아이폰으로 유명한 애플은 매우 치밀하고 구체적인 사업계획서로 유명하며, 하드웨어인 아이폰과 소프트웨어인 앱을 결합하여 애플스토어를 시작할 당시, 철저한 사업계획서를 바탕으로 진행한 바 있다.

사업계획서를 작성한 후 사내벤처팀은 계획서의 내용을 실행하는 데 필요한 자원의 종류, 범위, 양 등을 결정하여야 하며, 이러한 자원들에는 재무적 자원과 다양한 비재무적 자원(기술력, 팀, 특허, 모기업 차원에서 연결이 가능한 외부 네트워크 협력자 등)을 모두 포함한다. 사내벤처에 필요한 자원은 대부분 조직 내에서 충당되는 경우가 많은데, 사내벤처팀의 리더는 이러한 점을 고려해 다음의 두 가지 요소에서 균형적인 시각을 유지하여야 한다. 첫 번째는 '필요한 자원의 범위'를 적절하게 규정하여, 다양한 가능성을 탐색해야 하는 사내벤처팀의 근본적인 역할에 부합되게 해야 한다. 두 번째는 '필요한 자원의 양'으로서, 조직 내에서 예상되는 반발을 최소화하면서도 반드시 적절한 양의 자원 확보를 추구하여야 한다. 삼성SDS의 사내벤처로 출발한 네이버(NAVER)가 부서 내 예산의 한정된 지원에 한계를 느끼고, 분사를 결심하게 된 예시를 참조할 수 있다. 사내벤처가 추구하는 아이디어는 기본적으로 낯설고 새로운 기회를 창조하는 것이기 때문에, 일정 범위와 수량의 자원 확보는 사내벤처의 생존 자체와도 매우 밀접하게 연결된 요소이다. 아울러 정량적인 자원 이외에 고위 경영진의 지속적인 관심과 지원을 확보하는 것 또한 매우 중요하다. 실질적으로 배분되는 자원의 범위와 양은 결국은 고위 경영진의 결정 과정을 거쳐야 하는 경우가 대다수이기 때문이다.

새로운 기회를 구체화시킨 사업계획서를 통해 필요한 자원을 획득한 사내벤처는 이 자원들을 사업계획서에 따라 실질적인 프로세스 및 운영에 사용하여야 한다. 이 단계는 계획이 실행되었을 때 예상되는 잠재적인 문제와 현실적으로 직면할 수밖에 없는 제약들이 보다 구체화되는 시기이기 때문에, 이에 대한 이해를 넓히고 대비책을 준비해 놓아야 한다. 한편 성장과 수익성에 대하여 더욱 구체적인 전망을 그릴 수 있는 시기이기도 하므로, 이를 지렛대로 잘 활용하여 앞서 언급된 조직 내 저항과 현실적인 제약을 극복해야 한다. 다음의 **표 3-3** 에는 각각의 단계에서 검토되어야 할 핵심 사항들을 요약해놓았다.

표 3-3 사내벤처 창업 프로세스 주요 단계 및 고려 요소

기회의 인식과 평가	사업계획서	필요한 자원의 확보	시작과 운영
• 기회의 평가 및 탐색 • 실제 vs. 인지된 가치 • 경쟁환경 분석 • 기회분석계획서	• 사업 개요 • 제품 분석 • 시장 분석 • 수익성	• 필요한 자원 파악 및 확보 가능성, 방법 등 • 기존 자원 활용 • 가능성 파악 • 부족한 자원의 식별과 보충	• 핵심 성공요인 파악 • 현재 및 잠재적 문제 • 제약 및 통제 요인 인식 • 성장과 수익성을 위한 기회

출처 Hisrich, R., & Kearney, C. (2012). Corporate entrepre neurship: How to create a thriving entrepreneurial spirit throughout your company. McGraw Hill Professional. 재구성.

3. 사내벤처의 분사

사내벤처가 분사 과정을 통해 기업 외부에 조직을 설립하게 되는 경우가 있는데, 이는 크게 스핀오프(spin-off)와 스핀아웃(spin-out)으로 나뉜다. 스핀오프의 경우 모기업에서 나와 완전히 독립된 별도의 기업을 설립하는 것인데, 모기업의 입장에서는 당장 내부사업화가 어려운 부문을 전략적으로 분리하는 효과가 있고, 분사한 사내벤처로서는 투자 유치의 자율성과 운영의 독립성을 보장받는다는 이점이 있다. 앞서 국내벤처 사례에서 언급한 삼성전자의 C-Lab은 2015년부터 C-Lab을 통해서 발굴한 벤처 아이템을 스핀오프시키며 2년 동안 총 32개의 새로운 스타트업의 탄생에 이바지하였다. 이렇게 스핀오프된 새로운 회사에서 새로 고용된 인원만 100명이 넘으며 분야 또한 가상현실(VR), 증강현실(AR), 헬스케어(healthcare), 플랫폼(platform) 등 점차 다양화되고 있다. C-Lab에서 최초로 스핀오프한 기업은 손끝으로 소리를 전달하는 스마트시계줄 '시그널'을 개발한 '이놈들연구소'로 2016년 세계소비자가전전시

회(CES)에 바로 출품하였고, 킥스타터 등을 통해 성공적인 크라우드펀딩을 받기도 하였다. 또 다른 스핀오프 기업인 '망고슬래브'의 소형 메모용 프린터 '네모닉'은 그 실용성과 가치를 인정받아 2017년 CES에서 최고혁신상을 받기도 하였다.

스핀아웃이 스핀오프와 구별되는 특징은 아이디어의 사업화를 위해 모기업과 구별되는 독립법인을 세우되 시장, 경험, 조직문화 등 주요 요소들에 사업적으로 긴밀한 협력관계를 유지한다는 점이다. 즉, 모기업의 핵심역량, 문화, 프로세스 등을 크게 변형시키지 않고 활용하며, 이때 모기업은 스핀아웃한 사내벤처와 공급자, 주주, 고객, 협력사 등 다양한 형태로 관계를 유지해나간다. 국내 기업의 경우 네이버에서 스핀아웃을 한 '캠프모바일'을 들 수 있다. 캠프모바일은 2013년 네이버에서 분사하여 전 세계적으로 2억 회 이상의 다운로드를 기록한 동영상 카메라 앱인 '스노우'를 개발한 모바일 서비스 전문 기업이다. 흥미로운 사실은 스노우 역시 2016년 캠프모바일에서 분사하였다는 것이다. 스노우의 분사 후 캠프모바일은 새로운 사업 추진을 위해 다시 네이버와 합병을 결정하였는데, 이는 분사 후 재결합을 해도 무리가 없을 만큼 캠프모바일이 네이버와 가까운 관계를 맺고 있었다는 점을 보여준다. 이상에서 의논된 스핀오프와 스핀아웃을 비교 · 정리하면 다음 **표 3-4** 와 같다.

표 3-4 스핀오프와 스핀아웃 비교

구분	스핀오프	스핀아웃
부문	단기간 내 모기업에 의해 활용될 가능성이나 전략적 시급성이 낮은 부문이나 아이템이 주를 이룸	모기업 사업의 일부 혹은 신사업전략과 관련이 높은 부문이 주를 이룸
목적	본사의 비효율적 부문을 제거하고 주력사업에 집중	• 기업가정신의 고취 • 본사의 핵심역량 강화 • 스핀아웃 기업의 핵심역량 강화
모기업과의 관계	단절, 독립적 관계	• 지분 관계(본사가 대주주) • 사업 관계(본사가 고객, 파트너, 공급자 등이 됨)
성공의 공유	스핀오프 기업이 전유	본사와 스핀아웃 기업이 공유
사례	이놈들연구소, 망고슬래브 (삼성 C-Lab에서 스핀오프)	캠프모바일 (동영상 앱 스노우의 모회사, 네이버에서 스핀아웃)

출처 이민화(2018). 기업가정신 2.0. 창조경제연구회(KCERN).

제 4 절 사내벤처 전략의 트렌드

사내벤처는 역사는 1960년대로 거슬러 올라간다. 1960년대에 이미 GE, IBM 등 미국의 대표적인 대기업들은 다양한 형태의 사내벤처를 운영하거나 1970년까지 사내벤처를 구축할 계획을 세우고 있었다. 실제로 1970년대에는 〈포춘(*Fortune*)〉지 선정 미국 500대 기업 중 120여 개 이상 기업들이 사내벤처를 운영하였을 만큼 본격적인 붐이 일어났다. 하지만, 이러한 초창기의 사내벤처들은 1973년 세계적인 경제위기를 초래한 오일쇼크와 이로 인한 자원의 제약, 조직 내 갈등 등을 극복하지 못하고, 대부분 폐지되거나 추진이 중단되었다. 이후 1980년대에 벤처캐피털의 활성화와 컴퓨터 및 전자기계 산업의 성장에 힘입어, 사내벤처는 다시 기업의 주목을 받으면서 재부흥의 시기를 맞이하였으나 1980년대 후반 몰아닥친 세계적인 경기후퇴 때문에 다시 사양길로 접어들었다. 이 당시의 기업들은 1970년대에 사내벤처를 운영해본 경험을 바탕으로 사내벤처의 개념과 중요성에 대해서는 비교적 분명하게 인식하고 있었지만, 불분명한 목적, 부족한 지원, 허술한 보상체계 등 여전히 운영상의 미숙한 점이 있었고, 결국 경기후퇴라는 외부 충격에 취약한 모습을 드러냈다.

한동안 주춤하였던 사내벤처 열풍은 1990년대 중반, 닷컴(dot.com) 호황과 IT 신생기업들의 등장, 벤처캐피털 붐 등의 복합적인 요인들에 힘입어 다국적기업 중심으로 다시 불기 시작하여, 2000년에는 절정에 이르렀다. 이 시기에 국내에서도 현대자동차와 삼성전자 등 대기업 중심으로 사내벤처제도가 본격적으로 도입되기 시작하였다. 이후 계속되는 IT 붐과 더불어 전 세계적으로 기업 차원에서 새로운 사업을 발굴하는 움직임이 활발해졌으며, 2000년 중반, 신사업 추진을 위한 사내 액셀러레이터 현상과 함께 붐이 일었다. 이러한 여세를 타고 2008년 전 세계를 덮친 금융위기(리먼브라더스 사태) 이후, 사내벤처는 비용 절감을 위한 정리대상이 아니라, 국내외적으로 불경기 돌파의 핵심전략으로 자리를 잡았다. 2000년도 이전에는 외부적 충격이 사내벤처를 비효율적인 요소로 간주하고 폐지하는 요인으로 작용하였던 반면, 2008년의 금융위기는 기업이 오히려 사내벤처를 통한 내부혁신역량 육성이야말로 위기를 헤쳐 나가는 지름길임을 자각하는 계기가 되었다는 점에서 그 의미가 깊다. 특히 기업들은 외부 변화에 효과적으로 대응하고 새로운 비즈니스 모델 전환에 사내벤처가 유용한 가치가 있음을 깨달았고, 2010년 이후 사내벤처는 다시 한번 폭발적인 증가세를 보이며 각 기업의 대표적인 혁신전략·성장전략으로 자리 잡게 되었다.[24] 이러한 추세를 반영하여 다보스포럼이라는 이름으로 널리 알려진 세계경제포럼(The World Economic Forum)은 2014년 주제로 '사내창업가(intrapreneur)'를 채택되었고, 사내벤처의 전략적 역할과 중요성이 전 세계적으로 재각인되었다.

사내벤처의 중요성에 대한 기업의 인식이 발전함에 따라 사내벤처 전략 또한 더욱 다양하고 정교해졌다. 1970년대까지는 사내벤처가 '기업 내에서 새로운 시도를 하는 별동대 같은 조직' 정도로 여겨지고 조직 내의 존재감도 미약했다. 1980년대 전자기계 산업, IT 등 새로운 사업의 등장은 사내벤처의 분사를 가속화하였는데, 이는 조직의 변화역량과 사내벤처가 추구하는 변화의 속도가 일치하지 않는 경우가 많았기 때문이다(우리나라에서는 지난 1990년대 중반부터 삼성SDS, 현대자동차, 데이콤, KT를 중심으로 사내벤처 제도가 시작됐다). 한국에서도 1990년대 말과 2000년 초 사이에 대표적인 기업인 현대와 삼성에서 다양한 사내벤처(내부사업화와 분사형 벤처)가 시작됐다. 2000년대 이르러서 산업과 기술의 변화는 더욱 가속화되었고, 기업은 보다 많은 실험적인 아이디어를 단기간 내에 테스트할 수 있는 전략을 추구하게 되었다. 이에 사내의 다양한 아이디어를 공개 모집하여, 초기단계 지원에 중점을 둔 인큐베이터(incubator)와 사업화단계 지원에 중점을 둔 액셀러레이터(accelerator) 등의 제도를 통해 사내벤처 전략을 발전시켰다. 2010년 이후 사내벤처는 대다수 기업에 필수적인 혁신전략으로 자리 잡았다. 따라서 기업으로서는 기존의 사내벤처 전략보다 더욱 효율적인 전략을 추구하게 되었고, 이에 해커톤(Hackathon)과 양손잡이벤처(ambidextrous corporate venture)[25]라는 전략을 활용하기 시작하였다. 해커톤은 해커(Hacker)와 마라톤(marathon)의 합성어로, 본래는 소프트웨어 개발자들이 하루 내외의 단기간 동안 협업을 통해 결론을 도출하던 개발기법이었다. 이를 사내벤처 전략에 적용하여 제한된 시간 내 기획자, 개발자, 디자이너 등의 직군이 참여해 주어진 문제에 대한 나름의 솔루션을 창출하는 기법으로 활용되고 있다. 양손잡이벤처의 경우, 대표적인 혁신전략인 양손잡이 전략(ambidextrous innovation)에 기반하여 발전한 전략이다. 기업의 경쟁력은 새로운 것을 추구하는 탐색(exploration)적 활동과 기존역량의 장점을 극대화하는 활용(exploitation)적 활동의 균형에 의해 유지된다는 것이 양손잡이 전략의 핵심인데, 이를 사내벤처의 개념에 적용하면 다음과 같다. 즉 사내벤처는 기본적으로 새로운 것을 추구하는 탐색(exploration)적 활동과 기존 지식의 새로운 활용(exploitation)을 동시적으로 추구하여, 기업 내 자원의 가치를 동시적으로 극대화해야 한다는 전략이다. 이러한 흐름은 다음 **표 3-5** 에 요약되어 있다.

표 3-5 사내벤처의 발전 흐름 및 주요 전략 트렌드

시기	발전 흐름	사내벤처 전략 트렌드
1960년대	• GE, IBM 등 미국의 대표적인 대기업들은 다양한 형태의 사내벤처 운영 시작	• 내부사업화 벤처
1970년대	• 〈포춘(*Fortune*)〉 500대 미국 기업 중심으로 활발하게 성장 • 1970년 오일쇼크로 인한 세계경제위기 속에서 대부분 폐지되거나 추진 중단	
1980년대	• 벤처캐피털의 활성화 및 컴퓨터와 전자기계 산업의 성장에 힘입어 재부흥의 시기 • 1980년대 후반 몰아닥친 세계적인 경기 후퇴 때문에 사내벤처는 다시 사양길로 접어듦	• 내부사업화 벤처 • 분사형 벤처 (국내적으로는 이 시기에 삼성SDS, 현대자동차, 데이콤, KT 등 대기업 중심으로 사내벤처 제도가 시행되기 시작)
1990~2000년대	• 닷컴(dot.com) 호황과 IT 신생기업들의 등장 • 벤처캐피털 붐 등의 복합적인 요인으로 인해 다국적기업들이 적극적으로 참여	
2000~2010년	• 신사업 추진을 위한 사내 액셀러레이터 현상에 힘입어 사내벤처 붐 가속 • 2008년의 금융위기에 기업들은 사내벤처 기반 내부혁신역량 강화에 대한 필요성의 중요성 각성	• 내부사업화 벤처 • 분사형 벤처 • 인큐베이터 & 액셀러레이터
2010년 이후	• 2014년 세계경제포럼(다보스포럼)에서 '사내창업가'를 주제로 선택하면서 사내벤처는 기업의 주요 혁신전략 도구로 각인됨	• 내부사업화 벤처 • 분사형 벤처 • 인큐베이터 & 액셀러레이터 • 해커톤 • 양손잡이벤처

출처 이민화(2018). 기업가정신 2.0. 창조경제연구회(KCERN); 김도현 · 이우진 · 오혜미 · 김가영 (2019). 국내외 사내벤처 운영실태 조사 및 정책 개선방안 마련. 한국벤처창업학회. 재구성.

사내벤처 전략이 다양화되고 고도화됨에 따라서 사내벤처에 대해 기업 단위 혹은 국가 차원에서 이를 장려하고, 발전시키려는 움직임 또한 가속화되고 있다. 실제로 전 세계에 사내벤처 및 창업 활동 관련 기업혁신 방법론과 실무 지식을 교육하는 전문기관도 속속 등장하고 있다. 이들 기관은 다양한 커리큘럼을 활용하여 실리콘밸리의 역사, 기업가정신, 4차 산업혁명 등에 대해 양질의 교육 과정을 제공한다. 미국의 싱귤래리티대학교(Singularity University)는 사내창업 전문 교육기관으로서 구글, 퀄컴(Qualcomm) 등을 포함한 30개 혁신기업 임원들이 참여하여 다양한 세미나 및 사례연구 등을 통해 사내창업에 대한 지식을 교육한다. 실제 수업료가 3억 원 이상으로 사내창업에 대한 기업의 참여의지를 잘 보여주는 사례이다. 또 다른 사내창업 교육기관인 드레이퍼대학교(Draper University)는 기업 임원이나 사내기업가를 대상으로 외부 혁신을 통한 대기업의 성장 방법, 스타트업과의 협업 모델, 실리콘밸리 역사와 미래 등을 주 교육프로그램으로 운영하고, 수업료는 약 5일간 과정 기준 1,500만 원으로 수준 높은 사내창업 교육 과정을 지향하고 있다. 그밖에 독일 역시 사내기업가정신아카데미(Academy for Corporate Entrepreneurship)라는 프로그램을 운영하고 있는데, 4천여 명에 이르는 방대한 멘토 풀과 12주에 걸친 체계적인 운영 과정이 특징이다. 한국의 경우 IGM 세계경영연구원이 싱귤래리티대학교와 협정을 맺고 대기업, 중견기업의 사내벤처 담당 인사를 대상으로 교육 프로그램을 준비 중이다.

챕터 마무리 이야기

글로벌 IT 업계의 공룡 아마존은 외부 기업을 인수하기보다는 알렉사 액셀러레이터(Alexa Accelerator)와 같은 다양한 사내벤처 프로그램을 통한 내부혁신을 선호하기로 유명하다. 재무적인 측면과 조직의 규모에 대한 부분만 본다면 아마존은 분명 거대한 기업조직의 흔한 관성과 타성에 젖어 있다고 짐작할 수도 있을 것이다. 그러나 'Forever Day-1(항상 첫날처럼)' 정신에 기반한 아마존은 기업 자체를 곧 발명 기계로 여길 만큼 새로운 혁신에 있어서 선두주자이다. 아마존의 설립자이자 CEO인 제프 베이조스는 2012년 〈포춘(Fortune)〉이 선정한 '최고의 혁신가'로 뽑혔으며 2018년 〈포브스(Forbes)〉는 아마존을 '세계 최고의 혁신기업'으로 선정하였다. 그렇다면 어떠한 점이 온라인 서점에서 시작한 전자상거래 기업인 아마존을 세계에서 가장 혁신적인 기업으로 만들었을까? 사실 아마존은 단순한 전자상거래 업체가 아닌 머신러닝 및 컴퓨터과학에서 최고 정점의 역량을 보유하고 있는 회사이다. 스스로가 명문 프린스턴대학교에서 컴퓨터과학을 전공했을 만큼 지적 호기심이 왕성한 CEO 베이조스는 아마존이라는 기업 자체를 하나의 조직적인 발명기계로 만들고 싶어 했고, 실제로 2015년 주주들에게 보낸 서한에서 "아마존은 대기업이면서 동시에 발명기계가 되고 싶다"고 직접 피력하기도 하였다. 물론 아마존과 같은 거대 기업이 끊임없는 발명으로 새로운 사업을 추구하는 것은 간단한 일도 쉬운 일도 아니다. 주력사업의 성과가 정점에 이른 상태에서 새로운 사업을 추구하는 것은, 단지 사업 아이디어의 문제 차원이 아니라 조직 내의 관성에 의해 다양한 장애물에 부딪힐 가능성이 커지는 일이다.

혁신의 과감성을 추구하는 아마존의 전략은 이를 뒷받침하는 2가지의 세부 전략에 의하여 강화된다. 첫째는 카니발라이제이션(Cannibalization)을 두려워하지 않는 것이다. 즉, 유망한 신규 사업 분야가 현재의 핵심역량에 기반한 사업과 단기적 혹은 장기적으로 충돌 위험이 있더라도 적극적으로 추진하였다는 점이다. 전자책 리더 '킨들'이 등장할 당시, 종이책은 온라인이건 오프라인이건 아마존을 포함하여 서점 사업의 핵심 분야였다. 즉, 킨들과 디지털 도서 콘텐츠의 성공은 당시 아마존의 주력사업에 직접적인 타격을 (일시적이라도) 줄 수 있는 상황이었다. 하지만, 베이조스는 이 사업을 오히려 도서를 포함해 전통적인 미디어 사업을 총괄하였던 스티브 케셀에게 맡기며 "여태껏 해오던 도서 사업을 가장 효과적으로 시장에서 몰아내고, 궁극적으로는 모든 종이책 판매 업체들을 몰아내는 것을 목표로 하시오"라고 당부하였다.

두 번째는 실패할 가능성을 인정하고, 의미 있고 커다란 실패를 장려하는 것이다. 베이조스는 늘 실패와 혁신은 분리할 수 없으며 성공적인 결과가 예상되는 혁신은 의미 있는 혁신을 위한 실험이 아님을 인지하고 또 강조하였다. 그럼에도 불구하고 실패에 대한 관용이라는 것은 여전히 구성원들에게는 반신반의할 수 있는 민감한 주제이기도 하다. 아마존은 실제로 2000년 이래 아마존 옥션, 검색포털, 웹스토어, 파이어폰 등 수많은 실패를 경험하였고, 실패의 경험을 잘 활용하는 모습을 공유함으로써(비록 파이어폰 사업은 실패하였지만, 이를 위한 지식과 개발 경험은 또 다른 스마트기기인 스마트스피커 등에 적극적으로 활용되었다), 의미 있는 실패에 대한 관용을 직접 보여주고 있다. 즉, 아마존이 두려워하는 것은 '실패' 자체가 아니라 '의미 없는 실패'인 것이다. 이제는 모든 온라인 기업의 표준이 되어버린 '원클릭(1-click) 결제'와 함께 아마존의 상징처럼 되어 있는 '프라임 멤버십' 역시 2004년 한 소프트웨어 엔지니어의 작은 발상에서 시작하였다. 배송 업무를 담당하는 엔지니어는 아니었지만, 이 직원은 25달러나 지급하고도 3~5일가량 기다리는 고객의 '지루함'에 주목하였고, '79달러 정액제 멤버십'이라는 당시로서는 '헛소리', '위험한 발상'이라는 아이디어를 제안하였다. 하지만, 그는 진지하게 비즈니스 모델을 구현하는 데 노력했고, 그 결과 아마존은 현재 1억 명의 프라임 충성고객으로부터 멤버십으로만 80억 달러에 달하는 매출을 올리고 있다. 아마존은 자신의 의견을 감추고 지루한 성공을 반복하는 것을 '해사 행위'로 규정할 만큼 자유로운 도전과 논의가 가능한 문화와 프로세스를 구축하고 있다. 이는 '성공이 예정된 실험 따위는 하지도 말라'라는 베이조스의 철학에서도 엿볼 수 있다. 사내벤처 전략이 더욱 다양해지고 정교해지는 오늘날, 아마존의 사내창업 문화와 프로세스는 진정한 사내벤처 성공을 위한 기저 요건이 무엇인지를 보여준다.

출처 램 차란 & 줄리아 양(2020). 포에버 데이원. 고영훈 역. 매일경제신문사(저자가 일부 발췌 후 재구성).

토론 주제

1. 아마존의 사내벤처환경을 진단한다면, 기업가정신 지향성(entrepreneurial orientation) 의 요소 중 어떠한 요소들을 활용할 수 있을까.
2. 아마존의 사내벤처환경을 진단한다면, 기업가정신 강도(entrepreneurial intensity)의 요소 중 어떠한 요소들을 활용할 수 있을까.
3. 아마존 사내벤처 조직화 단계에서 두드러지는 특징은 어떤 것이 있을까.

생각해볼 문제

1. 아마존의 창립자인 제프 베이조스의 리더십은 아마존의 성장에 큰 기여를 하였지만, 많은 실패를 안겨주기도 하였다. 제프 베이조스와 같이 스스로가 연구개발자이기도 한 CEO가 사내혁신에 미치는 긍정적인 영향과 부정적인 영향에 대하여 논의하시오.
2. [표 3-5]에서 볼 수 있듯이 사내벤처 전략의 트렌드는 1960년대 이후 지속적으로 진화하여 왔다. 이러한 진화는 새로운 전략을 추구하는 기업의 노력을 반영하지만, 동시에 변화하는 거시적 환경에 적응하기 위한 기업의 위기의식도 반영하고 있다. 사내벤처 전략 트렌드에 영향을 미칠 수 있는 거시적인 환경요인에 대하여 논의하시오.
3. 양손잡이 사내벤처는 "새로운 것을 추구하는 탐색적 활동과 기존 지식의 새로운 활용을 동시적으로 추구하여, 기업 내 자원의 가치를 동시적으로 극대화해야 한다는 전략이다. 양손잡이 사내벤처를 추구함에 있어서 예상되는 조직 내외의 어려움에 대하여 논의하시오.

그룹토의(그룹토의는 3-4명의 학생들로 소그룹을 만들고, 다음의 문제들 중 하나를 선택하여 5-10분 정도 자유토론을 진행한 후 공유한다.)

1. 아마존과 같은 공격적인 사내벤처 전략은 기업내부의 역량도 중요하지만, 타 산업과 시너지 효과가 큰 IT 분야의 업종이라는 산업적인 특징도 고려하여야 한다. 공격적인 사내벤처 전략이 어려운 산업 혹은 분야를 선정하고, 이들을 위한 사내벤처 전략에 대하여 논의하시오.
2. 사내창업환경진단, 창의적인 인재 육성, 정교한 실행 프로세스 구축은 모두 성공적인 사내벤처를 위한 핵심 요소들이다. 하지만 이러한 요소들을 동시적으로 진행하는 것은 쉽지 않다. 본인이 기업의 경영자라면 이 3가지 요소 중 어느 것을 가장 중요한 선행요소로 인식하는지 그 이유와 함께 설명하시오.
3. 하나의 기업을 선택하고, 그 그룹의 사내벤처팀이라는 전제하에 사내벤처 아이템을 구상하시오. 어떠한 지원과 어려움이 예상되며, 구상한 아이템의 가치와 위험성에 대하여 논의하시오.

핵심개념정리

아마존, 구글, 애플 등 멋지고 감동적인 창업스토리를 간직한 기업들 역시 궁극적인 목적은 영속적인 성장과 존속이다. 문제는 아무리 혁신적이고 수평적인 조직문화를 지향한다고 해도 사업의 규모가 커지고 조직구조가 계층화될수록 조직은 기존의 성공방정식에 매몰되게 되어있다는 점이다. 사내벤처는 기업들로 하여금 비교적 안전하게 이러한 관성에 도전하는 기회를 제공해주고, 초경쟁(hypercompetition) 시대를 대비하기 위한 시야를 넓혀주는, 전략적으로 중요한 역할을 담당한다.

성공적인 사내벤처는 정확한 사내창업환경진단, 창의적 인재 육성과 솔선수범 리더십, 정교하고도 유연한 프로세스가 효과적으로 결합한 결과로서, 경영자와 사내벤처책임자의 경우 이 점을 항상 유념하여야 한다. 아울러, 사업환경에 따라 진화해 가는 사내벤처전략에 대한 지속적인 관심도 요구된다.

CHAPTER

04

사회적 기업

학습목표

1. 사회적 기업의 개념과 유형에 대해 이해한다.
2. 사회적 기업의 가치와 비즈니스 모델을 이해한다.
3. 실제 사회적 기업들의 사례와 성과를 학습한다.

챕터 시작 이야기

자폐 스펙트럼 장애(Autism Spectrum Disorder, ASD)를 전문분야로 하고 있는 이화여대 특수교육학과 이소현 교수는 자폐 장애인의 복지에 대해 많은 관심을 가지고 있었다. 이 교수는 특히 시혜적 성격이 강한 '지원'을 넘어서, 어떻게 하면 자폐인의 경제적 자립을 가능케 할 수 있을지에 대해 고민하였다.

그러던 중 2012년 한 기업의 사회공헌팀과 함께 자폐인의 재활을 돕는 이화여대 산학협력 프로젝트를 시작하게 되었다. 구체적인 내용은 디자인스쿨을 운영하면서 자폐인에게 디자인 교육을 해주는 방식이다. 이 교수는 자폐를 오랫동안 연구해온 만큼, 자폐인이 이미지를 통해 시각적으로 사고한다는 사실과 뛰어난 디자인 능력에 대해 누구보다 깊은 이해를 하고 있었다. 자연스럽게 이 교수는 자폐인이 만든 디자인 제품이 상품 자체로 시장에서 경쟁력을 가질 수 있을 것으로 판단했다.

내친김에 이소현 교수는 자폐인에게 교육을 해주는 것을 넘어서 재능을 가진 자폐인이 디자이너로서 일할 수 있도록 아예 회사를 차리기로 결심했다. 회사 이름은 'autism(자폐)', 'special(특별한)', 'talents(재능)', 'rehabilitation(재활)' 네 단어의 머리글자를 따서, '오티스타'라고 지었다. 이름 그대로 (주)오티스타는 재능을 가진 자폐인을 고용하여 제품을 디자인하고 제작한다. 주로 휴대폰 케이스, 에코백, 텀블러 등이다. 자폐인이 디자인한 오티스타의 제품이 지닌 독특한 디자인이 입소문이 나면서 중소기업뿐만 아니라 삼성전자, SK 등 대기업과의 협업도 활발하게 진행되고 있다.

그림 4-1 오티스타의 다양한 제품들

출처 조달청 블로그(https://blog.naver.com/ppspr/221581543275).

자폐인은 오티스타가 운영하는 디자인스쿨을 거쳐서 채용되는데 현재 18세에서 30세까지 다양한 연령층으로 구성된 12명의 자폐인이 정규직 디자이너로 일하고 있다. 디자인 스쿨에서 교육을 받고 있는 자폐인은 약 70명 정도 된다. 정규 디자이너로 채용된 후에는 직무교육뿐 아니라 자폐인의 직장생활 적응까지 지원된다.

창업자 이소현 교수는 자폐아의 재능이 개인마다 다양하므로 디자인 외에도 다양한 재능으로 확장하는 모델을 발굴하여 사회구성원으로서 자립할 수 있도록 만들고 싶다고 했다.

이 교수는 (주)오티스타의 긍정적인 성과와 새로운 형태의 장애인 재능 기반 사업 모델의 도입이라는 공로를 인정받아 2020년 사회적 기업의 날 기념식에서 국무총리표창을 수상하였다.

토론주제

1. 이소현 교수가 (주)오티스타를 창업한 궁극적인 목적은 무엇인가.
2. (주)오티스타와 일반 스타트업과의 차이는 무엇인가.
3. (주)오티스타의 성과는 무엇으로 측정되어야 할까.

제 1 절 사회적 기업의 소개

1. 사회적 기업의 정의

(주)오티스타처럼 취약계층의 경제적 자립과 같이 국가나 지역사회 등 공공의 영역이 책임을 지고 해결해야 할 사회문제를 민간 차원에서 해결하기 위한 목표를 가지고 운영되는 조직을 통칭하여 사회적 기업이라고 한다.[1] 사회적 기업은 1970년대 경기불황과 그에 따른 높은 실업의 문제를 시민들이 스스로 해결하기 위해 주로 유럽에서 시작된 조직들로 시작되었다고 알려져 있다.[2] 당시만 하더라도 주로 취약계층의 일자리 창출을 해주는 비영리조직을 지칭하는 용어로 사용되었지만, 이후 1980년대에 들어서면서 사회서비스, 지역개발 등 여러 사회문제에 적극적으로 나서게 되어 범위가 넓어지고 다양해졌다.[3]

현재 사회적 기업은 보편적인 정의 없이 국가별, 기관별, 개별 학자마다 다양하게 재해석되고 있는 실정이다. 예를 들면, 1990년대 미국의 사회적 기업 얼라이언스(Social Enterprise Alliance)에서는 사회적 기업을 "비영리조직에서 자선의 목적을 실현하기 위해 매출을 발생시키는 비즈니스"로 정의하였다. 보다 최근에는 영리 및 비영리를 구분하지 않은 채 사회 목적을 실현하기 위해 비즈니스 모델을 사용하는 조직으로 정의하고 있으며,[4] 2006년 제정된 우리나라 사회적 기업 육성방안에 의하면 "취약계층에게 사회서비스 또는 일자리를 제공하고, 지역주민의 삶의 질을 높이는 등의 사회적 목적을 추구하면서 재화나 서비스의 생산 판매를 하는 기업"으로 정의하고 있다.

다양한 해석과 관점이 있는 사회적 기업을 보다 체계적으로 이해하기 위해 최근 연구를 소개하고자 한다. 국립타이완 사범대학의 우(Wu) 교수와 동료들은 1998년부터 2016년까지 편찬된 학술논문 80편을 분석하여 어떤 항목이 가장 중요하게 다루어졌는지 살펴보았다. 그 결과, 사회적 기업을 규정짓는 중요한 3가지 항목이 드러

났다.[5)]

① 미션: 사회적 가치 추구를 주된 미션으로 하고 있는지 여부
② 미션 달성 과정: 미션을 달성하기 위해 자원의 획득 방법 및 과정이 비즈니스 활동인지 여부
③ 이익 재분배: 이익이 소수의 주주에게 환원되기보다 지역사회나 사회적 미션에 재투자되는지 여부

사회적 기업이 되는 과정을 도식화하면 다음 그림 4-2 와 같다.

그림 4-2 사회적 기업 도식화

출처 Wu, Y. J., Wu, T., & Sharpe, J. (2020). Consensus on the definition of social entrepreneurship: a content analysis approach. Management Decision 재구성.

이를 정리하면, 사회적 기업은 영리조직이든 비영리조직이든 조직의 법적 형태가 중요한 것이 아니라 주요 미션이 사회적 가치를 추구하고 있고, 비즈니스의 방법을 이용한 경제활동을 통해 미션을 달성하며, 이익이 공적 혜택으로 재분배되는지에 따라서 구분된다.

그림 4-3 은 사회적 기업의 스펙트럼을 보여주고 있다. 사회적 기업은 전통적인 자선단체와 전통적인 영리기업의 중간에 위치한 모습을 나타내고 있다. 예를 들어, 비영리단체임에도 불구하고 기부금 등에 의존하지 않고, 굿윌(Goodwill)이나 프록시미티 디자인(Proximity Designs)처럼 안정적인 소득을 통해 재정자립이 가능한 비영리단체라면 사회적 기업으로 분류된다. 마찬가지로 영리기업임에도 불구하고 사회적 미션을 지향하는 톰스(TOMS)나 레볼루션 푸드(Revolution Foods) 같은 회사들도 전통적인 영리회사로 분류하지 않고 사회적 기업으로 지칭하고 있다.

그림 4-3 사회적 기업 스펙트럼

자선단체	사회적 기업		기업
미션 지향 의존성 (기부금 등)	소득 있는 비영리 재정 자립	미션 지향 영리 지속 가능	사업 지향 지속 가능
사례 한국소아암재단 동물사랑실천협회 Heart & Stroke Foundation	사례 Ashoka Goodwill Charity:Water Proximity Designs	사례 Revolution Foods Grameen Bank TOMS BigWalk	사례 MS Apple Google Samsung

출처 사회적 기업진흥원 내용 재구성(https://www.socialenterprise.or.kr/index.do).

종합적인 정의를 내리자면 사회적 기업은 고객의 문제를 해결하기보다는 사회적 문제를 해결하기 위해 비즈니스 원리(Principle)를 이용하는 조직이다.[6]

그렇다면 사회적 문제에는 어떤 것들이 있고, 비즈니스 원리를 이용하여 사회적 문제를 해결한다는 것은 과연 어떤 의미인지 살펴보자.

2. 사회문제와 사회적 기업

1) 사회문제의 유형

주된 관심을 가지고 해결해야 할 사회적 문제는 무엇일까? 유엔(UN)이 2015년에 결의한 지속가능발전목표(Sustainable Development Goals, SDGs)를 통해 시급한 사회문제의 유형을 유추해 볼 수 있다. 유엔은 2030년까지 달성하기 위한 인류 공통의 목표를 제시했는데, 인간, 지구, 번영, 평화, 파트너십이라는 5개 영역에서 총 17개 목표와 169개의 세부목표가 그것이다.

그림 4-4 에는 유엔의 17개 지속가능발전목표가 표현되어 있다. 이를 구체적인 표로 나타내면 표 4-1 과 같다.

그림 4-4 유엔 지속가능발전목표

출처 유엔 웹사이트(https://sdgs.un.org/goals).

표 4-1 유엔 17개 목표 관련 사회문제와 현황

유엔 목표	사회문제	관련 현황
빈곤종식	절대적 빈곤	전 세계 인구의 10%, 7억 명이 넘는 사람들이 하루 1.9달러 미만으로 생존
기아종식	식량부족과 영양결핍	영양결핍에 시달리는 인구는 8억 1,500만 명, 2050년까지 추가적으로 20억 명의 인구가 영양결핍 예상
건강 행복	각종 질병, 의료시설 부족	매년 5세 미만 아이 5백만 명 사망 2000년에서 2015년 사이에 620만 명이 넘는 말라리아 사망자 발생
질 좋은 교육	교육 기회 부족	전 세계적으로 6억 1,700만 명의 청소년들이 기본적인 계산과 읽고 쓰는 능력이 결여
성평등	성불평등과 성폭력 노출	15세에서 49세의 여성 중, 25%는 성폭력을 경험
깨끗한 물과 위생	안전한 식수 부족	전 세계 30%의 인구는 안전한 식수장치를 이용하지 못하고, 60%는 안전한 위생시설에 접근 못 함
적정하고 깨끗한 에너지	에너지 부족	목재, 숯 사용에 따른 실내 공기오염으로 2012년 430만 명이 사망
양질의 일자리와 경제 발전	실업과 일자리 부족	전 세계적으로 4억 7천만 개의 일자리가 필요
산업, 혁신, 인프라	기반시설 부족	전 세계 16%는 광대역 이동통신망 이용 불가
불평등 감소	빈부격차 및 불평등	가난한 20%의 어린이들이 가장 부유한 5%의 어린이보다 5세 이전에 사망할 확률이 3배 이상
지속가능한 도시와 공동체	도시화로 인한 각종 문제 혼잡, 주택부족, 대기오염 등	전 세계 도시는 3% 미만, 그러나 탄소배출량 75%차지 8억 8천3백만 명의 사람들이 빈민가 거주
책임소비와 생산	자원 낭비 문제	재생에너지의 비중은 2015년에 17.5%에 불과
기후변화 대응	기후변화 문제	온난화로 인한 해수면 증가로 2065년에는 24~30cm, 2100년에는 40~63cm 예측
해양자원 보존	남획, 해양오염 문제	해양 산성화로 인해 생태계와 생물다양성의 기능에 악영향, 어업에 악영향
육상생태계 보존	산림자원 손실	2010년과 2015년 사이 전 세계적으로 330만 헥타르에 달하는 산림이 소실
평화, 정의, 제도	부패, 살인, 아동 폭력, 인신매매 등	약 2,850만 명의 초등학생들이 분쟁지역에 거주/부패, 뇌물수수, 절도로 인한 금액 매년 1조 2,600억 달러
목표를 위한 파트너십	공적개발 원조 및 협력 부족	40억 인구 이상이 인터넷 사용 못 함

출처 https://sdgs.un.org/goals

2) 비즈니스 원리를 이용한 사회문제 해결

앞서 기술한 대로, 사회적 기업은 기부금 등 외부의 원조에 기대하지 않고 비즈니스의 원리에 입각하여 지속가능하게 사회의 문제를 해결하는 조직이다. 비즈니스의 기능적인 영역은 대체로 그림 4-5 와 같다.

그림 4-5 비즈니스 기능적 영역

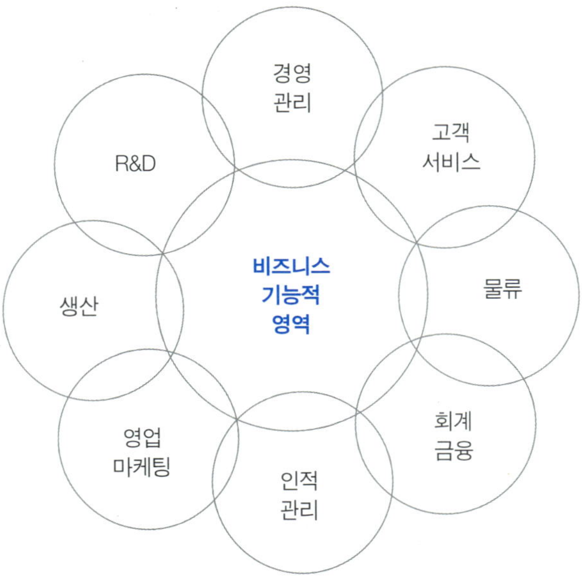

다음은 비즈니스 방법을 통해 어떻게 사회적 기업이 사회문제를 해결했는지 몇 가지 사례를 제시하고자 한다.

(1) 키바(KIVA): ICT 기술, P2P 금융, 투명한 모니터링

키바(KIVA)는 2005년에 설립된 비영리조직으로, ICT 기술, P2P 금융, 투명한 모니터링을 통한 신뢰확보라는 비즈니스 원리를 통해 빈곤 문제를 해결하고자 한다. 키바는 개인 대 개인 방식(P2P)의 마이크로파이낸스(Microfinance) 방식을 이용한다. 마이크로파이낸스는 자선이 아니라 빈곤층이 자립할 수 있도록 자금을 대출해 주는 방식으로서, 그라민뱅크(Grameen Bank) 등의 성과를 바탕으로 현재까지 가난퇴치의

그림 4-6 P2P 마이크로파이낸스 키바

출처 키바 웹사이트(https://www.kiva.org).

가장 효과적인 방식으로 알려져 있다. 이런 마이크로파이낸스를 키바는 웹을 통한 P2P 방식으로 시스템을 설계하여 확장의 폭을 전 세계적으로 늘렸다.

창업자 맷 플래너리(Matt Flannery)는 1년간 웹시스템을 구축했다. 그뿐 아니라 대출된 돈이 목적에 맞게 쓰이는지 지속적인 모니터링을 거쳐 투명한 운영을 통해 대출자의 신뢰를 쌓았다. 이런 노력이 바탕이 되어, 창업 후 현재까지 총 77개국 190만 명에게 1.6B달러(한화 약 1조 8천4백억 원)가량 대출되었고 상환율은 96%에 이른다.

(2) 코피아(Copia): 모바일 ICT 기술과 양면 시장(Two sided market)에서 플랫폼 구축

코피아(Copia)는 2011년 코말 아마드(Komal Ahmad)가 창업한 스타트업이다. 코피아는 유엔이 설정한 두 번째 시급한 사회문제인 "식량부족"에 초점을 맞췄지만, 이 문제를 "식량불평등"의 문제로 재해석하여 바라봤다. 구체적으로 한쪽에서는 8억 명 이상의 인구가 기아에 시달리는데, 다른 한쪽에서는 매년 약 1,000조 원 이상의 규모의 음식이 폐기되고 있는 상황에서 식량부족의 문제는 식량불평등의 해결이 우선 과제라고 판단한 것이다.

그림 4-7 코피아 어플리케이션

출처 Canadian Startup Ubifood Fights Food Waste With Local Deals On Overstock(2016).

코피아는 이 문제를 해결하기 위해 모바일 앱을 개발하여, 음식을 기부하는 업체와 기부 받는 업체를 주 사용자로 설정하였다. 음식이 남아서 버려야 하는 레스토랑이나 유통업체들은 코피아의 앱을 통해서 손쉽게 음식물을 처리할 수 있다. 이로써 음식물 쓰레기 처리비용을 아낄 수 있을 뿐 아니라, 기부를 통한 세금감면 혜택도 얻을 수 있게 된다. 반면, 기부 받는 업체들은 많은 음식을 안정적으로 공급받을 수 있게 되어, 서로 윈-윈의 상황이 된다.

코피아 앱을 통해 샌프란시스코 지역에서 한 달에 약 6만 파운드의 음식들이 비영리단체에 기부되고 있다. 현재까지 코피아는 460만 달러(약 52억 원)의 외부 투자를 유치하고 약 15명의 직원이 일하고 있다.

(3) 콜라라이프(ColaLife): 대기업과의 협업, 유통 혁신

콜라라이프(ColaLife)는 "아프리카의 질병 해결"을 위해 2011년 영국의 사회사업가 사이먼 베리(Simon Berry)가 창업한 비영리 자선단체이다. 그는 많은 질병 중 아프리카 아이들의 5세 이전 사망 원인 중 2위라는 '설사'에 주목했다. 열악한 유통망을 가진 아프리카에서 어떻게 설사약을 성공적으로 보급할 수 있을지 고민하던 그는 아프리카에서도 어디서든 코카콜라를 구할 수 있다는 사실을 눈여겨보았고, 코카콜라의 뛰어난 유통망을 이용하면 의약품을 보급할 수 있을 것이라고 판단했다. 1985년 처음 아이디어를 구상하고 본격적으로 2011년 겨울에 서비스를 런칭했다. 그의 아이디어는 바로 코카콜라 배달 상자의 빈 공간에 딱 맞물려 들어가는 구호키트 '키트 야모요'이다. 키트 야모요는 성공적으로 배송되어 첫 12개월간의 실험 동안, 설사에 대한 적절한 조치를 받는 아이들의 비율이 1% 미만에서 45%까지 급상승했다.

그림 4-8 콜라라이프의 키트 야모요

출처 사이먼 베리 flicker(https://www.flickr.com/photos/colalife/).

(4) 채리티워터(Charity:Water): 브랜딩 마케팅, 차별화된 가치 제안

채리티워터(Charity:Water)는 스캇 해리슨(Scott Harrison)이 2006년 설립한 비영리단체이다. 이 단체는 아프리카의 물 부족 문제를 해결하고자 하는 사회적 미션을 가지고 출범했다. 채리티워터가 주목받는 이유는 다른 어떤 단체도 하지 못하는 압도적인 모금 성과 때문이다.

채리티워터의 성공을 견인한 비즈니스 원리는 크게 두 가지이다. 직관적인 브랜딩과 차별적인 가치 제안이 바로 그것이다. 먼저, 채리티워터는 이름 그대로 자선과 물을 결합한 말로, 물 문제를 다루는 자선단체임을 명확히 했다. 또한 매력 있는 스토리텔링으로 대중의 시선을 사로잡았다. 스캇 해리슨은 인터뷰, 광고, 영상을 만드는 데 심혈을 기울였고 스토리를 만드는 데 집중했다. 특히, 배우 제니퍼 코넬리가 출연한 공익광고는 큰 반향을 일으켰다.

다음으로는 채리티워터는 100% 모델을 천명하고 기부금이 제대로 사용되고 있다는 것을 각종 수치, GPS 추적 등을 통해 기부자들에게 보여줬다. 또한 사람들이 스스로 본인의 이벤트에 기부 캠페인을 할 수 있도록 온라인 플랫폼을 개설했다. 그 결과, 2019년 보고서에 의하면 연간 모금액이 9천만 달러(약 1천억 원)를 돌파했고, 2021년 기준 29개국에서 6만 5천 건의 물 관련 프로젝트가 진행되고 있다.

그림 4-9 채리티워터 공익광고

출처 채리티워터 광고영상(Youtube 참조).

제 2 절 사회적 기업의 분류

사회적 기업이라는 복잡한 현상을 지나치게 간소화하지 않으면서, 여러 다른 사례들의 공통점과 차이점을 명쾌하게 정리하기 위해서 유형을 나눠서 살펴보기로 한다.[7]

1. 사회목적별 유형

사회적 기업은 주로 추구하는 사회적 목적 또는 해결하고자 하는 사회적 문제 영역이 무엇이냐에 따라서 유형을 구분하는 것이 일반적이다. 대표적으로 유럽의 사회적 기업 연구모임인 EMES(Emergence of social enterprises in Europe)에서는 사회적 기업을 노동통합형 사회적 기업과 사회서비스제공형 사회적 기업으로 크게 2가지 유형으로 나누었다. 그 뒤 카즈미에르크자크(Kazmierczak)는 EMES의 유형 분류에 지역개발형이라는 유형 하나를 더 추가했고,[8] 황덕순 외는 앞에 열거된 3가지 유형 이외에 한국의 사회적 기업의 상황을 설명하면서 사회혁신형을 덧붙였다.[9] 마지막으로 한국 사회적 기업 육성방안에서는 여러 가지 사회적 목적이 혼합된 "혼합형" 사회적 기업을 추가했다. 본 장에서는 한국 사회적 기업 육성방안에서 구분한 5가지 유형을 살펴보기로 한다.

표 4-2 사회목적별 유형 구분

구분	유형
유럽 사회적 기업연구모임(EMES)	① 노동통합형 ② 사회서비스제공형
Kazmierczak(2013)	① 노동통합형 ② 사회서비스제공형 ③ 지역개발형
황덕순 외(2017)	① 노동통합형 ② 사회서비스제공형 ③ 지역개발형 ④ 사회혁신형
한국 사회적 기업 육성방안(2006)	① 노동통합형 ② 사회서비스제공형 ③ 지역개발형 ④ 사회혁신형 ⑤ 혼합형

1) 노동통합형(또는 일자리제공형)

노동통합형 사회적 기업은 노동시장 진입이 어려운 취약계층을 대상으로 그들에게 직업훈련을 시키기도 하고, 단기 또는 장기적인 일자리를 제공하기도 한다.[10] 취약계층은 자력으로 경제생활을 하는 데 어려움을 겪는 계층을 포괄하는데, 노인, 장애인, 여성실업자, 50~55세의 장기실직자, 29세 이하의 청년구직자를 포함한다.[11] 주지하다시피, 자폐인에게 디자이너로서의 취업 기회를 주는 (주)오티스타의 경우가 바로 노동통합형(일자리제공형) 사회적 기업의 대표적인 사례라고 할 수 있다.

2) 사회서비스제공형

사회서비스제공형 사회적 기업은 취약계층에게 사회서비스를 시장가격보다 낮은 가격 또는 무상으로 제공한다. 그뿐 아니라 사회적으로 필요하지만 수익성이 낮을 것으로 판단되어 제공되지 않은 서비스를 맡아서 수행하기도 한다. 사회서비스는 보육, 산림 보전, 간병 및 가사 지원, 청소 등 관리 서비스들을 일컫는다. 역사적으로 서구 사회에서는 1980년대 이후 복지국가의 위기가 찾아오면서, 사회서비스제공형 사회적 기업이 복지의 공급주체가 되기 시작했다. 국내에서도 지속적인 사회복지서비스의 확대가 이루어져 왔으며, 아동, 청소년, 고령자, 장애인에 대한 수요도 늘어나고 있는 실정이다.[12] 대표적인 사회서비스형 사회적 기업으로는 장애인, 노인 등 이동약자에게 접근 가능한 여행서비스를 제공하는 '(주)두리함께' 가 있다. (주)두리함께는 연평균 3,000명의 장애인들에게 여행서비스를 제공해주고 있다.

그림 4-10 (주)두리함께 장애인 여행서비스

출처 김미진(2021.4.29.). "두리함께, 차별 없는, 차이 있는 무장애 여행을 만들어 갑니다.", 〈Social Value〉.

3) 지역개발형(지역사회공헌형)

지역개발형 사회적 기업은 지역사회의 발전을 도모하고, 지역의 문제를 해결하기 위한 사회적 기업이다. 사실 사회적 기업은 지역을 기반으로 공동체와 끈끈한 경우가 많다.[13] 국내에서도 지역 공동체에 기반한 협동조합의 역사가 깊고, 글로벌 금융위기 이후 지역사회 재생 등 지역공동체 활성화를 위한 노력들이 많아졌다. 지역특화 콘텐츠를 기획하는 (주)자이엔트는 지역의 문화를 중심으로 지역사회에 새로운 가치를 만드는 것을 미션으로 설정했다. 충남 천안을 연고로 하고 있는 자이엔트는 수도권과의 문화 격차를 해소하기 위해 EDM 페스티벌이나 원도심 활성화 프로젝트 등을 기획해왔다. 최근에는 서천 한산면에서 청년 자립 공동체인 삶기술학교를 이끌어, 지역문제 해결에 앞선 공을 인정받아 대통령상을 수상하였다.[14]

4) 사회혁신형

사회혁신형 사회적 기업은 다양한 사회운동의 실천 수단으로 등장하였다. 업사이클링, 공정무역, 지역화폐, 로컬푸드운동 등이 그것이다. 국내 업사이클(Upcycle, 버려지는 자원에 디자인을 더해 새로운 제품으로 탄생시키는 것) 1세대 기업인 (주)터치포굿은 대표적인 사회혁신형 사회적 기업이다. 2008년에 창업하여 버려진 선거 현수막으로 만든 가방, 페트병에서 추출한 원사로 만든 스카프 등 재활용 디자인 제품을 만들어오다, 최근에는 기업 컨설팅 등으로 대기업과 협업을 이어가고 있다. 공정무역 또한 사회혁신형 사회적 기업이 활동하는 분야이다. 공정무역이란 개발도상국 생산자의 경제적 자립을 돕고자 정당한 가격을 지불해주는(생산자에게 유리한) 무역을 하는 것을 말한다. (주)페어트레이드 코리아는 국내 1호 공정무역 사회적 기업이다. 페어트레이드 코리아는 네팔, 방글라데시 등 제3세계 여성들이 주로 수작업으로 만든 제품들을 수입하여 판매하고 있다. 최근에는 국내 최초 공정무역 패션브랜드 그루(g:ru)를 선보였다.

5) 혼합형

사회적 기업의 사회목적이 하나가 아닌 경우 혼합형으로 분류한다. 국내에서는 주로 취약계층에게 일자리와 사회서비스를 함께 제공하는 사회적 기업이 여기에 속한다. 가장 대표적인 혼합형 사회적 기업은 국내 1호 인증 사회적 기업인(재)다솜이

재단이다. 다솜이재단은 사회서비스 확충과 여성 친화적 일자리 창출이라는 2가지 사회적 미션을 달성하고자 2003년 20명의 간병인으로 구성된 간병사업을 시작했다. 1년 뒤 2004년에는 70명의 취약여성계층에게 간병인 일자리를 제공했고, 현재는 약 700명이 넘는 정규직 간병사가 근무하고 있다. 그들 중 70% 이상이 취약계층으로 알려져 있다.[15]

2. 비즈니스 모델별 유형

비즈니스 모델에 따라 비슷한 유형의 사회적 기업을 분류할 수 있다. 여기서, 비즈니스 모델이란 사업을 통해 어떻게 가치를 창출하는지에 대한 계획을 뜻하는데,[16] 무엇을, 누구를 위하여, 어떻게 사업을 진행할 것인지에 대한 구체적인 설계도라고 할 수 있다. 따라서 비즈니스 모델별 유형의 핵심은 사회적 기업이 사회적 가치를 추구하면서 지속가능하게 돈까지 벌 수 있는 시스템이 무엇인지 살펴보는 것이다. 대표적으로 그라살(W. Grassal)은 사회적 기업을 미션지향성, 목표시장, 통합유형의 각 조합에 따라 총 9가지 유형으로 분류하였다.[17]

1) 창업자 지원 모델(Entrepreneur Support Model)

취약계층에 있지만 본인의 사업을 하려는 창업자를 직접 지원해 주는 모델이다. 주로 저소득 국가의 예비 소상공인에게 소액의 금액을 대출해 줌으로써 그들이 자립할 수 있게 도와주는 마이크로파이낸스가 이 모델에 속한다. 방글라데시의 그라민뱅크가 대표적이다. 그라민뱅크는 무하마드 유누스(Muhammad Yunus) 박사가 방글라데시에 만든 무담보 소액대출을 전문으로 하는 은행이다. 가난한 사람, 특히 여성들을 대상으로 소위 장사 밑천을 담보 없이 빌려주어 그들이 스스로 가난에서 벗어날 수 있게 도와주었다. 물론 이 과정에서 원금과 높은 이자를 상환 받는다. 이 공로를 인정받아 유누스 박사는 2006년 노벨평화상을 수상하게 된다.

2) 시장 중개 모델(Market Intermediary Model)

시장 중개 모델은 사회적 기업이 상품을 팔고 싶어 하는 예상고객과 상품을 사고 싶어 하는 시장을 연결해 주는 형태를 갖는다. 스스로 유통과 소매까지 챙기기 어려운 소상공인들에게 제품을 공급받아 판매한 뒤, 수수료를 얻는 방식이 그것이다. 예를 들어, 미국 샌프란시스코에 위치한 굿 에그즈(Good Eggs)라는 기업은 온라인으로 운영되는 식료품점이다. 이 기업은 바로 낳은 달걀을 선별하여 아침마다 스태프들이 배송해 주는 서비스 방식으로 지역 농가들과 상생을 모색하는 사회적 기업이다. 앞서 설명한 공정무역 기업도 시장 중개 모델 유형으로 구분될 수 있다.

3) 고용 모델(Employment Model)

고용 모델은 앞서 살펴본 노동통합형 또는 일자리제공형과 일맥상통한다. 장애인 등 취약계층에게 의도적으로 일자리의 기회를 주는 것이기 때문에 효율성과 수익성에서 불리한 것이 사실이다. 이를 극복하기 위해, 고용 모델을 선택한 사회적 기업은 매출 증대를 위해 여러 노력을 기울인다. 예를 들어, 지자체 및 민간으로부터 기부 및 지원을 받거나, 취약계층의 일자리 증가에 동참하고자 하는 소비자의 가치소비를 적극 활용하고, 스토리텔링을 통한 마케팅을 한다. "장애인을 고용하기 위해 쿠키를 만든다"는 슬로건을 내걸고 있는 복지법인 위캔은 2001년 10명 미만의 장애인 시설에서 현재 연매출 16억 원을 달성하는 사회적 기업이 되었다. 위캔쿠키는 100% 우리밀로 만든 수제쿠키로 소비자의 입소문을 타기 시작하면서 특히 품질에 신경을 쓰며, 지자체 및 대기업에 납품을 하는 등 활발한 경영활동을 하고 있다.

그림 4-11 위캔쿠키

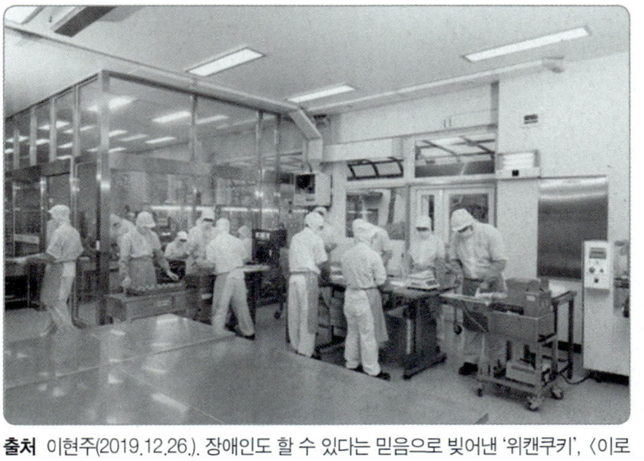

출처 이현주(2019.12.26.). 장애인도 할 수 있다는 믿음으로 빛어낸 '위캔쿠키', 〈이로운넷〉.

4) 서비스 수수료 모델(Fee for Service)

그림 4-12 다솜이재단 간병서비스

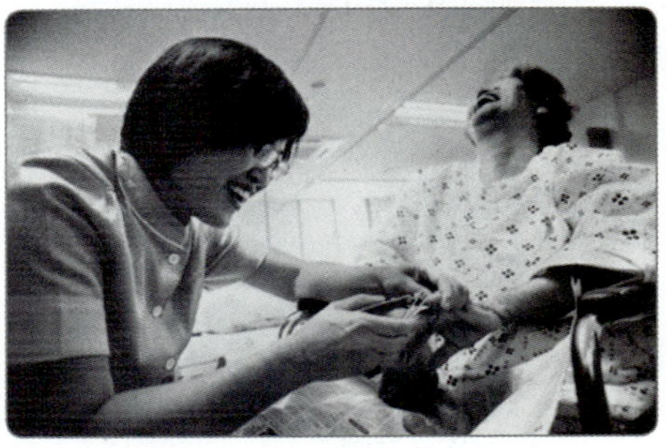

출처 다솜이재단 홈페이지(https://www.dasomi.org/).

사회서비스제공형 또는 혼합형 사회적 기업이 사용하는 비즈니스 모델이다. 돌봄, 청소 등 사회 서비스를 제공하고 그 대가로 수수료를 받는다. 앞서 언급한 (재)다솜이재단은 6인실 환자들을 4명의 간병사가 3교대로 돌봐주는 형태의 '공동간병서비스'를 시장에 내놓아 일대일 간병 서비스에 비해 무려 40% 낮은 가격으로 서비스를 할 수 있었다. 특별한 마케팅을 하지 않아도 입소문을 타고 2020년 연매출 90억을 달성했다.

5) 저소득 고객 모델(Low-Income Client Model)

이 모델은 수수료 모델의 일종이지만, 저소득계층에 특화되어 제품 및 서비스를 제공하는 모델이다. 예를 들어, 2010년 저소득 난청환자들에게 보급할 목적으로 "표준형 보청기"를 개발해 2011년 대원제약에 성공적으로 매각된 딜라이트가 대표적인 사례이다. 딜라이트는 기술개발을 통해 당시 시장가격이 150만 원 상당이었던 보청기를 국민건강보험공단의 보장구급여인 34만 원으로 가격을 낮춰 저소득계층에게 판매하였다. 창업 시작과 동시에 매출이 폭발하여 3개월 만에 2억 4천만 원이 넘는 매출을 올렸다.[18)]

6) 협동조합식 모델(Cooperative Model)

협동조합은 외형상은 주식회사와 비슷하지만, 조합원의 출자금에 관계없이 1인 1표의 평등한 의결권을 가지고 조합원의 실익 증진을 목표로 한 자율적인 조직이다.[19)] 협동조합형 모델은 주로 조합원의 일자리 창출을 도모하고, 지역사회에 사회서비스를 제공하는 목적으로 설립되는 경우가 많다. 예를 들어, 2014년 전라남도 나주에 설립된 두레박 협동조합은 나주곰탕, 가정식 반찬 조리 등의 지역 비즈니스를 개발하여 지역의 결식아동 및 독거노인에게 무료 급식을 제공해 주고 있다.

7) 시장연계 모델(Market Linkage Model)

그림 4-13 미국 대형마트 타깃과 파트너십

출처 타깃 홈페이지(https://corporate.target.com/article/2016/11/kaboom-partnership).

지방자치단체, 대기업, 비영리단체, 또는 다른 사회적 기업 등 외부 조직들의 거래관계를 높여서 서로 협력할 수 있게끔 도와주는 모델이다. 쉽게 말해 연결자의 역할을 한다고 보면 된다. 예를 들어, 1996년 설립된 미국의 비영리 사회적 기업 카붐(KaBoom!)은 홈디포(Home Depot), 이베이(eBay), 메트라이프(MetLife) 등 대기업과 협업하여 소외된 지역에 놀이터를 만들어 주는 일을 하고 있다. 이렇게 카붐은 지자체와 대기업을 동시에 연계하는 활동을 통해 현재까지 17,000개의 놀이터를 보수하거나 새로 지었다.

8) 서비스 보조금 지급 모델(Service Subsidization Model)

시장에서 경제활동을 통해 얻은 수익으로 사회서비스를 제공하는 모델이다. 앞서 살펴본 저소득 고객 모델과 비슷하지만, 동일한 서비스 및 제품을 일반 고객에게는 정상가격이나 의도적으로 높은 가격을 받고, 저소득 고객에게는 무료 또는 낮은 가격을 책정하는 것이 특징이다. 본질적으로 고소득 계층에서 나오는 수익으로 저소득층을 보조하는 방식이라고 볼 수 있다. 이를 다른 이름으로 교차지원 모델(Cross-subsidization model)이라고 한다. 예를 들어, 인도의 사회적 기업 아라빈드 안과 병원은 이중가격(Dual Price) 제도로 유명하다. 동일한 안과 치료를 저소득층에게는 무료로 제공하는 대신, 일반인은 정상가격을 내도록 하고 있다.[20] 비슷하게 유기농 요거트를 제공하는 방글라데시의 그라민-다농의 경우, 도시에 살거나 수입이 높은 고객에게는 저소득층보다 높은 가격을 책정하고 있다.

9) 조직 지원 모델(Organizational Support Model)

비즈니스 활동과 사회 가치 활동이 서로 분리되어 있는 형태이다. 이 모델을 사용하는 사회적 기업은 사회서비스를 직접 수행하기보다는 일반적인 경제활동을 통한 수익으로 사회서비스를 제공하는 외부 조직이나 단체를 지원함으로써 사회적 가치를 실현한다. 예를 들어 대표적인 대기업 기반의 사회적 기업인 행복나래(주)는 SK 그룹 MRO코리아에서 전환된 기업으로서 SK 계열사뿐만 아니라 일반 기업에 사무용품, 공구 및 기계부품 등 기업 소모성 자재(maintenance, repair, operation, MRO)를 공급하여 2021년 약 9천3백억 원의 매출, 112억 원의 영업이익을 달성하였다. 행복나래(주)는 영리활동을 통해 축적한 이익의 대부분을 사회적 기업을 지원하는 데 사용함으로써 사회적 가치를 실현해 나가고 있다. 구체적으로 사회적 기업 지원 사업, 사회적 기업 판로개척 사업, 사회적 기업 경영자문 사업 등을 꾸준히 진행해오고 있다.

제 3 절 사회적 기업의 가치 측정과 평가

사회적 기업은 사회적 목적을 실현하기 위한 조직이기 때문에 일반기업과 동일한 잣대로 성과를 평가하기가 어렵다. 특히, 사회적 기업 활동의 산출물인 사회적 가치는 측정 자체가 불가능하거나, 주관이 개입될 여지가 많기 때문에 객관적인 측정이 어렵다.[21] 먼저 사회적 성과가 발생하는 과정을 이론적으로 체계화한 후, 그에 맞는 양적인 측정을 시도해야 한다.

1. 사회적 가치 이론화

사회적 가치가 어떻게 창출되는지 파악할 수 있는 이론적 모형으로 크게 논리모형과 변화이론을 들 수 있다.

1) 논리모형(Logic Model)

1970년대 USC의 조셉 홀리(Joseph Wholey) 교수 등에 의해 개발된 이 모델은 조직 활동에 필요한 자원과 활동, 최종 성과 사이의 인과관계를 도해적으로 표현해 준다. 논리모형은 단순하면서도 명쾌하기 때문에 사회적 가치가 창출되는 과정을 파악하는 데 큰 도움이 된다. 이 모델은 총 5단계로 구성된다. 우선, 해당 프로그램에 투입되는 모든 자원(예, 인력, 자본 등)을 파악하는 ① 투입(Input) 단계이다. 이후, 투입된 자원으로 벌이는 활동을 측정하는 ② 활동(Activity) 단계로 이어진다. 활동은 수행하는 프로그램, 구체적인 서비스 제공 활동 내용 등이다. 활동이 끝나면 산출물을 집계하는 ③ 산출(Output) 단계로 넘어간다. 산출은 프로그램 참여자수로 나타날 수도 있고, 서비스 제공횟수로 나타날 수도 있다. 기증 규모나 판매량 등도 모두 산출에 포함된다. 이후, ④ 성과(Outcome)를 측정하게 된다. 성과는 프로그램 참여자들의 행동, 지식, 역량, 기술 등에서 나타나는 구체적인 변화를 말한다. 마지막으로, 성과를 통해 재생산되는 장기적이고 구조적인 변화를 뜻하는 ⑤ 영향(Impact)을 측정한다. 앞서 살펴본 오티스타의 사례를 통해 논리모형을 살펴보면 그림 4-14 와 같다.

그림 4-14 논리모형과 사례

과정	투입 (Input)	활동 (Activity)	산출 (Output)	성과 (Outcome)	영향 (Impact)
정의	투입되는 모든 종류의 자원	목표를 달성하기 위한 활동	활동을 통해 나타나는 측정 가능한 결과	결과를 통해 나타나는 변화	커뮤니티나 사회 전반에 미친 영향
오티스타 사례	물적투자 근로자임금	자폐인 고용	자폐인 고용수	고용자폐인의 삶의 질 변화	장애인 고용의 사회적 확산

출처 김진수 · 서경준 · 이창영 · 박재홍 · 김재호(2016). 소셜벤처창업하기. 청람. 재구성.

2) 변화이론(Theory of Change)

사회적 성과를 도출하는 데 이용하는 논리의 틀의 두 번째는 변화이론이다. 변화이론은 캐롤 와이스(Carol Weiss)[22]가 제안하고 아스펜(Aspen) 연구소 등이 확산시킨 모형이다. 변화이론은 논리모형의 한계점을 극복하여 사회의 변화를 종합적으로 기술하고 도식화하기 위한 설계도라고 할 수 있다. 논리모형이 각 단계에서 대표성을 띠는 요소들만 종합해 기술적이고 간단하게 결과를 도출한다면, 변화이론은 그런 결과에 대한 비판적 사고를 기반으로 변화의 단계를 추적하고, 각 단계 사이의 인과관계를 도식화한다. 또한 논리모형은 투입에서부터 최종 영향(Impact)까지를 시간의 흐름대로 설정했다면, 변화이론은 반대로 최종 목표가 무엇인지를 먼저 파악하고 그 목표를 달성하기 위해서 어떤 성과가 나와야 하고, 어떤 활동이 뒷받침되어야 하는지를 생각해 보는 것이다.

따라서 변화이론의 첫 번째 단계는 ① 장기목표 파악이다. 이를 위해 비교적 구체적으로 장기목표를 도출한다. 두 번째 단계는 ② 중간성과(Outcomes) 파악이다. 이 단계에서는 장기목표를 달성하는 데 필요한 중간성과를 꼼꼼히 파악한다. 세 번째 단계는 ③ 성과(Outcomes) 도출 논리 완성이다. 구체적으로 중간성과를 달성할 수 있는 논리의 틀을 확정 짓는다. 네 번째 단계는 ④ 가정(Assumption) 파악하기이다. 다섯 번째 단계는 ⑤ 각 단계별 측정 가능한 지표 설정이다.

2. 사회적 가치 양적 측정

1) 비용효과분석(Cost-Effectiveness Analysis, CEA)

비용효과분석은 간단히 프로그램의 효과를 비용으로 나눈 비율이다. 최종 효과가 금전적으로 환산이 불가능할 경우에 이 측정방법을 사용한다. 예를 들어 말라리아 치료에 관한 사회적 프로그램이 있다고 가정하자. 최종 효과는 말라리아에서 치료된 아이의 수로 측정한다고 할 때, 한 아이당 화폐가치로 환산하기가 적절치 않다고 판단되면 치료된 아이당 비용을 계산하게 된다.

2) 비용편익분석(Cost-Benefit Analysis, CBA)

비용편익분석은 최종 효과와 투여된 비용을 모두 화폐가치로 환산하여 비용 대비 편익을 계산하는 방식이다. 의사결정에 매우 용이하지만, 프로그램 효과를 화폐가

치로 환산하는 어려움이 존재한다.[23)]

표 4-3 비용효과분석과 비용편익분석 예시

어린이 가정방문 프로그램	비용효과분석	비용편익분석
1. 100명의 어린이에 대한 가정방문 프로그램 실시 후 응급실 방문 횟수 감소 2. 어린이 1인 1회씩 감소 3. 응급실 방문 1회 비용: $200 4. 가정방문 프로그램 총 $10,000	$\frac{\text{응급실 방문 감소 건수}}{\text{총 프로그램비용}} = \frac{100\text{건}}{\$10,000} =$ 100달러당 응급실 방문 1건 감소	$\frac{\text{응급실 방문 감소 금액}}{\text{총 프로그램비용}} = \frac{100 \times \$200}{\$10,000} = 2$ 비용 대비 편익이 2배

출처 Karoly, Lynn A., M. Rebecca Kilburn, James H. Bigelow, Jonathan P. Caulkins, & Jill S. Cannon(2008). -Chapter Two: Overview of Cost and Outcome Analysis. AND: Assessing Costs and Benefits of Early Childhood Intervention Programs: Overview and Applications to the Starting Early, Starting Smart Program Karoly, Lynn A.-Valuing Benefits in Cost-Benefit Studies of Social Programs, RAND; 조영복 · 류정란(2014). 사회적 기업의 사회적 가치 측정, 그 접근법과 발전방향의 모색. 인적자원관리연구, 21(3), 475-494 재구성.

3) SROI(사회성과투자수익률)

SROI(사회성과투자수익률)는 단순한 비용효과 및 비용편익 분석을 넘어서 투자타당성 평가에 사용되는 재무적 지표인 ROI(투자대비수익률)의 동일한 원리를 적용하여, 해당 투자로 인한 사회적 투자 수익을 측정하는 방식이다. 이 기법은 2000년 미국 사회적 기업 투자재단인 REDF(Roberts Enterprise Development Fund)에 의해 개발되어, 이후 국제표준지표화되고 있다. 기본적으로 SROI는 사회적 성과에 화폐적 가치를 부

표 4-4 ROI와 SROI 비교

ROI 비교분석	A	B
매출	10억	11억
영업비용 (Operating Expense)	8억	7억
영업이익 (EBIT)	2억	3억
투자 (Investment)	10억	9억
투자수익률 (ROI)	20%	33.3%

SROI 비교분석	A	B
매출+사회적 편익(social benefit)	20억	15억
영업비용+사회적 비용 (Operating Expense+Social Cost)	10억	12억
영업이익+사회적 이익 (EBIT+social return)	10억	3억
투자 (Inverstment)	10억	9억
사회적 투자수익률 (SROI)	100%	33.3%

출처 루트임팩트(2019). 소셜임팩트의 주류화. Asan Entrepreneurship Review 재구성.

여하여 투자 대비 비율을 계산한다. 예를 들어, SROI값이 30%면, 1,000원을 투자하여 300원의 사회적 가치를 얻었다고 볼 수 있다.[24)] 표 4-4 는 전통적인 ROI와 SROI를 비교한 표이다.

표 4-4 에서 보듯이, 기존 ROI를 통해 A와 B의 투자안을 봤을 때, 수익률이 B(33.3%)가 A(20%)보다 높음을 알 수 있다. 하지만 영업활동을 통한 사회적 편익과 사회적 비용을 모두 고려한 SROI를 분석해 본 결과, A안(100%)이 B안(33.3%)보다 월등히 높아진다.

SROI는 상대적으로 객관적이며, 결과값의 해석이 용이하고, 분야에 관계없이 보편적으로 사용 가능하다는 장점이 있는 반면, 사회적 성과를 현금으로 환산하는 어려움이 있고, 그 과정에서 주관이 개입되며 산출 과정이 복잡할 수 있다는 단점이 있다.[25)]

4) 어큐먼펀드(Acumen Fund)의 BACO 비율

어큐먼펀드(Acumen Fund)는 2001년 뉴욕에서 설립된 글로벌 비영리재단이다. 어큐먼펀드는 기금 투자 후 산출된 사회가치 측정에 어려움을 겪었고, 이에 투자가치가 있는 사업을 선별하기 위해 BACO 방법론을 개발하였다. BACO는 'Best Available Charitable Option'의 줄임말로서, 동일한 사업을 NGO를 통한 자선사업으로 진행했을 경우를 말한다. 따라서 BACO 비율은 어큐먼펀드를 통해 기업에 투자했을 경우를 NGO를 통한 자선옵션인 BACO와 정량적으로 비교하는 기법이다. BACO 비율이 크면 클수록, 투자를 통한 사회가치가 높다는 것을 의미한다. 예를 들어, 탄자니아의 말라리아 예방을 위해 모기장을 생산 판매하는 A to Z 직물회사에 어큐먼펀드가 투자를 고려하고 있다고 가정하자. 이 투자가 UNICEF를 통해 모기장이 무료로 배포되고 있는 자선옵션보다 월등한 효율을 지니는지 알아보기 위해, BACO 비율을 계산한다. 표 4-5 는 가상의 모기장 투자 건에 대해 자선옵션인 BACO와 어큐먼펀드 투자를 비교하였다(보다 자세한 내용은 Acumen Fund 2008을 참고하기 바란다).

표 4-5 모기장 투자 건 BACO 비율 분석

구분	내용	BACO	어큐먼펀드 투자
순비용	비용-수익	$390,000	$32,500
총 사회적 영향력	말라리아 예방 연간 사람 수	464,286명	200,000명
순비용/사회적 영향력 단위	$/연간 사람 수	$0.839	$0.016
BACO 비율	–	–	52배

출처 Acumen Fund(2008). Acumen Fund Concept Paper: The Best Available Charitable Option (BACO), (Draft), 1/24/07; Trelstad, Brian. -Re: Acumen Fund Best Available Charitable Options (BACO) and Portfolio Data Management System (PDMS) to Melinda Tuan; 조영복 · 류정란(2014). 사회적 기업의 사회적 가치 측정, 그 접근법과 발전방향의 모색. 인적자원관리연구, 21(3), 475-494 재구성.

표 4-5에서 살펴보듯이 어큐먼펀드 투자를 통한 사업이 유니세프(UNICEF)를 통한 자선옵션에 비해 같은 효과를 내는 비용이 52배 절감되는 것을 알 수 있다.

그러나 BACO는 정량화하여 객관적인 수치로 보여주는 장점이 있으나, 산출하는 과정에서 많은 가정에 의존해야 하며, 서로 다른 프로젝트의 경우 BACO 비율의 숫자는 비교가 불가능하다는 단점이 있다.

5) IRIS(Impact Reporting & Investment Standards)

IRIS는 세계적으로 표준화된 지표를 제공할 목적으로 2008년 록펠러 재단, 어큐먼(Acumen), 비-랩(B-Lab)에 의해 공동 개발되었다. 사회적 기업이 활동하는 섹터, 수혜자 그룹, 운영성과 등에 따라서 해당하는 지표를 찾을 수 있다. IRIS는 광범위한 데이터에 근거하여 적절한 평가방식이 안내되고, 해당 지표가 가지는 의미와 계산식도 알 수 있다.

해당 지표를 통해 측정을 했을 경우, 섹터 내 비교 가능성이 높아질 뿐만 아니라 데이터의 신뢰성도 담보할 수 있다는 장점을 가진다.

제 4 절 사회적 기업과 사회적 금융

사회적 기업도 지속적인 성장을 위해서는 끊임없는 자본의 유입이 필수적이다. 이때 주요 자금조달 수단으로 대출(debt capital), 지분투자(equity capital), 메자닌 자본(mezzanine capital)과 같이 일반 영리기업이 사용하는 방식을 이용할 수 있다. 또한 사회적 기업이라는 특수성으로 인해 기부 및 보조(grants), 하이브리드 자본(hybrid capital)이라는 금융상품이 가능하다.[26] 이와 같은 대안적 금융상품을 사회적 기업에 제공하는 기관으로는 전통적 재단, 벤처 자선사업가, 임팩트 투자, 일반 영리펀드까지 다양하다.

1. 사회적 금융 이해

사회적 금융(Social Finance)이란 사회적으로 가치 있는 일에 투자 또는 융자를 하여 사회문제를 해결하기 위해 자본을 조성하고, 금융 서비스를 개발하는 대안적인 금융방식으로 정의된다.[27] 사회적 금융은 전통적인 금융과는 달리 재정적 수익의 극

그림 4-15 사회적 금융 스펙트럼

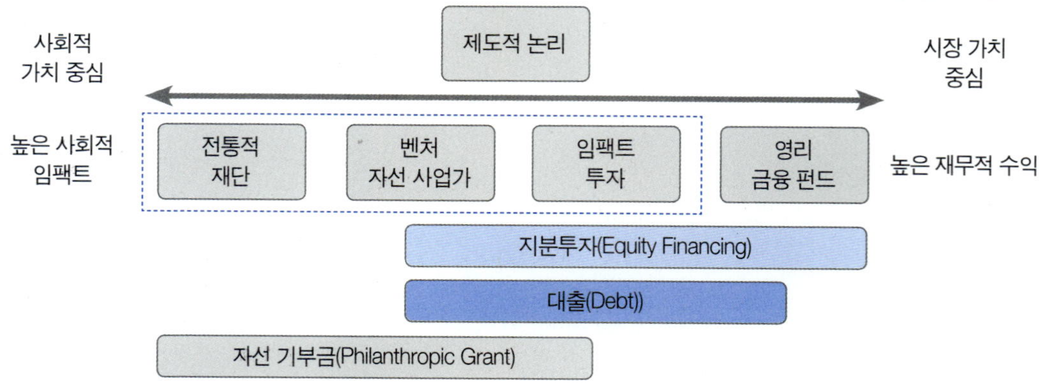

출처 Lall, S. A. & Park, J. (2020). How Social Ventures Grow: Understanding the Role of Philanthropic Grants in Scaling Social Entrepreneurship. Business & Society.

대화만 추구하는 것이 아니라, 금융을 통해서 사회적 가치 실현을 함께 추구하고자 하는 목적을 가지고 있다. 그림 4-15 는 사회적 금융의 스펙트럼을 보여주고 있다.

그림 4-15 에서 보듯이 금융자본 제공자들이 가지는 제도적 논리는 크게 시장가치와 사회적 가치가 있다. 전통적 재단의 경우 시장가치보다는 사회적 가치에 중점을 더 두는 경향이 있는 반면, 시중 은행과 같은 영리 금융펀드는 시장가치를 추구한다. 좁게는 벤처 자선사업가와 임팩트 투자를 사회적 금융으로 보지만, 넓은 의미에서 사회적 금융은 그림의 파란 점선 안에 해당하는 기관이라고 볼 수 있다. 각 기관별로 취급하는 금융상품이 상이한데, 예를 들어 전통적인 재단의 경우 자선기부금을 통해 사회적 기업에 자금을 공급한다. 하지만, 벤처 자선사업가나 임팩트 투자를 실시하는 기관들은 투자, 대출, 기부 등 다양한 형태로 자본을 제공한다.

2. 주요 사회적 금융 제공자

1) 전통적 재단 및 정부

정부나 재단은 사회적 가치 실현에 큰 비중을 두고서 사회적 기업을 지원하는 주체이다. 이들은 주로 기부 및 보조금(grants)의 형태로 사회적 기업에 자금을 대주고 있다. 예를 들어, 2012년 기준 미국 내 재단의 수는 약 8만 6천여 개가 넘어섰고, 약 520억 달러(약 58조 원)의 기부금이 전달되었다. 기부나 보조금은 타 금융상품과 다르게 지분을 공유하거나 상환의 의무가 없는 선물과도 같은 재무자원이다.[28] 글로벌 기업가정신 모니터(Global Entrepreneurship Monitor, GEM) 보고서에 따르면, 전체 25%에서 50% 사이의 사회적 기업이 기부를 받는다. 기부를 통해 사회적 기업들은 혁신을 하고 사람을 채용하는 등 사업을 영위해 나가는 한편, 기부를 받은 것 자체가 사회적 기업으로서는 명성이 올라가는 효과가 있다.

2) 벤처 자선사업가(Venture Philanthropists)

빌 게이츠(Bill Gates)나 이베이의 CEO였던 재프 스콜(Jeff Skoll)과 같이 실리콘밸리의 투자방식으로 자선활동을 전개하는 투자자를 벤처 자선사업가(Venture Philanthropists)

그림 4-16 대표적 벤처 자선사업가 재프 스콜

재프스콜은 33세에 이베이의 공동 창업을 통해 억만장자의 반열에 올랐다. 그 후, 스콜재단을 설립하여 전 세계 가난, 교육, 환경 문제를 해결하기 위해 사회적 기업들을 지원하고 있다.[29]

출처 스콜 재단(Skoll Foundation) 홈페이지(www.skollfoundation.org).

라고 한다. 이들은 기부를 벤처캐피털의 투자처럼 하고 있다고 생각하면 쉽다. 투자이익보다는 사회적 성과를 달성하는 것을 목표로 하고 있다는 점에서는 기부와 큰 차이가 없지만, 그 운영방식에서 차이를 보인다. 첫째, 자금의 형태가 기부, 투자, 대출 등 복합적으로 나타난다. 둘째, 불특정 다수를 수혜 대상으로 하지 않고 사회성과투자수익률(SROI)이 뛰어난 사회적 기업이나 비영리단체를 명확하게 선정한다. 셋째, 기존 기부금 방식이 프로젝트 단위로 집행되었다면, 벤처 자선사업가들은 조직에 자금을 지원한다. 넷째, 자금이 효율적으로 집행될 수 있도록 긴밀히 논의하고 이사회에 참석하기도 하는 등 끈끈한 관계를 맺어 육성하는 특징이 있다.

3) 임팩트 투자(Impact Investment)

임팩트 투자는 "재무적 수익과 함께, 긍정적이고 측정 가능한 사회적 임팩트를 얻으려는 의도를 가지고 행하는 투자"로 정의된다. 쉽게 말해 사회적, 환경적으로 긍정적인 영향을 미치는 회사나 기관에 투자하면서 수익률까지 포기하지 않는 투자를 일컫는다. 예를 들어, 임팩트 투자자 모임 '토닉(Tonic)'의 회원 중 82%는 시장수익률 이상의 수익을 얻었다고 한다.[30] 임팩트 투자는 2008년 글로벌 금융위기 이후 대중화되었는데, 2018년 기준 평균 투자수익률이 17%에 이른다. 전 세계 시장에 운용되고 있는 임팩트 투자 자산만 7,150억 달러(약 800조 원)이며, 이 중 약 2/3는 어큐먼펀드, 캘버트펀드와 같은 임팩트 펀드 특화기관으로부터, 1/3은 골드만삭스, JP모건과 같은 일반 투자기관으로부터 형성된 펀드다. 국내의 경우 2020년 말까지 누적된 임팩트 펀드 규모는 총 5,500억으로 추산된다.[31] 국내 대표적인 임팩트 투자 전문기관으로는 SOPOONG, 크레비스, D3쥬빌리, KAIST청년창업투자지주, 행복나눔재단 등이 있다.

챕터 마무리 이야기

세계적으로 7.3억 명이 시력에 문제가 있다. 시력 문제로 인한 경제적 손실이 연 2조 달러에 달한다. 특히 개발도상국의 저소득층은 안경을 살 여력이 되지 않아 문제가 더욱 심각해지고 있다. 검안 의사인 조단 카살로우(Dr. Jordan Kassalow) 박사는 이와 같은 개발도상국의 시력 저하 문제를 해결하고자 2001년에 비전스프링(Vision Spring)을 설립하였다. 눈이 나쁘지만 가난해서 안경을 살 수 없는 개발도상국의 저소득층에게 4~6달러짜리 안경을 판매하는 것이 사업 모델이다.

이를 위해 비전스프링은 어큐먼펀드(Acumen Fund)로부터 2005년 약 50만 달러(5억 원)를 대출받았다.[32] 어큐먼펀드는 빈곤퇴치를 추구하는 세계적인 임팩트 투자기관으로 주로 대출이나 투자의 형태로 지원을 해준다.

안경의 단가를 낮추기 위해, 대량생산체계를 구축하였고, 와비파커와 같은 기업으로부터 안경을 후원받기도 했다. 그뿐 아니라 효율적인 유통을 위해, 비전 앙트르프러너(Vision Entrepreneur)라는 여성 판매사업자를 모집하고 교육시켜 판매를 담당케 했다. 이들은 마을을 다니면서 직접 시력 검사를 하고, 안경을 주문, 판매했다. 비전 앙트르프러너 제도를 통해 비전스프링은 효율적인 안경 유통과 함께 현지 취약계층의 일자리 창출에도 기여하였다.

창업 후 첫해 800개 안경 판매를 시작으로, 10년 만에 백만 개 판매를 달성했다. 2020년까지 790만 개 이상의 안경을 공급하였고, 저렴한 안경을 사용한 소비자의 생산성이 22% 증가했다. 현재까지 전 세계 23개국 약 3만 명 이상의 비전 앙트르프러너가 17억 달러(약 2조 원)의 경제적 가치를 창출하였다. 이를 종합했을 때 비전스프링에 투자 대비 효과가 55배에 이른다는 분석도 있다.

그림 4-17 비전 앙트르프러너가 시력 검사하는 모습

출처 https://yourstory.com/2013/08/visionspring-helping-people-see-the-world-in-a-better-way-literally/amp

토론주제

1. 비전스프링이 이용한 비즈니스 원리는 무엇인가.
2. 비전스프링의 논리모형을 도출할 수 있는가.
3. 비전스프링의 비즈니스 모델에 따른 유형은 무엇인가.

생각해볼 문제

1. 평상시 해결하고 싶은 사회적 문제는 무엇이고, 이를 해결하는 사회적 기업의 사례를 제시하시오.
2. 사회적 기업을 창업하거나 운영하게 된다면, 어떤 비즈니스 원리를 이용하고 싶은지 생각해 보시오.
3. 본 장에서 제시된 사회적 기업 중 하나를 선정하여 그 기업의 사회적 가치 측정 시 고려하는 요소는 무엇인지 설명하시오.

그룹토의(그룹토의는 3-4명의 학생들로 소그룹을 만들고, 다음의 문제들 중 하나를 선택하여 5-10분 정도 자유토론을 진행한 후 공유한다.)

1. 우리나라에서는 사회적 기업과 소셜벤처를 구분하여 부르고 있다. 그 배경에 대해 알아보고 차이점에 대해 토의하시오.
2. 사회적 목적과 재무수익률을 모두 달성하고자 하는 임팩트 투자를 고려할 때, 중요하게 판단해야 할 요소는 무엇인지 토의하시오.
3. 사회적 기업을 지속가능하게 성장시키기 위해 투자를 유치하는 방법 이외의 가능한 활동에 대해서 토의하시오.
4. 하나의 사회적 문제를 선정하고, 다른 방식으로 해결하는 사회적 기업을 2~3개 선정하여 비교, 대조하시오.

핵심개념정리

본 장에서는 사회적 기업에 대해 살펴보았다. 사회적 기업은 영리 또는 비영리와 같은 법적 지위와 관계없이, 사회적 가치를 추구하는 미션을 가지고 이를 비즈니스의 방법을 이용한 경제활동을 통해 달성하도록 고안된 조직을 뜻한다. 사회적 기업은 해결하고자 하는 문제의 유형에 따라서 노동통합형, 사회서비스제공형, 지역개발형, 사회혁신형, 혼합형으로 나누어 볼 수 있고, 비즈니스 모델에 따라서 창업자 지원 모델, 시장중개 모델, 고용 모델 등 총 9가지 유형으로 구분되기도 한다. 이와 같은 사회적 기업의 성과를 측정하기 위해서는 논리모형 또는 변화이론과 같은 흐름도를 통해 사회적 가치가 실현되는 지점을 개념적으로 정리한 후, 사회성과투자수익률(SROI)과 같은 양적 방법을 통해 계량화하게 된다. 사회적 기업의 지속적인 성장과 스케일업을 위해 사회적 금융에 대한 이해도 필수적인데, 사회적 금융 제공자는 전통적인 재단과 정부부터 임팩트 투자자에 이르기까지 다양하다.

CHAPTER

05

기업가정신과 대학·연구기관

학습목표

1. 기업가정신 실천, 확산 주체로서 대학·연구기관의 특성과 역할을 이해한다.
2. 대학과 연구기관의 기업가정신 관련 조직 및 기능을 이해한다.
3. 대학과 연구기관의 기술창업 및 사업화 과정을 이해한다.
4. 성공적인 기업가정신 실천을 위한 대학과 연구기관의 전략을 이해한다.

챕터 시작 이야기

2003년 11월 한국원자력연구원 이사회는 고순도 정제기술 등 4건의 특허에 대해서 기술이전이 아닌 기술출자를 통한 신규 기업 설립을 의결하였다. 기술이전 계약을 체결하고 기술료를 받는 대신 3억 7,800만 원으로 평가된 기술을 출자하여 자본금 10억 원의 회사를 신규 설립하고 지분의 37.8%를 소유하기로 한 것이다. 이러한 결정에 따라 2004년 설립된 (주)선바이오텍(현 콜마비앤에이치)은 2006년 3월 우리나라 제1호 연구소기업으로 등록되었고, 2015년 2월 코스닥에 상장되었다. 코스닥 상장에 따라 한국원자력연구원이 보유한 주식의 가치는 650배 이상 높아졌다. 선바이오텍이 1호 연구소기업으로 등록된 이후 14년이 지난 2020년 9월 1,000번째 연구소기업이 설립되었다.

교육과 연구활동을 통해 우수한 인력 및 새로운 기술, 지식을 공급하는 역할을 하고 있는 대학과 연구기관이 기업가정신의 실천을 통해 경제 및 지역사회 발전에 보다 주요한 역할을 하여야 한다는 공감대가 형성되었다. 제3의 임무(Third Mission), 기업가적 대학(Entrepreneurial University), 학문 기업가정신(Academic Entrepreneurship), 학문 자본주의(Academic Capitalism), 연구 자본주의(Research Capitalism), 준기업(Quasi Firm) 등 다양한 용어로 표현할 수 있지만 모두 대학, 공공연구기관이 연구성과의 가치를 극대화할 수 있는 시장을 적극적으로 찾고, 그 시장에서 핵심적인 역할을 할 것을 주문하고 있다.

대학과 연구기관의 임무 확대에 따라 기업가정신 실천 및 확산의 주체로서 대학과 연구기관이 중요도가 커지고 있다. 우수한 인력 및 연구개발 역량을 보유하고 있고, 인적 자원 육성 및 공급, 새로운 기술 및 지식의 지속적 창출과 공급이 가능하다는 점은 대학 · 연구기관이 여타 조직과 구별되는 특징이다. 기업가정신과 관련해서 대학과 연구기관은 기업가정신을 실천할 기업가(academic entrepreneur, student entrepreneur)를 양성하는 역할, 기업가정신의 핵심요소인 기회의 발견과 포착을 지원하는 역할, 기회추구를 통한 사업화 성과 창출에 직접적으로 참여하는 기업가로서의 역할을 수행하고 있다.

토론주제

1. 기업가정신의 실천 및 확산이 대학 · 연구기관의 본래적 역할을 약화시킬 우려는 없는가.
2. 대학 · 연구기관이 기업가정신과 관련한 3가지 역할을 잘 수행하는 경우 기대할 수 있는 효과는 무엇인가.

제1절 기업가정신과 대학·연구기관의 역할

연구자들은 대학의 임무가 교육에서 연구로, 다시 경제 및 사회발전 기여로 확장되어 왔으며, 이러한 대학의 역할 확대 과정을 제1차, 2차 학문 혁명(academic revolution)이라고 부른다. 또한 임무 확대에 따라 변화된 대학의 특성을 표현하기 위해 연구대학(research university), 기업가적 대학(entrepreneurial university)이라는 표현을 사용한다. 제3의 임무(third mission), 기업가적 대학이라는 용어 속에는 교육과 연구개발 활동을 통해 우수한 인력 및 새로운 기술, 지식을 공급하는 역할을 해왔던 대학이 경제 및 지역사회 발전에 보다 주요한 역할을 하여야 한다는 대학 내 · 외부적 인식 및 요구가 반영되어 있다고 할 수 있다. 이는 대학과 함께 새로운 기술, 지식의 창출 및 공급자 역할을 해왔던 연구기관도 마찬가지이다. 이에 따라 많은 국가에서 대학 · 연구기관이 새로운 기술과 지식을 창출, 공급할 뿐만 아니라 보유한 기술자산을 활용하여 새로운 제품과 사업기회를 만들어 나갈 책임이 있음을 명확히 하였고, 동시에 대학과 연구기관이 이러한 역할을 수행할 수 있도록 물적, 제도적 지원을 적극적으로 실시하여 왔다.[1)]

그렇다면 대학 · 연구기관에게 부여된 제3의 임무는 어떤 방식이나 형태로 전개되어 왔고, 그 성과는 무엇이었는가? 기업가정신의 실천, 확산과는 어떤 연관성을 가지고 있는 것인가? 이러한 질문들에 답을 하기 위해서 먼저 대학 · 연구기관의 특성을 이해할 필요가 있다. 이 장에서는 기업가정신과 관련해서 대학 · 연구기관의 3가지 역할에 대해서 살펴볼 것이다. 첫 번째는 창업 및 기업가정신 교육, 기업가 활동을 촉진하는 제도 및 프로그램 운영 등을 통해 기업가정신을 실천할 기업가(academic entrepreneur, student entrepreneur)를 양성하는 역할이다. 두 번째는 새로운 기술과 지식의 창출 및 공급을 통해 기업가정신의 핵심요소인 기회의 발견과 포착을 지원하는 역할이다. 마지막으로 기회추구 과정에 직접적으로 참여하여 목표로 했던 가치와 성과를 달성하고자 하는 기업가(entrepreneur)로서의 역할이다.

그림 5-1 **대학 · 연구기관의 3가지 역할과 기업가정신**

임무(mission)	교육(Teaching)	연구(Research)	경제 및 사회발전 기여(Economic and social development)
	제1의 임무(1st mission)	제2의 임무(2nd mission 또는 1st academic revolution)	제3의 임무(3rd mission 또는 2nd academic revolution)

기업가정신 실천, 확산과 대학 연구기관의 역할	기업가 양성(academic entrepreneur, student entrepreneur)	기회 발굴, 포착 지원(제3의 임무로의 수평적 확장)	기회추구, 성과 창출(제3의 임무로의 수직적 확장)
	창업, 기업가정신 관련 강좌 및 비교과 프로그램 제공 기업가 활동을 촉진하는 규정 · 제도 시행 창업보육센터 운영 등	공동연구, 계약연구, 지식재산권 확보 기술 · 경영 세미나, 컨설팅 기술지도, 기술이전 등	연구소기업, 자회사, 출자회사, 기술지주회사, 신기술창업전문회사 개인투자조합, 액셀러레이터 운영 등

1. 기업가를 양성하는 대학·연구기관

기업가적 대학(entrepreneurial university)의 다양한 특성을 제시하였던 에츠코위츠(H. Etzkowitz)는 학생, 교수 등 인적 자원들의 기업가적 활동을 촉진하고, 지원하는 인큐베이터(natural incubator)로서 기업가적 대학을 정의하였다. 그는 기업가적 대학은 교수, 학생 등이 새로운 기업을 설립하는 것을 지원하는 구조를 구축하고 있고, 연구결과물을 지식재산이나 경제적 활동으로 전환하는 정해진 절차와 역량을 가지고 있다고 보았다.[2)]

대학은 창업, 기업가정신 관련 강좌 및 비교과 프로그램 제공, 기업가 활동을 촉진하는 규정 및 학사 제도의 마련과 시행, 창업보육센터 운영 등 다양한 지원구조를 구축하고, 이를 활용함으로써 기업가정신을 실천할 기업가를 양성하는 역할을 하고 있다. 연구기관 또한 대학과 마찬가지로 사업기회가 될 수 있는 우수한 기술 및 지식을 보유한 인적 자원을 보유하고 있다. 대학과 같은 정규 교육과정은 아니지만 세미나나 강연 등을 통해 기업가정신에 대한 이해도를 높이고, 기술이전, 창업 등 기업가 활동을 장려하는 제도 및 지원 조직(기술이전전담조직, 창업지원전담조직 등)을 구축함으로써 연구자들이 기술이전, 창업 등 연구성과의 사업화 과정에 보다 적극적으로 참여할 수 있도록 하고 있다.

창업 및 기업가정신 관련 강좌는 이제 거의 모든 대학에서 개설되고 있다. 창업, 기업가정신 교육의 학문적 정체성이나 체계화된 교육 모델에 대한 논의는 창업, 기업가정신 교육이 본격적으로 시작된 이후부터 현재까지도 계속되고 있지만 적어도 이러한 교육이 창업 활동이나 기업가정신의 실천에 긍정적 영향을 미친다는 것은 여러 국내외 실증 연구들을 통해서 검증되어 왔다. 즉, 창업 및 기업가정신 교육이 학생들의 도전의식 형성, 창업의지 및 창업역량 강화 등에 긍정적 영향을 미친다는 것이다. 이에 따라 대학에서 개설되는 창업 및 기업가정신 관련 강좌 수는 매년 크게 증가하고 있으며, 창업학과 및 창업연계전공을 개설하여 운영하고 있는 대학도 매년 증가하고 있다. 이와 관련하여 정부는 창업 분야 전문인력 양성을 목적으로 하는 창업대학원의 지정 및 지원에 대한 규정(「중소기업창업지원법」 제8조)을 마련하여 시행하고 있다.

창업 및 기업가정신 관련 강좌, 학과 개설뿐만 아니라 많은 대학에서 창업휴학제, 창업대체학점인정제, 창업학점교류제와 같은 창업친화적 학사 제도를 운영함으로써 창업과 학업 병행의 어려움을 해소하고, 학생들의 창업 활동을 지원하고 있다. 비록 학생들이 창업휴학제 등의 활용에 있어 제한요소가 많아 실효성이 다소 낮다는 지적도 있지만 창업친화적 학사 제도는 창업 · 기업가정신 강좌, 창업 관련 비교과 활동(창업동아리, 창업캠프, 창업경진대회), 창업장학금 등과 함께 학생창업을 지원하는 대표적인 사례라고 할 수 있다. 또한, 보다 체계적으로 학생창업 활동을 지원하기 위해 별도로 학생창업 지원규정을 제정하여 시행하고 있는 대학도 증가하고 있다. 학생창업 지원규정의 세부적인 내용은 대학마다 조금씩 다르지만 일반적으로 학생창업자에게 창업교육 프로그램, 창업 준비 및 기업 운영에 필요한 자금, 연구기자재 및 실험시설 등 창업 활동에 필요하다고 인정되는 사항을 지원할 수 있도록 하고 있다.

또한 대학은 정부의 창업 관련 재정지원 사업을 통해 학생, 교원 등 대학구성원들 뿐만 아니라 대학 외부의 예비창업자, 창업자들을 지원하고 있다. 대학실험실 예비창업팀을 지원하는 실험실 특화형 창업선도대학 육성 사업, 대학(원)생, 연구원 등으로 구성된 실험실 예비창업팀을 지원하는 공공기술기반 시장연계 창업탐색 지원 사업, 창업모델 도입 · 확산을 위한 대학기업가센터 지원 사업, 메이커 스페이스 구축 사업, 대학창업교육체제 구축 사업, 이노폴리스캠퍼스 사업 등이 이러한 예이다.

학생 기업가(student entrepreneur) 양성뿐만 아니라 교원, 연구원 등의 기업가정신을 고취하고 기업가(academic entrepreneur)로 성장할 수 있도록 지원하는 것도 대학 · 연구기관의 주요한 역할 중 하나가 되고 있다. 기술이전 촉진을 위한 인사 제도 및 업적평가 시스템 시행, 기술이전 성과에 대한 연구자 보상 확대, 창업친화적 인사 제도 및 업적평가 시스템 시행, 창업 휴 · 겸직 제도 운영, 연구자가 예비창업자로서 창업 준비에 전념할 수 있도록 지원하는 예비창업지원 제도 운영 등이 이와 연관된 대표적 사례라고 할 수 있다. 특히, 이러한 지원은 국가법령에 근거를 두고 각 대학 · 연구기관의 상황을 고려하여 자체 규정이나 제도로 운영되는 경우가 많다.

대학 교원, 연구기관 연구원 등의 창업 휴직 및 겸직 허용 규정이 대표적이다. 1997년 제정된 「벤처기업육성에 관한 특별법」 제16조는 대학 · 연구기관의 교원, 연구원 등이 창업을 하거나 벤처기업의 임원으로 근무하기 위하여 3년 이내(연장 시 최대 6년)의 기간 동안 휴직할 수 있도록 하고 있다. 또한 같은 법 16조의 2는 벤처기업 또는 창업자의 대표자나 임직원을 겸임하거나 겸직할 수 있도록 하고 있다. 「연구개발특구육성에 관한 특별법」 제9조의 5 등에서도 공공연구기관 연구원이 연구소기업의 대표자 또는 임직원으로 근무하기 위해 3년 이내의 기간(연장 시 최대 6년) 동안 휴직하거나 대표자 또는 임직원으로 겸직할 수 있도록 하고 있다. 이러한 법률에 따라 각 대학 · 연구기관은 교원, 연구원의 창업 휴직 및 겸직 허용 관련 자체 규정을 마련하여 시행하고 있다. 또한 1998년 12월 「벤처기업육성에 관한 특별법」 개정을 통해 대학의 교원, 연구기관의 연구원 등이 대학 또는 연구기관의 연구시설 및 연구성과를 이용하여 쉽게 창업할 수 있도록 대학 또는 연구기관에 실험실공장을 설치하여 도시형공장으로 등록할 수 있도록 하였다. 이외에 대학 내 창업지원 업무를 전담하는 조직의 설치 및 운영에 필요한 경비 등의 지원 규정(「중소기업창업지원법」 제7조의2)을 마련하여 시행하고 있다.

「기술의 이전 및 사업화 촉진에 관한 법률」은 기술이전 전담조직의 설치(제18조), 기술이전 성과에 대한 연구자 보상금 지원(24조) 등을 규정하고 있으며, 이러한 법률에 따라 각 대학 · 연구기관은 교원, 연구원의 기술이전 · 사업화 활동 참여 활성화 및 성과 창출을 지원하기 위한 기관 자체 규정 및 조직을 구축하여 운영하고 있다. 특히, 기술이전 성과에 대한 연구자 보상금 비율 확대 과정을 살펴보면 교원, 연구자들의 기술이전 활동을 장려하고 촉진하는 것이 중요한 과제였음을 확인할 수 있다. 2000년에 「기술이전촉진법」(현 「기술의 이전 및 사업화 촉진에 관한 법률」)이 처음 제정되었을 때 연구자에게 배분하는 성과금은 기술을 이전 또는 사업화하여 얻은 기술료에서 경비를 제외한 순 수입액의 15% 이상으로 규정되어 있었다. 이후 여러 차례 법령 개정을 통해 2010년부터는 연구자가 개발한 기술을 이전하거나 사업화하여 얻은 기술료의 50% 이상을 연구자에게 보상금으로 지급하도록 하고 있다. 창업과 마찬가지로 대학과 연구기관은 정부의 기술이전 · 사업화 관련 재정지원 사업을 통해 교원, 연구원들의 기술이전 및 사업화 활동을 지원하고 있다. 대학기술경영촉진사업, 학연연계사업화 선도모델 지원사업, 대학 창의적 자산 실용화 지원 사업 등이 대표적인 사례이다.

2. 기회의 발굴과 포착을 지원하는 대학 · 연구기관

기회를 발굴, 포착하는 것이 가장 기본적이고 중요한 기업가적 행동이라고 할 수 있을 만큼 기업가정신 실천에 있어 기회의 발굴과 포착은 매우 중요한 과정이다. 그렇다면 어디에서, 어떻게 기회를 발굴, 포착할 수 있는가? 여러분은 앞으로 6장에서 기회의 정의와 발견, 평가 방법에 대해서 상세히 학습할 것이다. 새로운 사업을 위한 아이디어들은 매우 다양한 원천에서 시작된다는 것을 알게 될 것이다. 여기에서는 기회의 발굴과 포착에 있어 대학 · 연구기관의 역할에 대해 살펴보기로 한다.

기업가정신과 관련해서 대학 · 연구기관의 두 번째 역할은 새로운 기술과 지식의 창출 및 공급을 통해 기업가정신의 핵심요소인 기회의 발견과 포착을 지원하는 것이다. 이는 6장에서 학습하게 될 새로운 아이디어의 원천 중 전문기술과 밀접한 관련이 있다. 앞에서 살펴본 바와 같이 대학과 연구기관은 연구개발의 결과로 창출된 기술과 지식을 산업계 등으로 확산, 공급함으로써 경제 및 사회 발전에 기여해야 한다는 제3의 임무를 부여받게 되었다. 공동연구, 계약연구, 지식재산권 확보, 세미나, 컨설팅, 기술지도, 기술이전 등이 이와 관련된 대학 · 연구기관의 활동이다. 이러한 활동을 통해 대학 · 연구기관은 경제적 또는 사회적 기여도를 대내외적으로 증명할 수 있고, 예비창업가나 기존 기업들은 대학 · 연구기관으로부터 도입한 기술이나 지식재산권 등을 활용하여 사업기회를 발굴, 포착할 수 있다.

과거 기업들은 필요한 기술과 아이디어를 외부에서 조달하는 데 소극적이었다. 자체적으로 개발한 기술과 아이디어에 의존하여 사업기회를 발굴, 포착하고, 사업화를 진행하는 경우가 많았다. 이러한 현상을 NIH(Not Invented Here) 신드롬이라고 부르기도 한다. 그러나 고객 요구의 빠른 변화, 제품 및 기술 수명주기 단축, 연구개발 비용 증가 등 경쟁환경 변화에 대응하기 위해서는 더 이상 자체적인 기술과 아이디어만으로는 한계가 있다는 것을 인식하게 되었다. 필요한 기술과 아이디어를 외부에서 적극적으로 도입하고 이를 활용하여 사업기회를 포착하고, 자사의 혁신으로 연결하는 개방형 혁신(open innovation)이 경쟁력의 핵심요소가 된 것이다. 급격한 R&D 생산성 하락, 신제품 매출 비중 하락이라는 위기를 극복하기 위해 개방형 혁신 모델인 C&D(Connect and Development) 전략을 실행하고, 성공을 거둔 P&G(프록터&갬블)는 가장 대표적인 사례이다.

챕터 시작 이야기에 등장한 (주)선바이오텍(현 콜마비앤에이치)도 기존 기업이 연구기관과 협력하여 기회를 발굴, 포착하고 성공적인 신규 기업 설립 및 사업화를 추진한 사례이다. 한국원자력연구원과 함께 선바이오텍을 설립한 한국콜마는 화장품 연구개발 및 제조를 주 사업으로 하는 화장품 전문기업으로 새로운 사업기회를 발굴하고자 노력하고 있었다. 한국콜마는 한국원자력연구원이 보유한 기능성식품 개발 기술과 방사선을 이용한 고순도 정제 기술의 가능성을 보게 되었고, 한국콜마가 보유하고 있는 제조역량과 결합하면 항암치료 보조식품이라는 새로운 시장을 개척할 수 있을 것이라고 판단하였다. 이에 따라 한국원자력연구원과 한국콜마는 각각 기술과 현금을 출자하는 방식으로 2004년 (주)선바이오텍을 설립하였으며, 이후 건강기능식품 전문제조업 허가 등을 거쳐 건강기능식품 제조 전문기업으로 발전하였다.

대학 · 연구기관이 보유한 기술과 지식이 기회의 발견과 포착으로 이어지고, 실행 가능한 사업기회로 발전하는 경로는 다양하지만 가장 대표적인 방법이 기술이전 또는 기술거래라는 절차를 통해서 기술의 소유권이나 실시(사용)권이 수요자에게 이전되는 것이다. 「기술의 이전 및 사업화 촉진에 관한 법률」 제2조에 따르면 기술이전의 정의는 매우 넓어서 양도, 실시권 허락, 기술지도, 공동연구, 합작투자 또는 인수 · 합병 등의 방법을 모두 포괄한다. 그러나 대학 · 연구기관의 기술이전은 주로 양도, 실시권 허락, 기술지도를 통해서 이루어진다. 경제 및 사회발전 기여라는 제3의 임무를 대학 · 연구기관이 달성하는 데 있어 기술이전은 매우 효과적인 실행전략이다. 국가마다 시기적 차이는 있지만 대학 · 연구기관의 기술이전 활성화는 주요한 국가 정책으로 인식되어 왔다. 이에 따라 대학 · 연구기관에는 보유한 기술이 민간부문으로 원활하게 이전될 수 있도록 노력해야 한다는 책무를 부여함과 동시에 대학 · 연구기관이 그 책무를 다할 수 있는 다양한 지원 제도를 마련하여 시행하여 왔다. 우리나라도 2000년에 「기술이전촉진법」(현 「기술의 이전 및 사업화 촉진에 관한 법률」)을 제정한 것을 기점으로 대학, 공공연구기관의 기술이전 기반을 확충하고, 기술이전 활동을 촉진하기 위한 재정적, 제도적 지원을 확대하여 왔다.

3. 기회를 추구(追求)하는 기업가로서 대학·연구기관

기업가정신과 관련해서 대학 · 연구기관의 세 번째 역할은 기회추구를 통한 사업화 성과 창출에 직접적으로 참여하는 것이다. 기술사업화 관점에서 본다면 기술이전을 통해 기술수요자(도입자)의 기술사업화를 지원하는 간접 사업화 방식에서 나아가 대학 · 연구기관이 직접 기술사업화 과정에 참여하게 된 것이다. 이러한 변화의 배경에는 여러 가지 요인이 있지만 분명한 것은 대학 · 연구기관의 기술사업화 기업 설립이 지속적으로 증가하면서 기술이전과 함께 기술사업화 기업 설립과 운영이 기술사업화의 주요 경로로 자리를 잡았다는 것이다. 여기에서 기술사업화 기업은 대학 · 연구기관이 보유한 기술을 직접 사업화하기 위한 목적으로 설립, 운영하는 회사로 대학 · 연구기관이 일정 비율 이상의 지분을 보유하고 있는 기업을 의미한다. 연구소기업, 신기술창업전문회사, 산학연협력 기술지주회사의 자회사, 공공연구기관 첨단기술지주회사의 출자회사가 대표적인 사례이다.[3)]

표 5-1 기술사업화 기업의 유형

구분	연구소기업	신기술창업 전문회사	산학연협력 기술지주회사의 자회사	공공연구기관 첨단기술지주회사의 출자회사
근거 규정	연구개발특구의 육성에 관한 특별법	벤처기업육성에 관한 특별조치법	산업교육진흥 및 산학연 협력촉진에 관한 법률	기술의 이전 및 사업화 촉진에 관한 법률
제도 시행	2005년 7월	2007년 8월	2008년 2월	2010년 7월
설립 목적	대학 · 연구기관 등의 기술을 직접 사업화	대학 · 연구기관이 보유하고 있는 기술의 사업화와 창업 촉진	신학협력단 또는 연구기관이 보유하고 있는 기술의 사업화	대학 · 연구기관이 보유하고 있는 기술의 사업화
주식(지분) 보유 요건	설립 주체가 10% 이상의 연구소기업 주식(지분을 포함) 보유	대학 · 연구기관은 전문회사 발행주식 총수의 10% 이상 보유	기술지주회사가 자회사의 의결권 있는 주식의 10% 이상 보유 (기술지주회사는 산학협력단 등 설립주체가 50%를 초과하여 주식 보유)	기술지주회사가 2년 동안 출자회사 주식의 20% 이상 보유 (기술지주회사는 설립주체가 50%를 초과하여 주식 보유)

출처 이성상(2015). 공공부문 기술사업화 기업 제도의 비교분석을 통한 개선방안 연구. 지식재산연구,10(4), 291-316의 내용을 바탕으로 수정.

대학 · 연구기관이 연구소기업을 설립하거나 기술지주회사나 신기술창업전문회사를 통해 자회사를 설립하여 사업화 성과 창출에 직접적으로 참여한다는 것이 곧 직접 제품을 개발 · 생산 또는 판매하는 활동을 수행한다는 의미는 아니다. 오히려 대학 · 연구기관은 직접 또는 기술지주회사 등을 통해 기술사업화 기업에 대한 기술 및 경영 자문, 재원 조달 지원, 교육훈련 지원 등의 사업화 지원 활동을 하는 것이 일반적이다. 따라서 기술사업화 기업 설립 및 운영을 기업가(entrepreneur)로서의 대학 · 연구기관의 특성으로 보는 시각이 있는 반면에 기회의 발굴과 포착을 지원하는 대학 · 연구기관의 변형(deformation)으로 보는 시각도 있다.

그러나 대학 · 연구기관이 보유한 기술의 직접 사업화를 목표로 하는 영리법인 설립을 허용하는 법령에 근거를 두고 있다는 점, 기술사업화 기업을 통해 대학, 공공연구기관이 가지고 있는 비영리적 속성에서 벗어나 비교적 자유롭고, 적극적으로 기술사업화 활동을 추진할 수 있다는 점 등을 고려하면 기술사업화 기업 설립과 운영은 대학 · 연구기관이 이제 기회추구를 통한 사업화 성과 창출에 직접적으로 참여하는 기업가로서의 역할을 수행하고 있다는 것을 보여주는 것이다. 또한 기술사업화 기업은 대학이나 연구기관의 교원, 연구자 등이 연구성과물을 사업화하기 위해 설립한 창업기업 또는 연구기관의 기술 및 연구성과를 라이선싱 등을 통해 이전받아 설립된 창업기업인 연구기반 스핀오프(research-based spin-offs)와는 다른 특징을 갖는다. 기술사업화 기업은 대학, 공공연구기관이 직접 또는 기술지주회사 등을 통해 일정 비율 이상(10~20%)의 지분을 보유하는 것을 제도적으로 의무화하고 있다. 이는 기술사업화 기업의 운영(기술사업화) 과정에서 대학 · 연구기관이 보다 적극적인 역할을 하여야 한다는 것을 반영하고 있다고 할 수 있다.

기술사업화 기업 설립 및 운영으로 대표되는 대학 · 연구기관의 기술사업화 활동 변화는 스웨덴, 프랑스 등의 국가에서 우리나라보다 먼저 구체화되었다. 프랑스의 경우 1982년 「프랑스 과학기술 R&D 방향설정과 계획수립을 위한 법률」 마련을 통해 공공연구기관의 직접 기술사업화 활동에 대한 제한을 완화하였다. 이를 통해 공공연구기관에서 창출된 연구성과물을 활용할 수 있도록 기업을 설립하거나 기업의 지분을 보유할 수 있도록 허용하였고, INRIA, CEA, INRA 등의 공공연구기관에서 기술사업화를 위해 여러 개의 기술사업화 기업을 설립하고, 적극적으로 기술사업화 활동에 참여하게 되었다. 기술사업화 기업이 증가하면서 이에 대한 효과적인 관리 및 지원 필요성이 커지게 되었고, 연구기관들은 지주회사와 투자조합을 설립하고, 지주회사를 중심으로 한 기업관리체제를 구축하였다. 중국 대학도 이와 유사한 과정을 거쳤다. 중국 정부의 지원을 받아 대학들은 교판기업(校辦企業) 또는 대학 과학기술기업이라고 불리는 회사를 설립하여 이 회사를 통해 대학 연구실의 아이디어와 기술을 제품화해 부가가치를 창출하는 전략을 추진하였다. 이에 따라 교판기업의 숫자가 크게 증가하자 교판기업의 효과적인 관리를 위해 대학지주회사 체제를 도입하였다.

스웨덴의 경우에는 혁신시스템 적용에 있어 대학의 핵심적인 역할을 강조하면서 신기술 기반 기업의 창업을 통해 경제구조의 쇄신에 중요한 역할을 하여야 한다고 판단하였다. 이에 따라 1994년에 대학이 지주회사를 운영하는 것을 허용하였다. 스웨덴 대학지주회사 시스템의 특징은 대학지주회사를 정점으로 기술이전 회사, 경영 및 지식재산 컨설팅 서비스 회사, 투자관리 회사, 지식재산권 관리 및 서비스 회사 등을 지주회사의 자회사로 운영한다는 점이다. 지주회사 운영 경험이 축적되면서 현재는 지주회사가 투자수익을 바탕으로 신규 회사에 대한 지속적인 재투자(evergreen fund)가 이루어지는 단계로까지 발전하였다.

일본은 1998년 「투자사업유한책임조합법」부터 시작하여 2014년 「산업경쟁력강화법」 개정까지의 과정을 거치면서 대학의 기술사업화를 지원하는 대학벤처캐피탈회사가 형성되었다. 특히, 2014년 「산업경쟁력강화법」 개정을 통해 '특정연구성과 활용 지원사업' 실시에 필요한 출자 등을 허용함으로써 국립대학의 벤처캐피탈 회사 설립 및 출자가 가능하게 되었다. 대학벤처캐피탈회사는 대학 법인이 자본출자를 통해 100% 지분을 보유하는 것이 일반적이며, 투자조합을 결성하여 대학의 기술을 사업화하려는 기업에 대한 투자를 하게 된다. 오사카대학 벤처캐피탈(주), 교토대학혁신캐피탈(주), 도호쿠대학벤처파트너스(주), 도쿄대학협창플랫폼개발(주) 등이 대표적인 대학벤처캐피탈회사이다.[4)]

제 2 절 대학·연구기관의 기업가정신 관련 조직

대학 · 연구기관은 그 역할과 임무를 다하기 위해 다양한 조직, 부서 등을 설립하여 운영하고 있다. 마찬가지로 대학 · 연구기관이 기업가정신을 실천할 기업가를 양성하는 역할, 기업가정신의 핵심요소인 기회의 발견과 포착을 지원하는 역할, 기회 추구를 통한 사업화 성과 창출에 직접적으로 참여하는 기업가로서의 역할을 수행하기 위해서는 그에 맞는 조직과 그 조직의 운영을 위한 제도적 근거, 인력, 예산이 필요하다. 대학 · 연구기관마다 기업가정신 관련 조직의 형태, 운영방식 등은 조금씩 차이가 있지만 여기에서는 기업가 양성 및 지원 조직, 기술관리 · 기술이전 전담조직, 기술창업 · 기술사업화 조직으로 구분하여 살펴보고자 한다. 여러분이 현재 대학 또는 연구기관에 소속되어 있다면 소개되는 다양한 형태의 기업가정신 관련 조직들이 여러분의 대학 · 연구기관에서는 어떤 형태로 구축되어 운영되고 있는지 살펴보는 것도 기업가정신 관련 조직들을 이해하는 데 도움이 될 것이다.

1. 기업가 양성 및 지원 조직

기업가정신을 실천할 기업가를 양성하는 역할을 성공적으로 수행하기 위하여 대학과 연구기관은 창업 또는 기업가정신 관련 학과, 창업교육센터, 기업가정신센터와 같은 교육기관과 함께 창업보육센터, 창업지원센터 등 (예비)기업가를 지원하는 업무를 전담하는 조직을 운영하고 있다.

앞서 살펴본 것처럼 대학은 체계적인 창업 · 기업가정신 교육 제공, 혁신적인 창업기업가 양성, 기업가정신 확산 등을 목표로 창업 · 기업가정신 교육에 대한 투자를 확대하고 있다. 이에 따라 창업학과 및 창업연계전공, 창업(벤처)대학원 등을 개설하여 운영하고 있는 대학이 매년 증가하고 있다. 또한 정규 학과는 아니지만 부속기관으로 창업교육센터, 기업가정신센터 등을 운영하면서 기업가정신 및 창업역량 제고를 위한 다양한 교육 프로그램 및 창업 활동을 지원하고 있다.

미국은 창업 및 기업가정신 교육의 중요성을 인지하고 창업 교육 체계를 가장 먼저 정비한 국가 중 하나이다. 미국 대학의 창업 교육 역사는 1927년(미시간 대학)까지 거슬러 올라간다. 이후 1947년 마일즈 메이스(Myles Mace) 교수에 의해 하버드 대학교에서 기업가정신(entrepreneurship) 강의가 시작되었고, 1971년과 1972년에 각각 서던캘리포니아대학교(USC)에서 MBA과정 프로그램과 학부과정으로 창업학 전공이 개설되면서 창업 및 기업가정신 교육이 본격화되었다.[5)]

기존의 대학 강좌와 비교하여 창업 및 기업가정신 교육 강좌의 가장 큰 차이점은 현장경험이 중시되고, 암묵지의 중요성을 강조한다는 것이다.[6)] 또한, 경영학 교육이 이미 설립되어 운영되고 있는 조직에 초점을 두고 학습과 훈련이 이루어지는 것에 비해 창업 및 기업가정신 교육은 새로운 사업의 개발과 계획에 대한 학습과 훈련에 초점이 맞추어져 있기 때문에 학생들의 도전의식 형성, 창업의지 및 창업역량 강화 등에 긍정적 영향을 미칠 수 있는 것이다.[7)]

창업보육센터(Business Incubator, BI)는 대학 · 연구기관이 운영하는 가장 대표적인 (예비)기업가 및 창업초기기업 지원 조직이다. 「중소기업창업지원법」 제2조는 창업보육센터의 역할이 창업의 성공 가능성을 높이기 위하여 창업자에게 시설 및 장소를 제공하고 경영 · 기술 분야에 대하여 지원하는 것이라고 규정하고 있다. 즉, 사업기회가 될 수 있는 기술과 아이디어를 발굴하여 사업화를 추진하려고 하지만 사업화 추진에 필요한 자원이 부족한 예비창업자나 창업초기기업을 창업보육센터에 일정 기간 입주하게 하고 공간, 기기, 컨설팅, 자금 등 기회추구에 필요한 종합적인 지원을 하는 데 목적이 있다. 우수한 인력과 기술을 보유하고 있는 대학 · 연구기관은 창업보육센터를 운영함으로써 학생, 연구원의 창업 지원뿐만 아니라 지역의 예비창업가, 창업초기기업의 성장을 지원하는 역할을 하고 있다.

창업보육센터를 설립 · 운영하기 위해서는 창업자가 이용할 수 있는 시험기기나 계측기기 등의 장비, 창업자가 사용할 수 있는 일정 면적 이상의 시설, 전문인력을 확보하고 있어야 한다. 창업보육센터는 전국적으로 250여 개가 운영되고 있으며, 대학 · 연구기관 외에 공공기관, 민간기관, 지방자치단체, 재단, 협회 등이 운영하고 있다. 대학 · 연구기관이 운영하는 창업보육센터가 전체 창업보육센터의 80%에 이를 정도로 창업보육센터는 대학 · 연구기관에서 가장 보편화된 지원 조직이다.

2. 기술관리 · 기술이전 전담조직

대학 · 연구기관에게 부여된 제3의 임무와 가장 관련성이 높은 활동 중 하나가 기술이전이다. 기술이전 등을 통해 기회의 발굴과 포착을 지원하는 역할을 성공적으로 수행하기 위하여 대학과 연구기관은 기술관리, 기술이전 업무를 전담하는 조직을 운영하고 있다. 기술이전 전담조직(Technology Licensing Office, TLO)은 미국의 대학 TLO부터 시작되었다고 알려져 있다. 1935년에 MIT 대학에서 TLO 조직을 설립하였고, 1970년대 초에 닐스 라이마스(Niels Reimers)[8)]와 스탠포드(Stanford) 대학 TLO를 중심으로 기술거래를 위한 적극적 대면 마케팅 모델이 정립되었다. 이 기술마케팅 모델이 미국 내 대학 · 연구기관으로 확산되면서 오늘날과 같은 기술이전 전담조직의 모습이 갖추어지게 되었다. 미국 대학 · 연구기관의 기술이전 활동은 1980년에 제정된 「스티븐스-와이들러 법(Stevenson-Wydler Technology Innovation Act)」, 「베이-돌법(Bayh-Dole Act)」, 1986년의 「연방기술이전법(Federal Technology Transfer Act)」 등을 통해 더욱 탄력을 받게 되었다.

「스티븐스-와이들러 법」은 기술이전 정보의 원활한 유통을 위하여 연방기술이용센터(Center for the Utilization of Federal Technology)를 설립하도록 하였으며, 기술이전 전담조직이라고 할 수 있는 기술응용실(ORTA)을 일정 규모의 연방 연구소에 설치하도록 의무화하고, 기술이전에 연구예산의 일정액 이상을 지출하도록 하였다. 「베이-돌법」은 대학 · 연구기관의 기술이전 활동에 획기적 전환기를 가져온 법률로 정부자금에 의한 발명, 기술에 대하여 대학 · 연구기관 등이 소유권을 취득하는 것을 허용하였다. 기술에 대한 소유권을 가지게 된 대학 · 연구기관은 보다 적극적으로 기술이전 활동에 뛰어들 수 있게 되었다. 일본은 미국의 기술이전 전담조직 모델을 수용하여 1998년에 「대학 등에서의 기술에 관한 연구성과의 민간사업자에 대한 이전 촉진에 관한 법률」을 제정하고, 기술이전 전담조직을 설립할 수 법적인 근거와 자금 등을 지원할 수 있는 근거를 마련하였다.

우리나라에서도 대학 · 연구기관의 기술이전 활성화가 주요한 국가정책 목표가 되면서 기술관리, 기술이전 업무 전담조직 육성은 핵심 과제가 되었다. 2000년 「기술이전촉진법」(현 「기술의 이전 및 사업화 촉진에 관한 법률」) 제정 시부터 대학 · 연구기관은 기술이전에 관한 업무를 전담하는 조직을 설치하도록 하였으며, 정부는 전담조직 활동에 필요한 지원을 할 수 있도록 하였다.[9)]

각 대학 · 연구기관에서 기술이전 전담조직을 설립하고 활동을 시작했지만, 초기에는 교수, 연구원 등 기술개발자를 중심으로 기술이전 활동이 이루어질 수밖에 없었다. 기술관리, 기술이전에 대한 지식과 경험을 가진 전문인력이 부족했기 때문에 기술개발자가 구축한 네트워크에 의존하여 기술이전이 이루어질 수밖에 없었다. 그러나 기술개발자가 구축한 네트워크에 의존한 기술이전은 한계가 명확하였다. 대학 · 연구기관에게 부여된 제3의 임무를 성공적으로 달성하기 위해 기술이전 전담조직의 역량 강화는 필수적이었다. 이에 따라 정부는 기술이전 전담조직 육성사업을 통해 전담조직 인력에 대한 인건비, 운영비, 기술마케팅 비용 등의 예산을 지원하였고, 기술이전 기여자에 대한 기술료 배분 도입 등 제도 개선을 지속적으로 추진하였다. 또한 선도-후발 기술이전 전담조직 간 협력체계 구축 및 이를 통한 기술이전 성과 제고를 지원하였다. 정부의 적극적인 지원과 대학 · 연구기관의 자체적인 지원 및 노력 등을 바탕으로 기술이전 전담조직의 역량 및 전문성이 강화되었고, 기술이전 경험이 축적되면서 대학 · 연구기관의 기술이전 성과도 크게 증가하였다.

기술이전 전담조직은 기술이전 · 사업화 제도 및 환경 변화에 따라 여러 형태로 발전하였다. 대학의 기술이전 전담조직은 2003년 제정된 「산업교육 진흥 및 산학협력 촉진에 관한 법률」에 따라 대학에 산학협력단이 설치되면서 산학협력단 내 전담부서 형태로 개편되었다. 대학 기술지주회사가 설립되고, 기술지주회사의 업무 범위가 대폭 확대되면서 기술이전 전담조직과 기술지주회사 간의 기능 중복 문제, 이해관계 충돌, 기술사업화 역량 분산 문제 등이 대두됨에 따라 일부 대학에서는 기술이전 전담조직의 기능을 기술지주회사로 통합하여 운영하고 있다. 기술이전실, 기술이전 · 사업화센터, 지식재산활용실, 기술사업화실, 성과활용팀, 지식재산관리실 등 대학 · 연구기관마다 명칭과 조직운영 방식이 조금씩 다르지만 기술이전 전담조직은 대학 · 연구기관이 기회의 발굴과 포착을 지원하는 역할을 성공적으로 수행하는 데 있어 가장 중요하며, 보편화된 조직이다.

다른 국가의 경우에도 대학 · 연구기관이 보유한 기술 및 지식을 산업계로 확산하기 위해 기술이전 전담조직을 운영하고 있다. 기술이전 전담조직의 역할이나 기능은 유사하지만 조직 형태나 운영 방식은 국가마다 조금씩 차이가 있다. 미국 대학 · 연구기관의 경우에는 우리나라와 유사하게 기관 내 부서 형태로 운영되는 것이 일반적이다. 반면에 유럽이나 일본의 경우에는 독립된 회사 형태로 기술이전 전담조직이 운영(TLO 회사)되는 경우가 많으며, 하나의 TLO 회사가 여러 대학 · 연구기관의 기술관리 및 기술이전을 담당하기도 한다.

3. 기술창업·기술사업화 조직

기회추구를 통한 사업화 성과 창출에 직접적으로 참여하는 기업가로서의 역할을 대학 · 연구기관이 수행하기 위해서는 그에 맞는 새로운 조직이 필요하다. 새로운 조직을 통해 대학 · 연구기관은 비영리적 속성에서 나아가 보다 자유롭고 적극적으로 사업화 활동에 참여할 수 있기 때문이다. 우리나라뿐만 아니라 영국, 프랑스, 스웨덴, 덴마크, 일본, 중국 등 여러 국가에서 대학 · 연구기관의 직접 사업화 활동 및 이와 연관된 조직 운영의 법률적 근거를 마련한 것도 이 때문이다.

우리나라의 경우 가장 먼저 법률적 근거가 마련된 것은 연구소기업이다. 2005년 7월 「대덕연구개발특구 등의 육성에 관한 특별법」(현 「연구개발특구의 육성에 관한 특별법」)이 제정되면서 연구소기업 설립이 가능하게 되었다. 연구기관 등이 보유한 기술을 직접 사업화하기 위해 특구 안에 기업을 설립하도록 허용함으로써 연구개발특구를 육성하고자 한 것이다. 대학 · 연구기관이 설립, 운영할 수 있는 다른 기술사업화 기업과 달리 연구소기업은 설립 요건으로써 연구개발특구 안에 설립되어야 한다는 지역적 제한을 두고 있다. 이는 연구소기업의 설립 및 운영이 연구개발특구의 육성과 밀접한 관련을 갖는다는 것을 보여주는 것이다. 연구소기업 제도 도입 초기에는 연구소기업을 설립할 수 있는 기관이 특구 안의 국립연구기관 및 정부출연 연구기관으로 한정되어 있었는데 2009년 12월 법률 개정을 통해 특구 안의 연구기관뿐만 아니라 특구 밖의 산학연협력기술지주회사, 신기술창업전문회사 등도 연구소기업을 설립할 수 있게 되었다. 이에 따라 연구소기업 설립 주체의 지역적 범위가 전국으로 확대되었다.

연구개발특구에 한정해서 연구기관이 주식의 10% 이상을 보유[10]하는 연구소기업을 설립할 수 있도록 한 것은 연구소기업이 연구개발특구라는 혁신 클러스터 내에서 연구개발과 새로운 비즈니스를 연결하는 강력한 연결고리가 되기를 기대했기 때문이다. 여기에는 연구기관이 보유한 신기술 기반의 창업활성화를 통해 클러스터의 벤처 생태계를 강화하려는 목적이 있었다. 또한 합작투자 방식 등을 통해 기존 기업과 협력하여 연구소기업을 설립하는 경우 연구기관이 보유한 기술 분야의 전문성과 연구개발 능력, 기업이 보유한 다양한 경영자원과 보완자산 간의 결합을 통한 시너지 효과 창출 및 성공적인 기술사업화를 기대할 수 있었다.[11]

연구소기업이 대학 · 연구기관이 보유한 기술의 직접 사업화를 목적으로 하는 회사인 것에 비해 신기술창업전문회사, 산학연협력 기술지주회사는 기술사업화 기업을 설립하고, 기술사업화 기업의 경영관리 및 성장을 지원하는 조직이라는 점에서 의미가 있다. 지주회사는 자회사의 사업내용을 지배하는 것을 주된 사업으로 하는 회사로 정의된다. 따라서 산학연협력기술지주회사는 대학이 보유하고 있는 기술의 사업화를 목적으로 다른 회사를 지배한다는 지주회사의 개념을 적용한 것이다. 이에 따라 산학연협력기술지주회사는 기술사업화를 목적으로 설립된 자회사의 의결권 있는 주식의 10%(2020년 12월 이전까지는 20%) 이상을 보유하여야 한다. 또한 대학(산학협력단 또는 학교법인)이 산학연협력 기술지주회사를 설립하는 경우 발행주식 총수의

50%를 초과(다른 대학 · 연구기관과 공동으로 설립한 경우는 합산)하여 보유하도록 되어 있는데 대부분 주식 총수의 100%를 보유하는 완전 자회사 형태로 기술지주회사를 설립, 운영하고 있다. 이는 해외의 경우도 유사하다. 다만, 다른 국가의 경우에는 우리나라의 산학연협력 기술지주회사와 동일한 목적(기술사업화 기업의 설립 및 경영, 기술 지원)으로 운영되는 조직인 경우에도 기술사업화 목적으로 다른 기업의 지분을 보유함에 있어 최소 지분율과 같은 제한이 없는 경우가 대부분이다.

산학연협력 기술지주회사 제도 도입 이후 많은 대학에서 단독으로 또는 다른 대학과 공동으로 기술지주회사를 설립 · 운영하고, 기술지주회사를 통해 기술사업화 기업의 설립 및 기술사업화 활동에 참여하고 있다. 이에 따라 기술지주회사는 기술이전전담조직(TLO)과 함께 대학 기술이전 · 사업화 활동의 양대 축이 되었다고 할 수 있다.

「벤처기업육성에 관한 특별조치법」에 근거를 두고 있는 신기술창업전문회사는 대학 · 연구기관 또는 전문회사가 보유한 기술의 사업화 및 기술의 사업화를 위한 자회사를 설립하는 역할을 하는 조직이다. 다만 대학의 경우는 산학연협력 기술지주회사가 있기 때문에 신기술창업전문회사를 통해 자회사를 설립할 수 없다. 따라서 연구기관이 단독 또는 다른 연구기관과 공동으로 신기술창업전문회사를 설립하고 이를 통해 기술사업화 기업을 설립하고 있다. 대학의 산학연협력 기술지주회사의 역할을 연구기관에서는 신기술창업전문회사를 통해 하고 있는 것이다.

신기술창업전문회사는 대학의 산학연협력 기술지주회사와 마찬가지로 자회사에 대한 경영 및 기술지원 업무를 하게 된다. 또한, 대학 · 연구기관이 보유한 기술의 산업체 등으로의 이전 알선, 대학 · 연구기관의 교원 · 연구원 등이 설립한 회사에 대한 경영 · 기술 지원 등의 업무도 신기술창업전문회사를 통해 수행할 수 있다.

산학연협력 기술지주회사나 신기술창업전문회사를 통해 대학 · 연구기관이 기술사업화 기업을 설립하고, 자회사에 대한 기술 · 경영 지원을 하는 경우에 가장 중요한 수단은 투자 지원일 것이다. 벤처캐피탈 산업이 발전된 국가의 경우에도 기술사업화 기업의 창업 초기에는 벤처캐피탈 등 외부 투자자들로부터의 투자가 사회적으로 바람직한 수준보다 적게 이루어지는 문제가 발생하기 때문이다. 이와 관련하여 2016년 법률 개정을 통해 기술지주회사의 업무 범위에 투자조합의 결성뿐만 아니라 투자조합 운영을 추가한 것은 기술지주회사를 통한 기술사업화 기업 지원에 있어 큰 전환점이 되었다. 기술지주회사는 자회사 육성을 위한 투자조합 결성 및 운영, 민간주도형 기술창업 지원사업(Tech Incubator Program for Startups, TIPS) 연계 등이 가능하게 되었다. 실제로 각 대학 기술지주회사는 대학창업 펀드를 결성하여 운용하고 있으며, TIPS 운용사 및 협력기관으로 참여하고 있다.

나아가 2020년 8월「벤처투자 촉진에 관한 법률」시행과 함께 창업기획자(액셀러레이터)가 기존 개인투자조합뿐만 아니라 벤처투자조합 결성 및 운용도 가능해짐에 따라 액셀러레이터로 등록한 대학 산학연협력 기술지주회사, 신기술창업전문회사의 보다 적극적인 기술사업화 투자가 가능하게 되었다. 이제 대학 · 연구기관은 산학연협력 기술지주회사, 신기술창업전문회사로 대표되는 기술창업, 기술사업화 조직을 통해 기술사업화 기업 설립, 기술 지원, 경영 지원, 투자까지 기술사업화 전 과정을 지원할 수 있는 체제를 구축하게 되었다.

제 3 절 대학·연구기관의 기술창업 및 기술사업화 활동

지금까지 우리는 기업가정신과 관련해서 대학 · 연구기관의 3가지 역할과 이와 관련된 대학 · 연구기관의 다양한 조직 유형, 기능 등에 대해서 살펴보았다. 여기에서는 대학 · 연구기관에서 기술 및 아이디어가 어떻게 발굴되고, 기술이전, 기술창업 및 사업화 과정을 거치게 되는지를 살펴보고자 한다.

1. 기술창업 및 기술사업화 활동 개요

대학 · 연구기관이 기술창업 및 기술사업화 활동을 통해 얻고자 하는 성과와 목표는 다양하다. 보유하고 있는 기술자산을 활용하여 수익을 창출하고, 이를 다시 연구개발이나 교육에 재투자함으로써 대학 · 연구기관의 지속적 발전에 기여하는 것도 중요한 목표이다. 또한, 연구개발의 결과로 창출된 기술, 지식을 산업계 등으로 확산, 공급하거나 신생 기업 및 창업자를 발굴, 육성함으로써 대학 · 연구기관의 경제적 또는 사회적 기여도를 대내외적으로 증명하는 것도 목표가 될 수 있다. 어느 경우든 대학 · 연구기관의 기술창업 및 기술사업화 활동은 기업가정신과 관련한 대학 · 연구기관의 3가지 역할(기업가정신을 실천할 기업가 양성, 기회의 발견과 포착 지원, 기회추구를 통한 사업화 성과 창출)과 직접적으로 연관되어 있다고 할 수 있다.

그림 5-2 대학 · 연구기관의 기술창업 및 기술사업화 활동

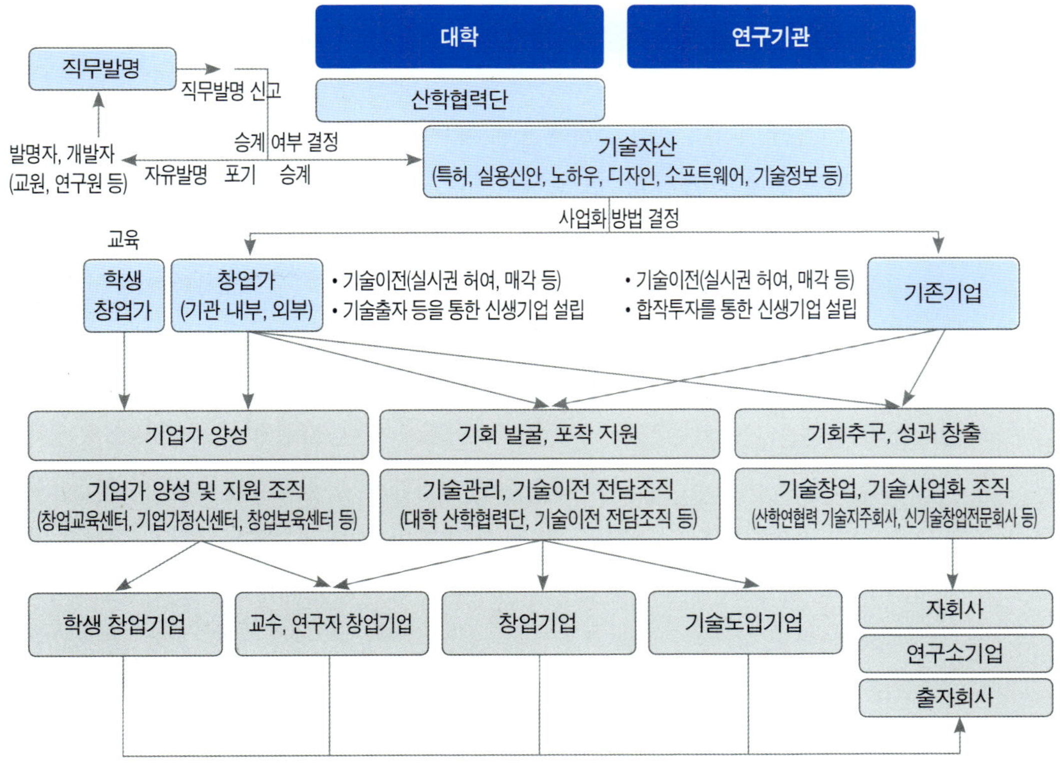

따라서 앞서 살펴본 기업가 양성 및 지원 조직, 기술관리 · 기술이전 전담조직, 기술창업 · 기술사업화 조직은 대학 · 연구기관이 기술창업 및 기술사업화 활동을 통해 얻고자 하는 성과와 목표를 달성하는 데 있어 중요한 역할을 하게 된다. 대학 · 연구기관에서 이루어지는 기술창업 및 기술사업화 활동의 전반적인 절차 및 형태는 그림 5-2 와 같다.

대학 · 연구기관의 기술창업 및 기술사업화 활동의 출발은 특허, 실용신안, 노하우, 디자인, 소프트웨어, 기술정보 등 기술 자산을 확보하고 관리하는 것에서부터 출발한다. 대학 · 연구기관은 교원, 연구원 등으로부터 직무발명 신고가 있는 경우 이에 대한 승계 여부를 결정하고, 발명자 등에게 문서로 알려야 한다. 대학 · 연구기관이 권리를 승계하게 되면 특허출원 등 권리화 과정을 진행하게 되고, 발명자 등은 관련 법률에 따라 정당한 보상(직무발명에 대한 보상)을 받을 권리를 가지게 된다.

2. 기술자산을 활용한 수익 창출

대학 · 연구기관이 권리 승계를 통해 확보한 기술자산을 활용하여 수익을 창출하는 방법은 크게 두 가지 방식으로 구분된다.

첫째는 기관 내 · 외부의 (예비)창업가, 기존기업 등 기술수요자와 기술이전 계약을 체결하고, 계약기간 동안 기술의 사용권(실시권)을 허락하거나 권리의 전부 또는 일부를 양도하는 것이다. 기술공급자로서 대학 · 연구기관은 기술수요자의 기술사업화 활동을 기술지도 등의 방식으로 지원하게 되고, 사업화 성과에 따라 달라지는 기술료 방식(경상기술료)을 채택하는 경우 이러한 기술 공급자와 수요자 간의 협력이 더 강화될 여지가 있다고 할 수 있다. 초기 기업의 경우 기술료 부담을 줄이기 위해 기술료를 현금 외에 주식의 일부로 대신하는 경우도 있지만 기술료 형태로 받는 주식의 수(기술도입기업의 발행주식 총수에서 차지하는 비율)는 매우 적은 것이 일반적이다. 기관 내 · 외부의 (예비)창업가, 기존기업 등이 대학 · 연구기관으로부터 기술을 도입하는 목적은 매우 다양하다. 정부지원사업 신청 시 필요한 해당 분야 기술을 소액으로 확보하기 위해 기술이전이 이루어지기도 한다. 그럼에도 불구하고, 대학 · 연구기관은 기술도입기업이 대학 · 연구기관의 기술을 통해 새로운 기회를 발견하거나 포착하고, 실행 가능한 사업기회로 발전시켜 가기를 희망한다. 나아가 기술이전 전담조직 등을 통해 기술도입기업에 대한 사후관리나 후속 지원을 하기도 한다. 성공적인 기술거래와 기술도입기업의 성장은 대학 · 연구기관에게 더 많은 기술료 수입을 기대할 수 있게 할 뿐만 아니라 기업가정신의 핵심요소인 기회의 발견과 포착을 지원하는 대학 · 연구기관의 역할과 기여를 대내외적으로 증명하는 것이 되기 때문이다.

두 번째는 현물(기술)출자 또는 현금출자를 바탕으로 신생기업 설립 또는 기존기업 경영에 참여하고, 이를 통해 기술사업화를 추진하는 것이다. 이 경로를 통해 대학 · 연구기관은 기회추구 활동과 사업화 성과 창출에 직접적으로 참여하는 기업가(entrepreneur)로서의 역할을 하게 된다. 기업가로서 대학 · 연구기관의 기술사업화 참여는 기술지주회사나 신기술창업전문회사 등 별도의 기술창업, 기술사업화 조직을 통해서 이루어지는 것이 일반적이고, 기술의 사업화를 목적으로 자회사 또는 출자회사의 기술 및 경영을 지원하는 것이 주된 역할이 된다. 우리나라를 포함하여 여러 국가에서 대학 · 연구기관의 직접 사업화 활동 및 이와 연관된 조직운영의 법률적 근거를 마련하고 있는 것은 기업가로서 대학 · 연구기관의 역할을 강조함과 동시에 대학 · 연구기관이 단순히 수익창출 목적이 아니라 기술혁신 및 사회 전체의 경제적 후생 증대를 위해 필요한 기술사업화 활동의 명확한 원칙과 기준을 정해놓은 것이라고 볼 수 있다.

대학이나 연구기관의 교원, 연구자 등이 연구성과물을 사업화하기 위해 설립한 창업기업, 학생 창업기업, 대학 · 연구기관의 기술을 이전 받아 사업화하고자 하는 기업 등의 경우에도 관련 법률에서 요구하는 일정 비율 이상(10~20%)의 지분을 대학, 공공연구기관이 직접 또는 기술지주회사 등을 통해 보유한다면 자회사, 출자회사, 연구소기업으로 편입될 수 있으며, 관련 법률에서 허용하는 범위 내에서 필요한 각종 지원을 받을 수 있다.

기술이전과 마찬가지로 성공적인 기술사업화 기업 설립과 기술사업화 기업의 성장은 대학 · 연구기관에게 더 많은 수익을 기대할 수 있게 할 뿐만 아니라 기회를 추구하는 기업가로서 대학 · 연구기관의 역할과 기여를 대내외적으로 증명하는 것이 될 수 있다. 대학 · 연구기관의 기술사업화 기업 설립은 다양한 기술사업화 경로 중 하나를 선택한 것이기 때문에 그 자체를 기술사업화 성과라고 보기는 어렵다. 대학 · 연구기관이 기술혁신 및 사회 전체의 경제적 후생 증대에 기여하기 위해서는 기술사업화 기업의 성장(Scale-up)이 이루어져야 한다. 스타트-업(Start-up)보다 스케일-업(Scale-up)이 중요하다는 관점에서 본다면 대학 · 연구기관이 기술사업화 기업으로서 자회사, 연구소기업, 출자회사의 스케일-업을 지원할 수 있는 자원과 여건, 경험, 인력을 갖추고 있는지를 객관적으로 살펴보아야 한다. 대학 · 연구기관의 기술사업화 기업 설립이 지속적으로 증가하면서 기술이전과 함께 기술사업화 기업 설립과 운영이 기술사업화의 주요 경로로 확고한 자리를 잡았지만 양적인 팽창에 비해 뚜렷한 성공 사례 및 기술사업화 추진 모델이 부족하다는 것은 기업가로서 대학 · 연구기관이 극복해야 하는 과제이다.

챕터 마무리 이야기

2018년 서울대학교와 (주)툴젠 간의 '제3세대 크리스퍼 유전자 가위 기술'의 기술이전 계약 정당성에 대한 논쟁이 크게 일어났다. 이는 한 대학과 생명공학 기업 간에 이루어진 계약 문제를 넘어서 대학 · 연구기관의 직무발명 제도, 연구자의 창업 및 사업화 활동 참여에 따른 이해충돌 문제 등 다양한 이슈를 생산해냈다.

이 사건은 2012~2014년에 있었던 일로 정부로부터 연구개발 자금을 지원받아 발명한 유전자 가위 관련 특허기술을 기술개발자가 직접 설립하고, 최대 주주로 경영에 참여하고 있었던 기업에 헐값에 넘겼으며 이 과정에서 직무발명 신고 등 적합한 절차를 거치지 않았다는 것이다. 반면에 대학과 기술개발자는 기술이전 당시 특허기술의 가치 산정에는 문제가 없었으며 직무발명 신고 등 절차상 문제도 없었다고 주장하였다. 이 사건은 2019년 서울대학교와 (주)툴젠 간의 공동기술개발, 툴젠 주식 기부 등이 포함된 연구협력 MOU체결을 통해 특허 관련 논쟁이 마무리되었고, 기술개발자도 2021년 법원의 1심 판결에서 무죄 판결을 받았으나 항소심에서는 일부 혐의가 인정되기도 하였다.

대학 · 연구기관이 연구성과의 가치를 극대화할 수 있는 시장을 적극적으로 찾고, 그 시장에서 핵심적인 역할을 하게 되면서 이러한 이해충돌의 문제가 발생할 가능성이 높아지고 있다. 물론 대학 · 연구기관은 윤리규정, 교원 및 연구원 창업규정 등을 통해 이해충돌 문제에 접근하고 있으나 발생할 수 있는 다양한 유형의 이해충돌 문제를 다루기에는 한계가 있다.

대학 · 연구기관 본연의 역할 및 기능에 부정적 영향을 미칠 수 있다는 우려도 있지만 대학과 연구기관의 임무 확대에 따라 기업가정신 실천 및 확산의 주체로서 대학과 연구기관의 중요도와 역할은 더욱 확대될 것이다. 우수한 인력, 기술, 연구개발 역량을 보유하고 있는 대학 · 연구기관이 기업가를 양성하는 역할, 기회의 발견과 포착을 지원하는 역할, 기회추구를 통한 사업화 성과 창출에 직접적으로 참여하는 기업가로서의 역할을 잘 수행하기 위해서는 경제 및 사회발전에 대한 기여도뿐만 아니라 그 과정의 정당성, 타당성도 중요하게 인식하여야 한다. 이해충돌의 문제를 한 개인이나 기업의 문제로 국한하는 것이 아니라 공론화함으로써 이를 점검하고, 관리하기 위한 노력을 강화하여야 한다. 이는 학생, 교원, 연구자의 기업가적 활동뿐만 아니라 대학 · 연구기관의 직접 사업화 활동에도 적용된다.

토론 주제

1. 대학 · 연구기관의 기업가정신 실천 및 확산 과정에서 이해충돌의 문제는 주로 어떤 상황에서 발생하는가.
2. 이해충돌의 문제 외에 대학 · 연구기관이 기업가정신과 관련한 3가지 역할을 잘 수행하기 위해 고민해야 하는 것은 또 무엇이 있는가.

생각해볼 문제

1. (주)콜마비앤에치와 같이 대학 · 연구기관이 설립하여 사업화에 성공한 국내 및 해외 기업 사례를 찾아보고, 사업화에 성공할 수 있었던 이유를 생각해 보시오.

2. 대학 · 연구기관이 학생, 연구원들의 창업 및 기업가정신 제고를 위해 지원하고 있는 교육 프로그램, 지원 프로그램을 찾아보고, 자신에게 가장 적합한 프로그램은 무엇인지 설명해 보시오.
3. 대학 · 연구기관에서 이루어지는 다양한 기업가적 활동에 있어 발생할 수 있는 이해충돌의 문제를 유형화해 보고 이에 대응할 수 있는 방법을 생각해 보시오.
4. 온라인으로 특허정보를 검색할 수 있는 데이터베이스를 활용하여 대학 · 연구기관이 보유하고 있는 기술을 조사해 보고, 사업기회로 발전시킬 수 있는 기술의 목록을 만들어 보시오.

그룹토의(그룹토의는 3-4명의 학생들로 소그룹을 만들고, 다음의 문제들 중 하나를 선택하여 5-10분 정도 자유토론을 진행한 후 공유한다.)

1. 기업가정신과 관련된 대학 · 연구기관의 3가지 역할을 잘 보여주는 사례들을 찾아보고 대학 · 연구기관이 기업가정신의 실천, 확산을 통해서 경제 및 사회발전에 어떻게 기여할 수 있는지 토론하시오.
2. 기업가정신의 실천 및 확산 주체로서 대학 · 연구기관이 여타 조직과 구별되는 특징이나 기업가정신 실천, 확산에 있어 유리한 점, 불리한 점에 대해서 토론하시오.

핵심개념정리

5장에서는 기업가정신의 실천과 확산의 주체로서 대학 · 연구기관의 3가지 역할과 그 역할 수행을 위한 조직 구축 및 운영에 대해서 살펴보았다. 또한 대학 · 연구기관에서 기술 및 아이디어가 어떻게 발굴되고, 기술이전, 기술창업 및 사업화 과정을 거치게 되는지를 알아보았다. 기업가정신의 실천과 확산의 주체로서 대학 · 연구기관은 여타 조직과 구별되는 특징을 가지고 있다. 우수한 인력 및 연구개발 역량을 보유하고 있고, 인적 자원 육성 및 공급, 새로운 기술 및 지식의 지속적 창출과 공급이 가능하다. 이를 바탕으로 대학 · 연구기관은 창업 및 기업가정신 교육, 기업가 활동을 촉진하는 제도 및 프로그램 운영 등을 통해 기업가정신을 실천할 기업가를 양성하는 역할을 한다. 또한 새로운 기술과 지식의 창출 및 공급을 통해 기업가정신의 핵심요소인 기회의 발견과 포착을 지원하는 역할을 한다. 마지막으로 기회추구 과정에 직접적으로 참여하여 목표로 했던 가치와 성과를 달성하고자 하는 기업가로서의 역할을 수행한다.

대학 · 연구기관이 교육과 연구개발 활동을 통해 우수한 인력 및 새로운 기술, 지식을 공급하는 역할을 할 뿐만 아니라 보유한 기술자산을 활용하여 새로운 제품과 사업기회를 만들어 나갈 책임이 있다는 인식의 확산은 대학 · 연구기관에게 기회이면서 동시에 대학 · 연구기관의 경제적 또는 사회적 기여도를 대내외적으로 증명해야 하는 도전이기도 하다. 대학 · 연구기관은 기업가 양성 및 지원 조직, 기술관리 · 기술이전 전담조직, 기술창업 · 기술사업화 조직과 이와 관련된 법률, 자체 규정, 정부지원사업, 자체예산 지원 등을 통해 대학 · 연구기관에 부여된 3가지 역할을 수행하고자 하고 있다.

반면에 대학 · 연구기관의 기업가정신 실천 및 확산 과정에서 발생할 수 있는 이해충돌 문제 관리, 대학 · 연구기관의 본래 역할에 대한 약화 우려, 기술창업 및 사업화 활동의 양적인 팽창에 비해 뚜렷한 성공사례 및 기술사업화 추진 모델이 부족하다는 것 등은 기업가정신 실천 및 확산의 주체로서 대학 · 연구기관이 극복해야 하는 과제이기도 하다.

CHAPTER

06

기회의 발견과 평가

학습목표

1. 창업을 위한 아이디어와 시장기회의 차이점을 이해한다.
2. 기회의 평가방법과 과정에 대해 학습한다.
3. Lean Startup 과정에 대해 이해하고 비즈니스 모델 구성요소를 이해한다.

챕터 시작 이야기

대학생 창업가 안서형 대표는 세계 120만 명이 쓰는 '모바일 키보드 앱' 스타트업인 비트바이트를 만들어 창업을 했다. 좋아하는 캐릭터나 연예인의 이미지로 키보드를 꾸미는 모바일 앱이다. 안서형 대표는 비트바이트의 서비스에 대해 사용자들에게 스마트폰 채팅을 더 즐겁게 만들어주는 서비스라고 이야기한다. 키보드에 '안녕'이라고 입력하면 스마트폰 키보드 속 캐릭터가 손을 흔들고, 'ㅠㅠ'를 치면 같이 울어주기도 하는 '움직이는 키보드' 기능을 제공한다. 2018년 1월 출시한 플레이키보드는 2020년에 120만 누적 다운로드를 돌파했다.

그림 6-1 플레이키보드 - 생동감 넘치는 소통의 시작

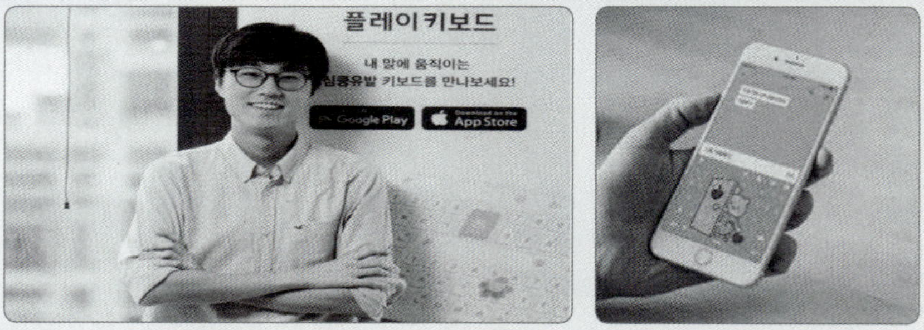

출처 https://news.chosun.com/misaeng/site/data/html_dir/2020/03/03/2020030300654.html

안서형 대표는 17학번 대학생으로 고등학교 3학년 때 창업을 시작했다. 처음엔 공모전에 나가려고 욕설을 입력하면 순화해 이모티콘으로 바꿔주는 앱인 '바른말키패드' 키보드 앱을 개발하여 삼성전자에서 주관한 '삼성 투모로우 솔루션'에서 3등을 했다. 지원금 1,000만 원을 받고 실제로 출시한 뒤 이틀 만에 다운로드가 5만 건에 달하는 등의 반응을 확인했다. 이후 2017년 대한민국 인재상을 받으며 정부지원금과 투자유치를 통해 사업을 진행하고 있다.

토론주제

1. 안서형 대표는 어떻게 창업을 시작하게 되었나?
2. 바른말키패드 아이디어가 창업의 좋은 기회라는 것은 어떻게 확인할 수 있었을까?
3. 앞으로 어떤 과정을 거쳐 사업을 계속 성장시킬 수 있을까?

제 1 절 기회의 정의와 발견

우리가 신제품이나 새로운 서비스를 접하게 되었을 때, 혹은 누군가로부터 새로운 아이디어에 대해 들었을 때, "정말 좋은 아이디어구나!, 왜 내가 저 생각을 못했을까!" 하며 무릎을 탁 쳐본 경험은 누구나 한 번쯤은 있을 것이다. 또는 "내가 예전에 생각했던 아이디어인데, 실제 제품/서비스로 만들어졌구나!" 하고 감탄을 했던 경험도 있을 것이다. 전자든 후자든 간에 새로운 제품이나 서비스가 된 아이디어들은 처음부터 아무도 모르는 비밀스러운 창의적 전략을 통해 만들어진 것이 아니다. 신규 사업으로 성장하는 새로운 제품이나 서비스의 아이디어는 대부분 우리 주변을 둘러싸고 있는 정보들의 수집과 관찰에서부터 시작된다. 정보의 수집과 관찰은 향후 이 제품이나 서비스를 사용할 고객에 대한 이해를 높이기 때문에 자연스럽게 신규사업으로 이어질 수 있는 기회가 될 수 있다. 또한 처음 생각한 아이디어를 시장의 정보와 관찰을 통해 점차 시장에 더욱 적합하게 변화시켜 가는 것도 아이디어를 기회로 현실화하는 중요한 방법이다.

창업가들은 주변에 있는 작은 힌트들에 주목하고 당연하게 받아들여지는 일들에 대해 질문을 하며 아이디어를 도출한다. 이러한 아이디어들은 (대부분의 스타트업이 그러하듯이) 창업가의 노력을 통해 시장과 고객에 더욱 적합하도록 지속적으로 발전시키며, 이 과정에서 또 새로운 아이디어가 나타나기도 하고 기존의 아이디어를 한 단계씩 발전시키는 방법을 배워가며 이를 실행해 옮기는 법들을 터득한다. 앙트러프러너십 분야의 연구자들은 창업가가 거치는 이러한 일련의 프로세스들 중 창업가의 기회인식(opportunity recognition)이 가장 핵심이 되는 기업가적 과정(entrepreneurial process)의 행동이라고 이야기한다.

1. 아이디어의 원천과 창업기회

창업을 위한 아이디어들은 다음과 같이 매우 다양한 원천을 가지고 있다. 창업을 하고자 하는 사람은 자신이 대학이나 직장에서 얻은 기술과 지식을 바탕으로 이미 시장에 존재하는 기회들을 탐색하는 것부터 시작해야 할 것이다. 그럼 아이디어가 먼저일까, 창업을 하겠다는 결정이 먼저일까? 사실 반드시 아이디어가 있어야 사업을 시작할 수 있는 것은 아니다. 먼저 창업을 결정하고 아이디어를 탐색하는 경우도 많다. 미국의 창업가를 대상으로 한 패널 연구[1]에서 480명에게 '창업 아이디어'와 '창업을 시작하겠다는 결정' 중 어느 쪽이 먼저였는지 물었을 때 42%가 창업을 먼저 결정했다고 응답했고 37%가 아이디어를 먼저 가지고 창업을 시작했다고 응답했다. 두 가지가 동시에 발생했다고 응답한 비율은 21%였다.

창업을 위한 아이디어가 먼저 있었는지 혹은 창업을 시작하려는 결정이 먼저였는지는 주어진 상황과 여건에 따라 다르지만, 전후 순서에 관계없이 창업에서 꼭 필요한 '아이디어(idea)'는 어디서부터 시작되는지 다양한 원천들을 살펴보면 다음과 같다.

1) 주위의 불편함

자신의 비즈니스에 대해 설명하는 스타트업들의 사업계획 발표에서 대부분 가장 먼저 시작하는 내용은 바로 '내 주위의 불편함'이다. 즉, 스타트업들은 '시장의 문제'로도 해석할 수 있는 이 불편함을 어떻게 해결하겠다는 솔루션을 제시하며 자신들의 사업이 왜 시작되었고 왜 사람들에게 가치를 창출할 수 있는지 설명한다. 이렇게 우리 주변에서 볼 수 있는 불편함을 바탕으로 이를 해결할 수 있는 새로운 아이디어를 찾아내어 창업을 시작하는 경우들이 많다.

2) 직장경험

성공한 창업가들을 살펴보면 과거에 회사에서 일하며 어떻게 사업이 진행되고 이러한 사업들을 어떻게 다르게 할 수 있는지에 대한 경험을 한 경우들이 많다. 또 창업가들의 아이디어는 자신이 회사에서 업무를 진행하며 고객의 불만을 듣는 중에 생겨나기도 한다. 이렇게 누구나 직장 및 업무에서의 경험들을 이용해서 무언가를 다르게 할 수 있는 아이디어를 생각해낼 수 있다. 창업을 위한 아이디어들은 자신이 일을 하면서 생기는 경험에서 번뜩 떠오르는 아이디어일 수도 있고, 고객이 원하는 것을 정확히 제공하지 못했던 경험을 바탕으로 아이디어를 도출할 수도 있다. 하지만, 어떤 산업이나 시장에서의 직장경력을 가지고 있지 않더라도 어떤 회사의 특정 제품이나 서비스를 좋아하며 관심을 가지고 있다가 이보다 더 나은 형태의 제품과 서비스의 아이디어를 찾게 되어 시장의 기회를 마주하게 될 수도 있다. 그러므로 직장 경험이 없어서 해당 분야의 창업의 아이디어가 없다는 말은 설득력이 떨어진다.

3) 취미나 개인적인 관심사

의외로 많은 창업가들은 자신의 취미를 성공적인 창업으로 전환하여 시장에서 누구보다 경쟁우위를 갖게 되었다. 일정 인원이 필요한 축구를 함께 할 수 있는 플랫폼인 '플랩'의 창업자 강동규 대표는 처음부터 축구를 즐기는 사람들을 매칭해 주기 위한 플랫폼을 운영하기 위해서 창업을 한 것이 아니었다. 학창시절에 축구선수였다가 부상으로 그만두게 된 강 대표는 자신의 모습이 담긴 그 시절의 동영상을 보며 다른 사람들도 자신이 운동하는 모습이 담긴 동영상을 갖고 싶어 할 것이라는 생각에 영상서비스를 제공하며 창업을 시작하였다. 이 영상서비스 팀은 모두 축구를 좋아하는 운동 마니아이기도 하고, 대학시절에 축구를 하려고 여러 리그를 참여하기도 하였다. 강동규 대표는 다음과 같이 회상한다. "사람들이 운동하는 영상을 제공하는 것은 너무 기쁜 일이었고, 다양한 영상들을 모았습니다. 하지만, 지속적인 사업으로 성장시키는 것에는 너무나 많은 변수들이 존재했죠. 왜냐하면 영상을 찍기 위해서는 결국 사람들이 축구를 하는 모임에 쉽게 접근이 되어야 했거든요." 이렇게 그는 축구를 좋아하는 사람들을 모이게 하여 함께 운동할 수 있도록 도와주는 플랫폼 '플랩'을 개발하여 운영하고 있으며, 자신이 운동하는 모습을 촬영해 주는 영상 서비스는 부가적으로 제공하고 있다.

4) 우연한 발견

주변에서 일어나는 일들에 민감하게 반응하고 대부분의 사람들이 그냥 지나치는 것들에 관심을 기울이는 것이 사실이라면, 창업 아이디어의 또 다른 원천은 이러한 과정에서 우연한 발견을 통해 시작되기도 한다. 창업가들이 절묘하게 이를 볼 수 있는 시간과 장소에 있어서였다고 생각하건 운이 좋았다고 생각하건 아니면 당신 주위의 신호들을 잘 관찰한 결과라고 생각하건 간에, 많은 사업들은 예상치 못한 것을 발견한 결과로 이루어지기도 했다. 우연한 발견을 그냥 넘기지 않고 기회를 잘 분석하여 창업으로 연결하는 것은 매우 중요한 일이다.

5) 교육과 전문기술

앞에서 살펴본 것처럼 어떤 창업가들은 창업을 시작하고 싶다고 먼저 결심을 한 뒤 실행 가능한 아이디어를 찾아 나선다. 창업가가 되고 싶어 하는 사람들은 사업 아이디어를 찾기 위해 자신의 기술과 재능을 면밀하게 살펴본다. 대학에서 전공을 했거나 관련 교육을 받아서 자신이 잘 할 수 있는 분야를 선택하여 아이디어를 찾아보기도 하고, 전문적인 기술을 가지고 있다면 이와 관련된 창업 아이디어를 선택하기도 한다. 특히 교육을 통해 자신이 창업을 하고자 하는 분야에 기업가적 자기효능감(entrepreneurial self-efficacy)이 높아지는 것은 창업을 하고자 하는 의지에 영향을 주기도 하고 직접적으로 창업활동을 할 수 있도록 이끄는 중요한 요인이다. 대한민국의 인터넷 시대를 열었던 '다음(Daum)'의 공동창업자 이택경 대표는 현재 창업가들을 지원해 주는 액셀러레이터 '프라이머'를 운영하고 있는데, 중학교 시절 우연히 보게 된 컴퓨터 잡지를 시작으로 컴퓨터에 관심을 갖게 되었고, 대학에서 전산학(지금의 컴퓨터 공학)을 전공하여 '다음'을 창업하게 되었다.

6) 기타 생활양식의 변화, 정부규제의 변화, 자원의 발견 등

추가적으로 사람들의 생활양식이 변화하는 과정에서도 다양한 아이디어를 포착할 수 있다. 레저/문화, 건강관리, 1인가구, 고령화와 같은 키워드들은 사람들의 생활양식 변화를 대표하는 키워드라고 볼 수 있다. 1인가구들이 늘면서 반려동물을 키우는 가정이 많아져 반려동물을 뜻하는 펫(Pet)과 가족을 의미하는 패밀리(Family)가 합쳐진 신조어 '펫펨족'이 등장하면서 아이디어를 떠올려 반려동물 소변검사 키트를 출시한 '핏펫'도 대표적인 사례로 꼽을 수 있다. 또한, 정부의 환경규제나 금융규제의 변화 속에서도 아이디어를 찾을 수 있는데 금융규제의 변화로 크라우드펀딩 아이디어를 사업화한 '와디즈'는 현재 국내 최대 크라우드펀딩 플랫폼이 되었다. 그리고 오래전 유전을 발견하여 석유산업이 생겨난 것처럼 최근에는 암호화폐의 발견 이후 한국 최초의 비트코인 거래소를 만든 '코빗'은 넥슨 지주사에 912억 원의 금액으로 M&A가 이루어지기도 했다.

이렇게 창업을 위한 아이디어는 생각보다 다양한 원천을 가지고 있다. 산업구조의 변화로 인해 취업이 어려워진 요즘 시대에는 원하는 직장에 취업하지 못하게 되어 창업을 하는 경우도 있고, 취업이 어려워 일찌감치 창업 준비를 시작하는 젊은 청년들도 많아지고 있다. 이러한 경우에도 창업 아이디어에 대한 탐색 과정을 거치게 된다. 트렌드가 변화함에 따라 발견되는 아이디어들도 있을 수 있으며, 사람들의 인식 변화에 따라 새로운 아이디어를 발견할 수 있는 기회를 마주할 수도 있다. 인구가 고령화되면서 실버산업에 대한 아이디어를 가지고 창업한 대학생들의 '아리아케어', 기술트렌드의 변화로 고도화된 전자상거래인 이커머스로 뉴욕증시에 상장한 '쿠팡', 정부의 정책트렌드를 기반으로 공공정책을 검색하고 분야별 지원금을 큐레이션해 주고 있는 '찬스링크'와 같은 서비스들이 트렌드를 반영하여 아이디어를 사업화한 기업들이다. 최근에는 건강과 자기개발에 대한 사회적 욕구와 인식의 변화로 홈트레이닝이나 자기개발과 관련된 플랫폼 사업들도 부쩍 늘어가고 있다.

좋은 아이디어를 발견하기 위해서는 다양하고 많은 아이디어를 창출해 보는 것이 중요하다. 주어진 문제의 본질을 파악하고 해결책을 찾는 방법론으로써 활용되는 디자인씽킹(Design Thinking)에서도 아이디어 창출(Ideate) 단계는 매우 중요하게 다루어지는 핵심적인 부분이며, 정의된 문제를 해결하기 위해 다양하고 최대한 많은 아이디어들을 도출하는 과정을 거친다. 여기서 핵심은 아이디어의 질보다 양을 늘리기 위하여 노력해야 한다는 것이다. 독창적인 아이디어는 양이 질을 평가할 수 있는 지표가 된다. 모차르트는 600여 곡을, 베토벤은 650곡, 바흐는 1,000곡 이상을 작곡한 중에 서너 작품들은 아직까지도 최고의 사랑을 받고 있다. 피카소도 유화 1,800여 점과 드로잉 1만2천 점, 아이슈타인은 248편의 논문을 남겼다. 독창성을 높이기 위해서는 엄청난 양의 작업을 해야 하는 것처럼, 아이디어도 양을 많이 늘려야 한다. 이를 위해서 여러 사람들의 집단지성을 활용하여 관련된 많은 양의 아이디어를 도출하도록 하는 브레인스토밍(Brainstorming), 브레인라이팅(Brainwriting), 연꽃기법(만다라트) 등의 도구나 기존의 틀에서 벗어난 다양한 아이디어를 내기 위한 스캠퍼(SCAMPER) 등의 방법을 사용하기도 한다.

2. 창업을 위한 '기회'의 정의

앞서 우리는 창업의 아이디어가 어디서부터 시작되는지 살펴보았다. 아마도 각자가 관심을 갖고 주변을 둘러보면 창업가들이 생각보다 많이 있다는 것을 발견할 수 있을 것이고, 이러한 창업가들과 어떻게 창업의 아이디어가 생겨났는지 이야기를 나누어 본다면 더욱 흥미진진한 이야기들을 들을 수 있으며 그 아이디어의 원천이 다양하다는 것을 경험적으로 배울 수 있을 것이다. 하지만, 모든 아이디어가 '시장의 기회'로 연결되지는 않는다. 아마도 우리 주변에서 볼 수 있는 창업가들은 아이디어를 찾고 이를 '기회'로 만들기 위해 많은 노력을 해왔기 때문에 아직까지 사업을 영위하고 있는 것으로 볼 수 있다. 그럼 구체적으로 '기회(opportunity)'란 무엇인지 살펴보기로 하자.

우선 '기회'는 창업가들에게 기업가적 행동을 할 수 있도록 해주는 원동력이다.[2] 창업에 있어서 기회에 가까이 가는 방법은 매우 불균형적인 접근방식을 가져야 한다. 가격과 제품/서비스가 아직 정해지지 않은 상태이기 때문에 자원을 어떻게 할 당해야 할지에 대한 균형적인 접근이 어렵고, 창업의 과정에서 일어나는 의사결정은 제약조건 내에서 최적화하는 것이 아니라 창업가 자신이 제약조건을 다루어야 하는 창의적 과정이기 때문이다. 창업가가 일반적인 사람들과 구별되는 가장 중요한 특성 중 하나는 시장기회를 인지하고 새로운 사업을 만들어 내기 위해 활용하는 창업가의 역량과 관련이 있다. 즉, 기업가정신과 기회의 관계가 매우 밀접하다는 것을 알 수 있다.

그림 6-2 커즈너(좌)와 슘페터(우)

이미 1장에서 다루었던 슘페터와 커즈너의 기회에 대한 관점을 살펴보자. 슘페터(J. Schumpeter)는 기회는 창조적 파괴(creative destruction)의 과정으로 나타난다는 관점을 가지고 있었다. 기회는 발견하는 것이 아니라, 시장에서 나타나는 혁신과 기술의 변화를 이용하여 창출하는 것이라는 관점이다. 이는 창업가들은 스스로 영웅(hero)과 같다는 추진원동력을 가지고 자기변혁의 과정을 거쳐 혁신을 만들어 낸다는 심리학적 측면을 설명한다. 즉, 슘페터는 변화를 만들어내는 영웅 같은 역할을 창업가가 해내는 것이라 주장하고 개인적인 특성과 동기의 중요성을 이야기한다. 창업을 위한 기회에 있어 슘페터의 관점은 발견되는 것이 아닌, 창업가에 의해 만들어지는 것이라는 것이다.

커즈너(I. Kirzner)의 관점은 슘페터의 관점과는 대조적이다. 커즈너 교수는 《경쟁과 기업가정신(*Competition and Entrepreneurship*)》(1973)의 저서를 통해 '기업가정신'에 대한 이론을 체계화한 경제학자이다. 커즈너의 관점은 기업가적 기민성(alertness)에 관련된 이론으로 사람들이 지식과 정보의 격차를 기반으로 개인의 이익을 시장에서 확보하는 방법에 관한 것이다. 커즈너의 이러한 관점은 오스트리아 경제학자 미제스(L. V. Mises)의 인간행위에 내재된 투기적 요소와 하이에크(F. Hayek)의 지식분업론을 통합한 것으로, 창업가는 지식이나 정보의 비대칭을 활용하여 시장에서 차익거래자 또는 가격조정자 역할을 하면서 기회를 발견한다고 하였다. 즉, 커즈너의 관점에서 기회는 창업가에 의해 발견되어지는 것이다. 따라서 창업가가 사용할 수 있는 독특한 지식은 기업가적 기회를 발견하는 데 매우 중요하다.

기회는 창업가가 만드는 것이라는 슘페터의 관점과, 창업가가 발견하는 것이라는 커즈너의 관점이 가진 근본적인 차이점은 무엇일까? 두 가지 견해가 모두 창업가가 기회와 관련된 주요 행위자라는 점에서는 유사하지만 중요한 차이점이 있다. 슘페터의 창업가는 '기회창조' 활동인 창조적 파괴 활동을 통해 시장의 균형을 깨어 불균형 상태를 초래하고, 커즈너의 창업가는 지식과 정보의 비대칭에서 발생하는 기회를 활용하여 시장의 경제적 균형을 회복한다는 데 그 차이점을 가지고 있다.

표 6-1 커즈너와 슘페터의 '기회'에 대한 관점

분류	슘페터의 기회(Schumpeterian)	커즈너의 기회(Kirznerian)
구현	시장의 불균형을 이용	정보의 비대칭을 이용
활동	수단과 도구의 새로운 조합을 창조	수단과 도구의 조합을 최적화
근원	새로운 지식	가지고 있는 지식
행위	상상과 창조	인지와 분석
위치	발견보다는 창조	창조보다는 발견
시장	시장의 균형을 파괴	시장의 균형에 근접

출처 Schumpeter, J. (1934), Kirzner, I. (1973) and Shane(2003) 정리.

그렇다면 여러 번의 창업을 하는 이른바 연쇄창업가(serial entrepreneur)들은 어떻게 그렇게 계속 창업아이디어를 발견할 수 있는 것일까? 처음 한 번의 창업아이디어를 얻기도 쉽지 않은데 계속 아이디어를 내어 창업을 여러 번 하는 것은 정말 쉽지 않을 것이다. 로버트 론스타드(Robert Ronstadt)는 '통로원리(corridor principle)'라는 개념을 통해 새로운 창업의 기회를 발견할 수 있음을 설명하였다. 어떤 통로에 들어가기 전까지는 통로 안에 무엇이 있는지 알 수 없지만, 일단 들어가고 나면 새로운 것들을 확인할 수 있다는 개념이다. 즉, 창업을 시작하는 단순한 행위는 그 자체로 창업가가 그 전까지 알지 못했던 다른 기회를 볼 수 있다는 것이다. 새로운 기회의 통로가 열리는 것이다. 이때의 새로운 기회를 발견하고 창업에 이르는 시간은 제일 처음 창업을 했을 때보다 일반적으로 빠르다.

3. 기회인식 과정

기업가정신을 발휘할 수 있는 '기회'를 잘 찾기 위한 과정은 어떻게 이루어질까? 우선, 교육과 경험이 기회의 인식에 영향을 미치는 요인임을 이해하여야 한다. 창업의 기회는 "세상에 없던 새로운" 제품이나 서비스가 아니라 새로운 시장이나 산업에 기존의 기술을 적용하는 것과 관련될 가능성이 높다. 기회는 의도적인 탐색보다는 인식(recognition)을 통해 발견될 때가 많으며, 성공적인 기회 발견을 위한 전제조건은 기업가적 기민성이라고 할 수 있는 태도와 인식, 네트워크에 대한 접근과 확장, 시장 및 고객문제에 대한 사전지식의 조합으로 나타난다. 사전지식은 업무경험과 업무와 관련되지 않은 개인적 경험이 교육과 함께 영향을 미친다. 창의적인 발상은 아이디어를 창출하기 위해서는 중요하지만, 기회의 인식에서는 예외적으로 높은 수준의 창의성이 필요하지는 않다.

그림 6-3 기회인식에 영향을 미치는 요인과 과정

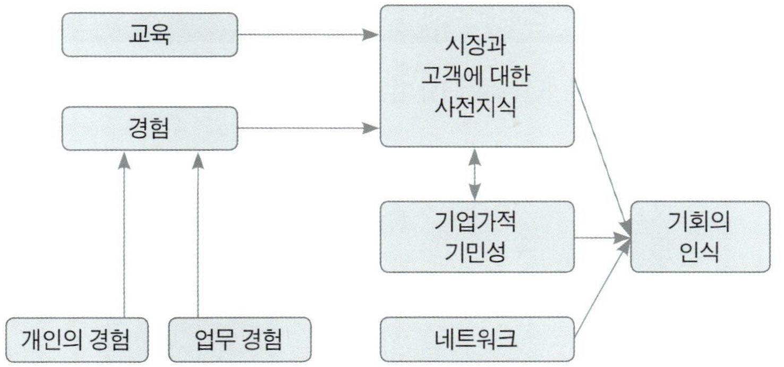

출처 Ardichvili, A., & Cardozo, R. N. (2000). A model of the entrepreneurial opportunity recognition process. *Journal of enterprising culture*, 8(02), 103-119.

4. 기회의 실현

모든 아이디어가 사업의 '기회'로 연결되지는 않는다. 아이디어는 말 그대로 어떠한 일에 대한 참신한 생각을 의미하는 것으로 기회를 창출하기 위한 실마리일 뿐이다. 아이디어를 기회로 만들기 위해서는 일련의 과정이 필요하다. 이러한 과정을 기

업가적 과정(entrepreneurial process)이라고 하며, 제프리 티몬스(Jeffry Timmons)는 기업가적 과정을 구성요인들과 함께 하나의 모형으로 제시하였다. 티몬스의 기업가적 과정을 설명한 모델을 보면 기회는 이를 구현할 수 있는 자원과 팀이 동시에 필요함을 알 수 있다. 교육자들은 이러한 요소들의 중요성을 간략하게 설명하기 위해 '아이디어, 창업가(팀), 자원'의 조합을 '창업의 3요소'로 부르기도 한다.

우선 티몬스의 기업가적 과정 모형은 기회, 팀, 자원을 창업가가 이용할 수 있는 3가지 핵심요소로 구성하고, 창업의 성공은 이러한 핵심요소들의 균형을 맞추는 창업가의 능력에 달려 있음을 설명한다. 창업가는 기회를 찾고 발견하면 팀을 구성하고 기회를 활용하는 창업을 시작하는 데 필요한 자원을 수집하여 기회를 잠재력을 가진 스타트업으로 만든다. 이때 창업가는 자신이 쌓아온 경력이나 재산을 잃을 위험에 노출되기도 한다. 때문에 성공의 확률을 높이기 위해서는 기업가적 과정의 모형을 구성하는 세부사항들을 조율하며 균형 있는 모양을 만들어 간다.

그림 6-4 기업가적 과정의 구성요인들과 모형, 그리고 비즈니스 플랜의 역할

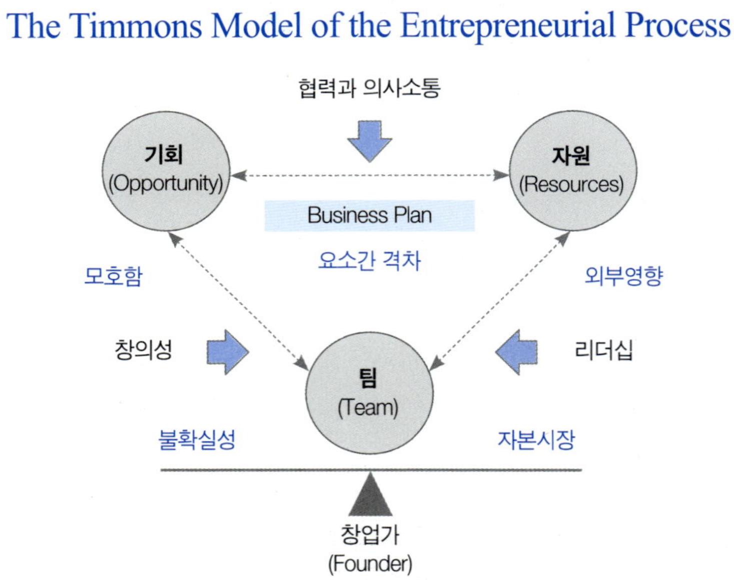

출처 Zacharakis, A., Spinelli, S., & Timmons, J. A. (2011). Business plans that work: A guide for small business. McGraw-Hill Education.

이러한 기업가적 과정은 자원도, 전략도, 네트워크도, 팀도, 사업계획도 아닌 기회에서 시작된다. 좋은 기회는 팀의 역량이나 자원보다 중요하다. 이때, 사업계획은 기회를 포함한 3가지 요소의 질적인 고도화와 적합성의 증대, 그리고 전체적인 균형을 만들어가기 위해 필요한 도구이다. 즉, 기업가적 과정에서 기회를 실현하기 위한 도구로서 사업계획이 갖는 의미는 매우 크다고 할 수 있다.

티몬스 모형의 구성요소들은 환경과 기회가 변화함에 따라 확장되거나 축소하면서 끊임없이 변화한다. 또한, 기업가적 과정은 사업계획, 자금, 전략, 네트워크 또는 팀에서 시작되지 않는다. 기업가정신은 기회주도적이라고 보는 관점이다. 좋은 기회를 식별하면 창업의 장기적인 성공을 기대할 수 있기 때문에 다른 요소들보다 선행하여 그 중요성을 이해해야 한다. 좋은 아이디어가 반드시 훌륭한 창업을 만드는 것이 아님을 이제 이해하는 것처럼, 아이디어는 제품이나 서비스가 시장과 고객에게 가치를 창출할 수 있을 때 매력적이고 지속성이 있다.

그리고 팀의 두 가지 주요한 역할은 다음과 같다. 우선, 기회가 가지고 있는 본질적인 모호함과 불확실성은 팀의 창의성이 제거할 수 있도록 해준다. 팀은 지속적으로 소통하고 협력하며 위험을 낮추려고 고민하고 기회를 활용하기 위한 경험과 자원을 총동원한다. 또한, 끊임없이 변화하는 자본시장 상황과 외생적 힘에 대해 상호작용하고 가용한 자원을 가장 효과적으로 관리할 수 있도록 해준다. 팀이 아직 구성되지 않은 극초기의 스타트업인 경우에는 창업가 혼자 이러한 일들을 해나간다.

그럼 창업가들이 기회를 실현해 가는 메커니즘은 무엇일까? 버지니아대학의 사라스바티(S. D. Sarasvathy) 교수는 창업가들이 기회를 실현해 가는 메커니즘은 기존의 전통적인 기업들이 전략수립을 할 때 사용하는 인과론적(causation) 의사결정 방법과는 구별된다는 것을 밝혔다. 창업가들은 '구현화(effectuation)' 방법론을 사용하여 기회를 실현해 가며, 이러한 접근법은 불확실성이 높고 환경이 역동적일 때 효과적으로 새로운 시장을 창출하는 데 유용한 창업가의 행동방법론이라는 것이다.

인과론적 접근방법은 현재 가능한 시장을 탐색한 다음 기대수익이 높은 시장을 선택하여 공략한다. 이것은 '기회의 탐색'으로 시작하여 '기회를 활용'하기 위한 일련의 작업이 뒤따르는 인과적 프로세스이다. 인과론적 접근방법은 ① 사업계획수립, ② 전반적인 시장조사, ③ 해당 시장의 상세한 경쟁분석, ④ 사업계획실행을 위한 자원조달과 이해관계자 설득, 그리고 ⑤ 시간의 흐름에 따른 환경에 적응, ⑥ 경쟁우위 창출의 순서로 진행된다. 예를 들어, 이러한 인과론적 접근방법으로 한 창업가가 배달음식점을 시작하려고 한다면 우선 특정 지역에 잠재적인 위치를 선정하고, 해당 지역의 경쟁을 분석하여, 특정 고객세그먼트를 분류 및 조사한 뒤, 이에 맞추어 메뉴를 만들고 마케팅 전략을 개발하는 과정을 거쳐 비즈니스가 시작될 것이다. 그리고 목표를 설정하고 필요한 자금을 확보하여 적절한 요리사를 고용한 뒤 적합한 메뉴를 구체적으로 개발한 다음 음식 배달을 시작하게 된다.

그림 6-5 창업가의 기회 실현을 위한 구현화 과정(Effectuation Process)

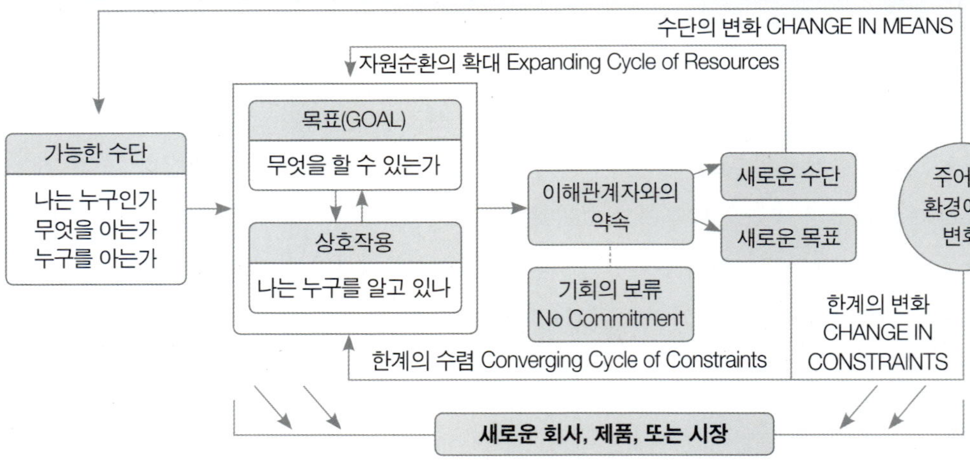

출처 https://www.effectuation.org

구현화 접근법의 실행 메커니즘은 인과론적 접근법과는 대조적이다. 앞서 인과론적 의사결정은 새로운 기회를 만들 수 있는 목표를 설정하고, 의도한 목표를 달성하기 위해 여러 가지 수단들을 비교하여 선택하거나 새로운 수단을 획득하기 위해 노력한다는 것을 살펴보았다. 그러나 구현화 접근법은 창업가가 기회를 실현하기 위해 현재 가지고 있는 수단에 기반하여 실행을 시작하며, 예측에 기반하기보다는 구현화 과정 속에서 새로운 수단을 획득하고 새로운 목표를 조정해 가는 실용적인 접근방법이다. 창업가의 실행은 '기회'로부터 출발할 수도 있지만 그렇지 않을 수도 있다. 창업가는 자신이 누구이고(Who am I), 무엇을 알고 있고(What do I know), 그리고 누구를 알아야 원하는 정보와 수단에 접근할 수 있는가(what they ought to do)로부터 실행해 가기 시작한다. 지금의 기회가 실제 기회든, 단지 인지된 기회든, 혹은 아직 아무것도 판단할 수 없는 상태이든 간에 구현화 접근법을 통해 일을 시작하는 사람은 지금 알고 있거나 만날 수 있는 사람들에게 연락을 하여 할 수 있는 일들을 찾아내는 것이다. 이러한 과정에서 함께 하려는 사람들을 만나게 되고, 기업의 모습을 구상해 가며, 이 과정에서 생기는 기대치 않은 일들(contingencies)에 의해 기회의 모습이 구체화되어 가기 시작한다.

그림 6-5 에서 보는 것처럼 구현화 메커니즘은 2개의 순환주기를 만들어 간다. 첫 번째는 자신이 알고 있는 네트워크에서 시작하여 이해관계자 구성원을 증가시켜 가면서 사용할 수 있는 자원을 늘려간다. 두 번째는 시간이 지남에 따라 구체화되는 목표를 바탕으로 새로운 결과를 만들어 간다. 앞선 배달음식점의 예를 적용해 보면, 구현화 접근법에서 창업가는 어떠한 지역을 특정하여 매장을 내지 않고 비즈니스를 시작할 수도 있다. 이것은 '나는 누구인가?'에 따라 달라진다. 창업가가 요리사라고 한다면 캐터링 서비스를 요청받아 먼저 실험해 보거나, 파티나 이벤트에 방문하여 요리를 제공해 볼 수 있다. 혹은 식당을 하고 있는 지인을 통해 자신이 생각한 메뉴를 제공해 볼 수도 있다. 또는 미디어 회사를 하는 지인을 통해 요리동영상을 유튜브에 올려볼 수도 있다. 이는 창업가가 자금, 시간, 노력을 얼마나 투자해 볼 것이냐에 따라 달라질 것이다.

즉, 창업가는 기회를 실현하기 위해 지금 당장 내가 가지고 있으며 통제할 수 있는 수단에 의지해 실제로 가능한 목표들을 달성해 내는 과정에 집중한다. 구현화 과정에서의 새로운 지식과 기술의 획득은, 곧 새로운 수단이나 새로운 목표 설정으로 귀결된다. 이러한 구현화 메커니즘은 스타트업의 독특한 성장궤적을 그리게 하고, 결과적으로 자원이 부족한 스타트업이 더 차별화되고 혁신적인 결과물을 만들어 낼 수 있도록 해준다. 이러한 구현화 접근법은 행위자 중심적인 방법이기 때문에 최종적인 산물을 초기에 예측하기는 어렵다. 지금 우리가 사용하는 혁신적인 제품이나 서비스를 제공하는 스타트업들도 초기에는 자신이 지금의 모습을 갖게 될지는 알기 어려웠을 것이다. 이러한 구현화 메커니즘을 실행하기 위한 5가지 원칙은 다음과 같다.

그림 6-6 구현화 메커니즘 실행의 5가지 원칙

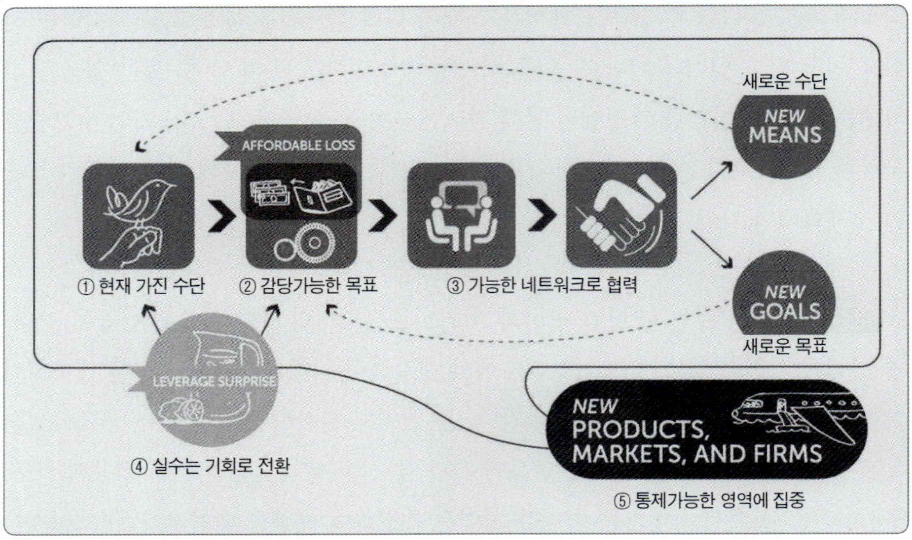

출처 Sarasvathy, S. D. (2009). Effectuation: *Elements of entrepreneurial expertise*. Edward Elgar Publishing.

① 손 안의 새에 집중하라(The bird-in-hand principle).

구현화는 수단-주도적인 접근이다. 통상적인 목표-주도적인 접근과 반대되는 것이다. 핵심은, 주어진 목표를 달성하기 위한 새로운 방법을 발견하거나 획득하려고 노력하기보다는, 이미 갖고 있는 수단들에 기반하여 당장 가능한 것을 만들어 낸다는 데 있다.

② 감당할 수 있는 만큼의 손해를 감수하라(The affordable-loss principle).

이것은 프로젝트에 대한 기대수익에 근거한 투자보다는, 앞으로 기꺼이 감당하고자 하는 손실이 기본적인 의사결정 원칙이 되는 것을 의미한다.

③ 협력할 준비가 된 누구와도 협력하라(The crazy-quilt principle).

이것은 프로젝트에 실질적으로 기여할 수 있는 누구나 협업대상이 될 수 있음을

의미한다. 전략적 파트너십에 요구되는 기회비용 계산, 또는 정교한 경쟁력 분석은 실현화 접근에서는 심각하게 고려되지 않는다. 오히려, 누가 협업대상자로서 프로젝트에 긴밀히 참여하는지에 따라 기업의 목표가 바뀌거나, 기업의 목표에 따라 새로운 협업 네트워크를 구상하는 등 유연한 협력 전략에 가깝다.

④ 실수를 기회로 만들어라(The lemonade principle).

실수, 실패와 같은 예상하지 못한 사건이 발생했을 때, 그것을 억지로 극복하려 하거나 무시하는 대신 오히려 그 사건을 있는 그대로 받아들이고 발판으로 삼아 자기의 것으로 만드는 것이다.

⑤ 통제 가능한 영역에 집중하라(The pilot-in-the-plane principle).

이 원칙은 사회경제적 트렌드나 기술발전과 같은 외부요소를 최대한 활용하려는 기업가적 노력에 한정짓지 않고, 인간행위자를 기회획득의 결정적인 동인으로서 활용하고 의존하는 것을 의미한다.

'기회'가 창업가에 의해 만들어지는 것이든 발견되는 것이든 간에 이를 실현하기 위한 창업가의 전략과 노력이 필요한데, 스타트업의 경우 대부분 자원이 충분하지 않은 경우가 많기 때문에 구현화 방법론에 의한 접근이 효과적일 수 있다. 인과론적 접근방법은 목표를 예측하고 자원을 계획하여 사용하기 때문에 효율적인 자원활용이 가능한 방법이지만, 자원이 충분하지 않다면 이러한 방법은 사용되기 어렵다. 정확한 목표가 정해져 있다는 것은 시간이 지나 새로운 결과물을 기대하기는 어려운 측면도 있지만, 스타트업이 혁신적인 결과물을 만들어 내는 현상은 오히려 자원의 결핍이 이끈 성장으로 해석할 수 있다.

이렇게 창업가들이 기회를 실현하는 구현화(effectuation) 방법론은 전통적인 기업들이 전략수립을 할 때 사용하는 인과론적(causation) 방법과는 구별된다. 이러한 두 가지 다른 접근방법에 대하여 미국 뱁슨대학의 하이디 넥(Heidi Neck)과 패트리시아 그린(Patricia Green) 교수는 퍼즐과 퀼트(Puzzle & Quilt)를 통한 놀이로 개념화를 쉽게 제시하였다. 퍼즐은 답이 정해져 있으며 얼마나 진행되었는지 측정이 가능하고 각자 주어진 역할에 충실하는 관리자적 사고(managerial thinking)로, 그리고 퀼트는 계획에 밀착되어 있지 않으며 모호함과 불확실성이 높고 현재 상황을 학습하며 행동해야 하는 기업가적 사고(entrepreneurial thinking)로 개념을 설명하고 있다.

표 6-2 관리자적 사고와 기업가적 사고의 비교(Managerial Thinking Vs. Entrepreneurial Thinking)

관리자적 사고	기업가적 사고
큰 계획 (big planning)	작은 행동 (small actions)
자원 찾기 (wait until you get what you need)	뭘 할 수 있나 (starting with what you have)
기대성과 (expected return)	감당 가능한 손실 (acceptable loss)
선형적 (linear)	반복적 (iterative)
최적화 (optimization)	실험적 (experimentation)
실패 회피 (avoid failure at all costs)	수용, 학습 (embrace & leverage failure)
경쟁적 (competitive)	협력적 (collaborative)
알 수 있는 (knowable)	알 수 없는 (unknowable)
행동하기 위한 학습 (LEARN IN ORDER TO ACT)	학습하기 위한 행동 (ACT IN ORDER TO LEARN)

한 가지 형태의 접근방식이 다른 것보다 우세하다고 할 수는 없지만, 주어진 환경적 맥락에서 이를 이해하는 것이 중요하다. 기업의 활동에서 경제적인 효과를 극대화하고 지식이나 기술을 실현하기 위해서는 관리자적 사고가 우수하다. 또, 가능한 효과들을 상상하고 주어진 상황을 활용하는 것에는 기업가적 사고가 우수하다. 초기의 기업들은 자원이 부족하고 불확실한 환경에 놓이는 경우가 많은데, 이때 창업가들의 '행동'이 불확실한 환경에서의 '계획'을 이길 수 있음을 설명하고 있다. 이런 원리를 생각해보면 꽤 성장한 스타트업들의 현재 모습은 자신들이 초기에 생각하고 계획했던 모습이 아닐 수 있다.

제 2 절 기회의 평가방법과 과정

지금은 스타트업의 시대라고 해도 과언이 아닐 정도로 글로벌 시장에서 창업은 중요한 전 세계의 경제원동력이 되었다. 그러나 우리가 함께 경험하고 있는 것처럼 시장에는 개념상으로는 훌륭해 보였지만 실행해 보니 잘 되지 않는 실패한 창업기회의 사례들도 이미 많다. 기회가 적절하게 평가되지 않고 창업으로 이어졌을 때라고 할지라도 창업가들은 구현화 메커니즘을 통해 실행의 과정을 겪으며 진화해 갈 것이다. 사실 실행하기 전에 어떤 아이디어가 시간과 노력을 투자할 가치가 있는 기회라고 강하게 느껴도 실제로 문을 열고 들어서기 전까지 꼼꼼히 검증해 봐야 할 단계가 많다. 이제부터는 기회를 가려내는 방법들을 살펴본다.

사실 창업기회를 평가하는 방법은 학문적으로도 정확하게 정립되어 있지 않고, 현장의 전문가들도 정확하게 판단하기 어려운 일이다. 미래의 일이기도 하거니와 같은 기회라도 누가 만들어 가는가에 따라 결과가 다르게 나타나기 때문이다. 창업은 단순한 투입(input)과 산출(output)을 통해 결과가 나타나는 선형적인 과정이 아니다. 즉, 똑같은 아이디어에 같은 자원이 투입되고 같은 인원수의 사람들이 일을 해도 행위자가 누구냐에 따라서 결과는 분명 다르게 나타난다. 이러한 이유로 창업가의 역량(entrepreneurial competency)은 창업의 과정에서 가장 중요한 요인 중 하나로 여겨진다. 그래서 창업의 기회는 객관적으로 판단되기 어렵다. 창업의 기회를 판단하는 일은 그 어느 누구에게 물어도 명쾌한 답을 내려주지 못한다. 시장과 기술의 트렌드나 산업의 특성과 같은 정보들을 전문가들을 통해 청취할 수는 있어도, 한 개인에게 주어진 창업의 기회를 평가하는 일은 전문가들에게도 쉽지 않다.

그래도 가장 먼저 할 일은 시장에 내가 생각한 것이 구현되어 있는지 파악해 보는 것이다. 이때 생각 중인 아이디어가 이미 시장에 나와 있다고 해도 실망할 필요는 없다. 경쟁자들이 무엇을 하고 있는지 살펴본 후 더 잘 할 수 있는 것은 없는지 생각해 볼 수 있기 때문이다. 이는 더 나은 제품이나 서비스를 만드는 것일 수도 있고 혹은 특정 종류의 계약을 통해 제품이나 서비스를 더 잘 확산하는 일이 될 수도 있다. 혹은 어떠한 서비스가 지역을 중심으로 이루어지는 것이라면, 그리고 나의 인접 지역에 해당 사업이 없다면, 이는 시작해 볼 여지가 많다는 의미일 수도 있다.

1. 기회평가를 위한 체크리스트

① 당신의 제품이나 서비스 콘셉트는 무엇인가?

이는 개념에 대한 기술적이지 않은 설명으로 모든 사람이 이해할 수 있을 정도로 간단해야 한다.

② 당신의 제품이나 서비스의 차별점은 무엇인가?

여기서 당신은 접근방식이 다른 방식들에 비해 어떻게 다르고 무엇이 더 우수한지 설명해야 한다. 예를 들면, '더 간단하다, 더 기능이 많다, 더 견고하다, 더 싸다, 혹은 더 멋지다' 등의 차별화가 명확해야 한다.

③ 최초의 고객층으로 가장 적합한 대상을 어떻게 규정할 것인가?(누가 그것을 살 것인가?)

이 문제는 제품이나 서비스를 팔기 위해 당신이 최초로 접근할 특정한 개인들, 집단들, 혹은 조직들에 대해 정확하게 알고 있어야 한다.

④ 왜 그들이 그것을 사겠는가?

이 질문은 "왜 그들이 당신의 제품이나 서비스를 사겠는가?"로 바꾸는 편이 더 이해가 잘 될 것이다. 이상적으로 만일 경쟁 제품이나 서비스가 있다면 당신은 왜 고객들이 경쟁자의 것 대신 당신의 제품이나 서비스를 구매할 것인지를 설명하고 싶을 것이다. 당신이 자신의 제품이나 서비스를 위한 강력한 논지를 펼치지 못한다면 일이 잘 되지 않을 가능성이 높다. 확실하게 알 수 있는 유일한 방법은 잠재고객들에게 그들의 관심사를 물어보는 것이다.

⑤ 어떻게 당신이 고객들을 위해 가치를 창조할 수 있는가?

좋은 제품이나 서비스는 고객의 욕구를 충족시킨다. 훌륭한 제품이나 서비스는 고객들이 직업이나 인생에서 더 많은 것을 얻도록 도와주거나 삶을 더 원활하게 만들어 주거나 아니면 그들이 다른 목표들(돈을 절약하거나, 더 환경친화적으로 살거나, 다른 사람들을 돕는 등) 을 달성하도록 도와주는 등 고객을 위해 추가적인 가치를 창출한다. 예를 들어, 여성 고객들에게 접이식 우산은 간편하게 가지고 다닐 수 있기 때문에 가치 측면에서 기존의 장우산보다 더 욕구를 만족시킨다.

⑥ 시장은 무엇이며 그 크기는 어느 정도인가?

이는 가장 단순한 질문처럼 보이지만 사실 가장 어려운 질문이다. "모든 사람들"은 답이 아니다. 이 시점에 정확한 수를 말하기는 어렵더라도 대략 몇백 명, 몇천 명, 혹은 몇백만 명의 시장을 말하고 있는지 감을 가져야 한다. 경쟁제품이 있는 곳이라면 시장규모에 대한 힌트를 얻을 수 있다. 새로운 제품이나 서비스의 경우 우선 고객의 종류를 살펴보고 그다음에 시장규모에 대한 감각을 길러줄 수 있는 인구통계나 인구조사, 혹은 마케팅 정보를 찾아야 한다. 시장은 당신이 만족스럽게 여길 만한 정도의 수입을 낼 수 있을 만큼 커야 한다.

⑦ 지식재산권의 보호를 받을 수 있는가?

이 질문은 당신이 경쟁자들로부터 보호하기 위한 전략을 묻고 있다. 지식재산권 보호는 필수적인 것은 아니지만, 당신이 보호할 수 있는 제품이나 서비스가 아무나 따라할 수 있는 아이디어보다 더 많은 관심을 받게 된다. 이 부분은 10장에서 더 자세히 다루기로 한다.

⑧ 이 비즈니스를 뒷받침하는 사람들은 누구인가?

높은 시장 잠재력을 지닌 훌륭한 비즈니스 뒤에 함께 할 수 있는 사람이나 팀이 있다면 그 비즈니스는 성공할 가능성이 훨씬 높다. 당신의 아이디어로 창업이 시작되었지만, 회사를 지속적으로 성장시키는 데 필요한 모든 자원과 기술을 가지고 있지는 않을 것이다. 그럼 누구와 함께 하는 것이 이러한 부족한 부분을 보완하기에 적합한가? 그러한 팀을 가지고 있는가?

⑨ 이 제품이나 서비스를 고객에게 파는 데까지 필요한 자원에는 어떤 것들이 있는가?

제품을 만들거나 서비스를 개발하기 위한 원자재를 사는 데 필요한 창업자금을 넘어서, 어떤 정보, 관계, 그리고 노력의 정도가 아이디어를 현실화하기 위해 필요한가?

⑩ 충분한 수익을 창출할 수 있는가? 매출이 기대치에 이를 수 있는가?

창업을 준비하는 사람들이 저지르는 실수 중 하나가 모든 사람들이 이 제품이나 서비스를 원할 것이며 일단 사업이 시작되면 모두가 이 제품을 사기 위해 줄을 설 것이라고 예상하는 것이다. 보수적으로 당신의 시간이 가지는 가치를 감안하고 그런 후 미래의 수익을 예측하라. 덧붙여서, 수익을 증대시키기 위해 당신이 제시하는 품목을 확장하는 것도 고려해 보라.(예를 들어, 제품과 함께 사용할 수 있는 품목들, 연장된 보증기간, 지원 비스 등을 파는 것을 의미한다.)

처음부터 이 모든 10가지 분야에서 탁월하다고 판명되는 아이디어는 거의 없다. 예를 들면 해당 분야에 있는 기존기업을 모방하여 성장하는 창업가들은 혁신적이며 고객들에게 이전 기업들보다 더 나은 제품이나 서비스를 제공하기는 하지만, 보통 처음부터 매우 혁신적이지는 않다. 지금 전 세계 TOP 5의 기업가치를 자랑하는 페이스북(facebook)은 최초의 소셜네트워크 서비스인 프렌드스터(friendster)의 실수를 분석하여 차별화를 하였으며 곧 가입자 수, 매출, 수익 면에서 모두 이 기업을 훨씬 넘어섰다. 일단 기회를 가려내기 위해 초기 데이터를 모았다면 자신의 강점을 파악하는 것이 중요하다. 강점이 충분히 매력적이라면 시간을 들여 약점을 상쇄할 방법을 생각해 보는 것이 매우 중요하다. 자신의 강점과 약점이 분석되고 난 후, 시장의 기회가 충분히 매력적이고 자신의 강점으로 이를 실현시킬 수 있다면 좀더 세부적으로 시장의 기회를 검증해 보는 것이 필요하다. 이러한 부분들은 린스타트업과 MVP(Minimum Viable Product: 최소존속제품)로 검증해 볼 수 있다.

2. 기회평가의 개인적인 관점

앞서 이야기한 것처럼 기업가적 과정에서 기회평가가 가지고 있는 중요성에 따라 기회평가에 대한 많은 연구들이 있지만, 기회평가를 구성하는 판단기준에 대한 포괄적인 합의는 없다. 기회평가를 위해 바람직함과 타당성평가를 고려하기도 하고, 조금 다른 기준으로 이익과 손실 가능성을 분석하기도 한다. 최근에는 기회평가에 대한 연구를 통해 4가지 핵심판단기준인 이익추정, 손실추정, 지각된 바람직함, 지각된 실행가능성이 도출되었다. 이는 개인의 창업기회를 평가하고 창업활동을 결정하는 과정에서 자가진단을 할 수 있는 하나의 기준점이 될 수 있다.

그림 6-7 기회평가의 통합적 모형

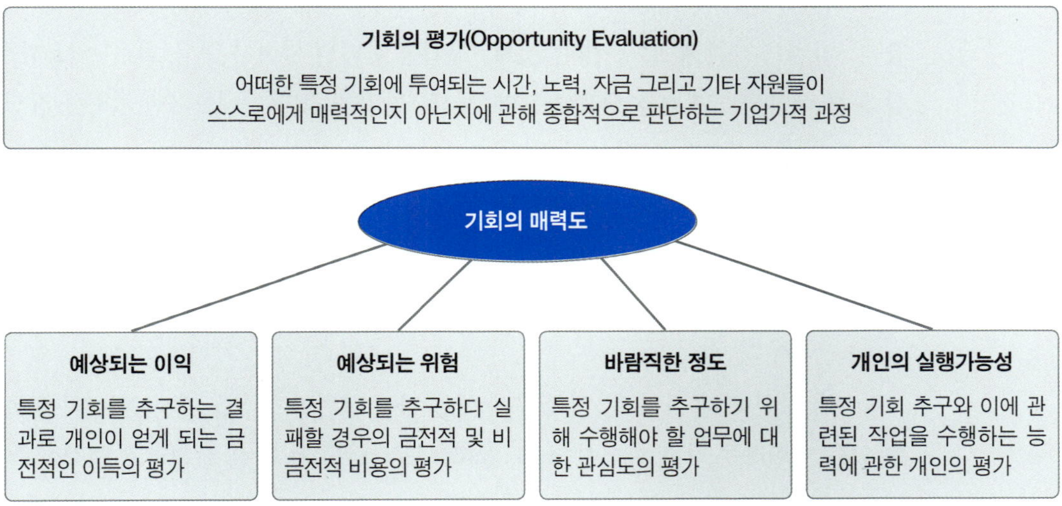

출처 Scheaf, D. J., Loignon, A. C., Webb, J. W., Heggestad, E. D., & Wood, M. S. (2020). Measuring opportunity evaluation: Conceptual synthesis and scale development. *Journal of Business Venturing*, 35(2).

기회평가의 통합적 모형은 한 개인이 추구하는 기회에 대하여 개인적 매력을 판단하는 것으로 기업가적 과정의 한 단계이다. 기회평가의 본질은 위의 4가지 판단기준이 결합하여 기회매력을 형성한다. 각각의 기준은 독립적이고 보상적인 요소로서 동시에 높거나 낮게 일관된 방식으로 서로 관련될 필요는 없으며, 하나의 기준에서의 높은 값은 기회 전반의 매력을 결정하는 데 다른 차원에서 갖는 낮은 값을 만

회할 수 있다. 이러한 기회평가는 특정 기회를 추구하는 개인을 지향하므로 1인칭별 평가(즉, 구체적으로 나를 위해)를 해야 한다. 창업의 기회를 평가하는 첫 시작은 창업에 대한 기회인식에서 시작한다.

'기회인식'은 어떤 사업 아이디어가 시장수요에 부합하고 해당 아이디어로 제품/서비스가 만들어질 수 있다면, 누군가에게는 이것이 창업기회가 될 것이라는 믿음이다. 예를 들면, 서울의 한 가구점에서 일하는 개인이 일을 하다 보니 부산지역의 가구 유통이 원활하지 않은 기회를 보고 부산에 경기도의 공장과 연결된 가구 중개업체를 시작하면 좋겠다는 생각을 했다고 하자. 창업의 '기회인식'은 이 개인이 만약 어떤 누군가가 부산에 가구 중개업체를 시작한다면, 창업기회가 될 것이라고 믿는 것이다. 이러한 믿음으로부터 창업기회의 평가가 시작된다. 우선 창업의 기회인식이 되었다면(즉, 누군가 이 아이디어를 구현했을 때 좋은 사업기회라고 생각이 드는 경우), 다음의 3가지를 생각해 보면 된다. 첫째, '창업을 한다면 얼마나 돈을 벌 수 있을까?'를 통해 예상되는 이익을 생각해 본다. 둘째, '창업을 하다 실패한다면 얼마나 금전적으로 비금전적으로 손해가 될까?'라는 예상되는 위험을 생각해 본다. 마지막으로, '이 창업아이디어를 내가 구체화할 수 있는 능력이 있을까?' 하는 실행가능성을 생각해 보는 일이다. 위의 모형에서는 개인의 관심사와 기회가 일치하는지 판단하는 '바람직한 정도'의 측정도 제시되어 있지만, 이 부분은 크게 유의하지는 않다.

정리해 보면 만약 위의 3가지 질문에 대한 나의 답변이 창업을 해서 큰 이익을 볼 수 있을 것이라는 강한 확신이 들고, 실패해도 감당해 볼 만한 손해라고 생각이 들며, 자신이 충분히 할 수 있다는 생각이 든다면 이 창업의 기회는 매우 매력적이라 평가를 할 수 있다. 이러한 평가는 모두 개인의 인지적 관점의 평가이기 때문에, 위의 3가지 질문에 대해 자신이 어느 정도의 강도로 생각하고 있는지(예를 들면, 매우 그렇다 혹은 전혀 아니다 등) 스스로 평가해 보면 된다. 또한, 이 3가지 질문은 서로 상호보완적인 성격을 가지고 있어서 한쪽이 매우 강하다면 조금 약한 다른 쪽을 보충해 줄 수 있는 성질을 가지고 있다. 그리고 이러한 창업기회의 평가는 창업을 시작하고 난 뒤 고객의 피드백, 기술의 학습, 시장의 세부적 파악 등을 통해 새로운 정보를 취득하고 학습하면서 다시 지속적으로 재평가된다. 따라서, 창업기회의 평가는 지속적인 활동이며 창업 후 새로운 기회들이 또 연결되어 나타나 연속적인 평가가 필요하게 된다.

제 3 절 린스타트업(Lean Startup)과 MVP

누군가가 창업의 아이디어를 기회라고 생각했다면 그것은 현재 시장(고객)의 문제를 풀어줄 수 있는 가치를 제공할 수 있다는 의미이기도 하다. 창업가가 이러한 가치를 바탕으로 시장에 새로운 제품이나 서비스를 제공하기 위해 만든 조직이 바로 스타트업(startup)이다. 조직을 구성했든, 아직 준비 중이든 간에, 창업 초기 단계의 주요 목표는 효과적으로 고객을 위한 가치를 생성할 수 있는 실행 가능한 비즈니스 모델을 찾는 것이다. 그러나 창업가는 상당한 자원 제약과 자신의 현재 비즈니스 모델의 실행가능성에 대한 불확실성에 직면하게 된다. 이러한 측면에서 린스타트업(Lean Startup) 방법론은 비즈니스 모델의 빠른 검증을 위한 프로세스를 제시하고 있다. 현재 스타트업의 창업에서 린스타트업 방법론의 인기와 중요성을 감안할 때, 이러한 개념을 명확히 이해하고 창업가가 활용할 수 있는 구체적인 활동을 학습하는 것은 아직은 막연한 창업의 아이디어나 가설을 바탕으로 비즈니스 모델을 수립하고 검증해 나가는 가장 최신의 방법이다.

1. 린스타트업 프로세스

린스타트업의 개념을 제시한 에릭 리스(Eric Ries)는 '스타트업'은 불확실성이 큰 시장에서 새로운 제품이나 서비스를 창출하는 벤처라고 설명하며,[3] 실리콘밸리의 성공창업가이자 벤처투자자인 스티브 블랭크(Steve Blank)는 스타트업의 주요 목표는 반복 가능하고 확장 가능한 비즈니스 모델을 찾는 것이라 이야기하고 있다.[4] 비즈니스 모델은 경제적으로 지속 가능하게 기업이 가치를 창출하고 고객에게 제공하는 방법을 정의하지만, 스타트업은 대기업과 달리 경험이 없기 때문에 과거의 경험 분석을 기반으로 전통적인 사업계획을 사용하기가 어렵다.[5] 따라서 창업가들이 구축하는 비즈니스 모델은 완성형이라기보다는 시행착오와 실험을 기반으로 구축되고 변화되어 간다.

기회를 포착하거나 만들어 가는 초기의 창업단계에서 비즈니스 모델의 빠른 진화를 달성하기 위해 창업가는 지속적인 고객 피드백을 통해 제품이나 서비스의 초기 모형을 반복적으로 발전시킬 수 있는 가볍고 간단한 방법과 프로세스를 구현해야 한다. 에릭 리스는 창업가와 스타트업이 지속 가능한 비즈니스 모델을 찾을 때 시장의 실험을 반복적으로 수행하는 린스타트업 방법론을 제시했다. 린스타트업 방법론은 에드워드 데밍(Edwards Deming)[6]의 PDCA(Plan - Do - Check - Act) 방법론이나 존 보이드(John Boyd)[7]의 OODA루프(Observe - Orient - Decide - Act)의 주기와 유사한 '만들고-측정하고-학습하기(Build - Measure - Learn, BML)' 프로세스에 중점을 둔다.

그림 6-8 비즈니스 활동의 반복적 진화 모형(왼쪽부터 PDCA, OODA, Lean Startup Process)

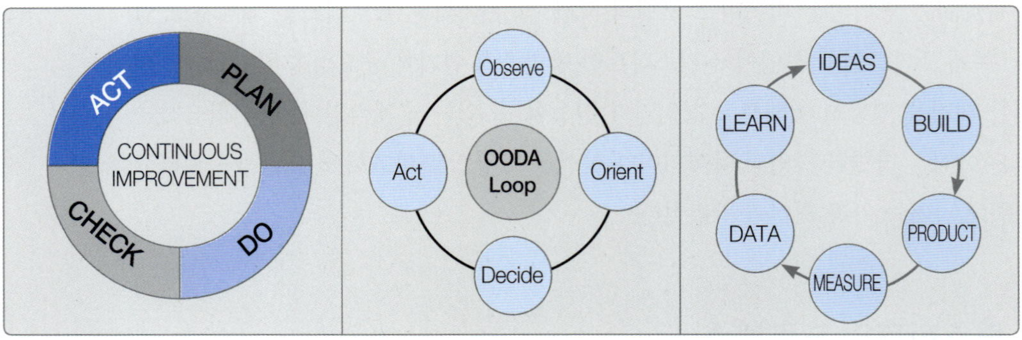

린스타트업 프로세스의 실행은 다음과 같은 단계로 이루어진다.

① 아이디어 단계: 시장의 문제를 파악하고 창업가가 창발적인 아이디어를 구체화하는 단계

② 창업가의 가설수립 단계: 시장의 고객에게 가치를 전달하는 모델을 설계하고, 불확실한 부분들에 대한 가설을 수립하는 단계

③ 실험설계 단계: 창업가가 설정한 조건에서의 변화를 기록하는 과학적 활동으로서 가설을 테스트하는 단계(역할극하기, 페르소나 인터뷰, A/B 테스트, 프로토타입 실험, 랜딩페이지, 컨시어지 서비스 등)

④ 측정 단계: 가설에 기반한 실험결과를 측정하고 모니터링하여 의미 있는 데이터를 모으고 분석하는 단계

⑤ 학습 단계: 실험을 통해 가설을 확인하고 아이디어의 핵심개념이나 목표를 확인하거나 배제하여 검증된 학습이 이루어지는 단계

이러한 린스타트업 프로세스를 시행한 결과는 피벗팅(Pivoting), 반복(iterating), 확대(escalating) 및 포기(giving up)의 4가지 범주로 나타난다. 피벗팅은 실험을 수행하고 나서 가설을 폐기한 후 다시 가설을 만들고 새로운 실험을 통해 처음 생각한 비즈니스 모델을 근본적으로 변경하는 것이다. 반복은 습득한 학습이 의미가 있었을 때 다음 단계의 가설을 테스트하기 위해 실험을 하는 것이며, 일반적으로 반복은 창업가가 실행 가능한 비즈니스 모델에 접근하고 있음을 의미한다. 확대는 창업가가 지속 가능한 비즈니스 모델을 발견했으며, 검증된 가설을 중심으로 기능하는 조직을 만들고 더 많은 자원을 투자할 준비를 하는 상황이다. 마지막으로 포기는 창업가가 테스트와 실험에서 전혀 유의미한 사업의 비전을 발견하지 못한 경우 선택한다.

이러한 린스타트업 프로세스는 가설기반 접근방식으로 아이디어의 불완전함과 시장에 대한 불확실성을 해결하기 위해 정보의 양을 최대로 얻기 위한 방법이다. 창업가가 충분한 의사결정의 근거를 확보하기 위한 데이터 수집방법으로서의 린스타트업 프로세스는 창업가 자신의 비전을 비즈니스 모델의 가설로 변환하여 MVP 테스트(최소 실행가능제품 테스트)를 통해 이러한 가설을 검증하게 된다. 창업가들은 모든 주요 비즈니스 모델 가설이 MVP 테스트를 통해 검증될 때까지 린스타트업 프로세스를 반복하는데, 이 과정에서 창업가가 구상하는 제품이나 서비스의 가치는 목표시장 고객의 니즈를 충족하고 확장을 시작할 수 있는 형태로 시장적합성을 높이게 된다. 린스타트업의 가설기반 접근방식은 창업가가 직면하는 가장 큰 위험인 '아무

도 원하지 않는 제품/서비스를 제공'하는 위험을 줄이는 데 도움이 된다. 실제로 많은 스타트업은 창업가가 비즈니스 모델의 불확실성을 해결하기 전에 자원을 먼저 조달하고 마케팅으로 보유한 자원과 노력을 낭비하기 때문에 실패에 가까워지는 경우가 많다. 하지만, 린스타트업 방식을 따르는 초기 단계의 창업가는 지금 단계에서 조직의 성장을 주요 목표로 보지 않는다. 조직의 규모를 키우기 전에 불확실성을 제거함으로써 창업가의 희소한 자원의 활용을 최적화한다. 이러한 린스타트업의 기본적인 개념은 린 제조(lean manufacturing/lean production)의 방식과 동일한 목표인 '자원의 낭비 방지'를 닮아 있다. 다음 그림 6-9 좌측의 일반적인 사업계획의 실행과정은 시간이 지날수록 위험수준이 높아지는데 창업가가 자원과 노력을 모두 끌어다 사용하면서 제품이나 서비스를 시장에 런칭했을 때, 시장에서의 니즈를 맞추지 못한다면 다시 이 과정을 반복할 수 있는 기회가 없을 수 있다. 하지만, 우측의 린스타트업 프로세스를 적용한다면 작은 실험을 반복하면서 시장의 니즈를 맞추어 가기 때문에 같은 시간의 소요에도 더 정확하게 고객의 니즈를 맞출 수 있다. 즉, 반복적인 시장 검증을 통해 학습효과를 높여 위험의 크기를 감소시킬 수 있다.

그림 6-9 일반적인 사업계획 실행과정(좌)과 린스타트업 프로세스(우)의 차이

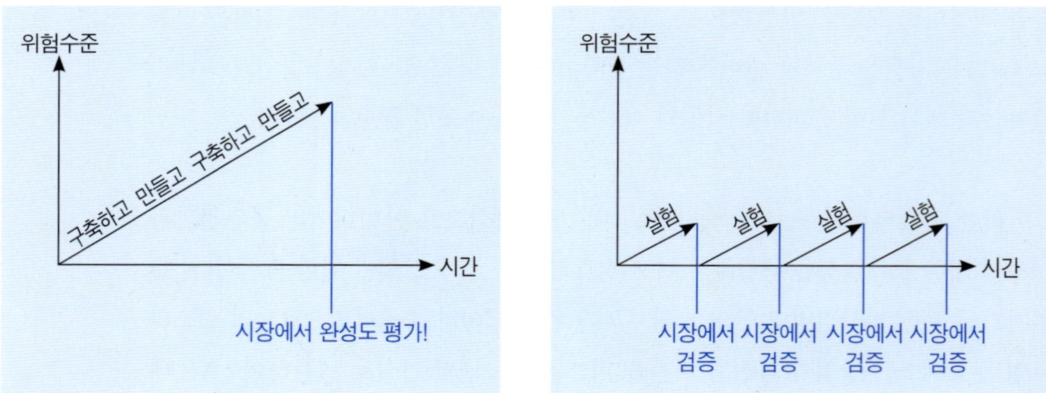

출처 10 things I've learnt about lean startup

디자인씽킹에서도 문제해결을 위한 솔루션을 발전시키는 기본적인 메커니즘은 린스타트업 프로세스와 유사하다. 디자인씽킹의 프로토타입(Prototype)과 테스트(Test) 단계도 정의된 문제를 해결하기 위한 아이디어가 유효한지를 확인하기 위한 검증

의 단계이자 이전 단계의 문제나 사용자를 더 잘 알아가기 위한 학습의 단계이다. 이 단계에서 제품과 서비스의 목적과 문제에 대한 정합성을 확인하고, 고객의 감성적 니즈에 대한 해결책을 찾는다. 이때의 테스트 과정은 만족스러운 해결책이 나올 때까지 반복(Iteration)하며 발전시키게 된다. 그리고 다시 수렴적 사고(Convergent Thinking)의 단계로 다양하고 많은 아이디어를 논리적, 분석적 사고로 정리하면서 구체화하고 최종 해결책을 찾아간다.

2. MVP(최소존속제품)

MVP(Minimum Viable Product)는 린스타트업 방법론의 기본 개념이다. MVP의 정의는 시장의 잠재고객으로부터 얻은 지속적인 피드백을 기반으로 하는 반복적인 프로세스이다. MVP 용어는 2001년 프랭크 로빈슨(Frank Robinson)에 의해 정의되었고 에릭 리스와 스티브 블랭크에 의해 사용되기 시작하였다. 즉, MVP는 자원이 부족한 창업 초기단계의 창업가가 제품이나 서비스를 만들고 고객에게 판매하기 위한 전략이나 프로세스이며 시장의 잠재적인 고객에 대해 검증된 학습내용을 수집할 수 있는 반복적인 프로세스이다. 우리가 이미 잘 알고 있는 유니콘[8] 이상으로 성장한 스타트업들이 창업 초기에는 모두 린스타트업의 접근법을 바탕으로 MVP 테스트를 거쳐 자신들의 사업을 검증하고 시장에 점증적으로 진입하였다.

'드롭박스(Dropbox)'는 자신들의 서비스 설명이 담긴 3분짜리 동영상 클립을 제작하여 실리콘밸리의 IT개발자들에게 전달하여 시장을 검증하였고, 그 과정에서 7만 명이 넘는 추가 사용자들이 유입되었다. 이제 우리 모두가 사용하고 있는 '에어비엔비(Airbnb)'는 샌프란시스코 지역의 아파트 사진을 웹사이트에 올려 컨퍼런스 기간에 호텔을 구하기 어려운 상황의 참여자들이 실제 서비스를 원하고 사용하는 것을 확인하였다. 이제는 유명 웨어러블 디바이스 제조사 '핏빗(fitbit)'에 인수된 초기 스마트워치 제조사인 '페블(pebble)'은 시계의 기능을 동영상 클립으로 제작하여 크라우드펀딩 플랫폼 킥스타터에 올려 120억 원의 모금액을 달성하면서 시장의 수요를 직접적으로 확인하며 사업을 성장시켜 갔다. 국내 사례로는 '다음(Daum)'의 사내벤처로 시작한 '카닥(cardoc)'이 주변 동료들의 찌그러진 수입자동차 수리견적을 직접 발로 뛰면서 받고 중개하며 시장수요를 확인 후 사업을 확장시켰다. 이러한 MVP 사례들은 자원이 부족한 스타트업들이 시장의 수요를 확인하고 비즈니스 모델을 검증해 가는 중요한 과정이다. 이러한 사례들처럼 잠재고객 대상의 테스트는 MVP의 가장 중요한 부분이다. 즉, MVP는 최소한의 비용으로 아이디어가 시장에서 작동하는지 여부를 테스트하는 것이다. 이것은 막대한 양의 자본과 노력이 희생될 필요가 없도록 위험을 줄이고 새로운 제품/서비스를 검증하는 기능을 갖는다.

제 4 절 비즈니스 모델(Business Model)

저명한 경영학자 데이비드 티스(David Teece) 교수는 비즈니스 모델이란 고객이 무엇을 원하는지, 어떻게 원하는지, 기업은 어떻게 이를 충족시키는지, 기업은 어떻게 고객의 지불의사를 확보하는지 등에 대한 경영진의 총체적 가정이라고 정의하였다. 이를 정리하면, 비즈니스 모델은 가치 창출 및 확보를 통해 수익창출을 실현하는 논리적 시스템으로 정의할 수 있다. 많은 이들이 비즈니스 모델을 가격 모델 혹은 수익 모델 정도로 축소하여 혼동하는 경우가 있는데, 가격과 수익 구조가 비즈니스 모델의 중요한 요소인 것은 맞지만, 이들은 비즈니스 모델이라는 가치 창출 및 확보 시스템의 구성요소일 뿐이다. 흔히 최고의 기술을 지닌 제품 혹은 최상의 품질을 자랑하는 서비스가 자동적으로 우수한 비즈니스 모델을 형성한다고 오해하는 경우도 많이 있지만, 성공적인 비즈니스 모델은 단지 이러한 제품 혹은 서비스를 시장에 전달하는 도구 정도의 의미는 아니다. 오히려 많은 경우, 최초의 상품 혹은 최고의 품질을 자랑하는 상품이 아닌 경우에도 수익창출을 가능하게 한다는 것이 비즈니스 모델의 진정한 의의라 할 수 있다.

예를 들어 '옐로우 테일 와인(Yellow tail wine)'의 경우 기존 와인의 레이블에 당연하게 포함되었던 와인의 원산지, 포도의 품종, 와인의 종류 등에 대한 복잡하고 난해한(일반인들에게) 정보들을 모두 생략하고 와인의 종류만 표시하는 정보의 최소화를 통해 오히려 기존에 와인에 대하여 낯설게 느꼈던 고객에게 가치를 창출하였던 경우이다. 닌텐도의 '위(Wii)' 역시, 당시 경쟁자였던 소니의 '플레이스테이션(Playstation)' 혹은 마이크로소프트의 '엑스박스(Xbox)'에 비하면, 그래픽과 처리속도 등의 핵심기술에서 낮은 수준의 기술로 구성되었지만, 모션기반 가족게임이라는 새로운 가치를 창조하여 고객에서 다가갈 수 있었다. '구글(Google)'은 검색엔진을 최초로 개발한 회사도 아니고 광고수익 모델을 처음으로 활용한 회사도 아니지만, 유저들의 필요를 꿰뚫은 통찰력을 기반으로 효과적인 비즈니스 모델을 확립할 수 있었다. 물론 이러한 사례들이 비즈니스 모델이 차상위의 품질과 성능을 가지고 시장에 뒤늦게 진입한 기업들에게 만병통치약이 될 수 있다는 것을 시사하지는 않는다. 당연히 최초와 최고의 기술에 기반한 제품이 우수한 비즈니스 모델과 결합되었을 때 기업은 최고의 사업성과를 경험하게 될 것이다. '터치스크린에 기반한 인터넷이 가능한 무선전화기'와 '앱스토어'라는 새로운 비즈니스 모델을 결합한 애플(Apple)의 경우, 상상을 초월하는 속도로 부를 쌓아왔다. 하지만, 이러한 성공스토리가 애플과 구글 같은 세계 최고 수준의 하이테크 기업에만 해당되는 것은 아니다. 극심한 가격경쟁을 기반으로 유통업계에서도 '월마트(Walmart)'는 우수한 비즈니스 모델로 동종업계에서 높은 수익률을 구가하고 있으며, 주식가치 또한 2016년 70달러에서 5년 만에 140달러까지 상승하는 모습을 보여주고 있다. 요약하면, 훌륭한 비즈니스 모델은 기업이 기존에 가지고 있던 기술의 가치를 더욱 높여주는 중요한 역할을 수행함을 알 수 있다.

1. 비즈니스 모델의 구성요소

앞서 비즈니스 모델은 단순히 가격정책이나 수익구조가 아니라, 하나의 시스템이라 정의하였다. 시스템은 다양한 구성요소들이 상호작용 혹은 상호의존을 통하여 작동시키는 하나의 집합체를 일컫는다. 따라서 비즈니스 모델 역시 다양한 구성요소로 이루어져 있음을 짐작할 수 있고, 다음 **표 6-2** 와 같이 연구자들에 의해 다양한 시각에서 정의되어 왔다. 비록 연구별로 다양한 시각이 존재하지만, 분류의 기준에서 다소 차이가 날 뿐 대부분의 요소는 고객의 정의, 제공하는 가치, 수익창출 방안, 필요한 역량 등 필수적인 요소들을 공통적으로 강조하고 있다. 미시건 주립대학의 앨런 아푸아(Allan Afuah) 교수는 이들을 표 6-2 의 첫 번째 열에 있는 바와 같이 정리하였다. 본 교재에서는 앨런 아푸아 교수가 제안한 요소를 중심으로 비즈니스 모델의 구성요소를 살펴보고자 한다.

표 6-2 비즈니스 모델 구성요소

구분	Afuah and Tuccis(2001)	Chesbrought and Rosenbloom(2002)	Morris, Shindehutte, and Allen(2006)	Osterwalder and Pigneur(2010)
고객가치제안	고객가치	가치 제안	제안관련, 경쟁전략 요인	가치제안
세분화 시장	범위	세분화된 시장	고객요인, 경제적 요인	고객집단
수익 모델	수익자원, 가격	–	경제적 요인	수익패턴
성장 모델	지속가능성	비용구조 및 수익	성장/탈출 요인	비용구조
역량	연관 활동 구현 역량	가치사슬 가치네트워크 내의 위치 경쟁전략	내부역량과 경쟁전략	핵심자원 핵심활동 핵심파트너십 고객관계 유통채널

출처 Allan Afuah(2017). 비즈니스 모델 혁신. 서우종 옮김. 시그마프레스.

1) 고객가치제안

고객의 문제를 해결해 주거나 니즈를 충족시켜 주기 위하여 제품/서비스가 제공해 주는 것으로 정의될 수 있다. 즉, 제품/서비스의 사용에 따라 고객이 느끼는 혜택으로 정리할 수 있다. 이러한 가치는 경쟁자들이 제공하는 가치에 비해 더 효과적일 때(최소한 같은 수준) 의미가 있다. 고객가치제안은 다음과 같은 질문들에 답을 할 수 있어야 한다. 고객이 왜 그 제품/서비스를 사용해야 할까? 고객들이 제품/서비스에 부여하는 가치는 어느 정도일까? 다른 경쟁자들이 제공하는 가치와는 어떤 점이 다르며, 우리의 가치는 고객이 우리 쪽으로 이동할 만한 가치우위에 있는가? 이러한 가치는 계량적(예: 속도, 성능)일 수도 있고 비계량적(예: 디자인, 고객경험)일 수도 있다. 고객가치제안의 궁극적인 단계는 소비자로 하여금 해당 가치를 필요로 하는 새로운 니즈 자체를 불러들이는 것이다.

2) 시장세분화

가치를 제안하는 대상이 되는 고객의 집단을 의미한다. 시장세분화 고객의 성별, 연령, 소득수준, 지역 등 인구구조학적인 요소들을 기본으로 포함하지만, 단순히 특정 그룹에 대한 자세한 묘사만을 의미하지 않는다. 현재 제품/서비스를 사용하고 있는 고객과, 향후 사용할 가능성이 있는 고객, 심지어 곧 사용을 포기할 가능성이 있는 고객 등 제안하는 가치를 받아들일 수 있는 다양한 모든 집단을 고려하고 분석해야 한다. 또한 고객의 특성뿐만이 아니라 시장 자체의 특성 또한 파악하여야 한다. 예를 들면, 현재 세분화한 시장은 틈새시장인지 혹은 대량판매시장인지 혹은 플랫폼에 기반한 양면 혹은 다면 시장인지 등 시장 자체의 구조에 대한 이해까지 바탕이 되어야 한다. 또한 시장의 상황 또한 분석의 대상이 될 수 있다. 즉, 순수하게 자력으로 경쟁을 해야 하는 시작인지, 협력경쟁자(competitor)와의 전략적 관계는 어떻게 정립을 해야 하는지, 향후 추격 혹은 모방 가능성이 있는 경쟁자들의 등장 확률 등도 역시 고려되어야 한다.

3) 수익 모델

제품/서비스에 대해 얼마나 많은 고객들이 언제, 어떻게 그리고 얼마나 많은 금액을 지불하는지에 대한 문제들을 다룬다. 수익 모델은 매출이라는 기업의 근본적인 존재 이유와 직결되기 때문에 혹자는 수익 모델을 비즈니스 모델 그 자체로 혼동할 만큼(물론 이 둘은 같지 않다) 중요하게 여겨지는 요소이다. 수익 모델의 궁극적인 목적은, 제시된 가치제안에 대하여 고객으로 하여금 지불할 의사가 있는 최고점의 수준과 차이를 최소화한 가격을 지불하게 함으로서 수익을 극대화하는 것이다. 따라서 수익 모델에서는 가격 이외에도 다양한 부분들이 고려되어야 한다. 예를 들어, 현재의 가격은 경쟁자와 대비하여 경쟁력이 있는가? 가격은 1회 혹은 다단계에 걸쳐 지불해야 하는가? 실제 수익을 창출하는 것은 본 제품/서비스(예: 프린터)인가 보조재(예: 프린터 잉크)인가? 등이다.

4) 성장 모델

성장 모델에서 가장 중요한 질문은, 기업이 어떻게 수익 모델의 지속성을 확보하는가이다. 즉 수익 모델이 기업의 존재목적을 이해시키고 이를 단기간 유지할 수 있는 모델이라면 성장 모델은 기업이 실제 존재 가능하고, 장기간 영속하는가와 관련된 모델이다. 오늘 하루 흑자를 기록한 수익 모델이라도 내일부터 적자만 기록하는 성장 모델이라면 비즈니스의 성립은 불가능하다고 볼 수 있다. 성장 모델은 비즈니스 모델에서 매우 중요한 요소인데, 다음과 같은 경우 어렵게 구축해 놓은 성장 모델이 큰 위험에 빠질 수도 있다. 첫째는, 모방이다. 성공적인 성장 모델은 경쟁자 혹은 추격기업에게 항상 모방의 대상이 된다. 특히 이들이 해당기업이 성장 모델 구축 시 겪었던 어려움과 실패에서 교훈을 얻고 추격을 시작한다면, 해당기업은 매우 어려운 상황을 맞이할 수 있다. 초기에는 참신하고 효율적으로 보였던 온라인 쇼핑몰 시장이 현재는 수많은 경쟁자로 레드오션으로 변해가고 있는 것이 그 예시이다. 두 번째는, 예상치 못했던 기술의 진보로 인해서, 시장에서 지배적인 비즈니스 모델이 바뀌어 버리는 경우이다. 인터넷의 발달로 온라인 신문은 종이 신문 시장의 근간을 뒤흔들었고, 전기차의 상용화는 기존 내연기관 기반 자동차 시장의 성장방정식 자체에 영향을 주고 있다. 그렇다면 기업은 이러한 외적 요인들로부터 어떻게 기업을 보호하고 안정적인 성장을 이룰 수 있을 것인가. 이에 대한 답은 다음 요소인 역량에서 보다 자세하게 논의하고자 한다.

5) 역량(비즈니스 모델의 핵심)

역량은 비즈니스 모델에서 가장 중요한 요소이다. 역량은 다른 요소들을 가능케 하는 근원이고, 기업의 존재와 성장에 근본적인 기반을 제공한다. 자동차로 비유하면 역량은 엔진에 비유할 수 있다. 자동차가 제공하는 다양한 이점은 결국 자동차는 '이동할 수 있는 물체'라는 근본적인 전제가 성립될 때 그 가치가 있는 것과 마찬가지이다. 역량은 기업이 자원을 활용하여 수행할 수 있는 능력을 의미한다. 자원에는 자본, 인력, 장비, 브랜드, 제품, 지식 기업이 보유하고 있는 유무형의 자산, 외부 네트워크와 혹은 협력자들과의 관계, 정부의 지원 등 기업 외부에 존재하는 자원 등이 모두 포함된다. 기업은 다양한 보유한 자원을 활용하여 제품개발, 시장조사, 유통채널 구축, 비용절감 등 다양한 활동을 하는데 이때 이 활동들의 수준을 역량으로 볼 수 있다.

그림 6-10 비즈니스 모델 사례(VR 산업)

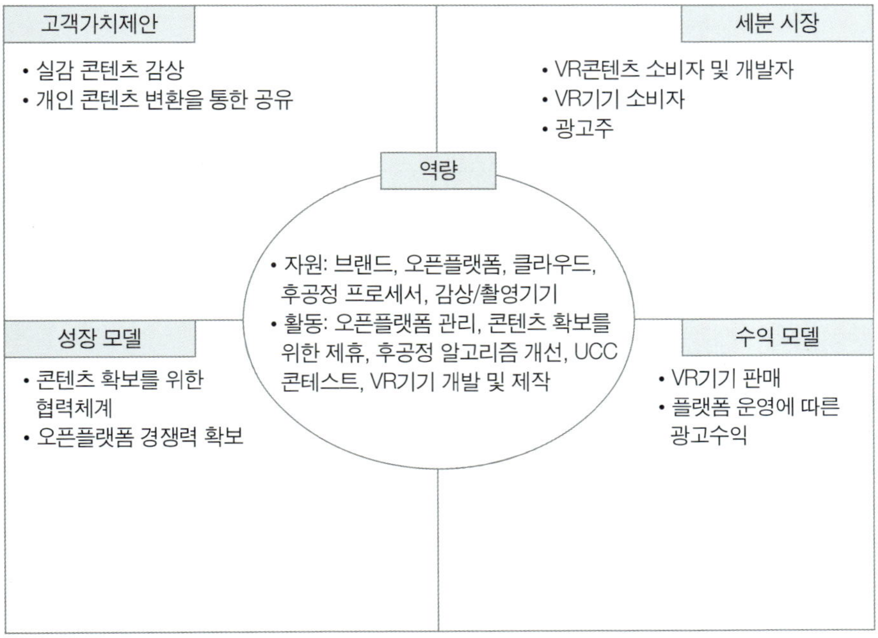

출처 김수연 외 3명(2017). 비즈니스 모델 혁신 관점의 미래성장동력 플래그십 프로젝트 사업 성과 분석. 한국과학기술기획평가원(KISTEP).

이와 같이 비즈니스 모델은 밀접하게 연관된 요소들의 상호작용을 바탕으로 작동되는 하나의 시스템이다. 그렇다면 좋은 비즈니스 모델을 구축한 기업은 왜 경쟁력을 유지할 수 있을까? 즉, 왜 비즈니스 모델은 쉽게 모방되지 않을까? 그 답은 바로 비즈니스 모델이 실제로는 모델이라는 용어 자체의 의미를 뛰어넘은 '비즈니스 시스템'이기 때문이다. 비즈니스 모델의 장점 중 하나는 비록 일부 구성요소를 모방하기는 쉬울지 몰라도 다른 구성요소들 모두와 또 이들 간의 상호작용은, 모방은 둘째치고 이해 자체가 어려운 경우가 많다. 설사 어렵게 모든 상호작용 원리를 이해하였다 하더라도, 이를 실행하기 위한 역량(예: 종업원의 지식 및 사기)과 환경(예: 거래처, 정부 지원 등)까지 모방하기는 쉽지 않기 때문이다.

그리고 자원이 부족한 스타트업들을 위해 많이 사용되고 있는 린 캔버스(Lean Canvas)는 애쉬 모리아(Ash Maurya)가 오스터왈더(Alexander Osterwalder)의 비즈니스 모델 캔버스를 기초해 만든 도구이다. 스타트업들이 초기 비즈니스 모델을 만들어 갈 수 있도록 문제와 해결방법, 그리고 이를 실행하기 위한 주요 지표(Key metrics)와 경쟁우위(Unfair advantage)를 바탕으로 구성하였다.

그림 6-11 스타트업에 적합하게 맞추어진 '린 캔버스'

<table>
<tr><td rowspan="2">시장의 문제
가장 중요한
3가지 문제</td><td>솔루션
가장 중요한
3가지 방법</td><td rowspan="2">독특한 가치 제안
왜 이것이 차별화되어 있고 가치가 있는지를 짧고 명료하며 설득력 있는 메시지로 전달</td><td>경쟁우위
쉽게 모방되거나
살 수 없는 것</td><td rowspan="2">고객
목표고객 / 목표시장</td></tr>
<tr><td>핵심지표
측정해야 하는
핵심 활동</td><td>유통
고객에게 전달방법</td></tr>
<tr><td colspan="2">비용구조
각종 비용</td><td colspan="3">수익원
수익모델 / 마진</td></tr>
<tr><td colspan="2">상품</td><td colspan="3">시장</td></tr>
</table>

출처 www.businessmodelgeneration.com

다양한 창업가들의 노력에도 불구하고, 영원히 지속되는 비즈니스 모델은 없다. 결국 모방되거나 다른 비즈니스 모델로 대체될 것이다. 따라서 이를 미리 준비하고 변화에 대비하는 것이 매우 중요하다. 비즈니스 모델의 혁신에 대해서는 7장에서 다시 확인해 보기로 한다.

챕터 마무리 이야기

강동규 대표는 대학 시절 '기업가정신과 창업' 수업에서 팀프로젝트를 하며 자신의 아이디어를 키웠다. 아마추어 축구선수였고, 축구를 계속 해왔던 강동규 대표는, 아마추어 선수 시절에 촬영한 자신의 경기영상을 떠올리며 창업을 구상했다. 경기영상을 보며 자신의 모습을 기록하고 경기분석까지 할 수 있었다는 생각으로 아마추어나 일반인들도 프로선수처럼 자신의 영상을 관람하기를 바랄 것이라는 가설을 바탕으로 본격적인 창업을 시작하게 된 것이다.

처음에는 저렴한 비용으로 대학 축구동아리의 경기를 촬영해 주고, 하이라이트 영상을 제작하며 본격적으로 창업을 시작하였고, 이후에는 프로를 꿈꾸는 엘리트 선수의 진학과 계약을 돕는 영상 포트폴리오 서비스를 한국프로축구연맹, 포항스틸러스 등 프로 스포츠를 대상으로 콘텐츠를 만드는 사업을 전개하였다. 처음 수업에서의 발표했던 아이디어는 실행하면서 점점 구체화되어 갔고, 조금씩 수익도 생기기 시작하였다.

그림 6-12 플랩풋볼

출처 플랩풋볼 웹사이트.

그런데 이러한 사업은 확장의 한계를 가지고 있었다. 그래서 강동규 대표는 핵심사업을 전환하여 팀스포츠 활동을 원하는 개인을 대신해 팀원 모집, 스케줄 조정 등이 가능한 개인 참여형 서비스 '플랩'을 제공하기 시작하였다. 플랩의 주 타깃은 고정적인 시간에 운동하기 힘든 직장인과 주 3회 이상 경기에 참여하는 축구인, 외국인 유학생 등이다. 플랫폼을 구축해 가는 동시에 매니저 제도를 도입해 현장에서 경기 진행과 안내를 돕고, 구장 제휴와 평일 경기장 임대를 하면서 시장에 안착하기 위해 노력하였다. 그 결과 이제는 꽤 많은 사람들이 플랩 서비스를 이용하여 도심에서 축구경기를 즐기고 있다. 강동규 대표는 축구에만 제공하고 있는 이 서비스가 향후에는 볼링, 골프, 배드민턴 등 다른 분야에까지 확장이 가능하지 않을까 생각하고 있다.

토론주제

1. 강동규 대표는 창업의 기회를 어떻게 포착하였는지 설명하시오.
2. 처음 시작했던 아이디어로 창업을 하다가 핵심사업을 변경할 때 위험요소는 없었는지 생각해 보고 이러한 위험요소는 어떻게 방지할 수 있었을지 설명해 보시오.
3. 향후 플랩이 사업을 확장하기 위해 어떻게 새로운 기회를 찾을 수 있을지 설명하시오.

생각해볼 문제

1. 아이디어가 시장의 기회로 발전되기 위해서는 어떠한 부분들을 고려해야 하는지 목록을 만들어 보시오. 또한, 아이디어와 관련된 최신 트렌드를 파악하고 창의적인 발전을 만들어 갈 수 있을지 생각해 보시오.
2. 슘페터와 커즈너가 설명하는 '기회'는 어떻게 다른지 시장의 경제적 균형 관점에서 설명하시오.
3. 기업가(entrepreneur)들이 가지고 있는 구현화 접근법(effectuation)의 특성은 창업가들이 기존과는 다른 형태로 비즈니스를 시작하고 성장시킬 수 있도록 하고 있다. 구현화 접근법을 위한 5가지 원칙을 설명하고, 내가 가진 아이디어에 어떻게 접목할 수 있을지 생각해 보시오.

그룹토의(그룹토의는 3-4명의 학생들로 소그룹을 만들고, 다음의 문제들 중 하나를 선택하여 5-10분 정도 자유토론을 진행한 후 공유한다.)

1. 각자가 생각하고 있는 창업 아이디어가 있다면 서로 이야기해 보고, 이러한 아이디어를 시장기회로 발전시키기 위해 구체화해 갈 수 있는 방법들에 대해 토의하시오.
2. 과거에 기회라고 생각했지만 그 기회를 잡기 위해 행동하지 않은 각자의 경험을 생각해 보고, 왜 그때 행동하지 않았는지, 그리고 지금 같은 기회가 온다면 어떻게 행동할지 토의해 보시오.
3. 비즈니스 모델을 구성하는 요소들 중 어느 요소가 내가 생각한 아이디어에 가장 중요한지 순위를 정해보고, 다른 사람들과 그 순위를 비교해 보시오. 그리고 왜 각 요소들의 중요성이 아이디어에 따라 다르게 느껴지는지 토의해 보시오.

핵심개념정리

이번 챕터에서는 기업가정신 분야에서 중요하게 다루는 '기회'에 대해 알아보았다. 이 기회는 학문적으로 기존의 경영학과 가장 구별되는 기업가정신 분야의 특징이기도 하다. 기존의 경영학은 이미 만들어진 조직의 효율성을 높이는 분야를 이야기하는 학문이라면, 기업가정신은 어떻게 조직을 만들 것인가에 대한 이야기를 하는 학문이기 때문에 조직을 만드는 근원인 '기회'가 매우 중요한 출발점이 된다. 이러한 측면에서 기업가정신 분야의 연구자들은 창업가가 거치는 이러한 일련의 프로세스들 중 기회인식(opportunity recognition)이 가장 핵심이 되는 기업가적 과정(entrepreneurial process)의 행동이라고 이야기한다. 창업가들에게 기업가적 행동을 할 수 있도록 해주는 원동력이기도 한 '기회'는, 창업가에 의해 만들어지는 것이라는 슘페터의 관점과 창업가가 발견한다고 주장한 커즈너의 관점으로 나누어 볼 수 있다. 창업가들이 기회를 실현해 가는 메커니즘은 '구현화(effectuation)' 접근법으로 설명되며, 이러한 접근법은 불확실성이 높고 환경이 역동적일 때 효과적으로 새로운 시장을 창출하는 데 유용한 창업가의 행동방법론이라는 것을 이해할 수 있다.

CHAPTER

07

혁신이란 무엇인가

학습목표

1. 혁신의 본질적인 특성과 요소에 대하여 이해한다.
2. 기술혁신의 정의와 분류체계 및 발달패턴에 대하여 다양한 예시와 함께 학습한다.
3. 비즈니스 모델 혁신의 정의와 프레임워크에 대하여 다양한 예시와 함께 학습한다.

챕터 시작 이야기

애플(Apple)은 2003년 아이튠스 뮤직 스토어와 함께 아이팟을 내놓아 휴대용 엔터테인먼트 분야에 일대 혁신을 몰고 왔다. 아이팟의 등장은 디지털음원이라는 새로운 시장을 창출해냈으며, 애플이라는 회사 자체도 통째로 바꾸어 놓았다. 출시 후 3년 동안 애플은 아이팟과 아이튠스를 통해 전체 회사 매출의 절반에 이르는 약 100억 달러의 매출을 올렸다. 이에 2003년 초 10억 달러 수준이던 애플의 시가총액은 2007년 말 1,500억 달러까지 치솟았다.

애플의 성공신화는 이미 잘 알려져 있다. 그러나 애플이 디지털 음악 기기를 시장에 내놓은 첫 기업이 아니라는 사실은 그다지 잘 알려져 있지 않다. '다이아몬드 멀티미디어'라는 회사는 1998년 리오(Rio)라는 기기를 시장에 선보였다. 또 다른 음향기기 제조업체인 '베스트 데이터'는 2000년 카보 64(Cabo 64)를 내놓았다. 두 제품 모두 성능이 뛰어났을 뿐 아니라 휴대가 간편했으며 디자인도 근사했다. 그렇다면 왜 리오나 카보 64가 아닌 아이팟이 이토록 큰 성공을 거두었을까.

애플은 단순히 뛰어난 기술을 개발해 세련된 디자인으로 포장하는 데 그치지 않았다. 애플은 훌륭한 기술을 활용할 수 있는 혁신적인 비즈니스 모델을 통해 기술의 가치를 극대화시켰다. 애플이 일궈낸 진정한 혁신은 바로 디지털 음원을 쉽고 간편하게 다운받을 수 있도록 한 것이었다. 이를 위해 애플은 하드웨어, 소프트웨어, 서비스를 모두 결합한 혁신적인 비즈니스 모델을 구축했다. 애플의 접근방식은 내구재(면도기)와 소모품(면도날)을 동시에 판매하되 소모품(면도날)의 가격을 상대적으로 높게 측정해왔던, 질레트식 모델을 반대로 뒤집어 놓은 것이었다. 애플은 '면도기(이윤이 큰 아이팟 기기)'를 판매하기 위해 '면도날(아이튠스에서 판매하는 이윤이 낮은 음원)'을 헐값에 파는 모델을 활용하고 있다. 이 비즈니스 모델은 지금까지와는 다른 방식으로 가치를 정의하고 고객에게 전례 없는 편의를 제공한다.

비즈니스 모델 혁신은 산업 전체의 가치창출구조를 바꾸어 놓을 뿐 아니라 수십 억 달러의 가치를 재분배하는 역할을 한다. 선구적인 비즈니스 모델을 앞세워 할인매장 시장에 진입한 대형 할인점 월마트(Walmart)와 타깃(Target)은 현재 소매업 전체 기업가치의 75%를 차지하고 있다. 항공 서비스 시장에서 극히 작은 비중만을 차지하던 미국의 저가 항공사들이 현재 미국 내 전체 항공업계에서 차지하는 비중은 55%에 이른다. 20세기 말에 탄생한 27개의 저가 항공사 중 11개 업체는 지난 10년 동안 비즈니스 모델 혁신을 통해 〈포춘(*Fortune*)〉에서 선정한 500대 기업 목록에 이름을 올렸다.

출처: Henning Kagermann & Clayton M. Christensen(2008). '비즈니스 모델, 확 바꿔야 할 때', 동아비지니스리뷰 (DBR).

토론주제

1. 애플의 〈이윤이 큰 아이팟 기기를 판매하기 위해 아이튠스에서 판매하는 이윤이 낮은 음원을 헐값에 파는 모델〉로 인해 소비자가 얻게 되는 새로운 가치는 무엇인지 논의해 보시오.
2. 아이팟 기기의 비즈니스 모델을 아이폰에 적용할 수 있는지, 혹은 이미 적용되고 있는지, 다른 방법으로 적용될 수 있는지 논의해 보시오.

제 1 절 혁신의 본질

우리는 새로운 아이디어나 창의적인 생각을 마주할 때 '와, 혁신적인데!'라는 표현을 종종 사용한다. 이러한 표현에는 혁신이란 새로운 어떤 개념을 제시하거나 방법을 고안해 내는 것이라는 의미를 내포하고 있다. 하지만, 경영학적 관점 혹은 기업의 입장에서 혁신이란 단순히 새로운 어떤 개념을 제시하거나 독창적인 행위를 하는 것 이상의 의미를 내포하고 있다. 세계적인 경영학자 마이클 포터(Michael Porter)에 의하면 '혁신이란 상업화된 발명(Innovation is invention coupled with commercialization)'으로 정의할 수 있다. 비슷한 맥락에서 세계적인 기술혁신 학자인 멜리사 쉴링(Melissa Schilling)[1) 교수는 혁신을 '아이디어를 제품 혹은 공정에 실용적인 방법으로 실현한 것(The practical implementation of an idea into a new device or process)으로 정의하였다. 즉, 혁신이란 막연히 새로운 아이디어 제시, 새로운 지식의 개발 등으로 국한되어 생각될 수 있는 것이 아니라, 새로운 지식 혹은 아이디어가 제품 혹은 서비스로 실제로 구현되어 소비자들이 이를 구매 혹은 사용할 수 있게 되는 일련의 과정을 총칭한다고 볼 수 있다.

이를 조금 더 경영학적인 관점에서 정의해 본다면, "새로운 아이디어 및 기술적 지식을 바탕으로 공정, 시장, 재료, 조직 등 생산수단의 새로운 결합을 통하여 신제품이나 서비스를 생산, 마케팅, 판매하는 일련의 과정"으로 정의할 수 있다. 따라서 혁신의 전체 그림을 이해하기 위해서는 다음의 2가지 질문 ① 새로운 아이디어와 기술의 개발이 어떻게 일어나는가, ② 또 이러한 것들이 어떻게 시장성을 가지고 구현되는가에 대하여 답을 구해야 한다. 전자는 기술혁신에 대한 질문이고 후자는 비즈니스 모델에 대한 질문으로 볼 수 있다. 물론 두 종류의 혁신은 모두 근본적으로 창의성에 기반하여 이루어진다는 점은 같다. 또한 앞서 살펴본 애플의 사례처럼 서로 보완적인 상호작용을 통하여 각각의 가치와 영향력을 극대화하기도 한다.

즉, 혁신을 하나의 완성된 집의 개념으로 본다면, 창의성을 기반으로 새로운 아이디어 및 지식을 개발하는 기둥과, 개발된 가치를 효과적으로 사업화하는 기둥에 의하여 세워진다고 볼 수 있다. 이 두 개의 기둥은 서로 상호작용을 하며 필요한 위치에, 필요한 만큼 세워져서 안정된 혁신이라는 집이 완성된다고 볼 수 있다(그림 7-1 참조). 그림에서 볼 수 있듯이, 기술혁신과 비즈니스 모델 혁신이 상호작용을 바탕으로 균형을 이루고 있을 때 안정적인 혁신의 집이 완성될 수 있다. 불안정한 혁신 1의 경우는 비즈니스 모델이 기술혁신의 일부만 전달하도록 설계된 경우이며, 불안정한 혁신 2의 경우는 비즈니스 모델이 기술혁신의 전체를 고려하지만, 각 기술이 실현한 기능의 온전한 가치를 전달하기에 부족한 경우이다. 앱스토어의 다양한 앱들이 신문으로 광고되거나, 앱을 통한 수익창출이 아니라 앱스토어 시스템 자체만

그림 7-1 혁신의 집(House of Innovation)

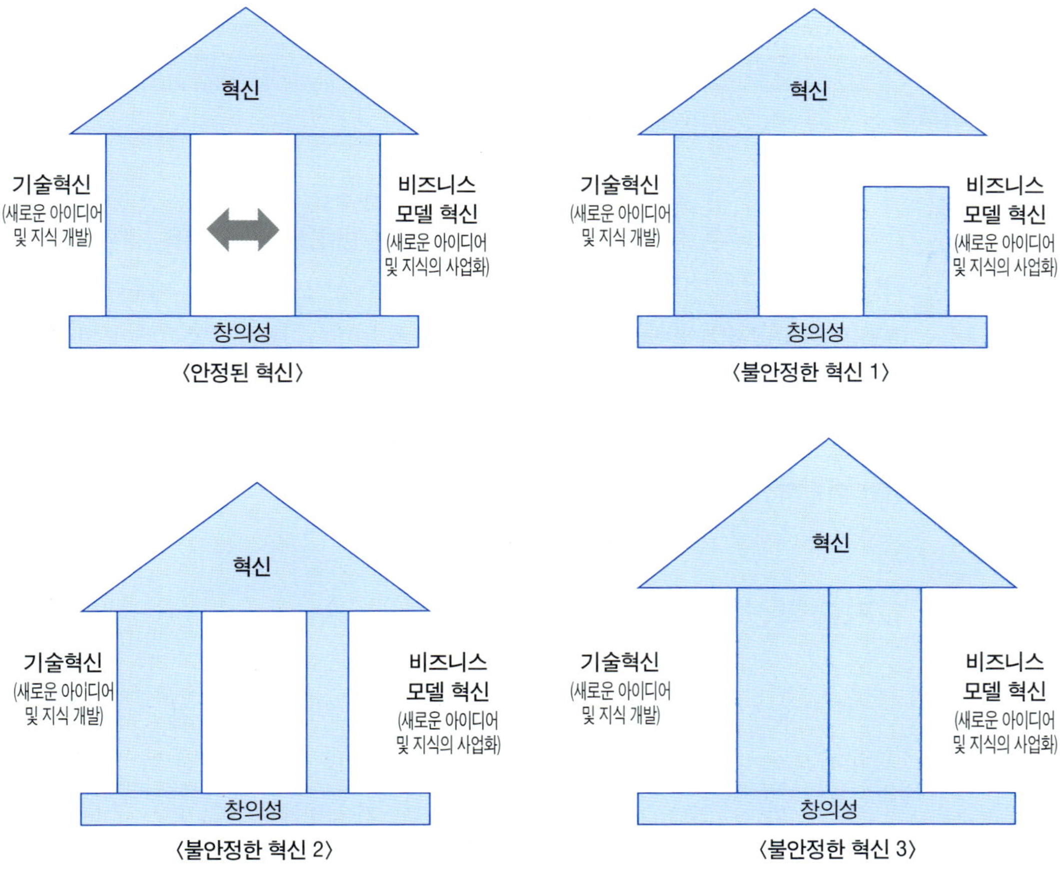

고려한 비즈니스 모델을 상상해 보면 쉽게 이해할 수 있을 것이다. 불안정한 혁신 3의 경우 1과 2의 경우보다는 안정적이지만, 비즈니스 모델이 기술혁신과의 상호작용을 통한 시너지보다는 단순히 새로운 기술이 소개됨에 따라 기계적인 비즈니스 활동을 하는 경우이다. 애플이 신제품의 특징을 고려하여 애플스토어라는 상징적이고 혁신적인 유통모델을 만들지 않고, 일반 전자제품 소매점에서 아이폰과 맥북을 판매하였다면, 현재와 같은 충성고객을 확보하는 데 더욱 많은 시간과 노력이 투입되었어야 할 것이다. 이 장에서는 혁신의 두 기둥인 기술혁신과 비즈니스 모델 혁신에 대하여 집중적으로 논의하도록 하겠다.

제2절 기술혁신

기술혁신은 많은 경우 혁신과 동의어로 인식될 만큼 널리 사용되는 용어이다. 하지만 각 기술마다 지식의 종류와 체계 및 발전과정이 모두 다르기 때문에, 실제 기술혁신을 이해하기 위해서는 보다 세분화된 관점이 요구된다. 혁신적인 기술이란 무엇인가? 하나의 제품은 한 종류의 기술혁신에만 기반하는가? 기술을 개발하는 과정에서 발견되는 일정한 패턴은 존재하는가? 기술적 성능이 높은 경우는 무조건 뛰어난 기술혁신인가?

1. 기술혁신의 정의

전체 혁신과정의 한 축을 담당하는 기술혁신이란 무엇인가? 문자 그대로 이해한다면, 혁신적인 기술의 개발 정도로 정의할 수 있지만, 보다 정확한 의미로는 '혁신의 기반이 되는 기술의 개발'로 정의될 수 있다. 기술혁신이 기업 혹은 국가의 성장과 경쟁력에 미치는 영향력은 지대하다. 노벨경제학상 수상자인 MIT의 로버트 솔로우(Robert M. Solow) 교수에 따르면, 기술혁신은 토지, 노동, 자본 등 일반적인 재화의 투입으로는 설명되지 않는 부의 창출과 가치성장의 비결이다. 솔로우 교수가 연구를 통해 1980년대부터 2010년까지 국가별 경제성장지수를 조사한 결과, 선진국 그룹이 경제성장의 양뿐만 아니라 성장률 자체도 높은 것으로 조사되었다. 이는 저개발국가들이 성장률이 높을 것이라는 통념에 반하는 것으로서, 우수한 기술혁신으로 무장한 국가들이 양과 속도에서 모두 우위에 서고 있음을 보여준다. 기업의 경우 역시, 보편적으로 전통적인 소매산업 혹은 제조업에 비해 IT 등 첨단산업에 속한 기업이 높은 성장률과 수익률을 기록한다. 이러한 점은 기술혁신이 기업에게 단순히 하나의 역량이 아니라, 기업의 성장에 근본적인 역할을 하는 복합적이고 종합적인 역량임을 보여준다고 볼 수 있다. 이어서, '기술'의 본질과 기술혁신의 다양한 측면에 대해서 논의한다.

먼저, 기술(technology)은 "자연에서 관찰된 현상이나 원리에 대한 이해를 인공적으로 발견된 현상에 활용 및 조작하기 위한 지식"으로 정의할 수 있다. 일반적으로 지식체계를 활용하여 투입물을 산출물로 변환시키는 과정이며 '더 많은 산출물'을 생산하거나, '질적으로 향상된 제품'을 생산하기 위한 지식의 축적, 발명, 실험, 확산 등의 모든 활동을 포함한다고 볼 수 있다. 또한, 비단 생산활동뿐만 아니라 디지털 기술과 같이 업무수행, 서비스 제공과 관련된 지식과 정보를 의미하며 넓은 의미에서는 투입을 산출로 바꾸는 물리적 과정뿐 아니라, 사회제도까지 포함한다.

일반적으로 기술은 과학(Science)과 밀접한 관련을 맺고 있다. 과학은 "일반적인 진리나 법칙에 의해 체계화되고 확립된 지식"을 의미하며 그 대상으로는 자연현상은 물론이고 사회현상도 포함한다. 과학은 기본적으로 현상에 대한 합리적인 이해와 근본적 원리를 탐구하는 것으로서, 반복 가능하고 객관적으로 검증할 수 있는 보편적인 지식을 의미한다. 예를 들어 보자. 자연현상에 대한 탐구를 바탕으로, 물(H_2O)이 산소와 수소 원자로 이루어진 것을 발견하고 이해하는 것은 과학적 지식이다. 이러한 지식은 인류가 다양한 경로(예: 논문, 과학서적, 교과서 등)를 통해 궁극적으로는 공유를 하는 공공재적인 성격이 강한 지식이다. 물론 일반적으로 발견자 혹은 관찰자의 이름 등을 따서 'OO의 법칙' 등으로 그 업적을 기리는 경우도 많다. 하지만 강조하자면, 과학적 지식 자체는 인류의 지적역량을 향상시켜 주지만, 그 자체로 유용한 가치를 즉시적으로 창출하는 경우는 드물다. 여러분이 물이 특정 조건하에서 100℃에서 끓는다는 지식을 보유하고 있다고 해서, 그 지식 자체가 즉각적인 유용성을 생성하는 것은 아니기 때문이다.

하지만, 만약 누군가가 물이 수증기로 변하는 지식을 바탕으로 증기기관을 설계한다고 해보자. 혹은 앞서 얘기한 물의 분자구조에 대한 이해를 바탕으로 수소와 산소의 결합에너지를 활용한 다양한 제품을 개발한다고 해보자. 즉, 과학적 지식을 기반으로 하여 실용적이고 유용한 지식체계를 개발하는 것은 기술의 영역이라고 볼 수 있다. 이러한 기술적 지식은 그 자체로 시장에서 판매될 수도 있고(예: 특허, 라이선싱 등), 새로운 제품, 나아가 새로운 산업을 통해 가치를 창출하게 된다. 기술은 종종 공학(Engineering)적 지식과도 혼용되어 사용된다. 엄밀하게 정의하면 공학적인 지식은 기술이 구현된 구체적인 인공물(artifacts)이라는 점에서 기술과 개념적으로는 구별된다. 즉, 수소와 산소의 결합에너지를 이용할 수 있는 지식체계의 개발이 기술의 영역이라면, 이를 활용하여 수소엔진이라는 실제 인공물을 제작하는 것은 공학의 영역으로 볼 수 있다. 하지만 실제 개발과정에서 이를 구별하기 어려운 경우가 많으므로, 본 교재에서 공학적 지식에 대해서는 별도로 다루지는 않을 예정이다.

과학적 지식과 기술의 관계에 대한 초기 연구는 "기초연구 → 응용연구 → 개발연구 → 설계/엔지니어링 → 생산/제작 → 시장화"라는 일련의 단계에 기반을 둔 선형모델(linear model)이 주를 이루었다. 이는 과학적 발견(기초연구)이 기술(응용연구 이후 단계)의 중요한 원천이므로, 과학이 기술발전의 중요한 전제가 된 시각이다. 하지만, 최근에는 과학과 기술이 동등한 수준에서 상호작용을 통하여 서로 영향을 주고받는 것이 지배적인 인식이다. 즉, 과학 발전이 기술 발전을 촉진하고, 신기술이 과학연구를 자극하는 경향에 따라 과학과 기술이 완전히 분리되어 발전하는 경우는 점차 드물어지고 있으며, 또 양자의 구분이 어려워지고 있기 때문에 양자가 복합된 "과학기술"이라는 용어를 보편적으로 사용한다. 특히, 첨단기술일수록 과학과 기술의 구분이 모호해지고, 과학과 기술의 상승작용을 일으키는 과학과 기술의 공명현상이 발견된다. 프로그래밍과 어플리케이션의 개발이 동시적으로 연결된 것이 그 예시이다. 또한 현대에는 과학적 발명/발견에서 실용화까지의 시차(time lag)가 급격하게 단축되는 과학과 기술의 일체화 현상이 두드러지고 있다. 현재는, 과학과 기술이 서로 만나는 다양한 종류의 접점들(interfaces)을 만들면서 발전해 가고 있으며, 기술이라는 용어에는 과학적 지식기반 혹은 상호작용이 바탕이 되었음을 알 수 있다.

2. 기술혁신의 분류

앞서 기술혁신을 정의하면서 '새롭다'라는 용어를 사용하였는데, 이 '새로움'이라는 것은 기술혁신의 핵심이자 본질이다. 따라서 새로움의 방식이 다르다는 것은 곧 다른 종류의 기술혁신으로 분류가 가능하다는 의미를 내포한다. 새롭다는 의미는 다양한 방식으로 논의가 가능하며, 이로써 기술혁신은 '새로움'에 대한 해석에 따라서 다양한 형태로 분류될 수 있다. 여기에서는 새로움의 대상이 되는 관점으로 기술혁신의 다양한 형태에 대하여 논의하고 또 이들 간의 다양한 상호연관성에 대해서도 알아본다.

1) 제품혁신과 공정혁신(product vs. process innovation)

제품혁신은 신제품 생산 및 기존제품 개선을 의미하며, 공정혁신은 제품의 생산방식을 개선하거나 효율화를 달성하는 것을 의미한다. 즉, 이때 새로움의 초점은 제품 자체의 성능인가 혹은 같은 제품을 보다 빠르고, 정확하고, 적은 자원을 투입하여 만드는 과정인가로 볼 수 있다. 휴대폰, 자동차 등 첨단제품과 세탁세제, 신발 등 일상용품에 새로운 성능과 기능을 더한 모든 경우를 제품혁신으로 볼 수 있으며, 조립공정의 효율화 및 자동화 등 새로운 공정방식의 도입 등을 공정혁신으로 볼 수 있다(그림 7-2 참조). 제품과 공정 혁신은 비록 개념과 대상적인 면에서는 구분되지만, 현장에서는 서로 간의 상호작용을 바탕으로 시너지 효과를 창출하는 경우도 많이 있다. 일반적으로 제품에 대한 혁신이 먼저 일어나고 혁신성은 시간의 흐름에 따라 감소해 가는 반면, 공정혁신성은 일정 기간까지 증가하는 모습을 보이고, 이후 임계점에 이른 후 제품혁신성과 함께 감소하는 성향을 보인다. 이는 새로운 제품에 맞는

그림 7-2 제품혁신과 공정혁신 사례

출처 https://www.hyundai.com/worldwide/ko/ioniq/ioniq5
http://www.businesskorea.co.kr/news/articleView.html?idxno=10769

공정혁신 방법을 찾는 것은 일정 이상의 노력이 필요함을 암시한다고 볼 수 있다. 시간의 흐름에 따라 제품과 공정의 혁신성이 모두 감소하지만, 개선의 속도가 줄어드는 것일 뿐 개선의 흐름 자체가 감소하는 것은 아님을 유념해야 한다. 다만, 개선의 속도가 지나치게 감소하는 경우 다른 기술로 대체되는데, 이는 다음 장인 기술혁신의 패턴에서 보다 자세히 논의해 보도록 한다.

2) 점진적 혁신과 급진적 혁신(incremental vs. radical innovation)

혁신의 대상이 아니라 변화의 정도에 따라서도 분류할 수 있다. 점진적 혁신은 제품 혹은 공정에 점진적이고 부분적인 변화를 주는 혁신을 의미하며, 기본적으로는 실패할 위험도가 낮은 대신, 기대수익 또한 높지 않다. 섬유의 형태 혹은 세척 목적에 따라 조금씩 차이가 있는 다양한 제품을 선보이는 세탁세제를 예로 들 수 있다. 급진적 혁신은 기존의 제품 혹은 공정과 획기적으로 다른 새로움을 추구하는 혁신으로서, 성공확률이 낮은 대신 성공했을 때 기대수익이 높은 혁신이다. 휴대성이라는 개념을 탑재함으로써 컴퓨터의 활용방식

그림 7-3 제품 혁신과 공정 혁신 사례

출처 https://prudentreviews.com/tide-vs-gain/
https://news.samsung.com/global/samsung-updates-new-notebook-9-line

에 대한 혁명적인 변화를 가져다 준 노트북이 대표적인 예시이다(그림 7-3 참조). '급진적'의 정도를 정의하는 것은 개발자 혹은 사용자에 따라 모두 다를 수 있지만, 한 가지 기준이 될 수 있는 것은 해당 혁신으로 인해서 일상생활의 모습 혹은 삶의 환경 및 제반 인프라의 변화 여부이다. 예를 들어, 전기차의 등장으로 기존 주유소라는 인프라 대신 충전소라는 새로운 형태의 에너지 공급시설이 설치되었으며, 에어컨의 등장은 냉방을 위해 실외기 설치라는 변화를 불러왔고, 노트북의 등장은 카페 등 다양한 생활장소에 전기 콘센트가 중요한 설비로 여겨지는 사회환경의 변화를 야기했다.

3) 역량강화혁신과 역량파괴혁신 (competence-enhancing vs. competence destroying innovation)

역량강화혁신은 회사가 보유하고 있는 특수한 역량에 기반하여 연속적이고 주기적으로 개량되는 제품에서 찾아볼 수 있다. 세계적인 CPU 회사인 인텔(Intel)의 대표적인 마이크로프로세서(microprocessor) 제품인 펜티엄 II은 펜티엄 I에 사용된 지식을 바탕으로 개발되었으며, 이는 펜티엄 III나 펜티엄 IV에도 동일하게 적용된 방식이다. 역량파괴혁신은 혁신이 기존의 제품에 깃든 지식에 기반하지 않고 새로운 지식체계를 바탕으로 일어나는 혁신을 의미하며, 이는 기존의 혁신이 기반하고 있는 지식체계 자체를 무너뜨리기도 한다. 예를 들어 동양의 주판이나 서양의 큐펠 에세르(Keuffel & Esser) 측정기구의 경우 모두 연산의 도구로 사용되어 왔지만, 이를 대체한 전자계산기의 경우 연산기능의 제공이라는 한 가지 공통점을 제외하면, 근간을 이루는 지식체계 자체가 완전히 다르다고 볼 수 있다(그림 7-4 참조).

그림 7-4 역량강화혁신과 역량파괴혁신

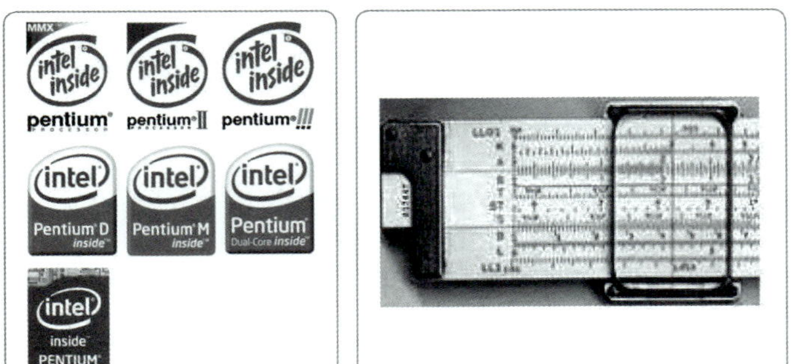

출처 https://en.wikichip.org/wiki/intel/pentium
https://en.wikipedia.org/wiki/Keuffel_and_Esser

4) 구조혁신과 부품혁신(Architectural innovation vs. Component innovation)

최근 들어 주목받고 있는 분류 개념이다. 대부분의 제품 혹은 공정이 단 하나의 단일 지식으로 이루어지는 경우는 없다. 이것이 의미하는 것은 결국 대부분의 제품 혹은 공정은 그 최종 성능을 구현하기 위한 다양한 부품(component)과 이러한 부품들이 일련의 기술적 원리에 기반하여 연결되는 구조(architecture)를 이루는 시스템으로 구성되어 있다는 것이다. 한 예로 비교적 단순한 자전거의 예를 들어 보자. 자전거는 의자, 바퀴, 기어, 브레이크, 타이어 등의 부품이 일정한 원리에 의해 구조를 이루고, 이것이 일정한 시스템을 갖추어 자전거라는 제품으로서 하나의 시스템을 이루게 된다. 이는 자동차나 비행기와 같이 복잡한 제품도 마찬가지이다(그림 7-5 참조). 여름에 야외에서 무더위를 식혀주는 휴대용 선풍기와 피트니스(fitness) 센터에 구비되어 있는 초대형 선풍기는 전기모터와 팬 등 기본 구성요소는 같지만, 동력전달 방식과 기타 구성품의 결합 방식은 다르다(그림 7-5 참조). 이렇듯 모든 제품 혹은 공정은 시스템으로서 부품 자체에 대한 지식과 이러한 부품으로 구조를 이루는 지식으로 나눌 수 있다. 전자에 대한 새로운 혁신을 추구하는 것을 부품혁신이라고 정의하고, 후자에 대한 새로운 혁신을 추구하는 것이 구조혁신이다. 예를 들어, 전기자동차의 전기배터리는 동력원이라는 측면에서 엔진이라는 부품을 대체하는 부품혁신일 수 있지만, 엔진이 사라짐으로써 자동차 내부의 부품구성에 다양한 변화가 일어나는 것은 구조혁신으로 볼 수 있다.

그림 7-5 ● 구조혁신과 부품혁신

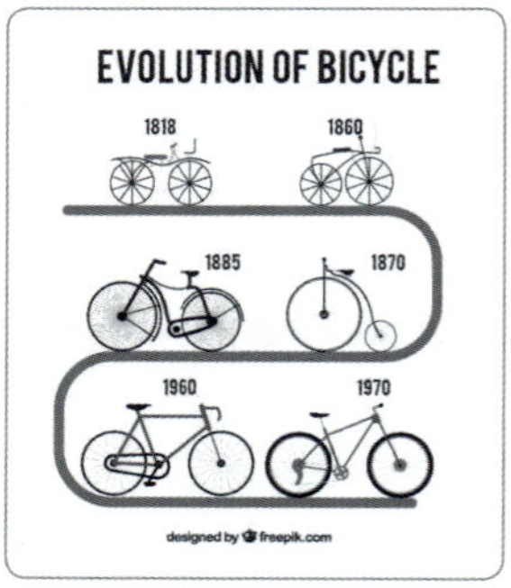

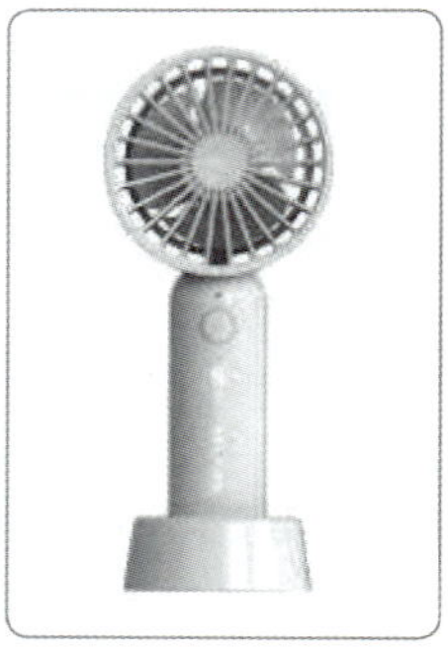

출처 https://www.freepik.com
http://item.gmarket.co.kr

3. 혁신의 복합적 분류 방법

물론 현실에서 복잡한 지식의 집합체인 상품이 단 하나의 혁신 차원으로 분류되지는 않는다. 예를 들면 전기차의 경우 기존의 에너지 인프라를 바꾼다는 점에서 급진적 혁신이고, 자동차라는 제품을 대상으로 한다는 점에서는 제품혁신, 만약 엔진 등 일부 부품을 배터리로 대체한다면 부품혁신, 배터리의 등장으로 자동차 부품구조를 재배치해야 한다면 구조적 혁신으로도 볼 수 있다. 즉, 새로운 제품은 기술혁신의 측면에서 다차원적으로 분석될 수 있다. 하지만 이러한 복합적인 분류는 각 분류기준의 근본적인 개념을 이해해야 분명하게 이해될 수 있다. 따라서 현실에서 복합적인 혁신이 대다수라고 해서 앞서 단순하게 분류한 기준의 가치나 중요성을 저하하는 것은 아니다. 앞서 논의한 분류기준이 명확해야 복합적 분류의 의미가 명확해지기 때문이다. 예를 들어 자동차 산업과 통신 산업의 경우 그 대상과 관점에 따라서 다양한 혁신의 분류기준이 복합적으로 적용될 수 있다.(표 7-1 참조).

표 7-1 복합적 혁신 분류 사례(자동차 산업)

자동차 산업

구분	점진적 혁신	급진적 혁신
제품혁신	연비개선 자동차	전기차
공정혁신	자동화 공정 시스템	포드의 컨베이어 시스템

통신 산업

구분	점진적 혁신	급진적 혁신
제품혁신	애플의 iOS	Siri 음성서비스
공정혁신	광케이블 전화기	Skype, Zoom

4. S-곡선: 기술 개발과 확산의 지표

보편적인 기술 개발의 과정은 S-곡선으로 설명할 수 있다. S-곡선은 1988년대 맥킨지(McKinsey)의 컨설턴트 리처드 포스터(Richard Foster)가 그의 책 《한계돌파의 경영전략(*Innovation: The Attacker's Advantage*)》[2)]에서 소개하였다. 이는 그림 7-6 에서 보듯 기술의 변화 과정이 S자 모양이어서 붙인 이름으로 과정은 다음과 같다. 새로운 기술개발의 초기 단계에서는, 투입력에 비해 기술의 발전속도는 완만하게 진행된다. 초기 단계에서는 다양한

그림 7-6 기술개발의 S-곡선

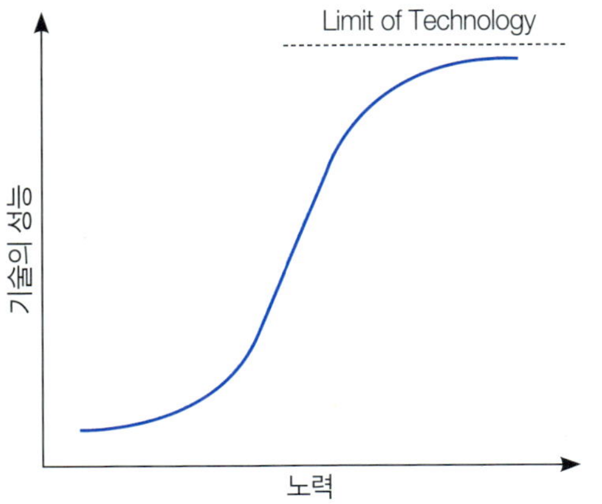

출처 Schilling, M. A. (2017). *Strategic management of technological innovation*. McGraw-Hill Education.

기술적 불확실성이 그만큼 높기 때문이다(태동기). 초기 단계에서 주요 기술적 불확실성이 해결되면 이후 기술은 급격하게 발전한다(비약기). 해당 기술에 대한 지식의 축적이 충분하게 진행된 후, 발전 속도는 다시 완만한 정체기로 수렴된다(성숙기).

S-곡선은 일반적으로 노력-기술의 성능(예: 속도, 용량, 출력 등) 간 함수관계로 표현되지만, 이를 측정하는 변수 및 단위의 선정에는 보다 세심한 주의가 필요하다. 만약, 노력이 시간에 따라 일정하지 않거나, 심지어 감소한다면 S-곡선이 가져다주는 관계에 대한 정의 자체가 불분명해질 수 있다. 또한 단위 노력당 기술의 성능향상 속도가 지나치게 느릴 경우, 그래프는 수평한 선 모양을 띄게 되고, 의미 있는 관찰이 어려워질 수 있다.

S-곡선은 단순해 보이지만, 경영자에게 현재 자사 사업의 기술이 어느 단계에 있는지 파악하고 있어야 한다는 중요한 사실을 일깨워주는 도구이다. 만일 자사의 기술이 성숙 단계에 있다면 해당 기술에 계속 투자하는 것은 기술적 성과와 재무적 측면 모두에서 비효율적인 결정이다. 한 기술이 성숙 단계에 이르면 기술의 한계에 거의 다다른 것이기 때문이다. 여기서 두 가지 과제가 대두된다. 첫 번째 과제는 기술이 성숙 단계에 와 있는지 아닌지를 어떻게 판단할 것인가 하는 문제다. 이는 기술 향상의 수준과 속도를 고려한 후 시장의 상황 또한 살펴봐야 하는 고차원적인 의사결정 과정이다. 두 번째 과제는 상황에 따라 첫 번째 과제보다 더욱 중요할 수 있는데, 현재의 기술이 한계에 도달했거나 거의 근접해 있는 상황이라면 대안기술이 무엇이고, 언제, 어떻게 개발을 진행하는가에 대한 문제이다.

S-곡선의 또 다른 주요 기능은 한 기술의 S-곡선이 다른 기술의 S-곡선에 의해 대체되는 패턴(기술 패러다임의 변화)을 보여준다는 것이다. 기존기술이든 신기술이든 기술개발의 수준은 결국 단위투입당 보여주는 성능의 향상에 따라 결정된다는 전제하에서, 신기술의 기존기술 대체는 다음과 같은 두 가지 시나리오가 가능하다. 첫째, 단위노력당 성능향상 효과가 좋은 기술의 출현이다(그림 7-7a). 이 경우, 기술 자체가 이질적이라기보다는 기술개발의 속도나 효율성이 뛰어난 기업이 선두주자를 추월하는 형태에서 많이 관찰된다. 반도체 분야에서 과거 삼성전자가 미국과 일본의

반도체 업체의 개발예상속도를 뛰어넘은 추격으로 결국 시장에서 우위를 차지하게 된 것이 그 예시이다. 이 경우 미국과 일본의 기업들 역시 궁극적으로 도달해야 하는 기술의 형태와 목적은 알고 있었지만, 삼성전자의 개발속도전에서 밀려 기술과 시장이 모두 대체된 사례이다. 둘째, 노력당 성능향상 효과는 비슷하거나 다소 느리더라도, 신기술 혹은 발전된 공정기술 등을 통해 기술적으로 다른 지식체계에 기반한 신기술의 출현이다(그림 7-7b). 즉, 기존의 S-곡선보다 얼마나 가파르게 성장하느냐가 아니라 출발점 자체가 이미 우위를 점한 다른 수준에서 S-곡선을 구축하는 경우이다. 아직 실현되지는 않았지만, 기존의 컴퓨터와는 근본적으로 다른 기술적·과학적 지식을 기반으로 발전하는 양자컴퓨터(quantum computer)를 예로 들 수 있다. 양자컴퓨터를 통해 추구하는 컴퓨터의 본질적인 기능, 즉 연산은 유지될 수 있겠지만 양자컴퓨터는 컴퓨터의 두뇌 역할을 하는 프로세서를 비롯하여 기본적으로는 기존의 S-곡선에 의해 구축된 기술들과는 다른 발전 궤적을 가지고 있다.

그림 7-7 S-곡선상에서 기술의 대체

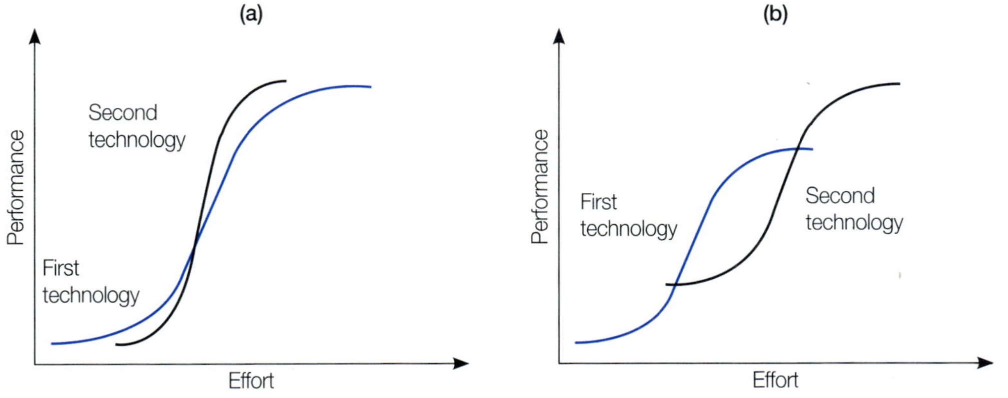

출처 Schilling, M. A. (2017). *Strategic management of technological innovation*. McGraw-Hill Education.

S-곡선은 또한 시장에서 기술의 수용도를 예측하는 데도 의미 있는 패턴을 보여준다. 시장에서 기술의 수용은 그림 7-8과 같이 5단계로 나눌 수 있다. 기술개발이 초기 단계일 때는 일부 혁신적 수용자(innovators) 혹은 조기 수용자(early adopter) 기술을 수용(구매)하다가, 기술의 발전이 가속화되어 급격한 성능향상을 이루게 되면 다수 즉, 다수 수용자(majority)가 기술을 수용(구매)한다. 뒤처지는 그룹을 뜻하는 지체

수용자(Laggards)의 경우 기술의 발전속도가 둔화되는 대신, 기술 자체가 정체하는 양상을 보이는 성숙기에 기술을 수용한다.

당연히 기술 혹은 제품의 판매자 입장에서는 모두가 중요한 고객그룹이다. 구매시기가 느린 지체 수용자(Leggards) 그룹도 부정적인 의미를 가지는 고객은 아니다. 오히려 쇠퇴기에 있는 기술을 대체할 수 있는 자원을 공급한다는 측면에서, 반드시 필요한 고객층이라고 할 수 있다. 중요한 것은 각 고객층의 지원이 의미하는 바이며, S-곡선은 이러한 고객층 흐름을 추적할 수 있는 좋은 지표가 된다.

그림 7-8 기술수용주기 모델 (Technology Adoption Lifecycle Model)

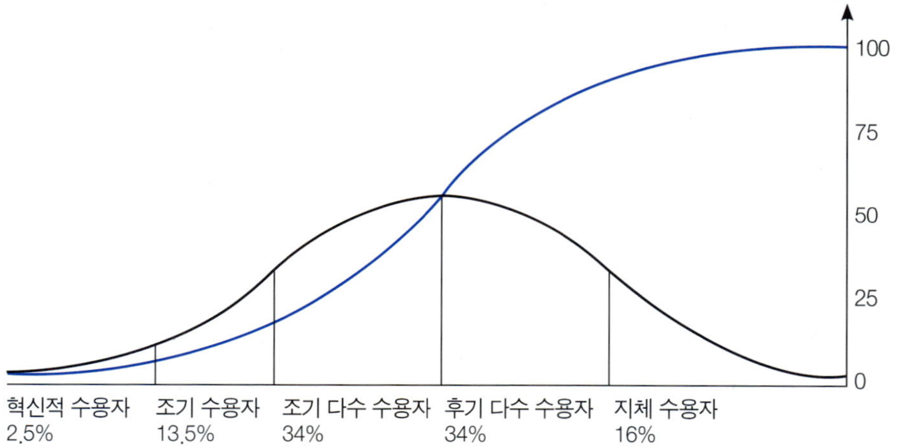

출처 Briscoe, E., Trewhitt, E., & Hutto, C. (2011, October). Closing the micro-macro divide in modeling technology adoption. In *Proceedings of 2nd Annual Conference of the Computational Social Science Society of America,* Sante Fe, New Mexico.

5. 대표적인 기술전략: 파괴적 혁신(Disruptive Innovation)

파괴적 혁신의 창시자인 크리스텐슨(Clayton M. Christensen) 교수는 "파괴적 혁신은 심각한 성공의 부작용에 시달리고 있다. 핵심개념이나 기본원칙이 잘못 적용되는 경우도 많이 있다. 관련 논문 혹은 책 한 권 제대로 읽지 않고, 산업의 판도가 변하고 기존 기업이 쓰러지는 모든 현상에 '파괴적'이라는 표현을 붙여 설명하고 있다"고 이야기하였다.[3] 이 말의 뜻은 단순히 관련된 서적과 논문에 대한 학문적인 수련을 강조하는 것이 아니다. 크리스텐슨 교수는 뒤이어 "이것은 경제적으로도 막대한 손실이며 심지어 위험하다. 핵심이론을 정확하게 적용하는 것이 그 혜택을 실현하는 데, 혹은 그 이론을 활용하는 자를 대응하는 데 필수적이기 때문이다"라고 강조한다. 즉, 이론의 적용가능범위 및 활용방법을 정확히 이해해야만, 해당 이론이 제시하는 가치를 온전히 활용할 수 있다는 의미이다. 많은 이들이 'disruptive'라는 단어를 단지 '파괴적'으로 해석하는데, disruptive는 파괴라는 결과보다는 파괴를 일으키는 과정, 즉, 균열을 일으키고 점차 시스템을 와해시키는 현상을 설명하는 의미가 더 정확하다. 따라서 혹자는 파괴적 혁신이란 용어 대신 와해성 혁신이라는 용어를 더 선호하기도 한다.

파괴적 혁신이 등장할 수 있는 상황은 다음과 같다. 시장에는 일반적으로 고객들이 이용하거나 수용 가능한 기술(혹은 제품성능)의 발전속도가 존재하고 기존의 시장을 지배하고 있는 기업들은 이에 대응하여 기술혁신전략을 수립한다. 이 경우 이미 존재하던 기술과 고객의 니즈를 위한 혁신이기 때문에, 이를 존속적 혁신이라고 한다. 문제는 기존 기업의 존속적 혁신이 대부분 일반 고객의 실제 니즈를 초과해서 발전한다는 것이다. 시장을 지배하는 기업 입장에서는 앞선 기술을 바탕으로 불확실한 미래를 대비하고, 기술력을 시장에 과시한다는 측면에서 사실 합리적인 결정이라고 볼 수 있다.

파괴적 혁신은 이 틈새를 파고들어 탄생한다. 기존에 시장을 지배하는 기업들의 제품보다 합리적인 성능과 가격의 조합으로 새로운 고객과 기존 고객의 일부를 확보한다. 이때 기존 기업은 보다 잘 정의되고, 기대수준이 높고, 수익성 높은 기존 고객의 요구에 반응하기 위해 파괴적 기업의 등장을 무시하게 되지만, 특정 임기점 이후에는 이들에게 시장의 주도권을 빼앗기면서 파괴 혹은 와해가 일어난다. 혼다(Honda)의 바이크를 무시한 할리데이비슨(Harley-Davidson) 혹은 스마트기기 시장에서 안드로이드의 등장을 무시한 마이크로소프트(Microsoft)의 경우가 대표적인 예시이다. 다음 **표 7-2** 와 **그림 7-9** 는 파괴적 혁신의 단계와 예시를 각각 보여준다. 일반적으로 성능의 차이가 제품의 가격에 비례하여 반영된다고 보았을 때, '상위제품 고객의 구매갈등 야기 시점'에서 파괴가 완성된다.

표 7-2 파괴적 혁신 전략의 6단계

단계	내용
1단계	파괴적 혁신이란 자원이 적은 기업이 기존의 기업에 도전하여 성공하는 절차를 의미함을 이해한다.
2단계	기존 기업은 가장 까다롭고 (수익성이 좋은) 제품과 서비스에 집중한다. 그 결과 다른 고객들의 요구를 초과하거나 반영하지 못하는 제품을 (보통 높은 가격에) 출시한다.
3단계	파괴적 기업은 기존 기업이 놓친 부분을 (합리적인) 가격의 제품과 서비스로 제공하여 산업계 진출의 교두보를 마련한다.
4단계	이때 기존 기업은 보다 잘 정의되고, 까다롭고, 수익성 높은 고객의 요구에 반응하기 위해 파괴적 기업의 등장을 무시한다.
5단계	파괴적 기업이 상위시장으로 진출하면서 초기의 진입시장에서 마련했던 우위를 유지하며, 주류 고객들이 요구하는 성능을 제공한다.
6단계	주류 고객들이 파괴적 기업의 제품을 대거 수용할 때 '파괴'가 일어난다.

그림 7-9 파괴적 혁신의 예시

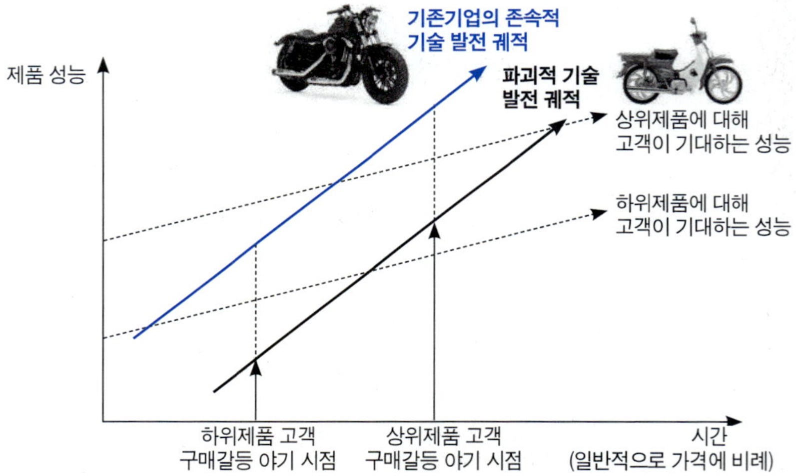

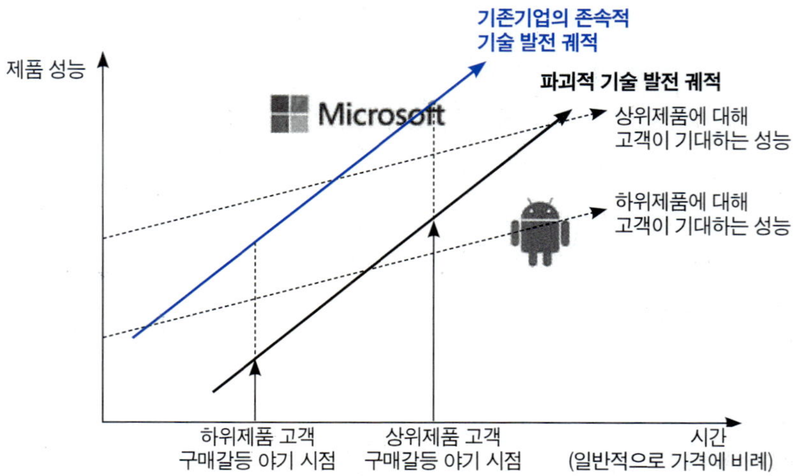

제 3 절 비즈니스 모델 혁신

기술과 마찬가지로 비즈니스 모델 역시 혁신의 대상이 될 수 있다. 앞서 '6장 사업기회의 발견과 평가'에서 비즈니스 모델은 '고객이 무엇을 원하는지, 어떻게 원하는지, 기업은 어떻게 이를 충족시키는지, 기업은 어떻게 고객의 지불의사를 확보하는지 등에 대한 경영진의 총체적 가정[4]이자, 밀접하게 연관된 요소들의 상호작용을 바탕으로 작동되는 하나의 시스템이라고 정의하였다. 그렇다면 비즈니스 모델 또한 혁신의 대상이 될 수 있을까? 비즈니스 모델을 혁신한다는 것은 어떤 전략적 의미를 담고 있을 것인가.

1. 혁신 프레임워크(Business Model Innovation Framework)

비즈니스 모델을 혁신한다는 것을 간략하게 정의한다면, 새로운 역량을 바탕으로 가치를 창출하고 전달하는 방식에 변화를 추구하는 것이라고 볼 수 있다. 비즈니스 모델 혁신이라는 것이 항상 업계 최초의 상품이나 항상 모든 면에서 가장 뛰어난 제품 혹은 서비스에 기반하는 것은 아니다. 즉, 반드시 새로운 제품 혹은 뛰어난 서비스와 함께 출현하는 개념으로 볼 필요는 없다. 비즈니스 모델은 말 그대로 전달되는 가치의 차별화를 바탕으로 하기 때문에 중요한 것은 창출되고 전달되는 가치의 차별성이라고 볼 수 있다.

비즈니스 모델 혁신을 준비하는 기업에게 중요한 것은 비즈니스 모델의 혁신을 통해 게임의 법칙, 즉 현재 시장에서 보편적으로 통용되는 비즈니스 모델이 얼마나 영향을 받는가이다. 이를 통하여 새로운 비즈니스 모델이 가져온 혁신의 정도와 종류를 파악할 수 있다.[5] 비즈니스 모델은 가치 창출과 전달에 대한 시스템이기 때문에 이를 혁신하기 위해서는 역시 체계적인 접근방식이 필요하다. 이를 위해서는 다음과 같은 두 가지 중요한 전략변수를 이해하고 활용해야 한다. 첫 번째 요소는 비즈니스 모델 혁신이 기존 기업들 제품의 경쟁력을 떨어뜨리는 정도이다. 만약 비즈니스 모델 혁신으로 인해 해당 산업을 관통하는 게임의 룰이 변한다면, 기존의 기업들이 가지고 있던 제품은 경쟁력을 잃고 말 것이다. 두 번째 요소는 비즈니스 모델 혁신이 기존의 기업들이 가지고 있던 역량을 무용화하는 정도이다. 이 두 가지 요소의 결합은 **그림 7-10** 에서 볼 수 있다.

그림 7-10 비즈니스 모델 혁신 프레임워크

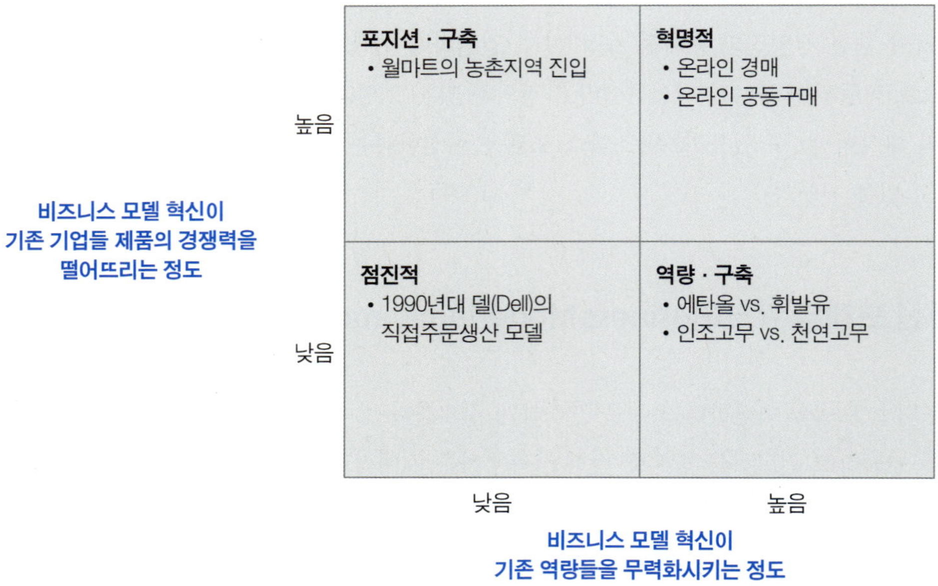

출처 Allan Afuah(2017). 비즈니스 모델 혁신. 서우종 옮김. 시그마프레스.

1) 점진적 비즈니스 모델 혁신

기업이 보유하고 있던 역량들(가치사슬의 요소 혹은 기술)의 개선을 통해 비즈니스 모델을 혁신하는 것을 의미한다. 이러한 유형의 혁신은 해당 기업에서 보다 개선된 성과를 가져다줄 수 있지만 기존의 제품들, 즉 경쟁자들 역시 시장에 남아서 여전히 경쟁을 할 수도 있다. 즉, 시장점유율을 상승시키거나 수익률이 증가할 수는 있지만, 기존의 경쟁구도 자체는 크게 변하지 않는 것이다. 1990년 델(Dell)은 주문생산방식을 도입하여 컴퓨터를 판매하였는데, 고객이 원하는 사양을 보다 자세하게 고를 수 있고 기존업체의 유통라인과도 차이가 있었다. 하지만 델의 이러한 방식은 근본적으로는 '주문 → 조립 → 판매'라는 큰 틀에서 기존의 비즈니스 모델과 크게 다르지 않았고, HP 등 다른 경쟁자들도 여전히 사업을 영위하였다. 샤오미(Xiaomi) 역시 상대적으로 우수한 품질에 가성비 좋은 휴대폰으로 시장점유율을 확장시켜 왔지만, 기존의 스마트폰 판매회사들 역시 여전히 사업을 영위하고 있다.

2) 역량-구축 비즈니스 모델 혁신

새로운 역량을 기반으로 하는 비즈니스 모델 혁신을 의미한다. 이 경우 새로운 역량에 기반하여 고객을 확보할 수 있지만, 점진적 모델과 마찬가지로 기존 제품의 경쟁력 또한 대부분 유지된다. 예를 들어 전기자동차의 경우 가솔린자동차와는 제품 설계 혹은 생산에 있어 상당히 다른 역량을 요구하지만, 기본적으로 이동수단 제공이라는 제안가치가 같고, 가솔린자동차 역시 시장에서 여전히 경쟁하고 있다. 다만, 역량이 다르므로 시간의 흐름에 따라서 제품의 차이가 커진다면 전혀 다른 비즈니스 모델로 발전하는 것 또한 가능하다.

3) 포지션-구축 비즈니스 모델 혁신

앞서 살펴본 역량-구축과는 반대로 새로운 비즈니스 모델에 기반한 제품/서비스가 기존의 비즈니스 모델에 기반한 제품/서비스를 시장에서 무력화시키는 경우이다. 그러나 새로운 비즈니스 모델을 뒷받침하는 역량들은 기존의 비즈니스 모델을 운영하는 데 필요했던 역량들과 근본적으로 다르지는 않다. 예를 들면, 월마트 혹은 홀푸드 등 대형마트들의 경우 운영에 필요한 기본적인 역량들은 소매유통업에서 필요한 역량들과 크게 다르지 않다(예: 더욱 다양하게, 더욱 빠르게, 더욱 저렴하게 등). 다만 이들은 이러한 역량들의 일부 혹은 전체를 강화하여(월마트: 강력한 가격 경쟁력, 홀푸드: 차별화된 서비스), 비즈니스 모델 운영에 적용함으로써 기존의 경쟁자들을 상당 부분 시장에서 무력화시킬 수 있었다.

4) 혁명적 비즈니스 모델

일명 게임 체인저(game changer)에 가장 부합하는 파격적인 비즈니스 모델 혁신이다. 이 경우 기존 비즈니스 모델을 지탱하는 핵심역량들이 모두 바뀌고, 비즈니스 모델의 구성요소 자체도 변한다. 이베이(ebay)와 같은 온라인 경매 모델은 기존의 오프라인 경매 모델과는 경매의 방식과 필요한 역량이 모두 다르다. 선풍기를 대체한 에어컨 역시 방 안의 온도를 낮추는 원리 자체와 이를 판매하고 관리하는 방식이 모두 다르다고 볼 수 있다(실외기 설치, 에어컨 필터 청소).

2. 기술벤처(High-tech Venture)를 위한 비즈니스 모델 혁신

기술벤처(high-tech venture)의 경우 일반 기업 혹은 벤처에 비해 상대적으로 높은 투자비용, 낮은 성공확률, 예측이 어려운 개발기간 등 다양한 어려움에 노출되어 있다. 또 많은 어려움을 극복하고 기술 자체의 개발에 성공하더라도, 시제품을 제작하고, 이를 양산하여 시장에 침투하는 과정에는 많은 자원과 역량이 요구된다. 그렇다면 기술벤처의 선택지는 흔히 '대박 아니면 쪽박'만 있는 것일까? 과거에는 어느 정도 사실이었을지도 모르지만, 효과적인 비즈니스 모델의 활용을 고려한다면 발상의 전환도 가능하다. 기술벤처를 위한 비즈니스 모델 혁신은 ① 핵심기술 R&D의 내부화 정도와 ② 상용화에 필요한 보완자산의 내부화에 따라 다음 그림 7-11 과 같이 구분할 수 있다.[6] 비록 그림에서는 4가지 경우를 제시하고 있지만, Traditional 혁신 모델이 다소 원론적이고, Community collaboration & market for ideas 혁신 모델이 실현 가능성이 낮은 반면, Market for ideas와 Community collaboration은 최근 들어 더욱 각광받는 형식의 혁신 모델이다.

기술벤처를 위한 비즈니스 모델 혁신 프레임워크를 효과적으로 활용하기 위해서는 다음 두 가지 사항을 기억해야 한다. 첫째, 기술벤처가 반드시 하나의 비즈니스 모델 혁신을 추구할 필요는 없다는 점이다. 벤처의 기술 포트폴리오가 다각화될수록 기술의 특성 및 시장상황에 따라 복수의 비즈니스 모델 혁신을 운용할 수 있다. 두 번째, 벤처와 4가지 모델의 관계는 유동적일 수 있다는 점이다. 즉, 일정 시기는 특정한 모델에 집중할 수 있지만, 전략과 시장상황에 따라 다른 모델로 전환이 가능하다는 것이다. 이는 아이디어 시장화 모델(Market for ideas) 설명에서 퀄컴(Qualcomm)의 사례를 들어 살펴보도록 한다.

그림 7-11 **기술벤처(high-tech venture)를 위한 비즈니스 모델 혁신 프레임워크**

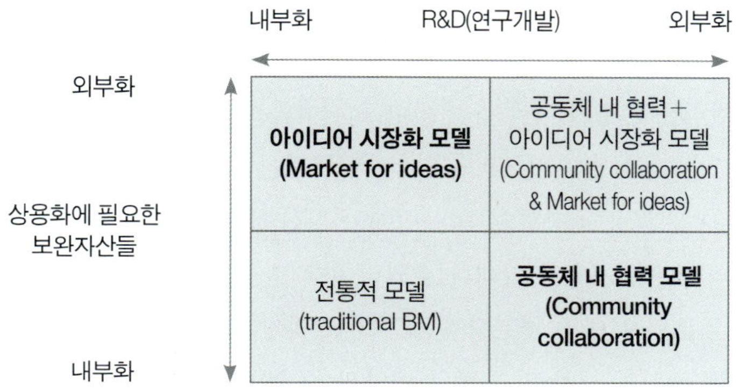

출처 Colombo, M. G., Mohammadi, A., & Rossi-Lamastra, C.(2014). Innovative business models for high-tech entrepreneurial ventures: the organizational design challenges. *Business model innovation: The organizational dimension,* 169-190.

1) Traditional 비즈니스 모델 혁신

핵심기술과 상용화에 필요한 보완자산 모두 벤처 내부에서 주로 개발된 전통적인 모델이다. 즉, 해당 벤처가 새로운 핵심기술과 상용화를 위한 자산까지 모두 개발하는 형식인데, 기술중심벤처에서 오랜 기간 가장 보편적인 방식의 비즈니스 모델 혁신으로 자리 잡았다. 대표적인 예시로는 델(Dell), 휴렛패커드(Hewlett-Packard)와 같은 제조업 기반의 초창기 비즈니스 모델을 들 수 있다. 이들 기업은 내부 연구개발역량을 바탕으로 가치사슬(원료에서 판매까지 필요한 모든 활동의 집합체) 내에서 점차 역할을 확대하여 성장한 경우이다. 전통적인 비즈니스 모델의 장점은 높은 전유성(기업이 혁신으로 인해 창출된 가치의 소유하는 정도)이다. 해당 사업을 창시하고 가장 잘 아는 벤처가 가치사슬을 통제하기 때문에 창출되는 부가가치를 독점하는 비율도 높다. 다만, 많은 활동에 관여하기 때문에 불확실성과 위험이 높고 실패할 경우 부담이 크다는 단점이 있다.

2) Market for ideas 비즈니스 모델 혁신

핵심기술을 내부적으로 개발하여 기술 혹은 아이디어 자체를 수익의 원천으로 삼는 비즈니스 모델이다. 내부적으로 개발하였으나 상용화에 필요한 기술들은 외부의 협력을 통해서 개발하는 모델로서 이 경우 벤처는 단독 라이선싱, 교차 라이선싱, R&D 조인트 벤처, 기술협약 등이 대표적인 방식으로 활용된다. 가장 유명한 사례로는 특허 로열티만으로 연간 수조 원의 수익을 창출하는 퀄컴(Qualcomm)을 들 수 있다. 원래 퀄컴은 1985년 미국의 어윈 마크 제이콥스(Irwin Mark Jacobs)와 7명이 공동으로 설립한 기술벤처였다. 설립 초기에는 전통적인 비즈니스 모델의 방식을 따라 통신장비, 휴대폰 등을 제작하였으나, 현재는 직접 제조를 하는 대신 CDMA(코드분할다중접속)에 대한 원천기술로 막대한 로열티 수익을 올리고 있다. 현재 삼성전자를 비롯하여 대부분의 휴대폰 제조사가 퀄컴의 고객이다. 이러한 비즈니스 모델 혁신은 '바이오 기술벤처와 생산 및 판매를 담당하는 제약회사' 혹은 '정보통신(ICT) 기술벤처와 전자제품 제조 및 판매 기업' 등 다양한 첨단기술 산업의 벤처의 전략으로 종종 관찰되는 모델이다. 최근에는 범용 소프트웨어 벤처들 역시 이러한 형태의 비즈니스 모델 혁신을 추구하고 있다.

이 모델의 최대 장점은 제조 및 판매망 구축에 투자하는 위험을 피하고, 안정적인 수익을 확보할 수 있다는 데 있다. 또한 시장화에 대한 위험을 줄여준다는 점에서 벤처의 성장을 안정적으로 촉진시킬 수 있다는 장점이 있다. 하지만, 변동성이 큰 시장에서는 로열티 지불회사의 경영상황에 따라 영향을 많이 받을 수 있고, 로열티 지불회사가 자체기술을 개발하거나 대체기술을 확보할 경우, 수익 모델에 큰 타격을 입을 수 있다.

3) Community collaboration 비즈니스 모델

Market for ideas 비즈니스 모델 혁신이 핵심기술의 가치를 최대화하고 시장화의 위험을 최소화는 전략이라면, Community collaboration 비즈니스 모델 혁신은 이와 대조적으로 시장화의 가치를 최대화하되 핵심기술개발의 위험은 최소화하는 전략이다. 이를 위해 최대한 외부와의 협력을 기반으로 핵심기술을 획득한 후 이를 상용화하려는 자체적인 시스템을 구축하여 최종적으로 시장에서 수익을 창출하는 모델이다. 대표적인 예로는 리눅스(Linux), 아파치 웹서버(Apache web server), 센드메일(Sendmail), 파이어폭스(Firefox) 등의 오픈소스 소프트웨어(open source sofeware, OSS)를 들 수 있다. 현재 OSS는 소프트웨어 마켓에서 가장 활발하게 활용되는 비즈니스 모델 중 하나이고, VA 리눅스(VA linux)와 레드햇(RedHat) 등이 OSS를 통해 개발한 소프트웨어를 기반으로 성공적인 기업공개(IPO)를 달성한 후 더욱 가속화되었다. Community collaboration 비즈니스 모델은 초기 기술개발에 소요되는 막대한 비용의 위험을 감소시켜 준다는 점에서 벤처의 초기 생존률을 높이는 데 도움을 줄 수 있다.

한 가지 주의해야 할 점은 핵심기술개발을 위한 개방형 혁신(open innovation) 전략을 추구함에 있어서 개방의 정도를 달리함에 따라 결과가 달라질 수 있다는 것이다. 즉, 공동체 내 협력을 활용하여 핵심기술을 개발할 때는 다음과 같이 두 가지 접근법이 가능하다. 첫 번째는, 개발에 필요한 지식을 모두 공개하고 자유로운 참여를 위주로 개발하는 방임형이다. 이 경우, 폭넓은 참여자를 확보할 수 있지만, 개발 방향의 명확성이 저하되고, 또한 공동체 내에서 해당 벤처가 '무임승차자(free-rider)'라는 불명예를 얻을 확률이 높다. 두 번째는, 개발의 방향을 비교적 명확히 제시하고, 벤처의 직원이 프로젝트의 방향 수정, 피드백, 기술적 지원 등을 활용하여 개발에 적극적으로 참여하는 관여형이다. 이 경우, community 내 참여자들에게 동기를 부여할 수 있고, 개발방향이 명확해질 수 있다. 다만, 관여가 지나칠 경우 참여자들의 폭넓은 활용이 제한될 수 있는 단점이 있다. 두 접근법의 장단점이 비교적 명확하기 때문에 창업가는 기술의 특성, 시장상황, 심지어 본인을 포함한 팀원들의 성향과 경력을 고려하여 종합적인 판단을 내려야 한다.

4) Community collaboration & Market for ideas 비즈니스 모델 혁신

핵심기술과 상용화하는 보완자산의 개발을 모두 외부와의 협력을 기반으로 하는 모델이다. 이론적으로 가능한 모델이지만, 기업이 해당 비즈니스 모델에 대한 통제력과 수익률에 대한 불확실성이 높기 때문에 현실적으로 운용하기는 쉽지 않은 모델이다.

챕터 마무리 이야기

자동차 회사마다 조금씩 다르긴 하지만 통상적으로 신차 개발 기간은 2~3년 정도 소요되며, 일부 브랜드의 경우 16~18개월에 불과한 것으로 알려지고 있다. 이렇게 자동차 개발기간이 줄어든 이유에는 여러 가지가 있지만 자동차의 뼈대라 할 수 있는 플랫폼의 공유 및 시스템 모듈화, 부품 표준화 및 공용화 등이 대표적이다.

플랫폼(Platform)이란 흔히 '엔진과 섀시, 차체 등으로 구성된 자동차의 뼈대를 이루는 구조'를 말하는데, 핵심 구성요소인 섀시 또는 기계요소의 기초가 되는 플로어 패널을 비롯해 휠베이스, 스티어링, 엔진 및 파워트레인, 서스펜션 등을 변경해 여러 가지 크기와 사양으로 변경이 가능한 것이 특징이다. 한편 많은 자동차회사나 부품회사들은 이러한 플랫폼을 차량 아키텍처(Vehicle Architecture)라고도 부르기도 한다. 아키텍처란 사전적 의미로 '제품의 생산을 염두에 둔 제품설계' 또는 '어떤 시스템에 질서를 부여하고 상호작용이 가능한 표준화된 개념과 규칙'으로 정의할 수 있는데, 쉽게 표현하자면 자동차의 기초 설계부터 생산 및 조립라인에 필요한 다양한 시설과 공정, 공장 운영체제, 제품전략 등 하나의 자동차가 탄생하기 위한 모든 과정을 포함할 수 있다. 차량 아키텍처는 그중에서도 자동차의 기능적인 측면과 연관된 기계적(물리적)인 구성요소 부문으로 범위를 좁혀서 부르는 말로 경영학적으로는 '제품(product)'이라고도 표현한다.

자동차산업에서 아키텍처가 중요하게 부각되는 이유는 단순한 차량플랫폼 개발이 아니라 엔지니어링으로부터 자동차 생산 및 조립라인에 필요한 장비에 이르기까지 전반적인 하드웨어와 소프트웨어를 공용화(재사용)함으로써 신차 개발기간 단축은 물론 생산비용을 줄일 수 있기 때문이다. 최근 자율주행차 및 커넥트카가 등장하면서 새로운 전기-전자 아키텍처가 주목받는 이유 역시 갈수록 시스템이 복잡해짐에 따라 소프트웨어의 관리가 어려워지고, 시스템의 증가로 인한 생산원가의 상승, 데이터 전송속도의 한계 등이 대두되기 때문이다. 이를 극복하기 위해서는 단순한 하드웨어와 소프트웨어가 조화를 이루어야만 한다.

일명 '생산플랫폼 공용화'로 불리는 아키텍처는 차량플랫폼의 공용화는 물론 생산운영 방식까지 통일화함으로써 개발투자비용과 공장운영비용을 줄이면서도 복잡다단해지고 있는 시장상황에 유연하게 대처함은 물론 자동차의 성능과 사양, 품질을 향상시키기 위함이라는 것이 자동차업계의 설명이다. 자동차산업에서는 이미 1980년대 후반부터 독일을 중심으로 아키텍처의 초창기 개념이었던 생산모듈화가 일반화되기 시작했다. 2~3만여 개의 부품으로 이뤄진 자동차를 생산공장에서 일일이 조립하기에는 시간과 비용이 많이 들다 보니 자동차부품회사가 자동차 부품을 시스템별로 6~7개의 덩어리로 만들어 모듈화하고, 자동차 회사는 이러한 모듈부품을 조립하는 방식으로 생산효율을 극대화하는 방식이다. 현재 자동차에는 대략 2~3천여 개의 모듈이 쓰이는 것으로 알려져 있다.

출처: 오토헤럴드(2017.09.07). 아키텍처에는 자동차의 신차 전략이 숨겨져 있다(http://www.autoherald.co.kr/news/articleView.html?idxno=23234).

토론주제

1. 현재 혹은 미래의 자동차 산업에서는 어떠한 종류의 기술혁신이 관찰되는가? 또 미래의 자동차 산업에서 가장 중요하게 여기지는 기술혁신은 어떠한 형태일지 논의해 보시오.
2. 미래의 자동차는 ICT 기술과 결합하여 스마트자동차로 발전할 가능성이 높다. 스마트자동차의 등장을 비즈니스 모델 혁신의 관점에서 논의해 보시오.

생각해볼 문제

1. 비즈니스 모델 혁신 전략 중 〈역량-구축〉 전략과 〈포지션-구축〉 전략의 예시를 조사하고 분석해 보시오.
2. 최근 다양한 분야에서 우버(Uber), 에어비앤비(Airbnb)와 같이 공유경제에 기반한 사업모델이 각광받고 있고, 기존의 방식으로 사업을 영위해 오던 많은 기업들이 이에 대해 영향을 받고 있다. 우버 혹은 에어비앤비의 등장이 파괴적 혁신으로 정의될 수 있는지 논의해 보시오.

그룹토의(그룹토의는 3-4명의 학생들로 소그룹을 만들고, 다음의 문제들 중 하나를 선택하여 5-10분 정도 자유토론을 진행한 후 공유한다.)

1. 인공지능(AI), 사물인터넷(IoT), 자율주행, 가상현실 등 4차산업혁명 시대를 맞이하여 새로운 기술들이 쏟아지고 있다. 각광받는 미래기술 중 한 가지를 자유 선택하여, 이 기술로 인하여 영향을 받는 제품과 산업에 대하여 논의해 보시오.
2. 구글, 애플, 아마존 등 세계적인 기술기업들의 특징은 기술혁신과 비즈니스 모델 혁신에 모두 적극적이라는 것이다. 기술기업을 자유 선택한 후, 이들이 기술과 비즈니스 모델을 결합하여 혁신에 성공한 사례에 대하여 논의해 보시오.
3. 기술벤처(high-tech venture)를 위한 아이템을 구상해 본 후, 해당 아이템 개발에 활용되는 기술의 특성을 분석한 후 〈기술벤처를 위한 비즈니스 모델 혁신 프레임워크〉를 활용하여 비즈니스 모델 혁신 전략을 수립해 보시오.

핵심개념정리

혁신은 단순히 새로운 아이디어나 발명이 아니라, 새로운 지식 혹은 아이디어가 제품 혹은 서비스로 실제로 구현되어 소비자들이 이를 구매 혹은 사용할 수 있게 되는 과정의 총합이다. 즉, 기업의 혁신은 고객에게 필요한 가치를 정확히 이해하고, 그 가치를 고객이 원하는 방식으로 전달할 때 완성된다. 기술혁신은 기술 자체의 특성, 발달역사, 회사가 추구하는 비즈니스 모델에 따라 다양하게 세분화될 수 있으며, 비즈니스 모델 역시 보유한 역량, 경쟁자들의 상황, 보유한 기술의 특성에 따라 다양한 전략을 구사할 수 있다. 혁신의 가치는 애플의 사례에서 볼 수 있듯이 기술혁신과 비즈니스 모델 혁신이 상호작용을 바탕으로 균형을 이루고 동시적으로 추구될 때 극대화될 수 있다.

CHAPTER

08

신생조직의 설립

학습목표

1. 신생조직의 형성 모델에 대해서 이해한다.
2. 신생조직 형성에 영향을 미치는 요소를 이해한다.
3. 신생조직의 설립에 있어서 창업자, 창업준비 활동, 거시적 맥락의 영향에 대해 이해한다.

챕터 시작 이야기

일본에서 큰 성공을 거둔 애니메이션 영화 〈너의 이름은(*your name*)〉의 국내 수입사는 2017년 국내 개봉을 앞두고 마케팅 비용 조달을 위해 크라우드펀딩으로 소액 투자자를 모집하였다. 30분 만에 목표금액 5,000만 원이 완판되었고 증액을 통해 최종 152명으로부터 약 2억 원을 모을 수 있었다. 온라인 펀딩 중개업체(플랫폼)가 없었다면 불가능한 일이다.

당시 펀딩 플랫폼은 '와디즈(Wadiz)'가 담당했다. 와디즈는 신혜성 대표가 2012년 창업한 크라우드펀딩 중개업체이다. 스스로 "대단히 좋은 직원이었다"고 말하는 신혜성 대표는 2004년 대학에서 경제학과를 졸업한 후, 와디즈를 창업하기 전까지 현대자동차, 동부증권, 산업은행 등 세 회사를 거쳤다. 제조업과 금융업을 두루 경험하면서 그는 "안전한 곳"만 찾는 금융업의 현실에서 회의감을 느끼고 있던 차에 크라우드펀딩이 세계적으로 확산되고 있는 것을 알게 되었다.

신혜성 대표는 동업자 최동철 부사장과 함께 비즈니스 모델을 계속 수정 보완해 나가면서 해외의 크라우드펀딩 시스템을 국내 실정에 맞게 적용시킨 후, 서비스를 런칭하게 된다. 와디즈는 설립 당시, 금전적 수익과는 관련이 없는 비수익형(보상형 등) 크라우드펀딩에 집중했고 수익형(증권 및 대출형)은 서비스하지 않았다. 주된 이유는 투자자에게 배당을 줄 수 있는 수익형의 경우 당시 국내에서는 관련법의 미비로 인해 시작조차 할 수 없었기 때문이다.

신혜성 대표는 와디즈와 별도로 크라우드산업연구소를 따로 운영하여 관련 보고서와 저서를 편찬해 국내 수익형 크라우드펀딩이 법제화되는 데 큰 기여를 했다. 와디즈의 노력에 힘입어 2016년 마침내 제도화가 되었고 이후, 와디즈는 국내 최초 온라인 소액투자 중개업 라이선스를 받게 되었다. 영화 〈너의 이름은〉 펀딩은 라이선스를 취득하고 난 후 가능한 일이었다. 2021년 6월 기준으로 와디즈의 누적 펀딩액은 5,200억 원에 이르고, 시장가치 1조 원에 육박하는 명실상부 국내 최대 크라우드펀딩 플랫폼으로 자리 잡았다.

국내를 비롯하여 세계적으로 크라우드펀딩 시장이 크게 성장함에 따라 펀딩을 중개해 주는 업체인 플랫폼의 수도 크게 늘었다. 크라우드펀딩이 막 대중화되기 시작한 2009년, 전 세계적으로 200개 업체가 있었는데, 10년이 지난 2018년이 되자 10배가 늘어, 2,225개가 된 것으로 추산하고 있다. 국내의 경우도 2016년 제도화 직후 5개에 불과한 증권형 크라우드펀딩 플랫폼의 수가 2021년 현재 14개 업체로 늘어났다.

토론주제

1. 2012년 당시 (주)와디즈가 신규 설립되기 위해 필수적인 속성은 무엇인가.
2. (주)와디즈의 창업에 영향을 미쳤던 내부 및 외부 요인은 무엇인가.
3. 플랫폼이라고 불리는 크라우드펀딩 중개업체 수가 크게 증가할 수 있었던 계기는 무엇인가.

제 1 절 신생조직 형성의 이해

와디즈라는 신생조직이 설립되기 위한 필요충분조건은 무엇일까? 어떤 조건이 충족되었기에 국내를 비롯해 전 세계적으로 크라우드플랫폼이 증가하였을까? 신생조직은 어떤 단계와 과정을 거쳐 완전한 조직으로 설립이 될까? 이와 같은 질문들은 신생조직의 형성을 이해하는 데 반드시 풀어야 할 중요한 질문들이다. 만약 신생기업을 만드는 데 필요한 조건과 단계들을 알 수 있다면, 예비창업자들로 하여금 미리 준비토록 할 수 있기 때문에, 학계에서는 오래전부터 이 주제에 관심을 가져왔다.

1. 신생조직 형성 모델

기업가정신의 핵심 중 하나는 조직의 설립이다.[1] 여기서 조직이란 공동의 목표를 달성하기 위해, 체계적인 구조를 가지고 타 조직과 구별되는 사회집단을 말한다.[2] 전통적인 경영학 내에서 조직학에서는 조직구조, 조직설계, 그리고 조직문화 등에 대해 오랫동안 연구를 해왔다. 하지만 막상 신생조직이 어떻게 형성되는지에 대해서는 깊은 탐구가 되지 않았고, 기업가정신 분야에서 1980년대 중반부터 본격적으로 논의되기 시작했다. 이후 다양한 학자들의 다채로운 관점의 분석이 이어지면서 신생조직의 형성을 설명하는 모델은 여러 가지 유형으로 나누어 발전하게 되었다.[3]

1) 정적 모델(Static Model) 또는 구조 모델(Structural Model)

신생조직 형성을 설명하는 대표적인 모델은 정적 모델(Static Model) 또는 구조적 모델(Structural Model)이다. 이 분류의 모델은 신생조직의 형성에 필요한 구성요소를 종합적으로 보여준다. 간결하고 명쾌하게 현상을 조명해 주며, 그 설명력 또한 높기 때문에 학계와 실무에서 큰 주목을 받았다. 하지만, 조직 형성 활동의 순서를 고려하지 않아 선후 과정을 알기 어렵다는 단점이 있다. 대표적인 모델로는 가트너(Gartner, 1985)의 개념 모델이다. 가트너 교수는 신생조직의 출현은 크게 4가지 필요충분조건이 만족해야 한다고 주장하였다. 그림 8-1 에서 보듯이 먼저 창업을 하고자 하는 개인이다. 성취의 욕구와 같이 창업자가 갖는 심리적인 특성과 창업자의 배경, 경험, 태도가 신생조직의 형성에 필요하다고 보았다. 두 번째는 과정이다. 여기서 과정은 주로 창업자의 행동에 초점을 맞추었다. 예를 들어, 아이디어 발견, 자원 획득, 제품/서비스 시장성 파악, 생산, 조직화, 정부와 사회의 반응이 그것이다. 세 번째, 환경이 필수요소이다. 주로 VC 자금이 가능한지, 기술을 가진 노동력이 존재하는지, 인프라는 갖추어져 있는지에 대한 내용이다. 마지막 네 번째는 조직이다. 신생기업의 전략적 선택에 대한 문제이다. 예를 들어, 저비용(Cost leadership) 또는 차별화(Differentiation), 프랜차이즈, 조인트벤처, 라이선스 등 여러 전략을 통해 다른 형태로 신생기업이 형성된다고 주장했다.

그림 8-1 ● 가트너(Gartner)의 신생조직 출현 모델

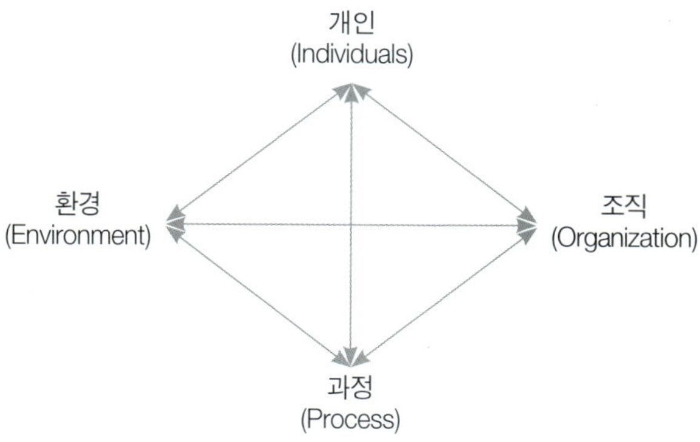

출처 Gartner, W. B. (1985). A conceptual framework for describing the phenomenon of new venture creation. *Academy of Management Review*, 10(4), 696-706.

이후 가트너는 카츠와 함께 신생기업이 갖추어야 할 구조와 신생조직이 조직이 되어가는 과정을 결합하여 BRIE 모델(1988)을 제시했다.[4)] BRIE 모델은 신생조직의 형성에 각각 두개의 필수적인 구조와 과정이 필요하다고 보았다. 필수적 구조 중 첫 번째는 경계(Boundary)이다. 앞서 조직을 정의할 때, "타 조직과 구별되는 사회집단"이라고 한 바 있다. 바로 경계가 명확히 구분되어 있어야 한다. 두 번째는, 자원(Resources)이다. 자원은 조직의 기본 구성요소이다. 자원은 보통 인적, 재무, 재산, 설비 등을 포함한다. 세 번째, 신생조직을 촉발시키는 과정은 창업의지(intentionality)이다. 조직은 개인이 목적을 가지고 행동할 때 비로소 설립되기 때문이다.[5)] 마지막 네 번째, 조직을 완성하는 과정은 교환(Exchange)이다. 교환은 조직의 경계 안 또는 경계를 넘어서 일어나는 거래이다. 교환을 통해 투입이 들어오고 재화와 서비스가 생산되어 조직의 경계를 넘어 나가게 된다.

표 8-1 카츠와 가트너의 BRIE 모델

분류	항목	의미	관련 활동
구조 (Structures)	조직의 경계 (Boundary)	사업체를 법적 · 사회적으로 구분	• 사업자 등록 및 전용 은행계좌 확보 • 사업공간 확보(건축, 구매, 혹은 임대) • 업체용 주소, 전화번호, 명함 제작 • 웹사이트, 이메일, 소셜미디어 등 온라인 존재감 구축
	자원 (Resource)	창업을 위하여 소요되는 각종 자원	• 공동창업자 모집 • 핵심인력 확충을 위한 인맥관리 • 핵심자원의 검색 및 확보 • 핵심기술의 검색 및 확보
과정 (Processes)	창업의지 (Intentionality)	개인의 다양한 커리어 중 '창업'을 선택하는 개인의 의지	• 아이디어 검증 및 향상 • 사업에 대한 전체적 구상 및 기획 • 상품 및 서비스의 개발 • 사업계획서 작성 및 관리 • 문제발견 및 해결책 제시
	교환활동 (Exchange)	재화와 용역을 동원하여 금전적 가치와 교환하는 활동	• 소득창출 • 자원조달 네트워크 확충 및 사업파트너와의 관계 구축 • 본인, 지인, 은행, 투자자 등으로부터 창업자금 조달

출처 Katz, J. & Gartner, W. B. (1988). Properties of emerging organizations. Academy of management review, 13(3), 429-441 재구성.

비록 세부적인 구성요소는 다르지만 가트너의 모델과 비슷한 형태의 정적 모델들도 여럿 존재한다. 먼저, 반데벤과 그 동료들(Van de Ven et al., 1989)은 좀 더 시장 중심적인 프레임을 제시하며 4가지 선행조건을 소개했다.[6] 첫 번째는 창업 아이디어, 두 번째는 프로토타입을 만들 수 있는 능력, 세 번째는 후속 제품을 만들 수 있는 능력, 그리고 마지막으로는 조직과 산업의 맥락이다.

베스퍼(Vesper, 1990)는 5가지 조건이 선행되어야 신생기업이 발현될 수 있는 것으로 판단했다.[7] 첫 번째는 기술적 노하우(Technical Know-how), 두 번째는 제품과 서비스 아이디어(Idea), 세 번째는 개인적 접촉(Personal Contact), 네 번째는 물리적 자원(Physical resources), 그리고 마지막 다섯 번째는 고객의 주문(Customer orders)이 그것이다.

2) 단계 모델(Stage Model)

단계 모델은 정적 모델에 순서를 포함시킨 모델이다. 이 분류에 속한 모델들은 순차적인 단계와 주요 활동들로 구분을 지으려 한 것이 특징이다. 하지만 자칫 분석의 범위가 좁고 이벤트나 활동이 겹치거나 단계에 맞지 않는 경우도 종종 발견된다.

가장 먼저 등장한 단계 모델은 갈브래트(Galbraith, 1985)의 모델이다.[8] 이에 따르면 신생조직의 출현은 크게 4가지 단계를 밟는다. 첫 번째 단계는 개념증명(Proof-of Principle) 단계이다. 이 단계에서는 잠재적인 창업자가 자신의 아이디어를 발전시켜 필요한 자원을 모으고 개발한다. 두 번째 단계는 시제품(Prototype) 단계이다. 이 단계에서는 창업자가 필요한 기술을 바탕으로 프로토타입을 제작하는 단계이다. 세 번째 단계는 시범적용(model shop) 단계이다. 이 단계에서는 여러 가지 비즈니스 모델을 발전시키고 테스트해 본다. 마지막 네 번째 단계는 창업(Startup) 단계이다. 이 단계에서는 제품이 출시되고 첫 매출이 시작된다.

그림 8-2 바베(Bhave)의 단계 모델

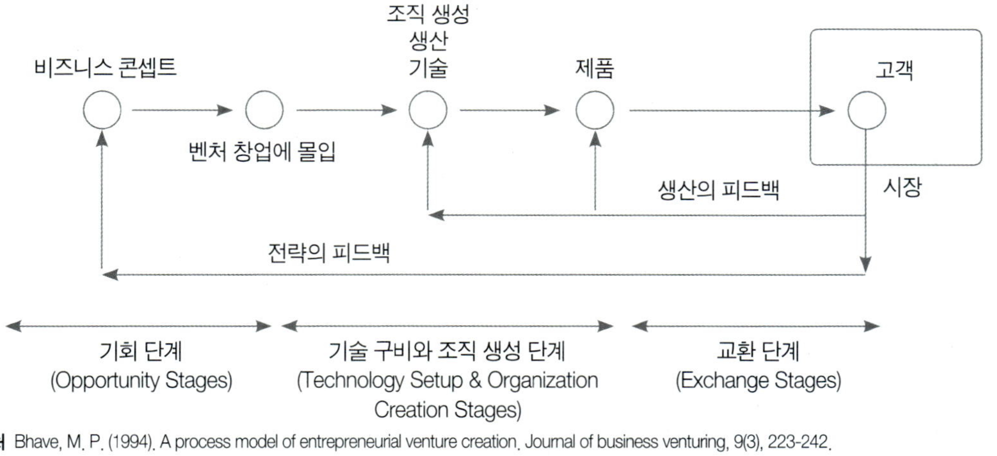

출처 Bhave, M. P. (1994). A process model of entrepreneurial venture creation. Journal of business venturing, 9(3), 223-242.

단계 모델에 속하는 가장 대표적인 모델은 바베(Bhave, 1994)의 단계 모델이 있다.[9] 바베는 신생조직이 형성될 때, 3단계를 거친다고 설명하였다. 첫 번째 단계는 기회 단계(Opportunity Stages)이다. 이 단계에서는 주로 비즈니스 콘셉트를 정의한다. 두 번째 단계는 기술을 구비하고 조직을 설립하는 단계(Technology Setup & Organization Creation Stages)이다. 이 단계에서는 조직 설립을 완료하고 제품을 생산한다. 마지막 세 번째 단계는 교환 단계(Exchange Stages)이다. 이 단계에서는 생산된 제품이 조직의 경계를 넘어 시장에서 거래가 이루어지게 된다.

이와 같이 단계 모델은 비교적 최근까지도 여러 학자들에 의해 발전되고 새로운 시각이 제시되고 있다. 예를 들어 최근 배론과 셰인(Baron & Shane, 2007)이 제시한 3단계 모델도 주목할 만하다. 그들은 ① 출범 전(Pre-launch), ② 출범(Launch), ③ 출범 후(Post-launch)로 구성된 모델을 제시했다.[10] 첫 번째 출범 전 단계에서는 기회의 발견과 평가, 진행의지, 자원획득 등의 활동을 하게 된다. 두 번째 출범 단계에서는 조직구조를 결정하고, 제품/서비스를 설정하며, 초기 마케팅 계획이나 전략을 수립한다. 마지막 출범 후 단계에서는 갈등을 조정하고 조직구성원의 동기부여, 그리고 출구전략(Exit)을 계획하게 된다. 이를 그림으로 나타내면 그림 8-3 과 같다.

그림 8-3 배론과 셰인의 3단계 모델

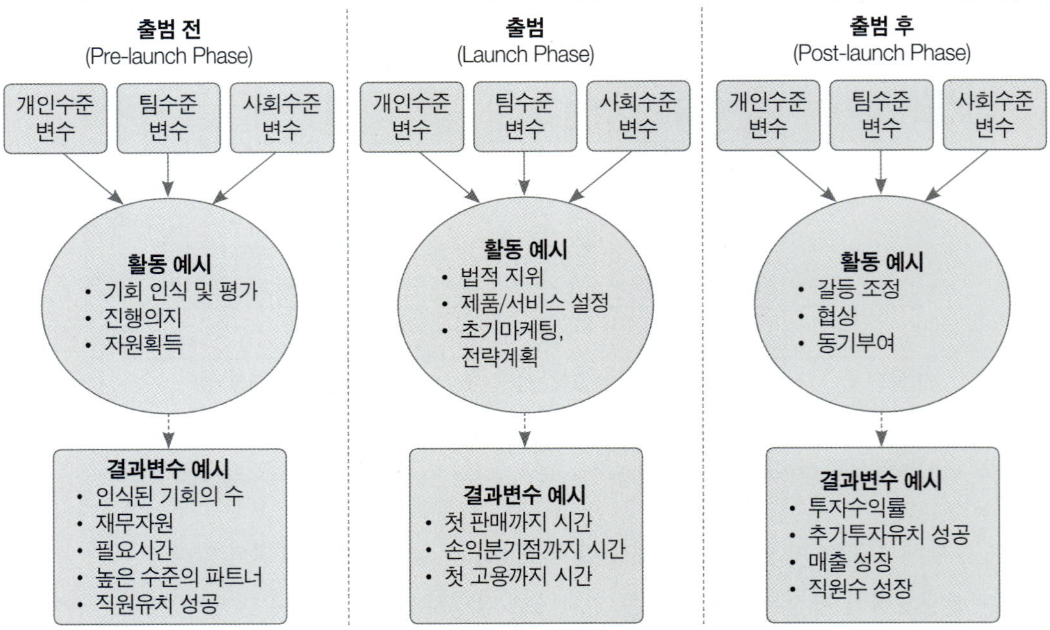

출처 Baron, R. A., & Shane, S. (2007). Entrepreneurship: A process perspective. The psychology of entrepreneurship, 19-39.

3) 과정 동적 모델(Process Dynamic Model)

과정 동적 모델은 맥락과 과정에서의 변화가 결과에 미치는 영향을 고려하여 신생조직의 설립을 설명하고자 하는 모델이다. 이 분류의 모델들은 주로 질적 연구에 바탕을 두고 있다. 대표적인 과정 동적 모델은 사라스바티와 듀(Sarasvathy & Dew, 2005)의 구현(Effectuation) 모델이다.[11] 이 모델은 기존 단계 모델과는 달리, 예비창업자가 "기회"에서 시작하지 않는다. 대신 "내가 누구인지" "내가 무엇을 알고 누구를 아는지"에 대한 이해에서 시작한다. 그리고 "내가 할 수 있는 것"에서 행동을 하기 시작한다는 것이다. 이후 상호작용을 통해 투자자 등 이해관계자를 참여시켜 나간다. 이와 같은 과정을 거치면서 두 개의 서로 다른 순환(Cycle)이 나타난다. 첫 번째는 조직을 완성시키기 위해 필요한 자원을 확대해 나가는 것이다. 두 번째는 제약과 한계를 목적에 맞추어 나가는 순환이다. 동적인 과정이 도식화해 보면 그림 8-4와 같다.

그림 8-4 사라스바티와 듀의 구현 모델

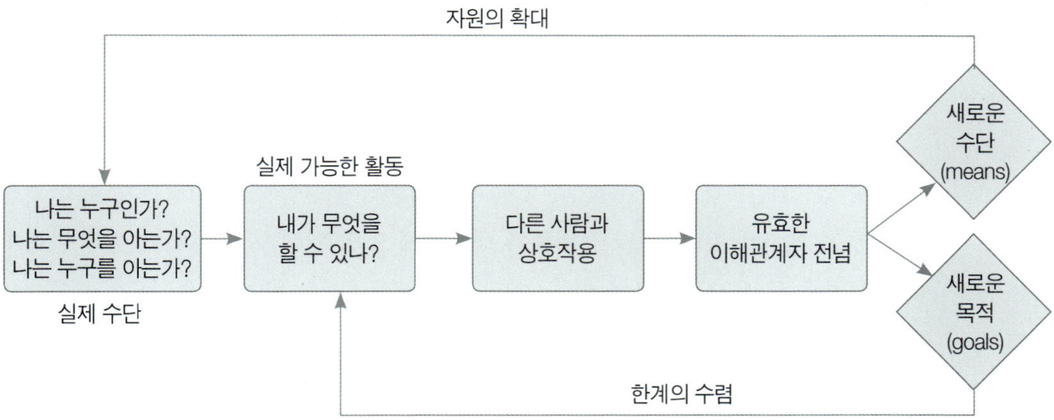

출처 Sarasvathy, S. D. & Dew, N. (2005). New market creation through transformation. Journal of evolutionary economics, 15(5), 533-565.

4) 정량적 순서 모델(Quantification Sequence Model)

정량적 순서 모델은 역사적 사건 중심으로 신생조직의 형성을 설명하는 모델이다. 신생조직은 시간이 흘러감에 따라 의미 있는 이벤트와 준비활동들로 인해 발현되고 구체화된다. 각각의 이벤트와 준비활동이 신생조직 형성에 직간접적으로 영향을 미친다. 레이놀즈와 밀러(Reynolds & Miller, 1992)는 신생조직의 발현에서 크게 4가지 큰 이벤트를 중심으로 연구를 살펴보았다.[12] 첫 번째 중요한 이벤트는 전념(Commitment)을 했는지 여부이다. 두 번째는 첫 고용, 세 번째는 첫 매출, 네 번째는 첫 투자 및 융자이다. 그들은 이 4가지 중요한 이벤트가 각 신생조직마다 큰 편차를 보이고 있는 것을 발견하고 조직의 발현이 정형화되기 어렵다는 것을 주장하였다.

2. 신생조직 형성 영향 요인

통계청의 〈기업생멸통계〉에 따르면 국내에서 2019년에 종업원이 있거나 매출이 발생하고 있는 활동 기업은 총 652만 7천 개로 집계되었다. 그중에서 해당 연도에 신규로 설립된 기업은 99만 7천 개이다. 단순 산술 계산으로 국내에서 하루 약 2,700여 업체가 새로 생겨난다는 뜻이다. 활동기업 대비 신생기업의 비율을 나타내는 기업신생률(Birth rate)은 2019년 기준으로 15.3%를 기록하였다. 이 수치는 유럽 주요 국가들보다 높고 미국(2018년도 신생률 15.5%)과 비슷한 수준을 보이고 있다. 그렇다면 어떤 요소가 신생기업의 형성에 직접 영향을 미칠까?

첫째, 창업자 개인이다. 새로운 기업은 개인이 사업기회를 발견해야 비로소 시작될 수 있는데, 직장경험, 교육, 나이 등 사업기회의 발견을 가능케 하는 요소가 개인별로 큰 차이가 있다. 수많은 변수가 다양하게 얽혀 있어, 사업기회의 포착 단계부터 복잡한 현상을 야기하게 된다. 또한 설령 사업기회를 발견했거나 앞으로 충분히 발견할 능력 및 상황이 된다고 하더라도, 기업 생성으로 이어지기 위해서는 개인의 사업적 의지(intention)가 동반되어야 가능하다. 의지는 한편으로 직업적 또는 경제적 동기(motivation)와 연결되어 있고, 심리적 · 사회적 요소가 동시에 영향을 미치게 된다.

두 번째, 창업준비 활동(gestation activity) 그 자체가 직접 영향을 미친다. 하지만 조직화의 개념과 방법론이 매우 복잡하고, 각 조직마다 초기 단계부터 서로 다른 독특한 특징을 가지고 있기 때문에 정형화하기는 어렵다. 예를 들어 조직을 만들어 가는 과정 중 필요한 중요한 행동들은 사업계획서를 쓰고, 외부 투자를 유치하거나 융자를 받고, 필요한 설비를 구입하며, 프로토타입을 만들고, 직원을 고용하고, 법적인 절차를 밟는 것들이 포함된다.[13] 하지만, 무슨 일을 어디서부터 시작해야 하고, 어떤 이벤트가 핵심이 되는 것인지 기업마다 동일하지 않다. 준비활동뿐만 아니라, 기간(time) 또한 많은 차이를 보인다. 사실 영리기업 조직은 하루아침에 만들어지는 것이 아니라, 적어도 몇 달 또는 몇 년에 걸쳐 비로소 완성될 수 있기 때문에 정적인 것이 아닌 프로세스의 개념으로 접근하는 것이 일반적이다. 상황이 이렇다 보니 신생조직 생성의 현상을 파악하기가 쉽지 않다.

세 번째, 기업의 설립은 해당 산업의 영향을 직접적으로 받고, 국가 단위의 특성과도 관련이 있다. 예를 들어, 산업별로 신생기업의 생성률, 성장가능성, 그리고 생존율 등에서 차이가 난다. 이는 산업별로 수요의 규모, 산업생명주기, 산업의 구조 등이 각각 다르기 때문에 나타나는 현상이다.[14] 마찬가지로 국가 수준의 여러 요인도 창업 활동에 큰 영향을 끼친다. 이러한 국가별 창업 활동의 차이를 이해하기 위해서 영국 런던대학교와 미국 뱁슨대학을 주축으로 1999년부터 글로벌 기업가정신 모니터(Global Entrepreneurship Monitor, GEM)라는 연례 조사를 실시하고 있는데, 주로 경제발전수준이 낮은 에콰도르, 칠레와 같은 나라가 미국, 독일 등 선진국에 비해 상대적으로 초기 창업활동지수(total early-stage entrepreneurial activity, TEA)가 높게 나타났다. GEM 데이터를 바탕으로 한 연구들을 살펴보면, TEA에 영향을 미치는 요인은 경제발전수준, 인구, 실업률, 문화 등으로 파악되고 있다.[15]

지금부터는 앞서 언급된 신생조직의 형성에 영향을 미치는 창업자, 창업 활동, 거시적 특성에 대해 보다 자세히 살펴보고자 한다.

제 2 절 창업자 개인 특성

창업 활동에 뛰어드는 개인은 무작위로 선택되는 것이 아니라 어떤 특성을 보인다는 전제하에 많은 연구들이 신생기업을 만드는 창업자 개인의 특성을 파악했다.

1. 미래소득과 기회비용

냉정하게 말해 돈을 벌 가능성이 없는데 신생기업을 창업할 가능성은 매우 낮다. 연구에 의하면, 예비창업자는 미래소득과 현재의 기회비용을 동시에 고려하여 창업 후 얻게 될 소득이 현재 개인이 얻을 수 있는 이익보다 클 때 창업 활동에 뛰어들게 된다.[16] 아밋과 동료 연구진들은(Amit et al., 1995)은 1988~1990년 캐나다의 노동시장 활동 설문조사를 이용해 55,434명을 조사를 했는데, 현재 높은 임금을 받고 있는 사람은 창업 활동을 할 가능성이 낮다는 것을 발견했다.[17] 미국 노동데이터를 이용한 에반스와 리톤(Evans & Leighton, 1989)의 연구[18], 핀란드의 18세부터 65세까지 경제활동인구 103,482명을 이용한 요한슨(Johansson, 2000)의 연구[19], 영국 대학 졸업자 4,016명을 대상으로 한 돌턴과 메이크피스(Dolton & Makepeace, 1990)의 연구[20] 등 시간과 장소, 맥락에 관계없이 모두 비슷한 결과를 보여주었다.

2. 나이(age)

나이가 어린 창업자일수록 신생기업을 만들어 낼까? 사회적 통념과 달리, 〈하버드 비즈니스 리뷰(Harvard Business Review, HBR)〉의 연구에 의하면, 성공적으로 신생기업을 설립하고 운영한 창업자들의 평균 나이는 40대 중반이었다. 이론적으로 창업자의 나이(age)가 창업 활동에 미치는 효과는 단순하지가 않다. 왜냐하면 나이는 기업가정신에 관련하여 두 가지 효과를 동시에 가지고 있기 때문이다. 이른바 의향(willingness)과 기회(opportunity)이다. 예를 들어, 나이가 많을수록 사업기회를 발견할 가능성이 높아진다.[21] 그러나 동시에 나이 많은 사람은 나이 어린 사람보다 위험을 회피하고자 하기 때문에 창업 활동에 개입되지 않을 확률도 높다.[22]

나이의 효과에 대해 단순한 선형 관계가 아닌, 비선형 관계로 파악하기도 한다. 어떤 특정 포인트까지는 나이가 많을수록 창업 활동에 긍정적이지만, 임계점이 넘어가면 오히려 나이가 많은 것이 부정적인 효과를 나타낸다는 것이다.[23] 1990~1997년 핀란드의 소득 분배 설문(Income Distribution Survey, IDS) 자료로 연구해 본 결과, 나이가 40세가 될 때까지는 창업률이 1.5% 올라가지만, 40세 이후부터 은퇴 나이까지 약 1% 하락하는 것으로 밝혀졌다.

3. 경력(Career)경험

개인은 경력(Career)경험을 통해서 기술과 정보를 습득하고, 필요한 자원을 획득할 수 있다. 그뿐 아니라, 창업과 관련한 불확실성도 낮추어 주어 신생기업의 설립에 긍정적인 영향을 끼친다고 알려져 있다.[24] 이렇듯 기업가정신에 직간접 영향을 미치는 경력 관련 경험은 크게 4가지로 나눠 볼 수 있다.

첫 번째, 영리기업에서의 직장경험이다. 회사 생활을 하다 보면, 사업에 관련된 기본적인 활동을 알게 된다.[25] 따라서 영리기업에서의 경험이 길수록 창업 활동이 늘어나는 것으로 알려져 있다. 예를 들어 Inc. 500기업의 창업자들 중 71%는 회사 생활을 하는 도중에 창업 아이디어를 발견했다.[26] 마찬가지로 미국 인구조사(US census)를 바탕으로 한 여러 실증 연구를 보면 회사에서 근무하는 기간이 길수록 창업할 확률이 높아졌다.[27] 미국 내에서 인구조사 이외의 다른 대규모 종단 데이터를 분석한 연구와 스웨덴, 쿠바, 호주, 이스라엘 등 미국 이외의 나라에서 수행한 연구들에서도 모두 직장 생활을 통한 비즈니스 경험의 기간이 기업가정신에 긍정적이라는 동일한 결과를 얻었다.

두 번째, 창업 활동의 기회는 직무에 따라 다를 수 있다. 일반적으로 마케팅이나 생산 일반에 관련된 직무가 재무나 회계 직무에 비해 창업 아이디어가 많다고 알려져 있다.[28] 클레퍼와 슬리퍼(Klepper & Sleeper, 2001)가 레이저 산업에서 신생기업의 창업자를 분석해 본 결과, 대부분 기술 분야, 마케팅, 또는 최고경영진 출신이었다. 미국 인구조사를 이용한 연구나 대규모 데이터를 분석한 연구에서도 비슷하게 기술 분야 또는 경영 분야 출신이 창업자가 되는 경향이 강했다.[29]

세 번째, 산업경험이다. 특정 산업에서의 경험은 그 산업을 접하지 못한 외부인이 알지 못하는 정보를 얻게 하고, 불확실성을 낮춰준다. 이런 이유로 신생창업기업은 창업자가 전에 몸담았던 산업의 영역에서 일어나는 확률이 매우 높아진다.[30] 그뿐 아니라 전에 일했던 같은 산업영역에서 기업을 창업할 경우, 그 생존율과 함께 성장률 또한 높아진다.

네 번째, 사전 창업경험이 현재의 창업 활동에 직접 영향을 미친다. 창업은 "하면서 배우는(Learning by doing)" 성격이 강하다. 교육이나 직장 경험을 통해서 얻어지는 지식보다 때로는 직접 경험을 해본 지식이 더욱 창업 활동에 긍정적이다. 많은 실증 연구들이 이 주장을 뒷받침해왔다. 예를 들어 임금노동자에서 창업자로 변신에 성공한 사람들의 경우, 전에 창업 경험을 가지고 있었던 사람들이 많았다.

4. 교육수준

창업자 개인의 교육수준은 신생기업의 형성에 긍정적 · 부정적 영향을 동시에 가지고 있다. 먼저, 긍정적인 경우는 예비창업자의 교육수준이 높을수록 분석력, 정보처리능력, 사업기회와 관련된 시장수요 예측 등이 향상될 것이므로 새로운 창업에 이로울 것이라는 주장이다.[31] 미국의 인구조사통계(US census data)[32], 사업자 데이터베이스(Business Owners database)[33], 소득에 관한 패널서베이[34] 등의 연구에서 창업 활동에 있어서 교육효과의 긍정적인 면을 입증했다. 그뿐 아니라 스웨덴[35], 이스라엘의 옛 소련이민자[36], 핀란드[37]의 연구에서도 교육기간이 길수록 창업자가 될 확률이 높아지는 것으로 나타났다.

하지만 반대로 교육수준이 높아지면, 창업 이외의 다른 대안을 가능케 하여 결과적으로 신생기업의 형성을 방해하기도 한다. 1980~2002년까지 편찬된 84편의 연구 결과들을 분석해 본 결과, 교육수준이 높은 사람은 창업을 하기보다는 임금노동자를 선택하는 확률이 높았다.[38]

5. 사회적 자본(Social Capital)

사회적 자본이란 물적, 인적 자원과 구별되는 제3의 자본으로 불린다. 사회적 자본은 개인의 인적 네트워크로부터 이익을 얻어낼 수 있는 능력 또는 무형의 자산을 말한다. 개인에게 해당하는 사회적 자본은 "강한 연결(Strong tie)"과 "약한 연결(Weak tie)"로 구분된다. 강한 연결은 주로 가족, 친지나 가까운 친구 등과 같은 매우 밀접한 인간관계를 일컬으며, 반면 약한 연결은 사업상 아는 사이, 지인, 커뮤니티 멤버 등 비교적 느슨한 관계를 지칭한다. 사회적 자본 가운데 가장 대표적인 경우는 창업자 부모를 둔 경우이다. 많은 실증연구들에서 부모가 창업자일 경우 자녀도 창업할 확률이 높아진다는 사실이 나타났다. 예를 들어 로버츠(E. B. Roberts)[39]는 119명의 기술 기반 창업자와 296명의 과학연구원을 비교했는데, 창업자의 경우 약 20% 정도 높은 확률로 부모가 본인 사업을 하고 있는 경우였다.

제 3 절 창업준비 활동

창업준비 활동은 조직을 신설하기 전, 예비창업자가 실제로 하는 활동들을 일컫는다. 이를 형성 활동(Gestation activity)이라는 신조어로 부른다. 예비창업자가 실제로 무슨 일을 하는지 알면 신생조직이 어떻게 발현되는지 쉽게 이해할 수 있을 것이다.

1. 창업준비 활동의 내용 및 범주

예비창업자들의 창업준비 활동 내용을 파악하기 위해 학계에서는 오래전부터 대규모 코호트 기반 종단 데이터를 구축해왔다. 미국의 경우 1998~2004년까지 미국 기업가정신 패널 I (US Panel Study of Entrepreneurship Dynamics[PSED] I), 그 뒤 2005~2008년까지 미국 기업가정신 패널 II(US PSED II)가 구축되었다. 호주의 경우 2007~2013년까지 종합 호주 창업기업 출현(the Comprehensive Australian Study of Entrepreneurial Emergence, CAUSEE) 데이터가 만들어졌다. 비슷한 리서치 디자인을 바탕으로 캐나다, 네덜란드, 노르웨이, 스웨덴 등 여러 나라에 패널 데이터가 구축되었으며, 2016년까지 패널 데이터를 통해 연구된 논문은 150편이 넘어가고 있다.

그동안 연구된 논문을 바탕으로 살펴보면, 비록 언제나 동일한 시간상의 선후 관계가 존재하지는 않지만, 신생조직이 발현되고 정착할 때까지 일반적으로는 26가지 창업 관련 준비활동이 A부터 Z까지 연대기 순으로 일어난다고 알려져 있다. 델마와 셰인(F. Delmar & S. Shane)[40]은 이들 주요 이벤트들을 다음과 같은 4가지 범주로 요약 정리하였다. ① 계획활동, ② 시장행동, ③ 자원결합, ④ 정당성확보가 그것이다. 이러한 창업준비 활동 내용을 4가지 범주로 분류하여 정리하면 표 8-2 와 같다. 주지

표 8-2 창업준비 활동 A to Z

계획활동	시장행동	자원결합	정당성확보
A. 아이디어 구상	D. 모델과 절차 정립	F. 특허 출원	R. 계좌 개설
B. 사업계획서 준비	E. 마케팅/판촉 활동	G. 원재료 구입	U. 전화번호 등록
C. 팀 구축	I. 시장기회 정의	H. 설비 대여 및 구입	V. 기업전용회선 구축
J. 재무계획	S. 매출 발생	L. 개인자본 투자	W. 실업 및 고용 보험 납부
K. 종잣돈 구축		M. 금융 조언	X. 사회보장세금 납부
O. 사업시간 확보		N. 거래를 위한 신용 획득	Y. 세금정보(환급 등) 개설
T. 창업/경영교육 수강		P. 전일제 근무	Z. 기업데이터에 등록
		Q. 직원 고용	

출처 Delmar, F., & Shane, S. (2002). What firm founders do: a longitudinal study of the start-up process. University of Illinois at Urbana-Champaign's Academy for Entrepreneurial Leadership Historical Research Reference in Entrepreneurship; Liao, J. J., & Welsch, H. (2008). Patterns of venture gestation process: Exploring the differences between tech and non-tech nascent entrepreneurs. The Journal of High Technology Management Research, 19(2), 103-113; Van de Ven, A. H., & Poole, M. S. (1989). Methods for studying innovation processes. Research on the management of innovation: The Minnesota studies, 31-54 재구성.

하다시피, 준비활동의 순서는 범주를 넘나들기도 하고 동시에 여러 활동이 발생하기도 한다. 예를 들면 표 8-2 에서 아이디어 구상, 사업계획서 준비, 팀 구축 등 계획활동 중심으로 창업 준비가 일어나지만 이후 모델과 절차 정립, 마케팅/판촉활동 등 시장행동 순으로 순서가 넘어가는 것을 알 수 있다. 물론 이 순서 또한 개별 스타트업과 산업 및 상황별로 차이가 날 수 있다.

2. 창업준비 활동과 성과

1) 계획활동과 성과

경영학, 특히 전략경영학에서는 오래전부터 행동을 취하기 전, 계획을 세우는 것이 성과를 담보한다고 믿어왔다.[41] 마찬가지로 계획활동은 신생조직의 생성과 발전에도 도움이 된다. 첫째, 자원을 본격적으로 투입하기 전, 빠진 정보가 없는지 체크함으로써 의사결정을 빠르게 해준다. 둘째, 계획활동은 시간이 걸리는 장애요소(bottleneck)를 피할 수 있게 자원의 수요공급을 잘 관리하게 해준다. 세 번째, 계획활동은 목표를 달성하는 데 필요한 액션이 무엇인지 파악하게 해준다. 스웨덴에서 1998년 설립된 223개 벤처기업을 대상으로 창업 시작부터 30개월 동안 추적 연구한 결과, 사업계획을 수립하는 활동이 폐업률을 57%까지 낮춰주는 것으로 나타났다. 그뿐만 아니라 제품개발이나 조직화 활동의 질을 동시에 향상시켰다.[42]

2) 시장행동과 성과

고객을 확보하고 제품을 시장에 내놓는 등의 시장행동은 신생조직의 설립에 있어서 매우 중요한 이정표(milestone)가 된다. 특히, 첫 매출을 달성하는 것은 그 자체만으로 최소한 고객이 있다는 신호를 외부에 보내는 것이므로 큰 의미를 지닌다. 실증연구도 위의 주장을 뒷받침해 주고 있다. 예를 들어 119개 기술 벤처기업을 대상으로 연구한 결과, 시장에 내놓은 제품이 있는 신생기업이 그렇지 않은 기업에 비해 더 많은 자본을 투자받았다.[43] 비슷한 연구로, 스웨덴의 223개 신규회사를 대상으로 조사한 결과 제품 개발을 완료하여 시장에 나갈 준비가 되었을 때, 외부 투자가 더

많았다.[44)]

3) 자원결합과 성과

신생기업의 설립에 있어서 자원의 획득은 매우 중요하다. 자원이 많으면 생존확률이 높아질 뿐만 아니라, 예상치 못한 위기가 닥쳤을 때도 완충장치(buffer)로서의 역할을 할 수 있기 때문이다.[45)] 여러 실증 연구들이 위의 주장에 힘을 실어주고 있다. 예를 들어 1980년대 중반 독일의 1,710개 신생기업을 연구한 결과, 스타트업 자본의 수준이 높을수록 향후 3년 생존율이 높아지는 것을 발견했다.[46)] 한국의 벤처기업[47)], 미국의 벤처투자를 받은 기술 기업 등을 대상으로 분석했을 때 모두 비슷한 결과가 나왔다. 외부에서 자금이 많이 유입될수록 실패율이 감소하고 성장률이 높아졌다.[48)]

4) 정당성확보와 성과

세금 정보를 등록하고, 법적 지위를 획득하는 등의 활동은 자칫 기업 설립절차에 불과한 것으로 치부될 수 있다. 하지만 이런 활동은 바로 외부에 신생기업의 존재를 알리는, 이른바 정당성(legitimacy)을 확보하는 중요한 활동이다. 외부에 공식적으로 등록되는 것은 창업자가 본격적으로 신생조직에 전념하는 것을 직간접적으로 보여주는 것이므로, 외부 이해관계자의 신뢰를 얻게 된다. 예를 들어 2003~2004년 영국의 26개 신규기업 창업자와의 인터뷰를 통해 분석한 결과, 창업자가 관련 산업에서 수상을 하거나 MBA 학위를 취득하는 등의 상징적인 행동을 보여주었을 경우 정당성을 인정받아 외부 자원을 보다 많이 확보하는 현상이 나타났다.[49)] 비슷하게 앞서 살펴본 스웨덴의 223개 벤처기업, 30개월 추적 연구를 보면, 세금 서류를 등록하는 등의 절차적 정당성을 확보해 놓은 기업은 실패율이 42%가 낮아지고, 제품 개발을 완료할 가능성이 1.5배 이상 높아졌다.

제 4 절 거시적(Macro) 요소

1. 산업 효과

신생조직은 특정 산업에서 더 활발히 형성되는 경향이 있다. 이른바 산업 효과이다. 산업 효과는 크게 다음의 경우에 의해 발생하게 된다.

첫째, 산업별로 혁신의 정도(degree)가 다르고, 혁신을 담당하는 주체가 다르기 때문에 산업 효과가 달라진다. 먼저 기술개발(R&D) 집중도를 살펴본다면, R&D 집중도가 큰 산업의 경우, 기술의 파급 효과(Knowledge spillover)로 인하여 동일 산업 내에 있는 신생스타트업이 혜택을 누릴 수 있게 된다. 실례로 360개 산업에서 신생기업률에 대한 연구를 단행했더니, 연구개발 집중도가 높은 산업이 새로운 기업을 많이 배출한 것으로 밝혀졌다.[50)]

혁신을 담당하는 주체 또한 산업별로 다양하다. 예를 들어 어떤 산업에서는 혁신이 주로 산업 내에서 일어나는 한편, 어떤 산업에서는 혁신이 대학과 같은 외부기관에서 일어난 후, 산업 내로 편입되는 경우가 있다. 혁신의 주체가 외부에 있을 경우, 그 산업은 신생기업이 형성될 가능성이 더 높아지게 된다. 한 연구에 의하면, 대학 연구를 많이 이용하는 산업에서 신생기업이 더 많이 나타났다.[51)]

둘째, 산업별로 다른 시장의 크기 또는 시장의 성장가능성이 신생조직 형성에 큰 영향을 미친다. 먼저 산업의 크기가 커지면 신생기업을 위한 사업기회가 많기 때문에 자연스럽게 신생률이 높아진다. 1970년대부터 1990년대까지 미국의 컴퓨터 하드웨어, 일반 제조업부터 해외 여러 나라의 다양한 산업에 이르기까지 실증 분석한 결과, 시장이 커짐에 따라 그 시장에 새롭게 진입하는 기업들의 비율이 유의미하게 증가했다.[52) 53)] 지그프리트와 에반스((J. J. Siegfried & L. B. Evans)[54)]는 비슷한 연구 70편을 모아 분석하여 위의 관련성을 입증했다. 이 내용은 공유 경제 산업이 성장함에 따라 신규 사업자가 플래폼에 진입하는 비율이 늘어나는 것을 보여주는 등 최근까지도 연구가 되고 있다.[55)]

성장성이 높은 산업의 경우, 신생기업이 참여할 보상이 커진다. 커지고 있는 산업이라면 새롭게 생긴 기업이 기존 기업과 직접 경쟁할 일도 적어지고, 새로운 고객 또한 유치할 가능성이 높아지기 때문이다. 여러 실증 연구들이 이 주장을 뒷받침하고 있다. 예를 들어 미국의 382개 산업을 분석했는데, 그 결과 산업의 매출 성장과 신생기업의 형성은 긍정적인 관계가 있었다. 또한 성장성이 높은 산업 내에서 창업한 기업의 생존율과 수익률이 성장성이 낮은 산업에서 창업한 신규기업보다 높게 나타났다.[56)]

셋째, 산업수명주기(industry life cycle) 또한 신생조직의 형성에 직접 관여한다. 산업수명주기 이론에 따르면, 산업은 발전단계에 따라 '배아기 산업(embryonic industries) - 성장기(growth industry) - 조정기(shakeout stage) - 성숙기(maturity industry) - 쇠퇴기 산업(declining)'으로 구분한다. 기본적으로 초창기 산업일수록, 기존 기업의 수가 상대적으로 적기 때문에 신생기업의 형성에 유리하다. 반대로 성숙기에 접어들수록, 신생률이 하락하게 된다. 미국의 양조장과 전화통신 산업을 연구한 결과 산업 내 기업들의 평균 나이가 많아질수록, 신생기업의 비율은 점점 떨어지는 것을 발견했다.[57)]

산업수명주기는 기업의 평균나이뿐만 아니라, 산업 내 기업밀도(Density)에 영향을 미치고, 밀도는 신생조직의 발현을 좌우하게 된다. 산업수명주기에 따라 산업 내에 참여하는 기업의 수가 자연스럽게 많아지면서, 초기 한산했던 기업밀도는 시간이 갈수록 촘촘해진다. 이에 발맞추어 신생기업의 수는 산업 초창기에는 늘어나다가, 산업이 성숙해 갈수록 어느 시점을 한계로 하락하게 된다. 예를 들어 맨해튼의 은행산업과 미국의 생명보험 산업을 분석해 본 결과, 기업밀도와 신생률과의 비선형 관계가 실증적으로 드러났다.[58)] 이외에 미국의 신발 산업, 영화배급 산업 등에서도 비슷한 연구 결과를 얻을 수 있었다.

2. 제도 및 문화 효과

신생조직의 형성은 해당 사회의 경제적, 정치적, 문화적 맥락의 영향을 받는다. 뉴욕대 경제학과의 보몰(W. Baumol) 교수는 사회의 룰(rule)과 규범(norms)이 창업 활동 형성을 결정짓는다고 보았다. 다시 말하면, 사회의 제도적 환경에 따라 창업 활동이 달라진다는 것이다.

첫째, 한 사회의 경제적 여건이 양호할 때, 창업 활동이 활발해진다. 수요가 좋고 자본투자를 받기도 용이하기 때문이다. 1976~1986년 미국 117개 산업을 분석한 결과, GNP성장률이 높을 때, 신생기업의 형성이 많아짐을 발견했다.[59] 2002년의 실증 연구에서도 인플레이션이 낮을 때, 미국의 창업 활동이 활발했음이 밝혀졌다.[60]

반면, 경기가 여의치 않을 때는 반대로 창업 활동이 급감한다. 예를 들어, 2007년부터 2009년의 미국 경제 위기 때는 신생 기업이 줄어들었다.[61] 비슷한 시기 스페인에서도 마찬가지의 결과가 나타났다.[62]

둘째, 정치적/법적 환경 또한 신생기업의 형성에 지대한 영향을 끼친다. 개인은 신생기업 창업을 통해서 이윤을 영위하지 못할 경우 창업 활동에 뛰어들 동기가 현저히 떨어지게 된다. 따라서 예측 가능한 법적 환경 내에서만 창업자는 미래를 계획하고, 자본을 조달할 가능성이 높아진다. 가장 중요한 법적 환경은 강한 지적재산권이다. 예비창업자는 자신이 개발한 사업 아이디어를 다른 사람으로부터 일정 기간 독점적 지위를 누릴 수 있다고 믿게 될 때, 창업을 할 가능성이 높아진다.

셋째, 사회문화적 환경이 신생기업 형성에 기여한다. 사회문화적 환경은 해당 사회구성원이 가지고 있는 믿음과 태도를 뜻한다. 사회문화는 한 사회에서 오래도록 다듬어져서, 개인과 그룹의 결정에 관련된 불확실성을 완화시켜 주는 역할을 한다. 예를 들어, 2003년부터 2007년까지 GEM 데이터를 사용하여 분석한 결과, 높은 수준의 신뢰와 보수적이지 않은 사회에서 신생기업의 형성이 보다 활발한 것으로 나타났다.[63]

챕터 마무리 이야기

인도판 '우버'로 불리고 있는 '올라 캡스(Ola Cabs)'는 인도 차량공유 서비스 분야에서 시장점유율 약 60%를 차지하는 1위 업체이다. 현재 170여 도시에서 130만 대 이상의 차량이 등록되어 있고, 누적 서비스 10억 건을 기록했다. 올라는 인도 자국 창업자가 설립한 현지화 성공의 대표적인 스타트업으로 알려져 있다. 창업 당시 25세인 바비쉬 아가왈(Bhavish Agarwal)과 그의 대학 동창 안킷 바티(Ankit Bhati)가 인도 뭄바이에서 2010년 ANI Technologies Pvt, Ltd라는 IT 회사를 설립하고 올라 캡스라는 메인 서비스 브랜드를 런칭했다. 이후, 창업 5년 만인 2015년 유니콘 기업(시장가치 10억 달러 이상인 비상장 스타트업)에 등극했고, 2018년 월 이용자 1,500만 명을 달성했다. 그 후 2020년에는 시장가치 약 50억 달러(5조 7천억 원)로 평가받았다.

창업자 바비쉬 아가왈은 인도의 MIT라고 불리는 명문 인도공과대(IIT) 컴퓨터공학과를 졸업하고 마이크로소프트(MS) 인도 법인에서 일한 경력이 있는 수재다. 알려진 바에 의하면, 아가왈은 운전기사가 동반된 차를 렌트하여 인도 방갈로르에서 네팔 반디푸르까지 이동한 적이 있었는데, 운전기사가 사전에 합의된 금액보다 더 많은 돈을 요구하였고 이를 거절하자 차에서 하차하게 되었다고 한다. 아가왈은 당시 인도의 택시, 렌터카 시장의 허술함과 불편함을 인지하게 되었고, 인도 토종의 차량공유 회사를 만들고자 하는 열정을 품게 되었다. 이에 마이크로소프트 입사 2년 만에 자기 사업을 하기로 결정한 뒤 회사를 그만두고 친구와 함께 뭄바이에서 사업을 시작하게 된다.

올라의 사례에서도 알 수 있듯이 인도의 스타트업 열기가 뜨겁다. 2015년 이후 인도의 창업자 수는 영국의 창업자 수를 넘어섰으며, 투자유치액도 2018년에 영국을 넘어섰다. 2020년 기준, 인도 내 스타트업은 약 28,000개사로 파악되고 있다. 2014년부터 2019년까지 스타트업에 투자된 금액이 약 500억 달러이다. 특히, 현재 올라의 본사가 있는 방갈로르는 인도의 실리콘밸리로 불리며 2010년부터 2019년까지 약 4,373개의 스타트업을 배출했다. 올라와 같이 유니콘 기업으로 성장한 스타트업의 수도 2021년 1월 기준 38개사에 이른다. 미국, 중국에 이어 세계 세 번째로 많은 수의 유니콘을 보유한 나라가 된 것이다.

인도의 스타트업 성장은 사실 예견된 것이기도 하다. 인도 경제의 중심은 IT 산업이다. 세계 제2위의 소프트웨어 수출국이기도 하다. 인도는 오래전부터 IT를 교육과정에 도입했다. 초등학교에서는 컴퓨터의 기본을 가르치고 중학교에서는 프로그래밍을 교육하며, 고등학교에서는 IT의 기본이 되는 수학과 통계를 심도 있게 가르친다. 이렇게 길러진 IT 인재들을 바탕으로 인도는 오래전부터 실리콘밸리와 협업 관계를 맺어왔다. 12시간의 시차가 있는 지리적 이점을 이용하여 실리콘밸리가 잠드는 시간에 인도는 깨어서 소프트웨어를 개발했다. 공용어가 영어인 만큼 외국기업과의 협업도 순조로웠다.

2014년 취임한 나렌드라 모디(Narendra Modi) 총리는 메이크 인 인디아(Make in India), 디지털 인디아(Digital India), 그리고 스타트업 인디아(Startup India)를 3대 슬로건으로 내세우고 스타트업에 대한 규제 완화와 투자에 열을 올렸다. 15억 달러의 기금을 조성하고, 스타트업에 대한 세제 혜택과 함께 스타트업 등록 절차도 간소화했다. 또한 7개의 리서치 파크와 50여 개의 인큐베이터를 설립했으며, 스타트업 인디아 허브(Startup India Hub)를 통해 스타트업 사업 환경에 대한 개선을 꾸준히 해오고 있다.

스마트폰을 비롯한 모바일 인프라 또한 인도의 스타트업 성장을 견인하고 있다. 인도는 2015년 스마트폰 사용자 10억 명을 달성하였다. 이들을 잠재고객으로 모바일 비즈니스에 대한 수요가 폭발하고 있다. 그뿐 아니라 모바일을 통한 신사업에 대한 규제가 거의 없어 스타트업이 증가하고 있다. 예를 들어, 스마트폰 보급이 본격화되면서 배달주문 앱이 생겼고, 음식배달 스타트업 조마토(Zomato)는 인도 최초 유니콘 기업으로 성장했다. 모바일과 결합된

핀테크 산업 역시 급성장을 거듭하여, 2025년 6조 2,074억 루피(한화 약 94조 7,249억 원)를 달성할 것으로 예상된다. 이에 힘입어, 인도에서는 2021년까지 11개의 유니콘 스타트업이 핀테크 분야에서 탄생했다.

미국과 중국 간의 긴장관계로 인해, 중국 리스크를 피해 인도에 투자자가 몰린다는 분석도 흥미롭다. 최근 인도의 아마존으로 불리는 플립카트(Flipcart)는 36억 달러(약 4조 원)의 투자를 유치해 인도 스타트업의 신기록을 세웠다. 또한 인도 스타트업에 투자된 금액이 2021년 상반기 121억 달러(약 14조 원)에 달해, 전년 대비 두 배 성장을 기록했다. 글로벌 투자자들은 인도의 인구규모, 중산층의 확산 속도, 젊은층을 중심으로 한 모바일 수요, 늘어나는 IT 보급률 등을 고려하면 인도가 중국보다 더 성장잠재력이 있다고 판단하고 있다.

토론주제

1. 올라의 창업에 영향을 미친 요인을 창업자 관점에서 분석하시오.
2. 올라의 창업 과정을 바베(Bhave)의 단계 모델에 맞춰 설명하시오.
3. 인도의 혁신 스타트업 증가에 직간접적으로 영향을 미친 거시적 환경에 대해 설명하시오.

생각해볼 문제

1. 신생조직 설립이라는 현상이 비교적 최근에야 주목받게 된 이유와 깊이 탐구하기 어려운 이유를 생각해 보시오.
2. 신생조직 형성을 설명하는 모델 중 정적 모델과 단계 모델의 장단점을 각각 생각해 보시오.
3. 창업준비 활동 중 본인이 생각할 때 가장 중요한 활동이 무엇인지 생각해 보시오.

그룹토의(그룹토의는 3-4명의 학생들로 소그룹을 만들고, 다음의 문제들 중 하나를 선택하여 5-10분 정도 자유토론을 진행한 후 공유한다.)

1. 신생조직 설립을 설명할 수 있는 나름대로의 모델을 구상하고 기존 모델과의 차별점이 무엇인지 토의하시오.
2. 사라스바티와 듀가 제시한 구현(Effectuation) 모델에 따르면, 사업 아이디어의 인식이 신생조직 설립의 출발점이 아닐 수 있다고 했다. 내가 무엇을 알고 있고, 가지고 있는지에 따라 얼마든지 다른 사업, 다른 조직으로 나타날 수 있다는 뜻이다. 이와 관련한 사례가 있다면 공유하고 토의하시오.
3. 신생기업을 육성하고 촉진하는 정부나 기관 관계자라고 가정하고, 어떤 행위나 조치가 신생률을 높이고 소멸률을 낮출 수 있을지 토의하시오.

핵심개념정리

본 장은 신생조직의 설립에 대해 이해하기 위해 먼저 ① 정적 모델, ② 단계 모델, ③ 과정 동적 모델, ④ 정량적 순서 모델을 통해 개념정리를 하였다. 그리고 신생조직의 설립에 영향을 미치는 요소를 크게 ① 창업자 개인특성, ② 창업준비 활동, ③ 거시적 요소 등 세 분야에 걸쳐 각각 세부적인 내용에 대해서 살펴보았다. 구체적으로 개인 특성에서는 창업자의 미래소득과 기회비용, 나이, 경력, 교육, 사회적 자본수준에 따라 어떻게 신생조직에 영향을 끼치게 되는지 실증 연구와 함께 알아보았다. 창업준비 활동은 크게 계획활동, 시장행동 자원결합, 정당성확보로 구분지어 각각의 영향력에 대해 논의하였다. 마지막으로 거시적 요소는 산업효과와 제도/문화 효과로 나누어 살펴보았다.

CHAPTER

09

벤처자본의 원천

학습목표

1. 벤처창업을 위한 모험자본의 개념을 이해한다.
2. 스타트업의 성장단계별 자본조달 방법에 대해 이해한다.
3. 자본시장에서 초기투자가 가지는 의미에 대해 학습한다.
4. 최근 새로운 형태의 자금조달 방법에 대해 이해한다.

챕터 시작 이야기

그림 9-1 청소년 창업가의 투자유치

출처 EO 미디어.[1] 청소년 창업가로 시작해 19살에 초기투자를 유치한 '공희준 대표'

공희준 대표는 어린 시절 곤충에 대한 흥미와 호기심을 느껴 애완용 곤충을 길렀다고 한다. 그러나 키우는 곤충이 많아지면서 애완용 곤충들에게 먹일 사료값을 벌기 위해 사료 제조를 시작한 것이 창업으로 이어져 고등학교 1학년 때 회사를 설립하였다. 인터넷 사이트의 다양한 곤충 사료 정보를 바탕으로 곤충사료를 만들기 시작했고, 시간이 지날수록 점점 자신만의 스타일과 방식으로 사료를 제조하며 시중에 나온 사료들을 개량하는 시도를 하기 시작했다.

공 대표는 스페인에서 개최된 4YFN(4 Years From Now) 전시회에 참석했다가 그 나라의 학생들이 각자 관심분야의 서비스를 찾아다니며 스타트업 대표들과 이야기를 나누고 창업에 대한 개념을 익히는 모습을 부러워했다. 그래서 공 대표 역시 자신의 사업이 성장할 수 있도록 동력을 달아줄 수 있는 동반자로서의 투자자를 만나고 싶어 했다.

이러한 바람이 이루어진 것일까. 마침내 공 대표는 19세 때 기업가치를 12억 원으로 평가받고 기업가치의 5%인 6천만 원의 초기투자를 유치할 수 있었다. 또한, 처음 창업을 시작할 때는 매출도 거의 없는 수준이었는데 이제 연 단위로 억대의 매출이 나오고 있다. 창업을 함께 이끌어주는 사람 없이 창업의 데스밸리를 건너갈 수 있을지에 대한 의구심이 들어 더 빨리 성장할 수 있는 동력을 달아 줄 투자자를 만나고 싶어 했던 바람이 이루어진 것이다. 공희준 대표는 이렇게 엔젤투자를 받은 이후 투자를 받은 다른 기업들과의 네트워크를 쌓을 수 있었고, 시장에 맞는 다양한 피드백을 바탕으로 스타트업이 나아가야 할 방향에 대해 좀 더 명확하게 알 수 있었다. 이런 동력으로 공 대표는 이제 OEM 사업 분야에도 진출을 준비하고 있다.

토론주제

1. 창업을 하고 차분히 사업을 성장시키던 공희준 대표는 왜 투자를 받고 싶어 했을까.
2. 초기 창업에서 투자자는 창업가에게 어떠한 역할을 주로 해야 할까.
3. 창업가는 투자를 받기 위해 어떠한 준비가 되어 있어야 할까.

제 1 절 창업을 위한 금융의 종류: 투자유치와 대출

창업을 시작하여 스타트업을 성장시키는 것은 국가 경제발전의 원동력이자 고용의 원동력이다. 즉, 혁신적인 창업가는 새로운 기술과 새로운 시장을 창출하고 산업의 성장과 일자리를 창출한다. 이러한 과정에서 성장을 지속하기 위해, 혹은 고속성장을 하기 위해 상당한 양의 자본이 필요한 경우가 많다. 여기서 사업의 성장에 대한 관점에 따라 스타트업(startup)의 형태인지 아니면, 중소기업(Small and Medium-sized Enterprises, SMEs)의 형태인지 두 가지로 나누어 생각해 볼 수 있다. 물론 규모의 측면에서 보면 스타트업도 분류상으로는 중소기업에 포함되지만, 여기서 이야기하는 성장 관점에서의 스타트업은 벤처(venture)의 속성을 가진 기업을 의미한다. 스타트업은 빠르게 성장하도록 설계되는 기업이라는 점에서 일반적인 중소기업과는 다른 의미를 갖는다. 스타트업은 창업 초기단계의 기업 중 기술지향적이고 높은 성장잠재력을 가진 벤처를 의미한다. 이러한 스타트업은 일반적으로 고속성장을 목표로 한다. 초기단계의 창업기업은 일반적으로 자원이 충분하지 않기 때문에, 빨리 손익분기점을 맞추어 이익을 내면서 사업을 키워 나가거나 외부에서 자금조달을 통해 사업을 키워 나가야 한다. 이때 중소기업 형태의 기업 운영은 자기수익이나 은행대출 그리고 보조금에 의존하며, 스타트업의 경우에는 중소기업의 운영과 다르게 외부의 투자유치를 추구하여 엔젤투자자나 벤처캐피털을 통한 자본에 의존한다. 이 장에서는 스타트업의 자금조달에 대해 중점을 두고 살펴보도록 한다.

창업 초기단계의 기업은 자원이 충분하지 않기 때문에 대출을 통해서든 투자유치를 통해서든 자금조달을 하는 것 자체가 창업 과정에서 일어나는 가장 큰 도전들 중 한 부분이다. 자금조달을 시도하는 대부분의 창업가들은 다양한 금융자원들이 있다는 것을 충분히 이해하고, 자신과 기업의 상황에 맞는 자금출처를 선택해야 한다. 창업가들이 자금조달 옵션들을 많이 알수록 필요한 자금을 조달할 수 있는 기회가

그림 9-2 드라마 〈스타트업〉에서 설명한 초기투자자들

출처 드라마 〈스타트업〉 방송화면 참조.

더 많아진다. 창업을 시작하기 위해 자신의 돈을 모으는 것은 많은 자금조달 방법 중 가장 기본적인 형태로 이는 빙산의 일각일 뿐이다. 자금조달의 다양한 방법은 사업이 성장하고 경제 상황과 창업가의 목표가 변화함에 따라 달라진다.

그러면 창업기업을 위한 자금의 출처는 어디서 찾을 수 있을까? 첫 번째 자금출처는 창업가 자신에게 있다. 다른 주요한 자금출처는 가족과 친구들, 신용카드, 기업신용, 은행 그리고 대출기관들이다. 그리고 엔젤투자자들과 벤처캐피털이 가진 벤처투자자금도 있다. 마지막으로, 최근 증가하고 있는 정부의 지원 프로그램들을 통한 정책자금도 활용 가능하다. 그리고 최근 몇 년 동안 비교적 새로운 자금조달 수단도 등장했다. 창업가는 액셀러레이터 및 인큐베이터, 대학 기반의 펀드, 크라우드펀딩 플랫폼과 같은 다양한 출처에서도 자금을 조달할 수 있다. 우리나라에서 처음으로 스타트업에 관련된 내용을 다뤄 인기가 있었던 드라마 〈스타트업〉은 초기 스타트업에게 투자를 하는 투자자로 'FFF'를 설명한다. FFF는 이미 벤처투자 분야에서는 널리 알려진 표현으로 'Family(가족), Friend(친구), Fools(바보들)'을 의미하는데, 그만큼 실패 위험이 높은 스타트업에게 투자하기가 어렵다는 것을 비유적으로 나타내고 있다.

창업가들은 창업 이후 활동 과정에서 자금, 인력, 판로 등 여러 가지 어려움에 직면하게 된다. 창업기업들을 대상으로 한 조사결과를 살펴보면(이 조사는 스타트업만을 대상으로 한 것이 아님), 우리나라 창업가들이 창업 이후 겪는 가장 큰 애로사항은 자금조달(52.7%)로 나타났으며, 다음으로 인력확보(20.8%), 판로개척(11.5%), 기술확보(7%), 환경 등 창업관련 규제(6.4%) 순으로 나타났다. 창업초기 자금출처는 개인자금의 비율이 가장 높게 나타나며, 다음으로 은행자금, 공공기관의 융자 및 보증, 친척/친구/지인의 자금 순으로 나타났다. 이에 비해 엔젤투자자의 투자금 및 벤처캐피털의 비중은 과거보다는 많아졌지만 아직 창업기업 전체에 비교하면 낮은 수준이다. 창업

초기단계에서 기업은 외부로부터의 현금흐름이 유입되는 시점까지 보유현금이 지속적으로 감소하고, 손익분기(Break-even)에 이르기 전까지 부족한 현금흐름을 메울 수 있는 외부의 자금조달이 필수적이다. 창업가들이 접근할 수 있는 일반적인 자금조달의 종류는 다음 **표 9-1** 과 같다.

표 9-1 창업기업을 위한 자금조달의 종류

종류	직접금융 = 투자유치	간접금융 = 융자(대출)
행위자	중개기관을 거치지 않고 자금의 최종 수요자와 공급자 간에 계약	자금의 수요자와 공급자 사이에 금융 중개기관이 개입
형태	엔젤투자, 벤처캐피털, 장외시장, 코스닥시장, 증권거래소 등	은행 등 금융기관(채권)-담보대출, 신용대출, 신용보증서 대출, 회사채, 사채 등
주요 지표	미래의 사업성, 미래의 전망 자료, 추정 손익계산서, 순이익 등	물적 및 인적 담보, 과거실적, 대차대조표, 매출액 등

자금조달의 각 방법들은 다른 특징을 가지고 있기 때문에 창업가들은 투자유치를 위한 자금조달과 대출을 통한 자금조달의 개념적인 특성을 숙지할 필요가 있다.

1. 투자유치로 자금 조달하기

많은 창업가들이 자신이 만들어가고 있는 스타트업의 비전과 비즈니스 모델을 바탕으로 외부의 자금을 조달하기 위해 각고의 노력을 하며 투자유치를 위해 많은 시간과 노력을 투자한다. 이러한 비전에 공감을 한 투자자들이 있다면 마침내 투자를 결정하여 창업가들은 스타트업을 빠르게 성장시킬 수 있는 중요한 토대를 만든다. 이때, 이 투자자금은 절대 공짜가 아니다. 투자금 유치는 기업의 일부를 판매하는 것이라고 생각해 보면, 창업가는 자기 미래수익의 일부를, 그리고 미래에 얻게 될 부의 일부를 현재 판매하고 있는 것이다. 그러나 만약 창업가가 돈을 빌린 것이라면, 창업가의 비용은 오직 대출을 얻고 이자 지불을 하는 비용뿐일 것이다. 게다가 기업의 소유주(적은 지분만 소유한 사람들일지라도)인 주주들은 어떻게 창업가들이 사업을 경영하는지 알 권리가 있다. 창업가가 투자자들의 투자금을 받는다는 것은 기업의 주주로서 받아들인다는 것이며, 창업가는 모든 거래를 세심하게 기록해 두어야 하고 투자자들에게 정기적으로 보고서를 작성해 공유해야 한다. 만약 투자자들이 창업가의 기업운영에 동의하지 않는다면, 그들은 창업가들이 내리는 결정에 의견을 낼 수 있고 추정손실에 대하여 창업가를 고소할 수도 있으며, 혹은 상황에 따라 경영자인 창업가를 교체할 수도 있다. 애플을 창업한 스티브 잡스도 주주들에 의해 교체되었던 것을 생각해 보라. 수많은 창업가들이 투자자들에 의해서 자신의 기업에서 쫓겨나는 상황에 처하곤 한다.

그럼에도, 창업가들이 외부자본을 사용하는 데에는 다음과 같은 3가지 중요한 이유가 있다.

① 창업가의 재정손실 위험을 줄일 수 있다.
② 스타트업이 사업에 활용하는 자금이 이자의 형태인 비용으로 불어나지 않는다.
③ 외부투자자들을 기업에 참여시키는 것은 새로운 아이디어를 공유하고 사업을 진행하는 절차나 과정을 공유함으로써, 기업에 새로운 에너지를 불러일으킬 수 있다.

이와 같은 장점에도 불구하고 투자유치를 할 때에는 앞서 살펴본 것처럼 팀의 구성원들과 충분한 의사소통을 하고 외부의 전문가에게 자문을 받는 것이 좋다. 창업 초기단계에 투자유치를 하는 것은 투자자에게 생각보다 많은 권리를 넘겨줘야 한다는 것을 의미하기 때문이다. 창업가가 부단히 노력하여 사업을 하면서 발생하는 이익을 주주인 투자자와 나누어야 하는데, 회사가 계속 성장해 기업가치가 상승하고 많은 수익이 발생하게 될 때에도 발생하는 모든 이익을 투자자가 계속 나누어 갖는 구조임을 반드시 생각해야 한다. 또한, 투자자는 투자금의 용도나 회사의 경영에도 관여할 수 있다. 실제로 회사의 운영에 필요한 대출이나 후속투자를 모색할 때 초기 투자자가 이를 반대하기도 한다. 창업가는 정말 이 투자자가 우리 스타트업과 장기적으로 함께 성장을 도모할 수 있는 투자자인지 충분히 고민하고 확인한 뒤 투자자를 선택해야 한다.

2. 부채(대출)로 자금 조달하기

창업하고 성장하기 위한 또 다른 자금확보의 방안으로서 창업가들은 대출을 선택할 수도 있다. 대출을 선택했을 때 가장 빠르게 접근할 수 있는 기관은 창업가들이 현재 창업하여 스타트업을 운영하고 있는 지역의 은행이다. 은행에 있어서 창업가에게 자금확보가 가능하도록 연계하는 행위는 대출사업이며, 창업가는 은행의 고객이 된다. 하지만, 은행이 대출을 거절한다고 해도 창업가들이 운이 나쁜 것이 아니다. 창업가가 어떠한 사업을 시작하였는지에 상관없이 은행은 기업을 창업가의 연장선상에서 파악할 것이다. 그것은 스타트업의 형태가 자영업인지, 동업인지, 주식회사인지에 상관없이 모든 측면에 대하여 창업가가 의사결정할 권리가 있다는 것이다. 따라서 엄밀히 말하면 대출은 기업개체에게 주어지는 것이지만, 대출기관인 은행의 입장에서 보면 대출은 기업이 아니라 기업 소유주인 창업가에게 제공되는 것이다. 창업가의 특성과 평판은 대출자인 은행이 창업기업에게 돈을 줄지 말지를 결정할 때 매우 중요한 고려사항이 된다. 따라서 다음과 같은 정보들이 수집된다.

- 개인정보
- 개인신용정보/기업신용정보
- 공공기록정보

표 9-2 자금조달 방법의 특성

대출 활용	투자유치 활용
보통 대출을 통해서는 회사의 지분을 많이 가져가지 않음	어느 정도 규모의 회사지분과 교환
부채비용은 미리 합의한 이자율로 제한	지분가치는 시간에 따라 변화됨
이자와 함께 일정시간 후 갚음	지분을 팔아서 현금화를 해야 함
기업가치평가 불필요	기업가치평가 필요
사업의 어떤 목적이든 자금 사용 가능	사업의 어떤 목적이든 자금 사용 가능
(보통) 이사회 참여권 불필요	이사회 참여권 부여
다른 재무활동 제한조항이 없음	다른 재무활동 제한조항이 없음
기업실사 과정이 엄격하지 않은 편	기업실사 과정이 엄격한 편

출처 https://www.cbinsights.com/research/venture-debt-venture-capital-vc-comparison/

은행을 통한 대출로 자금을 확보하는 것은 타인과의 이해관계 없이 창업가의 신용이나 담보를 통해 간편하게 자금을 확보할 수 있다는 것이 장점이다. 하지만, 가능한 자금확보의 규모가 제한되어 있다는 것과 언젠가는 돌아오게 될 원금상환의 책임을 혼자 가지고 있다는 사실, 그리고 대출에 대한 이자의 부담 등으로 대부분 창업자는 대출보다 투자유치를 원하게 된다.

앞서 살펴본 여러 가지 자금조달의 종류별 특징과 장단점들로 창업가의 자금확보 계획은 단순히 필요한 자금을 융통하는 것을 넘어 향후 진행될 사업과 꼼꼼하게 맞물려 계획해야 한다. 최근에는 정부의 중소벤처기업 육성정책에 따라 지자체 및 정부산하 기관들이 창업초기단계의 스타트업을 위한 다양한 금융우대 프로그램을 시행하고 있다. 이 장에서는 다양한 자금확보의 방안들 중 빠르게 성장하는 스타트업들이 가장 많이 선택하고 있는 투자유치에 대해 중점적으로 설명하였다. 물론 스타트업들도 대출을 통한 자금확보(debt financing)를 사용하지만, 벤처투자 생태계가 지속적으로 성장하고 있으며 더욱 많은 모험자본들이 창업초기단계인 스타트업의 투자에 참여하고 있는 만큼 투자유치의 이해에 대한 중요성은 더욱 높아지고 있기 때문이다.

제 2 절 자본시장에서의 창업초기단계 투자

지난 10여 년간 국내 창업생태계는 크게 발전하였고, 젊은 창업가들은 지속적으로 늘고 있다. 앞서 보았던 공희준 대표의 사례처럼 이제는 대학생들뿐 아니라 청소년들도 자신이 하고 싶은 일을 바탕으로 창업을 시작하여 자신의 진로를 개척해 가는 비율이 점점 늘어가고 있다. 새로운 아이디어와 성장잠재력을 지닌 창업이 꾸준히 증가하고 있고, 이에 따라 미래의 성공가능성을 보고 창업초기단계의 스타트업에 투자하는 투자자들 역시 함께 늘어가고 있다. 창업을 시작하는 단계에서는 이러한 투자유치가 큰 성장동력이 되는데, 우리가 흔히 알고 있는 페이스북과 트위터, 구글, 틱톡 등도 창업초기단계의 투자를 통해서 성장한 기업들이다.

그림 9-3 우리 주변의 창업초기단계 투자를 통해 성장한 기업들

출처 각 회사 홈페이지 참조.

그럼 여기서 '투자'는 어떠한 의미인지 생각해 보자. 투자란 어떤 일을 하면서 이익을 얻을 목적을 가지고 돈이나 시간을 쓰는 등의 정성을 쏟는 것을 의미한다. 하루에 1시간씩 책을 읽는 데 시간을 '투자'하면, 시간이 지나서 책을 통해 배운 '지식'들을 얻게 된다. 이때 얻는 '지식'은 시간을 '투자'한 결과로써 얻는 '이익'일 것이다. 혹은 멋있는 몸매를 만들기 위해서는 운동하는 데 매일 30분씩 시간을 '투자'해야 할 것이다. 이렇게 '투자'는 자신에게 돌아올 미래의 이익을 생각하며 현재의 물질적인 혹은 심리적인 정성을 쏟는 일이다. 물론 이러한 투자는 성공할 수도 있고 실패할 수도 있다. 특히, 지금 우리가 이야기하고 있는 새롭게 창업하는 스타트업들이 모두 성공하는 것은 아니기 때문에, 창업초기단계의 투자 역시 투자자 입장에서는 성공하기도 하고 실패하기도 한다는 것을 반드시 이해해야 한다.

1. 창업초기단계 투자의 필요성

그럼 창업초기단계에서는 왜 투자가 필요하며, 왜 투자자들은 실패의 위험을 감수하면서 초기의 창업기업에 투자를 하려고 할까? 예를 들어, 우리가 친구를 만나러

간다고 생각해 보자. 친구를 만나러 가는 장소까지 이동해야 하니 교통비가 필요하고, 친구를 만나면 음료수나 아이스크림을 사 먹을 돈도 필요하고, 함께 영화를 보거나 무언가 문화생활을 하기 위한 돈이 필요하다는 것을 경험하며 살고 있다. 어떤 활동을 하기 위해서는 '비용'이 들기 마련이다. 마찬가지로 창업을 시작하면 계속 돈이 필요하다. 회사를 설립할 때도 등록비가 들고, 누군가를 만나는 데에도 비용이 든다. 생각한 아이디어를 실제로 만들기 위해서는 재료를 사야 하고, 재료가 있어도 모든 일을 혼자 할 수 없으니 도와줄 사람을 찾으면 또 인건비라는 비용이 들게 된다. 이렇게 계속해서 발생하는 비용을 창업하는 한 사람이 모두 충당하기에는 어려움이 있을 수밖에 없다. 이때 누군가 이러한 비용에 대한 도움을 준다면 생각하고 있는 계획들을 실현하는 데 큰 도움이 될 것이다. 물론 조금 천천히 자신의 사업을 성장시키며 이익을 내고 그 돈으로 다시 자신의 사업을 성장시키기도 한다. 그러나 창업가가 사업의 성장에 걸리는 시간을 단축하고자 하고 빠른 변화가 이루어지는 시장에서 바로 지금이 기회라고 생각한다면, 천천히 사업을 성장시켜 얻은 수익을 자신에게 재투자하는 것은 시장과 고객의 변화로 인해 시장의 수요를 맞추지 못할 가능성이 높아진다. 따라서 창업을 시작한 초기단계의 투자는 빠르게 성장할 수 있는 밑바탕이 된다.

국내에서는 1990년 말 인터넷이 발전하기 시작하면서 창업을 시작하는 벤처기업들이 많이 생겨나고, 우수한 인재들도 창업을 통해 자신의 사업을 시작하면서 초기 투자에 대한 관심이 매우 높아졌다. 이 시기를 '벤처투자의 황금기'라고 부르기도 한다. 하지만, 이러한 열기는 '닷컴 버블'이라 불리며 2000년도 초에 한동안 사그라들었다가 다시 최근에 창업초기단계의 투자가 활기를 띠고 있다. 최근에는 인터넷 다음 세대로 '모바일 시대'를 맞이하여 스마트기기가 확산되었고 새로운 플랫폼 산업이 성장하고 있다. 또한 모바일 플랫폼의 주 사용자인 청년들도 새로운 아이디어를 실행하기 위해 다양한 창업에 참여하면서 제2의 벤처붐을 일으키고 있다.

우리 정부가 창업생태계의 활성화를 위해 벤처투자 정책들을 다양하게 지원하면서 창업초기단계의 투자에 대한 투자자들의 관심이 한층 높아졌다. 더욱 중요한 것은 창업초기기업에 투자한 성공사례들이 나오면서, 창업초기단계의 투자에 대한 매력을 많은 사람들이 이해하기 시작했다는 점이다. 이에 투자자들 역시 큰 수익을 거두면서 다시 새롭게 시작하는 창업가들을 위해 다시 투자를 하는 선순환이 이루어지고 있다. 이뿐만 아니라, 창업에 성공한 선배창업가들이 엑싯(exit)한 뒤 기업의 매각자금을 가지고 후배창업가들을 위한, 그리고 자신들의 고수익을 창출하기 위한 방법으로 스타트업에 벤처투자를 하면서 '비상장기업'인 '창업초기 스타트업'에의 사회적 관심이 높아졌다.

2. 창업초기단계 투자자의 특징

창업초기단계의 투자는 자금만 투자하는 것보다는 투자한 이후 도움을 주는 역할이 중요하다. 예를 들면, 초기에 창업을 하면 많은 의사결정들을 이어 나가야 하는데 어떤 결정을 해야 좋을지 매우 두렵고 막막할 경우가 많다. 이때 창업초기단계의 투자자들은 이러한 고민들을 함께 해주고 자신의 경험과 성공노하우를 공유하며 필요할 때 도움이 되는 새로운 네트워크를 소개시켜 주는 등 다양한 지원을 해주는데, 이러한 부분도 창업초기단계 투자자의 중요한 역할이다. 따라서 초기투자에 대한 실패의 위험부담을 이길 수 있는 인내력과 새로운 사업을 발굴할 수 있는 능력이 있어야 하며, 투자 후 경영에 대한 조언을 해주고 지원해 줄 수 있는 역량을 갖추고 있어야 한다.

이렇게 경험과 역량을 고루 필요로 하는 창업초기단계 투자자의 유형을 살펴보면 다음과 같다. 우선, 창업하여 회사를 매각한 경험이 있는 창업가들이다. 이러한 사람들은 자본도 많이 축적한 경우가 많으며, 자신의 창업경험을 바탕으로 실질적인 조언을 해줄 수 있고 좋은 창업 분야의 네트워크를 통해 창업가에게 필요한 사람을 소개해 줄 수 있다. 그리고 또 다른 유형은, 기업인수합병이나 IPO(상장)로 성공을 경험한 사람들이다. 이 경우는 상장이 안 된 회사에 취직했다가 회사가 상장하면서 입사할 때 받은 주식으로 큰돈을 벌게 된 사람들이다. 예를 들면, 페이스북에서 초기부터 일하던 직원들은 회사가 상장된 후 주식가치가 올라 큰돈을 벌게 되었는데 이후 창업초기단계의 투자자로 활동을 하고 있는 경우가 많다. 이러한 사람들도 창업기업이 성장하는 과정을 지켜보며 경험했기 때문에 투자 이후에 스타트업에게 많은 조언을 해줄 수 있다. 그밖에 대기업에 다니며 기업의 부문별 전문영역에서 경험을 쌓은 사람들이나, 전문직으로 활동하며 투자에 관심이 많은 의사, 변호사, 교수, 회계사 등의 사람들도 창업초기단계의 투자자로 많이 활동하고 있다. 대기업에 다녔던 투자자들은 대기업과의 연계를 통한 판로 확대나 기업가의 경영역량 향상, 그리고 해외시장의 정보 제공 등을 통해 스타트업을 도와줄 수 있다. 또, 전문직으로 활동하는 사람들은 자신의 분야와 연계될 수 있는 활동을 통해 창업한 스타트업들을 도와준다. 의사들은 바이오 분야에서 창업한 회사들에 투자를 하고 관련 지식과 정보를 가지고 회사들을 도와주기도 하며, 세무사나 회계사들은 창업가에게 세금과 재무회계 분야에 도움을 주기도 한다. 마찬가지로 변호사들은 다양한 법적인 조언을 해주며 회사의 성장을 돕는다. 창업초기단계의 투자자들은 이러한 개인들만 있는 것이 아니다. 개인투자자들은 자신들의 자본을 가지고 투자를 하지만, 기관의 자본을 가지고 투자를 하는 액셀러레이터(Accelerator)와 벤처캐피털(Venture Capital)의 형태도 역시 창업초기단계의 투자에 참여한다.

표 9-3 다양한 창업초기단계의 투자자들

개인이 투자하는 형태		기관이 투자하는 형태	
크라우드펀딩	엔젤투자자	액셀러레이터	벤처캐피털
적은 액수의 금액을 여러 명이 모아서 투자	자기자본(개인재산)을 창업 초기단계에 투자	초기투자와 기업의 빠른 성장을 지원해 주는 역할	전문인력이 기업이나 정부의 자금을 투자

액셀러레이터의 개념은 2005년 미국 실리콘밸리의 '와이컴비네이터(Y-Combinator)'[2)]라는 회사가 창업을 시작한 초기창업가에게 빠른 성장을 할 수 있도록 도와주고 투자를 하면서 폭발적으로 유행하기 시작했다. 창업초기단계의 스타트업을 성장시키기 위해 투자를 하고 고속성장을 지원하기 때문에 투자금액은 크지 않지만, 창업가들은 성장을 위한 전폭적인 지원을 받게 된다. 국내에서는 2017년에 액셀러레이터 관련법이 만들어졌으며 '창업기획자'라는 명칭으로 사용하고 있고, 현재 325개[3)]의 창업기획자가 등록되어 있다. 그리고 또 다른 형태의 대표적인 기관투자는 벤처캐피털이 있으며 줄여서 'VC'라고 부른다. 기업이나 공공의 자금을 출자 받아 성장잠재력이 있는 기업에 투자하는 회사이다. 자신의 개인 돈이 아닌 외부의 돈을 모아

서 투자하기 때문에 전문성이 높은 인력들이 엄격하게 자금을 운영하고 있으며, 기업의 자금이 섞여 있기 때문에 대체로 규모가 큰 편이다. 그래서 엔젤투자가 이루어진 이후의 단계에서 투자에 많이 참여하였으나, 창업생태계가 좋아지고 많은 창업기업들이 생겨나기 시작하면서 최근에는 VC들도 창업초기단계의 스타트업들을 찾아 투자하고 있다.

개인이든 기관이든 창업초기단계의 스타트업에 투자하는 투자자들은 모두 손실의 위험을 감수하고 투자하고 있으며 창업생태계에 없어서는 안 될 중요한 역할을 하고 있다. 스타트업이 성공하기까지는 일정 시간이 소요되고, 사업을 해 나가더라도 언제든 실패할 위험이 크기 때문에 은행과 같은 금융기관에서 창업초기단계의 스타트업들이 사업에 필요한 만큼의 충분한 돈을 대출받기는 쉽지 않다. 이러한 상황에서 투자자의 역할이 없다면 창업자들의 훌륭한 아이디어나 우수한 기술을 발굴해 낼 수 없을 것이다. 이는 창업을 시작하는 개인에게뿐만 아니라 우리 사회경제의 전체적인 측면에서도 손해라고 할 수 있다. 미래에 성공할 수 있는 잠재적인 이익이 아예 없어지는 것과 마찬가지이다. 우리나라를 포함해 해외 선진국들이 창업을 시작하는 스타트업들을 도와주기 위해 창업생태계를 구축하고 벤처를 지원해주는 정책을 마련하는 것은 바로 이러한 이유 때문이다.

3. 창업초기단계에서의 투자유치 준비

창업초기단계의 투자에서 스타트업을 평가하는 기준은 명확하게 하나로 정해져 있지 않다. 투자자에 따라 같은 스타트업을 매력적으로 느끼기도 하고 별로 매력을 느끼지 못하기도 한다. 투자자 개개인의 특성과 성향에 따라 스타트업의 매력을 최종 판단하지만, 스타트업들은 이러한 과정에서 투자자들이 살펴보는 기본적인 점검사항들을 빠뜨리지 않고 준비하며 투자자들을 설득해 나가야 한다.

대부분 창업초기단계의 투자자가 관심을 갖고 보는 것은 스타트업의 사업계획서(Business Plan)와 창업가(entrepreneur)인 경우가 많다. 아직 매출도 나오지 않는 경우가 많은 스타트업들은 경영실적이 존재하지 않기 때문에, 창업가와 창업가가 세운 계획을 보고 평가해야 한다. '말이 아닌 기수에게 베팅하라'는 말처럼 창업가를 평가하는 것이 가장 중요하지만, 한 개인으로서 창업가에 대한 분석을 드러내놓고 하기보다는 대부분 스타트업의 사업을 검토하고 평가하면서 서로 이야기를 나누고 질문을 하는 과정을 통해 자연스럽게 창업가에 대해 평가하게 된다. 사업계획서는 스타트업이 어떠한 사업을 구상하고 기획하여 회사를 성장 시킬지 구체적인 사업방향과 사업추진 내용이 포함되어 있는 계획서이다. 사업계획서에 대한 자세한 내용은 이 책의 13장에서 다루고 있다. 투자자들은 대부분 미리 사업계획서를 전달받아 읽어보며 검토하겠지만, 가장 좋은 방법은 스타트업 대표인 창업가가 사업계획서를 바탕으로 수립한 계획을 직접 들어보는 것이다. 이러한 투자자와의 미팅에서 창업가가 준비해야 할 주요한 내용은 다음 **표 9-4** 와 같다.

표 9-4 창업가들이 준비해야 할 주요 내용들

주요 내용	설명
고객의 문제	사람들이 시장에서 느끼는 불편함
해결책	스타트업의 해결방법과 가치(value)
시장규모	목표하고 있는 시장의 크기
경쟁과 대체재	시장 내 경쟁자 현황
비즈니스 모델	어떻게 수익을 만들 수 있는가
팀 구성	대표와 팀원의 학력 및 경험과 보유기술
재무	향후 매출계획과 비용, 투자금 사용처

창업가와 투자자가 서로 이야기를 나누면서 창업초기단계의 스타트업이 고객의 문제에 대해 제시하고 있는 해결방안은 적합한지, 해결방안으로써 목표한 사업을 실행할 수 있는 지식과 기술을 보유하고 있는지, 이러한 지식과 기술에 기반하여 구체적으로 사업을 실행할 계획을 갖고 있는지, 전반적인 시장을 정확하게 이해하고 있는지, 이러한 사업의 구조가 이익을 낼 수 있는지 등 사업의 목표와 방향을 정확하게 이야기해야 한다. 투자자는 회사가 추진하고 있는 사업에 대해 나름대로 평가하고 궁금한 부분들을 질문하면서 창업가의 분석력과 사고력 등을 판단하게 된다. 부족하다고 생각이 드는 부분에 대해서는 향후 다른 투자자들도 유사하게 느낄 확

률이 높기 때문에, 부족한 부분들이 포착된다면 지속적으로 보완할 수 있도록 해야 한다. 그러나 투자자의 관점에서는 초기창업가의 부족한 부분들이 더 나아질 수 있을 것이라고 판단하는 능력이야말로 옥석을 가릴 수 있는 투자자의 진정한 능력이라 할 수도 있을 것이다.

우선 이러한 준비를 하기 위해 창업가는 스타트업의 비전과 사업의 계획을 구체적으로 문서화해야 한다. 또한, 창업가는 창업초기부터 정관, 이사회 회의록, 그리고 잠재적 투자자들을 위해 준비된 운영규칙들을 가지고 있어야 한다. 창업초기단계의 창업가들이 투자유치를 위해 우선적으로 준비하면 도움이 될 사항들은 다음과 같다.

① 사업계획을 작성하라.

창업가는 스타트업이 어떻게 새로운 가치를 창출하고 이를 토대로 수익을 만들어 갈 수 있을 것인지 투자자들에게 보여줘야 한다.

② 매력적인 이야기를 창조하라.

창업가는 자신의 계획이 가지는 가치와 왜 그 계획을 수행할 수 있다는 신뢰를 줄 수 있는지 충분히 설득해야 한다.

③ 전문성이 높아 보이는 문서와 자료들을 만들어라.

벤처시장에서 계속해서 나타나는 한 가지 사실은 전문성이 높아 보이는 자료들이야말로 투자자들을 설득하는 데 큰 도움을 준다는 것이다.

④ 잠재투자자들 목록을 만들어라.

계획, 이야기를 통한 설득, 그리고 인터넷에 기사와 동영상을 올리는 것만으로는 성공을 보장하기에 충분하지 않다. 한 명의 창업가는 수천 개의 다른 창업가들과 투자유치를 위해 경쟁하게 된다. 투자유치 목표를 달성하기 위해 창업가들은 네트워크를 최대한 활용해야 하며, 당신의 네트워크 구성원들이 서로 다른 사람에게 이야기하도록 만들어야 한다.

표 9-5 투자자들은 창업가의 어떤 점을 평가하는가?

① 창업가의 신뢰도 및 인성	정성적인 판단, 객관적인 판단지표로서 소송피소 여부, 업계평판 등
② 창업가의 추진력 및 리더십	회사 내부의 창업가에 대한 분위기(회사 방문 시 파악 가능)
③ 창업가의 기업가정신 (Entrepreneurship)	새로운 비즈니스 모델 추구, 진취적인 태도
④ 경영능력	지식 및 경험, 시장분석능력, 학력 및 경력, 대인관계 및 평판
⑤ 윤리의식	단순 수익성만을 추구하는가, 아니면 투자자와 함께 성장하려는 의지가 있는가

창업초기단계에서 투자자들이 창업가의 특성을 면밀하게 판단하는 데는 많은 시간이 필요하다. 표 9-5 의 각 항목들은 일부 중요한 내용을 설명하고 있지만, 투자자들이 개인적인 기준을 가지고 모든 내용을 판단하기란 쉽지 않다. 그래도 투자자와 창업가가 이야기를 나누는 과정을 반복적으로 거치다 보면 창업가가 가진 정직한 모습과 사업의 열정을 느끼게 된다. 따라서 창업초기단계의 창업가들은 자신이 잘할 수 있는 부분들만 설명하기보다는, 자신에게 부족한 점들도 이야기하면서 어떻게 이런 부분을 보완할 수 있을지에 대한 계획을 상의하는 것이 중요하다. 이러한 대화에서 투자자들은 솔직한 창업가의 모습을 엿볼 수 있을 것이다.

또한, 창업초기단계의 투자자들은 창업가가 고민하는 시간을 충분히 갖고 열정적으로 노력하는 모습이 충분한지 살펴보며, 이러한 관찰은 창업가의 열정에 대한 판단기준이 되기도 한다. 시장의 변화를 빠르게 알아채고 경쟁자들의 전략을 꾸준히 분석하는 것은 시장의 이해도가 얼마나 높은지 파악할 수 있으며, 스타트업의 부족한 예산으로 최고의 팀원들을 찾아내고 합류시켜 성과를 내도록 격려하는 모습에서는 창업가의 리더십을 판단할 수 있을 것이다. 창업초기단계의 투자는 대부분 개인의 투자 의사결정이기 때문에 주관적 판단은 중요한 영향을 미치게 된다는 것을 잘 이해하는 것이 중요하다. 투자유치 활동을 진행하면서 많은 투자자들을 만나 대화하고 평가받는 경험을 쌓아가며 창업가가 시작한 초기스타트업의 사업완성도를 높여 가는 적극적인 활동이 필요하다.

지금까지 창업초기단계의 투자에 대한 중요성과 필요성, 그리고 창업초기단계 투자자들이 가지고 있는 특징과 창업가들이 준비해야 할 부분들에 대해 살펴보았다. 그럼 창업의 성장단계별로 어떠한 자금조달 방법들이 있는지, 각 단계의 투자자들은 어떠한 특징이 있는지 조금 더 구체적으로 살펴보자.

제 3 절 스타트업의 성장단계별 자금조달

전 세계적으로 우수한 창업기업들이 시장에 나타나기 시작하면서 '모험자본(entrepreneurial capital/venture capital)'[4]이 급속하게 성장하고 있다. 이러한 모험자본은 혁신창업기업들이 금융을 조달할 수 있도록 하여 시장에서의 실패를 극복할 수 있도록 도움을 주고 있다. 모험자본은 어떠한 종류와 특징을 가지고 있으며, 스타트업의 성장단계마다 어떻게 자금을 공급하고 있는지 살펴보기로 하자.

우선 스타트업의 성장단계는 다양하게 분류될 수 있다. 최근 많이 사용하는 성장모형은 스타트업의 성장 과정을 6단계로 분류한 하워드 러브(Howard Love)의 '스타트업 제이커브(J-Curve)'[5]이다. 스타트업 제이커브는 ① 창업(Create), ② 시제품 및 서비스 개발(Release), ③ 마켓-시장 적합성(Morph), ④ 비즈니스 모델 수립(Model), ⑤ 스케일업 (Scale-up), ⑥ 수확(Harvest)의 과정으로 스타트업의 성장모형을 제시하고 있으며, 창업 후 제품이나 서비스의 개발 과정과 시장진입 과정

그림 9-4 ● 스타트업의 성장단계를 나타내는 제이커브

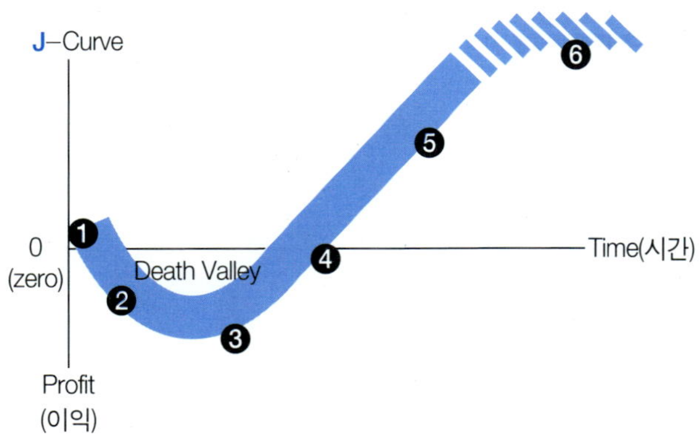

출처 Howard Love(2016). *THE START-UP J CURVE: THE SIX STEPS TO ENTREPRENEURIAL SUCCESS*. Greenleaf Book Group Press.

을 죽음의 계곡(Death Valley)으로 설명하고 있다.

벤처의 급성장 후 정체와 위기를 표현하는 S자형 성장곡선으로는 '스타트업기 – 급성장기 – 성숙기 – 안정기'의 4단계를 구분한 제프리 티몬스(Jeffrey Timmons)의 벤처기업 성장모형도 자주 활용된다.

창업초기단계의 스타트업은 일정한 현금흐름이 유입되는 시점까지 보유현금이 지속적으로 감소하고, 손익분기점(BEP)에 이르기 전까지 부족한 자금을 충당하여 사업의 운영을 지속할 수 있도록 자금확보가 필수적이다. 제이커브에서는 시제품 및 서비스의 개발을 시작하는 창업초기단계의 수익이 나지 않는 기간을 죽음의 계곡이라고 부르고 있으며, 이 기간의 스타트업들은 FFF 혹은 엔젤투자자를 통해 투자유치를 한다.

그리고 비즈니스 모델이 수립되거나 손익분기점을 달성한 스타트업은 벤처캐피털(Venture Capital, VC)로부터 성장단계에 진입하기 위한 자금을 받기 위해 투자유치 활동을 한다. 이 단계에서 VC로부터 투자받는 각각의 투자규모 순서를 Series A, Series B, Series C라고 부른다. 그리고 스케일업 단계에서 성장이 어느 정도 진행된 이후 주식시장에 상장(Initial Public Offering, IPO)하기 전 메자닌(Mezzanine) 투자라고 불리는 주식연계형 채권(CB, BW, EB)의 투자를 받을 수 있다. 금융상품으로서 메자닌은 주식과 채권의 특성을 모두 가진 하이브리드 형태로 기업들은 R&D 확충 및 생산설비 투자에 이러한 자금을 사용한다. 메자닌 투자에서 CB는 채권 형태로 투자하기 때문에 투자자들은 이자를 받고, 기업의 주가가 상승하면 주식으로 전환하여 채권이 자보다 높은 수익을 기대할 수 있다.

그림 9-5 스타트업의 성장단계별 투자자금조달 유형

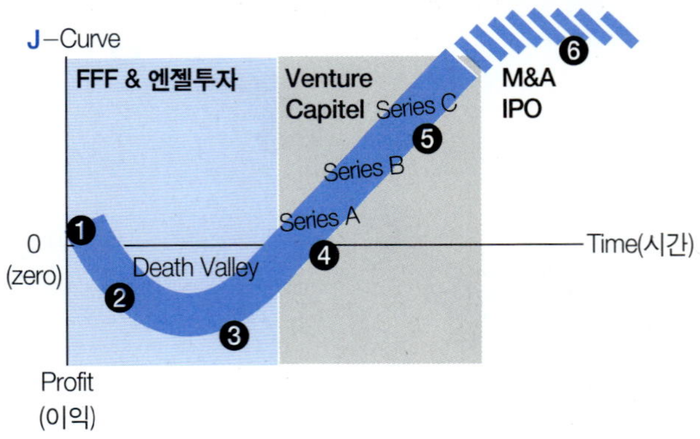

출처 Howard Love(2016). *THE START-UP J CURVE: THE SIX STEPS TO ENTREPRENEURIAL SUCCESS*. Greenleaf Book Group Press.

그리고 상장(IPO) 단계에서는 보통 20% 수준의 공모주를 매각하여 자금을 유치하게 되며, 상장 이후에는 사모펀드를 활용하여 기업경영권인수펀드(Buyout Fund)의 투자유치를 통해 M&A를 진행하기도 한다. 최근 VC 분야에서는 창업초기 단계에 투자하는 VC가 많아지면서 투자영역이 엔젤투자의 영역까지 확대되었으며, 소형 사모펀드(PEF)가 많아지면서 메자닌 투자로도 투자영역이 넓어지는 등 각 단계의 투자기관들이 기존의 투자영역보다 더 이른 기업성장단계에 관심과 투자가 많아졌다.

1. 엔젤투자(Angel Investing)

창업을 준비하는 단계나 창업초기단계 스타트업의 경우 창업가 개인의 자산을 투자하는 것 이외에 좋은 자금확보의 출처는 앞서 언급했듯이 바로 엔젤투자(Angel Investing)이다. 창업한 회사와 관련된 이야기에 왜 '엔젤'이라는 말이 등장하는지 생각해 보면 이해하기 쉽다. 엔젤투자에서 '엔젤(Angel)'은 우리말로 '천사'를 뜻하며, 천사는 선한 행동을 하고 남을 돕는 존재라는 의미를 가지고 있다. 따라서 '엔젤투자'는 천사처럼 선한 마음을 가지고 초기 스타트업에 투자하며 투자한 기업이 성장할 수 있도록 도와준다는 의미이다. 원래 엔젤이라는 말은 1920년대 미국 브로드웨이에서 오페라를 하는 팀들이 작품성은 있으나 돈이 없어 자신들의 작품을 무대에 올리지 못할 때, 부유한 후원자들이 이런 오페라 팀에게 돈을 지원해 주어 공연을 성공적으로 끝낼 수 있도록 했다는 데에서 시작되었다. 돈이 없어서 하고 싶은 일을 하지 못하고 있는 상황에서 도와주니 정말 고마운 마음이 들어 이러한 후원자들을 가리켜 '엔젤(Angel)'이라 불렀던 것이다.

처음 창업을 시작한 창업가들은 필요한 자금을 얻기 위한 목적으로만 엔젤투자를 받지는 않는다. 하나의 스타트업을 성장시키기 위해서는 다양한 자원이 필요하다. 스타트업의 성장에 도움이 되는 다양한 사람들의 네트워크도 필요하고, 회사와 시장의 날카로운 경험도 있어야 하며, 혼자 결정하기 어려운 문제들을 상의할 수 있는 멘토도 필요하다. 이런 측면에서 창업가와 소통이 잘 되고 서로 잘 이해할 수 있는 엔젤투자자를 만나는 것이 무엇보다도 중요하다. 그런데, 엔젤투자자 이외에도 창업초기단계의 회사에 투자를 하는 다양한 투자자들이 있다. 특히 최근에는 VC들도 초기단계의 스타트업에 투자를 하고 있다. 이러한 투자자들은 엔젤투자자와 경쟁관계이기보다는 엔젤투자 활동을 보완해 주는 역할을 하며 스타트업의 성장을 위해 필요한 단계별 모험자본이 된다.

엔젤투자자는 개인의 자산으로 투자를 한다. 엔젤투자는 개인이 혼자 투자하는 경우도 있고, 여러 명의 엔젤투자자가 모여서 투자하는 경우도 있다. 개인이 혼자 투자하는 경우의 형태는 대부분 '일반 엔젤투자자'라고 한다면, 엔젤투자 경험이 없어도 한국엔젤투자협회에서 교육을 받고 '적격엔젤투자자'가 될 수도 있다. 또, 이미 엔젤투자 경험이 있으며 엔젤투자협회의 교육을 받거나 일정 조건에 맞으면 '전문개인투자자'[6]가 될 수도 있다. 여러 엔젤투자자가 모여서 함께 투자하는 경우에는 함께 활동하려는 사람들과 함께 '엔젤클럽'을 협회의 엔젤투자지원센터에 등록하고 엔젤투자 활동을 보다 공식적으로 할 수도 있으며, 최소 1억 원의 자금을 모아서 투자활동을 한다면 '개인투자조합'이라는 형태로 함께 엔젤투자를 할 수도 있다.

그러면 엔젤투자자들은 투자대상인 스타트업들을 어디에서 찾을까? 엔젤투자는 전문적으로 투자를 하는 기관투자자와는 달리 개인단위로 투자에 참여하기 때문에 스타트업을 평가하는 능력과 방법이 제한적이다. 그렇기 때문에 투자하는 산업분야에 있어서도 선택의 폭이 좁을 수밖에 없다. 엔젤투자를 하는 본인이 잘 알고 있고, 자신의 경험과 네트워크가 충분한 분야를 중심으로 선택하는 것이 좋은 전략일 수 있다. 그리고 큰 성공을 거둔 엔젤투자자들은 숨은 보석과 같은 스타트업을 적극적으로 찾는 데 많은 시간을 소비한다. 엔젤투자자마다 자신의 투자에 적합한 스타트업을 찾아내기 위해 다음과 같은 방법들을 사용한다.

① 개인 네트워크의 활용

주변의 지인들이 이야기하는 스타트업을 만난다. 지인들은 업무의 과정에서 만난 사람들일 수도 있고, 함께 투자를 하며 만난 사람들일 수도 있다. 주변의 믿을 만한 사람에게 소개받은 경우, 처음부터 스타트업의 모든 부분들을 검증해야 하는 수고를 조금 덜 수 있다. 하지만 다시 검증하는 절차를 반드시 거쳐야 한다.

② 엔젤클럽 가입

이제 막 엔젤투자를 시작한 사람이라면 엔젤투자자들이 모여 있는 엔젤클럽에 가입하는 것도 좋은 방법이다. 사람들이 함께 모여서 이야기하고 어떠한 단계별로 투자가 이루어지는지 볼 수 있는 좋은 방법이다. 국내에 등록된 엔젤클럽의 목록은 엔젤투자협회 홈페이지에서 확인이 가능하다.

③ 사업계획서 발표 경연대회 참여

창업이 점차 활성화되면서 많은 대학들이 사업계획서 발표대회를 운영하고 있으며, 기업들도 이와 같은 이벤트를 통해 새로운 아이디어를 발굴하고 있다. 최근에는 이렇게 스타트업이 사업계획을 발표하는 행사를 데모데이(Demo Day)[7]라고 부르며, 이러한 데모데이 행사는 굉장히 많아졌다.

④ 스타트업 컨퍼런스 및 행사 참여

스타트업을 소개하고 창업을 홍보하기 위한 다양한 프로그램들(예: 엔젤리더스포럼, 넥스트라이즈, 고벤처포럼 등)이 운영되고 있다. 이러한 프로그램들에서는 스타트업들이 가지고 있는 다양한 제품을 접할 수 있으며, 직접 이러한 제품들을 경험하면서 투자할 회사를 만나볼 수 있다.

그림 9-6 국내 주요 스타트업 컨퍼런스 및 행사

출처 각 기관 홈페이지 참조.

⑤ 스타트업 관련 온라인 미디어들 활용

최근 스타트업 관련 미디어들(예: 플래텀, EO, 스타트업 위클리 등)이 나타나면서 새로운 스타트업들이 소개되고 관련 인터뷰 내용을 읽어볼 수 있다.

그림 9-7 국내 주요 스타트업 관련 미디어

출처 각 미디어사 홈페이지 참조.

간혹 사람들은 엔젤투자를 결혼과 비유하기도 한다. 누군가 돈 때문에 결혼을 한다고 생각하는 것과 인생의 동반자이기 때문에 결혼 한다는 것으로 나누어 생각해 본다면, 스타트업들이 어떤 엔젤투자자를 만나야 좋은지 그리고 동시에 엔젤투자자들은 어떤 스타트업을 만나야 좋을지 이해할 수 있을 것이다. 스타트업의 성장과 엔젤투자의 성공을 위한 동반자를 만나야 할 것이다.

그림 9-8은 엔젤투자의 전체 과정의 흐름을 9단계로 보여주고 있다. 이는 우리나라의 엔젤클럽 중 한 곳에서 진행하는 엔젤투자의 과정을 나타낸 예시[8)]이지만,

그림 9-8 국내 엔젤투자클럽의 투자 과정 예시

STEP 1
Deal Sourcing
상시 추천/상시 접수

STEP 2
Screening-1
회사소개서 전달받아
클럽회원 전체 내부 검토

STEP 3
Screening-2
스크리닝시트 답변 제출 요청,
답변 내용은 클럽회원
전체 내부 검토

STEP 4
IR Day
클럽 정기 IR데이에
초청하여 IR 진행
(짝수달 세 번째 토요일)

STEP 5
Due Diligence
IR기업 중 우수기업에
한해 방문실사 진행

STEP 6
회계실사
회계법인을 통한
회계실사 진행

STEP 7
Term Negotiation
기업 밸류 및
조건 협상

STEP 8
엔젤투자매칭펀드
엔젤투자금액의
1~2.5배 KVIC 매칭투자

STEP 9
사후지원
기업현황 모니터링,
사후관리 및 성장 지원

출처 A.I.엔젤클럽 내부자료 ((사)한국엔젤투자협회에 등록되어 있는 엔젤클럽 중 'A.I.엔젤클럽'의 엔젤투자 과정)

대부분의 경우 비슷한 과정을 거치게 된다. 그러나 개인으로 엔젤투자를 진행하는 경우에는 이보다 덜 복잡한 과정을 거치거나, 각 단계를 명확하게 구분하여 진행하지 않고 간소화하여 빠른 투자 집행이 이루어질 수 있다. 그러한 경우라 하더라도 위의 단계를 잘 기억하고 있다면 빠뜨리지 않고 해야 할 일들을 챙겨볼 수 있을 것이다.

2. 벤처캐피털리스트(Venture Capitalist)

벤처캐피털 산업은 미국에서 부유층 투자자들이 가문의 부를 관리하는 과정으로 기업들에게 자금을 조달해 주고 경영에 조언을 하는 것으로 시작되어, 점차 외부의 전문가와 연계해 주는 방법으로 투자 형태가 진화하며 발전하였다. 기업은 투자를 통해 자금유치 이외의 생존과 성장에 대한 긍정적인 지원을 기대한다. 벤처캐피털이 장기적으로 기업성과에 미치는 영향에 대한 연구에서는 벤처캐피털이 투자한 기업의 경우 일반기업보다 평균수익률이 약 2배 정도 높았다.[9] 이 결과는 벤처캐피털이 기업에게 단순히 자금의 투자뿐만 아니라 기업의 성장에 대한 주요한 역할을 하고 있다는 사실을 보여주고 있다. VC는 투자기업 경영진 감시와 비공식적 경영 조언을 하고, 투자기업은 벤처캐피털 회사에 상세한 사업보고를 하는 상호관계가 형성된다. 즉, VC의 투자는 스타트업이 보다 효율적으로 경영할 수 있도록 경영자와 이사회에 기업지배구조를 개선할 수 있는 청사진을 제공한다.

미국의 벤처캐피털이 1950년에 태동한 데 비해, 우리나라의 벤처캐피털 산업은 1974년 한국기술진흥(주)(현재 아주IB투자(주))의 설립으로 시작되었다. 이후 1986년 「중소기업 창업지원법」에 중소기업 창업투자회사의 법적 설립근거가 마련되면서 민간투자전문기업들의 형태가 나타나기 시작하였다. 1990년 중반까지 대출 중심의 투자 형태를 보이던 우리나라의 벤처캐피털은 1996년 코스닥시장의 개설과 1997년 정부의 벤처기업육성정책을 바탕으로 빠르게 성장하였다. 여기서 중요한 점은 국내 창업기업들의 대출 중심 자금조달 형태가 투자 중심으로 전환되었다는 것이다.

VC는 실패의 위험요인이 높고 회수가능성이 불분명하여 일반 금융기관이 대출을 꺼리는 벤처기업이나 스타트업에 투자를 한다. 이러한 높은 위험요인으로 인해 VC는 투자에 대해서 높은 수익률을 기대한다. VC는 일반조합원의 자금을 모아서 벤

그림 9-9 국내 VC의 투자 과정 예시

구분	투자검토흐름	참여주체	주요 내용
발굴	신규업체 발굴	조합운용인력	• 신규업체 발굴 • 사업계획서 접수
투자심사	예비심사	조합운용인력	• 업체 방문 • 자료 요청/수집 • 사업성 심사 • 주요사항 질의/응답
	사업설명회(IR)	투자부, 투심위원, 조합원	• IR자료 검토 • 투심위원 질의/응답 • 본심사 진행 여부 결정 • 조합원/투심위원 의견 제시
	본심사	조합운용인력, 관리팀	• 외부실사 진행(Due Diligence) • 재무분석 • Valuation • 투자심사보고서 작성
투자결정	투자심의위원회	투심위원, 조합원	• 투자심사보고서 검토 • 투자재원 배분 • 투자결정위원회 상정 여부 결정
	투자결정위원회	투자결정위원	• 최종 투자의사결정
	투자집행	조합운용인력, 관리부	• 투자계약 체결 • 투자금 집행 • 등기 확인
회수	사후관리	조합운용인력, 관리부	• 이사회 참여 • 주주간담회 참여 • 중장기전략 수립 조언 등 • 투자업체 등급
	회수	조합운용인력 투자회수위원회	• 회수 시기/방식 등 협의 • 의사결정 • 투자회수보고서 작성

처투자조합을 결성하고, 이러한 벤처투자조합을 통해서 스타트업에 투자를 진행한다. 벤처투자조합을 운영하기 위해 펀드에 관리보수 비용을 측정하고, 이후 성과에 대해서 일정한 보수를 받는다. VC는 엔젤투자자와는 달리 기관투자자(국민연금, 사학연금, 군인공제회, 지방행정공제회 등)나 해외자본, 정부(모태펀드가 대표적), 민간기업 등으로부터 자본을 모아 투자자금으로 활용한다. VC가 모은 투자자금은 성장잠재력이 있다고 판단되는 스타트업에 투자를 하고, 투자 이후 투자한 기업이 지속적으로 성장할 수 있도록 다양한 형태의 경영지원을 한다. VC들의 일반적인 투자 과정은 다음 그림 9-9 와 같다.

그림 9-10 모험자본 시장의 선순환 구조

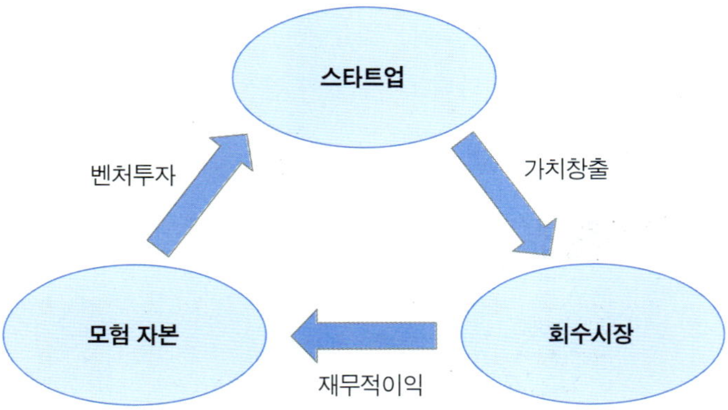

앞서 제이커브에서 보았듯이 투자와 후속지원을 받은 스타트업은 성장 과정을 거쳐 주식시장에 상장하거나 M&A 과정을 거쳐 다른 기업에 인수되며, VC는 IPO 또는 M&A라는 회수시장을 통해 투자한 자금을 회수한다. 이렇게 회수된 자금은 다시 VC에 투자한 기관투자자, 해외자본, 정부, 민간기업의 이익으로 돌아가게 되며, 다시 일정한 부분은 VC가 활용할 수 있는 투자자금으로 모아지면서 벤처투자의 선순환 과정이 완성된다. 이러한 순환 과정에서 하나의 과정만 잘못되어도 선순환으로 이어질 수 없다. 따라서 각 단계에서 적절한 순환이 이루어질 수 있도록 벤처캐피털, 스타트업, 회수시장이 제 역할을 다해야만 이러한 선순환이 제대로 작동할 수 있다.

3. 새로운 형태의 자금조달 방법

크라우드펀딩(Crowd Funding)은 말 그대로 창업을 준비하고 있거나 창업초기단계 스타트업의 아이디어를 인터넷에 공개하고 필요한 액수를 정한 뒤, 일정 기간 동안 다수의 사람들에게 투자를 받는 방식이다. 크라우드펀딩의 어원은 대중으로부터 아이디어와 해결방안을 구하는 크라우드소싱(Crowdsourcing)[10]에서 찾아볼 수 있다. 크라우드펀딩은 온라인 플랫폼을 통한 자금모집 과정에서 많은 대중의 지혜를 빌릴 수 있다는 개념으로 다른 투자방식과 차별화된다. 최근 크라우드펀딩 방법을 통한 창업초기 스타트업들의 투자유치가 점차 많아지면서, 창업가들이 스스로 자신의 아이디어나 제품/서비스를 포스팅할 수 있고 동시에 소액투자자들은 이러한 창업초기단계의 스타트업을 찾을 수 있는 기회가 많아졌다. 해외의 '킥스타터(Kickstarter)'나 국내의 '와디즈(Wadiz)'와 같은 회사들이 이러한 크라우드펀딩 플랫폼을 제공해 주고 있는 기업이다.

그림 9-11 대표적인 크라우드펀딩 플랫폼 킥스타터(좌)와 와디즈(우)

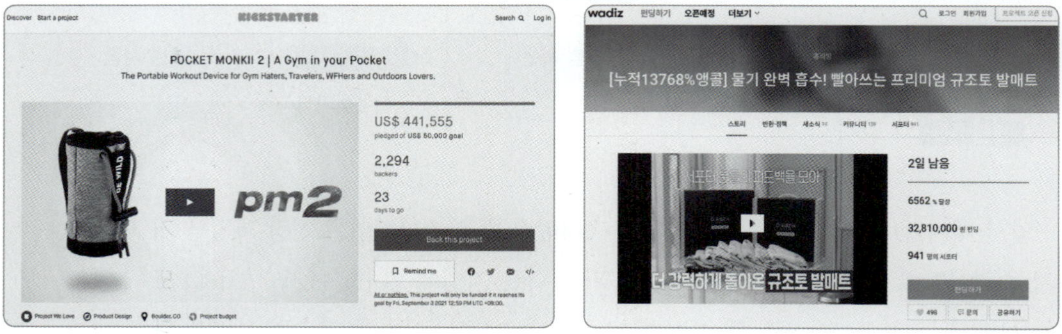

출처 해당 기업 홈페이지 참조.

크라우드펀딩은 자금모집 및 보상방식에 따라 증권형, 대출형, 후원형, 기부형으로 구분된다. 증권형과 대출형은 투자유치와 대출의 개념으로 생각할 수 있으며, 후원형은 상품을 직접 받는 형태로 투자가 진행된다. 특히, 아직 제품이 나오지 않은

표 9-6 크라우드펀딩의 투자 유형

구분	자금모집 방식	보상 형태	투자처	비고
증권형	주식 · 채권	투자수익 배분(배당금 등)	창업 · 벤처기업	수익형
대출형	대부	원리금 상환	개인 · 법인	
후원형	제품구매 등	비금전적 보상(리워드)	문화, 복지, 아이디어상품 등	비수익형
기부형	기부	무상		

상태이거나 시제품 수준에서는 크라우드펀딩을 통해 제작비용을 모으는 동시에 수요자를 확인해 볼 수 있는 장점이 있다.

실제 크라우드펀딩에 참여한 스타트업을 대상으로 사용 이유를 설문해 보니 홍보효과(57%)를 기대하고 펀딩에 도전한 스타트업이 많았으며, 조달한 자금은 운영자금(69%)과 연구개발(54%)에 주로 사용하였다. 아무래도 많은 사람들에게 노출되고 다수가 참여를 해야 하는 크라우드펀딩의 특성상 홍보의 효과를 목적으로 하는 스타트업들이 많이 나타나고 있다.

챕터 마무리 이야기

대학 재학 중 '기업가정신과 창업' 수업을 들으며 팀프로젝트에 냈던 아이디어로 창업을 한 강동규 대표는 현재 20여 명의 직원과 함께 '(주)마이플레이컴퍼니'라는 스타트업을 성장시켜 가고 있다. 마이플레이컴퍼니의 플랩풋볼 서비스는 풋살(축구의 일종)을 하는 개인들을 매칭해 주고 구장 예약 및 경기진행을 돕는 플랫폼 서비스이다.

사업 초기 대학 내 창업보육센터에서 어느 정도 성장한 뒤, 강동규 대표는 더 빠른 성장을 위해 투자유치를 결심했다. 투자유치를 통해 서비스에 집중하여 사용자를 늘리는 데 집중할 생각이었다. 그런데, 이러한 강동규 대표에게 두 곳에서 제안이 들어왔다. 한 곳은 엔젤투자클럽이었고, 다른 한 곳은 국내 유명 액셀러레이터였다. 투자금액은 엔젤투자클럽이 3.5억 원(엔젤투자 매칭펀드 포함) 수준이었고, 액셀러레이터는 초기 투자금 5천만 원에 이후 후속투자를 보장해 주며 기업성장지원을 해주겠다는 약속이었다.

금액만 놓고 보면 엔젤투자클럽이 당연히 매력적이었지만, 강동규 대표는 지금의 금액보다는 산업 내 네트워킹과 서비스 성장에 도움을 줄 수 있는 투자자가 절실했다. 또한, 유명 액셀러레이터가 가진 후광효과(halo effect)도 기대할 수 있었다. 즉, 유명한 액셀러레이터가 투자를 했다면 일반적으로 이 기업에는 좋은 점이 있을 거라고 생각하게 되는 것이다.

그는 엔젤투자클럽을 소개해준 지인에게는 미안한 마음이 들었지만, 시간이 지나 돌이켜 봐도 성장을 위한 그 당시의 선택이 현명했다고 판단하고 있다.

토론주제

1. 만일 강동규 대표가 엔젤투자클럽에서 투자를 받았다면 다른 점들은 무엇이었을까.
2. 위와 같이 엔젤투자클럽과 액셀러레이터의 투자가 동시에 진행될 때 선택하기 위해 고려해야 할 사항들은 무엇인가.
3. 이 다음의 자금확보를 위해 어떠한 부분들을 준비해야 하는가.

생각해볼 문제

1. 창업초기기업이 자금확보를 할 수 있는 방법은 무엇이 있는지, 각각의 장단점에 대해 설명하시오.
2. 창업을 시작하는 '중소기업'과 '스타트업'의 자금확보 방법은 어떻게 차이가 있는지 설명하시오.
3. 엔젤투자자와 VC의 차이점에 대해 설명하시오.

그룹토의(그룹토의는 3-4명의 학생들로 소그룹을 만들고, 다음의 문제들 중 하나를 선택하여 5-10분 정도 자유토론을 진행한 후 공유한다.)

1. 만일 자신이 창업을 한다면 어떠한 방법으로 자금확보를 해 나갈 것인지에 대해 각자가 생각하고 있는 방법을 서로 이야기해보고, 자금확보를 구체화할 수 있는 방법들에 대해 토의하시오.
2. 여러분이 스타트업을 시작했다면 투자유치를 위해 나에게 맞는 투자자들을 어떻게 찾고 관계를 만들어 갈 수 있을지, 투자가 이루어진 후에는 다음 투자유치를 위해 무엇을 해야 하는지 토의하시오.
3. 여러분의 스타트업이 막 성장하기 시작할 때, M&A(인수합병) 제의가 들어온다면 여러분은 어떠한 선택을 할 것인지 M&A의 다양한 조건과 상황에 대해 토의하시오.

핵심개념정리

이번 챕터에서는 스타트업의 성장에 필수적이라 할 수 있는 벤처자본에 대해 알아보았다. 이번 챕터를 통해 스타트업을 위한 모험자본의 High risk - High return 개념을 이해하고, 창업 초기 스타트업에 모험자본을 투입하는 주체로서 엔젤투자자와 VC(벤처캐피털리스트)의 역할에 대해 살펴보았다. 또한, 투자유치와 부채(대출)를 활용한 자본조달의 차이점이 존재한다는 것을 알 수 있었다.

창업초기단계의 투자는 자금만 투자하는 것보다는 투자한 이후 도움을 주는 역할이 중요하다. 따라서, 초기단계의 투자자들은 실패의 위험부담을 이길 수 있는 인내력과 새로운 사업을 발굴할 수 있는 능력이 있어야 하며, 투자 후 경영에 대한 조언을 해주고 지원해 줄 수 있는 역량을 갖추고 있어야 한다. 현재 엔젤투자나 VC들이 이러한 초기단계의 투자를 적극적으로 하며 국내 창업생태계의 중요한 역할을 하고 있으며, 이러한 개인이든 기관이든 창업초기단계의 스타트업에 투자하는 투자자들은 모두 손실의 위험을 감수하고 투자를 하고 있는 것이다. 이러한 초기 투자가 더욱 중요한 이유는 스타트업이 성장하기까지는 일정 시간이 소요되고, 실패할 위험이 크기 때문에 은행과 같은 금융기관에서 창업초기단계의 스타트업들이 사업에 필요한 만큼의 충분한 돈을 대출받기는 쉽지 않기 때문이다.

그리고 최근에는 새로운 형태의 창업초기단계 자금조달 방법으로 스타트업의 아이디어를 인터넷에 공개하고 필요한 액수를 정한 뒤, 일정 기간 동안 다수의 사람들에게 투자를 받는 크라우드펀딩(Crowd Funding) 방식도 활용되고 있다.

CHAPTER

10

지식재산권 활용과 위험관리

학습목표

1. 지식재산권의 유형 및 유형별 특성을 이해한다.
2. 기업가정신의 실천에 있어 지식재산권의 중요성을 이해한다.
3. 성공적인 기업가정신 실천을 위해 필요한 지식재산권 전략을 이해한다.

챕터 시작 이야기

에디슨을 설명하는 가장 대표적인 수식어는 '발명왕'이다. 1847년부터 1931년까지 에디슨은 그의 전 생애에 걸쳐 사람들의 삶의 방식, 기업들의 생산 방식을 근본적으로 바꿀 만큼 획기적인 발명품들을 만들었다. 그러나 에디슨의 위대함은 그의 '발명품'만으로는 모두 설명이 되지 않는다. '발명왕 에디슨'은 '기업가 에디슨'이 있었기 때문에 더욱 빛날 수 있었다. 에디슨은 그의 발명품들이 새로운 가치와 경제적 성과를 가져다줄 기회가 될 것이라고 확신하였다. '기업가 에디슨'은 자신이 포착한 기회를 실현하는 데 기꺼이 도전할 준비가 되어 있었고, 전기, 음향, 영상, 배터리, 시멘트 등 다양한 분야의 기업들을 설립하여 사업화(제품화)에 뛰어들었다. 에디슨의 도전은 성공과 실패를 반복했지만 그 과정을 통해 그의 '발명'은 '가치 있는 제품'과 '경쟁력 있는 기업'으로 발전하였다.

'발명왕 에디슨'이 '기업가 에디슨'으로 나아가는 데 있어 가장 강력한 무기는 에디슨의 '특허권'이었다. '기업가 에디슨'은 특허권의 중요성에 대해서 너무나 잘 알고 있었다. 1868년에 처음 특허를 출원한 에디슨은 1,093건의 미국 특허와 1,239건의 해외 특허를 보유하였다. 전기 산업과 관련된 여러 개의 기업을 설립하면서 본격적으로 '기업가 에디슨'으로 변신한 후 에디슨은 자신의 사업을 보호하기 위해 후발 기업들과 여러 차례 특허 소송을 진행하기도 하였다.

에디슨이 활동하였던 19세기 후반과 비교하면 현재는 비교할 수 없을 정도로 많은 특허권, 디자인권, 상표권, 저작권 등 지식재산권이 창출되고 있다. 또한, 지식재산권을 둘러싼 분쟁 및 소송 사례는 계속해서 증가하고 있다. 지식재산권은 이제 기업가가 반드시 알아야 하고, 적극적으로 활용해야 할 필수요소가 되고 있다. 지식재산권이 중요한 것은 바로 지식재산권이 기업가에게 '성공의 이유'가 될 수 있고 '실패의 원인'이 될 수도 있기 때문이다.

토론주제

1. 에디슨이 자신의 발명을 특허권으로 보호하지 않았다면 기업가로서 성공할 수 있었을 것인가.
2. 성공의 이유이자 실패의 원인으로서 지식재산권이 특히 중요한 산업 또는 제품에는 어떠한 것이 있는가.

제 1 절 지식재산권의 이해

모든 형태의 가치창출 과정에서 기업가정신의 중요성이 강조되고 있지만 기업가정신을 실천하는 것은 쉬운 일이 아니다. 기업가정신의 실천을 통해 목표로 했던 가치나 성과를 달성하는 것은 더욱 쉽지 않은 일이다. 그렇기 때문에 목표로 한 가치와 성과에 다가갈 수 있는 기회를 포착하였다면 이를 실현할 강력한 무기가 필요하다고 할 수 있다. 기업가정신의 실천이라는 험난한, 그러나 의미 있는 여정에 뛰어든 기업가에게 힘이 되어 줄 창과 방패는 무엇일까?

지식재산권은 이제 기업가가 반드시 알아야 하고, 적극적으로 활용해야 할 필수요소가 되고 있다. 가치 있는 지식재산권은 수많은 경쟁과 불확실한 시장 상황 속에 있는 기업가를 보호해 줄 강력한 창과 방패가 될 수 있다. 그러나 반대로 지식재산권을 제대로 관리하지 못한다면 엄청난 위험에 노출될 수 있고, 목표로 한 가치와 성과에 다가가는 여정을 중도에 포기하게 될 수도 있다. 기업가에게 지식재산권이 중요한 것은 바로 지식재산권이 '성공의 이유'가 될 수 있고 '실패의 원인'이 될 수도 있기 때문이다. 즉, 기업가에게 지식재산권은 '양날의 검'과 같은 것으로 그 양면성을 정확히 이해하고 관리, 활용해야 한다.

WIPO(세계지식재산권기구) 통계에 따르면 전 세계적으로 매년 320만 건의 특허, 230만 건의 실용신안, 1,520만 건의 상표, 140만 건의 디자인이 출원되고 있다. 또한 권리가 유효한 지식재산권은 특허권이 1,490만 건, 실용신안권 560만 건, 상표권 5,820만 건, 디자인권 410만 건에 이르고 있다. 그렇다면 이렇게 많은 특허권, 실용신안권, 상표권, 디자인권이 모두 활용되고 있는 것일까? 기업가는 지식재산권을 통해 포착한 기회와 그 기회의 실현 과정을 어떻게 보호할 수 있는가? 지식재산권을 제대로 관리하지 못하는 경우 발생할 수 있는 위험은 무엇이고 기업가는 어떻게 대체해야 하는가? 이러한 질문들에 대해서 답을 하기 위해서는 먼저 지식재산권에 대한 정확한 이해가 필요하다.

1. 지식재산과 지식재산권

먼저 지식재산(intellectual property)과 지식재산권(intellectual property right)의 차이부터 살펴보도록 하자. 「지식재산기본법」 제3조는 지식재산을 '인간의 창조적 활동 또는 경험 등에 의하여 창출되거나 발견된 지식 · 정보 · 기술, 사상이나 감정의 표현, 영업이나 물건의 표시, 생물의 품종이나 유전자원, 그 밖에 무형적인 것으로서 재산적 가치가 실현될 수 있는 것'이라고 정의하고 있다. 여기에서 주목해야 할 단어는 '무형적인 것'과 '재산적 가치가 실현될 수 있는 것'이다. 지식재산은 건물, 토지, 기계, 설비 등과 같은 유형자산과 대비되는 무형자산이다. 또한 지식재산은 재산적 가치가 실현될 수 있어야 한다. 바꿔 말하면 재산적 가치가 실현될 수 없다면 지식재산이라고 할 수 없다. 지식재산의 유형은 지식, 정보, 기술, 사상의 표현, 물건의 표시, 품종, 유전자원 등 매우 다양하다. 지식재산은 누구나 창출할 수 있지만 저작자, 발명가, 과학기술자, 예술가 등이 가장 대표적인 지식재산 창출자들이라고 할 수 있다.

만일 여러분이 어떤 발명이나 고안[1])을 하였다고 가정해 보자. 그리고 이 발명이나 고안이 새로운 가치나 경제적 성과를 가져다줄 기회가 될 것이라고 확신하게 되었다면 가장 먼저 무엇을 해야 할까? 발명이나 고안(지식재산)이 가지고 있는 재산적 가치가 제품 및 서비스 시장이나 기술시장[2])에서 실현되었을 때 그 성과가 온전히 '나에게 귀속'될 수 있도록 하여야 한다. 성과의 온전한 귀속은 발명가라는 사실만으로 자동으로 이루어지는 것이 아니기 때문에 특별한 노력이 필요하다. 첫 번째 방법은 나(발명자) 이외에 어떤 사람도 발명이나 고안의 내용을 알지 못하게 비밀로 관리하는 것이다. 영업 활동에 유용한 기술상 또는 경영상의 정보를 의미하는 영업비밀이 이러한 예에 속한다. 두 번째 방법은 법령이나 조약 등에 따라 발명이나 고안에 대한 소유권 및 사용권이 온전히 '나에게 있음'을 공식적으로 인정받고 다른 사람들에게도 그 사실을 알리는 것이다. 후자의 경우를 지식재산의 권리화 과정이라고 한다.

지식재산의 권리화 과정은 「특허법」, 「실용신안법」, 「상표법」, 「디자인보호법」 등의 법률이나 국제조약에 따라 일정한 절차를 거쳐 이루어지게 된다. 지식재산의 권리화 과정이 성공적으로 이루어지게 되면 지식재산에 대한 독점적 권리가 부여된다. 즉, 지식재산권은 법령 또는 조약 등에 따라 인정되거나 보호되는 지식재산에 관한 권리를 말한다. 발명, 고안, 상표, 디자인, 저작물은 각각 특허권, 실용신안권, 상표권, 디자인권, 저작권이라는 지식재산권이 된다.

지식재산이 지식재산권이 되려면 법령 및 조약에 따른 권리화 과정(절차)이 필요하다. 권리화 과정의 첫 단계를 출원(application)이라고 한다. 출원은 지식재산을 관련 법령이나 조약 등에 따라 '나의 권리로 인정하고, 보호해달라'라고 신청하는 행위이다. 물론 모든 지식재산이 지식재산권으로 보호받기 위해 정해진 절차를 거쳐야 하는 것은 아니다. 대표적으로 저작권은 저작물을 창작한 때부터 발생하며 어떠한 절차나 형식의 이행을 필요로 하지 않는다. 반면에 산업재산권에 속하는 특허권, 실용신안권, 상표권, 디자인권은 출원, 심사, 등록의 과정을 거쳐 권리가 부여되고, 인정된다.

표 10-1 지식재산과 지식재산권의 예

지식재산	지식재산권	국내 법령	국제조약
발명 (자연법칙을 이용한 기술적 사상의 창작으로 고도한 것)	특허권	특허법	• 파리협약 • 특허협력조약
고안 (자연법칙을 이용한 기술적 사상의 창작)	실용신안권	실용신안법	• 파리협약 • 특허협력조약
상표 (상품을 식별하기 위해 사용하는 기호, 문자, 도형, 소리, 냄새, 입체적 형상, 홀로그램 · 동작 또는 색채)	상표권	상표법	• 파리협약 • 마드리드 의정서
디자인 (물품 및 글자체의 형상, 모양, 색채 등)	디자인권	디자인보호법	• 파리협약 • 헤이그협정
저작물 (인간의 사상 또는 감정을 표현한 창작물로 어문, 음악, 연극, 미술, 건축, 영상, 사진, 컴퓨터프로그램 저작물 등)	저작권	저작권법	• 세계저작권협약 • 베른협약

2. 산업재산권

1) 특허권과 실용신안권

특허권, 실용신안권, 디자인권, 상표권을 포괄하여 산업재산권이라고 한다. 과거에는 공업소유권이라고도 불렸는데 산업재산권이라는 용어 자체에서도 알 수 있듯이 산업재산권에 포함되는 4개 지식재산권은 산업 활동이나 기업 활동에 있어 매우 중요하고, 활용도가 높은 지식재산권이다. 산업재산권에 포함되는 4개 지식재산권은 모두 특허청에서 출원, 심사, 등록 등의 업무를 관장하고 있다.

앞서 살펴본 바와 같이 특허권은 발명을 대상으로 한다. 발명은 크게 물건 발명과 방법 발명으로 구분되지만 이를 세분화하면 특허권으로 보호받을 수 있는 발명의 종류는 매우 많고, 기술 발달 등에 따라 점점 많아지고 있다. 예를 들어, 기계, 기구, 장치, 시설 등과 같은 물품, 화학물질, 의약품, 미생물, 식물, 유용성이 밝혀진 유전자 및 단백질, 물건의 생산 방법, 동식물의 사육 방법, 동물에 대한 진단, 수술 및 치료 방법, 영업 방법(Business Method, BM) 등 특허권의 대상이 되는 발명의 유형은 매우 다양하다. 반면에 수술기구나 진단장치 등이 아닌 사람에 대한 수술, 치료 방법 등은 의료행위에 해당하기 때문에 특허권 대상이 되지 않으며, 영업 방법의 경우에도 일반적인 사업 방법이 아니라 사업 아이디어를 컴퓨터, 인터넷 등의 정보통신기술을 이용하여 구현한 새로운 비즈니스 시스템 또는 방법만이 특허권의 대상이 된다.

실용신안권의 대상이 되는 고안은 발명과 유사하지만 실용신안권의 대상이 되는 것은 물품의 형상 · 구조 또는 조합에 관한 것으로 한정된다. 다시 말하면 화학물질, 의약품, 미생물, 생산 방법, 영업 방법 등 물질과 방법에 대한 것은 실용신안권이 아니라 특허권으로만 보호받을 수 있다. 실용신안권의 대상이 되는 것은 물품의 형상 · 구조 또는 조합에 관한 것이기 때문에 실용신안권을 받기 위해 출원서를 제출하는 경우 반드시 도면을 첨부하도록 하고 있다.

발명이 완성되면 발명자는 특허출원서를 작성하여 제출함으로써 특허권을 부여

받는 절차가 진행된다. 우리나라를 포함한 대부분의 국가가 선출원주의를 선택하고 있기 때문에 특허출원서 제출은 매우 중요한 절차이다. 선출원주의는 동일한 발명에 대하여 다른 날에 둘 이상의 특허출원이 있는 경우에는 먼저 특허출원한 자만이 그 발명에 대하여 특허를 받을 수 있다는 원칙이다.[3] 선출원주의와 비교되는 원칙이 선발명주의로 먼저 발명한 자가 그 발명에 대하여 특허를 받을 수 있는 원칙이다. 대표적으로 미국은 오랫동안 선발명주의를 선택하고 있었지만 특허법 개정을 통해 현재는 선출원주의를 채택하고 있다. 또한 출원한 모든 특허는 국방상 필요한 발명 등 비밀 취급된 일부 발명을 제외하고 1년 6개월이 경과하면 모두 공개된다. 이를 출원공개주의라고 한다.

특허출원서를 제출한 이후에는 특허청 심사관들의 심사 과정을 거친다. 우리나라의 경우 심사는 심사청구가 있을 때에만 진행되기 때문에 출원인은 특허출원일로부터 3년 이내에 심사 청구를 하여야 한다. 이 시기를 넘겨 심사를 청구하지 않는 경우 그 특허출원은 취하한 것으로 본다. 만일 특허출원인이 아닌 다른 자가 출원한 발명을 실시하고 있는 경우, 재난 예방, 복구 등 긴급한 필요성이 있는 경우에는 우선심사를 청구할 수 있다. 우선심사를 통해 신속하게 권리를 부여함으로써 특허 침해 등에 효과적으로 대응할 수 있게 하기 위해서이다.

심사 청구된 발명이 특허를 받기 위해서는 신규성, 진보성, 산업상 이용가능성이라는 세 가지 요건을 충족하여야 한다. 신규성 조건을 충족하지 못하는 경우는 이미 동일한 발명이 국내 또는 국외에서 공지되었거나 간행물에 게재된 경우, 전기통신회선을 통하여 사람들이 이용할 수 있는 발명 등이다. 특허청의 심사관은 신규성 판단을 위해 발명과 관련되는 선행기술을 조사하고, 비교함으로써 신규성을 충족하는지를 판단하게 된다.[4] 진보성은 그 발명이 속하는 기술 분야에서 통상의 지식을 가진 사람이 이미 공지된 기술로부터 용이하게 발명할 수 있는 것일 때에는 그 발명은 특허를 받을 수 없다는 것이다. 진보성 판단은 심사관과 출원인 간에 가장 논쟁이 많이 되는 특허 요건이다. 산업상 이용가능성은 특허 제도의 목적이 산업발전에 이바지하는 것이므로 산업상 이용가능성이 없는 발명은 특허를 받을 수 없다는 것이다. 산업상 이용가능성이 없는 대표적인 것은 타임머신, 무한동력장치와 같이 현실적으로 실현될 수 없는 발명, 인간에 대한 치료, 수술 등 의료행위 등이 있다.

진보성과 산업상 이용가능성

특허 요건 중 하나인 진보성을 가장 잘 설명해 주는 사례가 '지우개 달린 연필'이다. '지우개 달린 연필' 특허는 'Combination of Lead-Pencil and Eraser'라는 이름으로 1858년에 처음으로 등록(미국 특허번호 19783)되었다. 이 특허의 출원인인 하이멘 립맨(Hymen L. Lipman)은 1862년에 레켄도르퍼(J. Reckendorfer)에게 특허권을 매각하였고, 지우개 달린 연필은 히트상품이 되었다. 이후 'Faber'라는 연필 제조회사가 립맨의 특허는 연필과 지우개라는 두 물품의 단순한 조합이고, 통상의 지식을 가진 사람이 용이하게 할 수 있는 발명이기 때문에 진보성이 없다고 주장하면서 특허무효 소송을 제기하였다. 1874년 미국 연방대법원은 진보성이 없다고 판단하고 특허무효 판결을 내렸다.

산업상 이용가능성을 잘 설명해 주는 사례 중 하나는 '무한동력장치'이다. 무한동력장치는 열역학 법칙을 위배하기 때문에 현실에서는 실현될 수 없는 발명이라는 점에서 산업상 이용가능성을 인정받을 수 없다. 그러나 많은 발명자들이 무한동력장치를 개발하였다고 주장하면서 특허를 출원하고 있다. 현재 우리나라에 출원된 특허 중 무한동력장치라는 명칭을 가진 특허는 40여 개이며, 모두 거절 또는 취하되었다.

그림 10-1 지우개 달린 연필 특허(미국 특허번호 19783)의 출원서

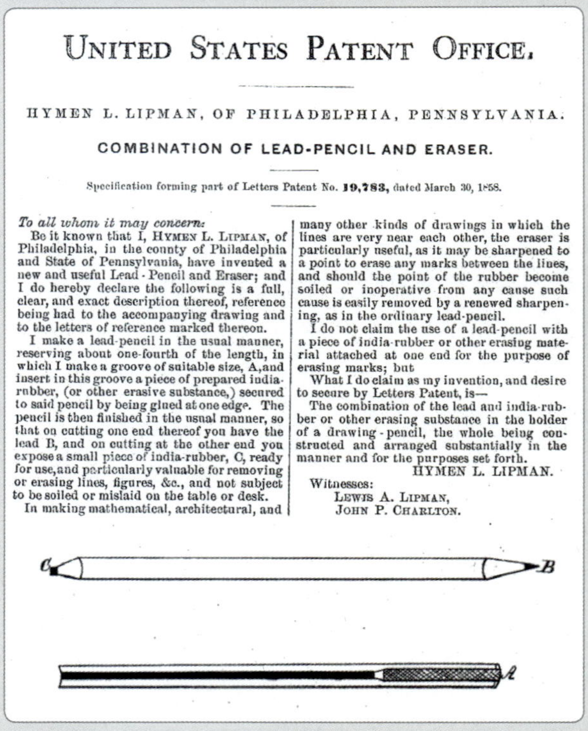

UNITED STATES PATENT OFFICE.

HYMEN L. LIPMAN, OF PHILADELPHIA, PENNSYLVANIA.

COMBINATION OF LEAD-PENCIL AND ERASER.

Specification forming part of Letters Patent No. **19,783**, dated March 30, 1858.

To all whom it may concern:

Be it known that I, HYMEN L. LIPMAN, of Philadelphia, in the county of Philadelphia and State of Pennsylvania, have invented a new and useful Lead-Pencil and Eraser; and I do hereby declare the following is a full, clear, and exact description thereof, reference being had to the accompanying drawing and to the letters of reference marked thereon.

I make a lead-pencil in the usual manner, reserving about one-fourth of the length, in which I make a groove of suitable size, A, and insert in this groove a piece of prepared india-rubber, (or other erasive substance,) secured to said pencil by being glued at one edge. The pencil is then finished in the usual manner, so that on cutting one end thereof you have the lead B, and on cutting at the other end you expose a small piece of india-rubber, C, ready for use, and particularly valuable for removing or erasing lines, figures, &c., and not subject to be soiled or mislaid on the table or desk.

In making mathematical, architectural, and many other kinds of drawings in which the lines are very near each other, the eraser is particularly useful, as it may be sharpened to a point to erase any marks between the lines, and should the point of the rubber become soiled or inoperative from any cause such cause is easily removed by a renewed sharpening, as in the ordinary lead-pencil.

I do not claim the use of a lead-pencil with a piece of india-rubber or other erasing material attached at one end for the purpose of erasing marks; but

What I do claim as my invention, and desire to secure by Letters Patent, is—

The combination of the lead and india-rubber or other erasing substance in the holder of a drawing-pencil, the whole being constructed and arranged substantially in the manner and for the purposes set forth.

HYMEN L. LIPMAN.

Witnesses:
LEWIS A. LIPMAN,
JOHN P. CHARLTON.

출처 미국특허상표청(https://www.uspto.gov/patents/search) 검색 결과.

특허심사를 거쳐 특허등록이 결정되면 특허권의 설정등록이 이루어진다. 특허권자는 처음 3년분의 특허료를 내야 하고, 그다음 해부터는 매년 1년분씩(수년분의 특허

료를 한꺼번에 내는 것도 가능) 특허료를 내야 권리가 유지된다. 특허권의 존속기간은 특허권을 설정등록한 날부터 특허출원일 후 20년이 되는 날까지이다.

그림 10-2 특허 출원, 심사, 등록 절차

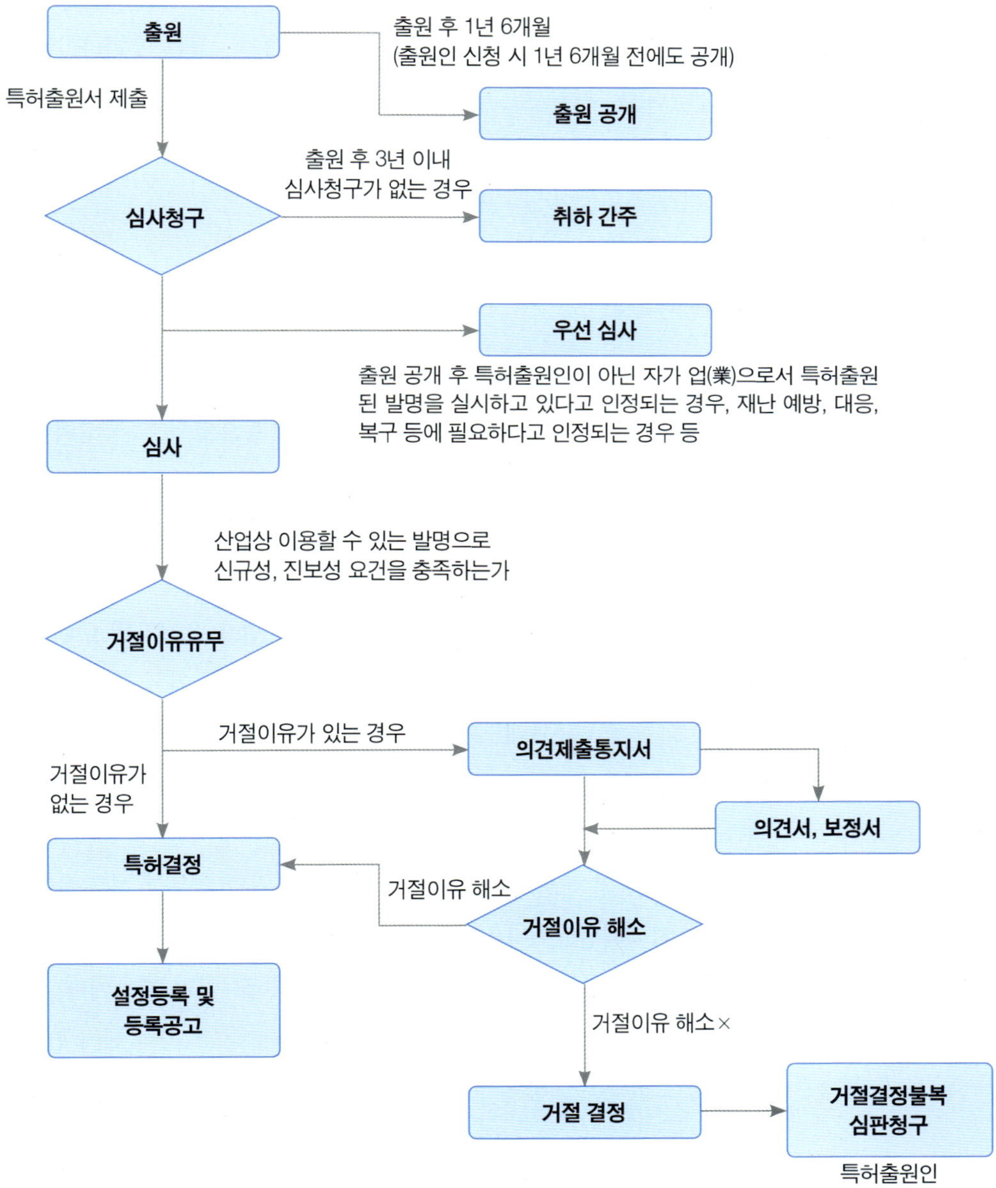

실용신안권은 존속기간(실용신안권을 설정등록한 날부터 실용신안 등록출원일 후 10년이 되는 날까지) 등 일부 내용을 제외하면 실용신안권을 받기 위한 출원, 심사, 등록 등의 절차와 제도는 특허권과 대부분 동일하다. 우리나라와 같이 특허권과 실용신안권 제도를 별도로 운영하는 국가들도 있지만 이를 구분하지 않고 하나의 제도로 운영하는 나라도 있다. 예를 들어, 중국, 일본, 독일 등은 실용신안 제도를 운영하고 있으며, 미국은 'utility patent'라는 단일 제도를 운영하고 있다. 물론 우리나라에서 실용신안으로 출원했다고 하더라도 미국에 특허로 출원하는 것은 가능하다. 특허권 외에 실용신안권 제도를 별도로 운영하는 것은 개인이나 중소기업의 개량발명, 소발명을 보호, 장려하기 위함이라고 할 수 있다.

2) 상표권과 디자인권

상표는 자기의 상품과 타인의 상품을 식별하기 위하여 사용하는 기호, 문자, 도형, 소리, 냄새, 입체적 형상, 홀로그램 · 동작 또는 색채 등으로서 그 구성이나 표현방식에 상관없이 상품의 출처를 나타내기 위하여 사용하는 모든 표시를 말한다(「상표법」 제2조). 이러한 상표의 정의와 관련하여 자주 언급되는 질문이 상표(Trademark)와 브랜드(Brand)의 차이에 관한 것이다. 상표와 브랜드는 사실상 동의어에 가깝다고 할 수 있다. 다만, 상표가 상품의 식별 기능에 중점을 둔 법률 용어라면 브랜드는 타인의 상품과의 식별 기능뿐만 아니라 상품군 및 기업의 고유한 가치 및 이미지를 포괄하는 용어라고 할 수 있다. 브랜드의 개념상 개별 브랜드 외에 공동 브랜드, 기업 브랜드 등이 있기 때문에 상표를 브랜드의 하위요소로 보는 시각도 있다.

상표권은 다른 상품과의 식별 및 이를 통한 상표 사용자의 업무상 신용 유지를 위해 반드시 필요한 지식재산권이다. 상표권이 제대로 보호받지 못한다면 상품을 제조, 판매하는 공급자뿐만 아니라 소비자도 피해를 받을 수 있기 때문이다. 상품의 식별을 위해 사용하는 상표 외에 단체 표장(예: 대한한의사협회), 지리적 표시 단체표장(예: 예산사과), 증명표장(예: 태안군품질인증), 업무표장(예: 한국광기술원) 등이 있다.

상표권은 특허권, 실용신안권과 마찬가지로 선출원주의가 적용되기 때문에 동일 · 유사한 상품에 사용할 동일 · 유사한 상표에 대하여 다른 날에 둘 이상의 상표등록출원이 있는 경우에는 먼저 출원한 자만이 그 상표를 등록받을 수 있다.[5] 상표는 상품을 식별하는 기능을 하기 때문에 상표출원인은 반드시 상표를 사용할 1개 이상의 상품류를 지정하여 출원하여야 한다. 우리나라 법령상 현재 상품류는 45개로 구분되어 있다.

상표권은 별도의 심사청구가 필요 없으며, 출원한 순서에 따라 특허청의 심사가 이루어진다. 상표로 등록받기 위해서는 적극적 요건과 소극적 요건을 충족하여야 한다. 적극적 요건이란 식별력이 있어야 한다는 것이다. 컴퓨터, 청량음료 등과 같이 보통명칭만으로 된 상표, 무공해, 청정, 정밀가공 등 품질, 원재료, 생산 방법 등을 표현하는 방법만으로 된 상표, 금강산, 백두산, 뉴욕 등과 같이 지리적 명칭이나 지도만으로 된 상표 등은 식별력이 없다고 보고 상표등록을 받을 수 없다. 소극적 요건은 상표가 상품의 식별력을 가지고 있다고 하더라도 상표권을 부여하는 경우 공익상 또는 타인의 이익을 침해하는 경우에는 상표등록을 받을 수 없다는 것이다. 대표적으로 국가, 인종, 민족, 공공단체, 종교 등을 비방 또는 모욕할 우려가 있는 상표, 외설적인 도형이나 문자와 같은 선량한 풍속에 어긋나는 상표 등은 등록을 받을 수 없다.

특허청 심사관이 상표등록출원에 대하여 거절이유를 발견할 수 없는 경우에 출원공고라는 절차를 거치게 된다. 출원공고 제도는 상표권을 설정등록하기 전에 2개월간 일반에게 공개하여 공중심사가 이루어질 수 있도록 하고 이의 신청을 할 수 있게 하는 제도로 상표의 중요성과 영향력을 고려하여 심사의 공정을 얻기 위한 행정절차이다. 출원공고 과정을 거쳐 상표권이 부여되며, 상표권의 존속기간은 설정등록이 있는 날부터 10년이다. 상표권자는 갱신등록신청을 통해 매 10년씩 갱신할 수 있기 때문에 사실상 반영구적인 권리라고 할 수 있다.

「디자인보호법」에 따르면 디자인은 물품의 형상, 모양, 색채 또는 이들을 결합한 것으로 시각을 통하여 미감을 일으키게 하는 것이다. 디자인권으로 보호하는 디자인의 대상은 물품, 물품의 부분, 글자체이다. 그 자체를 물품으로 인정하는 글자체를 제외하면 디자인권은 물품을 떠나서는 존재하지 않으며, 구체적인 형태를 가지고 있어야 한다. 따라서 물품성, 형태성, 시각성, 심미성은 디자인권의 대상이 되는 디자인의 성립요건이라고 할 수 있다. 따라서 디자인등록을 받기 위해 디자인등록출원서를 특허청에 제출하는 경우 디자인의 대상이 되는 물품 및 물품류를 기재하여야 한다.

다른 산업재산권과 마찬가지로 디자인권의 경우에도 선출원주의가 적용된다. 디자인등록출원은 출원일 순서로 심사가 진행되며, 앞서 살펴본 성립요건(물품성, 형태성, 시각성, 심미성)과 함께 등록요건(공업상 이용가능성, 신규성, 창작 비용이성 등)을 중심으로 심사가 이루어진다.

공업상 이용가능성은 공업적 생산 방법에 의하여 동일한 형태의 물품이 양산될 수 있어야 한다는 것을 의미하며 신규성은 디자인등록출원 전에 국내 또는 국외에서 공지되었거나 간행물에 게재된 경우, 전기통신회선을 통하여 사람들이 이용할 수 있는 디자인은 등록받을 수 없다는 것이다. 창작 비용이성은 디자인이 속하는 분야에서 통상의 지식을 가진 사람이 이미 공지된 디자인 또는 디자인들의 결합 등을 통해 쉽게 창작할 수 있는 디자인이라면 등록받을 수 없다는 것이다.

특허청의 심사를 거쳐 디자인등록출원에 대하여 거절이유를 발견할 수 없을 때에는 디자인권 등록이 이루어진다. 특허권과 마찬가지로 디자인권 설정등록을 위해서는 3년분의 디자인등록료를 내야 하고, 그다음 해부터는 매년 1년분씩(수년분의 등록료를 한꺼번에 내는 것도 가능) 등록료를 내어야 권리가 유지된다. 디자인권의 존속기간은 디자인권을 설정등록한 날부터 발생하여 디자인등록출원일 후 20년이 되는 날까지이다.

3. 저작권과 영업비밀

1) 저작권

저작권의 보호 대상은 인간의 사상 또는 감정을 표현한 창작물인 저작물(어문, 음악, 연극, 미술, 건축, 사진, 영상, 도형, 컴퓨터프로그램 저작물 등)과 저작물을 창작한 저작자이다. 저작권은 저작물의 이용으로부터 발생하는 경제적 이익을 보호하기 위한 저작재산권과 저작물을 창작한 저작자에게 부여되는 저작인격권으로 분류된다. 저작재산권에는 저작물에 대한 복제권, 공연권, 공중송신권, 전시권, 배포권, 대여권, 2차적 저작물 작성권이 포함되며, 저작자에게 부여되는 저작인격권에는 공표권, 성명표시권, 동일성유지권이 포함된다. 저작인격권은 다른 사람에게 양도되거나 상속되지 않는 반면에 저작재산권은 전부 또는 일부를 양도할 수 있으며, 다른 사람에게 저작물의 이용을 허락할 수 있다. 저작재산권은 상속되며 상속인이 없는 경우에는 국가에 귀속된다.

저작재산권의 보호기간은 영상저작물 등 일부 예외가 있지만 원칙적으로 저작자가 생존하는 동안과 사망한 후 70년간 존속한다. 공동저작물의 저작재산권은 맨 마지막으로 사망한 저작자가 사망한 후 70년간 존속한다. 반면에 저작자가 누구인지 알려지지 않은 저작물의 저작재산권은 공표된 때부터 70년간 존속한다.

산업재산권과 달리 저작권은 저작물을 창작한 때부터 발생하며 권리 부여를 위한 별도의 절차가 필요하지 않다. 다만, 저작권 등록을 통해 저작권 보호를 보다 효과적으로 할 수 있다. 저작자는 저작자의 이름, 주소, 저작물의 종류, 창작일, 공표일 등을 등록할 수 있으며, 저작재산권의 양도 등의 사항도 등록할 수 있다. 저작권 등록은 저작권위원회의 저작권등록부에 기록함으로써 이루어진다.

저작인격권, 저작재산권과 구별되는 권리로 저작인접권이 있다. 저작자나 저작물에 대해 인정되는 권리인 저작인격권, 저작재산권과 달리 저작인접권은 저작물을 직접 실연하거나 방송하는 등의 방법으로 공중에게 전달하는 사람에 대해 인정되는 권리이다. 우리나라 「저작권법」은 실연자, 음반제작자, 방송사업자, 데이터베이스제작자 등에게 저작인접권을 인정하고 있다.

2) 영업비밀

앞서 살펴본 것과 같이 여러분이 새로운 아이디어, 발명, 기술을 개발했다고 할 때 발명이나 기술을 통해 얻을 수 있는 경제적 이익을 온전히 여러분이 얻을 수 있도록 하기 위해서 지식재산권을 획득하는 절차를 밟을 수 있다. 동시에 여러분의 선택에 의해 다른 사람이 발명이나 기술의 내용을 알지 못하게 비밀로 관리할 수 있다. 영업 활동에 유용한 기술상 또는 경영상의 정보를 의미하는 영업비밀로 관리하는 것이다.

영업비밀이란 공공연히 알려져 있지 않고 독립된 경제적 가치를 가지는 것으로서, 비밀로 관리된 생산 방법, 판매 방법, 그 밖에 영업 활동에 유용한 기술상 또는 경영상의 정보를 의미한다(「부정경쟁방지 및 영업비밀보호에 관한 법률」 제2조). 특허와는 달리 영업비밀은 공개되어 있지 않기 때문에 영업비밀로 인정받기 위해서 창업가, 기업 등은 영업비밀의 성립요건을 이해하고 영업비밀로 인정받기 위한 노력이 필요하다고 할 수 있다.

영업비밀이 성립되기 위해서는 비공지성, 경제적 유용성, 비밀관리성의 3가지 요건을 충족하여야 한다. 비공지성이란 공개되지 않은 비밀상태로 관리되어야 한다는 것이고, 경제적 유용성은 영업비밀 보유자가 시장에서 특정한 정보의 사용을 통해 경제상의 이익을 얻을 수 있거나 취득, 개발하는 데 상당한 비용이나 노력이 필요한 경우를 의미한다. 비밀관리성은 통상적인 방법으로 타인이 용이하게 입수할 수 없도록 비밀로 유지되어야 한다는 것이다.

타인의 영업비밀을 침해하는 행위는 건전한 거래질서를 무너뜨리는 일이기 때문에 영업비밀 침해행위에 대해서는 금지청구권, 손해배상 책임, 신용회복 등 다양한 조치를 취할 수 있도록 되어 있다. 또한 영업비밀의 효과적인 보호를 위해 영업비밀 원본증명 제도를 시행하고 있다. 영업비밀 원본증명은 영업비밀 보유자가 영업비밀이 포함된 전자문서의 원본 여부를 증명받기 위하여 영업비밀 원본증명기관에 그 전자문서로부터 추출된 고유의 식별값을 등록하는 제도이다. 영업비밀의 도용, 유출 등으로 영업비밀 보유자가 해당 영업비밀 보유에 대한 입증이 필요한 경우에 활용할 수 있다.

영업비밀로 관리할 것인가, 지식재산권 획득 절차를 밟을 것인가는 온전히 창업가, 기업 등의 선택에 달려 있다. 다만, 권리 보호나 행사에 있어 각각의 방식이 갖는 장점과 단점이 명확하기 때문에 보호하려는 권리의 대상이 어떤 특성이 있는지를 검토하여 가장 적합한 권리보호 방식을 선택하여야 한다. 예를 들어, 공개 시 모방이 쉽고, 권리자가 아닌 제3자가 그것을 사용하고 있다는 것을 입증하기 어려운 경우라면 영업비밀로 관리하는 것이 더 적합하다고 할 수 있다. 일반적으로 제품혁신보다는 공정혁신과 관련된 경우에 영업비밀로 관리하는 비율이 상대적으로 더 높다고 할 수 있다.

제 2 절 성공의 이유, 실패의 원인: 지식재산권

지식재산권은 지식재산에 대한 독점적 권리를 특정 개인, 기업, 대학, 연구기관 등에게 부여하고, 이를 인정, 보호하는 제도(법령, 조약 등)에 따라 얻어진 결과물이다. 지식재산에 대한 독점적 권리를 부여하는 것이 경제 및 산업 발전, 사회후생 증대에 기여하는 것인지에 대해서는 여전히 논쟁이 되고 있다. 여기에서는 거시적인 측면에서 지식재산권과 경제발전, 사회후생 간의 관계를 살펴보고 조금 범위를 좁혀서 기업가치와 경쟁력 측면에서 지식재산권의 양면성에 대해서 학습한다. 마지막으로 고프로(GoPro)와 티켓몬스터의 사례를 통해서 지식재산권 확보 및 활용의 중요성을 살펴본다.

1. 지식재산권의 양면성: 거시적 측면

지식재산권 제도가 경제 및 산업 발전, 사회후생 증진에 기여하는지에 대한 탐구는 오랫동안 지속되어 왔지만 여전히 논쟁이 되고 있는 주제 중 하나이다. 특허 제도로 좁혀 살펴보면 19세기 유럽에서는 자유무역운동의 영향으로 인위적인 독점을 반대하는 반특허운동이 확산되었다. 이에 따라 네덜란드, 스위스 등이 특허법을 폐지하였다가 다시 채택하기도 하였다. 미국의 경우에도 1970년대 후반까지는 특허권 보호보다 독점 규제에 초점을 두면서 특허권에 따른 독점적 권리 부여에 대해서 회의적인 입장이 더 우세하였다. 그러나 1980년대 이른바 쌍둥이 적자(재정 및 무역수지 적자)를 겪으면서 경쟁력 회복을 위해 친(親)특허(Pro-patent) 정책을 추진하게 되었다.

많은 국가들이 지식재산권 제도를 강화하는 방향으로 나아가고 있지만 여전히 지식재산권의 양면성을 고려하면서 정책을 추진해 가고 있다. 예를 들어, 특허권의 양면성에 대해서는 지금도 의약품 등을 중심으로 논쟁이 되고 있다. 특허 제도가 기술의 발전 및 사회적 확산을 저해하는 요소라고 비판하는 사람들은 그 근거로 특허권 때문에 기술이 제품화되지 못하거나 기술료 부담 때문에 고가의 제품에만 적용되다가 특허기간이 만료된 이후에 비로소 시장이 형성 또는 확장된 사례를 제시한다. 3D프린터도 이와 같은 사례의 하나라고 볼 수 있다. 3D프린팅 기술은 이미 1980년대에 개발되었지만 기술개발 후 30여 년 동안 시장이 크게 활성화되지는 못하고 있었다. 오히려 핵심 특허권 만료 이후 오픈소스 프로젝트가 가능해졌으며, 그 결과로 3D프린터 시장이 성장할 수 있었다. 2016년 에이즈 및 각종 전염병 치료에 사용되어 온 다라프림(Daraprim)의 특허권을 매입한 뒤 가격을 50배 인상하였던 튜링(Turing Pharmaceuticals)의 CEO 마틴 슈크렐리(Martin Shkreli) 사례도 특허권이 사회후생 증진에 기여하는지에 대한 회의적 시각을 불러일으켰다. 헤지펀드 매니저였던 슈크렐리는 튜링 제약사를 설립하고 2015년 8월에 다라프림 특허권을 5,500만 달러에 매입하였다. 이렇게 확보한 특허권을 바탕으로 슈크렐리는 약 값을 13.5달러에서 750달러로 올렸다. 이러한 결정에 대해 수많은 사람들이 특수의약품 시장에서 상식을 벗어난 폭리 추구 행위라고 비판하였다.

그러나 특허권을 포함한 지식재산권 제도는 혁신에 대한 동기 부여, 기술지식의 확산 촉진 등을 통해 혁신 활동을 증가시키고 결과적으로 제품혁신, 공정혁신을 통한 생산성 증가, 경제성장에 기여한다는 것도 분명한 사실이다. 특허법의 목적 자체가 발명을 보호 · 장려하고 그 이용을 도모함으로써 기술의 발전을 촉진하여 산업발전에 이바지하는 데 있다. 또한 특허권을 보유한 경제주체가 그렇지 않은 경제주체보다 더 높은 기술혁신 성과, 경제적 성과를 창출한다는 연구들도 많이 있다.

정리하면 결국 지식재산권의 긍정적, 부정적 특성은 개별 경제주체의 관점에서 볼 것인가 경제 및 사회 전체 관점에서 볼 것인가에 따라 달라진다는 것이다. 특허권을 보유한 경제주체가 더 높은 기술혁신 성과, 경제적 성과를 창출하지만 반대로 특허권을 보유하지 못하고 있거나 소규모로 보유하고 있는 경제주체들이 상대적으로 낮은 기술혁신 성과 또는 경제적 성과를 얻고, 이것이 지식재산권 보유자들의 과도한 권리행사와 이에 따른 혁신의 비용 증대에 기인하는 것이라면 경제 및 사회 전체로 보았을 때 특허권이 긍정적 영향을 미쳤다고 보기는 어려울 것이다.[6)]

따라서 개별 경제주체는 지식재산권 제도의 양면성을 명확히 이해하고 지식재산권을 통해 얻을 수 있는 긍정적 효과를 최대화하면서 동시에 위험을 회피하는 전략 수립이 필요하다. 정부 또한 지식재산권 제도의 양면성이 서로 조화를 이루고, 지식재산권이 생산적 기업가정신의 실천 도구로 활용될 수 있도록 지원하는 것이 과제가 될 것이다. 강제실시제도는 이러한 사례 중 하나이다. 강제실시 제도는 특허를 실시하여야 할 공익적인 필요가 있는 경우 특허권자의 의사에 관계없이 행정처분 등을 거쳐 제3자로 하여금 이를 실시하게 하고 특허권자에게 보상을 제공하는 제도로 공익과 사익의 조화 또는 공익을 위해 사익을 일시적으로 제한하는 제도이다.

2. 지식재산권의 양면성: 기업가치와 경쟁 측면

기업의 가치와 경쟁력은 여러 가지 요소에 영향을 받는다. CEO를 포함한 경영진의 역량, 사업 모델의 안정성, 기업이 보유한 유형자산의 가치, 시장에서의 경쟁상황 등 다양한 요소들이 기업의 현재 및 미래 가치를 결정하고, 기업의 경쟁력에 영향을 미친다고 할 수 있다. 그렇다면 지식재산권이 기업가치 및 경쟁력에 미치는 영향은 어느 정도일까? 기업가치에 영향을 주는 다양한 요인 중 특허에 주목한 초기 연구의 대표적인 사례로 그릴리치스(Griliches, 1981)의 연구를 들 수 있다.[7] 그릴리치스는 미국 기업을 대상으로 패널분석을 통해 특허 건수와 기업의 시장가치가 밀접한 관련이 있다고 분석하였다. 이후에 지식재산권이 기업가치 또는 경쟁력에 미치는 영향에 대한 다양한 연구들이 진행되었다. 기업이 속해 있는 산업이나 주력 제품의 유형 등에 따라 조금씩 차이가 있을 수는 있지만, 결론은 과거 그 어느 때보다 지식재산권이 기업가치와 경쟁력에 미치는 영향이 커졌다는 것이다. 이는 기업가치에서 무형자산, 특히 지식재산권이 차지하는 비중이 지속적으로 높아지고 있기 때문이다. 또한 기업이 시장에서 경쟁력을 유지 또는 확대하거나 신규기업 진입에 따른 시장점유율 하락, 특허침해 소송 등 미래 불확실성을 낮추기 위해 특허, 상표와 같은 지식재산권 확보의 중요성이 커지고 있기 때문이다.[8] 지식재산권은 기업의 가치를 높이고, 경쟁력을 높이기 위해 기업가가 반드시 알아야 하고, 적극적으로 활용해야 할 필수요소가 되고 있다. 반대로 필요한 지식재산권을 확보하지 못하거나 제대로 관리하지 못한다면 기업의 가치 및 경쟁력에 심각한 문제가 발생할 수 있고, 나아가 기업이 경영 활동을 지속하는 것 자체에 큰 위협이 될 수 있다. 이어 소개할 고프로(GoPro)와 티켓몬스터의 사례는 기업가치와 경쟁력, 나아가 경영 활동의 지속이라는 측면에서 지식재산권 확보 및 관리의 중요성을 보여주는 하나의 사례이다.

3. 고프로(GoPro)와 티켓몬스터 사례

고프로(GoPro) 창업자(창업 당시 회사명은 Woodman Labs, Inc)인 닉 우드먼(Nick Woodman)이 서핑 마니아(mania)이고, 사업 실패 후 재충전을 위해 서핑 여행을 떠나서 얻게 된 아이디어로 고프로가 탄생하게 되었다는 것은 많은 사람들에게 알려져 있다. 실제로 우드먼은 다른 서퍼들과 마찬가지로 일회용 방수 카메라를 손바닥에 고무줄로 묶어서 사용했는데, 카메라가 파도에 휩쓸려 잃어버리는 등의 불편함을 보완할 수 있는 방법을 고민하였고 그 결과로 2004년 특허를 한 건 출원하게 된다. 'Harness system for attaching camera to user(사용자에 카메라를 붙이기 위한 장비 시스템)'이라는 이름의 특허(미국 특허등록번호 06955484)를 바탕으로 2004년 방수형 플라스틱 케이스에 작은 카메라를 담아낸 형태의 첫 번째 고프로 제품이 시장에 출시되었다. 이후 고프로는 Mount system for attaching camera to a sport board(미국 특허등록번호 08014656), Camera housing with integrated expansion module(미국 특허등록번호 08199251), Wireless camera housing illuminators(미국 특허등록번호 09030606) 등의 특허를 출원, 등록하였고, 신제품 출시를 통해 매출액과 기업가치를 빠르게 증가시켜 2014년에는 나스닥에 상장되었다.

취미 생활이 새로운 발명과 제품 개발, 기업 설립으로 이어졌고 첫 제품 출시 이후 10년 만에 나스닥에 상장을 하게 된 것이다. 고프로의 성장은 성공한 기업들에서 발견할 수 있는 여러 가지 요인들이 복합적으로 작용한 결과이지만 무엇보다도 사업기회를 발견하고, 이를 특허와 제품으로 구체화한 창업자 닉 우드먼의 열정과 도전정신이 밑바탕에 있다고 할 수 있다. 그런데 2015년 1월 14일 고프로의 주가가 12.17% 하락하는 일이 발생하였다.

원인은 애플(Apple)의 특허등록이었다. 애플은 2012년 3월 12일에 'Digital camera system having remote control(리모콘을 가지는 디지털 카메라 시스템)'이라는 이름의 특허를 출원하였는데 이 특허가 2015년 1월 13일에 등록(미국 특허등록번호 08934045)된 것이다. 특허 등록과 함께 애플이 곧바로 착용형 카메라 제품을 출시하지는 않을 것이라는 전망이 있었음에도 고프로의 주가는 크게 하락하였다. 특히, 애플은 특허에 고프로의 제품인 HD Hero 2 카메라의 문제점을 지적하면서 기술적으로 진일보한 발명임을 제시하였다. 애플은 특허명세서를 통해 발명의 배경을 설명하면서 "GOPRO의 HD Hero 2 카메라는 카메라의 앞쪽으로부터 바깥쪽으로 뻗는 광학적 축을 이용하는 단일 이미지 캡처 시스템만을 쓰기 때문에 공기 저항이 지나치게 커질 수 있

그림 10-3 고프로 초기 특허(미국 특허 06955484)와 애플 특허(미국 특허 08934045)

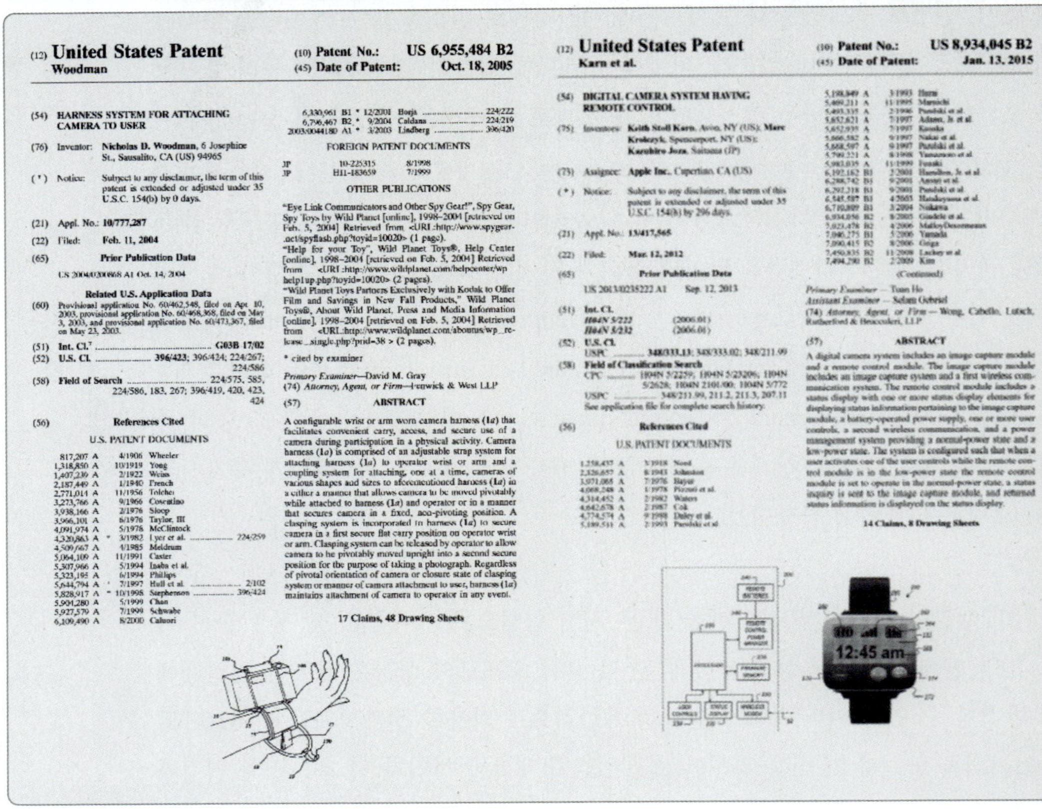

(12) **United States Patent**
Woodman

(10) **Patent No.: US 6,955,484 B2**
(45) **Date of Patent: Oct. 18, 2005**

(54) HARNESS SYSTEM FOR ATTACHING CAMERA TO USER

(76) Inventor: Nicholas D. Woodman, 6 Josephine St., Sausalito, CA (US) 94965

(*) Notice: Subject to any disclaimer, the term of this patent is extended or adjusted under 35 U.S.C. 154(b) by 0 days.

(21) Appl. No.: 10/777,287

(22) Filed: Feb. 11, 2004

(65) Prior Publication Data

US 2004/0200868 A1 Oct. 14, 2004

Related U.S. Application Data

(60) Provisional application No. 60/462,548, filed on Apr. 10, 2003, provisional application No. 60/468,368, filed on May 3, 2003, and provisional application No. 60/473,367, filed on May 23, 2003.

(51) Int. Cl.[7] G03B 17/02

(52) U.S. Cl. 396/423; 396/424; 224/267; 224/586

(58) Field of Search 224/575, 585, 224/586, 183, 267; 396/419, 420, 423, 424

(56) References Cited

U.S. PATENT DOCUMENTS

6,330,961 B1 * 12/2001 Borja 224/222
6,796,467 B2 * 9/2004 Caldana 224/219
2003/0044180 A1 * 3/2003 Lindberg 396/420

FOREIGN PATENT DOCUMENTS

JP 10-225315 8/1998
JP H11-183659 7/1999

OTHER PUBLICATIONS

"Eye Link Communicators and Other Spy Gear!", Spy Gear, Spy Toys by Wild Planet [online], 1998–2004 [retrieved on Feb. 5, 2004] Retrieved from <URL:http://www.spygear.net/spyflash.php?toyid=10020> (1 page).
"Help for your Toy", Wild Planet Toys®, Help Center [online], 1998–2004 [retrieved on Feb. 5, 2004] Retrieved from <URL:http://www.wildplanet.com/helpcenter/wp help1up.php?toyid=10020> (2 pages).
"Wild Planet Toys Partners Exclusively with Kodak to Offer Film and Savings in New Fall Products," Wild Planet Toys®, About Wild Planet, Press and Media Information [online], 1998–2004 [retrieved on Feb. 5, 2004] Retrieved from <URL:http://www.wildplanet.com/aboutus/wp_release_single.php?prid=38 > (2 pages).

* cited by examiner

Primary Examiner—David M. Gray
(74) *Attorney, Agent, or Firm*—Fenwick & West LLP

(57) **ABSTRACT**

A configurable wrist or arm worn camera harness (1a) that facilitates convenient carry, access, and secure use of a camera during participation in a physical activity. Camera harness (1a) is comprised of an adjustable strap system for attaching harness (1a) to operator wrist or arm and a coupling system for attaching, one at a time, cameras of various shapes and sizes to aforementioned harness (1a) in a either a manner that allows camera to be moved pivotably while attached to harness (1a) and operator or in a manner that secures camera in a fixed, non-pivoting position. A clasping system is incorporated in harness (1a) to secure camera in a first secure flat carry position on operator wrist or arm. Clasping system can be released by operator to allow camera to be pivotably moved upright into a second secure position for the purpose of taking a photograph. Regardless of pivotal orientation of camera or closure state of clasping system or manner of camera attachment to user, harness (1a) maintains attachment of camera to operator in any event.

17 Claims, 48 Drawing Sheets

(12) **United States Patent**
Karn et al.

(10) **Patent No.: US 8,934,045 B2**
(45) **Date of Patent: Jan. 13, 2015**

(54) DIGITAL CAMERA SYSTEM HAVING REMOTE CONTROL

(75) Inventors: Keith Stoll Karn, Avon, NY (US); Marc Krolczyk, Spencerport, NY (US); Kazuhiro Jozu, Saitama (JP)

(73) Assignee: Apple Inc., Cupertino, CA (US)

(*) Notice: Subject to any disclaimer, the term of this patent is extended or adjusted under 35 U.S.C. 154(b) by 296 days.

(21) Appl. No.: 13/417,565

(22) Filed: Mar. 12, 2012

(65) Prior Publication Data

US 2013/0235222 A1 Sep. 12, 2013

(51) Int. Cl.
H04N 5/222 (2006.01)
H04N 5/232 (2006.01)

(52) U.S. Cl.
USPC 348/333.13; 348/333.02; 348/211.99

(58) Field of Classification Search

(56) References Cited

U.S. PATENT DOCUMENTS

(Continued)

Primary Examiner — Tuan Ho
Assistant Examiner — Selam Gebriel
(74) *Attorney, Agent, or Firm* — Wong, Cabello, Lutsch, Rutherford & Brucculeri, LLP

(57) **ABSTRACT**

A digital camera system includes an image capture module and a remote control module. The image capture module includes an image capture system and a first wireless communication system. The remote control module includes a status display with one or more status display elements for displaying status information pertaining to the image capture module, a battery-operated power supply, one or more user controls, a second wireless communication, and a power management system providing a normal-power state and a low-power state. The system is configured such that when a user activates one of the user controls while the remote control module is in the low-power state the remote control module is set to operate in the normal-power state, a status inquiry is sent to the image capture module, and returned status information is displayed on the status display.

14 Claims, 8 Drawing Sheets

출처 특허정보검색서비스(www.kipris.or.kr) 검색 결과.

으며 떨림에 의해 쉽게 손상이 되거나 이미지 아티팩트가 생길 우려가 있음"이라고 적시하였다. 기업가치의 변동은 수많은 요인들이 복합적으로 작용한 결과이기 때문에 특허 1건 등록의 영향을 과대평가했다는 의견도 있을 수 있을 것이다. 그러나 고프로의 주가하락은 주력 제품과 밀접한 관련이 있고, 그 제품의 문제점을 개선한 새로운 기술이 특허로 등록되었을 때 시장에서 기업의 미래가치를 어떻게 판단하는가를 보여주는 대표적인 사례라는 것은 분명한 사실이다.

우리나라의 대표적인 소셜커머스 업체인 티몬(창업 당시 회사명은 티켓몬스터)은 2010년 5월 사업을 시작하였다. 창업 당시 20대였던 신현성 대표는 쿠폰과 원어데이몰(One-a-Day Mall)이라는 사업 모델의 가능성을 확인하고 공동 창업자들과 함께 티켓몬스터를 창업하였다. 2010년 5월 10일 사이트를 오픈하고, 5월 25일에 특허청에 티켓몬스터(출원번호 4120100013388), 티몬(출원번호 4120100013391), Ticket Monster(출원번호 4120100013389), TMON(출원번호 4120100013390) 등 4건의 상표를 출원하였다. 이 과정에서 누군가가 2010년 5월 11일에 먼저 티켓몬스터 명칭과 몬스터 캐릭터 그림을 상표로 출원(출원번호 4120100012173)한 것을 알게 되었다. 티켓몬스터 입장에서는 당황스럽고 억울하다고 할 수 있는 상황이었지만 선출원주의를 채택하고 있는 우리나라에서는 상표권을 받을 수 있는 권리가 먼저 출원한 개인에게 있었다.

그림 10-4 티켓몬스터 상표공보

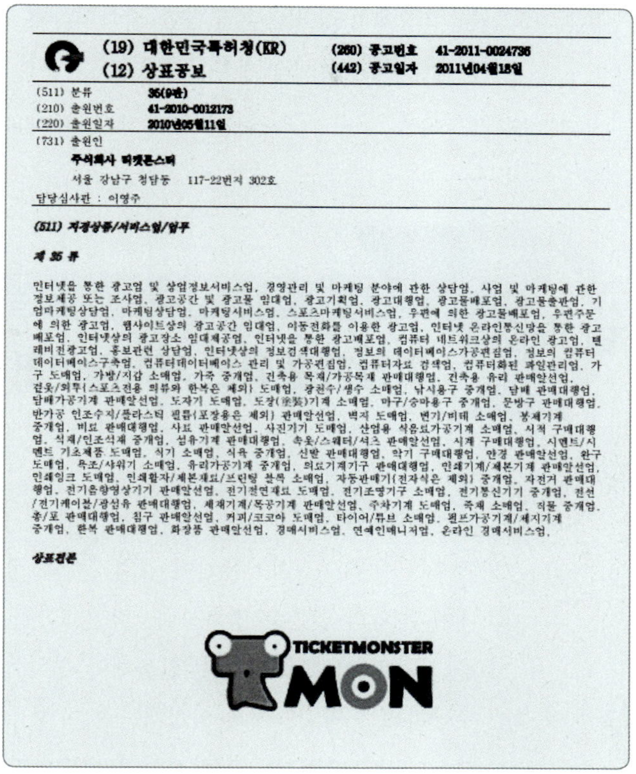

(19) 대한민국특허청(KR)
(12) 상표공보
(260) 공고번호 41-2011-0024736
(442) 공고일자 2011년04월18일

(511) 분류 35(9판)
(210) 출원번호 41-2010-0012173
(220) 출원일자 2010년05월11일

(731) 출원인
주식회사 티켓몬스터
서울 강남구 청담동 117-22번지 302호
담당심사관 : 이영주

(511) 지정상품/서비스업/업무

제 35 류

인터넷을 통한 광고업 및 상업정보서비스업, 경영관리 및 마케팅 분야에 관한 상담업, 사업 및 마케팅에 관한 정보제공 또는 조사업, 광고공간 및 광고물 임대업, 광고기획업, 광고대행업, 광고물배포업, 광고물출판업, 기업마케팅상담업, 마케팅상담업, 마케팅서비스업, 스포츠마케팅서비스업, 우편에 의한 광고물배포업, 우편주문에 의한 광고업, 웹사이트상의 광고공간 임대업, 이동전화를 이용한 광고업, 인터넷 온라인통신망을 통한 광고배포업, 인터넷상의 광고장소 임대제공업, 인터넷을 통한 광고배포업, 컴퓨터 네트워크상의 온라인 광고업, 텔레비전광고업, 홍보관련 상담업, 인터넷상의 정보검색대행업, 정보의 데이터베이스가공편집업, 정보의 컴퓨터데이터베이스구축업, 컴퓨터데이터베이스 관리 및 가공편집업, 컴퓨터자료 검색업, 컴퓨터화된 파일관리업, 가구 도매업, 가방/지갑 소매업, 가죽 중개업, 건축용 목재/가공목재 판매대행업, 건축용 유리 판매알선업, 겉옷/외투(스포츠전용 의류와 한복은 제외) 도매업, 광천수/생수 소매업, 낚시용구 중개업, 담배 판매대행업, 담배가공기계 판매알선업, 도자기 도매업, 도장(塗裝)기계 소매업, 마구/승마용구 중개업, 문방구 판매대행업, 반가공 인조수지/플라스틱 필름(포장용은 제외) 판매알선업, 벽지 도매업, 변기/비데 소매업, 봉제기계 중개업, 비료 판매대행업, 사료 판매알선업, 사진기기 도매업, 산업용 식음료가공기계 소매업, 서적 구매대행업, 석재/인조석재 중개업, 섬유기계 판매대행업, 속옷/스웨터/셔츠 판매알선업, 시계 구매대행업, 시멘트/시멘트 기초제품 도매업, 식기 소매업, 식육 중개업, 신발 판매대행업, 악기 구매대행업, 안경 판매알선업, 완구 도매업, 욕조/샤워기 소매업, 유리가공기계 중개업, 의료기계기구 판매대행업, 인쇄기계/제본기계 판매알선업, 인쇄잉크 도매업, 인쇄활자/제본재료/프린팅 블록 소매업, 자동판매기(전자식은 제외) 중개업, 자전거 판매대행업, 전기음향영상기기 판매알선업, 전기절연재료 도매업, 전기조명기구 소매업, 전기통신기기 중개업, 전선/전기케이블/광섬유 판매대행업, 제재기계/목공기계 판매알선업, 주차기계 도매업, 죽제 소매업, 직물 중개업, 총/포 판매대행업, 침구 판매알선업, 커피/코코아 도매업, 타이어/튜브 소매업, 펄프가공기계/제지기계 중개업, 한복 판매대행업, 화장품 판매알선업, 경매서비스업, 연예인매니저업, 온라인 경매서비스업.

상표견본

출처 특허정보검색서비스(www.kipris.or.kr) 검색 결과.

티켓몬스터보다 앞서 상표를 출원한 개인은 상표 침해에 대한 경고장을 티켓몬스터에 발송하였고, 티켓몬스터는 감당하기 버거운 수준의 합의금을 출원인이 제시하였다고 밝히며,[9] 8월 16일에 자사 홈페이지를 통해 '티켓몬스터' 명칭과 몬스터 캐릭터의 사용 중지를 발표하기에 이르렀다. 이후 티켓몬스터와 출원인 간의 협의가 있었던 것으로 보이며, 2010년 10월에 티켓몬스터로 상표 출원인 변경 신고가 이루어졌고 이 상표권은 여전히 유효한 상태로 티켓몬스터(현 티몬)의 권리가 유지되고 있다.

티켓몬스터의 사례는 창업자뿐만 아니라 기존 기업들에게도 상표권 확보 및 관리의 중요성을 일깨워준 계기가 되었다. 티켓몬스터는 이후 다수의 상표를 출원, 등록하면서 상표권에 대한 체계적 관리를 하고 있다. 문제는 이러한 사례가 지금도 반복

되고 있다는 것이다. 많은 창업자들이 자신들이 발굴한 가치 있는 기회를 사업화하는 과정에서 상표권을 포함한 지식재산권 확보에 신경을 쓰지 못하다가 추후에 어려움을 겪는 사례가 계속되고 있는 것이다.

제 3 절 기업가를 위한 지식재산권 체크리스트(check list)

지식재산권이 거시적 측면에서 경제 및 산업 발전, 사회후생 증진에 기여하는지에 대한 논의, 지식재산권이 기업가치와 경쟁 측면에서 어떠한 영향을 미치는지에 대한 논의의 결론은 명확하다. 지식재산권은 '양날의 검'과 같은 것으로 그 양면성을 정확히 이해하고 관리, 활용해야 한다는 것이다. 특히 새로운 기회를 발굴하고 추구하려는 기업가에게 지식재산권은 '성공의 이유'이자 '실패의 원인'이 될 수도 있다. 따라서 기업가는 지식재산권 제도의 양면성을 명확히 이해하고 지식재산권을 통해 얻을 수 있는 긍정적 효과를 최대화하면서 동시에 위험을 회피하는 전략 수립이 필요하다.

기업가가 반드시 점검해 보아야 하는 지식재산권 체크리스트는 다음과 같이 정리해볼 수 있다.

① 권리화 과정에서 이루어지는 지출은 비용이 아니라 투자: 기업가는 사업기회와 관련된 지식재산권 확보 및 강한 지식재산권 창출에 충분한 투자를 하고 있는가?

② 국가별로 다른 지식재산권 제도의 이해와 활용: 글로벌 시장에서 경쟁하기 위해 필요한 해외 특허, 상표, 디자인 등 지식재산권 확보 전략이 있는가?

③ 1+1이 2보다 커지는 지식재산 포트폴리오: 위험을 최소화하고, 기회를 최대화

하기 위해 필요한 지식재산권 포트폴리오가 구축되어 있는가?

④ 개방형 혁신의 실천: 사업기회를 실현하는 데 있어 활용 가능한 외부의 지식재산권을 탐색하고, 이를 자사의 혁신으로 연결하려고 하고 있는가?

⑤ IP-R&D 전략: 지식재산 정보들을 종합적으로 분석, 활용하여 목표로 하는 지식재산권을 선점하기 위한 연구개발 전략을 수립하고 있는가?

1. 권리화 과정에서 이루어지는 지출은 비용이 아니라 투자

기업가가 사업기회와 관련된 강한 지식재산권을 확보하기 위해서는 그 출발이 되는 발명, 고안, 아이디어 등이 기존의 지식재산권과 차별성이 있고, 경제적 또는 기술적 가치가 있어야 한다는 것은 너무나 당연한 사실이다. 그러나 우수한 발명, 고안, 아이디어 등이 반드시 강한 지식재산권이 되는 것은 아니다. 지식재산 권리화 과정이 적절하게 이루어지지 않으면 이후에 지식재산권을 활용한 경제적 이익 창출이 불가능할 수 있으며, 오히려 기업가가 가진 좋은 발명과 아이디어를 경쟁자에게 공개하는 효과만 발생할 수 있다. 강한 지식재산권을 확보하기 위해서는 지식재산권의 권리화 과정에 충분한 투자가 이루어져야 한다. 그러나 연구개발(R&D) 활동과 같이 기술을 개발하거나 아이디를 구체화하는 과정에는 많은 투자를 하지만 그에 비해 권리화하는 과정에 대한 투자에는 소극적인 것이 사실이다. 출원부터 등록, 유지에 소요되는 모든 지출을 줄여야 할 비용으로만 보는 아니라 향후 수익 창출을 위한 투자로 인식할 필요가 있다. 물론 초기 기업에게 지식재산 권리화 과정에서 필요한 지출은 큰 부담이 되는 것이 사실이다. 따라서 정부가 지원하는 국내외 출원 지원 사업 등을 적극적으로 활용함과 동시에 지식재산의 우수성 등을 고려한 지식재산권 출원 전략이 필요하다. 그러나 무엇보다도 '어떻게 권리화할 것인가'에 대한 전략적 검토와 권리성과 활용성을 높이기 위한 명세서 작성 전략이 필요하다. 이를 실현할 충분한 투자가 이루어지지 않는다면 차라리 지식재산의 권리화 과정을 진행하지 않는 것이 더 유리할 수도 있다는 지적의 의미를 깊이 새길 필요가 있다.

2. 국가별로 다른 지식재산권 제도의 이해와 활용

지식재산권 제도는 속지주의를 따른다. 즉, 특정 국가에서 획득한 지식재산권을 행사하는 경우 그 해당 국가 내에서만 효력이 있고, 다른 나라에서는 효력이 발생하지 않는다는 것이다. 각국의 특허권, 상표권, 디자인권 등은 서로 독립적이기 때문에 반드시 해당 지식재산권을 획득하고자 하는 나라에 출원을 하여 그 나라에서 지식재산권을 취득하여야 해당국에서 독점 배타적 권리를 확보할 수 있다. 따라서 글로벌 시장에서 활동하고 있거나 활동할 계획이 있는 창업가, 기업 등은 국내뿐만 아니라 해외 지식재산권 확보를 위한 전략을 가지고 있어야 한다.

해외 지식재산권 확보는 보통 2가지 방식으로 이루어지는데 파리협약에 따른 개별 국가별 지식재산권 확보와 특허협력조약, 헤이그협정, 마드리드의정서 등 국제조약에 따른 해외 지식재산권 확보이다. 파리협약에 따른 개별 국가별 지식재산권 확보는 지식재산권을 확보하려는 개별 국가에 선출원에 근거한 우선권을 주장하면서 지식재산을 출원하는 것이다. 예를 들어, 한국에 특허, 상표, 디자인을 출원한 이후 동일한 특허, 상표, 디자인을 각각 12개월(특허), 6개월(상표, 디자인) 이내에 지식재산권을 확보하려는 국가에 우선권을 주장하면서 지식재산을 출원할 수 있다. 두 번째 방법은 특허협력조약(특허, 실용신안), 헤이그협정(디자인), 마드리드의정서(상표) 등 국제조약에 따라 해외에 지식재산권을 출원하는 것으로 하나의 출원서로 협정에 가입한 여러 국가에 동시에 출원을 할 수 있다는 것이 파리협약에 따른 해외 지식재산권 확보와 다른 점이다. 예를 들어 특허협력조약(PCT)에 따라 해외에 특허를 출원하는 경우 한국 특허청에 하나의 PCT출원서를 제출하고, 그로부터 정해진 기간 이내에 특허획득을 원하는 국가로의 국내 단계에 진입할 수 있다. 이 경우에도 마찬가지로 한국에 처음 출원한 날로부터 12개월 이내에 PCT국제출원을 하면 우선권 주장을 인정받을 수 있다.

세계지식재산권기구를 중심으로 각 국가별 지식재산권 제도의 통일성을 높이기 위한 노력을 계속해 오고 있지만 국가별로 지식재산권 제도는 조금씩 차이가 있다. 앞서 살펴본 바와 같이 우리나라, 중국, 일본, 독일 등은 특허권과 실용신안권 제도를 별도로 운영하고 있지만 미국은 utility patent라는 단일 제도를 운영하고 있다. 또한, 한국은 특허출원심사청구제도가 있어 3년 이내에 심사청구를 하지 않으면 취하한 것으로 간주하지만 미국은 별도의 심사청구 제도가 없이 출원 순서에 따라 심사가 이루어진다. 따라서 해외 시장에서 활동하고 있거나 활동할 계획이 있는 창업가, 기업 등은 해당 국가의 지식재산권제도를 이해하고, 각 국가에서 안정적인 사업활동을 할 수 있도록 지식재산권 확보 전략을 수립, 실행하여야 한다.

지식재산센터(IP-Desk), 저작권센터(Copyright Center) 등 해외 거점기관을 활용하는 것도 좋은 방법이 될 수 있다. 특허청은 중국, 태국, 베트남, 미국, 독일, 일본, 인도, 필리핀, 인도네시아 등에 지식재산센터(IP-Desk)를 설치하여 해외 진출(예정) 기업의 지식재산권 보호, 권리 행사, 침해 대응 등을 지원하고 있다. 또한 한국저작권위원회는 중국, 태국, 필리핀, 베트남에 해외 저작권센터(Copyright Center)를 설치하여 저작물의 인증 및 등록지원, 콘텐츠 불법유통 및 저작권 침해 대응 지원 등을 수행하고 있다.

3. 1+1이 2보다 커지는 지식재산 포트폴리오

우수한 지식재산권의 확보와 함께 지식재산 포트폴리오(portfolio) 구축 및 관리의 중요성이 커지고 있다. 사업기회를 실현하는 과정에서 발생할 수 있는 위험을 최소화하고, 기회를 최대화하기 위해서는 개별 지식재산권에 대한 관리를 넘어서 지식재산 포트폴리오 관리가 필요하다. 기업의 경영전략으로서 지식재산 전략의 최종적인 목표는 지식재산 포트폴리오의 강화이고, 지식재산 포트폴리오의 구축은 지식재산 전략의 출발점이라고 할 수 있다.

보통 기업에서 이루어지는 기술 관리 또는 지식재산 관리에는 다양한 활동이 포함된다. 사안별로 영업비밀로 관리할 것인가, 지식재산권 획득 절차를 밟을 것인가를 결정하는 활동, 기술 유출에 적극적으로 대응하고 보안관리를 강화하는 활동, 보유하고 있는 지식재산권 등에 대한 정기적 실사를 통해 활용(사업화) 또는 처분(권리

포기까지 포함) 방안을 강구하는 활동 등이 그 대표적인 예이다. 이러한 활동들은 개별 지식재산권을 대상으로 하는 경우도 있지만 대부분의 경우에 기업이 보유한 지식재산권 전체 또는 기업의 경영전략과의 연계성 등을 종합적으로 고려해야 한다. 이러한 관점에서 본다면 이제 기업가는 얼마나 많은 지식재산권을 확보하고 있는가가 아니라 얼마나 효과적인 지식재산 포트폴리오가 구축되어 있는가를 점검해 보아야 한다. 급변하는 경영환경에서 필요한 지식재산권을 빠르게 확보할 수 있는 유연성도 필요하지만 동시에 기업의 지식재산 포트폴리오를 점검하고, 더 강화하기 위해 필요한 지식재산권을 정의하고, 그것을 확보하기 위한 상시적 관리체계가 필요하다. 뒤에서 살펴볼 IP-R&D 전략도 결국 지식재산 포트폴리오에 대한 명확한 분석이 없다면 제대로 실행하기 어렵다.

강한 지식재산 포트폴리오는 개별 지식재산권이 가진 가치의 합 이상의 가치를 기업가에게 제공할 수 있다. 반대로 지식재산 포트폴리오가 제대로 구축되어 있지 않으면 해당 사업에서의 기업이 주장할 수 있는 권리 영역은 축소되고 경쟁기업 등으로부터의 지식재산권 회피나 공격에 적절하게 대응하지 못하게 된다. 따라서 지식재산의 가치를 극대화하고, 경영전략과의 일치성을 높이는 지식재산 포트폴리오를 구축하는 것이 자원 배분 등 의사결정의 핵심기준이 될 필요가 있다.

4. 개방형 혁신의 실천

개방형 혁신(open innovation)은 이제 보편화된 혁신 전략이다. 그러나 개방형 혁신의 개념, 의의, 효과, 필요성 등을 이해하는 것과 이를 실천하는 것은 다른 문제이다. 기업들은 여전히 자체 연구개발(in-house R&D)을 통한 기술 확보, 지식재산권 확보에 집중하고 있고, NIH 신드롬(Not Invented Here syndrome)이라는 용어가 있을 정도로 외부의 지식재산권 도입에는 소극적이다. 특허청이 실시하는 지식재산활동실태조사 등을 통해 파악된 현황 자료를 보더라도 과거보다 늘어나고는 있지만 여전히 외부 지식재산을 도입하여 활용한 경험이 있는 기업의 비율은 낮다.

기술의 발전 속도가 빨라지고, 고객의 요구에 대응하기 위해 필요한 요소기술들은 다양하고 복잡해지고 있다. 반면에 제품의 수명은 짧아지고, 개발에 필요한 비용 및 시간을 줄이는 것에는 한계가 있다. 이러한 복합적 요인들이 개방형 혁신의 중요성을 높이는 요소로 작용하고 있다. 특히 2000년 이후 본격화된 기술시장의 성장과 정부의 적극적인 기술이전 촉진 정책은 개방형 혁신의 실천에 있어 중요한 전환점이 되었다. 기업이 필요한 모든 기술을 직접 개발할 수 없기 때문에 신생기업, 중소기업뿐만 아니라 대기업도 외부로부터 필요한 지식재산 등을 도입하여 자사의 혁신으로 연결하는 활동과 내부혁신 활동을 병행하는 양손잡이형(ambidextrous) 혁신 전략이 필요하다. 따라서 기업가는 사업기회를 실현하는 데 있어 활용 가능한 외부의 지식재산권이 있는지를 탐색하고, 이를 자사의 혁신으로 연결함으로써 현재 또는 미래에 다른 기업과 경쟁할 차별적 요소를 구축하여야 한다.

개방형 혁신은 필요한 지식재산 획득의 효율성 제고뿐만 아니라 보유한 지식재산 등을 활용한 수익창출 방법을 다양화하는 양 측면을 포괄한다. 즉, 외부의 기술, 지식재산, 아이디어를 적극 활용하여 자사의 혁신으로 연결하는 것뿐만 아니라 보유하고 있는 지식재산을 하나의 상품으로 보고 이를 활용(매각, 실시권 허여 등)하여 수익을 창출하는 활동의 확대를 포괄한다. 그러나 외부 지식재산을 도입하여 활용한 경험이 있는 기업의 비율도 낮지만, 보유한 지식재산을 타 기업 등으로 매각, 이전한 경험이 있는 기업은 그보다도 훨씬 더 적다. 기술 획득의 효율성 제고와 기술 등을 활용한 수익창출 방법의 다양화 중 어느 경우든 개방형 혁신의 실천은 기업가에게 새로운 기회를 제공할 수 있을 뿐만 아니라 그 기회를 실현할 수 있는 자원을 제공할 수 있다는 점에서 중요한 의미가 있고, 반드시 점검해 보아야 하는 영역이다.

5. IP-R&D 전략

지식재산 중심의 R&D(IP-R&D또는 IP-oriented R&D) 전략은 지식재산 정보들을 종합적으로 분석, 활용하여 연구개발의 방향을 설정하고, 그 결과물들을 기업 경영에 활용하는 전략을 의미한다. 지식재산을 연구개발 활동의 결과물로 보는 것이 아니라 처음부터 목표로 하는 지식재산을 정의하고, 그 지식재산을 얻기 위한 연구개발 전략을 기획, 실행하는 것이다.

IP-R&D 전략의 목적은 중복 연구 방지에서부터 회피 설계, 핵심 지식재산 선점, 연구개발 기획, 지식재산 포트폴리오 구축까지 범위가 넓다. 다만 어느 경우든 지식재산 정보를 분석, 활용하는 활동이 반드시 필요하다. 「조세특례제한법」 및 시행령에서 중소기업이 특허 조사 · 분석을 위해 「발명진흥법」에 따라 지정된 산업재산권 진단기관에 지출한 비용이 연구 · 인력개발비 세액공제 적용 대상에 포함되어 있는 것도 이와 관련이 있다고 할 수 있다.

IP-R&D 전략 수행을 위해서는 지식재산 동향 조사 등을 바탕으로 경쟁기업이 보유하고 있는 지식재산권의 특성, 최근의 기술개발 추이 등에 대한 분석이 이루어져야 하며, 동시에 기업이 보유하고 있는 지식재산 포트폴리오에 대한 분석이 이루어져야 한다. 이러한 분석 결과들을 바탕으로 목표로 하는 지식재산권을 정의하고, 이를 선점하기 위한 연구개발 전략을 수립, 실행하여야 한다.

앞서 살펴본 것과 같이 IP-R&D 전략과 지식재산 포트폴리오는 밀접한 관련이 있다. 지식재산 포트폴리오에 대한 명확한 분석, 구축이 이루어져 있지 않다면 IP-R&D 전략을 효율적으로 수행할 수 없다. 또한 반대로 IP-R&D 전략이 제대로 작동되지 않으면 지식재산 포트폴리오의 강화는 어렵다. 따라서 IP-R&D 전략의 목표는 지식재산 포트폴리오의 강화이고, 지식재산 포트폴리오 구축은 IP-R&D 전략의 출발이라고 할 수 있다.

챕터 마무리 이야기

피터 뎃킨(Peter Detkin)은 인텔(Intel)측 특허변호사(patent attorney)로 일하던 1998년, 인텔을 특허침해로 제소한 테크서치(TechSearch)라는 특허관리회사를 특허괴물(patent troll)이라고 지칭하였다. 테크서치가 다른 기업으로부터 사들인 특허를 사용해서 인텔에 특허침해 소송을 제기하였는데 소송가액이 특허 매입가의 1만 배에 이르렀기 때문이다. 이후 특허괴물이라는 용어는 특허를 가지고 소송 등을 통해 막대한 돈을 벌려는 사람들을 부정적으로 때로는 경멸적으로 부를 때 사용하는 용어가 되었다. 역설적으로 뎃킨은 이후 특허괴물로 분류되는 대표적 회사인 인텔렉추얼 벤처스(Intellectual Ventures)에 합류하였다.

과도한 특허소송 제기 등을 통해 제조기업을 압박하고, 이에 따른 분쟁 해결 비용이 증가하는 등 특허제도 남용에 따른 부작용이 계속되면서 특허괴물의 소송 남발을 제어하는 정책과 법안이 계속 만들어지고 있다. 그러나 특허괴물의 과도한 소송 남발 등에 대한 도덕적 비난과 정책적 규제는 가능하지만 보유하고 있는 특허권을 바탕으로 수익을 창출하고자 하는 행위 자체는 특허권자의 정당한 권리 행사라고 할 수 있다.

특허괴물이 두려운 것은 특허발명을 실시하지 않고 특허침해자에 대한 소송과 라이선싱을 비즈니스로 하기 때문에 상대방인 제조기업이 대응할 방법이 마땅치 않다는 것이다. 일반적으로 제조기업 간 분쟁에 있어서는 피고가 맞소송을 제기하고, 소송을 화해 종결하는 경우가 많다. 그러나 특허괴물과의 분쟁에서는 이러한 대응이 어려운 것이다.

뎃킨의 선택으로 돌아간다면 아마도 그는 자신이 특허괴물이라고 불렀던 기업들의 부정적 면과 동시에 사업모델로서의 가능성과 기회를 보았을 것이다. 특허괴물의 활동을 옹호하거나 무조건적으로 비판하는 것보다는 이 역시 지식재산권의 양면성을 보여주는 하나의 사례로 볼 필요가 있다. 중요한 것은 우리가 지식재산권의 양면성을 정확히 이해하고, 대응하는 것이다.

토론주제

1. 지식재산권에 대한 정당한 권리 행사와 권리 남용의 기준은 무엇인가.
2. 특허괴물의 침해 소송을 포함한 특허 분쟁에 대응하기 위해 기업가는 어떤 노력을 하여야 하는가.

생각해볼 문제

1. 매출액 등 사업성과에 비해 시장에서 기업가치가 높게 평가되거나 큰 금액으로 인수합병된 기업의 사례를 찾아보고 이 기업들의 가치가 높게 평가되는 데 있어 지식재산권이 어떤 기여를 했는지 생각해 보시오.
2. 사업 기회로 발전할 수 있는 아이디어가 있다면 그것을 목록으로 만들어 보고, 그 아이디어와 관련이 있는 지식재산권이 있는지 조사해 보시오.
3. 창업을 하고 사업을 확장해 가는 과정에서 발생할 수 있는 다양한 위험 중 지식재산권과 관련된 위험 요소들을 정리해보고, 이를 어떻게 해결할 수 있을지 생각해 보시오.
4. 지식재산을 어떻게 권리화 할 것인가에 대한 전략적 검토, 권리성과 활용성을 높이기 위한 명세서 작성 전략 수립 등을 포함한 권리화 과정에 대한 적절한 투자가 이루어지지 않는다면 지식재산의 권리화 과정을 진행하지 않는 것이 더 유리할 수도 있다는 지적의 의미를 생각해 보시오.

그룹토의(그룹토의는 3-4명의 학생들로 소그룹을 만들고, 다음의 문제들 중 하나를 선택하여 5-10분 정도 자유토론을 진행한 후 공유한다.)

1. 새로운 가치나 경제적 성과를 가져다줄 기회가 될 것이라고 확신하는 발명을 하였다고 가정했을 때 이를 영업비밀로 관리할 것인가 지식재산권 획득 절차를 밟을 것인가는 온전히 여러분의 선택에 달려 있다. 어떠한 경우에 영업비밀로 관리하는 것이 더 유리한지 또는 특허권 등으로 보호하는 것이 더 유리한지 토론해 보시오.
2. 지식재산권의 가치는 유동적이어서 해당 지식재산권 소유자, 관련 시장 및 기업에서의 경쟁상황 등 다양한 요인에 영향을 받는다. 그럼에도 불구하고, 기업가에게 어떠한 지식재산권이 가치 있는 지식재산권이 될 수 있는지 토론해 보시오.

핵심개념정리

10장에서는 기업가에게 '성공의 이유'가 될 수 있고 '실패의 원인'이 될 수 있는 지식재산권에 대해서 살펴보았다. 가치 있는 지식재산권은 수많은 경쟁과 불확실한 시장상황 속에 있는 기업가를 보호해 줄 강력한 창과 방패가 될 수 있지만, 반대로 지식재산권을 제대로 관리하지 못한다면 엄청난 위험에 노출될 수 있고, 목표로 한 가치와 성과에 다가가는 여정을 중도에 포기하게 될 수도 있다. 즉, 기업가에게 지식재산권은 '양날의 검'과 같은 것으로 그 양면성을 정확히 이해하고 관리, 활용해야 한다는 것을 살펴보았다.

지식재산권은 법령 또는 조약 등에 따라 인정되거나 보호되는 지식재산에 관한 권리로 특허권, 실용신안권, 상표권, 디자인권 같은 산업재산권과 저작권이 대표적인 지식재산권이라고 할 수 있다. 저작권은 저작물을 창작한 때부터 발생하기 때문에 권리 부여를 위한 별도의 절차가 필요하지 않지만 산업재산권은 법령 및 조약에 따라 출원, 심사, 등록이라는 권리화 과정(절차)이 필요하다. 또한 산업의 형태와 보호해야 할 대상이 다양해지면서 신지식재산권 등 지식재산권의 유형도 다양해지고 있다.

지식재산에 대한 독점적 권리를 부여하는 것이 경제 및 산업 발전, 사회후생 증대에 기여하는 것인지에 대해서는 여전히 논쟁이 되고 있지만 과거 그 어느 때보다 지식재산권이 기업가치와 경쟁력에 미치는 영향이 커졌다는 것은 분명한 사실이다. 기업가치에서 무형자산, 특히 지식재산권이 차지하는 비중이 지속적으로 높아지고 있고, 특허분쟁 등 미래의 불확실성을 낮추기 위해 지식재산권 확보의 중요성이 커지고 있다. 10장에서는 기업가가 반드시 점검해 보아야 하는 지식재산권 체크리스트를 5가지로 제시하였다. 권리화 과정에 대한 적극적 투자, 국가별로 다른 지식재산권 제도의 이해와 활용, 지식재산 포트폴리오 구축 및 활용, 개방형 혁신의 실천, IP-R&D 전략 실행은 기업가가 지식재산권을 '성공의 이유'로 만들기 위해 필요한 몇 가지 기본적인 내용이지 지식재산권 전략의 전부는 아니다. 기업가는 항상 지식재산권 제도의 양면성을 명확히 이해하고 지식재산권을 통해 얻을 수 있는 긍정적 효과를 최대화하면서 동시에 위험을 회피하기 위해 끊임없이 노력하여야 한다.

CHAPTER

11

기업가적 마케팅

학습목표

1. 기업가적 마케팅의 중요성에 대해서 이해한다.
2. 마케팅의 주요 개념에 대해서 이해한다.
3. 신생 스타트업의 마케팅 전략을 수립할 수 있다.

챕터 시작 이야기

플라스틱 제품의 주문자상표 부착생산(OEM)을 하는 '㈜성일화학'은 1990년 성수동의 작은 공장에서 시작했다. 창업 8년 후 일본 업체와 세라믹 볼이 장착된 정화 기능을 갖춘 샤워기를 생산하여 일본 업체에 공급하면서 작지만 안정적으로 사업을 운영해왔다. 하지만 2013년부터 일본 업체가 판매고에 시달리게 되면서, 성일화학은 자체적으로 상품을 개발하고 판매해야 하는 입장에 놓이게 되었다. 이후 그동안의 경험과 노하우를 살려 필터 샤워기를 자체 개발하고 온라인 유통 채널도 구축하여 판매를 계획했으나, OEM 생산만 하던 제조업체가 감당하기에 상황은 녹록지 않았다.

그러던 중 2017년, 녹물과 불순물을 제거할 수 있는 샤워기를 기획하고 있던 '블랭크코퍼레이션(이하 블랭크)'과 협업하면서 디자인을 수정하여 "퓨어썸 샤워기"를 출시한 후 2년 만에 100만 대가 팔리는 기염을 토하게 된다. 퓨어썸 샤워기의 성공에 힘입어, 성일화학은 매출이 7배 성장하고, 직원을 5명에서 18명으로 늘리게 되었으며, 공장도 하남시로 확장 이전하게 되었다.

그림 11-1 퓨어썸 샤워기 사진

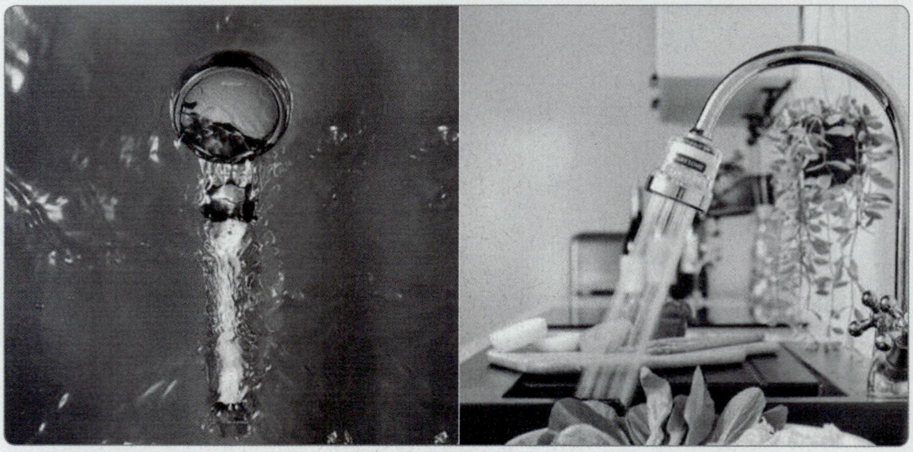

출처 블랭크코퍼레이션(http://blankcorp.kr/bbs/board.php?bo_table=31&wr_id=9)

퓨어썸 샤워기는 마케팅이 제품을 살린 사례로도 유명하다. 사실 성일화학은 샤워기 생산만 할 뿐, 마케팅과 판매는 모두 블랭크가 담당한다. 블랭크는 고객의 니즈를 파고 들 수 있는 제품을 자체 기획하고, 수요를 예측한 후, 역량 있는 국내외 제조공장을 찾아 OEM 방식으로 제품을 판매한다. 블랭크의 판매 방식은 미디어커머스이다. 참신한 아이디어로 영상을 제작한 후 페이스북, 인스타그램 등의 SNS에 구매링크와 함께 공유하여 영상 시청 후 구매로 이어지게 하였다. 이렇게 기획된 상품은 독립된 브랜드로 키워지고 각각 독립된 브랜드 몰에서 판매가 이루어진다. 퓨어썸 샤워기는 '바디럽'이라는 라이프스타일 브랜드를 달고 있다. 블랭크는 현재 총 23개의 독립 브랜드에 250개의 제품을 판매하여 2020년 매출 1,169억 원을 달성하였다.

출처: 김기만(2019.03.01.). "한강 물도 깨끗하게 걸러준다…입소문 타고 2년새 100만 대 팔린 샤워기", 〈한국경제〉; 블랭크 코퍼레이션 홈페이지.

토론주제

1. 마케팅이 제품을 살렸다는 의미는 무엇인가.
2. 블랭크의 마케팅에서의 강점은 무엇인가.
3. 마케팅의 역할은 무엇인지 논하시오.

제 1 절 기업가적 마케팅의 이해

회사가 무슨 제품을 취급하는지 아무도 알지 못한다고 가정을 해보자. 과연 이 기업이 성공할 수 있을까? CB insight에서 실패한 신생기업 101개를 분석한 결과, 실패 원인의 14%가 마케팅 능력의 부재였다. 조덕희(2018)의 연구에 따르면, 중소벤처기업부가 실시한 창업실패 사례 26건을 분석한 결과, 개발-생산-판매 중 판매 단계에서 실패한 경우가 17건으로 약 65%를 차지했다.[1] 주로 판로 확보, 가격경쟁력 미비, 유사 업체 진입으로 인한 경쟁 악화 등으로 인해 실패하게 된 것으로, 큰 틀에서 보면 모두 마케팅 능력 부족에 기인한 것이다. 이렇듯 마케팅 활동은 기업의 성공과 지속가능성에 필수 선행요소가 되었다고 해도 과언이 아니다.

1. 전통적인 마케팅의 이해

경영의 구루(Guru) 피터 드러커(Peter Drucker)는 마케팅을 "고객이 누구인지 알고 이해해서 제품과 서비스를 그들에게 맞춰(fit), 팔리게 하는 것"이라고 정의했다.[2] 하버드의 테오도르 레빗(Theodore Levitt) 교수는 마케팅의 본질을 제품과 서비스를 구매해 줄 고객을 창출하는 활동이라고 했다.[3] 최근 세계적으로 통용되는 미국마케팅학회(American Marketing Association, AMA)에서는 마케팅을 "고객, 의뢰인, 파트너, 그리고 사회에 가치를 주는 제품 및 서비스를 만들고, 알리고, 전달하고, 교환하는 활동이나, 제도나, 과정"으로 정의 내렸다.

현대 마케팅 1인자로 알려진 필립 코틀러(Philip Kotler)는 마케팅의 목적은 "판매(selling)의 필요를 줄이는 것"이라는 말로 마케팅의 역할에 대해서 정리하였다.[4] 효과적인 마케팅은 어떻게 제품과 서비스가 고객의 요구를 충족시켜 줄지에 대해서 이해하고 알리기 때문에, 고객은 더 이상 설득될 필요가 없고 판매가 쉬워진다는 것이다. 코틀러는 또한 "마케팅은 제품이 나오기 전에 해야 할 숙제"라는 말을 통해서, 마케팅은 제품과 서비스가 이미 존재한 후에 시작되는 것이 아니라 제품 개발 단계부터 해야 할 활동이라고 지적했다.

세계 최고의 경제신문인 〈월스트리트저널(*The Wall Street Journal*)〉에서는 이미 오래전 비용절감, 효과적 생산관리를 통한 이익증대보다는 매출신장을 통한 이익이 보다 지속 가능하며 가치 있다고 분석했다. 기업의 많은 역량 중 마케팅 역량이 중요해지고 있음을 시사하는 것이다.[5] 실증적으로도 2008년에 그동안 연구된 114편의 학술논문을 비교한 결과, R&D 역량과 생산관리 역량보다 마케팅 역량이 기업의 성과에 더욱 큰 영향력을 보이는 것으로 밝혀졌다.[6] 비슷한 연구들도 이를 입증했다 예를 들어, 미국 소비재기업 230곳을 조사 분석한 결과, 고객의 니즈(needs)를 빠르게 이해하며 고객의 변화를 조직 전체가 공유하고 경쟁사의 대응에 민감하게 반응하는 마켓지향성(Market Orientation)과 마케팅 활동을 잘 수행할 수 있는 마케팅 역량(Marketing Capabilities)이 높은 기업이 총자산이익률(Return on Asset, ROA)과 성과가 좋게 나타났다.[7]

2. 스타트업에서의 마케팅의 역할

신생 스타트업이라고 마케팅의 중요성이 덜하지 않다. 오히려 대부분의 스타트업이 필요한 마케팅 지식과 자금이 부족하여 매우 단편적이고 산발적으로 마케팅을 수행하고 있는 것이 현실이기 때문에,[8] 만약 체계적으로 마케팅에 주의를 기울이고 노력한다면 그 효과는 더 크다고 볼 수 있다. 그뿐 아니라 초기 단계에 구축해 놓은 마케팅 역량이 스타트업의 장기 경쟁력의 핵심이 될 수 있다.

신생 스타트업에서 마케팅이 어떤 영향을 끼치는지 알아보기 위해, 2015년 1월부터 8월까지 우간다에서 실시된 현장실험을 소개하고자 한다. 총 930개 회사를 상대로 실험이 진행되었는데, 530개 회사는 실험군으로 분류되어 자원봉사자들의 컨설팅을 받게 했고, 나머지 400개 회사는 대조군으로 아무 처치를 진행하지 않았다. 실험군에 속한 회사들은 무작위로 자원봉사자들과 매칭이 되었는데, 크게 세 그룹으로 나누어졌다. 136개 스타트업은 마케팅 관련 자원봉사자들과 짝을 이루었고, 122개 기업은 경영컨설팅 관련 자원봉사자들과 매칭이 되었다. 그리고 272개 회사는 기타 자원봉사자들의 도움을 받게 되었다. 그 후 2년간 성과를 추적한 결과, 마케터들의 도움을 받은 136개 스타트업의 성과가 나머지 기업에 비해 확연히 차이가 났다. 구체적으로 월평균 매출성장률 51% 상승, 이익 35.8% 증가, 자산 상승 31%를 달성한 것이다.[9)]

여러 나라, 다양한 산업에서 대규모 설문조사를 통한 많은 실증연구에서도 마케팅 역량은 신생 스타트업의 성과에 긍정적인 영향을 끼치는 것으로 밝혀졌다. 예를 들어 인도의 286개 하이테크 국제벤처를 대상으로 연구한 결과, 마케팅 역량이 성과에 효과적이었다.[10)] 비슷하게 호주의 B2B를 중심으로 하는 340개 수출벤처의 이커머스 마케팅 역량이 기업의 성과를 높였다.[11)] 그뿐 아니라, 포르투갈의 47,875개 신생벤처를 살펴보니 마케팅 역량이 기업의 생존율을 높이는 것으로 나타났다.[12)]

3. 기업가적 마케팅의 개념

1) 전통적 마케팅과의 차이

전통적인 마케팅과 기업가적 마케팅(Entrepreneurial marketing)의 가장 큰 차이는 기업가적 마케팅이 신생창업기업을 대상으로 하고 있으며 신생기업은 여러 특수성이 있다는 점에서 출발한다. 첫째, 신생창업기업은 시장에 알려져 있지 않기 때문에 신생의 불리함(liability of newness)이 있다. 따라서 고객의 불신이 존재하기 때문에 기업 행위 자체의 정당성(legitimacy)을 먼저 확보하는 것이 급선무다.

둘째, 신생창업기업은 비즈니스에 대한 장기적인 고객관계가 구축되어 있지 않고 기업에 대한 잠재적인 소비자 정보도 부족하다. 마케팅 담당자 역시 경험이 부족한 경우가 많으며, 전문가를 추가적으로 고용하기에도 자원이 풍족하지 못한 경우가 많다.

셋째, 시장환경을 살펴보면 창업기업들은 신기술 등을 기반으로 새로운 시장에 접근하는 만큼 역동적인 시장에 참여할 가능성이 높은데, 기술 중심의 신생 스타트업들은 기술 우선의 조직문화로 인하여 시장의 중요성을 간과하여 정보를 보유하지 못하고 있고 이런 정보에 접근할 능력도 갈수록 낮아지게 된다.[13] 따라서 그만큼 불확실성은 커진다.

2) 기업가적 마케팅의 정의

기업가적 마케팅은 학문적으로 "수익성 높은 고객을 확보하고 유지하기 위한 리스크 관리, 리소스 활용 및 가치 창출에 대한 혁신적이고 주도적인 기회의 식별과 활용"으로 정의되고 있다.[14] 실무적으로 기업가적 마케팅은 신생 스타트업이나 초기기업이 경쟁력을 갖출 수 있도록 도와주는, 판에 박히지 않은 일련의 행동들이라고 이해된다. 모리스 등(M. H. Morris, et al., 2002)에 의하면 기업가적 마케팅의 7가지 특징은 다음과 같다.

① 능동적(Proactive-driven): 기업가적 마케팅에서는 외부환경을 주어진 것으로 인식하여 순응하기보다는 능동적으로 환경을 재해석하고 변화를 이끈다.
② 기회주도(Opportunity-driven): 창의성을 발휘하여 기존시장의 범주에서 벗어나 알려지지 않은 시장의 기회를 찾는다.
③ 고객강도(Customer-intensity): 창의적인 방식으로 고객과의 관계를 창출하고 감정적으로 연결된다.
④ 혁신주도(Innovation-driven): 혁신의 중요한 부분으로 기회의 인지부터 필요한 자원의 지원까지 담당한다.
⑤ 위험관리(Risk Management): 리스크를 최소화하는 전통적인 마케팅과 달리, 새로운 프로젝트에 빠르게 전념하거나 포기하는 등의 활동을 한다.
⑥ 자원활용(Resource Leveraging): 한정된 자원에 머무르지 않고 여러 가지 방법으로 자원을 확보한다.
⑦ 가치창조(Value Creation): 기업가적 마케팅의 핵심은 혁신적으로 가치를 창출하는 데 있다.

다음 표 11-1 에서는 전통적 마케팅과 기업가적 마케팅을 비교 분석하였다.

표 11-1 전통적 마케팅과 기업가적 마케팅의 비교

구분	전통적 마케팅	기업가적 마케팅
마케팅 콘셉트	• 고객중심, 시장주도형 제품 개발 • 본질적으로 외부환경에 반응하는 태도	• 혁신중심, 아이디어 주도, 시장요구에 대한 직관적인 평가 • 기업은 외부환경에 영향을 미치거나 재정의하려 노력
시장 접근법	• 점진적인 혁신을 통해 시장상황에 대응하고 적응	• 역동적인 혁신으로 고객을 주도하는 능동적인 접근방식
맥락	• 비교적 안정적이고 확립된 시장	• 세분화된 시장, 새로운 시장 창출
주목할 점	• 마케팅믹스의 효율적 관리	• 관계, 제휴, 자원관리 접근법 및 마케팅믹스를 활용해 고객을 위한 새로운 가치 창출
리스크 관점	• 마케팅 조치의 리스크 최소화	• 계산된 리스크 감소 수단으로써 마케팅 활용 • 리스크를 완화하거나 단계화, 공유할 수 있는 발견에 주목
신상품/서비스 개발	• 마케팅은 신상품/서비스 개발에 대한 지원 역할을 수행	• 마케팅은 조직 내 기업가적 프로세스와 혁신의 중심(home) • 고객은 공동 생산자
마케팅 개관	• 기능적으로 독립된 마케팅, 거래와 시장 통제를 관리	• 여러 분야 간의 공동 작업 • 마케팅은 속도, 변화, 적응력, 민첩성을 촉진
마케터의 역할	• 마케팅믹스 코디네이터, 브랜드 구축 • 홍보 및 고객 커뮤니케이션	• 내외부의 변화촉진자(agent)
고객의 역할	• 외부 정보 제공 및 피드백	• 기업의 마케팅 의사결정 과정에 대한 적극적인 참여자 • 제품, 가격, 유통 및 커뮤니케이션 정의
자원 관리	• 기존 자원의 효율적인 사용 • 부족 심리 • 자원에 대한 제로섬 게임 관점	• 외부의 자원 활용 • 적은 리소스의 효율적인 활용 • 현재 가용한 자원에 의해 행동이 제약되지 않음
고객 니즈	• 고객이 설문조사를 통해 설명, 가정, 표현	• 불분명함. 주도적인 사용자를 통해 식별
시장 지식	• 설문조사에 대한 과도한 의존 • 공식 연구와 정보 시스템 활용	• 기성 시장조사의 회의적 활용 • 비공식적인 네트워킹과 정보수집 등 대안적 방법 사용
전략	• 하향식 세그먼트화, 타깃팅과 포지셔닝	• 상향식 고객 타깃팅
방법론	• 4Ps 또는 7Ps	• 상호작용형 마케팅, 입소문 마케팅

출처 Morris, M. H., M., Schindehutte and R. W., La Forge(2002). "Entrepreneurial marketing: a construct for integrating emerging entrepreneurship and marketing perspectives", *Journal of Marketing Theory and Practice*, 10(4), 1-19;Morris, M. H., M., Schindehutte and R. W., La Forge(2004). "The emergence of entrepreneurial marketing: nature and meaning". Editor: Harold P. Welsch. Entrepreneurship: The Way Ahead. *Routledge*, 91-115;Kurgun, H., Bagiran, D., Ozeren, E., & Maral, B. (2011). Entrepreneurial marketing-The interface between marketing and entrepreneurship: A qualitative research on boutique hotels. *European Journal of Social Sciences*, 26(3), 340-357.

제 2 절 시장세분화, 표적시장, 포지셔닝

시장세분화(Segment), 표적시장 선정(Targeting), 포지셔닝(Positioning)을 묶어서 흔히 들 STP 전략이라고 한다. STP 전략은 고객의 특성에 맞는 마케팅을 하기 위한 전략 수립 방법으로서 전통적인 마케팅에서 가장 기본이 되는 전략이다. 신생창업기업의 경우, 대기업과 달리 적은 수의 제품 또는 서비스를 취급하므로 목표시장을 정확히 선정해서 시장에 위치하는 것이 더욱 중요하다.

그림 11-2 STP 전략

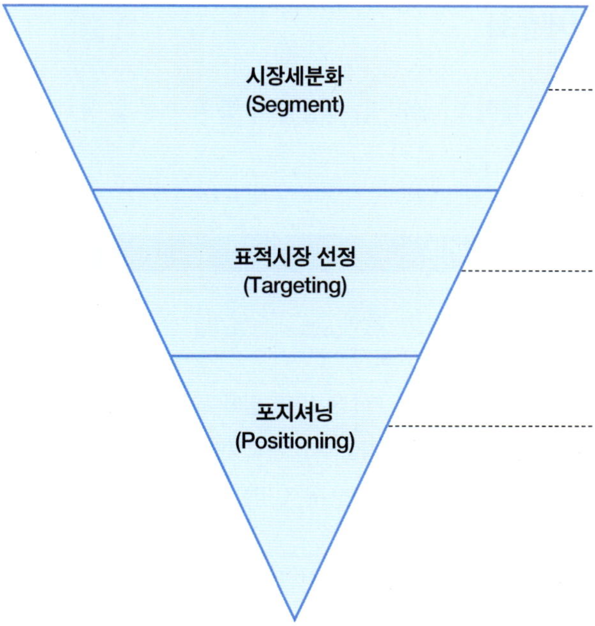

시장세분화(Segment)
한 조직 전체가 일정한 기준에 따라 몇 개의 동질적인 소비자 집단으로 나누는 것

표적시장 선정(Targeting)
발견된 세분시장들의 특성을 분석하여 기업역량에 적합한 요구조건을 가진 수익성 있는 세분시장을 대상고객으로 선택하는 작업

포지셔닝(Positioning)
선택된 세분시장의 욕구를 경쟁사보다 더 잘 충족시켜 주기 위한 기업의 차별적 마케팅 노력의 집합

1. 시장세분화(Segment)

세계적인 소비재제조판매 회사 '프록터 앤드 갬블(P&G)'은 빨래용 세제 브랜드만 10가지를 취급하고 있다. 왜 이렇게 다양한 브랜드를 생산할까? 바로 고객의 선호도와 제품 선택의 기준이 다르기 때문이다. 어떤 고객은 가격을 중요하게 생각하고, 어떤 고객은 강한 표백 효과를 선호한다. 이처럼 모든 고객에게 맞는 제품과 서비스란 애당초 존재하지 않는다. 따라서 마케터는 사전에 시장조사를 통해서 유사한 고객들을 그룹화해 주는 작업을 먼저 실시하게 되는데 이 작업을 시장세분화라 한다. 이후 어떤 고객에게 우리의 제품이 적합한지 알 수 있기 때문에 시장세분화의 근본적인 목적은 정확한 마케팅의 정확도를 높이기 위함이다.[15] 자원이 부족한 초기 스타트업의 경우는 할 수 있는 모든 창의적인 방법을 동원하여 시장을 세분화해서 기존기업이 간과한 시장을 찾아서 자원을 집중해야 한다.

1) 소비재 시장에서의 시장세분화

소비재 시장에서는 지역, 인구통계학적, 심리적, 행동방식 등의 기준을 통해 시장을 세분화할 수 있다.

표 11-2 소비재 시장의 시장세분화 기준

기준	내용
지역	내륙, 바다 인근, 강남, 강북, 대도시, 소도시
인구통계학	노년, 중년, 청소년, 유아/남, 녀/고소득, 저소득/4050, 밀레니엄 세대
심리적	아침형 인간, 올빼미족, 캠핑족/스타일리시함 추구, 사교적인/환경보호, 사회적 가치
소비행동 방식	품질, 서비스, 속도/잠재적 유저, 첫 유저, 일반 유저, 약한 충성도, 강한 충성도/열광적, 긍정적, 부정적

출처 Kotler, P. (2000). *Marketing management: The millennium edition* (Vol. 199) 재구성.

(1) 지역

시장을 나라, 주, 지방, 또는 동네 단위 기준으로 나누는 방법이다. 예를 들어 세계적인 푸드 체인점 맥도날드의 경우, 각 나라별 특색 있는 메뉴를 선보이는 것으로 유명하다. 스팸을 즐겨먹고 동양 인구가 많은 하와이의 경우, 조식 메뉴에 스팸구이와 밥을 제공한다. 또한 채식주의자가 많은 인도의 맥도날드는 다양한 채식 메뉴를 갖추고 있다.

(2) 인구통계학

시장을 나눌 때 가장 많이 기준으로 삼는 것이 바로 인구통계학적 기준이다. 제품의 선호도가 인구통계학 변수와 크게 관련되어 있고, 측정이 쉽기 때문이다. 대표적인 인구통계의 변수는 성별이다. 특히 여성 고객은 미국의 경우 구매결정의 80% 이상을 담당한다고 알려져 있는 만큼 제품과 서비스를 계획할 때 여성의 입장에서 생각할 필요가 있다. 최근 할리우드 스타 제시카 알바가 2011년에 설립한 '더 어니스트 컴퍼니(The Honest Company)'는 아기와 엄마가 안전하게 사용할 수 있는 친환경 세제, 기저귀, 화장품, 세정용품을 판매하여 큰 성공을 거두었다. IPO에 성공하여 기업가치 약 27억 달러(약 3조 원)에 이른다.[16] 여성 건강을 위한 스타트업의 성장도 두드러진다. 예를 들어, '프로기니(Progyny)'는 난자냉동, 태아검사, 임신촉진 진료 기술을 공급하는 스타트업으로 최근 세계적인 벤처캐피털 '클라이너 퍼킨스(Kleiner Perkins)'로부터 4,900만 달러의 투자를 유치했다.[17]

소득이나 세대에 따른 시장세분화도 자주 사용하는 변수 중 하나이다. 소득은 구매력과 직결되기 때문에 소비자를 나누는 주요 수단이 된다. 예를 들어 백화점의 주요 고객층은 30~40대 중산층이었으나, 최근 젊고 부유한(Young & Rich) 고객의 구매력이 늘어나고 수입명품에 대한 수요가 증가했다. 이에 대응하고자 최근 백화점의 영앤리치 VIP 마케팅이 이루어지고 있다.[18] 세대별로 구매패턴이나 선호하는 채널의 유형이 다르기 때문에 세대별 구분 또한 주목해야 한다. 코로나 이후 중장년층의 모바일 쇼핑 전환이 급격히 이루어지면서, 40~50세대의 취향을 반영하기 위해 당초 MZ세대의 대표적인 온라인 패션 플랫폼 '지그재그'는 시니어 브랜드를 전진 배치했다.[19]

(3) 심리적

심리적인 기준은 소비자의 라이프스타일, 개성 및 개인의 가치 등을 포함한다. 라이프스타일은 생활태도 및 인생관을 나타내는데, 이에 따라 소비하는 제품 및 서비스가 달라진다. 예를 들어, 최근 캠핑 인구의 증가로 인해 캠핑예약 플랫폼, 캠핑카 업체, 캠핑용품 관리 스타트업이 등장하고 있다. 개성과 가치관도 고객을 구분하는 중요한 변수이다. 유행에 민감한 소비자, 나만의 스타일을 추구하는 소비자 등 개성에 따라 선호도가 달라진다. 디자인과 미니멀리즘을 선호하는 고객은 단순하고 직관적인 디자인으로 유명한 애플의 제품에 열광한다.[20] 개인이 추구하는 가치 또한 소비패턴을 좌우할 만큼의 영향력을 끼친다. 예를 들어 스위스의 업사이클링 업체 '프라이탁(FREITAG)'은 트럭 덮개로 사용한 버려진 타폴린 천을 이용하여 방수 가방을 만드는데, 환경에 관심이 많고 개인의 아이덴티티(identity)를 중시하는 소비자를 중심으로 연간 500억 원의 매출을 올리고 있다.

(4) 소비행동 방식

소비자는 제품/서비스에 대한 태도, 사용방법, 제품에 대한 대응에 따라 여러 세부 그룹으로 나누어진다. 먼저, 소비자는 제품 및 서비스를 구매함으로써 추구하고자 하는 이익이 무엇인지에 따라서 나누어질 수 있다. 예를 들어 비용 대비 효과를 따져 실속을 우선시하는 고객군이 늘어남에 따라 중고거래 시장이 전 세계적으로 늘어나고 있다. 미국의 경우 '넥스트도어(Nextdoor)'가 나스닥에 상장했고, 2천만 명이 가입한 국내 중고거래 앱인 '당근마켓'은 2021년 시리즈 D를 유치하면서 기업가치 3조 원으로 평가되어, 유니콘 기업에 등극했다.[21] 유저의 지위에 따라서도 고객은 세분화된다. 현재 사용자인 경우, 잠재적 사용자인 경우, 첫 사용자인 경우에 따라 마케팅의 전략 방향이 달라진다. 최근 연구에서 신규고객의 경우는 전문가나 권위자가 정보를 제공할 때 효과적이지만, 기존고객의 경우는 유대감이 강한 집단의 영향이 큰 것으로 나타났다.[22]

2) 기업 간 거래 시장에서의 고객세분화

기업의 구매는 소비재의 구매와는 다르다. 따라서 기업 간 거래 시장의 세분화를 위해서는 기업고객의 특성을 먼저 이해할 필요가 있다. 표 11-3 에서는 기업고객의 특성을 요약 정리하였다.

표 11-3 기업고객의 특성

특성	내용
적은 수의 구매자	소비재에 비해 매우 적은 수의 구매자를 대상으로 함.
판매자-구매자 긴밀한 관계	판매자는 기업고객의 요구에 맞춰주는 경우 많음.
수요의 원천	기업고객의 수요 원천이 일반 소비자일 경우가 있으므로 최종소비자의 구매패턴을 모니터링해야 함.
많은 구매 영향 요인	구매의사결정에 많은 사람이 관여하고 시간이 오래 걸림.
직접구매	중간상을 거치지 않고 직접 구매하는 경우가 많음.

출처 Kotler, P. (2000). *Marketing management: The millennium edition* (Vol. 199) 재구성.

표 11-3 에서 보듯이 기업 간 거래는 구매 과정에 많은 의사결정자가 개입하고, 구매 과정이 소비재에 비해 길다. 그뿐 아니라, 기업의 특성에 맞추어 특별제작을 요구하는 경우도 많다. 기업고객을 대할 때 정교한 시장세분화를 통해 고객을 구분해야 정교한 타깃팅이 가능해진다. **표 11-4** 에는 기업 시장에서의 시장세분화 기준과 내용에 대해 간략히 정리하였다.

표 11-4 기업 시장의 시장세분화 기준

기준	내용
인구통계학	산업, 회사규모, 거래회사 위치
생산운영 변수	신경 써야 할 고객사의 기술, 고객사의 사용량, 필요 서비스 규모 및 수준
구매접근 방식	고객사 구매부서 역할, 고객사의 중심부서, 고객사와의 관계, 고객사의 구매정책, 고객사의 구매우선순위 기준
상황요인	긴급함의 정도, 고객특화 적용 여부, 최소 구매 규모
개인적 특성	판매자와 구매자의 유사성 정도, 고객사의 리스트에 대한 태도 정도, 판매자에 대한 충성도 정도

출처 Kotler, P. (2000). *Marketing management: The millennium edition* (Vol. 199); Thomas V. Bonoma and Benson P. Shapiro(1983). *Segmenting the Industrial Market* 재구성.

기업고객의 시장세분화도 인구통계학 변수를 기준으로 나눌 수 있다. 구체적으로 잠재고객사의 산업이 무엇인지, 회사규모가 어느 정도인지, 그리고 위치가 어디인지에 따라 기업고객을 구분 지을 수 있다. 그뿐 아니라 고객사의 운영상 변수, 예를 들어 고객사에서 필요한 서비스의 규모, 현재 사용 중인 기술 등에 따라 고객의 선호도가 달라진다. 기업고객이 어떤 식으로 구매에 접근하는지 여부도 중요한 기준이다. 구매부서의 재량이 큰 경우가 있는 반면, 어떤 기업은 구매의사결정 위원회를 통해 처리되는 경우도 있다.

2. 표적시장 선정(Targeting)

시장이 특정 기준에 따라 세부적으로 나누어졌다면 이후에는 세분화된 시장 중에서 매력적이고 목표로 삼을 만한 표적시장(target market)을 설정해야 한다. 표적시장을 선정할 때 먼저 세분시장의 매력도를 평가하게 되는데, 세분화한 시장의 크기와 성장성, 구조적 매력도, 사업목표와 자원, 접근용이성을 고려하게 된다. 이후, 기업이 진출했을 때 최대한의 이익을 만들어낼 수 있는 시장으로 목표시장을 선정해야 한다. 신생 스타트업이 고려할 수 있는 표적시장 선정은 크게 5가지 패턴으로 이루어진다. 그림 11-3 에 각각의 패턴에 대해 묘사가 되어 있다.

그림 11-3 표적시장 선정의 패턴

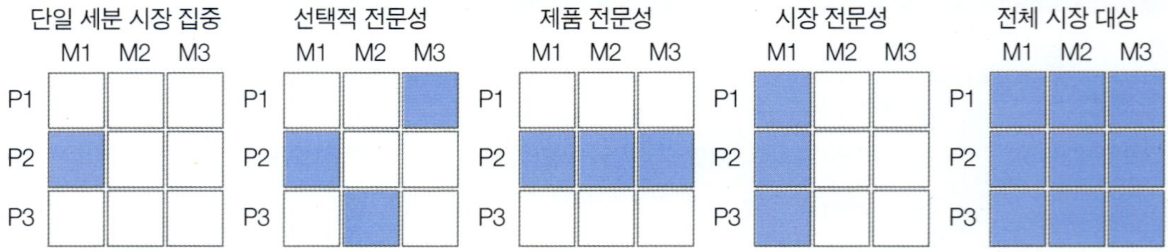

주) M은 시장, P는 제품을 의미한다.
출처 Kotler, P. (2000). *Marketing management: The millennium edition* (Vol. 199) 재구성.

1) 단일 세분시장 집중

대부분의 기업은 세분시장의 매력도와 현재 사업과의 적합도(fit)를 고려한 후, 일반적으로 단일 제품으로 단일 시장에 집중한다. 이렇게 함으로써 경쟁력과 명성을 쌓아간다. 하지만 단일 시장만을 집중할 경우, 여러 사정으로 인해 그 시장이 어려워질 때 위험도도 같이 커진다.

2) 선택적 전문성

단일 세분시장에서 예상되는 위험을 미리 방지하기 위해, 여러 다른 제품으로 여러 개의 시장을 개척하는 경우가 존재한다. 예를 들어, 수준 높은 여행 콘텐츠를 제작하고 현지 가이드를 매칭해 주어 매년 300% 성장을 거듭한 여행 스타트업 '마이리얼트립'은 해외여행을 통해 다양한 경험을 얻고자 하는 고객군을 타깃으로 하였다. 하지만 코로나로 인해 해외여행이 제한되자, 매출의 99%가 급감했다. 이후 마이리얼트립은 해외여행 가이드는 오프라인 시장이 아닌 온라인 방식으로 피벗을 하여 랜선투어라는 새로운 상품을 개발했다. 그리고 해외여행 시장과 함께 제주도를 중심으로 국내여행 시장을 기획 개발했고 가이드 매칭뿐만 아니라 티켓, 숙박, 액티비티까지 연결하는 종합 플랫폼으로 진화했다.[23] 이를 높이 평가한 투자자들은 432억 원을 추가로 투자하였고 코로나 전 900억이었던 기업가치가 2,100억 원으로 재평가되었다.

3) 제품 전문성

전문적인 제품이나 서비스를 가지고 여러 세분 고객들을 목표로 하는 방식이다. 2014년 창업한 스타트업 '(주)벤디스'는 모바일 식권이라는 새로운 형태의 서비스를 개발했다. 이는 식권을 챙기고 정산해야 하는 기업의 비용을 줄이고 임직원의 식사 만족도를 높이는 서비스이다.[24] 초기 고객은 작은 IT 회사였으나, 이후 현대오일뱅크 등 대기업부터 산업은행, 순천시청 등 금융기관과 관공서까지 시장을 넓혀 가며 모바일 식권을 서비스하고 있다. 누적 고객사는 800개가 넘어갔다.[25]

4) 시장 전문성

시장 전문성은 하나의 세분시장에 집중하지만사 고객의 요구에 따라 같은 시장에 다른 제품과 서비스를 공급해 나가는 것을 일컫는다. 2015년 설립되어 시각장애인을 위한 점자 스마트 워치를 개발하여 판매하고 있는 스타트업 '닷(dot)'은 점자패드, 독서확대경, 점자표시 책상 등 교실의 교육 보조재에 이르기까지 시각장애인 시장에서 제품을 늘려 나가면서 전문성을 발휘하고 있다.

그림 11-4 닷(dot)의 여러 제품

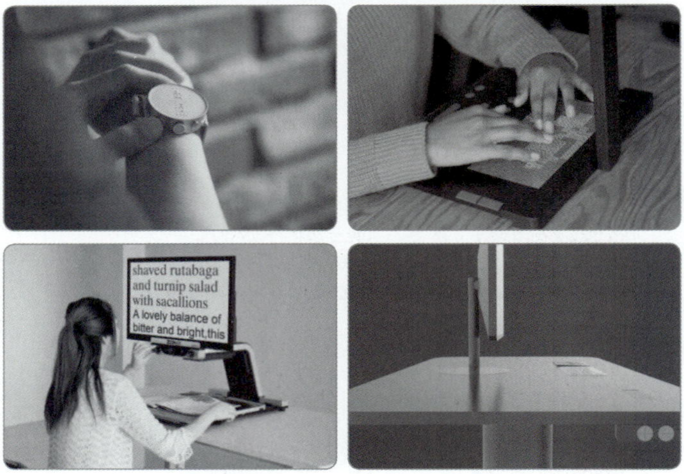

출처 (주)닷, https://www.dotincorp.com/kr/

5) 전체 시장 대상

신생 스타트업이 목표로 하기에는 현실적으로 불가능하지만, 가끔 스케일업(scale-up)에 성공한 스타트업은 여러 제품을 통해 전체 시장을 목표로 하는 경우가 있다. 2010년 아일랜드 소도시 출신 콜린스 형제가 창업한 '스트라이프(Stripe)'는 창업 10년 만에 기업가치 950억 달러(약 108조 원)를 넘어서는 기업으로 성장했다. 스트라이프는 간단한 소스코드만 복사해 붙이면 결제 시스템이 작동할 수 있도록 하는 시스템을 개발하여 아마존, 우버, 쇼피파이 등의 온라인 기업에 판매해 왔다. 이후 영국, 필리핀, 나이지리아, 파키스탄 등 해외시장으로 진출했고 은행업, 급여관리, 세금 서비스, 대출 서비스 등 다양한 제품과 서비스를 개발 또는 투자하여 영역을 늘려 나갔다.

3. 포지셔닝(Positioning)

1) 포지셔닝 개념과 전략

포지셔닝은 소비자의 마음속에 자사제품의 차별적 우위를 심어주는 활동이다. 이 개념은 1969년 세계적인 광고 컨설턴트 잭 트라우트(Jack Trout)에 의해 처음 등장했다.[26] 트라우트와 리스(J. Trout & A. Ries)는 이후 《포지셔닝, 당신의 마음을 차지하기 위한 전투(*Positioning: The Battle for Your Mind*)》라는 책을 통해, 고객의 관점에서 경쟁사와 차별화되도록 인식되는 것이 중요하다고 강조했다.[27]

트라우트와 리스에 의하면 포지셔닝은 경쟁사의 위상에 따라 크게 3가지 전략을

구사할 수 있다.[28)]

표 11-5 포지셔닝 전략

전략	내용
선도자 포지셔닝	제품범주를 대표하는 브랜드로 각인
추종자 포지셔닝	후발주자로서 선도자와 차이점을 강조
경쟁자 포지셔닝	기존 선도자의 약점을 파고들어 자사의 우월한 속성을 강조

출처 Trout, J. & Ries, A. (1972). Positioning Cuts through Chaos in Marketplace, *Advertising Age, 1(May),* 51-53.

첫 번째, 선도자 포지셔닝은 특정 제품 범주 내에서 소비자에게 가장 먼저 인식되도록 하는 전략이다. 2010년 설립된 우아한 형제들이 출시한 모바일 배달 어플리케이션 '배달의 민족'은 현재 국내 점유율 60%를 차지하고 있다. 하지만 업계 선발주자는 몇 달 먼저 출시된 배달통이었다. 배달의 민족은 당시 비슷한 앱이 30여 개나 되는 상황에서 시장에서 우위를 먼저 점하는 선도자 포지셔닝 전략을 구사했다. 적자가 계속되고 있는 상황에서도 옥외 광고, TV 광고 등에 투자금을 지출하면서 공격적인 마케팅을 펼쳤다. 이후 4년 연속 광고 대상을 수상하면서 업계 최초 천만 다운로드 달성 등 많은 "최초" 타이틀을 획득하면서 시장에서 선도자로 자리매김하게 되었다.

두 번째, 추종자 포지셔닝은 시장에 강력한 선도자가 존재할 때 직접 정면승부를 펼치기 보다는 선도자와 차이점을 강조하면서 새로운 이미지로 인식되는 전략이다. 전자책(e-book)을 파는 모바일 플랫폼인 '리디북스'는 2009년 창업하여 최근 기업가치 약 5,500억 원을 인정받아 명실상부 전자책 부문 선도기업이 되었다.[29)] 이에 비해 2016년 창업한 '밀리의 서재'는 업계 후발주자로서 리디북스의 영역에 정면으로 도전하기보다는 "전자책 구독"이 라는 새로운 서비스로 차별화를 시도했다. 비록 리디북스에 비하면 매출액 10분의 1, 기업가치는 5분의 1 수준이지만, 5년 만에 300만 구독회원을 모집하는 등 추종자 포지셔닝을 통해 빠르게 성장하고 있다.[30)]

세 번째, 경쟁자 포지셔닝은 선도자를 무너뜨리기 위해 약점을 부각시키거나 새로운 속성을 도입하는 전략이다. 예를 들어 2002년 이치넷(EachNet)을 인수하면서 중국 시장에 진출한 '이베이(eBay)'는 온라인 쇼핑 시장점유율 85%를 차지하면서 중국 내 온라인 마켓 선도기업이 된다. 이에 대응하기 위해 '알리바바(Alibaba)'는 타오바오(Taobao)라는 웹사이트를 런칭한 후, 이베이와 다르게 서비스 수수료 3년간 무료, 판매자와 소비자 간 의사소통할 수 있는 메신저 알리왕왕(Aliwangwang), 거래안정성을 확보하기 위한 에스크로(escrow) 서비스 등 당시 중국 시장에 맞는 서비스를 앞세워 2005년 시장점유율을 역전시키고 이베이가 중국 시장에서 사실상 철수하도록 만들었다. 대표적인 경쟁자 포지셔닝 전략이다.

2) 포지셔닝 절차와 다차원척도법

그림 11-5 포지셔닝 절차

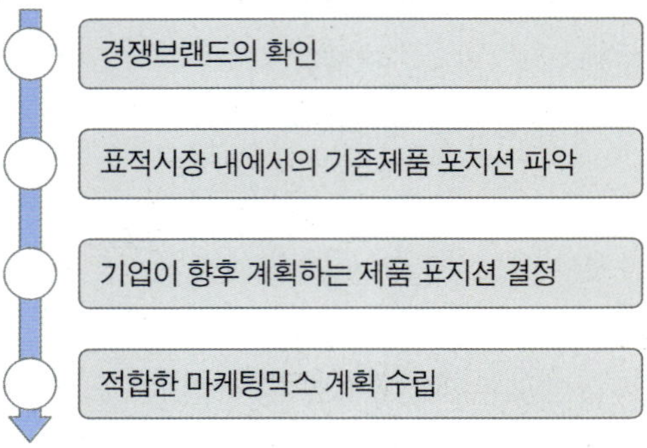

포지셔닝은 같은 범주 내의 경쟁제품과 자사제품의 유사점과 차이점을 찾아내는 것이 매우 중요하다. 그림 11-5 는 일반적인 포지셔닝 절차를 도식화하였다. 먼저 경쟁제품을 확인한 후, 그 제품이 현재 어떻게 자리매김하고 있는지를 파악한다. 경쟁제품과 비교 분석하여 자사제품이 추구하고자 하는 포지션을 결정하게 된다. 이후 결정된 포지션에 따른 구체적인 마케팅 계획을 세우게 되는 것이다.

일반적으로 포지셔닝 전략을 수립하기 위한 방법으로 다차원척도법(Multi-Dimensional Scaling, MDS)이 활용되고 있다. 다차원척도법은 계량심리학(Psychometrics) 분야에서 시작된 통계 기법으로 n개의 개체를 개체 간 유사성과 비유사성을 토대로 다차원적인 관계를 2차원 평면이나 3차원 공간상에 단순한 구도로 도식화하는 것으로 종종 인식 맵(Perception Map)으로 불린다. 이를 통해 자사의 브랜드 위치를 분석하기 쉽다는 장점이 있다.[31]

그림 11-6 은 2007년에 애플이 아이폰을 런칭하면서 기존에 존재하던 스마트폰들

과 새로 출시되는 아이폰의 차이를 설명하면서 다차원척도법을 통해 시각적으로 보여주는 모습이다. 이때 가로축은 오른쪽으로 갈수록 "사용이 쉬움"을 왼쪽으로 갈수록 "사용이 어려움"을 표시한다. 세로축은 위로 갈수록 "스마트함"을 아래로 갈수록 "스마트하지 않음"을 나타낸다. 기존 경쟁제품과는 다르게 아이폰은 매우 사용이 쉬우면서 매우 스마트한 기기로 포지셔닝하고 있음을 알 수 있다.

그림 11-6 iPhone의 포지션

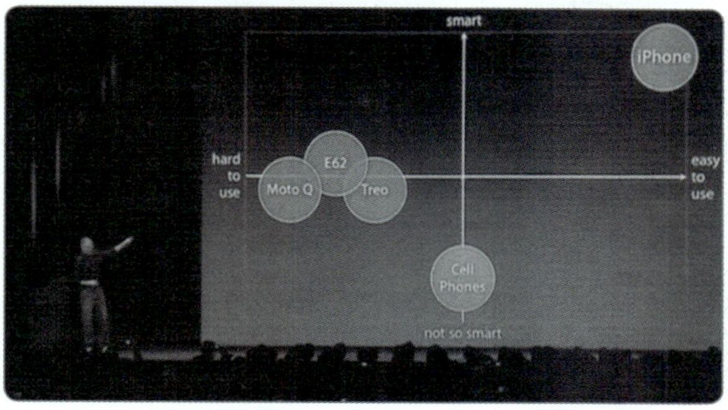

출처 https://www.youtube.com/watch?v=MnrJzXM7a6o&t=274s

제 3 절 시장규모 추산과 거점시장 확보

신생기업은 기존기업과 달리 기존고객이 존재하지 않는다. 그뿐 아니라 새로운 제품/서비스를 제공하는 경우 참고할 만한 고객군도 없는 것이 사실이다. 이 경우 가장 중요한 것은 초기에 진입할 시장을 어디에 둘 것인지이다. 이를 위해 비교적 정확하게 시장규모를 추산한 후, 최소한의 시작점이 어디인지, 규모가 얼마인지를 파악할 수 있어야 한다.

1. 시장규모 추산(TAM-SAM-SOM)

1) TAM-SAM-SOM의 개념

TAM-SAM-SOM은 각각 전체시장(Total Addressable Market, TAM), 유효시장(Service

그림 11-7 TAM-SAM-SOM

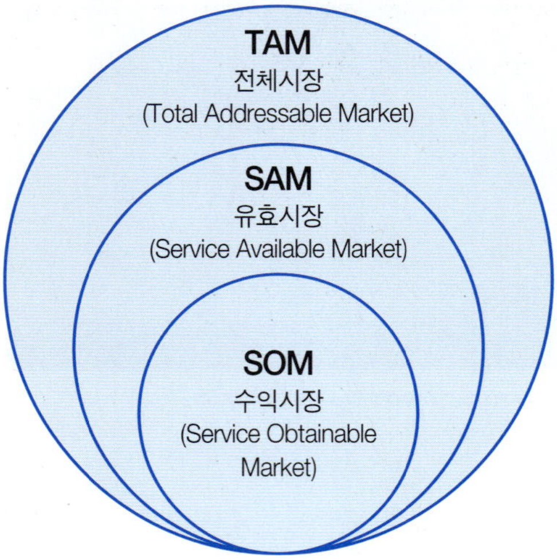

출처 www.thefabricator.com, Grow Your Business: Finding your best end market.

Available Market, SAM), 수익시장(Service Obtainable Market, SOM)을 나타낸다. TAM-SAM-SOM 분석은 주로 벤처캐피털 등 투자자가 시장의 크기를 산출해 내는 방법으로서, 이를 통해 진출할 시장의 규모는 얼마인지를 논리적으로 도출해 낼 수 있고, 궁극적으로 수익을 창출할 수 있는 생존시장을 발견하여 그 크기를 숫자로 입증할 수 있게 된다.

TAM은 해당 제품 및 서비스 영역에서의 전체 시장을 뜻한다. 전체시장은 스타트업이 해당 시장에서 서비스할 수 있는 시장의 총 규모이다. 예를 들어 세탁대행 서비스를 제공하는 스타트업의 경우라면 전체시장은 세탁대행 시장의 총 크기이며, 여행 관련 스타트업이라면 여행업 전체의 크기라고 볼 수 있다.

SAM은 유효시장으로서 전체 시장 중 조건을 고려할 경우, 닿을 수 있는 도달 가능한 시장규모를 의미한다. 일반적으로 특정 범위나 지리적 위치 내에 존재하는 시장이다. 예를 들어 전체시장이 국내 특정 산업 전체를 대상으로 하고 있다면 유효시장은 현재 스타트업이 위치하고 있는 지역으로 한정될 수 있다. 세탁대행 서비스 스타트업의 사례를 본다면, 국내 전체 세탁대행 시장 중 서울의 강남 지역만을 도달 가능한 유효시장으로 볼 수 있다.

SOM은 수익시장이다. 유효시장 내에서 초기에 확보가 가능한 크기의 시장으로서 서비스가 가능할 뿐만 아니라 수익창출도 바로 가능한 시장이다. 스타트업의 생존을 위해 반드시 차지해야 할 시장이기 때문에 생존시장으로도 불린다. 강남 지역을 유효시장으로 하고 있는 세탁대행 서비스 스타트업의 경우, 30~40대 바쁜 직장인, 맞벌이가구 등으로 범위를 더욱 한정할 수 있다.

2) TAM-SAM-SOM 사례: 에어비앤비(Airbnb)

TAM-SAM-SOM과 관련된 '에어비앤비(Airbnb)'의 사업계획서를 살펴보자. 에어비앤비는 미국 샌프란시스코에서 2008년 8월 브라이언 체스키(Brian Joseph Chesky)와 조 게비아(Joseph Gebbia Jr)가 설립한 숙박공유 서비스 플랫폼이다. 사업을 준비하면서 창업자들은 시장규모를 추산하였다. 먼저 연간 전 세계 여행 숙박 예약 건수, 즉 전체시장(TAM)이 19억 건이 넘어가는 것으로 보았다. 그중에서 에어비앤비가 추구하는 저예산 또는 온라인 숙박 예약, 즉 유효시장(SAM)은 5억 3천2백만 건으로 추산했다. 전체시장의 약 28% 수준으로 판단한 것이다. 마지막으로 에어비앤비가 초기에 바로 확보 가능한 시장은 유효시장의 약 2%로 설정하였다. 결과적으로 초기 에어비앤비의 수익시장(SOM)은 1천6십만 건의 숙박 예약을 타깃으로 하였다.

그림 11-8 에어비앤비 TAM-SAM-SOM(Market Size)

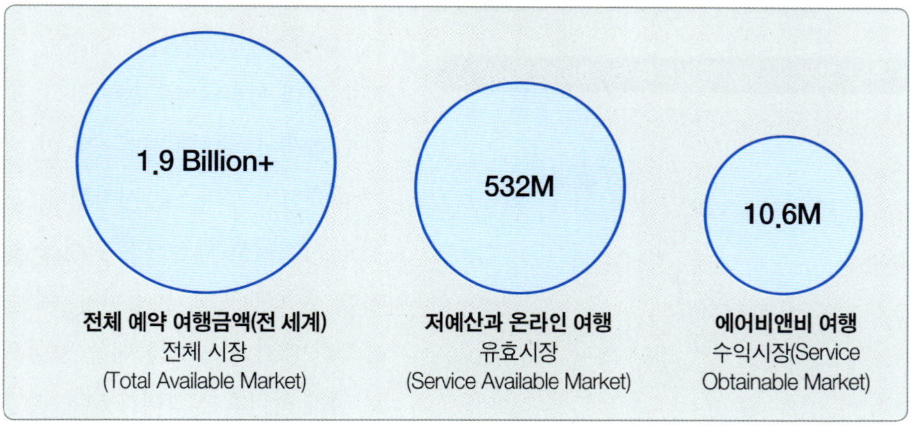

출처 AirBnB Pitch Deck.

2. 거점시장(Beachhead) 선정

거점시장(Beachhead)은 SOM(수익시장)의 다른 이름이다. 거점시장 전략은 매우 작은 장소에서 시작하여 확장하기 전에 그곳에서 리더가 되는 전략을 말한다. 이 전략은 사실 1944년 2차 세계대전 중 아이젠하워 장군의 노르망디 상륙작전에서 그 기원을 찾을 수 있다. 당시 연합군은 독일 치하에 있던 노르망디를 선박 6,500척, 비행기 1만 2천 대를 이끌고 기습 상륙하여 탈환에 성공했다. 첫날에만 17만 병력을 상륙시켰고, 독일군이 우왕좌왕하는 사이에 대규모 군사와 보급품을 잇달아 상륙시켰다. 이 성공을 계기로 독일군에 대한 전면적인 반격이 가능했고 2차 세계대전 승리의 결정적인 작전이 되었다. 이후 이 전략은 비즈니스 세계에서 언급되기 시작되었고, 스타트업 초기 시장 전략의 핵심으로 자리 잡았다.

《스타트업 바이블(*Disciplined Entrepreneurship*)》의 저자 빌 올렛(Bill Aulet)은 거점시장에 대해 이렇게 언급하였다. "거점시장에서 당신은 독점적인 시장점유율을 달성한 후, 인접시장으로 확장할 힘을 얻게 된다. 그 후 스케일업에 성공하게 된다."

예를 들어, 페이스북(Facebook)이 소셜미디어 시장에 진출할 당시, 시장은 마이스페이스(MySpace.com)가 선도하고 있었다. 당시 마이스페이스와 경쟁할 능력이 없었던 페이스북은 마이스페이스와 직접경쟁을 피하고 대신 거점시장 전략을 선택했다. 페이스북은 2004년 하버드 대학교 교내 커뮤니티로 시작하여, 하버드 학생이 아니면 가입조차 안 되는 폐쇄적인 서비스로 시작했다. 그 뒤 하버드에서 독점적인 위치를 차지한 후 스탠포드, 콜럼비아, 예일, 보스턴 대학교 등 명문대를 중심으로 점차 서비스를 확대하였다. 창업 2년 뒤 2006년에야 모든 사람들이 가입할 수 있게 하였다. 이렇게 페이스북의 거점시장 전략은 성공하여, 마이스페이스와의 경쟁에서 큰 우위를 차지할 수 있게 되었다.

그림 11-9 주간 검색어 비교(페이스북 vs. 마이스페이스)

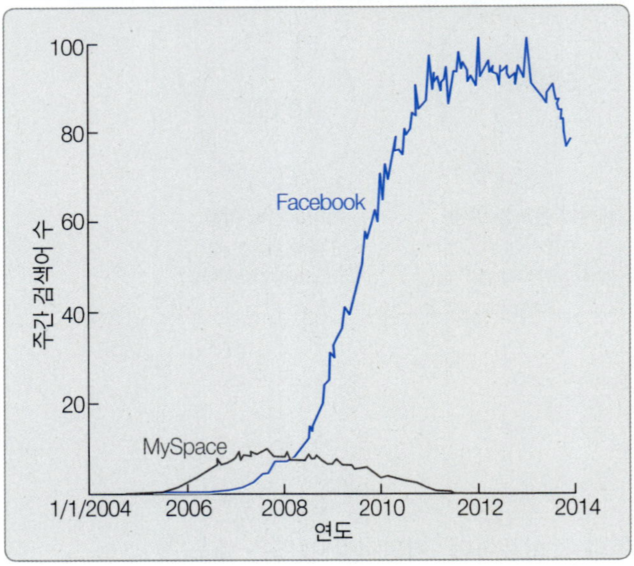

출처 https://blogs.cornell.edu/info2040/2017/09/15/the-science-behind-social-networking-and-why-myspace-lost-to-facebook/

3. 페르소나(Persona) 설정

표적시장 선정 시 "페르소나"를 설정하기를 권한다. 페르소나(persona)는 라틴어로서 가면을 의미한다. 다시 말해, 목표시장 안에 있는 다양한 사용자 유형들을 대표하는 "가상의 인물"을 뜻한다. 철저한 데이터 분석과 시장조사를 통해서 신생창업기업의 제품과 서비스를 구매해 줄 수 있는 페르소나를 설정하게 된다. 비록 가상의 인물이지만, 성별, 나이, 직업 등 인구통계학적 요소뿐만 아니라, 구체적인 소비정보를 얻어 실제 인물로 예상하여 설정한다. 페르소나 설정을 통해 창업기업은 고객에 대해 보다 면밀히 이해할 수 있고, 시각화를 통해 효과적인 마케팅 전략을 세울 수 있게 된다. 그림 11-10 은 페르소나의 예시이다.

그림 11-10 페르소나 예시

Tomoko Suzuki, 28 years old
(company employee, office work)

Family details	Parents, younger sister, and pet Chihuahua. She lives at home in Meguro ward
Interests	Gourmet food, shopping, and diets
Personal activities	She enjoys decorating her room and buying general merchandise, visits retail shops and cafes on the weekend. She has a good relationship with college friends to this day and sometimes has dinner with them on weeknights on her way home. On days that she has an appointment with friends, she plans her work so that she can leave on time. She also has a good relationship with her family. She reserves a restaurant in Tokyo whenever any member of the family has a birthday so that the entire family can celebrate together.
Work activities	She is in charge of preparing materials in a technology-related department in an IT company. Upon arriving at work in the morning, she checks various news sites but somehow turns to viewing entertainment news. However, on finding a site that provides straightforward explanations of technology, she bookmarks it for future reference. She is not fluent in specialized technical terminology. Although somewhat busy, she works efficiently and manages to finish her work during regular hours as she tries to avoid working overtime as much as possible.

출처 Hisanabe, Y. (2009). Persona marketing for Fujitsu kids site. *Fujitsu Scientific and Technical Journal*, 45(2), 210-218.

제 4 절 마케팅믹스

1994년 봄, 월스트리트에서 잘나가는 금융인이었던 제프 베이조스(Jeff Bezos)는 돌연 회사를 그만두고 자신의 고향인 시애틀로 돌아와 인터넷 사업을 하기로 결심한다. 인터넷으로 팔 수 있는 제품 목록 20여 개를 산정하고서 각 장단점을 평가 내린 후, 최종적으로 책을 팔기로 결심을 굳힌다. 그해 7월 '카다브라'라는 이름의 법인을 설립했지만 7개월 후, 다시 '아마존'으로 회사명을 바꾸고 1995년 봄부터 비공개 베타 테스트를 실시한다. 그 후 1995년 7월 16일 본격적으로 대중에 'Amazon.com'이라는 웹사이트가 공개된다. 총 39개의 범주(category)에 110만 개의 타이틀을 취급하는 지상 최대의 온라인 서점이 탄생한 것이다.

온라인 사업의 특성상 고객들은 기존 오프라인 서점과는 달리 아마존 웹사이트를 통해 24시간 주문할 수 있게 되었고, 정가의 20~30%가량 할인된 가격의 책을 받아 볼 수 있게 되었다. 고객을 위해 "Eye and Editors"라는 무료 구독 서비스를 제공해서, 고객이 관심을 가질 만한 책에 대한 정보를 이메일로 발송해 주었다. 이를 위해 편집자와 작가를 채용했다. 또한 고객은 15일 이내에 영수증을 제시하면 환불을 받을 수 있도록 서비스 정책을 세웠다. 고객의 전화 대기시간이 1분을 넘지 않도록 제프 베이조스는 직접 수시로 서비스 센터에 전화하고 체크했다.

아마존은 웹사이트 공개 후 곧바로 당시 급성장 중인 인터넷 포털 사이트 야후(Yahoo.com)의 추천 사이트 페이지에 등록되었고, 사업 시작 일주일 만에 1만 2천 달러의 주문을 수주하게 된다. 지역신문사인 〈시애틀타임즈(*The Seattle Times*)〉는 두 달 뒤인 1995년 9월에 아마존 특집 기사를 다루었다. 당시 아마존은 이미 미국 전역과 해외 45개국에 배송을 하고 있었다. 1996년 7월 아마존은 타 웹사이트와 제휴하여 고객을 아마존으로 보내주면 수수료를 주었다. 이후 아마존은 1997년 5월 15일 나스닥에 주당 15달러에 상장된 후, 그해 900% 성장을 달성한다.

그림 11-11 초기 아마존 웹사이트와 제프 베이조스

출처 https://www.versionmuseum.com/history-of/amazon-website(좌)
Jimi Lott(1995). *The Seattle Times*.(우)

아마존의 사례는 신생창업기업의 초기 마케팅의 여러 활동을 선명하게 보여준다. 흔히 마케팅 활동은 광고나 프로모션만 생각하지만, 기업은 효과적인 목적 달성을 위해서 여러 가지 방법을 균형 있게 구성해야 하는데 이를 마케팅믹스라고 한다. 마케팅믹스의 개념은 하버드의 닐 보덴(Neil Borden)에 의해 제시되었고,[32] 맥카티(E. J. McCarthy)에 의해 4가지 서브 항목으로 정립되었다.[33] 제품/서비스(Product), 가격(Price), 광고촉진(Promotion), 유통(Place)이 그것이다. 모두 알파벳 P로 시작하기 때문에, 흔히 4Ps라고 한다. 최근에는 서비스 산업에 적용하는 한계로 인하여 기존 4Ps에 프로세스(Process), 물리적 증거(Physical evidence), 인적자원(People)을 더해 7Ps를 적용해야 한다는 주장이 있다.[34] 하지만 본 교재에서는 전통적인 4Ps에 집중하기로 한다.

1. 제품/서비스(Product)

필립 코틀러(Philip Kotler)에 의하면, 제품이란 단순히 우리 눈에 보이는 물건이 아닌, "고객의 필요와 욕구"를 충족시켜 주는 모든 것을 포함한다. 그에 따르면 제품은 크게 3가지 범주로 나뉠 수 있는데 핵심제품, 유형제품, 확장제품이 그것이다.

그림 11-12 제품 범주

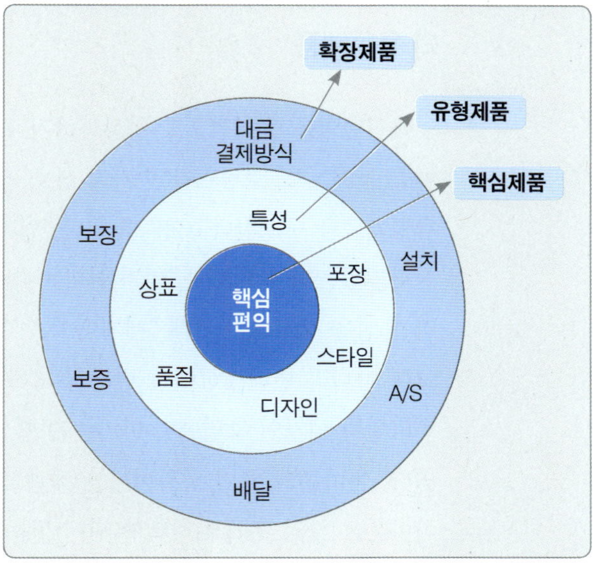

1) 핵심제품

가장 기본적인 범주는 핵심제품이다. 이는 소비자가 제품/서비스를 통해 얻게 되는 핵심편익(Core benefit)을 뜻한다. 마케팅의 그루인 하버드 대학교 테오도르 레빗(Theodore Levitt) 교수는 "소비자는 1/4인치 드릴(Drill)을 바라는 것이 아니라 1/4인치 구멍을 원한다"라는 말로, 제품 자체보다는 제품을 통해 얻는 핵심편익을 강조한 바 있다.

핵심제품을 통한 핵심편익은 고유한 강점(Unique Selling Point, UPS)이라는 말로 종종 소개된다. UPS의 개념을 만든 창시자는 미국 광고대행사 회장인 로서 리브스(Rosser Reeves)로 "당신은 그저 광고를 다르게 만들 것이 아니라, 제품이 홍미를 끌 수 있도록 만들어야 한다"는 어록을 남겼다. 바로 제품 자체의 장점(Benefit)을 강조한 것이다. 그는 또한 그 장점이 경쟁사가 가지지 못한 것이며, 고객의 구매로 이어질 만큼 강력한 것이어야 한다고 주장했다.

예를 들어, 1940년에 선보인 마즈사의 M&M 초콜릿은 겉면이 코팅되어 손에서도 잘 녹지 않는 초콜릿을 개발해 2차 세계대전의 군용식에 공급할 수 있었다. "청결함"이 M&M 초콜릿의 핵심편익인 것이다. 또 다른 사례로 노트북 컴퓨터인 LG그램을 들 수 있다. LG그램은 980g의 "가벼운 무게"가 핵심편익이다. 앞선 사례에서 보았던 아마존의 핵심편익은 바로 언제 어디서나, 종류에 관계없이 책을 구매하여 받아 볼 수 있는 "편리함"이라고 할 수 있다.

2) 유형제품

핵심편익을 물리적으로 형상화하기 위해서는 상표, 디자인, 포장 등이 필요하다. 예를 들어, 레스토랑이라면 가게 상호, 인테리어, 테이블과 의자, 식기, 식재료 등이 유형제품을 구성한다고 볼 수 있다. 인터넷 서점인 아마존이 어떻게 구체적으로 형상화되었는지 살펴보자. 먼저 아마존이라는 브랜드는 "지구상에서 가장 큰 서점"이라는 점을 강조하기 위해 "세계에서 두 번째로 긴 강"인 아마존에서 따온 이름이다. 그뿐 아니라 인터넷상에서 먼저 검색될 수 있도록 A로 시작하는 이름이기도 하다. 스타일과 디자인 측면에서 아마존은 웹사이트를 통해 비로소 서비스가 형상화될 수 있다. 아마존의 초기 웹사이트는 직관적이고 간결하게 구성되었다. 품질 측면에서, 아마존은 창업 초기부터 백만 권이 넘는 책의 타이틀을 갖추고 있어, 고객들에게 매우 폭넓은 쇼핑의 폭을 제공해 주었다.

마찬가지로 세계 최고의 브랜드로 평가받고 있는 애플은 이미지를 형상화하기 위해 산뜻한 사과 모양의 로고와 함께 자사제품을 받아본 고객의 설렘을 극대화하기 위해 아이폰을 완전히 언박싱할 때 대략 8초 정도 걸리도록 계산하여 패키징을 고안했다고 한다.

3) 확장제품

확장제품은 제품의 본체를 형성하는 유형제품을 넘어, 고객에게 부가가치를 주는 서비스 제공물을 뜻한다. 제품을 구매할 때 대금결제 방식이나, 배달, A/S, 품질보증과 같은 것이 확장제품이라고 할 수 있다. 확장제품을 바탕으로 제품이나 서비스가 경쟁사와 차별화되는 경우가 많다. 아마존의 경우, 예정된 시간 범주 내에서 배송을 매우 중요한 고객 서비스로 인지하고, 아마존의 명성에 직결되는 것으로 판단했다. 또한 15일 내에 환불할 경우 100% 환불을 해주었을 뿐 아니라 고객 서비스의 중요성을 인식하여 CEO를 포함한 모든 직원들이 이틀에 걸쳐 고객 전화에 응대하는 시간을 갖는 것으로도 유명하다.

2. 가격(Price)

"어설픈 가격이 스타트업을 망친다"라는 말이 있듯이, 기업가적 마케팅에서 가장 중요하고 어려운 부분이 바로 가격결정의 문제이다.

1) 가격결정 방식

큰 틀에서 본다면 가격결정에서 3가지 방법이 사용된다. 원가주도 가격설정, 경쟁주도 가격설정, 고객주도 가격설정이다.

먼저 원가주도법은 가장 손쉬운 가격 설정 방식이다. 간단하게 생산원가에 원하는 마진을 붙여서 가격을 구하는 방식이다. 따라서 이를 Markup Pricing이라고도 한다. 예를 들어, 볼펜을 생산하는 스타트업이라고 가정을 해보자. 단위당 변동비와 고정비를 다 계산한 단위당 원가가 5,000원이라고 가정한다. 여기에 마진을 30% 원한다면, 유통업자에게 판매하는 볼펜의 가격은 6,500원이 될 것이다. 원가주도 방식은 간단하고 편리하며, 비용을 고려한 가격 결정이므로 안정된 이익을 계산할 수 있다는 장점이 있다. 반면, 경쟁기업과 수요를 무시한 측면이 있다.

다음으로 경쟁주도법은 경쟁기업의 가격을 기준으로 설정하는 방법이다. 만약 경쟁기업보다 제품의 질이 높거나, 차별화된 제품/서비스라고 판단될 경우, 가격을 높게 책정할 수 있는데, 이것을 프리미엄 가격(Premium Pricing)이라고 한다. 반대로, 경쟁사보다 의도적으로 낮은 가격을 책정하여, 경쟁우위를 도모하는 경우가 있는데 이것을 침투가격(Penetration Pricing)이라고 일컫는다. 경쟁주도법은 가격경쟁을 피할 수 있다는 장점이 있는 반면, 여전히 고객의 의도는 고려되지 않은 방법이다.

마지막으로 고객주도 가격설정은 고객의 지불용의(Willingness to pay), 즉 고객이 물건을 살 때 최대로 지불 가능한 금액을 고려하여 가격을 책정하는 방식이다. 기업은 베타 테스트나, 고객 설문을 통하여 지불 가능 금액을 미리 조사하는 경우가 일반적이다.

표 11-6 주요 가격결정 방식

구분	설명	장점	단점
원가주도 가격설정	생산원가에 원하는 마진 추가	간단, 편리, 안정된 이익 가능	경쟁상황, 수요 무시
경쟁주도 가격설정	경쟁기업의 가격을 기준으로 설정	가격경쟁 피함	고객 의도 반영 안 됨
고객주도 가격설정	고객이 판단한 가치를 기준으로 설정	고객의 관점 반영	–

2) 기타 가격 전략

앞서 살펴본 큰 틀의 가격설정 방식 이외에 여러 가격 전략들이 존재한다.

① 스키밍(Skimming)

경쟁제품이 없고 선발주자(First Mover)일 때, 고려해 볼 수 있는 가격책정 방법으로서, 경쟁제품이 진입하기 전까지 우선 고가를 유지한 후 차츰 가격을 낮추는 방식이다. 애플의 아이폰이 대표적인 경우이다. 아이폰 새 모델의 경우, 처음 출시될 당시에는 매우 높은 가격이 설정되어 있는 것이 일반적이다. 그 후 시간이 감에 따라 애플은 시장상황에 맞춰 기존 모델의 아이폰의 가격을 하향 조정해 간다.

② **가격계열화(Price lining)**

단일제품이 아닌 여러 다른 사양의 제품을 생산하여 제공한 뒤 가격의 차이를 두는 것을 뜻한다. 예를 들어 애플의 아이패드는 여러 다른 사양의 제품이 출시되어 있는데, 라인업에 따라 가격이 최대 400달러(약 50만 원) 차이가 난다.

③ **선택사양 가격(Optional feature Pricing)**

주된 상품이나 서비스에 부가적인 상품이나 서비스를 선택함에 따라 가격이 달라지게 하는 기법이다. 예를 들어, 자동차를 구매할 때 풀 옵션, 중간 옵션, 최소 옵션에 따라 가격 차이가 상이함을 알 수 있다.

④ **종속상품 가격결정(Captive-product Pricing)**

주로 미끼(Bait & hook) 비즈니스 모델을 사용하는 기업에서 사용하는 가격 정책으로서, 주된 상품은 저렴하게 책정하여 고객을 유인하고, 종속제품을 원가 대비 높은 가격으로 설정하여 마진율을 높여서 이익을 얻는 방식이다. 질레트 면도기와 면도날 또는 에스프레소 머신과 해당 커피팟의 가격을 생각하면 이해하기 쉽다.

3. 촉진 및 광고(Promotion)

프로모션의 목적은 소비자에게 제품/서비스를 인식시켜 구매를 유도하는 것이다. 다시 말하면, 강한 인상(impression)을 만들어 내어, 일반인을 우리 기업과 제품/서비스를 인지한 잠재고객(Sales Leads)으로 일차적으로 탈바꿈시킨다. 그 후 실제 판매로 연결될 가능성이 높은 이른바 가망고객(Prospect)을 만드는 작업이 바로 프로모션 활동이다.

흔히 생각하는 TV CF, 보도자료는 물론이고 신문기사, 카드뉴스, SNS상의 게시글도 모두 강한 인상을 심어주는 메시지가 될 수 있다. 이런 메시지를 전달하는 창구가 촉진 채널이 된다. 고전적으로는 TV, 라디오, 신문, 잡지를 지칭하는 4대 매체와 옥외 광고, 지하철 광고, 이벤트, 전시 등이 애용되었지만 인터넷의 발전과 함께 네이버, 구글 등의 포털사이트와 페이스북, 인스타그램, 트위터 등의 신매체도 활용되기 시작했다.

채널의 차이에 따라 프로모션은 크게 3가지로 분류된다. 먼저 흔히 사용되는 TV, 신문, 라디오, 잡지 등을 활용해 일방적으로 전달되는 마케팅은 ATL(Above the Line)이라고 불린다. 노출 효과가 크고 히트 상품을 만들어 내기 좋으며 유행에 민감한 고객들에게 매력적이지만, 그만큼 비용이 크고 특정한 타깃고객에게만 광고를 전달하는 데는 비효율적이다. ATL의 주된 역할은 브랜드 이미지와 기억 등 브랜드 인지도를 창출하고 필수적인 정보를 제공하는 데 있다.

마찬가지로 흔히 사용되어 온 이벤트, 전시, 스폰서십, 쿠폰, 매장 프로모션, PPL 등을 사용해 쌍방향 커뮤니케이션을 이뤄내는 마케팅 방식은 BTL(Below the Line)이라고 불린다. 소비자들과 대면하므로 실제 구매로 이어지기 쉬우며 실용적이고 합리적인 고객들에게 효과적이다. 가격도 ATL에 비해 싼 편이다. 하지만 동시에 세분화된 마케팅을 준비해야 하므로 시간과 노력 투자가 상대적으로 크다는 단점도 있다. BTL 마케팅은 가시성을 창출하고 브랜드 아이덴티티와 연관된 연상을 제공하며, 고객의 선호도를 높이고 관계를 구축하기 위해 사용된다.

BTL과 ATL 중 어디에도 속하지 않는 바이럴 마케팅, 소셜네트워크 마케팅 등은 CTL(Cross-over the Line) 마케팅으로 불린다. BTL과 마찬가지로 쌍방향 커뮤니케이션을 이루지만 디지털 영역에서 주로 이루어진다.

이와 관련하여 다음 **표 11-7** 에는 주요 사용되는 프로모션의 형태를 요약 정리해 두었다.

표 11-7 프로모션 형태

항목	예시
광고	인쇄 및 방송 광고, 옥외 광고, 인터넷 광고
PR	보도자료, 연설, 간행물
퍼블리시티	언론 노출
소셜미디어	페이스북, 인스타그램 등
바이럴 마케팅	조회수 높은 비디오 영상
리퍼럴 마케팅	친구 및 지인 추천
인플루언서 마케팅	유명인의 언급
게릴라 마케팅	팝업 스토어
판매촉진	경품, 쿠폰
직접 마케팅	텔레마케팅, 카탈로그
제휴 마케팅	제휴 맺은 웹사이트끼리 매출 발생 시 소정의 보상
체험 마케팅	안테나 숍, 플래그십 스토어

4. 유통(Placement)

2016년 창업한 국내 밀키트(Meal Kit) 1위 업체 '프레시지'는 업계 선발주자로서 국내에 밀키트를 먼저 알리는 데 어려움을 겪었다. 그래서 광고나 판촉 등에 비용을 투입하는 것보다는 유통채널을 늘리는 데 집중했다. 먼저, G마켓에서 시범 삼아 판매하여 1주일 만에 3만 세트가 팔린 것을 확인한 후, 한국야쿠르트의 HRM 브랜드 '잇츠온'을 시작으로 이마트, 홈플러스 등 유통업체에 OEM으로 공급했다. 그 뒤 온오프라인 유통채널 26곳에서 밀키트를 판매하고 있다.[35)]

이렇듯 실제로 제품/서비스를 구매할 수 있는 물리적 또는 디지털 공간을 이어주는 활동을 유통이라고 한다. 이 과정에 참여하는 중간관계자를 유통채널이라 한다. 신생기업 입장에서 어떤 유통채널을 선택하느냐는 경쟁우위를 형성하고 나아가 기업의 성패를 좌우하는 중요한 결정이다. 만약 생산자가 직접 소비자와 거래를 할 수 있다면, 직접채널이라고 하고, 중간에 대리인이나 중간상을 통하여 소비자를 만나는 경우를 간접채널이라고 한다. 간접채널을 이용할 경우 수수료를 지불하여야 한다. 기업은 보통 직접채널과 간접채널을 동시에 이용한다. 예를 들어 저가 항공으로 유명한 '사우스웨스트 항공(South West Airline)'의 경우, 티켓 판매의 중간대리인(Agency)을 거의 사용하지 않고, 70% 이상의 티켓이 자사 홈페이지를 통해서 판매된다고 한다. 애플의 경우, 직영점인 애플 스토어를 통해서 소비자가 애플 제품을 구매하는 경우가 전체 매출에서 약 30%가량을 차지한다고 알려져 있다.

챕터 마무리 이야기

'엔씽(nthing)'은 2014년에 설립된 모듈형 컨테이너를 이용한 스마트팜(smart farm) 업체이다. n개의 사물을 네트워크로 연결해 새로운 것을 만든다는 의미를 가지고 있다. 회사명을 짓기 전, 국내 IT 업계에서 네이버(naver), 넥슨(nexton)처럼 n으로 시작하면 성공한다는 속설에 따라 알파벳 n으로 시작했다고 한다.

엔씽을 창업한 김혜연 대표는 대학에서 전자공학을 전공한 엔지니어다. 창업 전, SK텔레콤에서 IT 글로벌 트렌드를 분석하는 일을 하면서 사물인터넷(IoT)의 흐름을 먼저 접했고, 외삼촌이 경영하는 농자재 업체에서 우즈베키스탄으로 파견근무를 하면서, 농업에 대한 지식을 쌓았다. 이후, 전자부품연구원(KETI)의 위탁연구원으로 개방형 IoT 플랫폼 사업에 참여하여 스마트폰 앱을 통해 원격으로 화분에 물을 주는 가정용 스마트 화분 아이디어를 구상하였다.

2013년 글로벌 K 스타트업 지원 프로그램에 참가하여 받은 상금 5천만 원과 초기 투자금 3억 7천만 원을 종잣돈으로 본격적인 사업을 시작하였다. '플랜티'라는 제품명으로 스마트 화분을 제작해 2015년 미국의 유명 크라우드 펀딩 사이트 킥스타터(Kickstarter)에 런칭하여 500명의 후원자로부터 10만 달러 이상의 사전예약을 올렸다. 이어서 모듈형 수경재배 키트, 작물상태 기록 모바일 어플리케이션 등의 기술을 개발하면서 서서히 스마트팜을 구현할 수 있는 제반 기술을 확보하기에 이른다.

하지만 스마트 화분의 매출은 부진했고, 시장 자체가 취미인 '홈가드닝'이었기 때문에 확장성에 한계점이 드러났다. 김혜연 대표는 2016년 컨테이너형 수직농장을 통해 본격적으로 스마트팜 시장에 뛰어들기로 결심한다. 기존의 창고형 수직농장과 달리 컨테이너형은 농장을 모듈화할 수 있어, 작은 규모로 시작하여 필요에 따라 크게 확장이 가능하다. 게다가 컨테이너 1~2개 동을 통해 빠른 테스트가 용이하여 리스크를 줄일 수 있다는 장점이 있다.

엔씽은 컨테이너형 수직농장 개발을 위해 신용보증기금 퍼스트펭귄 프로그램에 지원하여 5억 원을 지원받아, 현재의 기술과 비즈니스 모델을 구축하였다. 우선 서울에 3동짜리 플랜티큐브를 구축하여 1년간 테스트를 거쳐 성능을 입증했다. 그 결과 벤처캐피털로부터 25억 투자를 유치할 수 있었고, 경기도 용인에 연 생산 30톤 규모의 16동짜리 스마트팜을 구축했다.

엔씽은 스마트팜의 거점시장으로 중동을 정했다. 중동은 열악한 환경으로 인해 신선 과일과 채소의 90%를 수입에 의존하고 있는데, 그중 특히 UAE는 2017년 식량안보 특임장관직을 신설하고 대규모 농업펀드를 조성할 만큼 식량자급에 적극적이었다. 엔씽은 2019년 3월 국내 대기업과 업무협약을 맺고, 중동 현지 종합상사와 함께 시장 진출에 착수했다. 직접 만나는 것을 선호하는 중동의 문화적 특성상 중동 현지 비즈니스 포럼에 참석하여 바레인, UAE, 사우디 등의 잠재 바이어 발굴에 나섰으며, 무역협회(KITA) 행사에 참석하여 현지 정부기관 담당자 등을 만났다.

UAE 아부다비의 국방호텔에서 엔씽의 컨테이너 수직농장에 관심을 보였고, 엔씽은 컨테이너 두 동을 보내 현지에서 재배 테스트를 통해 기술검증(Proof of Concepts)을 실시했다. 컨테이너 한 동에 7천만 원이므로 대규모 투자가 들어가야 하는 공장형에 비해 결정권자의 의사결정이 편했다. 기술검증이 끝난 후, 실증 사업으로 8개동을 수출하여 로메인 상추 등 샐러드용 채소를 현지 재배할 수 있도록 했다. 이 과정을 완료한 덕분에 세계 최대 가전 전시회 'CES 2020'에서 스마트시티 부문 최고혁신상을 받을 수 있었고, 중동 최대 규모 IT 산업 전시회 '두바이 GITEX 퓨처 스타즈'에 참가 기업으로 선정되기에 이른다. 코로나19 이후에는 SNS 마케팅을 실시하고, 현지 파트너사를 통해 〈두바이 TV〉 등 지속적으로 언론에 노출되고 있다. 이를 통해 현지 주요 기관의 문의를 이끌어 냈고 아부다비에 농장 100개동(약 100억 원 상당)의 수출계약을 완료했다.

이렇듯 기술력을 입증받고 해외 진출이 본격화되자, 투자금이 몰리기 시작했다. 2020년 시리즈B 투자를 완료하여 누적 투자금액 180억 원을 넘기고 기업가치는 500억 원 이상으로 평가받았다. 특히, 최근 투자에서 이마트가 5억 원을 출자하였는데, 이마트는 2020년 초반부터 엔씽과 협력하여 로메인, 바타비아, 버터헤드, 바질 등 4종류의 "뿌리가 살아있는 채소" 브랜드를 이마트 8개 지점과 이마트몰에서 판매하기 시작했다. 소비자의 재구매가 이어지고 매출이 2배 이상 신장하고 있다.

출처 신세계 그룹 뉴스룸(https://www.shinsegaegroupnewsroom.com/59229/); 정형태(2020.11.19.). "여기는 중동, 한국서 온 스마트팜이 우릴 먹여살리고 있다", 〈조선일보〉; 김유경(2020). "성장산업 선점을 위한 기술기업 엔씽의 전략적 판단과 마케팅", *Asan Entrepreneurship Review*, Vol.6 No.2.

토론주제

1. 엔씽의 마케팅의 특징에 대해 논의하시오.
2. 엔씽의 고객은 누구이며, 판매 방식과 마케팅믹스(4Ps)에 대해 논의하시오.
3. 대기업 이마트가 엔씽에 투자와 협력을 하게 된 주된 동기는 무엇인가.

생각해볼 문제

1. 기업가적 마케팅 역량이 신생 스타트업의 성과에 긍정적인 영향을 주는 이유는 무엇인가?
2. 기업 시장과 소비재 시장에서의 마케터의 역할은 어떤 차이가 있는지 논의하시오.
3. 국내 스타트업 하나를 선정하여 마케팅믹스의 관점에서 활동을 분석하시오.

그룹토의(그룹토의는 3-4명의 학생들로 소그룹을 만들고, 다음의 문제들 중 하나를 선택하여 5-10분 정도 자유토론을 진행한 후 공유한다.)

1. 스타트업 관점에서 시장세분화를 할 수 있는 새롭고 창의적인 기준은 무엇이 있을지 토의하시오.
2. 자사제품이 잠재고객에게 핵심편익을 제공할 수 있는 가능성을 높이려면 어떻게 해야 할지 토의하시오.
3. B2B를 위주로 하고 있는 스타트업에 마케터로 채용이 되었다고 가정한다면, 사용하고 싶은 프로모션 유형은 무엇이고, 그 이유는 무엇인지 토의하시오.

핵심개념정리

본 장에서는 기업가적 마케팅을 이해하고 마케팅의 세부적인 개념과 구체적인 전략에 대해 알아보았다. 먼저 전통적인 마케팅은 고객에게 자사의 제품 및 서비스를 알리는 활동이나 과정으로 정의된다. 큰 틀에서 기업가적 마케팅도 비슷한 개념이지만 신생기업 특성상 능동적이고, 기회주도적이며, 고객과 긴밀한 관계를 가지고, 혁신에 앞장서거나, 새로운 프로젝트에 참여하여, 창의적 방법으로 자원을 활용하고 가치를 창조하는 데 중점을 두는 점이 큰 특징이라고 할 수 있다.

마케팅의 정확도를 높이고 효율적으로 시장에 접근하기 위해, 전통적인 STP 전략을 사용한다. 먼저 시장을 세분화하여 자원을 집중할 대상을 찾게 되는데, 여러 기준에 따라 시장을 나누게 된다. 이후 나누어진 시장의 매력도를 계산해서 시장의 크기가 수익을 낼 만하고 자사제품에 적합한 시장을 표적시장으로 삼는다. 이후 잠재소비자에게 깊이 인식되도록 포지셔닝 전략을 수립한다.

구체적인 마케팅 전략은 4P로 대표되는 여러 가지 마케팅 방법을 구성하여 전개한다.

CHAPTER 12

벤처의 투자유치 전략

학습목표

1. 투자의 정의와 개념에 대해 학습한다.
2. 손익분기 분석(Breakeven Analysis)의 개념과 계산 방법을 이해한다.
3. 현금흐름과 투자의 중요성을 인지한다.
4. 투자자관리(Investor Relations, IR)에 있어 필수적인 요소를 알아본다.

챕터 시작 이야기

우아한 형제들을 설립한 김봉진은 현재 우리나라의 스타트업계를 상징하는 대표적인 인물이다. 지금도 새로운 스타트업을 꿈꾸며 도전하고 있는 많은 스타트업 창업자들이 자신들의 롤 모델로 제시하는 대표적인 기업가가 바로 김봉진이며, 실제 스타트업과 관련한 포럼 및 행사 등에 있어서 섭외 대상 1순위의 인물로 꼽히고 있다.

이 기업은 2010년 '배달의 민족'이라는 앱을 출시하며, 꾸준히 성장해 2020년 매출 1조 원, 거래액 15조 원의 기업으로 성장하였다. 그러나 이 기업은 창업 초창기에 이러한 성장을 염두에 두고 시작한 것이 아니었다. 창업자 김봉진은 첫 사업의 실패로 자본금조차 없어 법인으로 시작한 것이 아닌, 공동창업자들과 함께 퇴근 후 시간을 활용해 커피숍에서 앱을 출시할 계획을 세웠다. 이때 그들의 가능성을 알아본 본엔젤스파트너스로부터 3억 원의 투자를 유치하게 된다. 이후 유명 벤처캐피털, 투자은행, 대기업으로부터 투자를 유치하면서 급격하게 성장하였다. 이처럼 적절한 시기의 투자는 기업의 사활을 결정할 만큼 매우 중요한 이슈라고 할 수 있다.

그림 12-1 배달의 민족의 투자 단계 및 금액

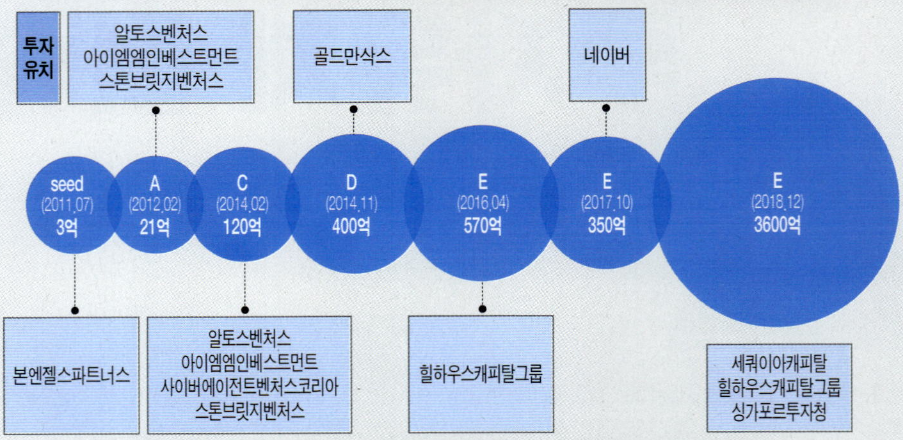

출처 양선우(2019.02.08.). "우후죽순 벤처캐피털…스타트업에서 꼽히는 'SKY캐슬'은?", 〈Invest hosun〉.

2012년 이 기업이 만든 포스터를 보면 "내 주변의 배달 정보를 쉽게 찾아주는 앱입니다"라고 소개하며, 그 아래는 '소상공인 비즈니스 플랫폼'이라고 표현하였다. 이후에도 유명 맛집의 음식을 배달하는 '배민브라더스', 상인들을 위한 식자재 및 조리용품 등을 유통하는 '배민상회', 반찬 등을 배달해 주는 '배민찬' 등으로 사업을 확장해 나갔다.

그림 12-2 소비자의 구매여정과 배달의 민족의 역할

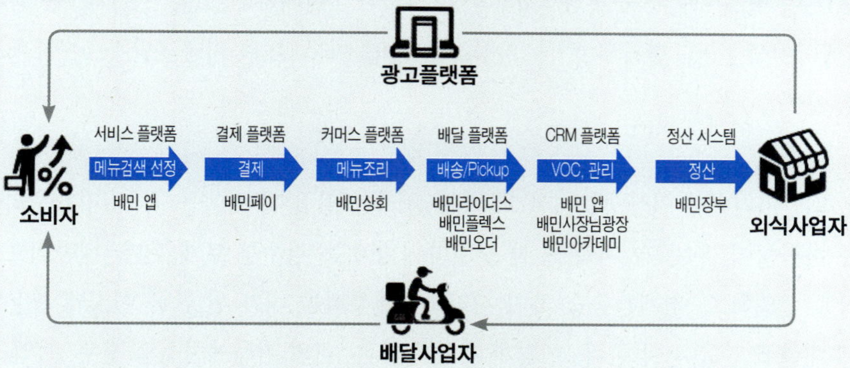

출처 조명광 · 이승윤(2020). 음식-배달보다 중요한 '브랜드 경험', 글로벌 푸드테크기업으로 우뚝선다. 동아비즈니스리뷰, 300(1), 40-55.

배달의 민족이 이렇게 성공할 수 있었던 배경에는 여러 가지가 있지만, 몇 가지만 정리해 보면 다음과 같다. 첫째, 배달음식을 자주 시켜 먹는 20~30대를 타깃으로 하여 앱의 인터페이스를 개발하고, 이들이 즐겨할 수 있는 치믈리에(치킨과 와인 전문가) 자격증 대회 등과 같은 이벤트 등을 개최하였다. 둘째, 당장의 이익보다 고객 기반을 확보하기 위해 노력하였다. 2015년에 수수료를 0%로 하고, 정액제 광고 정책을 사용한 것이 그 예라고 할 수 있다. 마지막으로 B급 문화의 키치에 기반한 광고를 실시했으며, "우리가 어떤 민족입니까"와 같은 기억하기 쉬운 슬로건 등을 남기기도 했다.

그 결과 2019년 글로벌 배달 기업인 딜리버리히어로(Delivery Hero)에 M&A 되었으며, 오랜 기간 동안 경쟁관계였던 요기요와 같은 기업으로 탄생하게 되었다.

토론주제

1. 우아한 형제들이 초기 단계 본엔젤스파트너스로부터 시드 투자를 받지 못했다면, 지금의 배달의 민족이 있었을까.
2. 각 단계별로 투자된 금액이 적절하다고 판단되는가.
3. "음식배달"이라는 비즈니스모델이 시장에서 유의미한 부가가치를 창출한다고 생각하는가.

제 1 절 투자의 정의와 개념

"2025년 백신 5대 강국 목표" 정부 2.2조 투자[1], "현대차-LG그룹 전기차 1등 승부수..배터리셀 1.2조 합작투자[2]", "가상화폐 사업 FTX 1조원 자금조달...소프트뱅크도 투자[3]"

우리는 미디어나 일상생활에서 "투자(投資)"라는 말을 많이 듣는다. 그러나 우리는 종종 사람들이 '투자'와 '저축'을 잘 구별하지 못하는 경우를 보게 된다. 일반적으로 대학을 졸업하고, 경제활동을 하기 시작하면서부터는 내가 번 돈을 어떻게 활용할까에 대한 고민을 해야 한다. 이렇게 개인은 물론, 위의 기사에서처럼 정부, 기업 들도 모두 이 "투자"라는 활동을 한다.

일반적으로 투자는 "특정한 이득을 얻기 위해 시간을 투입하거나 자본을 제공하는 것"을 말한다.[4] 쉽게 말하면, 앞으로 회사의 미래가치를 보고, 현재에 인적 · 물적 자원에 상당한 노력과 금전적 지출을 하는 것을 의미한다. 투자유치는 IR(investor relations)이라는 말을 가장 많이 쓰며, 자금조달의 의미로 펀딩(funding) 혹은 펀드레이징(fundraising)이라고도 한다. 자금을 조달하는 방식에는 여러 가지가 있는데 은행, 신용보증기금, 기술보증기금와 같이 타인자본을 활용하는 방식, 혹은 주식을 발행해 자기자본을 활용하는 방식으로 나눌 수 있다.

타인자본을 활용할 경우에는 이자를 지급하고, 자기자본을 활용할 때는 지분을 제공해야 한다. 전자의 경우에는 지분을 지킬 수 있으며, 단기간 동안 자금조달이 가능하다는 장점이 있지만, 매달 이자를 상환해야 한다는 단점이 있다. 후자의 경우에는 차입으로 인한 위험이 없고, 경험이 많은 투자자를 만나면 실제로 기업경영에서의 도움을 받을 수 있다는 장점이 있다. 구주매각이란 기존 주주가 갖고 있던 지분을 넘겨주는 방식으로 주식 양도계약을 체결하고, 투자자로부터 주식에 대한 인수대금을 받는 형태이다. 반면, 신주발행이랑 새로운 주식을 발행해 투자자에게 지분을 배정하는 방식으로 신주계약을 체결하게 된다.

투자가 필요한 이유는 무엇일까? 스타트업 대부분이 아이디어나 인력은 있지만, 임대료, R&D, 마케팅과 같은 초기자본 비용을 조달하기 어려운 경우가 많다. 물론 사업이 처음부터 잘 되서 투자유치가 필요 없는 경우가 있다. 그러나 대부분 죽음의 계곡(death valley)[5]을 통과하기 위한 수단으로 투자를 받아야 하는 경우가 많다.

투자가들이 택하는 전략에는 크게 두 가지 종류가 있다. 먼저 여러 우량 회사에 분산투자 하면서 소수지분(minority stakes)에만 투자하는 전략이다. 이때 투자대상 기업들은 이미 안정적인 상태에 접어든 경우가 많으므로 투자자들의 마음에 들지 않으면 보유자산을 언제든지 매각하고 투자금을 회수할 수 있다. 이러한 형태의 투자는 주식시장(stock market)을 생각하면 된다.

다른 하나는 소수의 회사에 집중적으로 투자하여 유의미한 지분을 확보하는 전략이다. 이러한 전략은 대개 투자가들이 직접 경영에 관여하며 투자에 관한 리스크를 통제할 수 있을 경우에 활용된다. 투자자들은 기업의 창업자나 경영진과 매우 밀접하게 교류하며 때로는 감시하는 역할도 한다. 투자자 입장에서는 지분이 많을 경우 쉽게 매각하기 어렵기 때문에 유동성 위험을 감수해야 한다. 따라서 목표수익에 대한 기대효과가 높을 경우 이러한 전략을 취하게 된다. 이러한 기업들은 자본은 부족하지만, 성장잠재력이 크고, 인적자본 등에 대한 기대가치가 높은 경향이 있다.

투자대상 기업의 경영에 적극적으로 참여하고, 감시할 능력을 가지기 위해서는 많은 경험과 시간이 필요하다. 특별히 정해진 기간은 없지만 대략 10~15년 정도는 해야 한다. 이때 직접 이사직을 맡아 이사회에 참여하기도 한다.

기업이 외부에서 자본을 조달하는 데 있어 가장 민감하게 고려해야 하는 문제는 경영진과 투자자 사이의 대리인문제(agency problem)에 따른 신뢰의 문제를 해소하는 것이다.[6)] 아울러 투자를 받는 데 있어서 유의할 점은 다음과 같다. 첫째, 과도하게 복잡한 거래는 하지 않는 것이 좋다. 거래방식이 너무 다양하고 이해관계자가 많다면 결국 매출인식, 수익배분, 비용지급에 있어서 잡음이 발생할 수밖에 없다. 둘째, 투자자는 기업의 과거 가치도 매우 면밀히 살피는데, 많은 스타트업이 주식가치에 대한 기준이 없이 거래를 여러 번 진행하는 경우가 있다. 물론 주식거래가 개인과 개인 사이에 이루어질 수 있지만, 누군가에게 특혜를 주고 있는 것이라면 투자자는 이를 문제 삼을 수 있다. 마지막으로, 기업의 주식소유나 경영에 배우자, 가족 등 특수관계인이 지나치게 많이 관여할 경우 투자자들에게 부정적인 요인으로 작용할 수 있다. 자칫 창업자보다 배우자, 가족들의 판단이 투자와 관련된 의사결정 및 향후 경영에 많은 영향을 미칠 수 있기 때문이다.

제 2 절 손익분기 분석(Breakeven Analysis)

사람이 생명을 유지하기 위해서 혈액순환이 필요하듯이, 기업이 운영되기 위해서는 자금이 필요하다. 그리고 이러한 자금이 지속적으로 확보되어 큰 문제없이 사업을 계속해 나갈 수 있는 기업들이 있는가 하면, 어떤 기업들은 부족한 자금으로 인해 어려운 상황을 맞닥뜨리게 된다. 따라서 이러한 자금을 체계적이고 계획적으로 관리하는 것이 필수적이다. 특히 스타트업은 '혈액'으로 비유되는 자금이 부족한 경우가 많기 때문에 적절한 시기에 현금을 확보하고, 가치를 창출해 나가는 과정이 반드시 수반되어야 한다. 이를 관리하기 위해 반드시 고려해야 하는 것이 손익분기인데, 스타트업은 반드시 창업 후 빠른 시간 내에 손익분기점(Break-even Point, BEP)에 도달하고자 노력해야 한다.

손익분기점은 일정 기간의 매출액과 매출로 인하여 발생한 총비용이 일치되는 지점으로 소비된 총비용을 회수할 수 있는 판매량 혹은 매출액을 나타낸다.

그림 12-3 손익분기 분석

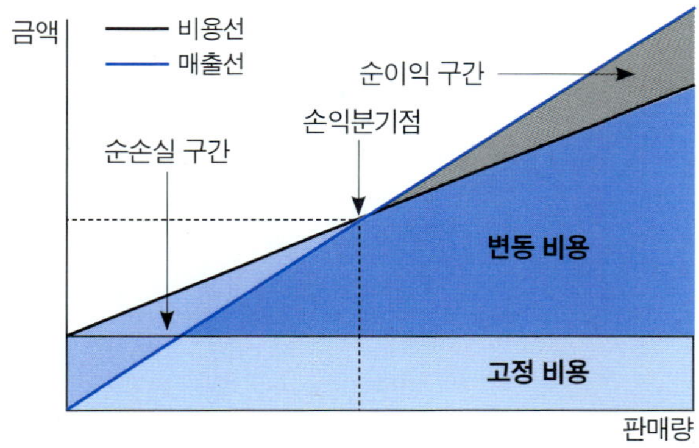

손익분기점을 알아보기 위해서는 판매한 제품의 수량에 관계없이 일정하게 발생하는 고정비(fixed cost)와 수량에 따라 변동하는 변동비(variable cost)에 대한 이해가 있어야 한다. 일반적으로 고정비에는 임차료, 급여, 연구개발비, 마케팅비, 이자, 세금 등이 포함되며, 변동비에는 재료비, 직접노무비, 포장비, 운반비, 판매수수료 등이 있다. 이 분석법은 수입의 내용을 알아보고, 손실을 발생시키지 않는 최저 생산수량 및 매출액을 알아볼 수 있는 매우 간단하고 편리한 방법이다.

$$총수익(TR)=총비용(TC)=고정비(FC)+변동비(VC) \quad (12\text{-}1)$$

이때 총수익(TR)은 제품의 가격(P)과 판매량(Q)을 곱한 값이며, 변동비는 생산단가(C)와 판매량(Q)를 곱한 값으로 나타낼 수 있다.

$$가격(P) \cdot 판매량(Q) = 고정비(FC) + 생산단가(C) \cdot 판매량(Q) \quad (12\text{-}2)$$

판매량을 계산하면,

$$(가격(P)-생산단가(C)) \cdot 판매량(Q)=고정비(FC) \quad (12\text{-}3)$$

$$판매량(Q)=고정비(FC)/가격(P)-생산단가(C) \quad (12\text{-}4)$$

손익분기점에서의 판매량이 구해지면, (12-2)의 식에 대입해 가격이나 생산단가를 활용해 화폐단위로 환산할 수 있다.

연습문제

기업 A는 전자제품을 생산하고 있다. 제품 1대는 \$150에 팔리고 있다. 고정비는 \$500, 000이고, 생산원가를 포함한 대당 변동비는 \$100이다.

A. 손익분기점에서는 몇 대가 팔려야 하는가?
B. 손익분기를 화폐단위로 계산하면 몇 \$인가?
C. 영업이익이 \$100,000이면 몇 대를 팔아야 하는가? (힌트: 총수익−변동비−고정비 = 영업이익)

정답

A. $150 \times X = 100 \times X + 500{,}000$
$150 \times X - 100 \times X = 500{,}000$
$150 \times X - 100 \times X = 500{,}000$
$X = 500{,}000/50 = 10{,}000$
B. $150 \times 10{,}000 = 100 \times 10{,}000 + 500{,}000 = 1{,}500{,}000$
C. $150 \times X - 100 \times X - 500{,}000 = 100{,}000$
$50 \times \mathrm{X} = 600{,}000$
$X = 12{,}000$

이처럼 손익분기 분석은 판매량 및 매출액뿐 아니라 영업이익 계산을 가능하게 해주며 다음과 같은 목적을 가지고 활용할 수 있다. 첫째, 고정비와 변동비의 구성이 다른 여러 가지 생산방법하에서 어떤 비용구조를 갖는 것이 가장 합리적인가 하는 의사결정을 도와준다. 둘째, 제품의 판매 시 목표이익을 달성할 수 있는 가격을 어떻게 결정할 것인가에 활용될 수 있다. 마지막으로, 손익분기 달성 가능 시점을 기준으로 자금을 어떻게 조달할 것인가를 결정할 수 있다.

그러나 손익분기 분석도 다음과 같은 한계를 가진다. 첫째, 영업비용의 구성항목을 고정비와 변동비로만 구분하여 준고정비, 준고정비에 대한 정확한 배부가 어렵다. 둘째, 한 제품을 생산할 경우에는 유용하지만 다품종을 생산하는 경우에는 정확한 비용산출이 어렵다. 셋째, 단위당 판매가격, 변동비, 고정비가 변할 수 있다는 불확실성이 존재하는 상황에서 적용하기는 어렵다.

그럼에도 불구하고, 비교적 간단한 개념과 수식으로 수익과 비용의 개념을 이해하는 데 매우 유용하다. 따라서 이러한 손익분기 분석의 한계점을 잘 인지하고, 기업 내 현금흐름을 관리하는 데 적절하게 활용하는 것이 필요하다.

제 3 절 현금흐름과 투자

앞서 언급했지만, 현금은 기업활동을 지속하게 해주는 원동력이 된다. 따라서 이를 관리하는 것이 매우 중요하며, 부족할 경우에는 투자를 유치해야 한다.[7] 기업은 설립될 때 타인자본과 자기자본으로부터 현금을 조달하여 유형자산을 취득하고, 이를 활용하여 사업을 함으로써 현금유입을 창출한다. 이렇게 유입된 현금의 일부는 사업의 규모 유지 및 확대를 위해 재투자되고, 나머지는 금융차입에 대한 이자지급, 투자자들에 대한 배당으로 사용된다. 그러나 스타트업의 경우에는 이러한 과정이 원활하게 이루어지지 않는 경우가 많으므로, 일반적으로 적절한 시기에 투자를 유치하는 과정이 수반된다.

기업을 움직이게 하는 혈액에 비유되기도 하는 현금흐름은 주로 "현금흐름표"라는 재무제표의 한 형태에서 관찰할 수 있다. 또한 많은 스타트업이 손익계산서상에 흑자를 보여도 현금흐름 관리를 잘 못해 어려움을 겪는 경우를 볼 수 있다. 크게 현금흐름은 영업활동(operating activities), 투자활동(investing activities), 재무활동(financing activities)을 통해 자본에 대한 대가를 지급한다. 이때 기업이 보통 가장 많은 현금흐름을 창출할 수 있는 부문은 영업활동을 통한 것이다.

일반적으로 현금흐름의 값이 음(−)이 되는 경우는 두 가지 경우이다. 첫째, 영업활동으로 인한 현금이 많이 유입되지 못하면, 기업을 유지하는 데 필요한 비용을 자체적으로 조달하기 어려워 현금흐름이 음이 된다. 둘째, 영업활동으로 인한 현금흐름이 많아도 확대 및 성장을 하기 위해 재투자를 계속하게 되면 음이 될 수 있다. 아마존의 경우 성장을 위해 지난 20년간 끊임없이 재투자하여 새로운 분야에 계속 도전해 왔다. 그 결과 전 세계적인 물류업체로 성장하였고, 아마존 웹서비스(Amazon Web Service, AWS)와 같이 소프트웨어 업계를 주도할 만한 서비스를 제공하고 있다.

기업은 월별, 분기별, 반기별, 연간 예측되는 기업활동의 범주에 따라 이러한 현금흐름을 예측하여 자금조달 계획을 세우게 된다. 이때 현금흐름이 음으로 예상될 경우, 외부자금을 조달하지 않으면 채권자들에 대한 이자와 주주들에 대한 배당을 지급할 수 없게 된다. 아울러 영업활동으로 인한 현금흐름이 많지 않고, 부채비율이 높다면 기업에 대한 투자를 축소해야 하는 어려운 상황에 직면하게 될지 모른다. 시장을 선점하고 확대하기 위해 치열하게 경쟁해야 하는 스타트업들이 계속 이러한 상황을 맞닥뜨리게 되면, 결국 영업활동으로 인한 현금흐름이 감소하여 도산하게 될지도 모른다.

영업, 투자, 재무활동으로 인한 주요 현금의 유입과 유출 항목을 살펴보면 다음과 같다. 먼저 영업활동으로 인한 유입 항목은 현금매출, 영업외수익, 예금이자, 재고자산 감소, 매출채권 회수, 배당수입 등이 있으며, 유출 항목은 매입대금 지급, 판공비 지출, 법인세, 자산 증가, 이자비용 등이 있다. 투자활동으로 인한 현금흐름의 유입 항목은 유가증권 처분, 대여금 회수, 토지 매각, 고정자산 처분 등이 있으며, 유출 항목은 대여금 대여, 유가증권 취득, 토지 매입, 고정자산 취득 등의 항목이 있다. 마지막으로 재무활동으로 인한 현금흐름 유입 항목은 단기차입금 차입, 유상증자, 회사채 발행 등이 있으며, 유출 항목은 차입금 상환, 배당금 지급, 회사채 상환 등이 있다.

표 12-1 영업활동, 투자활동, 재무활동과 관련된 현금의 유입/유출 항목

구분	유입	유출
영업활동	현금매출, 영업외수익, 예금이자, 재고자산 감소, 매출채권 회수, 배당수입	매입대금 지급, 판공비 지출, 법인세, 자산 증가, 이자비용
투자활동	유가증권 처분, 대여금 회수, 토지 매각, 고정자산 처분	대여금 대여, 유가증권 취득, 토지 매입, 고정자산 취득
재무활동	단기차입금 차입, 유상증자, 회사채 발행	차입금 상환, 배당금 지급, 회사채 상환

출처 남명수(2009). 현금흐름 경영으로 위기 돌파하라. 동아비즈니스이슈, 25(2), 30-35.

기업이 급속히 성장할 때는 경험과 직관으로 투자 의사결정을 할 수 있으나, 어느 정도 안정화 단계에 들어서게 되면 현금흐름에 대한 치밀한 계산이 수반되어야 한다. 현금흐름 관리에 있어 단기적으로는 현금보유를 늘리고 현금흐름을 원활히 해야 한다. 현금흐름 관리는 재무부서만 담당한다는 생각에서 벗어나, 전사적으로 모든 부서가 현금흐름의 중요성을 인식하고 이에 장애가 되는 요소를 제거해야 한다. 이를 한눈에 볼 수 있게 하기 위해 현금흐름 트리(cash flow tree)를 만들고, 크게 영향을 미치는 인자(driver)를 찾아낼 수 있다.

현금흐름을 최적화하기 위해서는 다음과 같이 전략, 원칙, 인프라를 갖추고 있어야 한다. 먼저 전략은 "현금흐름을 최적화"한다고 수립을 해놓고, 현금보유 확대 측면에서 균형 유지(harmony)와 유연성 확보(adaptability), 현금회전 극대화 측면에서 장애 제거(clearing), 고속회전(speed) 원칙을 수립하는 것이 필요하다. 인프라는 프로세

그림 12-4 현금흐름 경영 개념도

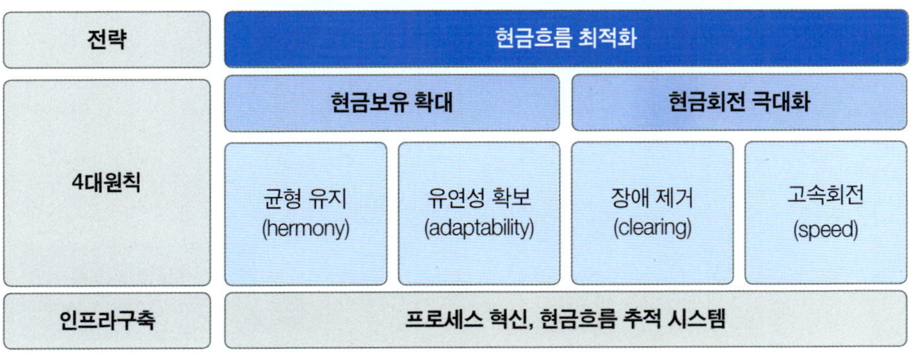

출처 남명수(2009). 현금흐름 경영으로 위기 돌파하라. 동아비즈니스이슈, 25(2), 30-35.

스를 혁신하고, 현금흐름을 추적하는 시스템으로 구축되어야 한다.

잉여현금흐름이 발생하는 과정을 나타내면 다음과 같다. 먼저 현금흐름은 영업활동, 투자활동, 재무활동으로 인한 현금흐름으로 나누어 볼 수 있다. 사실 기업에게 가장 중요한 것은 본연의 활동인 영업활동으로부터 벌어들이는 이익, 즉 영업이익이다. 이러한 영업이익은 매출액에서 제조원가 및 판매관리비를 제한 값으로 계산

그림 12-5 현금흐름 트리

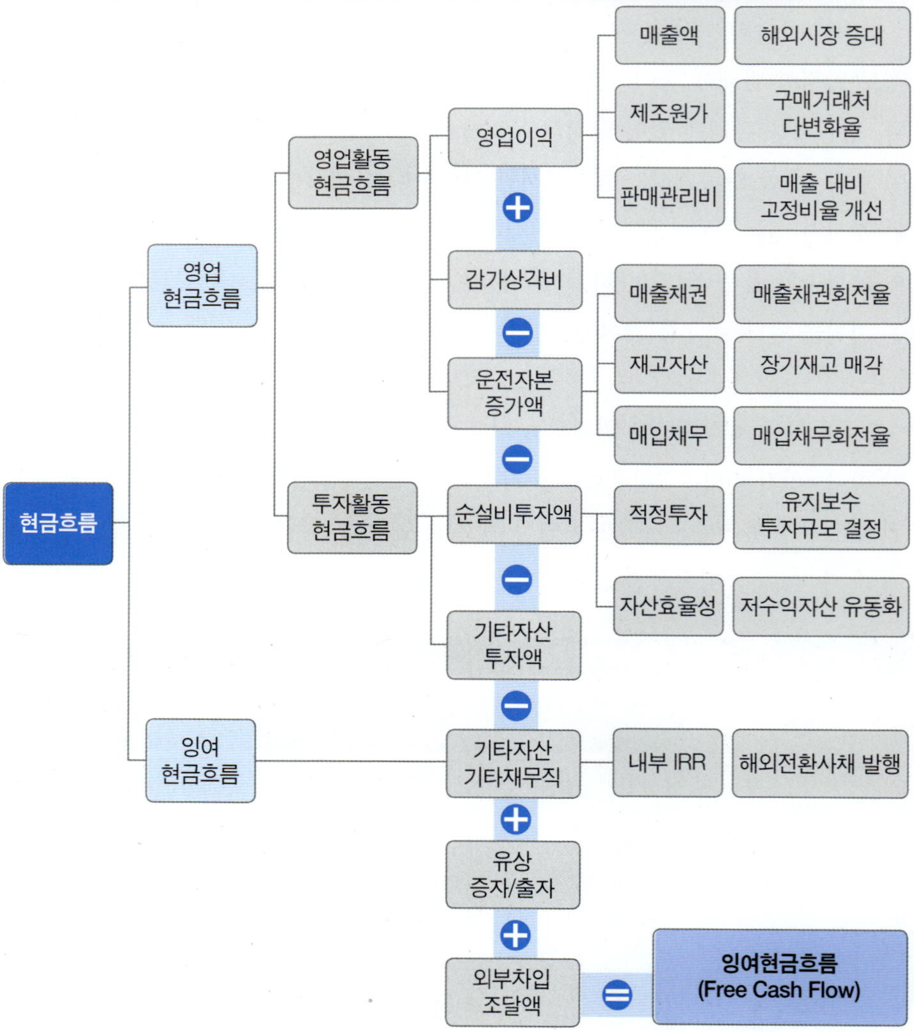

출처 남명수(2009). 현금흐름 경영으로 위기 돌파하라. 동아비즈니스이슈, 25(2), 30-35.

된다. 여기에 개념상의 차감액이었던 감가상각비를 더하고, 회수된 매출채권, 재고의 매각, 지불된 매입채무를 더하면 운전자본이 된다. 이러한 과정이 주로 영업활동과 관련되어 있다. 다음으로 투자활동으로 인한 현금흐름인데, 이는 주로 설비투자에서 발생된다. 마지막으로 유상증자, 차입액 등을 통해 들어오는 현금이 재무활동과 관련된 현금흐름이다. 이러한 모든 과정을 고려해서 최종적으로 기업이 가용할 수 있는 총 현금을 잉여현금흐름(Free Cash Flow, FCF)이라고 한다.

제 4 절 투자자관리(Investor Relations, IR)

우리는 일상생활에서 많은 계약관계를 접한다. 이와 마찬가지로 스타트업이 투자를 받게 되면 반드시 투자자와 어떤 조건으로 자금을 받을 것인지에 대한 계약서를 작성하게 된다. 또한 "투자"라는 과정은 의사결정을 하기까지 오랜 기간이 걸리기도 하지만, 막상 투자를 받았다고 하더라도 투자자와의 관계를 지속적으로 유지해 나가기 위해서는 상호 협의하에 많은 조건들을 문서에 기록해 어느 한쪽이 지키지 않을 경우, 책임을 묻거나 협의하에 계약내용을 변경할 수 있도록 해야 한다.

스타트업이 투자유치를 하는 이유에는 여러 가지가 있지만, 다음과 같은 6가지 이유가 가장 대표적이다.[8)] 첫째, 사업에 필요한 자금 중 창업자가 마련할 수 있는 부분을 안정적으로 확보하기 위함이다. 둘째, 대규모 우량자금의 유치를 통해 사업계획을 보다 구체적으로 수립하는 것이 가능하다. 셋째, 확보한 자금으로 우수한 인재의 유치가 가능하다. 넷째, R&D 및 제품/서비스 개발을 통해 사업의 실현가능성이 어느 정도 검증된 이후, 마케팅에 집중할 수 있다. 다섯째, 국내시장을 대상으로 했던 사업을 해외로 확장하기 위해서는 대규모 투자 의사결정을 해야 하는데, 이때 많은 자금이 필요하다. 여섯째, 기업이 투자를 유치할 수 있을 정도의 미래의 가능성

표 12-2 투자 관련 조직, 분류, 규모, 관할기관

조직	분류	투자규모	투자자 유형과 예시	관할 기관
개인	엔젤	대체로 아래로 갈수록 투자금이 큰 편임	개인 엔젤	중소벤처기업부
			전문개인투자자	중소벤처기업부
			투자형 크라우드펀딩 예) 오픈트레이즈/와디즈	금융위원회
조직			엔젤 클럽(엔젤 네트워크) 예) 고벤처 엔젤 클럽/초기의 매쉬업엔젤스	중소벤처기업부
	소형 VC		창업기획자(액셀러레이터) 예) 매쉬업엔젤스/프라이머	중소벤처기업부
			산합연협력기술지주회사(이하 기술지주회사) 예) 서울대학교/연세대학교 기술지주회사	교육부
	일반 VC		창업-벤처 전문 경영참여형 사모집합투자기구 운용사(이하 창업-벤처 PEF 운용사) 예) 베이스인베스트먼트/패스트인베스트먼트	금융위원회
			중소기업창업투자회사(이하 창투사) 예) 소프트뱅크벤처스아시아/한국투자파트너스	중소벤처기업부
			유한(책임)회사(이하 LLC) 예) 프리미어파트너스/K2인베스트먼트파트너스	중소벤처기업부
			해외펀드 운용사 예) 빅베이슨캐피탈/알토스벤처스	국적에 따른 관할 국가 기관
			신기술사업금융전문회사(이하 신기사) 예) 포스코기술투자/하나벤처스	금융위원회
	일반 금융권		기타 금융기관 (은행, 증권사, 자산운용사, 캐피탈, 보험사) 예) 신한은행/DS자산운영	금융위원회
			경영참여형 사모집합투자기구 운용사 (이하 경영참여 PEF 운용사) 예) 스톤브릿지캐피탈/IMM PE	금융위원회
	공공기관 직접 투자		한국벤처투자(KVIC)	중소벤처기업부
			기술보증기금	중소벤처기업부
			신용보증기금	금융위원회
	일반 법인		일반 주식회사 예) GS홈쇼핑/초기의 프라이머	(별도로 없음)

출처 임성준(2021). 스타트업: 아이템 발굴부터 투자 유치까지. 유노북스.

을 인정받은 것으로 보아 고객, 임직원, 잠재적 투자자들에 대한 이미지가 제고된다.

일반적으로 투자자들을 나누어 보면 개인과 조직으로 크게 나눌 수 있다. 일반적으로 개인 투자자들을 엔젤이라고 하는데, 때로는 엔젤들이 연합하여 엔젤 네트워크를 형성하기도 한다. 다음으로 소형 VC, 일반 VC가 있으며, 금융회사들도 대부분 투자회사를 운영하고 있다. 공공기관들도 투자를 하는 주체가 되며, 일반법인 역시 스타트업/벤처에 대한 투자를 위한 별도의 부서 혹은 자회사를 운영하고 있다. 그리고 대부분 이러한 개인 · 조직은 중소벤처기업부, 금융위원회가 관할하고 있다.

일반적으로 스타트업의 투자단계는 시드(seed)와 시리즈 단계로 나누어 볼 수 있다. 시드 단계는 사업이 성공할 가능성을 거의 예측할 수 없을 때 작은 규모로 투자하는 것을 의미한다. 보통은 자기자본이나 지인, 기술보증기금, 크라우드펀딩 등에서 5천만 원~1억 원 사이의 투자가 이루어진다. 때로 이 단계를 프리시리즈 A(pre-series A) 단계라고 부르기도 한다. 시드투자를 받아서 제품이나 서비스가 가능성이 있다고 판단되면 시리즈 투자를 받게 된다. 시리즈는 이론적으로 A~Z까지 존재하나 보통 D~E 단계에 이르면 주식시장에 상장하든가 M&A 등을 통해 투자자들이 이익을 실현하게 된다. 앞서 언급한 '배달의 민족'의 경우에는 시리즈 E 단계에서 독일의 딜리버리히어로(Delivery Hero)로 합병되었다.

표 12-3 투자 단계, 투자라운드, 투자금액, 기업가치

단계	투자라운드	투자금액	기업가치
초기	시드	수천 만~수억 원	~40억 원
	Pre 시리즈 A	5~15억 원	40~100억 원
중기	시리즈 A	20~40억 원	100~250억 원
	시리즈 B	50~150억 원	250~750억 원
후기	시리즈 C	수백억 원	750~1500억 원
	시리즈 D,E,F/ Pre IPO	수백 억~1천억 원 이상	수천억 원 이상

출처 임성준(2021). 스타트업: 아이템 발굴부터 투자 유치까지. 유노북스.

이러한 주체들은 스타트업의 각 단계별로 투자를 진행하게 되는데, 크게 다음과 같이 나누어 볼 수 있다. 먼저 시드 단계에서는 창업팀을 보고 투자를 하게 되며, 일반적으로는 밸류를 적게는 5억~30억 원에서 협상하여 결정한다. 다음으로 시리즈 A 단계에서는 투자규모가 10~30억 원, 밸류는 50~200억 원 사이로 결정되며, 창업팀, 고객, 트래픽, 비즈니스모델 등이 중요하게 고려된다. 시리즈 B 단계에서는 보통 30억 원 이상의 투자가 이루어지며, 통상 3개년의 재무성과 혹은 추정에 따른 가치가 결정된다. 이후에 주식시장에 상장하게 되면 상대가치법, PEF 등으로 가치가 결정된다. M&A의 경우, 상장기업은 주가+경영권 프리미엄을 고려해 기업의 가치가 결정되고, 비상장기업의 경우에는 상대가치법+경영권 프리미엄으로 결정된다.

표 12-4 투자 관련 조직, 분류, 규모, 관할기관

단계	특징
시드 단계	일반적으로는 밸류를 적게는 5억~30억 원에서 협상하여 결정(창업팀이 가장 중요)
시리즈 A 단계	투자규모는 10~30억 원, 밸류는 50~200억 원 사이(팀, 고객, 트래픽, 비즈니스모델 [Business Model, BM] 등이 중요)
시리즈 B 단계	30억 원 이상의 투자, 재무 추정(통상 3개년)에 따른 밸류에이션 적용
주식시장 상장	상대가치법, PER = Price/EPS
상장기업 M&A	주가+경영권 프리미엄
비상장기업 M&A	상대가치법+경영권 프리미엄

출처 임성준(2021). 스타트업: 아이템 발굴부터 투자 유치까지. 유노북스.

투자 협상을 할 때 아마 가장 많이 언급되는 단어가 '밸류(value)'일 것이다. 상장주식의 경우 1주당 가격이 정해져 있고, 발행된 주식수를 곱하면 시가총액이 된다. 그러나 비상장주식의 경우, '밸류'라는 개념이 필요하다. 밸류는 기업의 내재적 가치를 추정한 것으로 딱히 정해진 가격이 없다. 보통 기업 입장에서는 사업이 앞으로 잘 될 것으로 예상해 밸류를 높게 책정할 가능성이 높고, 투자자 입장에서는 리스크(risk)가 높다는 이유로 밸류를 낮게 책정할 가능성이 많다. 이때 밸류에이션(valuation)을 이해하기 위해서는 프리머니 밸류(pre-money value)와 포스트머니 밸류(post-money value)를 이해해야 한다. 프리머니 밸류는 투자하기 전 기업의 가치를 말하며, 포스트머니 밸류는 투자금액을 더한 가치이다. 이 분류가 중요한 이유는 프리냐, 포스트냐에 따라 지분율이 달라지기 때문이다.

일반적으로 거래가 이루어지기 위해서는 판매자와 구매자 간 제품가격에 대한 합의가 있어야 하는데, 스타트업의 밸류에 대해서도 기업과 투자자 간의 합의가 있어야 한다. 만약에 사고자 하는 사람과 팔고자 하는 사람 간에 격차가 너무 크면 딜(deal)이 성립되지 않는다.

매출이 어느 정도 되는 중소기업이나 대기업과 같은 경우는 현금흐름 할인(Discounted Cash Flow, DCF)법, 시장가치법(Market Comparable Transactions Approach), 주가수익비율(Price-Earnings Ratio, PER) 등의 지표를 활용하지만 스타트업에 이 방법을 적용하기는 어렵다.

벤처캐피털(Venture Capital, VC)은 대략 10~20% 정도의 유의미한 지분을 확보하기를 원하기 때문에 기업은 이를 인지하고 원만한 합의를 이루어야 한다. 이때 기업이 투자금을 많이 확보하기 위해 너무 많은 지분을 내어주게 되면, 향후 경영권 방어에 문제가 생길 수도 있으므로 유의해야 한다.

많은 논의를 거쳐 기업과 VC 간 텀시트(term sheet)에 합의가 되면 투자계약서가 작성된다. 이때 다양한 계약조약이 들어가는데, 보통 투자자에게 유리하게 작성되므로 기업 입장에서는 들어오는 자금의 규모에 너무 고마워하지 말고, 계약서 문장을 하나하나 세심하게 읽어봐야 한다. 투자계약서에는 연대보증, 리픽싱(refixing), 경영간섭, 위약벌, 상환권, 전환권 등과 같은 독소조항이 들어갈 수 있다.

첫째, 연대보증 조항은 스타트업이 계약서에 있는 사항을 기업이 이행하지 않았을 경우, 연대보증을 한 개인도 책임을 지게 하겠다는 것이다. 주식회사의 본래 장점이 출자한 만큼 책임을 지는 것인데, 연대보증으로 묶이게 되면 창업자가 신용불량자가 될 우려가 있다. 과거에는 이런 불합리한 제도 때문에 사업에 실패하면 재기가 불가능한 경우가 많았는데, 요즘에는 무과실에 대해 책임을 지우는 것은 불합리하다고 인식하여 과실이 있을 경우에만 책임을 지우는 방향으로 전환되고 있다.

둘째, 리픽싱의 원래 의미는 주가가 낮아질 경우 전환가격이나 인수가격을 함께 낮추어 가격을 재조정할 수 있도록 하는 계약을 말한다. 투자계약서에서 리픽싱은 매출, 영업이익, 고객수, 트래픽 등이 나오지 않을 경우 주식당 단가를 재조정하여 투자자 지분을 더 가져가는 것을 말한다. 이는 창업자가 지분을 뺏길 위험성이 있는 독소조항이며, 상장주식은 30%로 제한되어 있으나, 비상장주식은 한도의 제한이 없다.

셋째, 경영간섭 조항이 있다. 회사를 경영하는 데 투자자의 동의를 얻어야 하는데, 특히 투자금의 용도 제한이 대표적이다. 최악의 경우, 투자받은 금액을 계약서에 있는 방식대로 사용하지 않으면 위약벌 등의 책임을 물을 수도 있다. 아울러 리드투자자(lead investor)가 사외이사를 요구하는 경우가 있는데, 회사와 관련된 주요 의사결정 시 항상 투자자의 동의를 받아야 하는 일이 생길 수 있어 신중함이 요구된다.

넷째, 위약벌이 있다. 이는 투자계획서에 명시된 의무를 이행하지 않을 경우, 회사가 투자자에게 벌금을 내는 것을 말한다. 이는 상대방의 손해를 배상하는 위약금과 달라 손해가 발생하지 않더라도 당사자 간 합의로 정해 놓은 벌금의 성격이다. 사소한 사항도 지급사항으로 만들어 “투자원금의 n%를 벌금으로 한다”와 같은 조항은 피해야 한다.

다섯째, 상환권이다. 영업이익이 많이 발생하는 회사가 IPO나 매각을 하지 않는 경우 투자자들은 원금 회수가 어려울 수 있다. 이 경우를 대비해 상환권을 두는데, 이는 보통 투자 원금에 10~20% 연복리이율을 적용해 주주총회 특별 결의를 통해 결정하게 된다.

마지막으로, 전환권이다. 투자자들이 보유하고 있던 전환사채를 보통주로 전환할 수 있는 권리인데, 이 권리가 부여된 유가증권은 그렇지 않은 경우보다 유리하다. 창업자와 투자자 사이에 미래 회사가치에 대한 이견을 줄이기 위한 방법으로 합의한 실적을 달성하지 못할 경우 경영권에 문제가 발행할 수 있다.

계약서가 일단 작성되면 수정하고 싶은 사항이 있어도 VC와 다시 논의하기 어려운 경우가 많으므로, 투자 관련 전문가나 변호사에게 면밀한 검토를 받도록 해야 한다. 자칫 잘못하면 회사 전체 혹은 경영권을 빼앗길 우려가 있기 때문이다.

투자를 할 때는 일반적으로 주식을 인수하게 되는데 대표적인 유형은 다음과 같다.

가장 대표적으로 보통주(common stock)가 있다. 회사의 소유권(ownership)을 보여주는 가장 일반적인 형태로 회사가 단일 종류의 주식일 경우에는 모두 보통주가 된다. 소유비율만큼 의결권(voting right)을 행사할 수 있으며, 배당에 대한 권리가 있다. 상환권이나 전환권이 없기 때문에 스타트업에게는 유리한 형태이지만, 투자자들은 리스크를 감수해야 하고 상환권이나 전환권을 요구할 수 없어 불리하다.

다음으로 우선주(preferred stock)가 있다. 이는 보통주보다 이익, 이자배당, 잔여재산의 분배 등에 있어서 우선적 지위가 인정된 주식을 말한다. 보통주와 가장 큰 차이점은 의결권이 존재하지 않아 주주총회에 참석할 수 없고, 투표권한도 부여되지 않는다. 그러나 우선주 주주들에게는 보통주에 비해 1~2% 추가적인 배당이 부여된다. 따라서 배당성향(dividend payout ratio)[9]이 높은 기업의 우선주에 투자하면 보통주에 비해 상대적으로 높은 수익을 기대할 수 있다. 대신 보통주에 비해 우선주의 유통물량이 훨씬 적어 기업을 둘러싼 실적 및 사건 등에 더 빠르게 반응하여 과한 급등 혹은 급락이 나타난다.

세 번째 유형은 상환우선주(Redeemable Convertible Preferred Stock, RCPS)이다. 일반적으로 시리즈 A 이상의 투자를 받을 때는 이러한 형태의 주식을 발행하게 되는데, 상환과 전환에서 보통주보다 우선적인 권리를 갖는 주식을 말한다. 실제 투자계약에서 상환우선주의 세부 내용을 살펴보면 이익의 배당, 상환과 전환, 잔여재산의 분배에 있어 우선적인 권리를 갖는다는 내용이 대부분이다. 창업자나 회사 입장에서는 보통주를 발행하는 것이 좋지만, 투자자들은 본인들에게 유리한 우선주 발행을 요구하는 경우가 대부분이다.

마지막 유형은 전환사채(convertible bond)이다. 이는 전환 조건에 따라 주식으로 전환할 수 있는 권리, 즉 전환청구권이 부여된 형태이다. 전환권 행사 이전에는 정해진 이자를 받을 수 있는 사채 형태로 존재하고, 전환권 행사 이후에는 배당을 받을 수 있는 주식으로 전환할 수 있어 투자자들이 선호하는 경향이 있다.

투자유치는 창업자가 3개월~1년 가까이 계속해서 신경을 써야 하기 때문에 투자자들이 창업자나 기업의 상황을 악용하지 않게 하고, 협상력을 유지하기 위해서는 버틸 수 있는 자금이 어느 정도 있는 상태에서 투자유치를 시작해야 한다. 스타트업에 대한 투자는 항목별로 점수를 합산하여 객관적인 점수에 근거하여 이루어지는 것이 아니다. 물론 재무적 성과가 중요하지만, 주관적인 요소들이 많이 개입되므로 투자자들과 장시간 교류를 통해 신뢰를 쌓는 것이 중요하다.

VC 입장에서는 투자한 스타트업이 성공하지 못하는 경우, 혹은 성공가능성이 높은 스타트업에 제때 투자하지 못하는 경우 기회를 놓치게 되는 것이다. VC에서 일하는 파트너와 심사역들도 결국에는 투자가 성공해야만 인센티브는 물론 승진, 경력에서 유리한 고지를 차지할 수 있기 때문에, 이러한 상황을 잘 알고 투자를 받는 것이 필요하다. 매우 폐쇄적인 시장이기 때문에 학연 등을 기반으로 한 지인 기반의 투자가 이루어지는 것이 보통이므로, 아무 연고도 없는 VC에 전화나 이메일로 연락할 경우 성공확률은 거의 없다고 보면 된다. 따라서 가능한 가족, 친구, 선후배들의 네트워크를 활용해 VC와의 첫 미팅을 마련하는 것이 좋으며, 이것이 어려울 때는 스타트업들의 미팅이나 포럼 등의 장소에서 VC들에게 인상을 깊게 남기는 것이 좋다.

창업팀이나 초반 성과에 근거하여 미래 성장가능성에 투자하는 것은 매우 위험하다. 따라서 VC들은 대부분 보수적으로 판단하는 경향이 있다. 따라서 창업자는 IR 미팅 시 융통성이나 오픈마인드뿐 아니라, 본인이 하는 사업에 대한 확신과 고집도 가져야 한다.

사업아이템과 실적이 우수한 경우에도 밸류에이션 과정에서 투자자와 스타트업의 견해차이로 딜이 이루어지지 않는 경우가 많다. 스타트업 입장에서 기업의 가치가 높아지는 것은 좋은 일이지만, 초기부터 너무 높은 밸류로 투자를 받으면 다음 투자가 어려워질 수 있다. 따라서 투자자가 밸류에 대한 의견을 전달하면, 터무니없이 불합리한 경우가 아닌 한 웬만하면 받아들이는 편이 좋다. 어쩌면 이번 투자자가 리드를 서 주면 다른 투자자들과 함께 클럽딜(club deal)을 만들어낼 수 있다. 클럽딜(club deal)은 최소 둘 이상의 다수 투자자가 동시에 한 회사에 투자를 하는 방식으로 투자자들 간에 서로 정보를 공유하고 공동투자를 함으로써 투자규모를 키우고 위험을 낮출 수 있다.

투자를 받는 입장에서는 전자공시시스템 등을 참조하여 펀드가 언제 결성되었는지 반드시 파악해야 한다. 아울러 의사결정체계, 주요 투자분야 및 성공확률, 투자단계, 최소/최대 투자금액, 포트폴리오 회사들의 피드백 등을 살펴본다.

대표이사가 바쁘다는 이유로 IR과 관련된 프로세스를 공동창업자나 CFO에게 맡기는 경우가 있다. 그러나 대표이사가 반드시 IR덱을 할 때 처음부터 끝까지 사업의 내용과 투자유치에 관한 사항을 발표하도록 해야 한다.

표 12-5 투자와 관련된 주요 절차 및 소요기간

<table>
<tr><th>분류</th><th>절차</th><th>절차별 소요기간</th><th>분류별 소요기간</th></tr>
<tr><td rowspan="3">사전미팅
& IR 피칭</td><td>투자후보 발굴</td><td>1~4주</td><td rowspan="3">2주~12주(3개월~1년)</td></tr>
<tr><td>사전미팅</td><td>1~8주(2개월~1년)</td></tr>
<tr><td>IR 피칭</td><td>1~2시간</td></tr>
<tr><td rowspan="4">투자심의
위원회</td><td>투자심사보고서 작성</td><td>1~4주</td><td rowspan="4">1주~8주</td></tr>
<tr><td>예비 투심위</td><td>1시간~수일</td></tr>
<tr><td>실사</td><td>1일~3주</td></tr>
<tr><td>본 투심위</td><td>1시간~수일</td></tr>
<tr><td rowspan="3">계약체결
& 납입</td><td>계약서 검토와 협상</td><td>1~4주</td><td rowspan="3">1주~10주</td></tr>
<tr><td>계약체결과 법무 처리</td><td>1일~2주</td></tr>
<tr><td>투자금 납입</td><td>1시간~4주</td></tr>
<tr><td colspan="3">총 투자절차 소요기간</td><td>4주~7개월
(3개월~1년 6개월)</td></tr>
</table>

출처 임성준(2021). 스타트업: 아이템 발굴부터 투자 유치까지. 유노북스.

IR 미팅을 하면, 제각기 다른 얘기를 한다. 그러나 창업자가 절박한 심정으로 고민을 해왔다면, 투자자는 많이 따라서 참고는 하되 창업자가 처음부터 계획했던 대로 끝까지 방향을 잃지 않고 나가는 것이 중요하다.

투자와 관련된 주요 절차 및 소요기간은 다음과 같다. 투자유치를 위해 거쳐야 할 단계는 일반적으로 사전미팅 및 IR 피칭, 투자심의위원회, 계약체결 및 납입 단계로 이루어진다. 그리고 각각의 세부절차를 거치는 데 걸리는 시간은 최소 3개월에서 1년 6개월이 소요된다. 따라서 각 단계별로 매우 치밀한 준비를 해야 하는 것은 물론, 각 단계가 성공적으로 이루어질 때까지 기다리는 인내심도 필요하다.

계약서에는 스타트업과 투자자 사이의 협상결과에 따라 다양한 사항들이 포함되지만, 다음 **표 12-6** 과 같은 사항들이 기본적으로 들어가는 것이 일반적이다.

표 12-6 텀시트에 포함되어야 할 사항

구분	내용
투자자	• 투자사와 투자펀드명
이해관계인	• 대표/공동창업자/핵심인력
발행주식의 종류	• 상환전환우선주(제3자 배정 RCPS)
총 투자금액	• 총액 10억 원
투자 기업가치	• 투자 전(pre-money) 90억 원, 투자 후(post-money) 100억 원(stock option pool을 포함한 fully diluted 기준)
납입기일	• 계약서 서명 후 2주일 이내
전환우선주 조건	• 우선주 존속기간: 10년 • 전환권리: 우선주전환권 행사일로부터 그 존속기간 전일까지 보통주로 전환권 있음, 존속기간 만료 다음날 자동으로 보통주 전환 • 희석방지조항: 우선주의 발행가격을 하회하는 주식 발행 시 전환 조건은 하회 발행 가격과 동일하게 조정 • M&A Refixing: 회사의 합병/피인수 시 우선주의 발행가격을 하회하는 전환비율일 경우 전환비율을 조정 • 청산 시 잔여재산 분배 우선권: 1X non participating
상환 조건	• 상환 조건 : 배당 가능 재원이 있는 경우 연복리 6%에 해당되는 금액 • 상환요청 가능일: 납입기일 익일부터 3년 뒤부터

구분	내용
지분 관련사항	• 주식매수선택권(stock option) 부여 한도: 발행주식 총수의 10% 이내 • 이해관계인 주식처분 시 투자자의 사전동의가 있어야 함 • 이해관계인 주식매각 시 투자자(또는 지정하는 자)의 우선매수권 보유 • 이해관계인 주식매각 시 투자자의 지분 공동매도권 보유(tag along)
경영 관련사항	• 비상무이사 1인 지명권 • 경영상의 사전동의 및 협의사항 준수, 보고 및 자료제출 의무 • 이해관계인 3년간 퇴사 제한
투자금 사용	• 투자금 사용 용도는 운영비(인건비, 임대료, 마케팅비)로만 제한 및 증빙자료 보관 의무
주식매수청구권	• 고의 및 중대한 귀책사유로 회사 또는 이해관계인에 대하여 투자자가 보유하는 회사지분을 매수하여 줄 것을 청구할 수 있음
계약불이행 제재사항	• 주식인수대금의 20% 위약벌
배타적 협상권	• 계약조건에 합의한 이후 3주 동안 투자자 외의 다른 3자와의 투자유치를 진행하지 않음
기타	• 필요한 경우 기타 특약사항 추가

출처 임성준(2021). 스타트업: 아이템 발굴부터 투자 유치까지. 유노북스.

앞서 언급했지만, 많은 기업들이 시드 단계부터 시리즈 단계를 거치며 투자를 받고 있는데, 최근 가장 많은 투자를 받은 기업들은 다음 **표 12-7**과 같다. 기업의 규모, 업종, 투자단계에 따라 규모는 다르지만, 대부분 1조 이상의 대규모 투자가 이루어졌음을 알 수 있다.

표 12-7 대규모 투자유치를 한 기업 순위(2021년 4월 기준)

순위	기업	서비스/제품	분야	연차 (년)	임직원수 (명)	총투자유치 (원)	투자금 회수방법
1	쿠팡	쿠팡	종합쇼핑	8.2	23,068	9조3,992억	IPO
2	우아한 형제들	배달의 민족	주문/배달	10.1	1,204	4조6,389억	M&A
3	넷마블	넷마블	게임퍼블리싱	9.4	778	3조5,717억	IPO
4	카버코리아	에이에이치씨	화장품	9.6	251	3조4,981억	M&A
5	하이퍼커넥트	아자르	메신저	7.1	372	1조9,452억	M&A
6	코웨이	코웨이	전자제품	32.0	6,197	1조7,400억	M&A
7	해드앤비	닥터자르트	화장품	16.3	387	1조3,000억	M&A
8	지오영	의약품물류유통	도매	18.9	276	1조,2,950억	M&A
9	하이브	연예매니지먼트	연예인	16.2	378	1조2,004억	IPO
10	잡코리아	잡코리아	채용	25.0	275	9,900억	M&A

출처 thevc.kr

챕터 마무리 이야기

1998년 혈기왕성한 스탠퍼드 대학교 재학생 래리 페이지(Larry Page)와 세르게이 브린(Sergey Brin)은 두 사람의 친구이자 인텔(Intel)에서 근무하던 수잔 워치츠키(Susan Wojcicki)의 차고에서 검색엔진을 개발했다. 그 당시 그들은 하드웨어 확보를 위해 투자자를 찾아 나섰고, 스탠퍼드 대학 교수 데이비드 채리턴(David Cheriton)의 소개로 썬 마이크로시스템즈(Sun Microsystems)의 공동창업자 앤디 벡톨샤임(Andy Becktosheim)을 만나게 된다.

그는 한눈에 이들이 만든 서비스가 세상을 바꿀 만한 것이라고 판단하고, 설립되지 않은 회사에게 10만 달러짜리 수표를 써 주었다. 원래 두 창업자가 회사를 만들기로 결심했을 때 정한 이름은 10의 100승을 의미하는 구골(Googol)이었다. 그러나 이 흔하지 않은 단어를 잘못 알아들었는지, 아니면 고도의 계산된 전략이 있었는지 모르겠지만 앤디 벡톨샤임은 10만 달러짜리 수표에 구글(Google, Inc.)이라고 썼다. 그리고 이때 구글이라고 불리는 대단한 기업이 탄생하게 된다.

그러나 구글이 창업했을 당시에는 야후(Yahoo!)가 검색시장에서 50%의 시장점유율을 차지하고 있어 한동안 구글은 자리를 잡지 못했다. 그러나 개발하는 모든 서비스 플랫폼을 개방하는 등 오픈소스(open source) 정책을 바탕으로 짧은 시간에 많은 사용자들을 확보하였다. 대표적인 사례로는 안드로이드 모바일 운영체제(Android OS)를 생각해 볼 수 있다. 이때도 구글은 노키아, 블랙베리보다 늦게 시작했다. 그러나 스마트폰의 개척자였던 애플과 달리 오픈 정책을 통해 90% 가까운 독점시장을 형성할 수 있게 하였다.

다음으로 구글은 성장을 위해 과감한 M&A 전략을 취하였다. 사실 안드로이드도 구글이 2005년 5천만 달러(5백억 원)에 인수하였고, 구글맵(Google Map)도 호주의 지도 회사 웨어2테크놀로지(Where2Technology)를 인수하면서 시작하였다. 그러나 무엇보다도 큰 수확은 전 세계적으로 20억 명의 사용자를 확보하고 있는 유튜브(Youtube)를 16억 6천만 달러(약 1조 6천억 원)에 사들인 것이다. 그 당시 유튜브는 수익모델이 없었지만, 미래를 보고 과감히 투자한 끝에 오늘날과 같은 성과를 얻게 된 것이다.

마지막으로, 실패를 하더라도 가능성이 보일 때는 다시 과감한 결정을 한다는 점이다. 2011년 구글은 스마트폰 제조를 위해 모토로라 모빌리티를 125억 달러(약 14조 4천억 원)에 인수하였으나, 특허를 확보했다는 측면 말고 별 실효성이 없어 2014년 중국의 레노보에 다시 팔았다. 이후에도 네스트 랩스(Nest Labs), 테라 벨라(Terra Bella) 등을 인수하였으나 관련 사업을 접었다.

1999년에는 KPCB(Kleiner Perkins Caufield & Buyers)로부터 25백만 달러의 투자를 유치하였는데, 에릭 슈미트(Eric Schmidt)를 CEO로 영입하여야 한다는 조건이 있었다. 이 조건에 따라 2001년 에릭 슈미트가 CEO로 영입되었다. 2003년에 마이크로소프트로 합병될 뻔하기도 하였으나, 결국 2004년 40억 달러(약 4조 원)를 공모하며 IPO를 하게 된다. 그리고 구글은 설립된 지 6년 만인 2004년에 230억 달러(약 23조 원)의 시가총액을 기록하며 나스닥 시장에 상장하게 된다.

2015년에는 알파벳(Alphabet)을 모기업으로 구글이 새롭게 지배구조를 개편하였다. 상장 이후 구글은 검색엔진뿐 아니라 다양한 분야의 사업을 성공적으로 전개하여, 현재 시가총액 기준으로 나스닥 4위에 올라 있다.

그림 12-6 알파벳의 지배구조

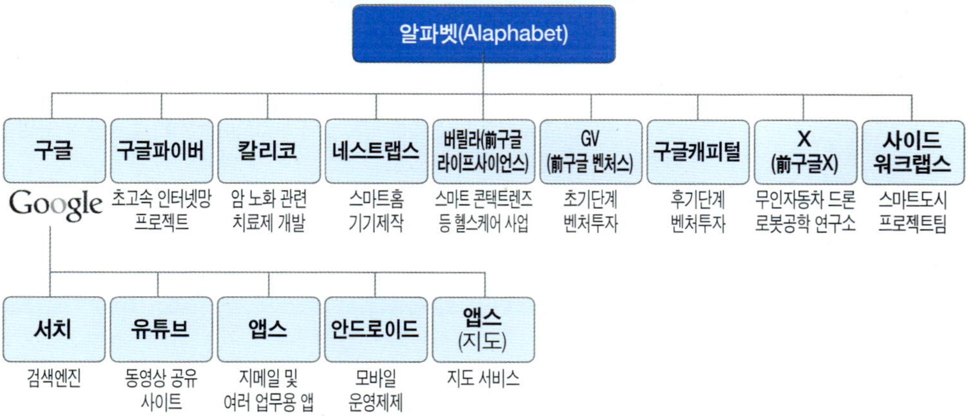

출처 김현우(2017.09.04.). 구글모회사 알파벳, 신규 사업 위해 XXXVI 홀딩스 설립. 〈이코노믹 리뷰〉.

토론주제

1. 구글이 만약에 앤디 벡톨샤임이라는 엔젤로부터 초기투자를 받지 못했다면, 구글의 탄생과 성장에 어떤 영향을 미쳤을까.
2. 구글이 다른 검색엔진(e.g. 네이버 등)에 비해 가진 장점은 무엇인가.
3. 구글은 왜 알파벳이라는 지주회사(다른 회사의 주식을 소유함으로써 회사를 지배 혹은 관리하는 회사)를 두고, 그 계열사의 형태로 운영하기 시작했을까. 지주회사의 장단점은 무엇일까.

생각해볼 문제

1. 우리는 평소에 별도의 비용 지불 없이 구글을 사용한다. 그렇다면 구글은 어떤 방식으로 수익을 창출하고 있을지 생각해 보시오.
2. 2004년 이후 매년 구글의 주가를 검색해서 이를 그래프화하고, 어떤 요인들이 주가에 영향을 미쳤는지 고려해 보시오.
3. 구글은 현재 자율주행, 생명과학, 통신 등 다양한 신사업을 추진하고 있는 중이다. 4차 산업혁명과 관련한 다양한 기술 가운데 구글과 접목되면 가능성이 있을 만한 사업에 대해 구상해 보시오.

그룹토의(그룹토의는 3-4명의 학생들로 소그룹을 만들고, 다음의 문제들 중 하나를 선택하여 5-10분 정도 자유토론을 진행한 후 공유한다.)

1. 우리나라에서도 최근 엔젤투자가 많아지고 있다. 엔 투자자가 되기 위한 요건 등에 대해 검색하고 논의해 보시오.
2. 본인이 충분한 자금이 있다고 가정하고, 인터넷 검색이나 지인 등을 통해 유망한 기업에 대한 엔젤투자 계획을 세워 보시오.
3. 미국 등 다른 국가와 우리나라의 투자환경을 비교해 보고, 장단점에 대해 토의해 보시오.

핵심개념정리

본 장에서는 투자의 정의와 개념, 손익분기 분석, 현금흐름과 투자, 투자자 관리 등에 관한 내용을 다루었다. 투자유치는 스타트업이 성장하는 데 있어 타인자본을 최소한으로 하며 성장할 수 있는 매우 중요한 활동이다. 따라서 많은 기업들이 기업의 성장단계에 따라 다양한 방법으로 투자를 유치하고 있다.

외부로부터 투자를 받기 위해 먼저 고려할 사항은 손익분기 분석을 통한 현금흐름을 알아보는 것이다. 이미 기업이 영업활동으로 인해 충분한 현금을 보유하고 있다면 굳이 일정지분을 넘기면서까지 투자를 받을 필요가 없다. 그러나 대부분의 경우 스타트업은 일정기간 동안 "죽음의 계곡"을 거치기도 하고, 시장 확대를 위해 큰 자금을 필요로 하기 때문에 투자유치 활동이 수반된다. 손익분기 분석을 해서 현재 적자이거나, 상당기간 동안 적자가 예상되는 경우에는 투자를 유치하는 것을 고려해 볼 필요가 있다.

투자자는 대부분 스타트업을 창업할 때부터 기업의 설립 취지 및 목표, 미션, 비전 등에 대해 공유를 해왔던 주체가 아니기 때문에 창업자나 창업팀만큼 기업에 대한 애정이나 관심이 크지 않은 경우가 많다. 투자자들의 목적은 기업이 어느 정도 성장하면 투자했던 금액보다 몇 배에서 몇십 배 이상의 수익을 거두기를 기대하기 때문에 이들의 기본적인 요구를 충족시키지 않으면 안 된다. 이러한 투자자들의 기대를 맞춰 주면서 기업을 성장시키는 한편, 창업자나 창업팀이 어느 시점까지 경영권을 가지고 갈 것인지에 대해 충분히 고려해 투자를 유치하는 것이 바람직하다.

CHAPTER 13

사업계획이란 무엇인가

학습목표

1. 사업계획서의 배경과 의미에 대해 이해한다.
2. 사업계획서의 목적과 종류에 대해 학습한다.
3. 사업계획서의 구조와 형태에 대해 학습한다.
4. 사업계획서 작성 절차와 요령에 대해 학습한다.

챕터 시작 이야기

비프저키칩 먼차(Muncha!)의 스토리를 다시 한번 간단하게 살펴보자.

> LA에 거주하는 이진아는 임신과 함께 당뇨를 겪게 되고 남편인 유지헝(Tze Hung U)이 아내를 돕기 위한 방안으로 고단백 저칼로리 음식을 찾게 되지만, 시중에 마땅한 제품을 발견하지 못한다. 평소 요리를 즐겨하던 남편은 아내가 먹을 만한 간식 개발에 착수하여, 미국인이 좋아하는 비프저키를 포테이토칩과 같은 식감으로 즐길 수 있는 비프저키칩의 레시피를 개발하게 된다. 주변 지인들의 뜻밖의 호응과 격려에 힘입어, 이진아 부부는 본격적으로 사업화에 착수하였다.

이를 위해 2019년 가을에 야심차게 사업자 등록을 마치고, 건강에 좋은 간식이라는 아이디어를 기반으로 남캘리포니아 지역의 여성창업 경진대회((Women Founders Network)를 준비한다. 이진아 대표는 주최측이 요구한 일정한 정보를 문건으로 작성했으며 요구사항은 표 13-1 이 정리하는 바와 같다.

표 13-1 먼차가 참여했던 경진대회의 주최측이 요구했던 내용

주최측 요구정보	사업계획서와의 관계
사업체의 이름과 제출자/수신자 및 제출 날짜, 회사 URL, 창업날짜	제목페이지
v1. 기획 중인 회사와 상품에 대해 간략하게 기술하시오. 그림, 비디오 혹은 다이어그램이 필요한 경우 URL을 첨부하시오.	사업 개요
v2. 해결하려는 문제가 무엇인가? 해결책에 대한 영감을 얻게 된 계기는? 현재 시장은 해당 문제를 어떻게 해결하고 있는가?	사업기회 분석
v3. 제시하려는 해결책의 독창성에 대해 서술하시오	문제에 대한 해결책 제시
v4. [마켓/컨슈머] 진입을 목표로 하는 시장과 잠재고객에 대해 기술하시오. 마켓의 규모와, 성장트렌드, 고객세그먼트 및 가격정책 등 관련된 정보에 대해 서술하시오.	시장 분석
v5. 잠재적 시장 경쟁사를 적시하여 기술하고, 경쟁사에 비해 귀하의 회사가 가지는 비교우위를 설명하시오.	시장경쟁 분석
v6. 비즈니스 모델 및 수익창출 전략에 대해 기술하시오.	비즈니스 모델 및 수익 모델 분석
v7. 고객확보 전략을 기술하고, 전략구사에 따른 잠재비용을 산출하시오.	마케팅 전략
v8. 동료창업가들의 이름과 조직 내 역할 및 직무능력에 대한 자격에 대해 설명하시오.	창업팀과 인력 운용전략

주최측 요구정보	사업계획서와의 관계
v9. 현재까지의 진척상황을 제시하고 이를 기반으로 향후 1년에서 1년 6개월까지 이뤄낼 기간별 성과지표를 제시하고 설명하시오. (상품개발 진척상황, 확보된 고객의 규모 등)	기간별 성과지표 분석
v10. [숫자 증명] 고객확보 비용 등의 핵심성과지표 등 핵심지표를 제시하고 시간별 변화추이를 제시하시오. (예: 우리 회사의 유저수는 2020년 1월 1일 기준 2천 명에서 5월 1일 기준 2만 명으로 증가했다). 회사의 상품 및 서비스가 출시 전이라면, 이전 섹션에 제시한 성과지표에 근거하여 현재까지 개발진척 상황으로 대체하시오.	고객확보 현황 및 성과지표 트렌드 분석
v11. 심사에 참고할 만한 기타 특이사항을 제시하시오. (특허, 잠재 협력사 및 지식재산권 확보 유무 등)	추가정보
v12. 현재 시점에 확보한 투자규모 및 주요 투자자를 기술하시오.	재정운용 전략
v14. 여성 창업지원 프로그램(WFN)에 지원한 동기를 설명하시오. 입선 시 기대하는 바를 설명하고, 상금의 희망 용처를 기술하시오.	해당 창업경진대회 지원 동기 - 커버레터
v15. 귀하의 사업계획이 코로나19로 인해 겪은 변동사항을 기술하시오.	외부환경 분석
재무계획: 스프레드시트 양식을 다운로드하여 재무제표를 제출 하시오.	재무제표 첨부

출처 https://www.womenfoundersnetwork.com/fast-pitch-2020 (경쟁심사 참여자에게 공개된 정보로 현재 서베이는 종료된 상태)

토론주제

1. 시놉시스에 제시된 스토리는 먼차의 창업 동기와 상품에 대해 간략하게 소개하고 있다. 내용을 숙지한 후 이를 자신의 말로 풀어서 동료들과 부모님께 소개해 본다.
2. 2019년에 설립한 먼차의 사업계획 중 이진아 대표가 고려하지 못했던 외부적 요인으로는 2020년의 글로벌 팬데믹을 꼽을 수 있다. 코로나로 인해 먼차가 겪었을 사업의 난항으로는 어떤 것이 있었을까.
3. 2020년의 글로벌 팬데믹은 먼차로서는 예상치 못한 변수다. 이와 같이 창업은 언제나 예측 불가능성으로 인한 위험요소를 안고 있다. 고도의 예측 불가능성으로 인해 어차피 수정해야 한다면 창업과정에서 사업계획의 의미는 무엇인가.
4. 각자가 가지고 있는 '사업계획서'의 정의를 제시한 후 **표 13-1** 을 검토하여 이진아 대표가 작성한 양식과 비교 평가하시오. 이진아 대표가 작성한 문건은 '사업계획서'인가, 그렇지 않은가. 이유는 무엇인가.

수많은 창업 스토리를 보면 식당에서 밥 먹다가 영감을 받아 냅킨(Napkin)에 적은 몇 글자로 사업을 성공했다고 한다. 그렇다면 사업계획서는 반드시 필요한 것인가. 투자자와 기술자문을 위한 미팅만으로도 바쁜데, 사업계획서까지 쓰라고 한다. 작성해야 한다면 어떻게 해야 하는가. 이번 장에서는 사업계획서의 배경과 의미, 목적에 따른 종류와 유형 및 구조와 형태에 대해 살펴보고 창업 과정에서 사업계획서가 가지는 의의에 대해 알아본다. 나아가 사업계획서 작성 실무에 선행하여 이해하여야 할 사항까지 살펴보고자 한다.[1)]

제 1 절 사업계획서의 배경과 의미

사업계획서를 이해하기에 앞서 '사업계획'에 대해 살펴보자. 사업계획이란 무엇인가. 사업계획서와의 관계는 무엇인가. 상품개발과는 어떻게 다른가. 이번 절에서는 각각의 개념을 정리하고 차이점과 유사성을 살펴본다.

1. 사업계획이란 무엇인가

사업계획이란 무엇인가. 사업계획(business planning)은 사업계획서(business plans)와 어떻게 다른가. 사업계획은 비즈니스 모델 및 사업전략에 기반한 세부적인 내용을 기록하고 이를 실현할 구체적인 조직적 운영 계획을 수립하는 접근방식이다. 이런 점에서 사업계획은 사업계획서의 제작을 목적으로 하지 않는다. 보다 근본적으로 사업계획은 사업 전반에 걸친 전반적인 요소 및 비즈니스 모델에 관련된 가설에 대한 검토를 위한 일련의 과정이다.

다음으로 사업계획은 비즈니스 모델을 작동시킬 사업체(business organization)를 개발하기 위한 검증 과정이다. 많은 경우 사업계획을 상품개발(product development)로 오해하는데, 이는 스타트업에게 상품이나 서비스 같은 '아이템'이 핵심적이기 때문일 것이다. 사업계획은 상품과 서비스를 개발하고 시장에 출시하기 위한 조직 및 유통망 개발을 포함하며 입지선정 및 투자계획서와 같은 자원동원계획까지 포함한다는 점에서 상품개발보다 포괄적이다. 그러다 보니, 사업계획에 임하게 되는 기업가는 사업개발에 요구되는 다양한 요소들 간의 유기적인 관계에 대하여 탐구하게 된다. 전술한 각 요소들이 비즈니스 모델을 중심으로 상호 연관되어 있기 때문이다. 대개의 경우 기업가는 소위 '아이템'을 중심으로 사업구상을 시작하지만, 사업계획 과정을 통해 당연한 것으로 여겼던 관련 요소들의 문제를 깨닫게 된다. 가장 흔한 것이 기대했던 고객층이 사실은 존재하지 않았다는 것이다. 시장이 존재하지 않으니 사업모델은 성립하지 않는다. 다음으로는 시장이 존재하되, 규모가 턱없이 작은 경우이다. 사업모델은 성립하지만, 투자가치가 떨어지는 경우가 되겠다. 수요의 문제가 한 축이라면 공급측의 문제는 다른 한 축이다. 이를테면 필수 원자재를 구할 수 없는 상황이 있겠다. 코로나-19로 인해 많은 사업체들이 공급망의 붕괴를 경험했다. 사업 초기에는 존재했던 공급망이 계획 과정을 통해 붕괴되는 경우는 매우 흔한 경우이다. 사업모델에 관련된 요소 하나하나가 톱니바퀴처럼 맞아 떨어져야 구상했던 사업모델이 작동할 수 있는 것이다. 이와 같은 점에서, 사업계획은 사업에 대해 가지고 있는 주관적 가설의 객관성에 대한 검증 과정이라 할 수 있다.[2)]

2. 사업계획과 사업계획서

그렇다면 사업계획과 사업계획서는 어떤 관계인가. 전술한 바와 같이 사업계획은 사업의 전제를 확인하고 대안을 찾는 일련의 과정을 의미한다. 사업계획서는 이와 같은 일련의 연구결과를 집대성한 문건이지만, 그 문건 자체가 반드시 필요하다거나 언제나 요구되는 것은 아니며, 심지어 사업계획서 없이 성공하는 수많은 기업들이 존재한다. 그러나 어떤 경우에도 계획 과정은 필수적이다. 요컨대 사업계획은 필수이지만, 사업계획서라는 문건은 선택사항이다. 따라서 냅킨에서부터 30쪽짜리 제대로 된 문건까지 형식도 자유롭다. 그러나 모든 사업계획서는 다음의 3가지 공통적인 특성을 가진다.

첫째, 사업계획서는 단순 매뉴얼이나 체크리스트가 아니라, 변화하는 사업환경에 맞춰 지속적으로 진화해야 하는 존재이다. 계획서에 등재된 내용들이 만족되었는지 체크하고 마는 용도로 사용해서는 안 된다는 뜻이다. 사업계획서는 지속적으로 업데이트해야 하며, 사업단계에 따라 전면적 수정을 해야 할 경우도 있다. 따라서 사업계획서는 작성이 완료된 그 시점부터 이미 낡은(obsolete) 존재이다.

둘째, 모든 사업계획서는 상당량의 사전조사가 필수적으로 요구된다. 식사 중 번뜩이며 스쳐간 아이디어를 잊어버리기 전에 냅킨에 임시로 적어 둘 수는 있다. 그러나 아이디어의 기본 전제들, 즉 사업 가정들은 다시금 검증해야 한다. 잠재고객의 구매의지 및, 업계 주요 인사와의 협력관계의 가능성을 직접 만나서 조사하고 연구하여 확인해 보아야 한다. 이와 같은 사전조사 과정이 없는 사업계획서는 그냥 하나의 아이디어일 뿐, 아무런 가치가 없다.

셋째, 사업계획서의 각 부분은 다른 부분과 유기적으로 연관되어 있으며, 일관성을 유지해야 한다. 사업계획서는 시장분석, 재무계획, 입지선정, 법률적 문제 등 여러 가지 다양한 주제를 다루는데, 때로 이들 가운데에는 서로 무관해 보이는 주제들이 있다. 인력운용계획은 팀원의 역량과 배경 및 조직 내 역할을 다루지만, 때로 비즈니스 모델이 요구하는 역량을 보유하지 못한 팀이 존재한다. 대학생창업팀의 경우 구성원의 대부분이 사업 관련 실무 경험이 없다. 스포츠 중계 혹은 넷플릭스와 같은 비디오 콘텐츠 사업의 경우 학생들만으로 이루어진 창업팀에게 프로스포츠 방영권 혹은 영상자료 유통권을 제공하는 경우는 흔치 않다. 구성원이 학생이라는 이유로 해당 사업계획서는 심각한 문제를 노출한 것이다. 요컨대, 창업팀이 추구하는 비즈니스 모델과 인적 자원 간의 불일치성 문제가 발생하는 것이다. 이는 투자자로 하여금 창업 아이템의 실현가능성에 대한 강한 의문을 가지게 만들어 결국 투자유치에 실패하는 결정적 원인으로 작용한다. 따라서 창업팀은 이 점을 주지하여, 사업계획서 작성 시 분업을 활용하되 한 사람이 책임지고 전체적인 일관성을 확인하여야 한다.

제 2 절 사업계획서의 목적과 종류

모든 문건은 '의사소통(communication)'을 목적으로 한다. 사업계획서도 마찬가지이다. 전술한 바와 같이 냅킨 사업계획서나 30페이지짜리 사업계획서나 모두 소통이라는 공통된 목적을 가진다. 그러나 양자는 서로 다른 세부 목적을 위한 역할을 수행한다. 사업계획서의 목적과 종류는 어떤 것이 있을까. 우선 독자를 중심으로 구분해 보자.

1. 사업계획서의 독자

모든 문건은 읽는 사람이 존재한다. 창업가가 사업계획서를 작성할 때도 마찬가지이다. 표 13-2는 사업계획서의 독자를 크게 내부관여자(Internal stakeholders)와 외부관여자(External stakeholders)로 나눠서 정리하고 있다.

표 13-2 사업계획서의 잠재적 독자

구분	항목	주안점
내부관여자	사업자 본인	• 사업아이디어의 논리적 정리 • 아이디어 제안자 본인의 성찰을 위한 기록
	공동 창업가	• 공동창업자들의 피드백 수집 • 사업전략 개발을 위한 공통적 기반 • 공동창업가와 소통
	직원	• 직무의 정의와 수행에 대한 정보 • 직원과의 소통
외부관여자	잠재적 사업 파트너	• 정부기관, 사업파트너, 잠재적 고객 • 사업의 정당성(legitimacy) • 주요 사업 파트너와의 소통
	투자자 및 고객	• 자금조달이 주된 목적 • 은행, 엔젤, VC 등 전문투자자들과의 의사소통

1) 내부관여자

내부관여자 중 가장 중요한 첫 번째 독자는 창업가 본인이다. 창업을 꿈꿔 본 사람이라면 누구나 '기가 막힌' 사업아이템이 떠올라서 밤잠을 설친 경험이 있을 것이다. 그러나 대부분의 경우 아침에 일어나서 글로 쓰기 시작하면 비현실성을 깨닫게 된다. 이와 같은 점에서 사업계획서는 창업가 본인이 현실감을 유지하도록 기능한다. 한편 문건으로 작성하는 과정에서 산만했던 생각은 논리적으로 정리되어 기록으로 남게 된다. 복잡한 업무를 수행하는 동안 때로 사업계획의 지엽적인 부분을 잊고, 때로는 원래 이루고자 했던 꿈이 무엇이었는지도 잊는다. 사업계획서는 후일 자신의 생각을 되돌아 볼 수 있게 만드는 일종의 '리마인더' 기능을 제공한다. 이렇게 기록으로 남게 된 사업계획은 동시에 창업팀 간 소통의 핵심적인 자료가 된다. 창업팀 혹은 공동창업자 그룹 역시 내부관여자가 되겠다. 대부분의 창업 아이템은 주로 공동창업자 중 핵심멤버 한 사람에 의해 비롯된다. 따라서 비전 및 계획의 공유를 위해 공동창업자 간의 소통은 매우 중요한데, 방대한 아이디어와 세밀한 내용으로 구성된 사업계획의 경우 구두 소통이나 냅킨 같은 메모로는 전달에 한계가 있다. 문건으로 정리된 사업계획은 공동창업자들이 언제나 어디서나 자세한 정보를 습득할 수 있도록 기능한다. 다음으로 내부관여자로서 직원 역시 사업계획에 대한 숙지가 필수적이다. 특히 직원들의 경우 자원운용전략 보다는 역할에 방점이 있는 '운용계획'에 대한 정보가 더욱 요긴하게 사용된다. 이와 같이 사업계획서는 실무자들의 매뉴얼로서 작동하게 된다.

2) 외부관여자

외부관여자는 회사에 소속되어 있지 않지만 회사 외부에서 사업에 이해관계를 가진 사람들이다. 잠재적 사업 파트나나 투자자 및 고객들이 이에 해당한다. 잠재적 사업 파트너의 경우 파트너 기업 선정 시 기업의 정당성(legitimacy)을 파악해야 한다. 거래처가 될 기업이 법률적, 사회적, 도덕적으로 문제가 없는지, 시장에서 어느 정도 인지도가 있는지를 확인하는 것은 상식이다. 이와 같은 과정 중 중요한 것이, 인적 네트워크와 같은 사회적 자본에 대한 확인 및 비즈니스 모델을 확인하는 것이다.

이와 같은 상황에서 사업계획서는 잠재적 거래처를 평가하기 위한 근거자료로서 효과적으로 활용될 수 있다. 은행이나 벤처투자사와 같은 경우 역시 사업계획서를 요구하는 경우가 많다. 투자처의 경우와 유사하지만, 금융기관의 경우 수익성 확인에 초점이 맞춰져 있다. 이 점을 유념하여 창업가들은 재정 문제에 집중하여 투자유치용 사업계획서를 작성하기도 한다. 경우에 따라 신규 창업아이템이 고객들에게 처음 보는 물건일 경우가 있다. 이럴 경우 창업가는 아이템에 대한 인지도 및 이해도를 올려야 하는 과제를 수행해야 하는데, 이때 창업가는 재정이나 인력운용이 아닌 상품설명에 초점을 둔 사업계획서를 제시할 수 있다.

2. 작성시점별 분류

1) 개발 단계

사업을 개발하는 단계(개발 단계: developing stage)에서 창업가는 자신의 생각을 정리하고 공유해야 하며 전술한 이해관계자들에게 널리 전파하여야 한다. 거래처가 될 기업이 법률적, 사회적, 도덕적으로 문제가 없는지, 시장에서 어느 정도 인지도가 있는지를 확인하는 것은 상식이다. 이와 같은 과정 중 중요한 것이, 인적 네트워크와 같은 사회적 자본에 대한 확인 및 비즈니스 모델을 확인하는 것이다. 이와 같은 상황에서 사업계획서는 잠재적 거래처를 평가하기 위한 근거자료로 효과적으로 활용될 수 있다.

2) 실행 단계

사업계획서는 그러나 사업을 시작한 이후(실행 단계: executing stage)에도 필요하다. 전술한 바와 같이 사업계획서는 살아 숨 쉬는 존재(living breathing thing)로서 시장상황이 변함에 따라 끝없이 진화해야 하기 때문이다. 새로운 상태로 진화하기 위한 피드백이 발생한다는 뜻인데, 때로는 과거의 아이디어로 회귀해야 할 때가 생긴다. 피드백으로 재정비된 사업계획서는 미래를 제시하는 역할도 한다.

3) 추진 단계

개발 단계를 넘어 실행 단계의 사업계획서가 시장 진입 및 현실적응에 초점을 맞춘다면, 추진 단계(on the go)에서는 성장을 위한 전략이 초점이 된다. 성장전략의 핵심은 추가 협력사 확보 및 추가 투자유치이다. 이와 같이 사업계획서는 사업의 거의 전 단계에서 각자 다른 목적을 위해 효과적인 의사소통의 자료로 활용된다. 이와 같은 내용은 표 13-3 에 정리되어 있다.

표 13-3 사업계획서의 작성시점별 분류

시점	특징
개발 단계	• 아이디어 개발 • 가설 및 실행가능성(feasibility) 검증 • 사업기획안 개발, 공유 및 수익성 타진
실행 단계	• 개발된 사업기획안에 대한 피드백 수집 용도 • 시기별 수행목표 수립용
추진 단계	• 잠재 사업 파트너 및 고객 설득 • 투자자 유치용

3. 작성목적별 분류

1) 타당성 검증

표 13-4 에 정리된 바와 같이 사업계획은 크게 3가지 목적을 가진다. 첫 번째로는 '타당성 검증(viability)'이다. 잠재 창업가가 독자에게 사업의 타당성을 설득하기 위해 작성하는 경우로서 대개 20~30쪽 안팎의 문건 형식을 취한다. 물론 전술한 바와 같이 독자는 다를 수 있으며 형태 역시 변경이 가능하다. 창업경진대회 혹은 액셀러레이터 및 대학교육 현장에서 작성하는 사업계획서가 이에 해당한다. '타당성' 증명을 위해 작성된 사업계획서는 다른 목적을 위한 버전의 기본 자료로 활용된다.

표 13-4 사업계획서의 목적별 분류

목적	특징	분량(평균)
타당성 검증 (Viability)	• 아이디어 개발 및 가설 검증 • 사업기획안 개발, 공유 및 수익성 증명 • 타당성에 대한 검증의 도구 • 경진대회 참가용	30페이지
운영계획 (Operating guide)	• 사업의 세부 운영에 대한 계획서	80페이지
홍보용도 (Marketing device)	• 잠재적 사업 파트너를 대상으로 사업의 정당성 (legitimacy) 및 안정성(stability) 강조 • 사업의 수익성을 강조	대상과 경우에 따라 다양

2) 사업운영계획

다음으로는 사업 운영(operating guide)을 위한 목적이다. 내부관여자인 직원들이 주요 독자가 되겠지만, 때로 공급과 분배의 역할 분담을 해야 하는 협력사와의 소통에도 사용된다. 운영을 위한 사업계획서이다 보니 대중성이 떨어지지만, 단계별로 세부적인 작업흐름을 기술하게 된다. 따라서 경우에 따라 80페이지를 넘어가기도 하는 가장 방대한 형태의 사업계획서가 될 것이다.

3) 사업홍보자료

고객 교육 및 거래처 확보를 위해 편집한다면 주요 목적은 '홍보'를 위한 자료라고 할 수 도 있다. 투자자나 거래처 확보를 위한 경우는 '수익성'에, 잠재고객을 위한 용도로 작성될 경우에는 '효용' 및 '사용용이성'에 초점을 맞추어 작성된다.

표 13-5 사업계획서의 이해

구분	항목	주안점	목적	특징
내부구성원	사업가 본인	• 사업아이디어의 논리적 정리 • 아이디어 제안자 본인을 위한 기록	아이디어 개발 착수	• 사업아이디어 개발의 최초 단계 • 최소 분량(냅킨)으로 시작 • 현실성에 대한 검증 미약
	공동 창업가	• 사업아이디어의 논리적 정리 • 사업전략 개발을 위한 공통적 기반 • 공동창업가와 소통	타당성 검증 (viability)	• 사업아이디어 개발의 공유 및 검증 단계 • 핵심개념 요약서 • 타당성에 대한 검증의 도구 • 일반적으로 30페이지 • 경진대회 참가용
	직원	• 직무의 정의와 수행에 대한 정보 • 직원과의 소통	운영계획 (operation guide)	• 사업의 세부 운영에 대한 계획서 (최대 80페이지)
외부자	잠재적 사업 파트너	• 정부기관, 사업파트너, 잠재적 고객 • 사업의 정당성(legitimacy) • 주요 사업 파트너 모집	홍보자료 (Marketing device)	• 잠재적 사업 파트너를 대상으로 사업의 정당성(legitimacy) 및 안정성(stability) 강조 • 대상과 경우에 따라 다양한 분량
	투자자	• 자금조달이 주된 목적 • 은행, 엔젤, VC 등 전문투자자들과의 의사소통	홍보자료 (Marketing device)	• 사업의 수익성을 강조 • 대상과 경우에 따라 다양한 분량

표 13-5는 전술한 요소들 간의 관계를 종합적으로 정리하여 사업계획서를 경우에 따라 이해할 수 있도록 요약 제시하고 있다. 이와 같이 사업계획서는 독자와 목적에 따라 다양한 형태와 분량을 취한다. 잠재독자의 성향에 따라 적절하고 효과적인 구사방식이 중요하지만, 소통을 위한 도구라는 공통된 목적은 변함이 없다.

4. 비즈니스 모델 캔버스와 전통적인 사업계획서의 관계

전술한 바와 같이 사업계획서는 독자와 목적 그리고 단계와 같은 다양한 변화에 따라 다양한 형태를 지닌다. 그러다 보니 새로운 형식이 등장하고 최근에는 '비즈니스 모델 캔버스'라는 도구가 인기를 끌고 있다. 비즈니스 모델 캔버스는 전통적인 문건의 형식을 거부하고 화이트보드와 같은 형식을 띤다. 스타트업을 소재로 한 영화에서 창업자가 투명유리판에 무언가를 그려 놓고 토론하는 장면을 보았을 것이다. 비즈니스 모델 캔버스는 이와 같이 사업계획서를 하나의 판에 전시하는 것을 기본으로 하여 9가지 요소들을 한눈에 제시하는 방식을 차용한다. 오스터왈더와 피그뉴어(Osterwalder and Pigneur)가 제시한 모델에 따르면 비즈니스 모델 캔버스는 ① 가치제안(value proposition), ② 고객세분화(customer segments), ③ 채널(channels), ④ 고객관계(customer interface), ⑤ 핵심활동(key activities), ⑥ 핵심자원(key resources), ⑦ 핵심파트너(key partners), ⑧ 수익모델(revenue model), ⑨ 비용구조(cost structure)로 구성되어 있다.[3)]

형식은 유리판에 작성해도 되고 종이에 작성할 수도 있겠지만, 디지털 시대에 맞춰 나온 온라인 비즈니스 모델 캔버스는 작성자로 하여금 업데이트를 용이하게 하고 과거의 아이디어로 회귀하는 트래킹 백의 장점도 제시한다. 한편 사업계획서 작성에 들어가는 노력 및 문건으로 인한 경직성으로 인해 전통적인 사업계획서는 비판의 도마 위에 오르기도 한다. 이들은 아무도 읽지 않는 사업계획서를 폐지하고 비즈니스 모델 캔버스로 대체해야 한다고 주장한다. 특히 빠르게 변하는 시장현실에

그림 13-1 비즈니스 모델 캔버스

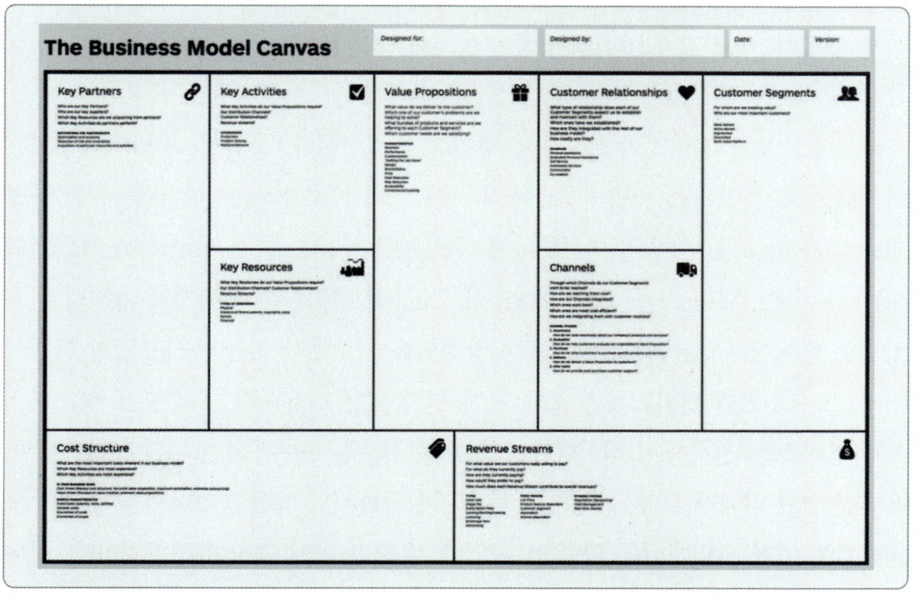

출처 https://canvanizer.com/new/business-model-canvas

적응해야 하는 스타트업의 속성상 사전계획은 무용해 보이며, 반복적 실험을 통해 시장을 개척해 나가야 하는 '린스타트업(lean startup)'의 정신에 비즈니스 모델 캔버스는 창업가에게 필수적인 도구로 보인다.[4] 두 가지 주장을 평가하기 위해 양자의 관계에 대해 생각해 보기로 한다.

비즈니스 모델 캔버스와 사업계획서는 얼핏 보면 많이 달라 보이지만 우선 첫 번째로 양자는 모두 '소통'의 도구라는 공통점을 가진다. 두 번째 공통점은 내용이다. 사업계획서든 비즈니스 모델 캔버스든 기본적으로 비즈니스 모델에 관한 것이다. 따라서 시장에 대한 정의가 필요하고 유통 과정 및 마케팅 전략에 대한 제시가 요구된다. 인적 자원 혹은 금전적 자원과 같은 필수자원 동원 전략도 제시하여야 한다. 그러나 양자가 달라 보이는 주된 이유는 분량이다. 비즈니스 모델 캔버스는 한 판에 모든 내용을 정리한다. 사업계획서는 짧게는 20페이지 길게는 80페이지에 이르는 방대한 문건이다. 분량이 차이로 인해 내용의 깊이에도 차이가 있다. 비즈니스 모델 캔버스는 간단한 키워드만 제시할 수밖에 없지만, 사업계획서는 세부적이고 종합적인 정보를 제공한다. 목적도 조금 다르다. 사업계획서의 목적은 제공하는 정보의 '논리성' 및 '객관성'의 증명인 반면, 비즈니스 모델 캔버스의 목적은 빠르게 변화하는 시장환경에 대한 가설의 검증(hypothesis)을 통해 새롭게 발견된 내용의 '업데이트'에 있다. 이와 같은 차이점은 다시 양자의 장단점으로 연결된다.[5]

비즈니스 모델 캔버스의 두드러진 장점은 편리성이다. 온라인 버전이 제공되는 비즈니스 모델 캔버스는 업데이트가 편리한 관계로 시장적응성에 용이하다. 반면 검증된 가설(hypothesis)을 업데이트하면 다른 모든 분야를 다시 써야 하는 사업계획서는 아무래도 일이 크다. 두 번째로, 의사소통의 편리함은 의사결정 과정의 신속성으로 이어진다. 신속하고 빠르게 시장진입을 시도해야 하는 스타트업의 환경에서 비즈니스 모델 캔버스(혹은 린캔버스)가 인기 있는 이유이다. 다음으로 비즈니스 모델 캔버스는 '전시성'이 뛰어나다. 스타트업 사무실 한복판에 설치된 유리판을 떠올리면 쉽게 이해가 된다. 창업가는 물론 직원들까지도 마치 창업가의 머릿속을 들여다보듯 쉽게 사업계획을 열람할 수 있다. 온라인 버전 역시 마찬가지이다. 인터넷과 컴퓨터로 언제 어디서든 사업에 대한 이해도를 높일 수 있다. 한편 사업계획서는 여유 있는 분량의 장점을 활용하여 세부 내용을 제시할 수 있다. 간단한 메모 등으로 요약된 내용을 전시하는 방식으로 인해 내용의 수정 및 추가가 쉬워 유연성(flexibility)이 중요한 스타트업 환경에 효과적이다. 전시성 및 유연성의 장점으로 인해 비즈니스 모델 캔버스는 내부관여자들과의 소통에 효과적이지만, 경우에 따라 추가자료를 제시해야 하는 투자자나 금융관계자들에게는 사업계획서가 효과적이다.[6] 끝으로 비즈니스 모델 캔버스의 효용은 팀원의 규모가 커질수록 반감한다. 스타트업 사무실의 캔버스는 사업 내용을 효과적으로 전달하지만, 사무실 밖의 직원들에게는 정보를 제공하지 못한다. 온라인 버전을 활용한다 하더라도, 구두 설명을 받을 수 없는 직원들은 간단하게 적혀 있는 내용만으로 구체적인 내용을 파악하기는 어렵다.

표 13-6 비즈니스 모델 캔버스 vs. 전통적 사업계획서

구분	비즈니스 모델 캔버스	사업계획서
주요 특징	• 사업아이디어를 표의 형태로 요약	• 사업아이디어를 보고서의 형태로 정리
목적	• 가설 검증, 상품 및 고객개발 전략적 전환 시 정보 요약 및 업데이트 • 사업아이디어의 업데이트 상황 역추적	• 사업아이디어에 대한 세부적이고 종합적인 정보 제공 • 현실성(viability)을 논리적으로 증명
장점	• 사업아이디어 개발 초기단계에서 신속성 제공 • 사업 현황 업데이트 및 업데이트 역추적 용이 • 사업전략 현황 제시 및 전환(pivot) 시 유연성(flexibility) 제공 • 시각적 자료 제공으로 다수의 팀원 간 소통에 용이	• 아이디어 개발 시 상품개발, 마케팅, 운영, 재무 및 다양한 분야에 대한 깊이 있는 심의 과정을 유도 • 세부적인 정보 제공 및 논리성 제공에 용이 • 외부관여자들, 특히 정부기관 은행이나 투자자 등 전문가 집단과의 소통에 용이 • 교육 목적으로 용이 • 사업계획서 작성 후 비즈니스 모델 캔버스를 활용하여 요약 가능
단점	• 자세한 정보 기술에 불리 • 패널에 기록된 정보들 간 논리적 관계 검증 불가능 • 단편적 정보를 요약해 내기 위하여 사업계획서 작성에 준하는 연구와 고심이 필요 • 다양한 경우에 사업계획서 개발이 요구됨(경진대회 참가 시, 투자자나 정부 등 민간사업 파트너 유치 시 등)	• 최초 문건 작성을 위한 다양한 연구와 노력으로 초래되는 시간적 지연 • 지속적 업데이트를 해야 하는 역동적 상황일 경우 업데이트가 어려움 • 직원의 수가 늘어났을 경우 다수의 내부관여자들과의 소통에 부적절 • 기술적 전문적 용어 구사능력 및 관련분야 전문 지식 요구

표 13-6 은 전술한 장단점을 정리하고 있다. 요컨대 사업계획서는 자세한 기술이 가능하므로 전문가와의 소통에 용이하지만, 작성 시 막대한 시간과 노력을 요구한다. 비즈니스 모델 캔버스는 내부관여자와의 소통에 용이하며 간단한 내용으로 인해 효과적인 전략적 피봇(pivot)이 중요한 스타트업 환경에 유용하다. 학생창업가들이 잊지 말아야 할 것은 한 가지다. 어떤 도구를 사용하든지 창업가는 막대한 사전조사를 해야 한다는 것이다. 동시에 양자는 상호보완적이다. 사전조사를 통해 확보된 세부적인 내용은 사업계획서의 형태로 기록이 가능하며, 유연한 전략적 적응을 위한 의사소통을 위해서라면 비즈니스 모델 캔버스를 사용하면 되는 것이다.

제 3 절 사업계획서의 구조와 형태

사업계획서는 다양한 형태를 취하지만 대체로 공통된 내용을 제공한다. 표 13-7 은 현실성 검증을 목표로 작성되는 사업계획서를 기준으로 내용과 구조를 요약 제시한다. 사업계획서는 크게 사업의 타당성(viability)과 실행가능성(executability), 그리고 투자의 수익성 (profitability)이라는 3가지를 증명한다고 할 수 있다. 쉽게 말해, 사업계획서의 구조는 '이 건은 돈이 되는 사업이며, 창업팀은 이 사업을 현실로 구현할 수 있고, 따라서 투자자는 이 사업에 투자하라'는 메시지를 효과적으로 전달할 수 있도록 마련된 것이다. 이 절에서는 각 부분 간의 유기적인 관계를 중심으로 사업계획서의 작동방식을 학습한다.

표 13-7 사업계획서의 구조

구성요소	주요 내용	주의사항
커버레터	• 제출용도 및 수신자와 목적에 대한 간략한 요약	• 사업계획서보다 선행하여 제출 가능
표지 (Title Page)	• 사업체의 이름과 제출자/수신자 및 제출 날짜를 기재	• 오타와 같은 사소한 실수는 중대한 거절사유가 될 수 있음
목차 (Table of Contents)	• 계획서의 구조를 페이지와 함께 상세기록	• 디지털 문건일 경우 페이지에 하이퍼링크를 첨부하면 효과적
사업 개요 (Executive Summary)	• 사업계획서의 핵심적 내용을 요약적으로 제시	• 각 챕터의 주요 부분을 발췌 정리하는 데 그치지 말 것 • 독자의 관심을 사로잡는 목적에 유의할 것
산업 분석 (Industry)	• 사업체가 진입할 산업을 선정하고 구조를 분석하여 산업 내 경쟁자 및 성공요소, 연간 매출규모, 성장 및 하락세를 제시	• 산업 단위의 잠재성공가능성을 제시 • 선정된 산업에 관련한 공공정보를 이용 성장성 및 연매출 제시
회사 소개 (Company)	• 회사의 법인 형태 및 사업의 개념에 대한 간략한 소개, 진입 및 성장 전략에 대한 개요	• 기계적 정보전달을 넘어 법인 형태와 성장 전략 선택의 전략적 적절성에 유의할 것
시장 분석 (Market)	• 사업가가 기획한 시장에 대한 주관적 정의 제시 • 해당 시장의 규모 및 성장세 • 주요 고객 프로파일 선정 • 잠재적으로 확보 가능한 시장의 세그먼트 선정 • 시장경쟁력 제시	• 사업가 본인의 창의적 시장정의가 중요함 • 사업관계자 및 고객인터뷰 포함 사전 시장조사가 필수적 • 시장규모를 매출규모로서 결론적으로 제시할 것
경제성 분석 (Economics of the Business)	• 비용구조 분석에 기반하여 손익분기점 및 경제적 수익성 제시 • Operating Leverage분석	• 비용구조가 미치는 사업의 특성에 대한 이해도를 제시하고 비용절감 전략을 제시할 것
마케팅 계획 (Marketing Strategy)	• 마켓 포지셔닝, 시장진입 계획 및 고객관리, 유통전략 제시	• 포지셔닝과 주요 구매자에 따른 마케팅 및 판매 전략 제시
서비스 및 상품 개발 (Design & Development)	• 서비스 및 상품 개발을 위한 인적 · 물적 자원 확보, 필요 기술 개발 혹은 확보에 관한 전략 제시	• 서비스업의 경우는 필수사항이 아님
운영계획 (Operations)	• 사업의 최대 가용률 및 일일 운용전략 • 위치선정, 장비 및 시설 운용, 조달, 유통경로 및 생산/판매전략, 주요 직원 확보 전략 등	• 운영에 대한 전략적 이해도를 보일 것 • 운영 및 유통 과정에서 발생할 잠재적 위험 요소 고려
조직 및 인원 계획 (Teams)	• 경영진의 업무경험 혹은 학력별 직무분담 및 조직편제와 인원계획, 이사회의 구성전략 • 직무 간의 결정과정을 위한 조직구조 제시	• 이 사업을 왜 반드시 해당 창업팀이 해야 하는지를 증명하는 중요한 부분 • 부족한 역량 제시 후 보완대책 수립

구성요소	주요 내용	주의사항
사업추진계획 (Time and Scope)	• 사업의 전개를 위한 전략을 스케줄로 제시	• 투자자의 인내심을 고려하여 작성할 것
잠재적 위험요소 (Risks)	• 사업에 관련된 법률적 · 도덕적 책임 상황 적시 및 통제전략 제시	• 사업의 현실성에 대한 이해도를 보여주는 부분
재무계획 (Financials)	• 추정 소요자금 규모 및 자금조달 계획 제시	• 재무제표 첨부가 요구됨 • '3년 후 투자자에게 얼마를 어떻게 돌려 줄 수 있는가'
투자회수계획 (Offering)	• 회사의 잠재가치 설정, 투자금액 및 역할에 따른 자금회수 방안 및 규모, 상장 혹은 인수합병 등 사업의 출구전략 제시	• 사업가와 투자자는 투자금을 어떻게 돌려받을 것인가
추가문서 (Appendices)	• 사업계획서 작성 시 사용된 자료의 출처나 표, 잠재적 파트너와 나눈 가계약 서류, 교신자료 및 그림 사진 등 추가 자료 첨부	• 정관, 사업등록증, 경영진 이력서 등 • 유관사업자, 투자자 등과의 이메일 교신 자료 등

1. 사업타당성

우선 [산업 분석] 편에서는 추진하고자 하는 사업의 개괄적인 콘텍스트를 제시한다. 1장에서 다뤘던 쉐이크쉑버거를 예로 들자면, 미국 본사측의 사업계획팀은 한국의 패스트푸드 산업이 성장세인지 하락세인지 제시하는 셈이 되겠다. 2장의 [회사 소개]에서는, 1장에서 제시한 산업환경에서 본인들이 추구하고자 하는 회사에 대한 소개를 '문제'와 '해결' 중심으로 제시하여 사업의 기회(business opportunity)를 개념화한다. 우버로 치자면 1장에서 택시업계가 사양세(declining)라는 배경을 제시한 후 2장에서는 그 문제가 무엇인지, 해결책으로 어떤 사업을 개발할 것인지를 제시한다고 할 수 있다. 3장인 [시장 분석]에서는 사업가 본인이 규정하는 시장의 정의를 제시하여 타깃소비자 및 연매출액 등의 시장지표를 근거로 수익성을 제시한다. 이때 주의할 점은, 1장의 [산업 분석]은 통계청과 같은 공공기관 등이 제공하는 2차자료를 이용하여 객관적 근거에 기반하는 반면, 3장인 [시장 분석]은 창업주가 바라보는 시장에 대한 관점을 제시하는 부분으로서 주관적 접근이 요구되는 차이가 있다. 주의할 점은 시장진입의 가능성(reachable)을 확인해야 하며, 진입 가능한 시장일지라도 규모(sizable) 및 측정(measurable)이 가능해야 한다는 점이다. 이를테면 페이스북 입장에서 중국시장은 국가적인 차원의 규제 탓에 시장진출이 불가능하다. 쉐이크쉑버거 입장에서 한국의 시장은 진입 가능하며, 다수의 인구수와 고액의 연평균매출 등의 규모(size) 면에서 사업성이 있다. 무엇보다 중요한 것은 시장규모에 대한 측정(measure)이 잠재고객의 숫자 및 매출규모 등의 산술적 방식으로 가능하다는 점이다. 이와 같은 시장과 소비자에 대한 이해를 기반으로 4장의 [경제성 분석]에서는 '비용구조'를 분석하여 사업모델의 경제적 타당성을 제시한다. 미국 햄버거 브랜드 인앤아웃(In-N-Out)은 지역의 신선한 재료를 주원료로 얼리지 않고 사용하는 서비스로 유명하다. 이때 중요한 것은 식재료의 비용을 통제하는 것인데, 물가가 비싸거나 날씨 변동이 큰 지역으로 진출했을 때에도 같은 비용으로 생산하는 것이 가능할지를 확인해야 한다. 이런 점이 확인되지 않으면, 고려대상이 되는 지역의 '시장'은 인앤아웃의 비즈니스 모델에 기반한 '경제성'이 확보되지 않는다. 건강식 유행이라는 트렌드와 간단하고 편리한 것을 추구하는 밀레니얼 고객의 성향을 접목시킨 '건강식 패스트푸드'라는 기발한 아이템이 실패하는 이유도 마찬가지이다. 건강식을 보급하기 위한 비싼 재료로는 저가 경쟁이 트렌드인 패스트푸드 시장의 단가경쟁력을 확보하기 힘든 까닭이다. 이렇게 경제성이 확인되면, 사업의 타당성 부분은 대체로 증명이 마무리되며, 이제 사업계획은 '실행가능성'을 점검하는 쪽으로 이행한다.

2. 실행가능성

말이 되는 사업아이템을 현실로 만들 때 확인하는 첫 번째 단계가 [마케팅]이다. 좋은 아이디어에 기반한 좋은 상품이 창고에만 있어서는 사업이 안 되기 때문이다. 마케팅 전략 수립의 기본은 [시장 분석]에서 제시한 내용에 기반하여 타깃소비자에게 가장 효과적인 판촉 수단을 수립하는 것이다. 고령사회 진입을 대비하여 시니어케어 사업을 추진한다면, 노령층이 자주 접하는 매체를 선정하고, 노인들의 구매결정에 영향을 미칠 인플루언서를 제시하는 등이 예가 되겠다. 이때 주의할 것은 스타트업의 조건인 소규모의 불리함(liability of smallness)을 주지하여 제한된 마케팅예산의 효용극대화를 위한 전략을 수립하는 것이다.[7] [서비스 및 상품 개발] 부분에서도 역시 초점은 실행(execution)가능성의 증명이다. 여기에서는 확보하고 있는 지적재산 및 핵심기술 개발 전략 등을 다루므로 서비스업에게는 다소 비중이 적다. [운영계획] 편에서도 사업의 실제 운영에 대한 창업가의 이해도를 증명하는 것이 핵심이다. [조직 및 인원]에 관한 내용은 다음 문단에서 자세히 다루기로 하자. [사업추진계획] 편 작성 시 유의할 것은 시의적절성이다. 정치 관련 사업을 한다면 선거철에 서비스를 론칭하는 타이밍을 염두에 두고 서비스를 개발하는 것이 설득력이 있겠다. 역시 '실행가능성'을 염두에 두어 단계별 수행과제에 대해 요구되는 시간을 배정할 때 현실적으로 가능한지를 증명하는 것이 좋겠다. [잠재적 위험요소] 편에서는 투자손실을 유발할지 모르는 만약의 위험요소에 대해 적시하고 대응방안을 제시한다. 이때 유의할 것은, 위험요소라 해서 감출 필요가 없다는 것이며, 오히려 심사자들이 미리 알고 있을 것이라 가정하는 것이 안전하다. 위험요소에 대한 인지 여부를 확인시켜 사업에 대한 이해도를 증명하며, 위기대응 전략(mitigation strategies)을 제시하여 실현가능성을 증명하면 이 챕터의 목표를 달성하는 것이다.

3. 투자수익성

이렇게 실현가능성까지 제시했다면, 이제 본격적으로 사업을 '팔' 단계에 이른다. [재무계획]을 발표하여 투자수익성을 설득하는 것이다. 마찬가지로 이전 장에서 제시한 사업 모델, 비용구조 등의 내용과 일관성을 유지하는 것이 가장 중요하다. 또 다른 주의할 점은 희망 자본규모의 현실성이다. 여기서 현실성이라 함은 '적게 청구하라'는 것이 아니다. 대부분의 투자자는 성장을 위하여 자본투자가 선결조건임을 이해하고 있다. 따라서 '조금만 주시면 열 배로 불리겠습니다'라는 말의 허위성도 잘 알고 있다. 창업가의 소득을 포함한 현실적인 비용요소를 제시하고 합리적인 투자액을 요구하는 것이 바람직하다는 것이다. 끝부분인 [첨부파일]에는 이전 장에서 제시한 내용들에 대한 증빙서류를 포함시켜 주장의 신빙성을 부각하면 된다. 요컨대, 비록 각 챕터별 내용은 다르지만 전달하고자 하는 메시지는 '이 사업은 돈이 된다'라는 한 가지이다.

제 4 절 사업계획서 작성 절차와 요령

1. 사업계획서 작성 시 주의사항: 독자의 입장에서 보기

다음으로는 사업계획서 작성 시 주지해야 할 두 가지 핵심적인 내용을 지적하기로 한다. 효과적인 이해를 위해 사업계획서의 내용을 독자의 입장에서 이해해 보기로 하자. 표 13-7 에 따르면 사업계획서의 첫 번째 내용은 [커버레터]이다. 간단히 말하자면 제시하고자 하는 사업계획서의 발신자와 의도에 관한 간략한 내용이다. [표지(Title Page)]와 [목차]를 지나서 [사업 개요]가 등장한다. 사업계획서를 일목요연하게 간추린 부분이라 할 수 있다. 독자의 입장에서 본다면 한두 장을 간단하게 검토하여 나머지를 읽을 것인지 말 것인지를 정하게 되는 단계라 할 수 있다. 투자유치를 희망하는 창업가로서는 자신의 사업계획서가 친자식 같은 존재겠지만, 아쉽게도 은행이나 벤처투자자들의 경우 매일 수많은 사업계획서를 읽게 된다. 이러한 업무환경을 고려한다면 제출된 모든 사업계획서에 대해 심도 있는 심사를 하는 것은 거의 불가능에 가깝다. 따라서 이와 같은 독자들은 [사업 개요]를 이용하여 다음 단계로 넘어갈지 말지를 결정한다. 창업가가 사업 개요 작성에 심혈을 기울여야 하는 이유가 이것이다.

사업 개요가 관심을 끌었다면, 투자자는 이어 [조직 및 인원 계획]으로 넘어간다. 이 장에서는 주로 조직원의 이전 회사의 실무경험, 학력 그리고 스타트업에서 맡은 역할을 기술한다. 추가로 이사회(board of directors) 및 조언그룹(board of advisors)의 인원 및 역할을 제시한다. 대부분의 창업팀이 이 부분을 그저 구성인원을 나열하고 제시하는 것 정도로 이해하지만, 이는 중요성을 간과한 것이다. 대부분의 창업가들은 심혈을 기울여 작성한, 시장 및 기회 분석, 비즈니스 모델 등이 중요할 거라고 생각한다. 이 부분도 물론 중요하다. 그러나 아쉽게도 현실은 냉정하다. 심사자가 개요를 읽은 후 흥미를 가지게 되었다면 이와 같은 내용들은 일단 개요 부분에서 1차 검증을 통과한 것이다. 사업이 말이 된다고 판단한 투자자는 다음으로 '누구에게 투자할 것인가'로 넘어가게 된다. 투자자라는 독자의 입장에서 의식의 흐름(thought process)을 정리해 보면 우선 '사업이 말이 되는지'를 보고 '창업가가 해낼 수 있을지'를 본다는 뜻이다. 기회분석 마케팅 전략 등은 일단 투자대상을 검증한 이후 세부적인 내용을 확인해야 할 때 심사하게 되는 것이다. 투자수익을 염두에 두는 심사자들의 입장에서는 사업아이템의 실현가능성을 검증하기 위한 근거로서 창업팀 구성인원의 가능성 및 역량을 심사하는 것이 핵심적이다. **표 13-5** 가 제시한 구조의 흐름은 논리적 전개에는 적합하지만, 투자자라는 독자에게는 살짝 변형된다고 할 수 있다.

이와 같은 점에서 [조직 및 인원 계획]을 작성할 때 가장 중요한 것은 '해낼 수 있음'을 강조하는 것이다. 물론 대부분의 경우 일종의 역량결핍(competency deficiency)이 존재하는 것이 현실이다. 창업아이템을 수행하는 데 필수적으로 요구되는 모종의 역량을 확보하지 못했다는 뜻이다. 이럴 경우 이를 밝히는 것은 약점보다는 장점이 된다. 창업팀이 자신의 사업의 현실에 대한 이해도가 높다는 것을 방증하기 때문이다. 물론 이와 같은 경우 창업팀은 부족한 역량을 보전할 전략을 제시해야 한다는 전제조건이 충족되어야 한다. 중요한 것은 '이 사업을 하기 위한 최고의 창업팀은 바로 우리'라는 메시지를 효과적으로 전달해야 하는 것이다. 투자자들에게 아이디어는 도처에 널려 있다. 매일 쏟아지는 좋은 아이템을 현실로 만들어낼 창업팀이 필요한 것이다.

2. 사업계획서 집필 과정

1) 핵심가치 수립

사업계획서 작성은 대부분의 경우 창업팀원 다수가 참여하여 공동으로 집필하게 된다. 물론 주도적인 창업가 1인이 문건 작성 전 과정을 주관하게 되는 경우라 할지라도 공동 저자와의 소통의 중요성을 염두에 두어야 한다. 따라서 사업계획서 작성은 사업의 핵심적 아이디어를 간단한 형태로 표현하는 것부터 시작한다. 물론 이 과정에서 브레인스토밍 등을 통한 단체 회의를 활용할 수 있다. 그러나 초기단계에서는 참여자 전원이 동의하는, 창업을 통한 프로젝트가 추구하는 핵심적 가치를 수립하는 것부터 시작한다.

공유택시 스타트업 우버의 경우 '택시 산업의 민주화'를 핵심가치로 설정하여 택시 서비스의 내용을 재구성하였다. 첫째, 승객의 희망 행선지를 사전에 다수의 운전자에게 공개하여 손님을 태우기 전에 미리 행선지에 대해 동의하도록 하였다. 택시 운전자가 일방으로 가지고 있던 승객 선택의 권력을 다수의 운전자에게 분배하여 문제를 해결한 것이다. 둘째, 승객은 운전자의 정보를 사전에 검토하여 경우에 따라 거부할 권리를 가지게 되었다. 이러한 권리를 가짐에 따라 운전사는 좋은 체험후기를 받기 위한 노력으로 자발적인 친절봉사를 할 동기를 부여받게 된다. 선택권은 운전사에게도 부여되어, 블랙리스트에 오른 소위 '진상고객'을 거부할 수 있게 된다. 요컨대 공급자(service provider)와 구매자(customer) 간의 권력 균형을 통해 택시업계의 고질적인 문제를 해결한 것이다. 이 모든 게 권력의 분산(democratization)이라는 민주주의 핵심원리를 택시업계에 적용하여 이루어낸 성취물이다. 기업 개발의 핵심이 되는 '가치'의 힘이다.

2) 비전/미션 수립

전술한 핵심적 가치는 비전 선언문과 미션 선언문이라는 형태로 작성되며, 이는 이후 진행될 사업계획 전 과정을 통해 참여자에게 하나의 기준으로 역할하게 된다. 그러므로 핵심가치를 설정하고 팀원들과 동의하에 작성된 비전선언문을 마련한 후 이를 기반으로 세부계획을 발전시켜 나가는 방식을 채택하는 것이 효과적이다. 창업의 핵심적 가치를 전달하는 것이 바로 비전선언문이다.[8] 핵심가치는 민주주의, 평등, 사랑, 공존과 같이 시공을 초월한 보편적 가치를 내용으로 하며 이를 전달하기 위한 효과적인 표현으로 된 한 문장 혹은 한 구절 정도로 표현하도록 한다.[9] 이에 비해 미션선언문은 비전선언을 통해 제시한 가치를 실현하는 접근 방식에 관한 것으로서 해당 기업의 시장경쟁 전략을 기술한다. 실전에서 미션선언문은 기업의 혁신을 통해 창출된 변화에 대해 기술한다. 우버의 예를 들자면, "운전자와 고객이 함께 안심하고 이용할 수 있는 택시 서비스를 제공하겠다" 정도로 요약할 수 있겠다. 한 구절 혹은 한 문장인 비전선언문에 비해 미션선언문은 분량이 조금 더 길어지는 경우가 많은데, 경우에 따라 '택시업계'와 같은 '특정 산업'이나 '플러스사이즈 여성고객'과 같이 '사업의 대상', 혹은 '믿고 맡길 수 있도록'과 같은 표현을 통해 사업자가 고객을 대하는 '태도'가 포함되기도 한다.

3) 엘리베이터 피치(Elevator Pitch)

이렇게 비전과 미션선언문이 작성되면, 창업팀은 이제 기업을 설립할 가장 기본적인 밑그림을 그린 상태가 된다. 그렇다면 다음 단계는 사업아이템에 대한 구두 진술로 소위 '엘리베이터 피치(Elevator Pitch)'라는 것을 준비할 수 있게 된다. 널리 알려진 바와 같이 엘리베이터 피치는 창업자가 우연히 투자자와 함께 엘리베이터를 타게 된 경우를 가정한다. 이때 창업자는 투자자에게 약 30초 정도의 시간 동안 자신의 사업을 이야기하게 된다. 따라서 엘리베이터 피치는 짧은 시간 안에 충분한 정보를 전달하면서, 듣는 이의 뇌리에 오래도록 남을 수 있는 일종의 '스토리텔링' 기법이다. 창업가는 엘리베이터와 같은 가상의 상황 외에도 수많은 경우 '무슨 사업을 하는지'에 대해 답하게 된다. 엘리베이터 피치를 준비해 놓으면 언제 어디서 잠재적 투자자를 만나게 되더라도 기회를 놓치지 않을 수 있게 된다.

4) 개념요약서(Concept Summary)

엘리베이터 피치가 사업계획서를 짧게 요약한 스토리텔링이라면, '개념요약서'는 사업계획서의 블루프린트라고 할 수 있다. 모리스의 모델에 따르면 개념요약서는 사업계획서의 기본이 되는 골격을 구축하는 과정으로서 다음과 같은 6가지 주제에 대하여 다룬다.[10)]

① 귀사는 어떻게 가치를 창출한 것인가? (How will the firm create value?)

② 귀사가 창출하는 가치는 누구를 위한 것인가? (For whom will the firm create value?)
③ 귀사는 시장경쟁을 위한 어떤 장점을 보유하고 있는가? (What is the firm's internal source of advantage?)
④ 귀사의 차별성은 무엇인가? (How will the firm differentiate itself?)
⑤ 귀사의 이윤창출 전략은 무엇인가? (How will the firm make money?)
⑥ 창업가가 추구하는 회사의 규모는 무엇인가? (What are the entrepreneur's time, scope and size ambitions?)

이와 같은 과정을 통해 뼈대를 구축하고 살을 입히면 온전한 사업계획서로서 구색을 갖춰 나가게 되는 것이다.

3. 각 요소 간의 관계

그림 13-2 는 전술한 요소들 간의 관계를 표현하고 있다. 그림이 나타내듯, 비전선언문은 전체 사업계획의 핵심적 내용을 간략하게 표현한다. 미션선언문부터 원의 밖으로 나갈수록 내용이 추가되며, 따라서 분량도 길어진다. 처음부터 30페이지짜리 사업계획서를 작성하기 시작하면 매우 어렵겠지만, 이렇게 단계적으로 발전시켜 나가다 보면 어느새 번듯한 사업계획서를 완성하게 된다. 이때 주의할 것은 개념요약서와 엘리베이터 피치이다. 물론 분량과 내용에서 개념요약서가 엘리베이터 피치를 포섭하는 관계지만, 개념요약서는 문건이며, 엘리베이터 피치는 구두 서술이다. 창업가는 언제 어디서 만날지 모르는 잠재고객 및 투자자를 대비하여 문건 외에도 구두로 자신의 사업을 설명할 수 있어야 하기 때문에 엘리베이터 피치는 중요성과 사용빈도에서만큼은 개념요약서를 압도한다. 한편 개념요약서는 사업계획서를 작성하기 위한 전단계로서 일종의 뼈대 구축을 위한 도구이다. 따라서 용도는 주로 창업가들 사이에서 돌려보거나 사업계획서 초안 작성을 위한 도구로 사용되는 정도이다. 실전에서 개념요약서를 요구하는 투자자나 고객을 만날 경우는 매우 드물 것이다.

그림 13-2 사업계획서의 단계

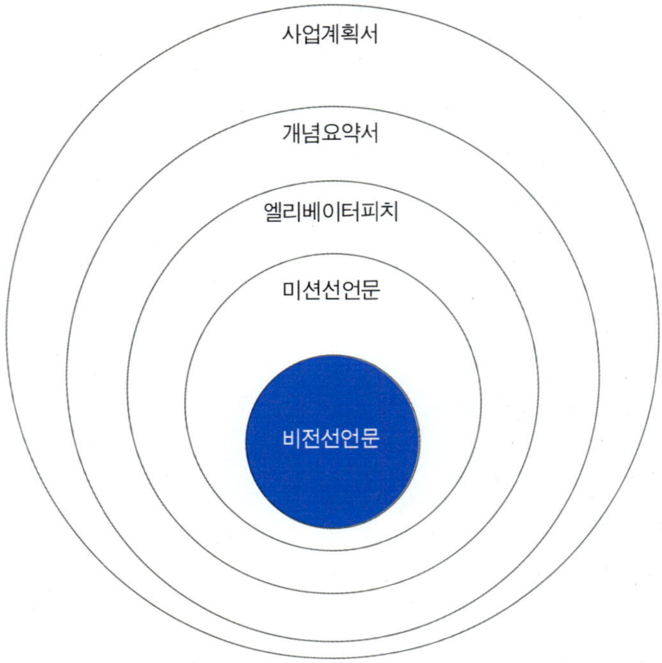

챕터 마무리 이야기

이진아 대표와 남편 유지헝은 이 사업을 위해 통장에 아껴두었던 2만 달러를 투자하기로 했다. 그런데 추가자금이 필요하다면 어떻게 조달할 것인가. 은행융자를 받을 것인가, 투자를 받을 것인가. 듣자 하니 크라우드펀딩이 인기가 있다더라. 다행히 먼차는 고객들에게 인기가 좋다. 그렇다면 잠재고객들의 도움을 받는 것은 어떨까. 인기의 덕을 좀 보자.

그림 13-3 ● 먼차 크라우드펀딩의 리워드 시스템

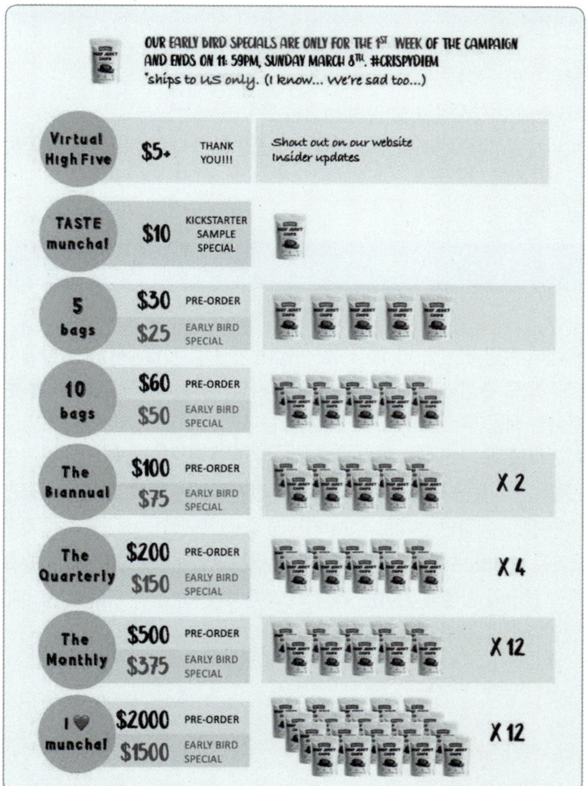

출처 킥스타터 캠페인 웹페이지(https://www.kickstarter.com/projects/munchachips/muncha-beef-jerky-chips-0).

먼차는 당초 5천 달러를 기대하고 킥스타터(Kickstarter) 캠페인을 열었다. 시제품을 통한 입소문과 홈페이지를 통한 인기에 힘입은 탓인지, 먼차의 캠페인은 개시 후 2시간 만에 목표금액을 달성하는 데 성공했다. 상품 혹은 서비스로 보상을 받는 리워드형 펀딩 방식으로 이뤄진 캠페인에 334명의 크라우드펀더(crowd funder)들이 지원했으며(그림 13-3 참조), 이를 통해 상품 제작도 전에 2,490봉지의 선주문을 받아 낼 수 있었다. 가장 인기가 있던 메뉴는 5봉지용 30불짜리 패키지였다. 건당 주문가가 상대적으로 높은 정기구독(subscription) 방식의 리워드까지 포함하면 건당 투자금액은 63달러까지 오른다. 최종 달성금액은 2만 1천 달러 정도로, 당초 기대했던 목표보다 4배 이상의 성과를 거둔 것이다. 창업자 부부의 예금 및 개인 보유자금을 털어 마련한 초기 자금 2만 달러에 킥스타터로 확보한 2만 1천 달러가 더해져서 총 4만 1천 달러를 기반으로 먼차는 본격적인 회사 설립에 나서게 된다.

2020년 7월에 USDA의 승인까지 받은 먼차는 2020년 3분기 출시를 목표로 사업을 진행시켰다. 첫 번째 고객은 무엇보다 킥스타터에서 먼차를 믿어준 크라우드 펀딩의 후원자들이다. 킥스타터 고객들의 선주문을 소화하고 나면 2020년 4분기의 목표는 매출을 4만 5천 달러까지 끌어 올리는 것이다.

토론주제

1. 이 시놉시스에는 창업팀이 가정한 '가격제'로 '정기구독' 방식이 소개되고 있다. 그 외의 창업 관련 주제에는 어떤 것이 있는가. 전략적 장단점을 분석하고 단점을 최소화할 대안을 제시하시오.
2. 먼차의 초기 자원동원 전략은 '크라우드펀딩'과 부트스트래핑이다. 시놉시스를 분석하여 다른 전략들을 추가로 찾아내고 기대할 수 있는 전략적 장단점을 제시하시오.
3. 이 시놉시스에 제시된 자원동원 전략을 분석하여, 〈표 13-7 사업계획서의 구조〉에 나와 있는 재무계획의 초안을 작성하시오.

생각해볼 문제

1. 창업 과정에 있어 사업계획서 작성은 필수적인가.
2. 자신이 구상 중인 사업이 있다면 비전/미션 선언문을 작성하시오.
3. 자신이 구상 중인 사업이 있다면 비즈니스 모델 캔버스를 이용하여 비즈니스 모델을 제시하시오.
4. 자신이 구상 중인 사업의 단계를 생각해 보고, 적절한 사업계획서 작성안을 1페이지 분량으로 제시하시오.

그룹토의(그룹토의는 3-4명의 학생들로 소그룹을 만들고, 다음의 문제들 중 하나를 선택하여 5-10분 정도 자유토론을 진행한 후 공유한다.)

1. 사업계획서가 없이 사업한다면 발생할 문제로 어떤 것이 있을지 토론하시오.
2. 사업계획서 없이도 성공한 기업을 알고 있다면 예로 제시하고, 성공의 비결을 토론하시오.
3. 자신이 구상 중인 사업에 대한 '엘리베이터 피치'를 작성하여 발제하고 각각 발전방안에 대한 피드백을 제공하시오.

핵심개념정리

대부분의 기업가정신 교과서는 '사업계획서'에 대해 설명하는데, 이 장에서는 사업계획서를 '사업계획'의 관점에서 학습해 보았다. 사업계획서는 사업 개발을 효과적으로 추진하기 위하여 필수적인 사업계획의 내용을 담아내는 문건이며, 그 목적을 수행하는 한 가지 도구일 뿐이기 때문이다. 따라서 사업계획서는 사업계획의 단계별, 목적별 그리고 독자에 따라 다양한 형태가 있으며 종류도 다양하다. 하지만 공통적으로 모든 형태의 사업계획서는 창업의 가치와 비전, 그리고 미션을 수행하기 위한 구체적인 내용을 담고 있다. 따라서 사업계획서는 종류와 유형에 상관없이 막대한 분량의 사전연구를 요구하며 각 부분은 유기적인 관계로 얽혀 타당성 증명, 실행가능성 증명, 투자수익성 증명이라는 3가지 기능을 수행한다. 이 3가지 목적을 수행하는 한 사업계획서의 형태는 중요하지 않다. 중요한 것은 조직개발을 위한 사업계획이라는 일련의 연구와 실행에 임하는 과정 그 자체이다. 이 장의 제목이 '사업계획서란 무엇인가'가 아니고, '사업계획이란 무엇인가'인 이유가 바로 그것이다.

CHAPTER

14

벤처의 성장전략

학습목표

1. 벤처가 성장단계와 성장 초기에 보편적으로 예상되는 어려움에 대하여 학습한다.
2. 창업자에서 경영자로의 전환에는 어떠한 역할과 역량이 요구되는지 이해한다.
3. 전략적 유연성과 균형을 위한 벤처의 성장전략에 대하여 학습한다.

챕터 시작 이야기

'퀸시 어패럴(Quincy Apparel)'의 창업자 넬슨과 윌리스는 젊은 사무직 여성을 위한 스타일리시하면서도 몸에 착 붙는 괜찮은 가격의 출근복을 찾기가 어렵다는 사실에 주목했다. 넬슨과 윌리스는 린스타트업 방법으로 나무랄 데 없이 완벽한 최소기능제품(MVP)을 만들어 정확한 수요를 파악했다. 초기 주문도, 재주문도 엄청났다. 그러나 퀸시는 수요가 늘어나면서 재고 투자를 늘려야 했다. 동시에 생산라인에 문제가 생기면서 사이즈 하자 및 불량 제품이 등장했고 이렇게 반품된 상품의 양이 예상치를 넘어섰다. 반품을 처리하고 생산라인 문제를 해결하느라 마진에 타격을 입었고, 퀸시의 현금보유액도 빠르게 바닥나기 시작했다. 이후 퀸시는 자본을 추가 조달하려 했으나 실패했다. 운영을 간소화해 효율성을 끌어올리자는 계획으로 제품라인 개편을 단행했지만 피벗(pivot) 효과가 증명될 때까지 버틸 만한 자금이 없었다. 결국 창업 후 1년도 안 돼 퀸시는 문을 닫았다. 퀸시는 왜 실패했을까?

창업 아이디어는 훌륭했다. 타깃소비자에 대한 가치제안도 매력적이었다. 생산라인의 버그를 털어내는 데 성공했다면 이윤공식도 장기적 관점에서 흠잡을 데 없었다. 또한 매출의 절반 이상을 차지하는 우선순위 고객군의 1인당 평생가치가 1천 달러 이상이고, 이는 신규 고객을 사로잡는 데 드는 평균비용인 100달러를 크게 웃돈다는 퀸시의 전망도 신뢰할 만했다. 심지어 퀸시는 소셜미디어를 통해 입소문을 탔고 언론의 집중적인 관심까지 받으면서 마케팅 비용을 낮은 수준으로 유지했다.

윌리스는 담대한 비전과 카리스마의 소유자로 마케팅과 자금 조달을 책임졌다. 넬슨은 운영 책임자로 신중하고 절도 있었다. 그러나 이 콤비는 두 가지 측면에서 문제를 지니고 있었다. 첫째, 두 사람은 깊은 우정을 깨뜨릴 의사가 없었다. 전략 수립부터 제품디자인까지 중요한 의사결정 시 항상 각자의 의견을 5대5로 반영했다. 이 때문에 빠르게 치고나가야 할 때도 매번 뒤처졌다. 둘째, 두 사람 다 옷을 디자인하고 만들어 본 경험이 전무했다. 의류 생산은 원단소싱과 패턴메이킹, 품질관리 등 단계마다 전문화된 작업이 필요하다. 윌리스와 넬슨은 자신들에게 부족한 업계 노하우를 채우기 위해 타 의류브랜드에서 경력자들을 스카우트했다. 적은 인원이지만 업계에 정통한 전문가들인 만큼 동시에 다양한 업무를 소화할 수 있으리라 생각했다. 실제로 초기 단계의 스타트업에서는 직원 한 명 한 명이 '일당백' 역할을 수행하는 게 일반적이다. 하지만 이들은 업력이 오래된 패션회사 출신으로 고도로 전문화된 시스템에 익숙했기 때문에 본인 분야가 아닌 일에 유연하게 대처하지 못했다. 퀸시는 패션업계에서 흔히들 하는 대로 생산을 외주공장에 맡겼다. 그러나 업계에서 무명이나 다름없는 회사가 기존과 다른 치수의 옷을 소량으로 주문하자 공장들이 늑장을 부렸다. 이에 배송지연 사태가 초래됐다.

퀸시의 몰락에는 투자자들도 한몫했다. 월리스와 넬슨은 150만 달러 조달을 목표로 잡았지만 현실은 95만 달러에 그쳤다. 시즌 컬렉션을 두 차례 진행하기에는 충분했다. 하지만 두 사람은 론칭 전에 최소 시즌 컬렉션을 세 번은 경험해 봐야 섬세한 운영이 가능할 것이라 예상했고, 결과적으로 그들의 예상이 옳았다. 두 시즌의 컬렉션은 회사의 성장으로 이어졌지만 새로운 투자자를 유인하기에는 충분하지 않았다. 대부분의 자금을 제공한 기존 벤처캐피털 회사는 규모가 작은 곳이라 추가자금 조달이 어려웠다. 더구나 벤처캐피털리스트 대부분이 IT 스타트업에만 익숙한지라 퀸시도 빠른 성장에 힘쓰라고 주문하는 등 실망스러운 조언만 읊었다. 성장에 속도를 내려면 재고 쌓기가 우선인데 재고를 확보하다 보면 생산라인 문제를 해결하기도 전에 가진 현금을 모두 소진하게 된다.

한마디로 정리해 보자. 퀸시의 경우 아이디어는 좋았으나 '친구들'을 잘못 사귀었다. 창업자뿐만 아니라 직원, 협력업체, 투자자 등 모든 이해관계자가 회사의 실패에 책임이 있다.

출처 Tom Eisenmann(2021). Why Start-ups Fail, *Harvard Business Review.* (https://www.hbrkorea.com/article/view/atype/ma/category_id/8_1/article_no/1705/page/1)

토론주제

1. 월리스와 넬슨은 오랜 역사를 지닌 패션회사 출신으로 의류업계에 대한 지식이 풍부한 편이였다. 이러한 경험이 장점으로 작용한 부분과 단점으로 작용한 부분이 있는지 논의해 보시오.
2. 당신은 "아이디어는 좋았으나 친구들을 잘못 사귀었다"라는 본문의 주장에 동의하는가. 동의 혹은 비동의하는 이유를 정리하고 공유해 보시오.

제 1 절 벤처의 성장단계와 위기관리

모든 회사 혹은 사업은 시작되었던 순간이 있고, 또한 영원할 수 없기 때문에 생애주기(life cycle)가 존재한다. 이러한 원리는 벤처창업에도 동일하게 적용된다. 벤처가 다른 여타 사업과 차별화되는 점이 있다면, 초기실패율이 월등하게 높고, 성장 초기에 다양한 위험들이 존재한다는 점이다. 벤처는 어떠한 단계를 거쳐서 탄생하고, 성장하고, 사라지는가? 벤처 생애주기마다 어떠한 위험이 존재하며, 창업가는 이러한 어려움을 어떻게 이해하고 극복하여야 하는가.

1. 벤처의 생애주기(life cycle)

벤처의 특징 중 하나는 빠른 성장이기도 하지만 빠른 실패이기도 하다. 현실에서 벤처들은 제품/서비스 개발 초기에 자금난으로 파산하거나, 많은 노력 끝에 시장에 진입한 이후에도 추가고객 확보에 실패하여 결국 사업을 포기하는 경우가 대다수라고 해도 과언이 아니다. 벤처를 성장시키고 안정시키는 과정에서는 이처럼 다양한 시기에 다양한 위기를 겪게 되는데, 이에 보다 체계적으로 접근하기 위해서는 벤처의 보편적인 생애주기(life cycle)에 대한 이해가 필요하다. 일반적인 벤처의 생애주기는 다음 그림 14-1과 같이 5단계로 나눌 수 있다.

그림 14-1 벤처의 생애주기(life cycle)

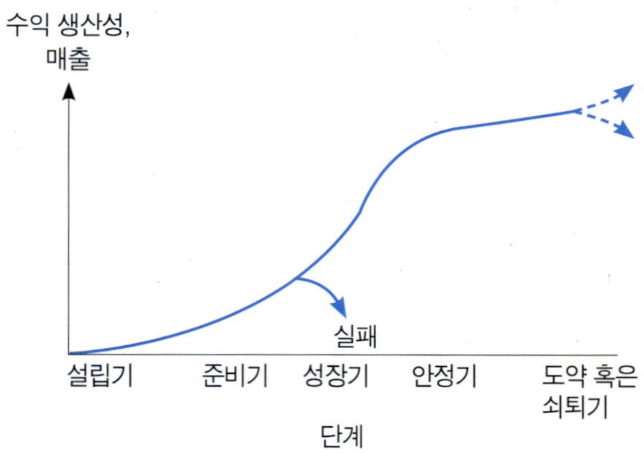

출처 Howard H. Frederick & Donald F. Kuratko(2010). *Entrepreneurship: Theory, Process, Practice.* Cengage Learning Australia Pty Limited.

1) 설립기(New-venture development)

벤처의 초기 형성에 관련된 활동들이 주를 이루는 단계로서, 창의성의 발현 및 평가, 초기전략 수립을 위한 네트워킹을 통한 학습 등이 주활동을 이루는 단계이다. 기업가의 창업철학, 미션, 비전 등이 수립되는 단계이다.

2) 준비기(Start-up activities)

공식적인 비즈니스 모델과 투자자 혹은 은행 등을 통한 자금의 확보, 구체적인 팀원의 역할 등을 정의하여 실제 벤처를 출범하고, 벤처의 경쟁력을 기반으로 전략적 계획과 운영계획을 수립하는 단계로서 시장에 대한 본격적인 접근을 준비하는 단계이다.

3) 성장기(Growth stage)

성장단계는 벤처전략에서 가장 큰 변화를 요구하고 또 가장 중요한 단계로 볼 수 있다. 경쟁과 예상치 못했던 요인들이 전략의 수정을 요구하는데, 실제 많은 벤처들이 이러한 변화에 적절하게 대응하지 못하고 결국 실패한다. 기업가의 창의성이 행정 및 관리 능력까지 보장해 주는 것은 아니기 때문이다. 성장단계는 앞선 두 단계에서 나타났던 문제들보다 더욱 심각한 문제들이 많이 발생하고, 조직으로서의 벤처를 관리하기 위한 기업가의 역량이 중요해진다. 즉, 창업자 개인에 기반한 리더십에서 팀 중심의 리더십으로 변화하는 과정으로 볼 수 있다.

4) 안정기(Business stabilization)

벤처의 사업이 안정기에 접어든 상태를 의미하며, 이는 시장상황과 기업가의 노력에 크게 좌우된다. 시장이 성숙해질수록 유사한 제품/서비스로 무장한 경쟁자들이 증가하게 되고, 매출 혹은 이익의 증가폭은 둔화될 수 있다. 매출이 안정기에 접어든다는 것은, 벤처가 향후 최소 3~5년 후를 대비한 새로운 혁신을 준비해야 한다는 의미이기도 하다. 이 시기의 준비상황에 따라, 벤처가 또 다른 도약을 맞을 수도 있고 쇠퇴기에 접어들 수도 있다.

5) 도약 혹은 쇠퇴기(Innovation or decline)

의미 그대로 벤처가 혁신에 성공하여 제2의 도약기를 맞이하느냐, 쇠락하느냐가 결정되는 단계이다. 벤처가 높은 성과를 바탕으로 재무적 자원을 여유 있게 보유하고 있는 경우, 종종 인수합병(M&A)을 통해 다른 신생벤처들을 합병하기도 한다. 또한 개량된 혹은 새로운 제품/서비스를 출시하는 단계이다.

2. 벤처의 위기와 대응전략

1) 캐즘(chasm)

벤처의 실패 위험이 가장 많이 관찰되는 시기는 우선 창업 초기이다. 초기 벤처는 기업의 역량뿐만 아니라 외부자극에 대한 취약성, 자원부족 등 다양한 원인에 의해 좌초되는 경우가 많다. 이와 관련하여 가장 대표적인 개념인 '캐즘(chasm)'과 '죽음의 계곡(Valley of death)'을 통해 보다 자세히 알아보도록 한다. 다음 그림 14-2 는 벤처가 초기에 겪을 수 있는 어려움을 잘 보여주고 있다. 캐즘(chasm)이라는 용어는 원래 땅, 바위, 얼음 등에 난 아주 깊은 틈 혹은 균열을 의미한다. 기업 컨설턴트로 유명한 제프리 무어(Geoffrey A. Moore)[1] 박사는 많은 벤처 혹은 스타트업 기업들이 혁신성을 중시하는 소비자(얼리어답터)가 주도하는 초기시장 형성에는 성공하였으나, 실제 유용성을 중시하는 소비자가 이끄는 주류시장 진입에 지나치게 오랜 시간이 걸리거나 혹은 실패하는 것을 관찰하였고, 이 기간의 틈을 '캐즘'이라는 개념을 활용하여 설명하였다. 즉, 기업이 제품 자체를 사랑하는 몇몇 초기소비자의 지지를 획득하였다고 해서 그것이 성장으로 이어지는 것도 아니고, 또 이루어진다 해도 그 과정이 결코 쉽지 않음을 표현한 것이다.

2) 죽음의 계곡(Valley of death)

벤처성장의 어려움을 나타내는 또 다른 개념은 죽음의 계곡(Valley of death)이다(그림 14-2 참조). 죽음의 계곡은 아이디어의 구현 혹은 기술 자체의 개발에는 성공했지만, 이후 자금 부족으로 인해 상용화에 실패하는 상황을 의미한다. 즉, 초기의 투자금을 기술개발에 과도하게 투자하였거나, 연속적인 자금확보에 실패하여 결국 시장화에 실패하는 현상을 볼 수 있다. 이러한 현상은 특히 기술집약적 벤처 혹은 특정 기술에 기반한 크라우드펀딩 프로젝트 등에서 많이 발견된다. 예를 들어, 크라우드펀딩을 통해 무려 개발자가 요구한 금액보다 6배 이상의 후원금이 모집된 'GameStick'의 경우 과도한 기술적 탐색과 후원자들과의 소통 부족 등으로 인해 독점적으로 플레이할 수 있는 많은 게임을 개발한다는 약속을 불이행하게 되었고, 결국 제품으로 출시되지 못했다. 혁신적인 기술에 기반하여 시장 혹은 언론의 주목을 받은 제품 또한 이러한 함정을 피할 수 없다. 'MyIdKey'는 음성 및 지문 인식을 통한 보안정보를 관리할 수 있게 하는 USB 장치로서 최초의 생체인식 보안장치이다. 해당 프로젝트에는 3,900여 명의 후원자들이 총 47만 달러를 후원하였고, 이 기세에 힘입어 MyIDkey는 350만 달러의 추가적인 스타트업(start-up) 펀딩까지 획득하였다. 아울러 디자인 단계부터 매스컴의 관심과 다양한 수상 소식으로 투자자들의 기대를 한껏 부풀게 하였다. 하지만 이에 고무된 MyIDkey의 개발자들은 추가적인 기능을 지속적으로 덧붙이려 하였고, 결국 프로젝트는 시장화라는 벽을 넘지 못하고 좌초되었다.

그림 14-2 캐즘과 죽음의 계곡

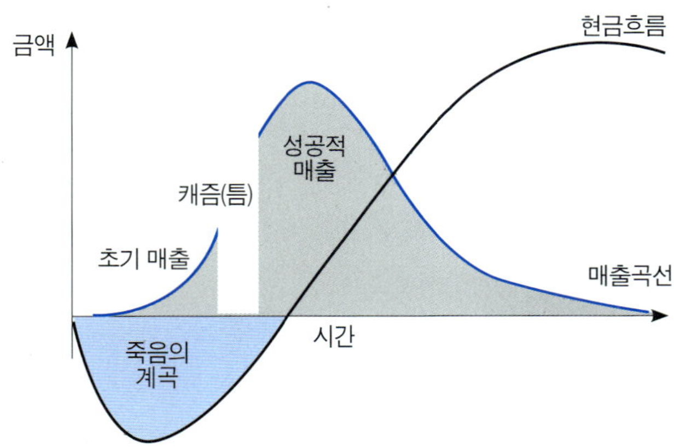

출처 Rencher, M. (2012). *Crossing the Valley of Death: A Multi-sited, multi-level ethnographic study of growth startups and entrepreneurial communities in post-industrial Detroit.* Wayne State University.

사실 선도적인 기술이나 아이디어를 개발하는 것과 다수 소비자가 받아들일 수 있는 수준으로 시장화하는 것은 다른 차원의 역량이 필요한 과정이다. 실제로 자율주행차 시장의 경우, 혁신의 선두주자이자 굴지의 글로벌 기업인 구글조차 기술개발 자체에 고전하는 모습을 보이고 있다. 〈월스트리트저널(*The Wall Street Journal, WSJ*)〉에 따르면 구글을 포함하여 폭스바겐 등 글로벌 자동차 · IT 업계가 자율주행

그림 14-3 캐즘 사례: 전기차 배터리 시장

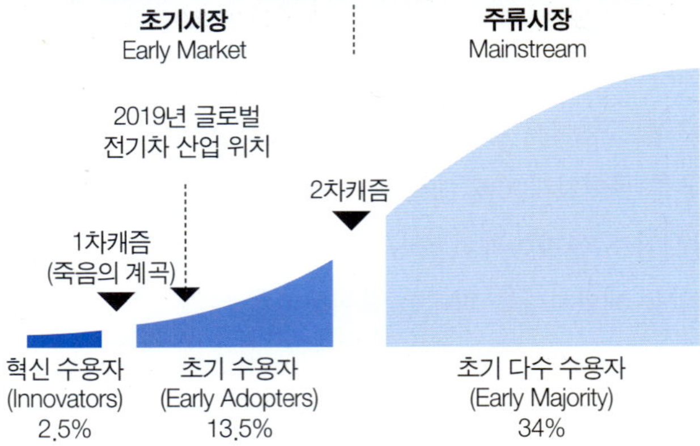

출처 박재범(2019). 2019년 전기차 배터리 시장 전망. 포스코경영연구원.

에 쏟아부은 누적투자액만 무려 800억 달러(약 91조 원)에 달하고, 향후 투자계획만 700억 달러(약 80조 원)로 예상되지만, 누구도 성공적인 시장 형성을 장담하지 못하고 있다. 즉 내로라하는 글로벌 기업들도 죽음의 계곡의 함정에서 자유롭지 못한 것이다.[2)] 자율주행자동차와 더불어 차세대 자동차 기술로 불리는 전기자동차 역시 마찬가지다. 글로벌 자동차 업체들이 천문학적인 투자를 하여 초기시장을 형성하였지만, 그림 14-3 을 보면 초기 수용자를 다수 수용자로 연결시키지 못해, 심지어 2차캐즘 현상이 예상되고 있는 것이 현실이다. 1차캐즘을 극복했어도, 더 깊고 더 넓은 폭의 2차캐즘이 이들을 기다리고 있는 것이다.

3. 위기의 관리

이렇게 글로벌 기업조차 캐즘과 죽음의 계곡에서 자유롭지 못한 현상은, 이들에 비해 자금과 경험이 적은 벤처들에게 이러한 장벽들을 극복하는 것이 얼마나 쉽지 않은 일인지 역설적으로 보여준다. 따라서 성장 단계에서 벤처는 예외 없이 많은 문제점에 직면하게 된다. 가장 흔한 문제는 기업가 스스로가 성장할 준비가 되어 있지 않거나, 성장에 필요한 준비 자체를 모르는 것이다. 하지만 인간의 출생과 성장이 별개의 과정을 의미하듯이, 창업 자체가 곧 성장은 아니다. 심지어 많은 이들에게 아이디어의 가치를 인정받고, 시장 혹은 언론에서 우호적인 신호를 확보하더라도, 이는 성장이라고 보기 어렵다. 마치 '저 아이는 키가 빨리 자랄 거야'라는 기대감이 실제 아이의 성장을 보장하는 것은 아닌 것과 마찬가지다. 벤처의 성장통에 대해서는 이미 많은 연구와 실증적인 분석이 되어 있다. 따라서 진정한 기업가는 창업가에서 경영자로의 전환의 중요성을 알아야 한다.

조직이 성장할수록 업무는 분화되고 특성화되며 이에 따라서 보고체계가 달라진다. 또한 외부와의 협업 혹은 교류가 증가하면서, 일부 업무는 공식화와 표준화가 빠르게 진행될 수 있다(예: 재무재표, 기술평가 등). 이러한 급격한 조직의 변화 속에서 창업자는 경영자로서 다양한 도전에 직면하게 된다. 우선 내부적으로는 기업이 성장함에 따라 업무와 권한을 이양할 인력이 필요하지만, 창업자가 여전히 모든 것을 통제하려고 하거나 필요한 인력을 찾지 못하고, 설사 찾더라도 권한이양이 매끄럽지 못하게 이루어지는 경우가 많다. 이럴 경우, 새로운 인력의 유입은 오히려 기존의 내부인력과 충돌을 일으키는 경우가 많다. 또한 조직이 성장하면 자연스럽게 중간경영자층이 형성되어 창업자와 일반 직원들 사이에는 거리가 생길 수밖에 없는데, 린스타트업(lean-startup)의 대부 스티브 블랭크(Steve Blank) 스탠퍼드 겸임교수에 따르면, 이러한 중간경영자들은 종종 변화를 싫어하는 '얼어붙은 중간층(frozen middle)'화하여 조직변화의 걸림돌로 작용할 수 있다고 한다.

외부적으로는, 성장과 시장성이 높아짐에 따라 증가하는 다양한 이해관계자(stakeholders)들의 관리이다. 벤처의 아이디어가 연구실을 벗어나서 시장에 가까워질수록 다양한 이해관계자들(주주, 채권자, 공급업자, 보완재, 종업원, 고객 등)의 개입이 증가하게 되고 이들 중 일부는 충돌의 양상을 띨 수도 있다. 예를 들어, 주식을 통해 벤처에 투자한 이들은 벤처가 더욱 위험을 추구하여 시장가치를 극대화하는 것을 선호하는 반면, 채권자의 경우 벤처가 안정적으로 운영되어 일정액의 이자와 원금을 제때 상환하는 것을 더 중요하게 여길 수 있다. 공급업자의 경우, 철저한 준비와 계약에 기반한 관계형성을 선호하는 반면(벤처는 충분한 지금대불 능력이 없는 경우가 종종 있다), 예비고객들은 제품이 늦게 출시된다면 언제든지 다른 벤처의 제품으로 눈길을 돌릴 수 있다.

물론 이러한 성장통이 창업자가 경영자의 역할과 중요성을 배우기 위해 당장 MBA 과정에 등록하거나, 실제 기업에 취직하여 관리직의 경험을 쌓아야 한다는 의미는 아니다. 많은 경우 현장에서의 경험이나 실패를 통하여 스스로 깨닫게 된다. 이러한 경험은 창업가 개인으로서는 매우 소중한 자산이 될 수도 있으며, 창업가가 다시 투자자의 신뢰를 얻을 수 있다면 향후 더 큰 미래의 성공을 위한 자양분이 될 수도 있을 것이다. 하지만, 현실에서 벤처는 여러 번의 실패를 허용할 만큼 많은 자원을 보유하고 있지 않기 때문에, 창업가가 경영자로서 미숙한 모습을 보일 경우, 인내심이 많지 않은 (대부분의) 투자자를 비롯한 이해관계자들은 벤처에 대한 기대와 지원을 거두어들일 수도 있다. 물론 초반에는 창업자와 소수의 팀원들이 일종의 단순구조 조직에 기반하여 생산, 고용, 훈련, 판매, 장부 정리 등의 업무 등을 직접 수행할 수 있다. 하지만 앞서 논의하였듯이, 혁신이란 실제로 구현된 창의적인 아이디어가 적절한 비즈니스 모델과 결합하여 시장에서 '구매할 수 있는' 형태로 거래될 수 있을 때 완성된다고 하였다.

따라서 창업자에서 경영자로의 전환은 벤처의 아이디어 실현 혹은 기술 개발만큼 중요하다. 그렇다면 벤처창업자는 경영자로서 어떠한 역량이 필요할까? 지금부터는 회사운영을 위해 경영자가 수행해야 하는 기능적인 측면에, 이러한 역할을 수행하기 위한 기법으로 나누어서 설명한다.

제 2 절 창업자에서 경영자로의 전환

프랑스의 산업가인 앙리 페이욜(Henri Fayol)은 거의 모든 형태의 조직에 적용될 수 있는 경영자의 관리 기능을 역설하였다. 그에 따르면 조직의 경영자는 계획하고, 조직하고, 주도하고, 통제하는 역할을 수행함으로써 구성원들로 하여금 조직의 목표를 이루게 하는 자로 묘사되었다. 이러한 경영자의 기능관리적 역할을 기업으로 성장을 꿈꾸는 벤처에도 그대로 적용할 수 있다.

1. 경영자의 역할

1) 계획 기능

벤처를 포함한 모든 조직은 결국 목표달성을 위해 존재하기 때문에, 경영자는 조직의 목표를 정의하고, 목표 달성을 위한 전략을 수립하며, 이를 실행하기 위한 활동들을 기획한다. 경영자는 벤처의 목표가 무엇인지, 그러한 목표는 언제, 어떻게, 어느 수준으로 달성해야 하는지, 또 이러한 목표를 추구하는 데 미리 기획하여야 하는 활동들은 무엇인지에 대하여 항상 연구하고 대비하여야 한다.

2) 조직 기능

경영자는 조직의 구조를 설계해야 한다. 이는 기본적으로 업무가 공식적으로 분배되고, 분류되고, 조정되는지 결정하는 것을 의미한다. 조직구조는 ① 업무의 독립성을 구분하는 업무전문화, ② 공통업무의 범위를 결정하는 부서화, ③ 권한과 보고체계를 결정하는 명령체계, ④ 상급자와 하급자의 비율을 결정하는 통제의 범위, ⑤ 의사결정 권한의 집중도를 결정하는 집권화, ⑥ 업무의 표준화를 결정하는 공식화

표 14-1 조직구조의 범위와 특징

기계적 조직구조	유기적 조직구조
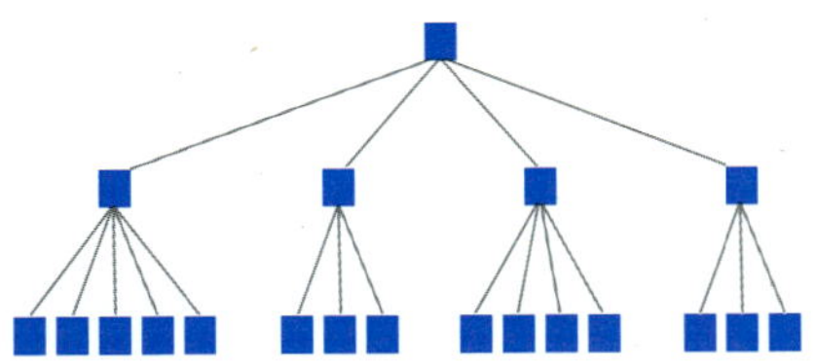	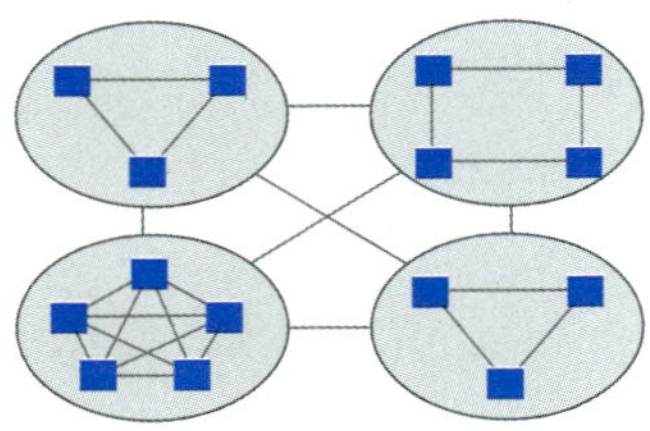
• 높은 전문화 • 엄격한 부서화 • 분명한 명령체계 • 좁은 통제범위 • 의사결정의 집중화 • 높은 공식화	• 교차기능 팀 활용 • 교차위계 팀 활용 • 자유로운 정보흐름 • 넓은 통제범위 • 의사결정의 분권화 • 낮은 공식화

출처 Robbins, S. P. & Judge, T. A. (2014). *Organizational behavior.* (16th Ed.). New Jersey: Pearson Education.

등 총 6가지가 고려된다(표 14-1 참조). 대부분의 벤처는 위에서 열거한 사항들이 비교적 느슨한 기준으로 적용되는 '유기적' 조직 모델에서 시작하지만, 조직이 성장함에 따라서 보다 높은 전문화, 엄격한 부서화, 분명한 명령체계, 좁은 통제범위, 높은 집중화와 공식화의 특성을 지니는 '기계적' 조직 모델의 특성을 부분적으로 받아들여서 활용하여야 한다.

3) 주도 기능

목표를 설정하고, 전략을 수립하고, 조직의 구조를 설계하였다고 해도 벤처가 저절로 운영되는 것이 아니다. 경영자가 능동적이고 주도적으로 직원들에게 동기부여를 하고, 직원들 간의 업무 혹은 분쟁을 조정하고, 긴밀하게 소통할 때 조직은 비로소 운영되는 것이다. 초기 벤처기업은 꿈을 위해서 열정으로 모인 사람들에 의해 운영되어 왔을지 몰라도, 이러한 기준을 모두에게 강요할 수는 없다. 주도적 기능은 매우 정교하고 세심한 주의가 필요한데, 이는 각 종업원들에게 동기를 부여하는 방식이 다를 수 있고, 성장을 추구하는 방식이 다를 수 있기 때문이다. 예를 들어 벤처의 성과적인 측면만 하더라도 기술적 완성도를 우선시하는 직원들과, 시장성과를 우선적으로 생각하는 직원들로 나뉠 수 있다. 이들 모두 각자가 옳다고 믿는 방식으로 벤처의 성장에 기여한다고 생각하기 때문에, 창업자는 경영자로서 주도적이고 세심하게 이러한 이견들을 조정하고 조직을 이끌어 나아가야 한다.

4) 통제 기능

조직이 결정한 방식으로 업무가 진행되는지 확인하기 위해서 경영자는 조직의 성과를 평가하고, 이를 설정된 목표와 비교한 후 대책을 준비할 수 있어야 한다. 통제 활동은 단순히 어떤 업무나 행위를 제한하는 것이 아니라, 업무 모니터링(monitoring), 성과 평가 및 비교, 업무 방향 재설정 등을 모두 포함하는 기능을 의미한다. 벤처는 개성과 주관이 뚜렷한 사람들로 이루어진 경우가 많기 때문에, 이들의 열정을 장려하되 조직이 궁극적으로 나아갈 방향으로 함께 이끌어 가는 것은 매우 중요하다. 또한 벤처가 성장함에 따라 경영자는 내부구성원들의 목표와 외부투자자들의 목표를 조정하는 데에도 집중하여야 한다.

2. 경영자로서 필요한 역량

앞서 설명한 기능들을 관리하기 위해서 경영자는 적절한 역량을 갖추어야 한다. 이에 대해서는 많은 연구가 진행되어 왔고 이들을 종합하여 정리하면 다음과 같다.

1) 전문기술 역량

특정 분야에 대한 전문적인 지식과 기술을 적용하는 능력을 의미한다. 벤처의 경우 창업자가 해당 제품에 대해 전문가인 경우가 많고, 특히 기술 중심 벤처인 경우, 창업자 자신이 과학자 혹은 공학자인 경우가 많다. 벤처가 구현하고자 하는 아이디어를 명확히 제시하고, 업무를 분배하기 위해서 창업자는 주력분야에 대한 전문지식을 갖추고 있어야 한다.

2) 대인관계 역량

타인과 함께 일하면서 그들을 이해하고 동기를 부여하는 능력을 의미한다. 벤처에서 팀원들을 주도하고 통제하기 위해서 필요한 것은 위계질서가 아니다. 벤처는 불확실성과 위험을 감수하는 구성원들의 모임이지만, 그만큼 각자의 개성 또한 분명할 수 있다. 흔히 벤처창업자의 경우 전문지식은 뛰어나지만 대인관계에 익숙하지 않은 경우가 많다. 하지만 원활한 소통은 구성원 간 갈등을 감소시키고 창의력을 길러주며 지식교류의 수준을 높여준다.

3) 개념파악 역량

복잡한 상황을 분석하고 진단할 수 있는 능력을 의미한다. 창업자의 개념파악 역량은 벤처의 성장에서 매우 중요한 역할을 한다. 창업자는 쏟아지는 정보와 불확실한 경쟁환경 속에서 어떠한 아이디어가 고객에서 의미 있는 가치를 전달해 줄 수 있는지 진단하고 분석할 수 있어야 한다. 또한 벤처가 기술 개발을 넘어 시장화에 대비하려고 할 때 영향을 미칠 수 있는 다양한 요소들을 종합적으로 고려해서 어떠한 준비가 필요한지, 문제해결에서 어떠한 우선순위를 따라야 하는지 등을 파악할 수 있어야 한다.

제 3 절 벤처 성장전략

앞서 캐즘과 죽음의 계곡 개념을 통해 벤처가 초기의 기술적/재무적 어려움을 극복하는 것이 얼마나 어려운지에 대하여 논의해 보았다. 하지만 이러한 초기의 장애물을 넘고, 창업자가 경영자적 마인드를 익혔다고 해서 벤처의 성공이 담보되는 것은 아니다. 벤처가 초기 단계의 어려움을 극복했다는 것은, 기업으로서는 이제 겨우 첫발을 내디뎠다는 의미이기 때문이다. 초기의 기술적/재무적 장벽이라는 거대하지만 원초적인 장애물을 넘은 벤처는 이제 기업으로서 경쟁을 해서 살아남아야 하고, 이는 어떠한 최종제품으로, 어떤 시장에서, 어떠한 시장전략을 통해 성공할 것인가 하는 질문으로 귀결된다. 사실 이러한 질문들은 기업가라면 누구나 가지고 있는 근본적인 고민이고, 또 그렇기 때문에 많은 연구를 통해 다양한 전략과 개념들이 개발되어 왔다. 이 절에서는 이러한 다양한 전략과 개념 중 벤처의 성장과 특히 밀접한 두 가지 전략에 대해 소개하고자 한다. 하나는 전략적 유연성을 강조한 피벗(pivot)전략이고, 다른 하나는 전략적 균형을 강조한 양손잡이(ambidexterity) 전략이다.

1. 유연성을 위한 피벗(pivot)

피벗(pivot)의 사전적 의미는 '회전축'으로, 주로 농구 등 구기 스포츠에서 한 발을 바닥에 지축으로 고정한 상태에서 좌우로 방향을 전환해 경기에 필요한 행위를 하는 것을 의미한다. 즉, 몸의 전체가 움직이는 것이 아니라, 기본위치는 유지하되 행위의 방향을 바꾸어 경기를 진행하는 것을 의미한다. 피벗이라는 개념이 벤처와 스타트업 등에 널리 사용되기 시작한 계기는 창업자이자 경영컨설턴트인 에릭 리스(Eric Ries)가 연재하는 블로그에서 이 용어를 사용하다가 2011년, 세계적인 베스트셀러가 된 저서 《린스타트업(*Lean Startup*)》[3]에서 명확히 그 개념을 규정하고 설명한 것이다. 이 책을 통하여 리스는 피벗을 '(스타트업이 세운 다양한) 새로운 가설을 테스트하기 위해 구조화된 노선교정(Pivot is a structured course correction designed to test a new fundamental hypothesis)'으로 설명하였다(Ries, 2011: 149).

햄펠(C. E. Hampel)과 동료들이 2020년, 세계적인 경영학 학술지 〈경영학회저널(*Academy of Management Journal*)〉에 발표한 논문[4]에 따르면, 피벗은 최근 들어 벤처 혹은 스타트업 연구의 가장 중요한 주제 중 하나가 되었다. 피벗은 벤처가 현재의 비즈니스 모델이 생존과 성장에 더 이상 적합하지 못하다고 판단될 때, 비즈니스에 대한 핵심접근법을 변화시키는 것으로 볼 수 있다. 혹자는 피벗을 기존에 조직 및 전략 분야에서 많이 연구되어 왔던 전략적 변화(Strategic change)와 동일시하기도 하는데, 이 둘은 3가지 면에서 중요한 차이가 있다. 첫째는 조직발달 단계의 차이점이다. 피벗은 창업가와 팀원들 간의 관계가 직접적이고 거의 수평적인 조직의 발달단계 초기에 있는 조직변화에 대한 것[5]인 반면, 전략적 변화는 대부분 안정되어 있는 대기업 등에 대한 것으로, 주요 관심사는 리더가 조직 내 구축되어 있는 여러 계층과 어떻게 상호작용하는지가 주요 관심사이다. 둘째는 변화에 대한 이유이다. 피벗의 경우 대부분 제한된 자원하에서 생존의 위협을 맞이하는 벤처들의 대응전략인 측면이 강한 조직변화[6]인 반면, 대기업의 전략적 변화는 그 배경이 시장다변화, 새 CEO 취임 등 다양하고, 대부분의 경우 생존 문제와 직결되지는 않는다는 점이다. 세 번째는 변화의 범위이다. 린스타트업의 대부인 스티브 블랭크 교수에 따르면, 벤처의 경우 아직 비즈니스 모델을 운영(manage)하는 것이 아니라 탐색(search)하고 있는 경우가 대부분이기 때문에 비즈니스 모델의 거의 모든 요소(고객가치, 시장세분화, 유통채널, 수익모델 등)가 동시적으로 피벗의 대상으로 고려될 수 있는 반면, 이미 수많은 이해관계자들과의 협업으로 비즈니스 모델을 운영하는 대기업의 경우 (적어도 일정 기간은) 매우 제한된 변화만을 추구할 수 있다. 즉 요약하면 피벗은 벤처를 위한, 또 벤처에 최적화되어 있는 고도의 전략적 유연성이라고 볼 수 있다.

사실 피벗은 현재 벤처계에는 상당히 보편화되어 있다. 현재 2만 명이 넘는 직원들과 60조 원 가까운 자산가치를 지닌 결제시스템 그룹 '페이팔(Paypal)' 역시 사실은

표 14-2 피벗의 유형별 정의와 사례

범주	피벗 유형	정의	사례	피벗 전	피벗 후
제품(Product)	줌인(Zoom-In)	최초 계획된 제품의 일부분이 나중에 전체 제품으로 변경	Glitch→Slack	온라인 롤플레이 게임	협업 툴 메신저
	줌아웃(Zoom-Out)	최초 계획된 전체 제품이 나중에 더 큰 제품의 일부분으로 변경	Tweaky→Elto	웹사이트 수정 서비스	개발자와 소규모 비즈니스 연결
	기술(Technology)	같은 해결책을 다른 종류의 기술을 이용해 제시	Wix	플래시 기반 웹사이트 개발 플랫폼	HTML5 기반 웹사이트 개발 플랫폼
	플랫폼(Platform)	하나의 애플리케이션에서 플랫폼으로 변경	StyleZen→Ahalogy	패션 쇼핑 사이트	핀터레스트 최적화 온라인 마케팅 플랫폼
시장(Market)	고객요구(Customer Need)	더 중요한 고객의 요구를 발견해 계획을 변경	Jammber	음악인을 위한 링크드인	음반회사 업무 대행
	고객세분화(Customer Segment)	최초 계획된 고객군의 변경	Socrata	소규모 비즈니스를 위한 데이터 플랫폼	정부공공데이터 오픈 플랫폼
	채널(Channel)	유통구조 및 방식의 변경	Club Vino	고품질 와인 클럽	랜선 와인 테이스팅
전략(Strategy)	가치창출(Value Capture)	수익구조의 변경	Xerox	완제품 판매	렌털 및 서비스
	사업설계(Business Architecture)	사업설계의 큰 틀 변경	Helloworld	배달 앱	통합 POS 시스템
	성장엔진(Engine of Growth)	성장전략의 변경	Robinhood	무료 주식거래 앱	무료 앱+프리미엄 서비스 "골드"

출처 배태준(2021). 사업 폭넓게 정의하고 실패 땐 빨리 인정, 피버팅 대명사 '슬랙'도 그렇게 탄생했다. 동아비즈니스 리뷰.

암호정보처리 벤처에서 시작되어 피벗을 거듭해 태어난 회사이며[7], 미국의 400개 벤처를 조사해 본 결과, 93%가 초기의 전략에서 변형된 형태로 성공을 거두었다고 할 만큼 피벗이 보편화되어 있다. 그렇다면 피벗의 유형은 어떻게 구분될 수 있을까. 한양대학교 배태준 교수는 피벗에 대한 연구를 광범위하게 조사하고, 이를 종합하여 다음 표 14-2 와 같이 3가지 범주로 분류하고 유형, 정의 및 사례를 제시하였다.

제품(product) 관련 피벗은 벤처의 핵심제품에 변화를 주는 것을 의미한다. 세부전략으로는 기존에 의도되었던 제품의 기능에서 보다 세부적 기능에 집중하는 줌인 유형 피벗, 보다 폭넓은 기능으로 확대하는 줌아웃 유형 피벗, 문제를 해결하거나 가치를 제공하는 방식을 바꾸는 기술 유형 피벗, 마지막으로 특정한 애플리케이션에서 플랫폼 자체로 기능을 변화하는 플랫폼 유형 피벗이 있다. 시장(Market) 관련 피벗은 더 중요하고 강력한 고객니즈의 발견으로 인한 고객요구 유형 피벗이다. 최초의 고객군에서 보다 세분화되어 집중하는 고객세분화 유형 피벗, 고객에서 제품을 전달하는 방식을 바꾸는 채널유형 피벗이 있다. 전략(Strategy) 관련 피벗은 수익모델을 변경하는 가치창출 유형 피벗을 의미한다. 사업구조를 변경하는 사업설계 유형 피벗, 성장모델을 변경하는 성장엔진 유형 피벗이 있다.

2. 피벗(pivot)이 빠질 수 있는 '난처한 딜레마(Thorny dilemma)'

앞서 살펴보았듯이 피벗은 벤처를 위해 전략적 유연성을 제공해 준다는 측면에서 그 유용성이 매우 크다. 하지만 모든 전략은 장점과 단점 양면이 존재한다. 벤처의 피벗은 종종 부분적인 조직변화가 아니라, 경영전략 전체 혹은 설립 당시 공유했던 벤처의 정체성마저 바뀔 수 있는 급진적 변화이다. 따라서 피벗을 추구하기 위해서는 벤처를 둘러싸고 있는 다양한 이해관계자들의 지지와 지원이 필수적이다. 적극적인 지원까지는 아니어도 최소한 적대적인 감정을 품게 해서는 안 된다. 바로 이 부분에서 벤처로서는 '난처한 딜레마(Thorny dilemma)'에 빠지게 될 확률이 높다.[8] 앞서 논의하였듯이 벤처가 피벗을 결정하게 되는 경우는, 그렇지 않으면 벤처가 종종 생존 자체를 위협받기 때문이다. 자연히 피벗은 비교적 신속한 대응과정의 일환으로 도입되는 경우가 많은데, 이 지점이 벤처가 난처한 상황에 빠질 수 있는 대목이다. 신속한 변신은 피벗 전략의 중요한 요소이지만, 자칫 기존에 벤처를 후원해 왔던 지지자들에게는 잘못된 신호로 읽힐 수 있기 때문이다. 이들은 피벗으로 인한 급격한 변화를 자신들이 벤처를 통해 추구해 왔던 가치와 정체성에 대한 배신으로 느껴서 분노하거나, 혹은 불안한 시각으로 바라본다.[9] 따라서 창업자는 먼저 이들이 느낄 수 있는 당혹감을 예상하고, 선제적으로 솔직하고 진정성 있게 벤처가 현재 겪고 있는 어려움과 원인, 그동안 쏟아왔던 노력에 대해서 진솔하게 설득하여야 한다. 아울러 벤처가 추구하던 기술 혹은 가치에 대한 열정과 헌신이 변함없음을 강조하고, 피벗이 궁극적인 목표를 더욱 효과적으로 이루기 위한 탐색적 노력이라는 부분을 강조하여야 한다.

3. 균형을 위한 양손잡이(ambidexterity) 전략

균형적 성장은 벤처의 성공에 있어 필수적인 요소이다. 새로운 역량을 추구하지 않으면 벤처라 할 수 없지만, 아이디어의 향연으로만 끝나는 것 또한 벤처로 보기 어렵기 때문이다. 균형을 위한 양손잡이(ambidexterity) 전략은 두 근본적인 역량인 새로운 기회/활동/역량을 추구하는 탐색(Exploration)과 보유하고 있는 기회/활동/역량의 가치를 극대화하는 활용(Exploitation)에 기반하고 있다. 대기업과 같이 활용(exploitation)에 유리한 자원이 많은 경우도 결국 탐색적 역량이 부족하면 미래를 준비할 수 없고, 벤처와 같이 탐색(exploration)적 활동을 근간으로 시작된 조직도 결국은 보유 역량을 활용하여 시장에서 성과를 얻어야 기업으로 성장할 수 있다. 양손잡이 전략이란 바로 이러한 탐색과 활용 간의 균형을 이루어 기업의 성장과 안정을 동시에 추구하는 전략을 의미한다. 즉, 양손잡이 전략은 균형 잡힌 성장을 추구하는 전략적 도구로서, 경영학에서 무수히 많은 연구자들이 오랫동안 연구해온 주제이고 학자들 사이에서도 다양한 방식의 접근이 이루어져 왔다.[10]

문제는 벤처든 대기업이든 균형 잡힌 경영을 하기란 쉽지 않고 실현하는 과정에는 많은 어려움이 존재한다는 점이다. 대기업의 경우 기업의 역사가 길고, 성공적이고 혁신적인 사업모델 운용 경험이 많을수록 그 기업은 '경로의존성(path dependence)'이라는 함정에 빠질 가능성이 커지기 때문이다. 경로의존성이란 현재의 경로가 미래의 의사결정 방향을 제한하는 현상을 의미한다. 기업의 관점에서 본다면 현재 의존하고 있는 주요 전략이 미래에 대한 의사결정에 영향을 미치는 현상으로 볼 수 있다. 대부분의 성공한 대기업은 과거로부터 축적해온 '핵심역량(core competency)'을 필사적으로 보호하려는 경향이 있는데, 이는 사실 기업으로서 합리적인 전략이기도 하다. 다만 이러한 핵심역량은 시간의 흐름에 따라 언제든지 '핵심경직성(core rigidity)'으로 변환되어 기업의 신사업전략에 중대한 장애물로 작용할 가능성이 존재한다.[11] 2000년대 후반까지 50%에 육박하는 점유율로 세계의 휴대전화 시장을 호령했던 '노키아(Nokia)'의 경우, 애플(Apple)이 아이폰으로 스마트폰 시장의 문을 열기 훨씬 이전부터 이미 스마트폰에 필요한 핵심기술과 특허를 상당수 보유하고 있었다. 만약 노키아가 스마트폰 시장에 뛰어들 전략적 선택만 했다면, 스마트폰 시장의 지형은 지금과는 상당히 다른 형태의 모습을 보였을 가능성이 매우 크다. 하지만 10여 년 동안 기존 피처폰(feature phone)의 성공에 매몰되어 있던 노키아의 경영진은 스마트폰 제품의 출시를 미루었고 파산에 이르게 되었다. 디지털카메라의 원형 기술을 이미 1970년대에 개발해 놓았던 '코닥(Kodak)' 역시, 기존의 필름 기반 사업에 매몰되었던 나머지, 파산의 길을 걷고 말았다. 노키아와 코닥의 사례에서 알 수 있듯이, 기존의 성공적인 기업들은 경로의존성의 함정에 빠져 새로운 기회를 찾기 힘들고, 설사 찾았다 해도 적시에 전략적 선택을 하지 못하는 경우가 많다.

벤처 역시 경로의존성에서 자유로울 수 없다. 벤처의 경로의존성은 종종 과도한 탐사(over-exploration) 혹은 과도한 기술몰두(over-engineering)에 기반할 수 있다. 과도한 탐사의 경우 주식 등 상대적으로 채무의 성격이 낮은 펀딩에 기반한 벤처가 종종 빠지기 쉬운 함정으로, 창업가가 신상품 혹은 기술에 대해 가진 열정과 개인적 동기로 인해, 프로젝트를 원래 의도했던 정도보다 훨씬 멀리 혹은 방향과는 다른 길로 이끌고 가는 것을 의미한다. 특히 창업가가 공학자 혹은 과학자인 경우 이러한 경향은 더욱 두드러질 수 있다. 과도한 기술의 경우, 수십 개의 버튼이 달린 TV 리모컨을 보면 금방 알 수 있다. 여러분은 TV 리모컨이 주는 수십 가지의 방법으로 TV를 활용하고 싶은가? 초기 창업자는 아이디어와 창의적인 활동에 대부분의 시간을 쏟기 때문에, 수많은 아이디어들이 머릿속에 가득 차 있고, 무의식적으로 이들이 모두 가치가 있기 때문에 고객들도 자신과 같이 이들 모두를 구현한 제품을 원한다고 생각할 수 있다. 물론, 현실에서는 정반대의 경우가 대부분이다. 이러한 과도한 탐색과 기술 개발은 앞서 논의했던 죽음의 계곡 혹은 캐즘의 원인으로 작용한다.

기존의 기업이 경로의존성의 함정에서 빠져나오기 어려운 이유는 다음과 같다. 첫째는 조직 내의 각 부분에서 기존 업무에 관련된 관성을 극복하기 어렵기 때문이다. 기업 내 직원들은 익숙하고 해오던 업무 및 프로세스에 의존하는 경향이 강하기 때문에, 새로운 업무 프로세스를 요구하는 경우 적극적인 지지를 확보하기 쉽지 않다. 벤처의 경우 창의적 업무에 자율적으로 일해 오던 팀원들도 시장이나 투자자가 원하는 정형화된 업무를 담당해야 한다. 둘째는, 새로운 업무 추진의 위험과 불확실성 그 자체이다. 새로운 기회를 탐색하고 이를 구체화해서 시장으로 연결하는 과정은 대부분 많은 위험과 불확실성을 동반한다. 때문에, 사업 초반에는 새로운 방향을 추구하다가 결과적으로 기존의 사업을 부분적으로 개량하는 선에서 마무리되는 경우가 많다.

양손잡이 전략은 거시적 측면에서 본다면 정형화되고 관성적인 업무에 강점이 있는 대기업 등이 혁신과 안정이라는 두 마리 토끼를 잡기 위한 전략적 쇄신의 방안으로 고안되었다. 하지만, 양손잡이 균형의 본질은 탐색에 특화된 조직이건 활용에 특화된 조직이건 지속 가능한 번영을 위해서 결국은 둘 사이의 균형을 추구할 수밖에 없다는 근본적인 원리에 기인하고 있다. 따라서 일반적으로 탐색에 특화된 조직인 벤처 역시, 양손잡이 균형에 대한 이해와 실천이 반드시 필요하다.[12] 양손잡이 전략의 실행을 위한 방법은 다양하다. 본 교재는 이 중 가장 대표적인 맥락적 양손잡이(contextual ambidexterity) 전략과 구조적 양손잡이(structural ambidexterity) 전략에 대하여 소개하고, 벤처발전 단계에 따른 이들의 활용전략에 대하여 알아본다.

1) 맥락적 양손잡이(contextual ambidexterity) 전략

양손잡이 균형에 대해 조직 내 구성원들이 자연스럽게 업무 속에서 그 중요성을 인식하고, 자발적으로 이를 업무 속에서 고려하도록 하는 전략이다. 이를 위해서는 조직 내 문화, 시스템, 프로세스 등을 적절하게 활용하여야 한다. 예를 들어, 혁신적인 기업으로 유명한 '3M'의 경우, 업무시간의 15%를 새로운 상품구상을 위해 자유롭게 활용하도록 허용하는 '15% rule'로 유명하다. 이러한 시스템도 중요하지만, 이를 통해 회사가 전달하고자 하는 메시지(우리 회사는 현재 제품의 활용뿐 아니라 새로운 제품의 탐색 또한 충분히 중요하게 생각한다) 혹은 신호가 더욱 중요할 수도 있다. 벤처의 경우, 창업 초기부터 별도의 사업화 팀을 두어 모든 과정을 재무적으로 검토하다 보면 자칫 혁신적인 아이디어에 대한 논의가 시들해 질 위험이 있다. 따라서 아이디어의 생성과 발전 과정에서 자연스럽게 시장화에 대한 일정한 검토절차 혹은 토론 등을 통하여, 팀원들로 하여금 자연스럽게 혁신성과 시장성에 대해 균형 잡힌 시각을 기르도록 유도할 수 있다.

맥락적 양손잡이(contextual ambidexterity) 전략의 장점은 별도의 조직 혹은 특정한 기간을 설정하여 성과에 대한 압박을 조장하는 대신, 구성원들 스스로가 양손잡이 균형의 장점과 필요성을 깨닫게 하여, 자발적인 원동력을 확보할 수 있다는 점에 있다. 하지만 이를 역으로 바라보면, 구성원 개개인의 자발적 의식을 실제로 관측하기는 쉽지 않으므로 그 성과를 측정하기에 현실적으로 어려움이 있다. 따라서 벤처창업자가 맥락적 양손잡이 전략을 선택할 시, 스스로에게(혹은 팀원들에게) 던져볼 수 있는 질문에는 '현재 우리 팀 구성원들의 진정한 창업동기는 무엇인가?', '현재 팀 구성원들은 자발적인 열정으로 움직이는 사람들인가?', '이들이 벤처를 통해 진정 이루고자 하는 목적은 무엇인가?', '구성원들은 신기술 개발과 기업으로서의 성공을 어떻게 바라보고 있는가?' 등이 있다.

2) 구조적 양손잡이(structural ambidexterity) 전략

탐색과 활용을 전문적으로 담당하는 팀 혹은 조직을 두고, 최대의 독립성을 보장

그림 14-4 스컹크웍스 팀의 개발 제품들

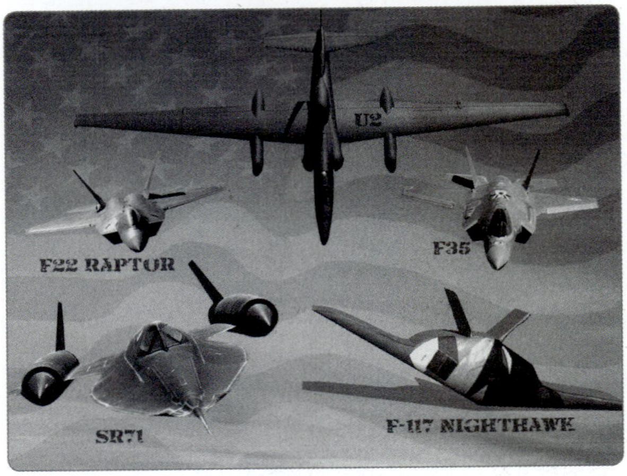

출처 Top Guns of Lockheed Martin Skunk Works Division(2018). Diplomacy & Beyond.

한 이들 간의 상호보완성을 기반으로 양손잡이 균형을 추구하는 전략이다. 구조적 양손잡이(structural ambidexterity) 전략의 효시에 대해서는 다양한 의견이 있지만, 구조적 양손잡이가 유명하게 된 계기는 미국의 군수업체 록히드마틴(Lockheed Martin)의 특수연구조직인 '스컹크웍스(Skunk works)'를 들 수 있다. 군수업체라는 보수성을 탈피하기 위해 스컹크웍스 팀은 자율방임적이고 극단의 효율을 추구하는 문화와 시스템을 보장받았고, 이를 바탕으로 F-117 나이트호크(1981), F-22, F-35 등 오늘날 록히드마틴을 있게 한 수많은 제품의 개발에 혁혁한 공을 세웠다(그림 14-4 참조). 스컹크워크의 성공은 조직이 관성에 벗어나기 위해서는 특정 분야에 헌신할 수 있도록 과감하게 분리된 별도의 조직이 효과적일 수 있다는 것을 보여준다.

앞서 벤처의 경우 성장기를 거쳐 안정기로 접어들게 되면 다시 최소 3~5년 후를 대비한 새로운 혁신을 준비해야 한다고 언급하였다. 사실 수많은 벤처가 첫 번째 성공의 방정식에 도취되어 결과적으로는 첫 제품과 비슷한 제품을 다시 시장에 내놓음으로써 구매자들을 실망시키는 경우가 많다. 따라서 사업의 안정과 함께 흐려져 가는 벤처정신(venture spirit)을 고취하기 위해 벤처창업자는 구조적 양손잡이 전략의 도입 역시 고려해 볼 만하다. 벤처 성장기에는 창업자 개인의 리더십에서 팀 혹은 조직 중심의 리더십으로의 변화가 요구된다. 즉, 순수한 기술개발 단계를 지나 관리와 행정역량이 필요한 시기이다. 하지만 많은 벤처(특히 기술중심벤처)가 죽음의 계곡의 함정에 빠져 아이디어의 구현 단계에서 지나치게 많은 자원을 소비하는 경우가 많다. 따라서 벤처창업자는 이 단계에서 제품을 객관적으로 바라보고 시장전략 혹은 사업 모델에 집중할 수 있는 최소한의 팀 혹은 인원을 확보하는 것이 매우 중요하다.

구조적 양손잡이 전략은 역할의 분담과 특화된 역량개발의 효율성이라는 장점을 분명히 가지고 있다. 하지만 이를 다른 관점에서 바라보면, 소통 및 통합 면에서 다소 취약할 수 있다는 단점이 있다. 별도의 조직이 아무리 좋은 아이템을 개발해도 결과적으로 조직의 다른 부분이 이를 뒷받침할 수 없다면, 최종성과에는 기여를 하지 못한다. 예를 들면 지나치게 혁신적인 아이디어는 제품 및 양산화가 쉽지 않고, 지나치게 혁신적인 비즈니스 모델 또한 개발팀에서 감당할 수 없다. 따라서 벤처창업자가 구조적 양손잡이 전략을 선택할 시 스스로에게(혹은 팀원들에게) 던져볼 수 있는 질문에는 '현 단계에서 우리 팀 구성원들은 벤처의 미래 방향에 대하여 어느 정도의 경험과 생각을 공유하고 있는가?', '현재 조직 내 구성원들이 자유롭게 의견을 주고받을 수 있는 채널 혹은 플랫폼은 구축되어 있는가?', '나(창업자)는 서로 다른 조직의 업무에 대하여 편견 없이 평가할 수 있는가?', '별도 조직의 필요성에 대하여 조직 내 다른 구성원들은 얼마나 공감하고 있는가?' 등이 있다.

챕터 마무리 이야기

코로나19의 발생과 급변하는 경제환경에 따라 전 세계적인 경기침체가 뒤따르고 있다. 이에 기업의 리더들, 혁신가들, 창업가들, 심지어 투자자들 모두 세계시장의 난항이 장기화될 것으로 예측하며 긴장을 늦추지 못하고 있다. 이런 상황에 스타트업이나 혁신가들은 어떻게 살아남아야 할까? 대부분은 이에 대한 준비가 잘 되어 있지 않은 것이 사실이다.

유니콘 기업(1조 원이 넘는 가치를 가진 스타트업)을 배출하며 성장해온 실리콘밸리는 특히 더 어려움을 겪을 수밖에 없다. 그동안 유니콘 기업의 탄생은 대부분 급격한 성장을 통해 이루어져 왔다. 문제는 '닥치고 성장'하는 방식이 더 이상 통하지 않게 됐다는 것이다. 실리콘밸리의 선도기업들이 잘하는 무조건 성장하는 방식은 호황이라는 최적의 조건에서만 가능하기 때문이다.

이에 비해 중고차 플랫폼인 프런티어 카 그룹(Frontier Car Group)이나 온라인 교육 및 학습 시스템 회사 퀴즐렛(Quizlet)과 같은 낙타(camels) 스타트업이라 불리는 기업들은 다른 방식의 성장모델을 보여주고 있다. 그들은 자본이나 스타트업에 특화된 훈련된 인적 자산이 풍부한 실리콘밸리 비즈니스 생태계 밖에 존재하는 것이 특징이다. 특히 신흥시장에서는 모질고 예측 불가능한 거시경제의 충격에 민감하다. 따라서 이들에게는 유니콘보다 낙타가 더 어울리는 상징물이라고 할 수 있다. 낙타는 생명 유지를 위한 자양분이 없더라도 오랜 시간 살 수 있고 사막의 끔찍한 더위를 견디며 극단적인 기후변화에도 잘 적응하는, 지구상의 가장 혹독한 땅에서 생존하고 번성하는 동물이다. 낙타라는 비유 자체는 그다지 화려하지 않지만, 이들 낙타 같은 스타트업이 위기 속에서 살아남고 역경의 시기를 버텨내며 성장하는 모습은 모든 비즈니스 분야와 영역에 걸쳐 값진 교훈을 주고 있다.

낙타 스타트업들은 신속하게 사업의 규모를 키우기 위해 효율보다 속도를 앞세우는 블리츠스케일링(blitzscaling)에는 별 관심이 없다. 그들 역시 여느 실리콘밸리 기업과 다름없이 성장을 갈구하지만 좀 더 균형 있는 성장방식을 택하는 것이다 이러한 균형 잡힌 접근방식에는 다음의 3가지 핵심요소가 있다. 첫 번째는 처음부터 적정한 가격을 책정하는 것이다. 신흥시장의 창업가들은 고객을 늘리기 위해 쉽게 공짜 또는 보조금을 받는 제품이나 서비스를 제공하지 않는다. 이는 높은 경비지출속도(burn rate)로 이어질 뿐이기 때문이다. 대신 이들은 처음부터 제품이 주는 가치에 대한 적정한 돈을 고객으로부터 받는다. 물론 낙타들은 가격이 성장을 방해해서는 안 된다는 점을 알고 있다.

두 번째는 회사의 생애주기에 따른 비용 관리이다. 동시에 낙타 기업들은 장기적인 성장곡선에 맞춰 회사의 생애주기에 맞는 비용을 체계적으로 관리한다. 온라인 교육 및 학습 시스템 회사 '퀴즐렛(Quizlet)'의 CEO 맷 글로츠바흐(Matt Glotzbach)는 이러한 전략을 고객획득 비용과 회사의 핵심 지출인 인건비 측면에서 이해한다. 그는 이렇게 말한다. "잘 될 때나 안 될 때나 살아남는 기업이 되기를 원하죠. 제가 보는 회복탄력성의 요소는 두 가지입니다. 하나는 한 명의 고객을 얻기 위한 사업의 단위 경제고, 다른 하나는 실제로 이익이 발생하기 전에 그 성장을 이끌어낼 인적 자원에 얼마나 미리 투자할 수 있는가입니다. 이 부분에서 치밀하게 계산하고 의사결정을 내리며 투자한 만큼의 기대를 가질 때 우리가 옳았다면 크게 성장할 것이고, 우리가 틀렸더라도 큰 피해를 입지 않을 겁니다."

세 번째는 경로를 변경하는 것이다. 회사의 생애주기에 맞게 지출을 잘 관리하는 스타트업들은 힘든 시기를 잘 버텨낼 수 있도록 준비를 한다. 전형적인 실리콘밸리 기업들은 수익을 내기 전에 겪는 심한 현금 부족 시기, 소위 말하는 깊은 '고난의 시기(valley of death)'를 한 번씩 만나게 된다. 프런티어 스타트업은 조금 다른 궤적을 보여준다. 물론 낙타 스타트업이 성장을 회피하거나 벤처캐피털의 자금을 거부하는 것은 아니지만 그들의 성장경로와 관련 경비지출속도는 상대적으로 덜 극단적이다. 이에 대해 글로츠바흐는 퀴즐렛의 페이스 조절이 회사가 무너지지 않도록 보호해 주었다고 말한다. "솔직히 퀴즐렛이 회사 초창기에 큰 투자자금을 받았다면 여기까지 오지 못했을 거라 생각합니다. 지나치게 높은 기대치로 인한 과도한 확장의 위험성과 초기에 많은 투자를 받는 건 그 기대치를 충족할 만큼 기업을 충분히 빠르게 성장시키지 못할 수도 있어요. 너무 큰 약속을 내걸고 이를 제대로 해내지 못하는 다른 많은 스타트업처럼 말이죠." 즉, 낙타 기업들은 확실한 기회에 꼭 필요할 때에만 속도를 높이고 벤처캐피털을 포함하는 투자를 진행하는 등 가속했다가 멈추는 식으로 성장을 통제한다. 그러한 가속 이후에는 필요하다면 지속 가능성과 수익성이 다시 도달할 수 있는 범위 안에 들어온다. 여기서의 차이점은 낙타 스타트업들은 언제든지 성장경로를 수정하고 지속 가능한 사업으로 돌아설 수 있는 옵션을 열어 두고 있다는 데 있는 것이다.

출처: Alex Lazarow(2020.12.22.). 스타트업, 이제 유니콘이 아니라 낙타가 돼라(Startups, It's Time to Think Like Camels-Not Unicorns). 윤성원 역. *Harvard Business Review* 재구성. (https://www.hbrkorea.com/article/view/atype/ma/category_id/8_1/article_no/1705/page/1)

토론주제

1. 낙타 스타트업 기업들과 전통적인 실리콘밸리의 창업기업들과 차이점과 공통점에 대하여 논하시오.
2. 낙타 스타트업의 성장모델은 고성장 산업 안에서의 창업에도 여전히 유효한 모델일까? 낙타 스타트업이 고성장 산업과 저성장 산업에서 겪을 수 있는 어려움에 대하여 논하시오.

생각해볼 문제

1. 본문 중 "〈월스트리트저널(*The Wall Street Journal, WSJ*)〉에 따르면 구글을 포함하여 폭스바겐 등 글로벌 자동차 · IT 업계가 자율주행에 쏟아부은 누적투자액만 무려 800억 달러(약 91조 원)에 달하고, 향후 투자계획만 700억 달러(약 80조 원)로 예상되지만, 누구도 성공적인 시장 형성을 장담하지 못하고 있다"라는 내용을 토대로 기업들이 자율주행시장의 형성을 예상하기 어려운 이유에 대하여 분석해 보시오.
2. 자율주행, 빅데이터, 인공지능, 에너지 저장 등 미래 산업 중 하나를 자유선택하고, 그림 14-3 과 같이 예상되는 캐즘(chasm)의 단계와 이유를 분석해 보시오.
3. 신속한 변신은 피벗 전략의 중요한 요소이지만, 자칫 기존에 벤처를 후원해 왔던 지지자들에게는 배신 혹은 오판이라는 잘못된 신호를 줄 수 있다. 국내 기업 중 성공적인 피버팅에 성공한 기업의 사례를 찾아보고, 해당 기업이 피버팅과 관련하여 초기 이해당사자들을 어떻게 설득하였을지 추론해 보시오.

그룹토의(그룹토의는 3-4명의 학생들로 소그룹을 만들고, 다음의 문제들 중 하나를 선택하여 5-10분 정도 자유토론을 진행한 후 공유한다.)

1. 벤처는 대부분 유기적 조직구조 모델에서 시작하지만, 성장함에 따라 보다 체계적인 관리에 적합한 기계적 조직구조 모델의 특성을 반영한 조직구조를 가지게 된다. 하지만, 이러한 조직구조 전환의 성과는 전환 그 자체가 아니라, 전환의 시기와 정도에 달려 있다고 볼 수 있다.

1) 기계적 조직구조로의 전환 혹은 정도가 미진하여 어려움을 겪었던 벤처의 사례를 조사해 보시오.
2) 기계적 조직구조로의 전환 혹은 정도가 지나쳐서 어려움을 겪었던 벤처의 사례를 조사해 보시오.

2. 신생 바이오벤처 NEWDRUG의 전략경영팀은 최근, 마케팅팀에게 코로나19와 같이 전례 없는 전염성이 강한 질병의 유행이 예상된다는 정보를 입수하였다. 알려진 정보는 이 질병의 치사율은 3% 정도이고 전염성은 일반 독감 수준일 것으로 예상된다는 것이다. 재무팀과의 회의 결과, 현재 회사가 보유한 자원으로는 백신과 치료제 중 하나의 개발에만 집중할 수 있는 것을 알게 되었다. 다음 주에 진행될 CEO 및 타부서와의 미팅에서 전달한 전략경영팀의 입장을 논의하고 정리하시오.

핵심개념정리

흔히 대박의 꿈으로 불리는 벤처의 빠른 성공 뒤에는, 빠른 실패로 사라져 간 수많은 예비 벤처가 있다. 실제로 냉혹한 현실에서 벤처들은 자금난, 초기고객 확보 실패, 추가고객 확보실패, 관리의 부재, 전략의 부재, 균형감각의 부재 등 수많은 어려움에 봉착하게 된다. 이를 극복하기 위해서는 벤처 전체의 생애주기, 죽음의 계곡 및 캐즘 같은 보편적으로 예상되는 어려움, 아이템의 개발에서 관리를 담당해 주는 경영역량의 확보 등이 필수적이다. 물론 이 또한 초기 성장통을 극복하기 위한 최소한의 기본조건일 뿐이다. 벤처가 초기 단계의 어려움을 극복했다는 것은 시장에 등장할 수 있는 자격을 확보했다는 의미이다. 결국은 어떤 최종제품으로, 어떤 시장에서, 어떤 전략을 통해 성공할 것인가에 대한 질문과 끊임없이 싸워야 한다. 자원이 풍부하지 않은 벤처는 전략적 시행착오를 여러 번 감당하기 어렵다. 따라서 전략적 유연성을 강조한 피벗(pivot) 전략과, 전략적 균형을 강조한 양손잡이(ambidexterity) 전략에 대한 깊은 이해 역시 필수라 할 수 있다.

CHAPTER

15

스타트업과 벤처기업의 가치평가

학습목표

1. 가치평가의 중요성 및 개념에 대해 이해한다.
2. 다양한 가치평가 방법에 대해 학습한다.
3. 회사채 평가와 신용등급에 관한 내용을 알아본다.
4. 스타트업의 가치평가에서 기존기업과 다른 점을 인지한다.

챕터 시작 이야기

유니콘(unicorn) 기업은 기업가치가 10억 달러(1조 원) 이상, 설립한 지 10년 이하인 비상장기업을 말한다.[1] 이 용어는 2013년 벤처투자자인 에일린 리(Aileen Lee)가 사용한 말로, 스타트업이 이 정도의 가치를 가질 수 있다는 것은 유니콘처럼 상상 속에나 존재할 것이라는 의미에서 사용되기 시작하였다. 여기서 유니콘은 영어로 1을 뜻하는 접두사인 유니(uni)를 말한다. 그러나 최근 미국 실리콘밸리에서는 100억 달러(10조 원) 이상의 기업가치를 가진 기업들이 나타나고 있으며, 이 기업들은 영어의 10을 뜻하는 데카(deca)라는 접두어를 붙여 데카콘(decacorn)이라고 부르고 있다.

미국 210개, 중국 102개, 인도 18개, 영국 22개, 우리나라에도 약 10개가 넘는 유니콘 기업이 존재한다.[2] 세계적으로 대표적인 기업은 다음 표 15-1 과 같으며, 우리나라에서도 대표적인 유니콘이었던 쿠팡이 최근 나스닥 시장에 상장한 바 있다. 현재 우리나라 기업으로는 옐로모바일, 엘앤피코스메틱, 크래프톤, 비바리퍼블리카, 야놀자, 위메프, 지피클럽, 무신사, 에이프로젠, 쏘카, 컬리 등이 있다.[3]

표 15-1 글로벌 유니콘 기업 리스트(2021년 6월 기준)

순위	세계	가치($B)
1	바이트댄스(중국, 콘텐츠)	140
2	스트라이프(미국, 핀테크)	95
3	스페이스X(미국, 우주)	74
4	디디추싱(중국, 모빌리티)	62
5	인스타카트(미국, 물류)	39
6	크라나(스웨덴, 핀테크)	31
7	에픽게임즈(미국, 게임)	28.7
8	데이터브릭스(미국, 데이터)	28
9	리비안(미국, 모빌리티)	27
10	뉴뱅크(브라질, 핀테크)	25

출처 CBInsights.com

이러한 유니콘 기업이 이렇게 중요하게 받아들여지는 이유는 무엇일까? 가장 큰 이유는 이러한 기업이 신규고용을 많이 창출할 수 있는 대기업으로 성장할 수 있는 가능성이 높기 때문이다. 유니콘 기업들은 보통 경쟁력 있는 비즈니스 모델과 높은 기술력으로 기존시장의 기업들과 차별화를 하며 산업을 주도하고 있다. 미국의 스타트업은 '제로 투 원(zero to one: 페이팔[Paypal]의 창업자 피터틸[Peter Thiel]이 신규 비즈니스 창출을 강조하면서 언급한 용어)'이라는 가치를 추구하며, 산업 패러다임을 흔들어 시장지형을 완전히 바꾸는 형태의 비즈니스를 창출하고자 노력한다.

최근 등장한 유니콘들의 특성을 살펴보면 다음과 같다. 첫째, 신산업으로 부상하고 있는 분야에서 플랫폼을 구축하고, 사용자 수를 늘려 빠른 시간 안에 시장점유율을 확대했다. 둘째, 이러한 고객들을 락인(lock-in)시켜 후발주자의 진입을 차단하였다. 셋째, 신기술과 전통 산업과의 연계를 통해 고객들에게 새로운 가치를 제공하였다. 마지막으로 린스타트업(lean startup) 방식으로 창업을 해 비즈니스 모델을 최적화하며 사업을 확장해 나갔다.

최근 4차 산업혁명 관련 기술이 그 어느 때보다 빠르게 개발되면서 이러한 추세는 더욱 가속화될 전망이다. 따라서 유니콘을 넘은 데카콘들이 다수 출현하는 상황을 예측하는 것이 그리 어려운 일이 아닐 수도 있게 되었다.

토론주제

1. 유니콘 기업이 무엇인지에 대해 논의해 보시오.
2. 새롭게 떠오르는 유니콘 기업을 검색해 보고 성장가능성에 대해 토의해 보시오.
3. 최근에 상장한 유니콘 기업을 알아보고, 평가받았던 가치와 상장 후 시가총액 등의 적절성에 대해 논의해 보시오.

제 1 절 가치평가의 중요성 및 개념

우리는 일상생활에서 "가치(價値)"라는 말을 많이 쓰고 듣는다. 자기자신의 가치, 직업의 가치, 꿈의 가치 등 다양한 용어와 결합되어 그 대상이 얼마만큼 쓸모 있게 느껴지는가를 보여준다. 마찬가지로 기업도 그 기업이 제공하는 제품이나 서비스가 시장에서 얼마만큼 중요하게 받아들여지고 있는가를 평가할 수 있는데, 이를 "기업가치"라고 한다. 그리고 일반적으로 이는 매출, 영업이익, 순이익과 같은 과거 성과 지표와 달리 미래에 대한 기대와 성장성을 반영한다.

기업에 대한 투자 의사결정을 하기 위해서는 기업가치에 대한 평가가 이루어져야 한다. 가치평가는 일정한 목적을 위해 다양한 형태의 자원이 결합되어 미래의 가치를 창출하려는 계속기업(going concern)을 전제로 한다. 이를 이해하기 위해서는 먼저 몇 가지 기본적인 사항을 알아볼 필요가 있다. 기업의 자본(capital)은 타인자본과 자기자본으로 이루어져 있고, 전체 기업의 가치를 평가하기 위해서는 이 두 종류의 자본의 가치를 알아야 한다. 그러나 대부분의 투자 의사결정은 자기자본의 가치를 평가하는 것에 중점을 두고 있다. 따라서 이 부분에만 초점을 맞추어 대표적인 가치평가에 대한 방법을 살펴보기로 한다. 가치평가를 위한 다양한 방법이 존재하지만, 여기서는 배당할인 모형(dividend discount model), 현금흐름할인 모형(discounted cash flow model), 초과이익 모형(residual income valuation model), EVA 모형(economic value added model), 주가배수평가법(price multiple model)에 대해서 다룬다.[4)]

1. 배당할인 모형(Dividend Discount Model, DDM)

주주가 주식을 보유함으로써 미래에 받게 될 현금을 현재가치로 평가할 수 있고, 이를 식으로 나타내면 다음과 같다.

$$\text{주주지분가치} = \text{미래 배당 현재가치} = \sum_{t=1}^{\infty} \frac{DIV_t}{(1+r_e)^t} \quad (15\text{-}1)$$

DIV_t: 미래 t년의 배당, r_e: 필요수익률(자기자본비용)

위의 모형을 배당할인 모형(Dividend Discount Model, DDM)이라고 부르며, 이때 할인율은 투자위험을 상쇄할 수 있는 필요수익률인 자기자본비용(cost of equity)이다. 위 식은 계속기업을 가정하고 있지만 DIV_t가 지급될 때까지만 위 모형을 적용하면 된다. 따라서 미래 어느 시점에서 청산이 예정된 기업이라면, DIV_t는 청산 시 지급받을 배당(liquidating dividend)이다. 즉 위 식은 '현재' 주주지분의 가치를 보여주며, 주식수(number of shares outstanding)로 나누어 주면, 1주의 주식가치가 된다.

DDM을 적용할 때는 미래에 대한 예측이 어렵기 때문에 일정한 가정을 해야 한다. 대부분의 기업들은 이익을 전부 배당하지 않고, 그 일부를 내부 유보하여 영업활동에 재투자하고 있다. 이러한 재투자로 인해 사업이 성공하게 되면, 배당이 증가할 가능성이 있다.

이를 식으로 표현하면 다음과 같다. 미래 배당이 g로 매년 증가한다고 가정해 보자. 현재의 배당금지급액을 DIV_t로 표하면, 1년 뒤의 배당인 $DIV1 = DIV1(1+g)$, 2년뒤 배당인 $DIV1 = DIV1(1+g)^2$ 등으로 예측하게 되고, 다음과 같은 식으로 계산된다.

주주지분가치

$$= \frac{DIV_0(1+g)}{(1+r_e)} + \frac{DIV_0(1+g)^2}{(1+r_e)^2} + \frac{DIV_0(1+g)^2}{(1+r_e)^2} + \cdots \quad (15\text{-}2)$$

$$= \frac{DIV_0(1+g)}{r_e - g} \quad (\text{단}, r_e > g)$$

r_e: 필요수익률, g: 배당성장률

위 모형을 지속성장 모형(constant-growth model) 혹은 고든(Gordon)성장 모형이라고 한다. 위 모형은 너무 단순하고, 보다 현실적으로는 기간에 따라 배당성장률을 다르게 적용하는 방법을 생각해 볼 수 있다. 즉, 미래 *T*년까지는 연도별로 직접 배당을 예측하고, 그 후에 대해서는 *T*년 말의 잔여가치(terminal value) 형태로 추정하는 방법을 고려해 볼 수 있다.

$$\text{주주지분가치} = \frac{DIV_1}{(1+r_e)} + \frac{DIV_2}{(1+r_e)^2} + \cdots \frac{DIV_T}{(1+r_e)^2} + \frac{\text{잔여가치}_T}{(1+r_e)^2} \quad (15\text{-}3)$$

위에서 잔여가치 *T*는 배당성장률을 이용하여 추정한다. *T*년의 배당 *DIVT*가 매년 *h*의 비율로 증가한다고 가정하면,

$$\begin{aligned}\text{잔여가치}_T &= \frac{DIV_T(1+h)}{(1+r_e)} + \frac{DIV_T(1+h)^2}{(1+r_e)^2} + \frac{DIV_T(1+h)^2}{(1+r_e)^2} + \cdots \\ &= \frac{DIV_T(1+h)}{r_e - h}\end{aligned} \quad (15\text{-}4)$$

위 모형에 따르면, *T*년도까지 연도별로 배당을 예측하므로 지속성장 모형보다 덜 제약적이라고 할 수 있다. 그러나 잔여가치 *T* 계산을 위해 필요한 성장배당률 *h*를 추정하기 어렵다. 또한 기업에 따라서는 현금배당을 하지 않는 경우가 있어 이러한 경우에는 DDM을 사용하기 어렵다. 또한 기업이 차입을 하여 배당을 하는 경우도 있으므로 기업이 얼마나 많은 가치를 창출하였는가를 보여주지 못하는 단점이 있다.

2. 현금흐름할인 모형(Discounted Cash Flow, DCF)

기업이 영업활동을 통해 창출하는 순현금흐름(Discounted Cash Flow, DCF)을 이용하여 기업가치를 평가하는 모형이다. 기업의 현금흐름 등식은 다음과 같이 나타낼 수 있다.

영업활동 현금흐름 −	영업에 대한 투자액 =	재무활동 현금흐름 (15-5)
(순유입)	(순유출)	(순유출)
기업이 창출한 *FCF*		창출된 *FCF*의 배분

이 등식은 과거와 미래에 모두 성립하는 항등식이다. 위에서 FCF는 순현금흐름이며, 재화 · 서비스를 많이 판매하면 많이 창출되고, 그렇지 못하면 적게 창출된다. 전자는 기업가치가 높으며, 후자는 기업가치가 낮은 기업이라고 할 수 있다. 이렇게 창출된 FCF는 원금상환, 이자지급, 배당의 형태로 배분된다.

$$\begin{aligned} \text{기업가치} &= \text{미래 FCF의 현재가치} \\ &= \sum \frac{C_t - I_t}{(1 + r_e)^2} \end{aligned} \qquad (15\text{-}6)$$

C: 미래 t년의 영업활동 현금흐름
t: 미래 t년의 영업투자액
r_e: 필요수익률(가중평균자본비용)

위 모형을 DCF 모형이라고 부른다. (15-1)을 이용하여 주주지분가치를 평가할 수 있다. "기업가치=타인자본가치+주주지분가치"로 평가할 수 있으므로 주주지분의 가치는 순재무부채의 시장가치를 전체 기업가치에서 뺀 값이다.

$$\text{주주지분가치} = \sum \frac{C_t - I_t}{(1 + r_e)^2} - \text{순채부부채의 시장가치} \qquad (15\text{-}7)$$

순재무부채의 시장가치 = 현재 부담하고 있는 재무부채의 시장가치
−현재 보유하고 있는 재무자산의 시장가치

배당할인 모형과 달리 (15-6)을 살펴보면, 가치창출 측면에서 표현되어 있으며, 기업가치와 주주지분의 가치가 FCF에 의해 표현되고 있다. 이에 비해 DDM은 가치분배에 초점을 맞추고 있다. 그렇다면 FCF는 어떻게 구할 수 있는가? FCF는 (15-7)과 같이 영업활동 현금흐름에서 영업에 대한 투자액을 차감한 값으로 구할 수 있다.

$$\begin{aligned} FCF &= \text{영업활동 현금흐름} - \text{영업에 대한 투자액} \\ &= \text{세후순영업이익} - \triangle\text{영업투하자본} \end{aligned} \qquad (15\text{-}8)$$

세후순영업이익 = 포괄이익 + 세후순금융비용
△영업투하자본 = 기초 대비 기말 영업투하자본의 증가액

FCF는 "세후순영업이익 – △영업투하자본"과 같으므로, 이 관계를 이용하여 기업가치를 평가하는 모형을 나타내면 다음과 같다.

$$\text{기업가치} \sum_{t=1}^{\infty} \frac{NOPAT_t - \Delta IC_t}{(1+r_w)^t} \tag{15-9}$$

$NOPAT_t$ 예측치는 예상매출액에 예측순이익률을 곱하여 구할 수 있다. $\triangle IC_t$는 예상매출액에 예측영업투하자본회전율을 곱하여 구하는 것이 가능하다. 그러나 미래 모든 기간의 FCF를 예측하는 것은 불가능하기 때문에 예측기간(forecast horizon)을 알 수 있는 경우에만 예측하고, 나머지는 잔여가치(continuing value) 추정법을 활용한다. 예측기간(T)은 일반적으로 5~10년 정도의 기간으로 설정되며, 다음과 같이 나타낼 수 있다.

$$\text{잔여가치}_T = \frac{FCF_T(1+g)}{(r_w - g)} \tag{15-10}$$

3. 초과이익 모형(Residual Income Valuation Model, RIM)

초과이익 모형(Residual Income Valuation Model, RIM)은 이익, 자기자본, 자기자본수익률(Return on Equity, ROE)을 활용하여 주주지분의 가치를 평가하는 모형이다. DDM은 기업의 주주지분가치를 평가하는 이론인데, 미래의 배당은 이익과 자기자본의 장부가치와 관련이 있다. 즉, 이익에서 배당을 하면 그만큼 자기자본이 감소하게 된다. "미래 배당=미래 포괄이익−미래 자기자본 증가액"과 같다. 이를 이용하여 식을 도출하면 다음과 같다.

$$\begin{aligned} \text{주주지분가치} &= \text{현재의 자기자본 금액} + \text{미래 초과이익의 현재가치} \\ &= \text{자기자본}_0 + \sum_{t=1}^{\infty} \frac{\text{초과이익}_t}{(1+r_e)^t} \end{aligned} \tag{15-11}$$

위의 초과이익은 다음과 같은 수식으로 구할 수 있다.

$$
\begin{aligned}
\text{초과이익}_t &= \text{포괄이익}_t - r_e \cdot \text{자기자본}_{t-1} \\
&= (ROE_t - r_e) \cdot \text{자기자본}_{t-1} \qquad (15\text{-}12)
\end{aligned}
$$

r_e = 필요수익률(자기자본비용)

RIM은 주주지분가치가 현재의 자기자본 금액(자기자본$_0$)에 미래 초과이익의 현재가치($\sum_{t=1}^{\infty} \frac{\text{초과이익}_t}{(1+r_e)^t}$)를 더해서 구할 수 있다. 자기자본 금액(자기자본$_0$)은 재무상태표에서 구할 수 있으며, 양(+) 혹은 음(−)의 초과이익은 "*re*×기초 자기자본"보다 더 벌거나 덜 번 이익을 의미한다. 기초 자기자본 금액에 필요수익률(*re*)을 곱한 것은 당해 기간에 기업이 최소한 벌어야 할 이익을 의미한다.

*re*가 필요수익률(8%)보다 높은 경우, 초과이익을 얻어 주주지분가치는 1,037이 된다. *re*가 필요수익률과 같은 경우 초과이익은 없다. *re*가 필요수익률(8%)보다 높은 경우, 초과이익이 상실되어 963이 된다. 그러므로 미래의 ROE 혹은 초과이익은 가치창출 여부를 결정하는 요인이다.

표 15-2 *re*의 변화에 따른 가치평가 결과

미래 1년의 ROE	가치평가 결과(*re* = 8%)
12%인 경우 (높은 수익성)	주주지분가치 $= 1{,}000 + \frac{(0.12-0.08)\times 1{,}000}{(1+0.08)} = 1{,}000 + 37 = 1{,}037$
8%인 경우 (필요수익률과 같음)	주주지분가치 $= 1{,}000 + \frac{(0.08-0.08)\times 1{,}000}{(1+0.08)} = 1{,}000 + 0 = 1{,}000$
4%인 경우 (낮은 수익성)	주주지분가치 $= 1{,}000 + \frac{(0.04-0.08)\times 1{,}000}{(1+0.08)} = 1{,}000 - 37 = 963$

다음으로 양변을 현재 자기자본 장부가치로 나누면, 다음과 같은 식을 얻을 수 있다.

$$
\frac{\text{주주지분가치}}{\text{자기자본 장부가치}} = 1 + \frac{\text{미래 초과이익의 현재가치}}{\text{자기자본 장부가치}} \qquad (15\text{-}13)
$$

위 비율은 내재적 주가자산비율(intrinsic price-to-book ratio)이며, 주주지분가치가 자기자본 장부가치의 몇 배인가를 보여주고 있다. 미래 초과이익이 0이면, 내재적 주가순자산비율은 1이다. 만약 양(+)의 초과이익을 내는 경우는 1보다 크고, 음(−)의 초과이익을 내는 경우는 1보다 작다. 주식가격이 내재가치(intrinsic value)를 잘 반영하고 있다면 PBR은 내재적 주가순자산비율과 같게 된다.

미래 초과이익을 계산하는 방법에는 여러 가지가 있으나, 여기서는 시계열을 가정한 단순한 모형과 미래예측 및 잔여가치 추정의 두 가지 방법에 대해 소개한다.

1) 시계열을 가정한 단순한 모형

초과이익이 일정하다고 가정하면, $초과이익_0 = 초과이익_1 = 초과이익_2 \cdots\cdots$이고, 주주지분가치는 다음과 같이 표현할 수 있다.

$$주주지분가치 = 자기자본_e + \frac{초과이익_0}{r_e} \qquad (15\text{-}14)$$

위 모형은, 초과이익이 0(零)인 경우도 적용 가능한데, 산업이 경쟁적 균형상태에 있음을 의미한다. 즉, 경쟁이 치열해지면, 미래 초과이익을 얻기 어려울 것으로 예측할 수 있으며, 다음과 같이 나타낼 수 있다.

$$초과이익_{t+1} = w \cdot 초과이익_t + \varepsilon_{t+1} \qquad (15\text{-}15)$$

w: 초과이익의 지속계수($0 \leq w < 1$)
ε_{t+1}: 기대치가 0인 오차항

w는 초과이익지속계수(persistence parameter)를 나타낸다. w가 0.9이면, 지난해 초과이익의 90% 정도를 의미하며, 1에 가까우면 장기간 천천히, 0에 가까우면 단기간에 급속히 소멸됨을 의미한다. 그리고 (15-13) 식을 다음과 같이 변형시킬 수 있다.

$$\begin{aligned}&\text{주주지분가치} \\ &= \text{자기자본}_e + \frac{\omega \cdot \text{초과이익}_0}{(1+r_e)} + \frac{\omega^2 \cdot \text{초과이익}_0}{(1+r_e)^2} + \cdots\cdots \\ &= \text{자기자본}_e + \frac{\omega}{(1+r_e-\omega)} \times \text{초과이익}_0\end{aligned} \quad (15\text{-}16)$$

위 모형을 올슨(Ohlson) 모형이라고 부른다.

연습문제

A사의 2020년 기초 자기자본은 100억 원이고, 포괄이익은 18억 원이다. 주주에 대한 배당 8억 원을 차감한 결과, 2021년 초 현재 자기자본은 110억 원이다. 2020년의 필요수익률(re)은 8%이며 2021년 이후에도 8%일 것으로 예측된다. 산업 내 기업 간 경쟁을 고려할 때, 초과이익의 지속계수는 0.8정도일 것으로 예상된다. 올슨(Ohlson) 모형을 사용하여 2021년 초 A사 주주지분가치와 1주의 주식가치를 평가하라. 현재 발생주식수는 100만 주이다.(소수 셋째자리에서 반올림)

$$\begin{aligned}\text{2200년의 초과이익} &= \text{포괄이익} - r_e \times \text{기초 자기자본} \\ &= 18 - 0.08 \times 100 = 10(\text{억원})\end{aligned}$$

$$\text{주주지분가치} = 100 + \frac{0.8}{1+0.08-0.8} \times 10 = 128.57(\text{억원})$$

1주의 주식가치 = 128,57억원/100만주 = 12,857원

2) 미래예측 및 잔여가치 추정

일반적으로 초과이익은 시계열에 따라 변하는데, 이때 예측기간(forecast horizon)을 T라고 표현하면, 다음과 같은 식을 얻을 수 있다.

$$\text{주주지분가치} = \text{자기자본}_0 + \sum_{t=1}^{T} \frac{\text{초과이익}_t}{(1+r_e)^t} + \frac{\text{잔여가치}_T}{(1+r_e)^T} \quad (15\text{-}17)$$

$$\text{초과이익}_t = \text{포괄이익}_t(\text{순이익}_t) - r_e \cdot \text{자기자본}_{t-1}$$

잔여가치 T= T년 말 시점에서 산정한 T년 후의 미래 초과이익의 현재가치

기간 T 내의 연도별 포괄이익t는 매출액, 매출액 이익률 등에 대한 예측을 통해 알 수 있다. 또한 기타포괄손익의 미래가치는 0이라고 볼 수 있으므로 포괄이익t는 순이익t와 같다. 자기자본$t-1$은 순이익t와 배당성향을 통해 예측할 수 있다. 일반적으로 배당성향은 급격히 변화하지 않으므로 일정한 것으로 가정할 수 있다. 따라서 순이익t, 자기자본$t-1$을 통해 초과이익t를 구한다. 잔여가치T(continuing value)는 T년 말 시점에서 산정한 T년 후의 미래 초과이익의 현재가치이다.

위 세 모형을 비교해 보면 그 차이점은 다음과 같다.

첫째, DDM은 기업의 FCF를 배당의 형태로 주주들에게 '배분'하는 것이므로 가치 창출에 대한 정보를 제공하지 못한다. 이에 비해 DCF 모형은 기업의 영업활동과 투자에 따라 창출되는 가치를 보여준다. 여기서 FCF는 현금흐름에서 영업투자액을 차감한 액수이므로 투자액이 증가하면 FCF가 작아지게 되고, 음수가 될 수도 있다. RIM은 주주지분의 가치가 기업의 수익성(ROE)과 자기자본의 규모에 따라 변화하는 것을 보여준다. 이때 주주지분의 가치는 미래의 초과이익에 달려 있으므로 가치창출에 관한 유용한 정보를 제공한다.

둘째, DDM과 DCF 모형은 미래예측을 통한 잔여가치를 추정해야 하는데, 이것이 쉬운 일이 아니다. 배당성장률이나 FCF성장률에 대한 가정에서 약간의 차이에 따라 잔여가치 추정치가 변화하며, 몇 %의 성장률을 적용하는가를 판단하기 어렵다. 이에 반해 RIM에서는 재무상태표에서 바로 가치를 알 수 있는 자기자본 장부가치가 주주지분가치의 구성요인이다.

셋째, DDM과 RIM에서 할인율은 자기자본비용(re)이고, DCF는 가중평균자본비용(rw)이다. 그러나, 이때 자본구성비율은 자기자본과 부채의 시장가치(market value)에 의해 측정되어야 하는데, 이를 추정하기 어렵다는 문제가 있다. 즉, 시장가치를 모르면 rw을 알 수 없고, rw를 모르면 시장가치를 알 수 없다는 문제가 있다. 따라서 DCF 모형을 사용하려면 다른 방법으로 자본구성비율을 추정해야 하며, 이때 오차가 발생할 수 있다.

넷째, 일반적으로 부채의 장부가치는 시장가치와 비슷하지만, 이자율변동폭이 클 때는 이 차이가 커진다. 이때 DCF는 이를 반영하지만, DDM과 RIM은 주주가치를 직접 평가하기 때문에 부채의 가치는 평가하지 않아도 된다.

마지막으로, DDM과 DCF 모형의 경우는 미래 예측 시 회계방법을 고려해야 할 필요가 없는 반면, RIM을 적용할 때는 보수적인 회계의 영향을 포함시켜야 한다.

표 15-3 DDM, DCF, RIM 계산식

구분	특징 및 장단점
DDM	$\text{주주지분가치} = \sum_{t=1}^{T} \frac{DIV_t}{(1+r_e)^t} + \frac{\text{잔여가치}_T}{(1+r_e)^T}$
DCF	$\text{주주지분가치} = \sum_{t=1}^{T} \frac{C_t - I_t}{(1+r_w)^t} + \frac{\text{잔여가치}_T}{(1+r_w)^T} - \text{순재무부채 시장가치}$
RIM	$\text{주주지분가치} = \text{자기자본}_0 + \sum_{t=1}^{T} \frac{(ROE_t - r_e) \cdot \text{자기자본}_{t-1}}{(1+r_e)^t} + \frac{\text{잔여가치}_T}{(1+r_e)^T}$

가치창출 정보의 제공 여부에 따라 DDM, DCF, RIM을 비교하면 다음과 같다. 먼저 DDM의 경우는 가치창출에 관한 정보를 제공하지 못하는 반면, DCF와 RIM의 경우는 영업활동과 투자에서 창출된 가치에 대한 정보를 보여준다.

각각의 방법에 따른 장단점을 살펴보면 다음과 같다. 첫째, DDM은 앞서 언급했듯이 회계방법과 무관하게 활용할 수 있다는 장점이 있으나, 무배당기업에 대해서 사용하기 어렵다는 단점이 있다. 둘째, DCF는 회계방법에 무관하고, 무배당기업에 사용 가능하다는 장점이 있으나, FCF성장률과 *rw* 추정이 어려운 점, 예측기간이 길어야 하는 점, 부채의 시장가치를 평가해야 하는 점 등의 단점도 가지고 있다. 마지막으로 RIM은 *rw* 및 부채를 추정할 필요가 없고, 무배당기업에 사용 가능하다는 장점을 가지고 있으나, 미래 초과이익예측치에 보수적 회계의 영향을 포함시켜야 한다는 단점도 있다.

표 15-4 DDM, DCF, RIM 비교

구분		DDM	DCF	RIM
가치창출정보의 제공 여부		• 배당은 가치창출에 관한 정보를 제공하지 못함	• 영업활동과 투자에서 가치가 창출됨을 나타냄 • FCF 자체는 가치창출액을 나타내지 않음	• 가치창출요인을 보여줌 – 투자의 수익성: ROE – 투자규모: 자기자본 – 가치창출요건: $ROE > re$
모형 사용시 상대적 장단점	장점	• rw를 추정할 필요 없음 • 회계방법과 무관 • 순재무부채 시장가치를 추정할 필요 없음	• 회계방법과 무관 • 무배당기업에 사용 가능	• 주주지분가치의 큰 비중을 차지하는 자기자본 금액을 알고 있음 • rw를 추정할 필요 없음 • 미래 예측 시 초과이익의 시계열형태 활용 가능 • 순재무부채 시장가치를 추정할 필요 없음 • 무배당기업에 사용 가능
	단점	• 잔여가치 비중이 매우 크고 배당성장률 추정이 어려움 • 무배당기업에 대해서는 사용하기 어려움	• 잔여가치 비중이 매우 크고 FCF성장률 추정이 어려움 • 투자의 효과를 반영하기 위해서는 예측기간이 아주 길어야 함 • rw 추정이 어려움 • 순재무부채 시장가치를 평가해야 함	• 미래 초과이익예측치에 보수적 회계의 영향을 포함시켜야 함

출처 김권중(2020). 재무제표분석과 가치평가(K-IFRS). 창민사.

4. 경제적 부가가치(Economic Value Added, EVA) 모형

RIM은 자기자본을 기본으로 한 개념인 데 비해, EVA는 영업투하자본과 관련된 개념으로 다음과 같이 나타낼 수 있다.

$$\begin{aligned} \text{기업가치} &= \text{현재의 영업투하자본금액} + \text{미래EVA의 현재가치} \\ &= \text{영업투하자본}_0 + \sum_{t=1}^{T} \frac{EVA_t}{(1+r_e)^t} \end{aligned} \qquad (15\text{-}18)$$

$$EVA_t = 세후순영업이익_t - r_w \cdot 영업투하자본_{t-1}$$
$$= (ROIC_t - r_w) \cdot 영업투하자본_{t-1}$$
$$r_w = 가중평균자본비용$$

이 방식에 따르면, 기업가치 현재 영업투하자본 금액(장부가치)에 미래 EVA의 현재가치를 더한 것과 같다. 현재의 영업투하자본 금액은 기업의 자본투자액을 말하며, 기업의 가치는 여기에 미래의 EVA를 더한 금액으로 결정된다. 만약 영업이익이 많아 미래에 양(+)의 EVA를 얻을 것으로 기대되면, 기업가치는 영업투하자본보다 커진다.

즉, 미래 EVA의 현재가치는 기업가치가 얼마나 창출되었는가를 보여준다고 할 수 있다. 수익성이 낮아서 EVA가 음수일 것으로 예상되면, 가치가 상실되어 영업투하자본금보다 작아진다. 이때 미래의 EVA가 양(+)인지 음(−)인지는 ROIC(영업투하자본이익률)과 필수수익률인 가중평균자본비용(rw)과 비교하면 알 수 있다. ROIC가 가중평균자본비용(*rw*)보다 크면 EVA 값은 양(+)이고, 작으면 음(−)이다.

$$주주지분가치 = [영업투하자본_0 + \sum_{t=1}^{\infty} \frac{EVA_t}{(1+r_e)^t}] - 순재무부채\ 시장가치 \qquad (15\text{-}19)$$

이때, 예측기간(forecast horizon)을 T라고 하면, 다음과 같이 나타낼 수 있다.

$$기업가치 = 영업투하자본_0 + \sum_{t=1}^{T} \frac{EVA_t}{(1+r_w)^t} + \frac{잔여가치_T}{(1+r_w)^T} \qquad (15\text{-}20)$$

예측기간 내에서 연도별 세후순영업이익t와 영업투하자본$t-1$은 매출액, 매출액순영업이익률, 영업투하자본회전율을 이용해 알 수 있다. 그리고 세후순영업이익t와 영업투하자본$t-1$이 구해지면, EVA를 구할 수 있다. 세후순영업이익T에 대해서는 다음과 같이 고려해 볼 수 있다.

예측기간 말의 EVA가 0에 가까운 경우, EVA는 0, 잔여가치T 추정치는 0이 된다.

예측기간 말의 EVA가 0에 근접하지 않는 경우, 잔여가치T의 추정치는 다음과 같다.

$$잔여가치_T = \frac{\omega \cdot EVA_t}{(1+r_w)} + \frac{\omega^2 EVA_T}{(1+r_w)^2} + \cdots\cdots \qquad (15\text{-}21)$$
$$= \frac{\omega}{(1+r_w-\omega)} \times EVA_T$$

EVA가 비슷하게 유지되고 있는 경우, 잔여가치T의 추정치는 다음과 같다.

$$잔여가치_T = \frac{EVA_t}{(1+r_w)} + \frac{EVA_T}{(1+r_w)^2} + \cdots\cdots \qquad (15\text{-}22)$$
$$= \frac{EVA_T}{r_w}$$

미래에 EVA의 가치는 분석대상기업의 회계방법과 관련이 있으며, RIM을 기업 전체에 적용한 것이다. RIM에서는 초과이익이 자기자본의 사용대가를 차감한 잔여이익을 의미하는데, EVA도 영업투하자본의 사용대가를 차감한 잔여이익의 개념이다. RIM에서는 자기자본 투자액과 미래 초과이익의 현재가치의 합으로, EVA 모형에서는 영업투하자본 투자액과 미래 EVA 현재가치의 합으로 주주지분가치가 표현된다. 그리고 EVA 모형을 사용하는 데는 다음과 같은 어려움이 존재한다.

첫째, 기업의 가중평균자본비용(rw)에서 자본구성비율을 추정하기 어렵다. 둘째, EVA 모형을 사용하기 위해서는 영업활동과 재무활동이 재무제표상에서 구분되어야 하는데, 기업에 따라서는 두 가지 활동을 구분하기가 쉽지 않은 경우가 존재한다. 마지막으로 EVA 모형의 경우에도 DCF 모형처럼 부채의 시장가치를 추정해야 주주지분의 가치를 평가할 수 있다.

5. 주가배수평가법(price multiple model)

주가배수(price multiple)로 평가하는 방법으로는 주가이익비율(Price-Earnings Ratio, PER)과 순자산비율(Price-to-Book ratio, PBR)이 대표적이다. 먼저 PER는 주식가치가 주당이익의 몇 배가 되는지를 보여주며, PBR은 주식가치가 주당순자산의 몇 배나 되는지를 나타낸다. 이를 식으로 표현하면 다음과 같다.

- PER을 이용한 가치평가:

$$내재적\ PER = \frac{주식가치}{주당이익},\ 주식가치 = 내재적\ PER \times 주당이익 \qquad (15\text{-}23)$$

- PBR을 이용한 가치평가:

$$내재적\ PBR = \frac{주식가치}{주당순자산},\ 주식가치 = 내재적\ PER \times 주당순자산 \qquad (15\text{-}24)$$

내재적 PER, PBR을 추정하기 위해서는 다음과 같은 방법을 이용할 수 있다. 첫째, 평가대상기업과 같은 산업에 있는 유사한 기업의 PER를 활용하는 것이다. 이때, 유사기업과 평가대상기업 간의 자본구조에서 발생하는 차이가 통제되어야 한다. 이러한 차이를 조정한 지표로 EV/EBITDA가 있을 수 있는데, 여기서 EV는 기업의 시가총액(enterprise value)을 의미한다. 실무에서는 이를 간략화하여 EV/EBIT로 사용하기도 한다. 둘째, 가치평가 모형의 구조를 분석해 주가배수의 결정요인을 파악할 수 있다. 특히 RIM의 경우에는 미래의 초과이익과 현재의 초과이익이 같으면 내재적 PER를 간단히 표현할 수 있다.

하지만 PER은 일시적 손익이 크게 영향을 미칠 수 있어 다음과 같이 이를 제거하는 작업이 수반될 필요성도 있다. 그러나 예상이익을 사용할 경우에는 이러한 손해를 고려하지 않아도 된다.

$$PER = \frac{주식가격}{일시적\ 손익이\ 제거된\ 주당이익} \qquad (15\text{-}25)$$

이 방법은 기업들의 PER가 제대로 평가되었다는 강력한 가정을 하고 있다. 그리고 PBR 평균과 PER 평균을 이용해 평가했을 때 다른 결과가 나오는데, 어느 수치가 더 나은지 판단하기 어려운 경우가 있다. 이러한 경우 여러 주가배수에 의한 평균치를 이용하고 있으나, 이 방법이 단일 PER을 사용한 경우보다 더 나은지 판단하기 어렵다.

투자자들에 따라 기업의 수익성과 위험이 다르게 평가되어 PER과 PBR은 기업마다 다르게 형성되기 때문에 유사기업을 활용한 평가법을 적용할 수 있는지를 고려해 보아야 한다. 일반적으로 ROE가 높으면 PBR가 높아지는 등 유사한 경향이 있으나. PER와는 다르다. 따라서 PBR과 PER를 결정하는 요인이 다르다고 볼 수 있다.

PER는 배당성향 및 이익성장률과 관련이 있다. 배당성향을 높이면, 이익이 재투자되는 양이 적어지고, 따라서 성장률도 낮아지게 된다. RIM 모형을 응용하여 이를 표현하면 다음과 같다.

$$\begin{aligned} V_0 &= BV_0 + \text{미래 초과이익의 현재가치} \\ &= [BV_{-1} + E_0 - D_0] + \text{미래 초과이익의 현재가치} \end{aligned} \tag{15-26}$$

V_0=현재의 주식가치(배당 후)
BV_0=현재의 주당순자산(배당 후)
E_0=현재의 주당이익
D_0=현재의 주당배당

배당변수는 유상증자를 차감한 현금순배당을 의미한다. 이를 다시 현재의 주당순이익으로 나누면 다음과 같이 표현할 수 있다.

$$\frac{V_0}{E_0} = 1 + \frac{BV_{-1}}{E_0} - \frac{D_0}{E_0} + \frac{\text{미래 초과이익의 현재가치}}{E_0} \tag{15-27}$$

V_0/E_0는 내적(intrinsic) PER이며, D_0/E_0는 배당성향이다. 이때 PER를 통해 주식가치가 E_0의 몇 배인가를 알아보려면, 배당지급 전의 부가가치(cum-dividend value)인 $[V_0+D_0]$로 나타내야 한다. 그 이유는 주당이익 E_0는 배당과 관계없는 기업의 이득을 보여주는 반면, V_0는 배당성향의 영향을 받기 때문이다. 위의 D_0/E_0를 좌변으로 이항하면, 다음과 같이 나타낼 수 있다.

$$\frac{V_0 + D_0}{E_0} = 1 + \frac{1}{ROE_0} + \frac{\text{미래 초과이익의 현재가치}}{E_0} \tag{15-28}$$

$$ROE_0 = E_0 / BV_{-1} \qquad (15\text{-}29)$$

이 식에 따르면, 자본이익률(ROE_0)이 낮고, 미래 초과창출액이 클수록 PER는 높아진다. 그러므로 미래의 수익성이 높지 않아도 현재의 ROE가 낮으면 PER가 높아진다는 결론을 얻을 수 있다. 즉, "일시적 손실" 때문에 ROE가 많이 낮아져 있으면, PER가 높아지는 데 큰 영향을 미침을 알 수 있다. 위 식을 미래 초과이익$_0$=초과이익$_1$=초과이익$_2$…으로 같다고 가정하면, 다음과 같이 식을 변형할 수 있다. 이때 *re*는 필요수익률(자기자본비용)이며, 다음과 같이 표현할 수 있다.

$$\text{미래 초과이익의 현재가치} = \frac{\text{초과이익}_0}{r_e} = \frac{E_0 - r_e \cdot BV_{-1}}{r_e} \qquad (15\text{-}30)$$

식 (15-28)에 식 (15-30)을 대입하여 정리하면, 다음과 같이 나타낼 수 있다.

$$\frac{V_0 + D_0}{E_0} = 1 + \frac{1}{r_e} \qquad (15\text{-}31)$$

위 식에 따르면 현재와 비교해 미래의 초과이익에 대한 변화가 없으면 PER는 [1+1/*re*]이다. PER는 미래의 초과이익이 현재보다 증가할 때 [1+1/*re*]보다 커지고, 감소할 때 [1+1/*re*]보다 작아진다.

- 현재와 미래의 초과이익의 '같으면' ⇒ $\frac{V_0 + D_0}{E_0} = 1 + \frac{1}{r_e}$
- 현재와 비교하여 미래의 초과이익이 '증가'하면 ⇒ $\frac{V_0 + D_0}{E_0} > 1 + \frac{1}{r_e}$
- 현재와 비교하여 미래의 초과이익이 '감소'하면 ⇒ $\frac{V_0 + D_0}{E_0} < 1 + \frac{1}{r_e}$

제 2 절 가치평가 방법

가치는 추상적이기 때문에 이를 평가하는 방법에 반드시 하나의 정답이 있는 것은 아니다. 위에서 언급한 자기자신, 직업, 꿈 등은 이를 바라보는 관점이 매우 주관적이기 때문에 정해진 가치가 있다고 보기 어렵다. 기업의 가치 역시 바라보는 관점에 따라 다양하기는 하지만, 그래도 시장에서 '거래'가 되어야 하는 특징을 지니고 있기 때문에 그동안 화폐 단위로 평가하는 방법들이 제시되어 왔으며, 다음 표 15-5 와 같은 3가지 방법이 대표적이다.[5)]

표 15-5 자산가치, 수익가치, 상대가치에 의한 평가법

구분	장점	단점	유용성
자산가치	• 객관적 • 이해가능성 높음 • 현재 재무상태 반영	• 미래의 수익창출능력을 반영하지 못함	• 가격협상의 기초
수익가치	• 미래의 수익창출능력 반영	• 고려요소가 너무 많음 • 이해가능성 및 객관성 부족	• 의사결정 지표 • 최대가격 산정 근거
상대가치	• 객관적 • 자료에 대한 접근 용이	• 시장의 수요 · 공급에 따라 자산 가치 및 수익가치와의 차이 창출	• 가격협상 기초

출처 한국기술거래소(2004). M&A 이론과 실제. 사회평론.

먼저 자산가치법은 평가대상이 되는 기업의 자산을 기준으로 평가하는 방법이다. 계산이 간단하고 이해하기 쉽다는 장점이 있지만, 미래가치를 반영하지 못한다는 단점이 존재한다. 세부적으로는 장부가치법, 청산가치법, 대체가치법이 있다.

다음으로 수익가치법은 기업이 창출하는 수익을 기준으로 평가하는 방법이다. 이 방법을 적용하면 기업의 수익규모가 영속적이라는 가정이 전제되므로 수많은 조건에 따라 변화하는 미래의 수익에 대한 정확성과 신뢰도를 확신할 수 없다는 단점이 존재한다. 세부적으로는 현금흐름할인법, 배당법 등이 있다.

상대가치법은 시장에 형성되어 있는 동종업종의 기업을 비교해 평가하는 것이다. 세부적으로는 유사기업비교법과 유사거래비교법으로 구분된다.

유사기업비교법은 자본시장이 효율적이며, 기업의 가치가 주가에 적절하게 반영되어 있다는 전제하에 적용 가능하다. 주식시장에서 거래되고 있는 유사한 기업의 주가를 기준으로 거래 배수를 산출한 다음 대상기업의 재무상태 등에 적용해서 간접적으로 가치를 평가하게 된다. 이를 위해 동종업종기업의 주당순이익, 주당매출액, 주당순자산 등을 계산할 수 있다. 이 방법의 장점은 첫째, 상장회사의 공개된 자료를 활용하므로 비교적 객관적인 평가자료를 구할 수 있다. 둘째, 평가대상기업과 유사한 기업의 배수를 사용하기 때문에 현금흐름할인법으로 장기적인 성과를 추정할 때 발생하는 불확실성을 피할 수 있다. 그러나 단점으로서 첫째, 주식시장에서 형성된 주가는 경영권 프리미엄이 형성되어 있지 않아 실제 시장에서의 거래가격과는 차이가 있다. 둘째, 스타트업과 같은 경우에는 유사한 기업이 존재하지 않을 수 있으므로 유사한 기업을 선정하기 어려울 수 있다. 마지막으로, 비교대상기업의 주가가 적정하게 평가받지 못하고 있다면 비교하는 것이 큰 의미가 없을 수 있다.

유사거래비교법은 최근 발생한 비슷한 M&A 등의 실제거래 가격을 참고하여 대상기업의 가치를 평가하는 방법이다. 이 방법 역시 유사한 기업이 존재해야 하며, 적정한 가격에 평가되었다는 것을 전제로 해야 유용하게 활용될 수 있다.

위 3가지 방법 중에 편리하게 가장 많이 쓰이는 방법이 세 번째인 상대가치비교법이다. 그리고 그중에서도 유사기업이 존재한다는 가정하에 주가배수나 주가순자산비율을 활용하는 방법이 가장 대표적이며, 각각의 계산법과 특징은 다음과 같다.

1. 주가배수접근법

주가수익비율(Price-Earnings Ratio, PER)은 보통주의 시장가격을 주당순이익으로 나눈 비율이다. 주당순이익(Earnings per Share, EPS)은 해당 사업연도의 순이익에서 우선주의 배당금을 지급하고 난 뒤 보통주의 순이익을 평균발행주식수로 나누어 계산한다.

$$PER = \frac{\text{주가}}{\text{주당순이익}} \tag{15-32}$$

$$\text{주당순이익}(EPS) = \frac{\text{당기순이익} - \text{우선주배당금}}{\text{평균발행주식수}} \tag{15-33}$$

PER는 기업이 벌어들인 이익 한 단위에 대해서 보통주 1주를 보유하기 위해 얼마의 대가를 지불해야 하는가를 보여준다. 즉, PER가 높다는 것은 이익에 비해 주가가 높다는 것이고, PER가 낮다는 것은 이익에 비해 주가가 낮음을 의미한다. 또한 PER는 비교대상이 필요하며, 같은 업종의 비슷한 경쟁사를 여러 개 비교할수록 평가대상주식이 어떤 수준인지 가늠하기 편리해진다.

PER는 기업이 가지는 수익력의 질(quality)을 반영하기 때문에 동일산업 내에서 상당한 차이를 보일 수 있다. 이 지표는 성장률과 위험을 포함한 형태로 매우 자주 사용된다. 그러나 PER는 현재의 가치를 과거의 실적에 의존해 계산하기 때문에 오차가 발생할 여지는 존재한다.

2. 주가순자산비율

주가순자산비율(Price-to-Book Ratio, PBR)은 개별기업 주식시장 가격을 주당순자산, 즉 자기자본의 주당장부가치(Book-Value per Share, BPS)로 나눈 것이다. 이 지표는 유동자산을 많이 보유하고 있는 기업들을 평가할 때 유용하다. 즉, 은행, 보험사, 투자회사의 가치를 평가하는 방법으로 활용된다.

$$PBR = \frac{\text{주가}}{\text{주당장부가치}} = \frac{\text{시장가치}}{\text{장부가치}} \qquad (15\text{-}34)$$

PER가 손익계산서상의 순이익에 대한 가치를 나타낸다면, PBR은 재무상태표상의 자산가치에 대한 가치를 보여준다. 주당순자산의 가치가 실질가치를 정확하게 반영할 경우 PBR은 1이지만, 대부분 다르게 나타난다.

이 지표를 사용할 때는 두 가지 이점이 있다. 첫째, 장부가치는 시장가치에 비해 안정된 수치이고, 회사가 청산되면 주주가 회수할 수 있는 자산가치를 잘 보여준다. 둘째, PER는 순이익이 (−)일 경우 사용할 수 없지만, PBR은 사용할 수 있다.

그러나 회계원칙이 다를 경우 비교가 어렵다. 또한 고정자산이 많지 않은 서비스 기업 같은 경우 이 수치는 큰 의미가 없기 때문에 무형자산평가 방법 등을 평가하는 다양한 방법을 보완적으로 활용해야 한다.

무형자산 중 가장 대표적인 것이 기술이다. 기술가치평가는 특정한 기술로 발생하는 미래수익의 총합을 현재 시점에서 추정 혹은 예측한 결과에 근거하여 현재가치로 환산한 다음, 기술이 기여하는 비율을 가산하여 금액으로 결정하는 수익접근법이 많이 활용되고 있다. 기술가치평가의 목적은 다음과 같다. 첫째, 기술에 대한 현재 및 잠재적 투자 또는 신용의사결정에 유용한 정보를 제공한다. 둘째, 기술로부터 미래현금흐름의 금액, 시기의 불확실성 등을 측정하는 데 유용한 정보를 제공한다. 셋째, 기술의 경제적 자원과 변화에 관한 유용한 정보를 제공한다.

기술보유자는 다른 요소들과 함께 수익창출을 위한 제품상용화 기회를 만들어 낼 수 있으며, 이를 통해 향후 경제적 가치를 얻을 수 있는 가능성을 얻게 된다. 따라서 기술가치는 단순히 기술을 제품화하고 판매하여 얻은 수익의 일부분으로 정의하는 것이 아니라 '판매 수익을 얻을 수 있는 기회의 가치'로 파악해야 한다. 어떠한 상황하에서, 어떠한 기술보유자가, 어떠한 목적을 가지고 있느냐에 따라 기술가치는 다르게 평가받을 수 있으며, 기술보유자가 직면하고 있는 다양한 상황에 따라 각기 다른 기술가치평가 모형이 사용될 수 있다. 기술의 가치를 측정할 때 보유기업의 맥락에서 기술의 가치를 평가해야 하는 것인지, 보유기업에서 분리되어 하나의 상품으로 거래될 수 있는 대상으로서 평가해야 하는 것인지에 대한 의문이 제기될 수 있다.

기술가치평가에서는 일반적으로 다음과 같은 두 가지 접근법을 모두 사용한다. 첫째, 수익을 창출할 수 있는 기회의 가치를 측정할 때에는 보유기업의 맥락에서 평가한다. 둘째, 창출된 가치에서 다른 요소들의 영향을 제하고 기술만의 가치를 측정하게 될 때에는, 보유기업에서 분리되어 하나의 상품으로 거래될 수 있는 대상으로서 평가한다.

표 15-6 무형자산의 종류

분류	종류
기술 관련 무형자산	공정특허, 특허적용기술, 기술적 증서, 실험노트, 기술적 노하우 등
시장 관련 무형자산	상표권, 상표, 브랜드명, 로고 등
예술 관련 무형자산	문학작품과 저작권, 음악작곡, 지도, 조각 등
자료처리 관련 무형자산	소프트웨어, 소프트웨어 저작권, 데이터베이스 등
엔지니어링 관련 무형자산	산업디자인, 제품특허, 설계도, 청사진, 독점증서 등
고객 관련 무형자산	고객명단, 고객계약, 고객유대, 주문잔고 등
계약 관련 무형자산	우선공급계약, 양허계약, 영업계약, 독점판매증서, 비경쟁계약 등
인력자본 관련 무형자산	능숙하고 결집된 근로자, 근로계약, 노조계약 등
위치 관련 무형자산	차지권, 광물개발권, 지역권, 수면권, 공중권 등
영업권 관련 무형자산	법인 영업권, 전문능력, 명성, 계속기업가치 등

출처 한국지식재산연구원(2009). 기술가치평가 매뉴얼.

기술가치평가는 일반적으로 [1단계] 기술, 시장성 분석, [2단계] 여유현금흐름(FCF) 계산, [3단계] 할인율 추정 및 현재가치 계산, [4단계] 사업가치 계산, [5단계] 기술가치 산정으로 진행되는 5단계 과정을 거친다.

그림 15-1 기술가치평가의 단계

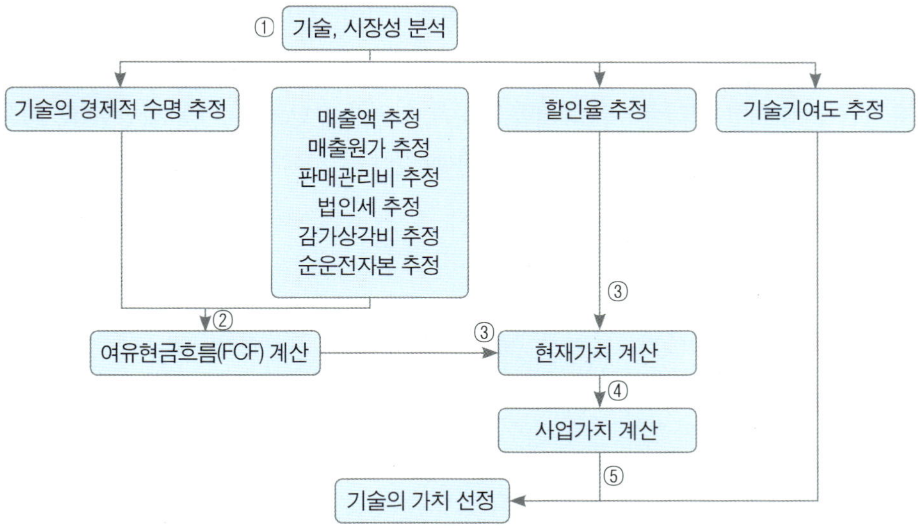

출처 한국지식재산연구원(2009). 기술가치평가 매뉴얼.

제 3 절 회사채평가와 신용등급

"당신의 신용등급은 몇 등급이십니까?"

아마 '카카오뱅크 신용등급 무료조회하기'를 해본 사람이라면, 이 "신용"이라는 단어에 대해서 한 번쯤 고민을 해본 적이 있을 것이다. 일상생활에서 흔히 '신용(信用)'이라고 하면, 인간관계에 있어 사람을 신뢰하여 원활한 사회생활이 이루어질 수 있게 하는 매우 중요한 요소를 말한다. 이러한 신용이 금융영역에 적용되면 대부분 부채에 대한 상환능력을 의미하며, 개인은 물론 막대한 금액을 차입하는 기업들에게 있어 이러한 신용이 매우 중요하다.

따라서 기업가치평가를 위해서는 이러한 신용위험을 고려해야 한다.[6] 즉, 신용위험이 높으면 기업의 가치가 낮아지고, 신용위험이 낮으면 기업의 가치가 높아진다.[7] 이를 평가하는 분석 방법이 있는데, 회사채, 기업어음투자, 신용평가기관, 금융기관 등에 대한 원리금 상환능력을 평가하기 위한 수단이다. 가장 간단한 방법은 DCF 모형을 부채에도 적용한 것이며, 다음과 같다.

$$V_0 = \sum_{t=1}^{T} \frac{CF_t}{(1+r)^t} \tag{15-35}$$

V_0: 회사채의 가치
CF_t: 미래 t기간의 이자 또는 원금
T: 회사채의 만기
r: 할인율

이때 미래 현금흐름은 이자와 만기에 상환될 금액이며, 이는 회사채 발행계약에 명시되어 있다. 이를 '할인율'이라고 하는데, 이는 회사채를 발행한 회사의 신용위험, 즉 채무불이행 위험을 보여주는 중요한 역할을 한다. 이러한 회사채의 신용도를 평가하는 데는 다양한 방법이 있지만, 주로 공신력 있는 신용평가기관이 발표하는 "등급"을 기준으로 한다. 국제적으로 가장 널리 참고하는 신용평가기관은 무디스(Moody's), 스탠다드 앤드 푸어스(S&P: Standard & Poors), 피치(Fitch)가 있으며 각각의 특징은 다음과 같다.

1. 무디스(Moody's)

미국의 대표적인 신용평가회사로 1900년 존 무디(John Moody)가 설립하였으며, 1929년에 투자적격회사 등급을 발표하면서 유명해졌다. 무디스 등급은 A~C로 나뉘며, 각 구간별로도 세분화되어 21단계의 신용평가를 한다. 신용상태는 "최상의 상태"부터 "파산 상태/원금 및 이자 회수 거의 불가"로 평가할 수 있으며, 투자적격 여부에 대한 의견도 참고할 수 있다.

표 15-7 무디스(Moody's)의 신용평가등급

순위	등급	신용상태	투자적격 여부
1	Aaa	최상의 상태	투자적격
2	Aa1	우수한 상태	
3	Aa2		
4	Aa3		
5	A1	중상급 상태	
6	A2		
7	A3		
8	Baa1	적절한 상태	
9	Baa2		
10	Baa3		
11	Ba1	약간의 투자위험/투기등급 낮음	투자주의
12	Ba2		
13	Ba3		
14	B1	중간 투자위험/투기등급 중간	
15	B2		
16	B3		
17	Caa1	높은 투자위험/투기등급 높음	투자부적격
18	Caa2		
19	Caa3		
20	Ca	부도확률 높음/투기등급 매우 높음/원금 및 이자 일부 회수 가능	
21	C	파산 상태/원금 및 이자 회수 거의 불가	

출처 https://tradingeconomics.com/

2. 스탠다드 앤드 푸어스(Standard & Poors, S&P)

스탠다드 앤드 푸어스(Standard & Poors, S&P)는 1864년에 설립된 푸어(Poor)사와 1906년에 설립된 스탠다드(Standard Statistics Bureau)가 1941년에 합병되어 설립되었다. 현재는 미국 최대 출판회사인 맥그로힐(McGraw Hill)의 자회사이다. S&P의 등급체계는 무디스와 유사하나 약간 차이가 있다.

등급은 A~D로 나뉘며, 각 구간별로도 세분화되어 22단계의 신용평가를 한다. 신용상태는 "최상의 상태"부터 "최악의 상태"로 평가할 수 있으며, 무디스와 마찬가지로 투자적격 여부에 대한 의견도 참고할 수 있다.

표 15-8 S&P 신용평가등급

순위	등급	신용상태	투자적격 여부
1	AAA	최상의 상태	투자적격
2	AA+	우수한 상태	
3	AA		
4	AA-		
5	A+	양호한 상태	
6	A		
7	A-		
8	BBB+	적절한 상태	
9	BBB		
10	BBB-		
11	BB+	나쁜 상태	투자주의
12	BB		
13	BB-		
14	B+		
15	B		
16	B-		
17	CCC+		
18	CCC		
19	CCC-		
20	CC	최악의 상태	투자부적격
21	C		
22	D		

출처 https://tradingeconomics.com/

3. 피치(Fitch)

1914년에 설립된 회사로 1997년 영국의 IBCA와 합병하여 현재의 피치(Fitch)가 되었다. 무디스와 S&P가 80%의 시장점유율을 차지하고 있는 데 반해 15%의 시장점유율을 차지하고 있는 신용평가회사이다. 피치는 S&P와 마찬가지로 A~D까지 신용등급을 나누고, "최상의 상태"에서 "상환불능상태(디폴트)"까지 12단계로 신용상태를 구분하고 있다. 그리고 투자적격 여부에 대한 의견도 같이 제시하고 있다.

표 15-9 피치(Fitch) 신용평가등급

<table>
<tr><th>순위</th><th>등급</th><th>신용상태</th><th>투자적격 여부</th></tr>
<tr><td>1</td><td>AAA</td><td>최상의 상태</td><td rowspan="4">투자적격</td></tr>
<tr><td>2</td><td>AA</td><td>우수한 상태</td></tr>
<tr><td>3</td><td>A</td><td>투자발생 가능성 낮음</td></tr>
<tr><td>4</td><td>BBB</td><td>적절한 상태</td></tr>
<tr><td>5</td><td>BB</td><td>투자위험발생 가능성 있음</td><td rowspan="3">투자주의</td></tr>
<tr><td>6</td><td>B</td><td>투자위험 상존</td></tr>
<tr><td>7</td><td>CCC</td><td>상환불가능 가능성 있음</td></tr>
<tr><td>8</td><td>CC</td><td>상환불가능 가능성 높음</td><td rowspan="3">투자부적격</td></tr>
<tr><td>9</td><td>C</td><td>상환불가능 상태 직면</td></tr>
<tr><td>10</td><td>DDD</td><td rowspan="3">상환불가능 상태(디폴트)</td></tr>
<tr><td>11</td><td>DD</td><td rowspan="2">투자주의</td></tr>
<tr><td>12</td><td>D</td></tr>
</table>

출처 https://tradingeconomics.com/

회사채를 평가하는 것은 금융기관의 여신의사결정과 비슷하다. 그러나 금융기관의 경우 기업의 실적에 대해 계속 관찰할 수 있지만, 일반대중을 대상으로 하기 때문에 투자위험도를 파악하기 어려울 때가 있다. 이러한 어려움을 줄이기 위해 신용평가기관으로 하여금 신용위험을 분석하여 공개하는 제도를 두고 있다.

우리나라의 대표적인 신용평가기관으로는 **표 15-10** 에서 볼 수 있듯이 한국

기업평가, 나이스신용평가, 한국신용평가 등이 있으며, 무보증회사채, 기업어음(Commercial Paper, CP), 자산유동화증권 등에 대해 신용등급을 평가하고 있다. 우리나라에서는 국채 및 지방채, 정부보증채권, 한국은행의 통화안정증권을 제외한 채권은 이 평가를 받아야 은행과 투신의 신탁재산에 편입될 수 있다.

표 15-10 국내 3대 신용평가사 비교

구분	한국기업평가	나이스신용평가	한국신용평가
설립일	1983년	2007년(물적 분할)	1985년
상장여부	코스닥	비상장	비상장
주요 주주(점유율)	Fitch Ratings(33.1%)	나이스홀딩스(33.9%)	Moody's(32.0%)

출처 rating.co.kr

일반적으로 회사채 신용평가는 예비평가, 본평가, 정기평가, 수시평가로 구분된다. 예비평가는 회사채 발행이 결정되지 않은 상황에서 평가의뢰기업의 장기신용도를 평가하는 것이며, 본평가는 회사채 발행이 결정된 상황에서 발행예정기업의 의뢰에 따라 평가하는 것이다. 정기평가는 이미 공시된 신용등급을 1년 단위로 재검토하는 평가로 결산재무제표를 기준으로 평가하는 것이고, 수시평가는 이미 공시된 신용등급에 영향을 줄 수 있는 중대한 상황변화가 발생할 때 실시한다.

표 15-11 회사채 신용평가의 단계

평가	특징
예비평가	회사채 발행이 결정되지 않은 상황에서 평가의뢰기업의 장기신용도 평가
본평가	회사채 발행이 결정된 상황에서 발행예정기업의 의뢰에 따라 평가
정기평가	이미 공시된 신용등급을 1년 단위로 재검토하는 평가로 결산재무제표를 기준으로 평가
수시평가	이미 공시된 신용등급에 영향을 줄 수 있는 중대한 상황변화가 발생할 때 실시

출처 www.kisrating.co.kr

우리나라에서 회사채 신용등급은 발행회사의 원리금 지급능력평가 결과에 따라 AAA부터 D까지 10개 등급으로 분류된다. 이 중에서 AAA~BBB까지는 원리금 상환능력이 인정되나, BB~C까지는 환경변화에 따라 크게 영향을 받는다. AA~B 등급에 대해서는 (+)와 (−)를 추가하여 더 세분화된 등급으로 표시하기도 한다.

표 15-12 회사채 신용평가등급

신용등급	신용등급의 의미
AAA	최고 수준의 신용상태, 채무불이행 위험 거의 없음
AA	매우 우수한 신용상태, 채무불이행 위험 매우 낮음
A	우수한 신용상태, 채무불이행 위험 낮음
BBB	보통 수준의 신용상태, 채무불이행 위험 낮지만 변동성 내재
BB	투기적 신용상태, 채무불이행 위험 증가 가능성 상존
B	매우 투기적인 신용상태, 채무불이행 위험 상존
CCC	불량한 신용상태, 채무불이행 위험 높음
CC	매우 불량한 신용상태, 채무불이행 위험 매우 높음
C	최악의 신용상태, 채무불이행 불가피
D	채무불이행 상태

출처 rating.co.kr

제 4 절 스타트업의 가치평가

인간은 다양한 과정을 겪으면서 성장해 나가며, 향후 어떤 인물이 될지 어린시절에 평가하기는 어렵다. 물론 "될성부른 나무는 떡잎부터 다르다"라는 속담도 있지만, 어렸을 때는 크게 기대되지 않던 인물이 훗날 인류에 엄청난 영향력을 미치는 정치인이나 기업가로 성장하는 경우를 종종 볼 수 있다. 이와 같이 스타트업도 많은 경우 초창기 때는 주목을 받지 못하다가 성장해 가면서 두각을 나타내는 경우가 있다. 이 과정에서 수반되어야 하는 과정이 적절한 규모와 방식의 투자인데, 이는 합리적인 가치평가에 바탕을 두고 있다.

위에서 언급했지만, 기존기업들의 가치평가는 주어진 자료를 활용해 다양하게 평가할 수 있다. 그러나 스타트업의 경우에는 주어진 정보가 많지 않아 가치평가를 하기 쉽지 않다. 대부분 제품개발, 인력, 마케팅 등에 큰 자금을 지출하였기 때문에 영업이익 등의 수익지표보다는 성장가능성을 예측하는 "매출배수(sales multiple)"를 적용하는 것이 더 효과적이다.

기존기업들의 경우에는 시장규모를 파악하는 것이 어느 정도 가능하지만, 대부분의 스타트업들은 남들이 생각하지 못한 아이디어나 기술로 시장을 개척하여 정확한 시장의 규모를 파악하기 어려운 경우가 많아 정확한 수치를 알기 어렵다. 이익이 발생하면 DCF평가가 가능하지만, 수년간 쌓아온 것이 아니기 때문에 그대로 믿기는 어렵다. 또한 가정(if)이 많이 필요하기 때문에 과대평가나 과소평가가 되지 않게 중간값을 많이 활용한다.

예를 들어 투자하고 싶은 회사가 상장 후에 1천억 원 정도의 가치를 가질 것이라고 가정하면, 각 단계별로 다음과 같은 투자규모를 고려할 수 있다. 1차 투자라운드일 때는 10~20배 정도의 수익을 기대하므로, 50~100억 원 정도의 투자금이 투입된다. 2차 투자라운드의 경우에는 6~8배 정도의 수익을 기대하며, 120~160억 원 정도의 투자금을 고려해 볼 수 있다. 상장 전에는 3~5배 정도의 수익을 기대하므로 투자금액이 200~300억 원 정도까지 증가한다. 최종적으로 타당한 잠재가치를 인정받고 상장을 하게 되면, 현금화해서 투자금을 기대한 배수만큼 회수할 수 있게 되는 것이다.

표 15-13 라운드별 기대수익

구분	1차 투자라운드의 기업가치	2차 투자라운드의 기업가치	상장 전 투자라운드의 기업가치
기대수익(배)	10~20배	6~8배	3~5배

출처 이택경 · 한국벤처투자 · 스타트업얼라이언스(2021). VC가 알려주는 스타트업 투자유치 전략. 나무PR.

VC들은 스타트업의 잠재가치를 평가하여 현재의 투자를 결정한다. 따라서 스타트업의 경우에는 성장을 성공적으로 할 수 있다는 자신감을 보여주는 한편, 이를 의

심하게 하는 다양한 요인을 제거해야 한다. 다음으로 경쟁자들과 차별화되는 요소를 강조해야 하며, 어떠한 기술이나 강점으로 인해 이러한 요소가 생겼는가를 고민하고, 지속적으로 회사를 매력적으로 보이게 할 수 있도록 노력해야 한다. 마지막으로, 투자자들에게 가장 매력적인 회사는 의외로 "내 투자가 필요하지 않은 회사"이다. 즉, 투자를 받지 않아도 생존할 수 있거나, 많은 투자자들이 매력적이라고 느껴서로 투자를 하려는 경우이다.

표 15-14 스타트업 가치평가를 위한 정성적 평가기준

대분류	구성항목	버커스평가법	스코어카드평가	위험요소합산법	한재우 · 김병관 · 김완기 (2016)	강상욱 · 양영석 · 양수희 (2017)	기술가치평가
창업팀특성	대표이사의 창업성공 경험			○		○	
	해당 분야의 운영경험				○	○	
	사업에 대한 의지				○	○	
	경영진의 구성 및 우수성	○	○			○	
	창업팀, 경영진 지분구조				○		
	투자유치능력		○				
기술성	관련특허의 보유 여부, 질적 우수성			○	○	○	○
	사업진행 단계				○	○	
	기술추격의 난이도			○			○
	기술/제품의 차별성(경쟁사 비교)				○		○
	제품완성도	○					
수익성	목표시장의 성장단계 위치			○	○		
	제품/서비스의 업종	○			○		
	사업계획에 근거한 기대수익률			○	○		○
	지속가능한 수익성 구조			○			
경쟁성	영업 및 마케팅 채널 확보 여부	○	○	○		○	○
	생산 및 제조 채널 확보 여부	○		○		○	○
	유사 및 잠재 경쟁출혈가능성		○	○	○	○	
	경쟁진입장벽 여부			○	○		
	추가투자 필요성		○				
	대외 평판/추천				○		

대분류	구성항목	버커스평가법	스코어카드평가	위험요소합산법	한재우 · 김병관 · 김완기 (2016)	강상욱 · 양영석 · 양수희 (2017)	기술가치평가
시장성	목표시장의 시장규모 명확성		○		○	○	○
	목표시장의 성장성				○		
	향후 5년간 잠재적 매출규모의 적절성					○	
	초도 및 반복 수요고객의 확보가능성				○	○	
	글로벌 환경대응(소송, 리스크관리)			○			

출처 홍순식(2020). 초기 스타트업의 기업가치 분석을 위한 정성적 평가항목의 중요도 산출에 관한 연구. 부산대학교 대학원 석사학위논문.

첫째, 버커스(Berkus) 방법에서는 좋은 아이디어(sound idea), 프로토타입(working prototype), 품질관리팀(quality management team), 전략적 관계(strategic relationship), 제품의 대량 생산 혹은 판매(product rollout or sales) 항목을 감안하는 것이며, 각각은 제품(product), 기술(technology), 실행(execution), 시장(market) 및 경쟁(competitive), 재무(financial) 및 생산(production) 리스크를 나타낸다. 그리고 각 항목의 가치는 0~500,000달러로 매겨지며, 5개 항목이므로 총 0~2.5백만 달러로 산정된다.

표 15-15 버커스(Berkus) 평가법

항목	가치측정($)	점검사항
좋은 아이디어	0~500,000	제품(product) 리스크
프로토타입	0~500,000	기술(technology) 리스크
품질관리팀	0~500,000	실행(execution) 리스크
전략적 관계	0~500,000	시장(market) 및 경쟁(competitive) 리스크
제품의 대량생산 혹은 판매	0~500,000	재무(financial) 및 생산(production) 리스크
계	~2.5M	–

출처 황은석 · 석혜성 · 정광헌(2019). 죽음의 계곡 벤처기업 비즈니스 프로세스 개발. 한국산학기술학회논문지, 20(3), 366-376.

둘째, 또 다른 방법은 스코어카드(scorecard)를 활용하는 것인데, 5~7가지 요소에 가중치를 적용해서 수치로 평가한 뒤 시가총액을 곱한다. 예를 들어 VC가 창업자/팀, 기회의 크기, 품질, 경쟁적 도전, 마케팅/유통 채널, 고객피드백을 각각 30%, 20%, 20%, 15%, 10%, 5%로 평가한다고 하고, 어떤 스타트업이 각각 125%, 150%, 110%, 75%, 75%, 75% 정도의 역량을 갖추었다고 보면, 각 요소값을 더한 값은 1.12가 된다.

표 15-16 스코어카드의 예시

고려요인	A: 가중치(%)	B: 스타트업 특성(%)	A×B: 요소값
창업자/팀(founder/team)	30	125	0.375
기회의 크기(opportunity size)	20	150	0.300
품질(offering quality)	20	110	0.220
경쟁적 도전(competitive challenge)	15	75	0.113
마케팅/유통 채널(marketing/distribution channel)	10	75	0.075
고객피드백(customer feedback)	5	75	0.038
계	100		1.12

출처 황은석 · 석혜성 · 정광헌(2019). 죽음의 계곡 벤처기업 비즈니스 프로세스 개발. 한국산학기술학회논문지, 20(3), 366-376.

이때, 비교군으로 지정된 스타트업이 100달러의 투자를 유치했다고 가정하면, 프리머니 밸류에이션(pre-money valuation)은 100억 달러 × 1.12 =112억 달러가 된다. 그리고 스타트업이 시리즈 A 라운드에서 40억 달러의 투자금을 유치하고자 하고, VC는 프리머니 밸류에이션 112억 달러의 조건으로 들어간다고 하면 포스트머니 밸류에이션은 다음과 같이 나타낼 수 있다.

프리머니 밸류에이션(Pre-money valuation) + 시리즈 A 펀딩(Series A funding) = 포스트머니 밸류에이션(Post-money valuation)

112억 달러 + 40억 달러 = 152억 달러

프리머니 밸류에이션을 기준으로 하면 40억/112억=35.7%, 포스트머니 밸류에이션을 기준으로 하면 40억/152억=26.3%의 지분을 취득하게 된다.

그러나 실제 협상 과정에서 투자자와 창업자가 바라보는 기업의 가치는 매우 달라지게 되므로 여러 가지 시나리오를 생각해야 한다. 마지막으로 제품/서비스의 독창성, 초기투자의 필요성, 기회의 매력도, 스타트업의 경쟁력, 시장 내의 경쟁, 비즈니스 모델의 마진, 적절한 팀의 구성, 피벗 유연성, 성장성 등에 대해서 고민한 뒤 텀시트에 사인을 해야 한다.

셋째, 위험요소합산법은 위 두 방법을 보조하는 용도로 사용되며, 크게 2단계로 이루어진다. 1단계에서는 스코어카드 평가법과 마찬가지로 대상기업의 투자 전 기업가치를 유사한 기업을 기준으로 결정한다. 2단계에서는 위험요소를 경영 위험(management risk), 사업단계상 위험(stage of the business risk), 법률/정치적 위험(legislative and political risk), 생산/제조 위험(manufacturing risk), 영업/마케팅 위험(sales and marketing risk), 투자유치/증자 위험(funding/capital raising risk), 경쟁위험(competition risk), 기술위험(technology risk), 소송위험(litigation risk), 글로벌 위험(international risk), 평판위험(repetition risk), 잠재수익성 위험(potential lucrative risk)의 12가지로 구분하여 등급을 매기고 평균치로부터 다음과 같이 가감하여 조정한다.

표 15-17 위험요소합산법에 의한 등급조정 방법

등급	위험이 미치는 영향(risk rationale)	투자 전 기업가치에 반영될 금액
+2	오히려 기업성장에 매우 긍정적	$500,000
+1	오히려 긍정적(기회로) 작용	$250,000
0	중립적	0
−1	부정적(위험으로) 작용	-$250,000
−2	기업성장에 매우 부정적	-$500,000

출처 황은석 · 석혜성 · 정광헌(2019). 죽음의 계곡 벤처기업 비즈니스 프로세스 개발. 한국산학기술학회논문지, 20(3), 366-376.

넷째, 벤처기업의 투자결정 요인을 크게 시장성, 경쟁성, 수익성, 기술성, 경영진의 특성, 경영진의 지분율로 나누고 세부지표를 고려하는 방법이 있다.

표 15-18 벤처기업 투자결정 요인

대분류	세부지표	조작적 정의
시장성	시장규모	해당 제품/서비스와 관련된 산업보고서 등 리서치기관의 개관적인 글로벌 시장 규모
	시장접근성	제품, 서비스가 고객(사)의 니즈에 부합되어 시장침투가 가능한 정도
	투자규모	중장기 사업계획에 근거하여 시장규모와 성장성을 고려한 기업의 시설 및 R&D 투자
	시장성장성	해당 제품/서비스와 관련된 산업보고서 등 리서치기관의 글로벌 시장 성장률
경쟁성	진입장벽	특허 등 IP에 의한 기술장벽, 시장선점 등 투자대상기업이 구축한 진입장벽의 유무 및 강도
	경쟁강도	경쟁기업의 수, 기술, 매출규모 등을 고려하여 경쟁력 평가
	경영진의 창업동기	관련 시장 투자대상기업의 경쟁강도를 고려한 창업동기의 타당성
수익성	성장단계	리서치 자료 및 심사역 판단으로 추정하는 해당 제품/서비스와 관련된 시장 성장단계
	제품/서비스의 업종	IT 부품, 소재, 모바일서비스, 바이오 등
	기대수익률	회사의 중장기 사업계획에 근거한 제품/서비스 기대수익률
기술성	추천/평판 특허권 제품의 차별성	회사가 고객사 등 레퍼런스 미팅을 통해 확인하는 제품/서비스에 대한 기술력
경영진의 특성	창업자의 기술/경험 창업팀의 우수성	창업자의 기술/경영 경험 기간, 창업자의 인적특성/학력/학위 등
경영진의 지분율	경영진의 경영권 행사 가능 정도	전체 주식 중 경영진이 보유한 주식의 비중

출처 한재우 · 김병관 · 김완기(2016). 벤처기업투자를 위한 실무 평가 지표 및 해석. 기술혁신연구, 24(3), 1-28.

다섯째, 설립자의 역량, 사업진행 단계, 관련 시장규모, 전략적 관계, 경쟁력 및 차별성으로 분류하여 하위 평가항목과 가중치를 고려하는 방법이 있다.

표 15-19 초기기업의 가치를 평가하기 위한 주요 평가항목

평가항목		가중치(%)
설립자의 역량	• 대표이사의 사업성공 이력 • 해당 분야에 대한 운영 경험 • 사업에 대한 의지 • 경영진 구성 및 우수성	30
사업진행 단계	• 관련특허 보유여부 • 사업진행단계(최저: 아이디어단계, 최고: 매출실현 단계)	25
관련 시장규모	• 목표시장의 명확성 • 향후 5년간 잠재적 매출 규모 • 유사 및 잠재 경쟁 출현 가능성 • 제품/서비스의 고객검증 정도	20
전략적 관계	• 초도고객 확보 가능성 • 영업 채널 확보 여부 • 생산 채널 확보 여부	15
경쟁력 및 차별성	• 기술 및 판매 진입장벽 • 제품 및 영업 경쟁력	10
계		100

출처 강상욱 · 양영석 · 양수희(2017). 초기기업에 대한 정량적 가치평가 모델 구축에 관한 탐색적 연구. 벤처창업연구, 12(4), 15-24.

마지막으로 기술가치평가에서는 기술성, 권리성, 시장성, 사업성으로 분류하고 기술수명 관점, 사업화, 기술강도 측면에서 세부지표를 제시하였다.

표 15-20 기술가치평가 주요 항목

구분	기술수명	사업화	기술강도
기술성	• 우월성 • 기술경쟁강도 • 대체가능성 • 모방난이도	• 차별성 • 기술경쟁강도 • 기술사업화 환경 • 모방난이도	• 혁신성 • 차별성 • 대체가능성 • 활용성 • 파급성 • 진부화가능성 • 모방난이도
권리성	• 권리보호강도	• 권리안정성	• 권리보호강도 • 권리안정성 • 침해발견 및 입증용이성
시장성	• 시장진입 가능성 • 시장경쟁강도 • 시장경쟁의 변화 • 신제품 출현가능성	• 시장진입가능성 • 시장경쟁강도 • 시장의 성장전망	• 시장진입가능성 • 수요민감도
사업성	• 예상시장점유율	• 생산용이성 • 수익성	• 사업화 준비기간 • 사업화 소요자본 • 생산용이성 • 파생적 매출 • 경제적 수명 • 매출 성장추세 • 수익성 • 예상시장점유율

출처 산업통상자원부(2021). 기술평가 실무가이드.

챕터 마무리 이야기

최근 가장 많은 관심이 쏠리는 분야 중 하나인 핀테크(Fintech) 분야에서 주목을 받고 있는 기업에는 '스트라이프(Stripe)'가 있다. 이 기업은 전자상거래 업체나 금융회사들에게 오픈 API(Application Programming Interface)를 제공해서 전자지불결제 시스템을 도와주는 플랫폼 기술회사이며, 애플(Apple), 아마존(Amazon), 슬랙(Slack), 리프트(Lyft)와 같은 미국의 대표적인 기업들을 고객으로 두고 있다. 이 기업이 제공하는 방식은 개발자가 전체적인 개발을 진행하는 기존 방식에 비해 소스코드를 넣으면 바로 구현이 가능하다는 장점을 가진다. 또한 139개의 통화를 지원하고 있어 페이팔(Paypal)보다 더 다양하며, 최근에는 비트코인 결제까지 추가하였다.

스트라이프는 2010년 아일랜드 출신인 존 콜리슨(John Collison)과 패트릭 콜리슨(Patrick Collision) 형제가 창업했으며, 초기에 미국 Y콤비네이터의 도움으로 성장할 수 있었다. Y콤비네이터는 보스턴 인근의 캠브리지(Cambridge)에서 시작된 창업지원 프로그램으로 드롭박스(DropBox), 에어비앤비(AirBnB)와 같은 기업들의 성장을 지원하기도 하였다. Y콤비네이터의 초기 투자 이후 페이팔(Paypal)의 창업자 피터 틸(Peter Thiel), 세쿼이아(Sequoia), 호로비츠 벤처캐피털(Horowitz Venture Capital)로부터 후속투자를 유치하였다.

표 15-21 스트라이프의 시리즈 단계별 기업가치

연도	2011	2012	2013	2014	2016	2018	2019	2020	2021
시리즈	시드	시리즈A	시리즈B	시리즈C	시리즈D	시리즈E	시리즈F	시리즈G	시리즈H
투자금액	2백만	18백만	20백만	250백만	150백만	245백만	100백만	850백만	600백만
기업가치($)	20백만	1억	-	18억	92억	202억	225억	360억	956억

출처 www.crunchbase.com

현재 956억 달러(약 100조 원)의 가치로 페이스북의 800억 달러(80조 원)나 우버의 720억 달러(72조 원)를 넘어서며, 실리콘밸리에서 IPO 전에 가장 높은 가치로 평가받고 있다.[8)]

이러한 스트라이프의 성공은 이미 페이팔이라는 기업이 전 세계 결제시장의 55.3%를 점유하고 있었음을 볼 때 매우 주목할 만하다. 이러한 성공의 비결은 바로 사용자가 느끼는 '편리함'에 있다. 먼저 판매자 입장을 살펴보면, 페이팔을 이용할 때, 보통 9단계를 거쳐 결재시스템을 등록해야 하는데 스트라이프의 경우는 결제솔루션 소스코드만 복사해서 넣으면 3단계 만에 바로 결제 시스템과 연동이 가능하다. 또한 수수료도 미국의 대부분 카드결제 수수료가 4~5%인 데 비해 2.9%로 낮다. 구매자 입장에서 보면, 페이팔의 경우 쇼핑몰과 페이팔 사이트를 옮겨 다녀야 하는 것과 달리, 스트라이프를 이용하면 신용카드 정보 입력만으로 결제를 바로 할 수 있다.

강력한 서비스와 함께 2020년 발생한 코로나19 팬데믹 위기로 인해 비대면결제가 더욱 활성화되면서 기업가치가 3배 이상 성장하였다. 이러한 혁신과 가치제공, 기회요인을 통해 스트라이프는 10년 만에 세계 최대의 가치를 지닌 기업이 된 것이다.

토론주제

1. 2021년까지 스트라이프에 투자된 총 금액은 총 2,235억 달러이며, 기업가치는 956억 달러로 평가받고 있다. 적절하다고 보는가.
2. 2020년 기준으로 스트라이프는 16억 달러의 매출을 올렸다. 이와 비교했을 때 956억달러의 가치가 적절하다고 할 수 있는가.
3. 스트라이프와 유사한 결제 시스템이 많은데, 이 기업의 가치가 가장 높게 평가받는 이유는 무엇일까.

생각해볼 문제

1. 지난 10년간 핀테크 산업이 급성장하였다. 그동안 신기술의 발달에 따라 본인이 실제로 느낀 이점은 무엇인지 생각해 보시오.
2. 최근 1년간 현금이나 신용카드를 사용한 빈도수에 대해 생각해 보시오. 향후 현금이나 신용카드의 활용에 어떠한 변화가 일어날지 고려해 보시오.
3. 최근 중국 정부가 디지털화폐를 발행할 예정이라고 발표한 바 있다. 디지털화폐 등장에 따라 금융 시스템은 어떻게 변화될지 상상해 보시오.

그룹토의(그룹토의는 3-4명의 학생들로 소그룹을 만들고, 다음의 문제들 중 하나를 선택하여 5-10분 정도 자유토론을 진행한 후 공유한다.)

1. 우리나라의 금융 플랫폼(예: 토스, 뱅크샐러드 등)을 이용해 본 경험과 장단점 등에 대해 논의해 보시오.
2. 향후 가장 거대한 시장으로 떠오를 것으로 예상되는 중국에서는 신용카드가 자리 잡기 전에 휴대폰 등을 통한 페이 기술이 등장하면서 알리페이(Alipay) 등이 급성장했다고 한다. 기술경영/전략 관점에서 이러한 현상을 "도약(leapfrogging)"이라 한다. 선발자를 추격하기 위해 흔히 사용되는 이 전략이 성공적으로 구현된 다른 사례를 찾아보시오.
3. 향후 금융 플랫폼이 어떻게 발전해 가야 하는가에 대한 아이디어를 내보시오.

핵심개념정리

본 장에서는 기업에 대한 투자의사결정을 하기 위해 반드시 필요한 가치평가에 대해 다루었다. 기업의 가치를 평가하는 방법에는 여러 가지 방법이 있지만, 대표적으로 배당할인 모형, 현금흐름할인 모형, 초과이익 모형, 경제적 부가가치 모형, 주가배수평가법이 있다. 가치평가를 하는 방법은 자산, 수익, 경쟁기업 등 평가대상으로 나누기도 한다.

다음으로 기업의 가치를 평가하는 데 있어 매우 중요하게 받아들여지고 있는 요소 가운데에는 신용위험이 있다. 이는 기업이 타인자본, 즉 부채를 조달했을 때 상환능력이 얼마만큼 있는가를 알아보는 지표이다. 즉, 신용위험이 높으면 기업의 가치가 낮아지고, 신용위험이 낮으면 기업의 가치가 높아지는 것이다. 이러한 위험도를 평가하는 방법도 여러 가지가 있지만, DCF 모형을 부채에 적용하여 활용한다. 그러나 실무적으로는 매번 이러한 평가모형을 활용하기 번거로우므로 무디스, S&P, 피치와 같은 글로벌 신용평가기관이나, 한국기업평가, 나이스신용평가, 한국신용평가와 같은 국내 신용평가기관에서 매겨지는 등급을 참고하는 경우가 많다.

그러나 이러한 가치평가 방법이 스타트업에 바로 적용되기 어려운 경우가 많다. 대부분의 스타트업은 배당이나 현금흐름이 아직 일정하게 예측되지 않는 경우가 많으므로 미래의 성장성에 대한 평가에 기반하는 경우가 많다. 따라서 창업팀 특성, 기술성, 수익성, 경쟁성, 시장성 등을 복합적으로 평가할 수 있는 정성지표가 많이 활용된다.

CHAPTER

16

하베스팅

학습목표

1. 하베스팅(출구전략)의 개념 및 중요성에 대해 이해한다.

2. M&A, IPO가 무엇인지 파악한다.

3. Post M&A/Post IPO의 중요성에 대해 알아본다.

챕터 시작 이야기

우리나라 사람이면, 아마 카카오를 모르는 사람은 없을 것이다. 2010년에 "카카오톡(Kakao Talk)"이라는 모바일 메신저(instant messenger)를 내놓으며, 현재까지 모바일 콘텐츠 및 서비스 시장을 이끌어 오고 있는 주요 기업이다. 현재 이용자수 5천만 명에 달하며 우리나라 모바일 메신저 시장의 96%를 점유하고 있으며, 카카오톡을 플랫폼으로 하여, 다양한 콘텐츠 및 서비스를 제공하고 있다.

물론 초반에는 인터넷 기반 소셜네트워크인 '브루닷컴'과 '위지아'를 출시하였으나, 실패하여 모바일용 서비스로 전환하기로 하고, '카카오수다'를 출시하였다. 그 당시 국내 3대 통신사도 유사 서비스를 제공하였는데, 공짜로 문자, 사진, 동영상을 제공하는 서비스를 제공하여 판매 대리점에서도 설치를 해줌으로써 빨리 시장을 선점할 수 있었다.

그러나 2010~2011년에 계속 적자를 내며 수익성에 대해 고민하고 있었다. 이에 김범수 회장은 2012년 중국과 우리나라 게임업체로부터 920억 원의 투자를 유치하였다. 하지만 그때까지도 수익 모델이 확실하지 않았다. 2012년 7월 비로소 '카카오 게임하기'를 추가하면서, '애니팡'을 포함해 10개의 게임을 출시하였다. 이는 단순히 게임을 즐기는 것이 아니라 사용자 간의 친밀감을 강화시켜 네트워크를 형성하는 형태였다.

또한 2014년 M&A 와 상장을 동시에 진행한 기업의 대표적인 사례라고 볼 수 있다. 그 당시 인터넷 포털업체인 다음(Daum)은 상장사였고, 카카오(Kakao)는 비상장사였기 때문에 역합병(reverse merger: 인수하는 비상장기업이 소멸되며, 상장기업과 합병되는 형태이며, 기업공개 조건이 주식시장에 안 맞아서 직접 상장하기 어려운 경우에 활용) 혹은 우회상장 방식을 택하였다. 형식적으로는 상장사인 다음에 비상장사인 카카오가 흡수되는 것처럼 보였지만, 최대주주가 김범수 의장이 되면서 사실상 카카오가 중심이 되는 과정이었다고 볼 수 있다. 합병은 주식교환 방식으로 이루어졌으며, 1:1.5565의 비율로 카카오의 주식을 다음커뮤니케이션 발행신주와 교환하는 형식이었다.

그 당시 유선망 중심의 서비스보다는 스마트폰을 중심으로 한 모바일 서비스 시장이 급격히 성장하고 있었기 때문에, 다음커뮤니케이션보다는 카카오가 보다 더 경쟁력 있는 기업으로 평가받을 수 있었다. 합병 이후 '다음카카오'라는 사명을 유지하다가 2015년 '카카오'로 사명을 변경하고, 본격적인 모바일 서비스를 위한 플랫폼(platform) 기업으로 탈바꿈한다.

다음커뮤니케이션과의 합병 이후 버스도착 안내 앱인 '서울버스'를 시작으로 키즈노트(66억 7천만 원), 케이큐브브벤처스(55억 5천만 원), 셀잇 등을 인수했고 2015년 5월에는 내비게이션 애플리케이션 '김기사'로 알려진 '록앤올'을 626억 원에 인수했다.

이후에도 성장을 위해 다양한 분야의 기업을 M&A하여 2021년 계열사수가 105개로 늘어났으며, 이는 우리나라에서 2번째로 많은 수치이다.[1] 카카오의 사업범위는 게임, 뱅킹, 모빌리티, 엔터테인먼트 등 다양한 분야에 걸쳐 있으며, 최근에는 4차 산업혁명 관련 기술을 접목한 다양한 서비스를 제공하고 있다. 2021년 3월에는 카카오M과 카카오페이지를 합병하여 카카오엔터테인먼트를 출범시키며 하이브 등의 대형 엔터테인먼트사와의 경쟁을 예고한 바 있다.

그림 16-1 카카오의 지분구조

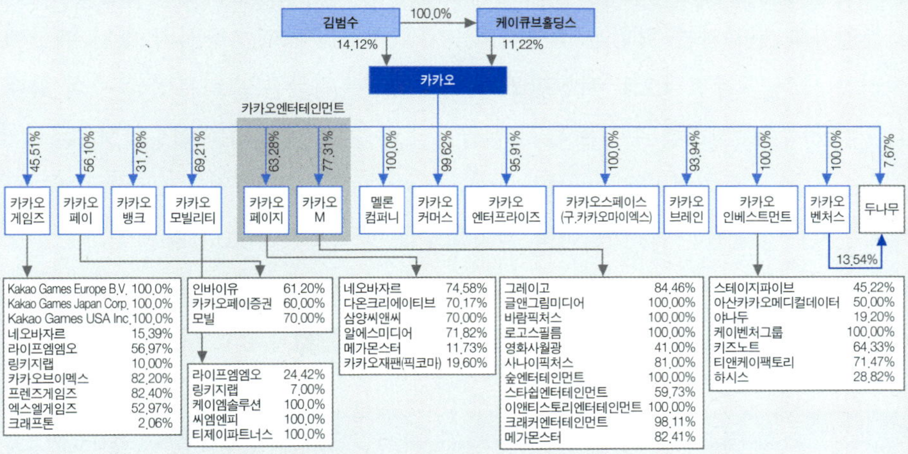

출처 방영석(2021.06.01.). "메리츠 證 카카오, 공격적인 시장공세로 기업가치↑", 〈굿모닝 경제〉.

토론주제

1. 인터넷 기업 다음과 모바일 기업 카카오의 합병이 성공적이었다고 보는가.
2. 최근 카카오의 시가총액을 검색해 보고, 우리나라 기업들 가운데 몇 위에 해당하는지 알아보시오.
3. 최근 카카오의 M&A 사례 등을 검색하여 보고, 어떠한 비즈니스를 추진하려고 계획하는지 파악해 보시오.

제 1 절 하베스팅의 개념 및 중요성

기업을 성장시키는 과정은 농사를 짓는 것과 유사하다. 씨를 뿌리고, 잘 성장을 시킨 뒤 수확을 하는 과정을 연상해 보면, 기업이 초반에 설립되어 성장을 하여 투자한 자금을 회수하는 과정과 매우 유사하다. 초반에 많은 씨를 뿌리거나, 성장 과정에서 퇴비나 거름을 충분히 주게 되면 수확의 결과물이 많을 것이다. 이와 같이 기업도 초반의 투자가 크거나, 고속 성장을 하게 되면 더 많은 결과물을 기대할 수 있게 된다. 이렇게 수확을 하는 과정을 농사에 비교하여 하베스팅(harvesting)이라고 한다.

창업자와 투자가는 위험을 감수하고, 기업을 설립하고 성장시켜 왔기 때문에 이러한 노력을 금전적으로 보상받고 싶어 한다. 투자금은 스타트업의 주식 형태로 존재하는데, 이러한 주식을 다시 현금화할 수 있는 방법에는 인수합병(merger & acquisition, M&A)과 기업공개(Initial Public Offering, IPO)가 있다. 일반적으로 실리콘밸리의 투자유치 성공확률은 1% 내외이며, 투자회수를 할 확률은 이보다 훨씬 적다.[2] 출구전략은 창업 생태계에서 '선택'이 아니라 '필수'로 받아들여지고 있으며, 단계별로 출구전략(exit strategy)의 유형은 일반적으로 다음 표 16-1 과 같이 나타난다.

표 16-1 창업 단계별 출구전략

단계	상황	출구전략
창업초기 단계	매출이 일어남, 자금부족	기업매각, M&A
창업성장 단계	경쟁력 강화	성장전략(유지)
기업공개 단계	기업규모 확대	IPO
파산 · 청산	생존문제	금융거래, 신용평가

출처 김진수 · 최종인 · 임충재 · 고혁진 · 이유종(2019). 기술창업론. 홍릉출판사.

첫째, 예비창업 단계에서의 출구전략은 매우 간단하고 경우의 수도 제한적이다. 사업타당성 분석에 따라 사업을 계속 진행할지 포기할지 결정한다. 이때 직접 진행하지 않기로 했다면 지식재산권을 매각하거나, 기술평가제도를 활용한 기술거래를 실시할 수 있다. 둘째, 창업초기 단계에서는 사업을 청산하거나 사업아이템의 전체나 일부를 매각한다. 이때 창업자들은 경영권을 이양한 후, 제품/서비스 개발자로 포지셔닝하는 경우가 많다. 셋째, 매출이 어느 정도 안정기에 들면, M&A를 고려해 볼 수 있다. 마지막으로 창업이 쇠퇴기에 들어서게 되면, 손실 없는 출구전략을 구사하기 어렵다. 기업의 잠재적 가치가 존재한다면 기업회생을 위해 경영자매수(Management Buyout, MBO: 기업의 경영자가 기업을 인수하는 방법)를 고려해 볼 수 있다.

특히 창업활성화를 위해서는 엔젤투자자나 벤처캐피털 등이 활발히 투자를 하고, 중간에 회수를 할 수 있는 생태계가 형성되어 있어야 한다. 미국의 경우 이러한 "중간회수시장"이 매우 활성화되어 있지만, 우리나라는 최근에 들어서야 스타트업에 대한 급격한 관심 증가로 인해 이 시장이 성숙해 가고 있는 단계이다. 최근 벤처캐피털의 투자회수금액이 2015년 약 1.17조 원에서 2020년 약 1.65조 원으로 증가하였다. 또한 IPO와 M&A의 비중이 늘어났으며, 특히 IPO는 2020년에 급증하였다.[3)]

표 16-2 투자회수의 유형

구분	2015	2016	2017	2018	2019	2020
IPO	2,793	2,832	2,320	2,825	3,384	6,271
M&A	4,635	4,942	5,034	6,157	5,973	6,101
기타	4,346	3,873	3,466	3,788	4,064	4,078
합계	11,774	11,647	10,820	12,770	13,421	16,450

출처 kvca.or.kr

이러한 투자회수가 활성화되기 위해서는 경쟁력 있는 기업들이 등장하고 이들이 성장해 갈 수 있는 자금의 투자가 지속적으로 이루어져야 하는 것은 물론, 투자와 회수가 선순환할 수 있는 생태계를 구축하는 것이 필수적이다. 또한 경험이 없는 스타트업을 위한 교육, 컨설팅, 마케팅 지원사업은 물론 실패를 경험한 창업자들이 과거의 경험을 활용하여 재도전을 할 수 있는 지원책이 필수적이다.

최근에는 "기술특례상장제도"[4]를 활용해 80여 개가 넘는 바이오 벤처기업들이 상장을 했다. 그러나 실질적으로 성과를 내고 있는 기업들은 얼마 되지 않아 오랜 기간 동안 많은 금액을 투자해 온 투자자들의 회수가 가능할지 의문이다. 이러한 기업들이 어떤 방식으로 투자자들로 하여금 하베스팅을 하게 할지 지켜봐야 할 것이다.

앞서 언급했지만, 일반적으로 투자회수를 할 수 있는 방법에는 M&A와 IPO의 두 가지방 식이 있다. 미국의 경우에는 오래전부터 M&A 시장이 매우 발달해 있지만, 우리나라의 경우에는 아직도 IPO에 대한 선호가 매우 높은 편이다. 따라서 다음 두 절에서는 M&A와 IPO에 대해 알아보기로 한다.

제 2 절 인수합병(Merger & Acquisition, M&A)

우리는 성인이 되면, 한 번쯤 '결혼'에 대해 생각해 보는 것이 일반적이다. 서로 다른 배경에서 성장해서 결혼이라는 제도를 통해 한 집에 살게 되고, 사랑의 결실로 자녀를 갖게 되는데, 이러한 과정이 M&A와 유사한 점이 있다. M&A를 하게 되면 분리되어 있던 기업이 하나의 기업으로 통합되며 나타나는 긍정적인 효과와 부정적인 효과 역시 결혼의 과정과 비슷하다. 서로 다른 기업이 결합하여 부족한 점을 보완하며 시너지를 발생시키는 경우도 있고, 이질성을 극복하지 못하고 결국 다시 개별 기업으로 분리해 나가는 경우도 있다. 전자를 성공적인 결혼생활, 후자를 이혼과 비교해 보면 어느 정도 그 과정에서 일어나는 좋은 점과 문제점을 가늠해 볼 수 있을 것이다.

M&A란 두 개 이상의 기업이 하나로 결합되는 합병(merger)과 하나의 기업이 다른 기업의 주식이나 자산의 일부 또는 전부를 취득하는 인수(acquisition)를 말한다.[5] 인

수가 합병과 다른 점은 매수 후에도 양사가 독립적으로 운영된다는 점이다. 이러한 전략은 성장에 있어서 한계에 다다른 기업이나, 창업자와 투자자들이 자금을 회수하고 싶어 할 경우 출구전략으로 활용될 수 있다.

기업이 M&A를 하는 동기에는 여러 가지가 있을 수 있으나 크게 두 가지 배경이 있다. 첫째, 두 기업이 병합됨으로써 비용효율성을 증대할 수 있는 규모의 경제를 달성할 수 있게 된다. 또한 재무적 측면에서 세금 감소나 금융비용 절감 등을 달성하여 기업가치를 높이는 것이 가능하다. 둘째, M&A는 장기적으로 두 기업이 결합되는 형태이므로 단기적인 이익추구보다는 장기적인 성장이나 기술, 인력, 자원 등 핵심역량의 강화를 목표로 한다.

M&A는 그 목적에 따라 다양한 형태로 나타나는데, 크게 다음과 같은 4가지 유형이 존재 한다. 첫째, 2개 이상의 기업이 결합할 때, 1개 기업만이 법률적으로 존속하는 "흡수합병"의 형태이다. 둘째, 결합하려고 하는 기업을 모두 해산/소멸시키고 제3의 기업을 설립하는 "신설합병"이 있을 수 있다. 셋째, 의결권 있는 주식을 대량으로 매수하는 방식으로 피매수기업이 매수기업의 자회사가 되는 "주식매수" 유형이 존재한다. 이 방법은 주주들의 주식을 직접 매수하기 때문에 이사회 의결이나 주주총회의 승인이 필요하지 않아 절차를 간소화할 수 있다. 마지막으로, 상대 기업의 영업자산 일부를 인수하기는 하지만, 매도기업의 부채는 승계되지 않는 "자산매수" 방식이 있다. 우량 금융기관이 부실 금융기관을 인수할 때 사용하는 자산 · 부채 인수(purchase and assumption, P&A)도 이러한 형태라고 볼 수 있다.

표 16-3 M&A의 유형

유형	특성
흡수합병	112개 이상의 기업이 결합할 때, 1개 기업만이 법률적으로 존속
신설합병	결합하려고 하는 기업을 모두 해산/소멸하고 제3의 새로운 기업 설립
주식매수	매수기업이 피매수기업 주식의 전부 혹은 일부 취득
자산매수	두 기업 간의 계약에 따라 한 기업이 상대 기업 영업자산의 일부를 인수하기는 하지만 기업구조나 주주들의 주식 소유구조는 영향을 받지 않음

출처 김권중(2020). 재무제표분석과 가치평가(K-IFRS). 창민사.

M&A를 하는 동기에는 여러 가지가 있을 수 있지만, 대표적으로 다음과 같은 장점을 누리기 위한 경우가 많다. 첫째, 규모의 경제(economies of scale)를 추구하기 위함이다. 즉, 기업을 통합함으로써 R&D, 생산과 판매의 중복투자, 경영비용 등을 절감시킬 수 있고, 영업활동을 더 효율적으로 할 수 있다. 그 결과 시장점유율(market share)을 늘릴 수 있고, 시장지배력도 확대할 수 있다. 둘째, 두 기업의 자원을 상호 보완하는 효과를 기대할 수 있다. 예를 들어 R&D 능력이 우수한 기업과 마케팅 능력이 우수한 기업이 결합하면 두 기업으로부터 시너지 효과가 발생할 수 있다는 것이다. 마지막으로, 합병으로 기업규모가 커지면 부채차입 능력(debt capacity)이 커지며, 이에 따른 세금절감 효과도 기대할 수 있다.

그림 16-2 M&A의 주요 단계

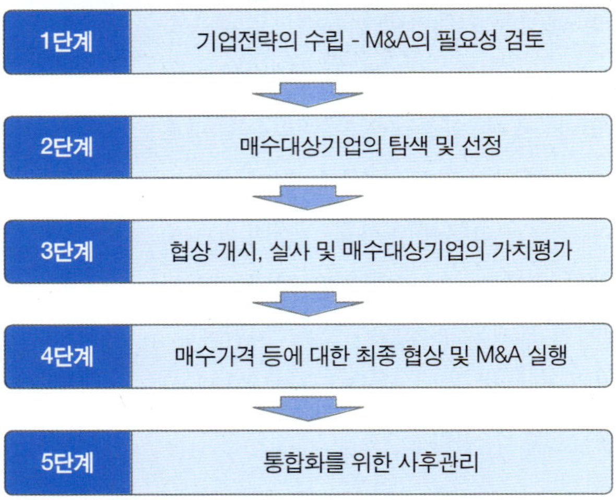

출처 김권중(2020). 재무제표분석과 가치평가(K-IFRS). 창민사.

M&A는 다음과 같은 절차로 진행된다. 먼저 M&A의 필요성을 검토한 뒤, 매수대상기업을 탐색·선정한다. 다음으로 실사 및 매수대상기업의 가치를 평가하고, 매수가격 등에 대한 최종 협상을 실시한다. 마지막으로 통합화를 위한 사후관리를 고려해야 한다. 위 단계에서 실사(due diligence)란 매수대상기업의 경영상태, 재무상황 등을 조사하는 것을 뜻하며, 재무제표 항목에 대한 정밀분석이 포함된다. 이때 실사업무는 일반적으로 매수기업의 의뢰에 따라 회계법인에서 대행한다.

독립기업의 주주지분가치를 V_A, V_B라고 하고, 결합기업의 주주지분가치를 V_{AB}라고 표현한다. 그리고 합병에 의해 발생하는 시너지를 고려하면 다음과 같이 나타낼 수 있다.

$$V_{AB} = V_A + V_B + \text{시너지}$$

따라서 기업 A의 입장에서 볼 때, 합병이 경제적으로 타당하려면 A가 얻는 총 가치인 "V_B + 시너지"가 매수대가지급액보다 커야 한다.

$$V_B + \text{시너지} > \text{매수대가}$$

매수대가는 V_B에 프리미엄을 고려한 가격으로 산정되며, 만약 협상 시점에서 V_B가 주식가격이라면 시너지만 추정하면 된다. 매수대가는 현금으로 지급하거나, 합병기업의 주식으로 받게 된다. 만약 합병기업의 주식이 고평가되어 있다면 현금보다 주식 교부가 더 유리하다. 또한 합병기업의 입장에서는 합병 이후 성과가 부진하더라도 기존 주주가 모든 손실을 부단하지 않아도 되는 효과가 있다.

일반적으로 상장기업이 다른 기업과 합병할 때는「자본시장법」에 따라 1주의 평가액, 즉 합병가액을 산정해야 한다. 이러한 규제를 하는 것은 기업들이 자체적으로 주식가치를 충분히 반영하지 못하는 경우가 있기 때문이다. 매수기업 입장에서는 매수대가가 "V_B + 시너지"를 넘어서지 않는지 판단해야 한다. M&A 거래에서 매수대가를 협상할 때 독립기업으로서의 피매수기업에 대해 "순자산 공정가치+영업권(good will)"의 산정방식을 사용하는 것으로 알려져 있다. 여기서 '순자산 공정가치'는 재무상태표상의 자산 · 부채를 시가를 평가하여 산정된 순자산가액을 가리키며, 영업권이란 피매수기업이 창출한 초과가치를 말한다.

조직의 통합은 중복적인 업무를 감소시켜 프로세스 효율을 높여 이해관계자를 만족시킬 수 있다. 매수인은 실사를 종료하기 전에 재무적 · 사업적 위험(risk)을 찾아내야 한다. 이 위험이 너무 크면, M&A를 진행하지 않을 수도 있다.

실제 협상을 진행하게 되면 협상 조건과 스타일이 큰 영향을 미치며, 인수합의서에 미리 정해 놓아야 한다. 피인수회사는 종업원의 고용 보장이나, 현 CEO의 유임을 요구할 수 있고, 인수회사는 피인수회사에게 다른 여러 가지를 요구할 수도 있다.

통합계획은 전략목표를 성취하기 위해 다음과 같은 체크리스트를 활용할 수도 있다.

M&A 체크리스트

① 계획이 딜의 본질적인 목적과 일치하는가?
② 통합계획에 인수대금의 지급방식에 대해 구체적으로 명기돼 있는가?
③ 5년 이내의 단기계획 및 5년 이상의 장기계획 모두가 문서로 만들어져 존재하는가?
④ 단기계획과 장기계획이 서로 잘 맞물리고 있는가?
⑤ 계획을 수립하는 과정에서 그 계획에 가장 많이 영향을 받는 임원 및 직원이 참여했는가?
⑥ 합쳐지는 두 회사의 운영상 및 문화적 실제(realities)를 고려했는가?
⑦ 고급간부와 이사회가 문서화된 계획을 검토했는가?
⑧ 고급간부와 이사회가 의사결정을 할 때 본 계획을 활용하고 있는가?
⑨ 계획이 적절한 정책에 의해 지지를 받고 있는가?
⑩ 계획에 자원이 적절하게 공급되고 있는가?
⑪ 계획이 수단(measures) 및 진행일정을 구체적으로 명기하고 있는가?
⑫ 누가 책임을 지고 계획을 수행하는가?
⑬ 계획이 모든 당사자들에게 적절하게 배포됐는가?
⑭ 계획을 내부적으로 소통하게 하는 프로그램은 있는가?
⑮ 계획을 외부에 소통하게 하는 프로그램은 있는가?

출처 박용우(2013.10.24.). "M&A 5단계-인수 후 통합(Post-merger Integration)", 〈인사이트코리아〉.

모든 답이 '예(yes)'이어야 M&A가 성공적으로 진행될 가능성이 높다. 통합은 개인이 아닌 팀에 의해 만들어지므로 통합으로 이익을 누리게 되는 CEO, 임원, 핵심직원 등으로 구성된다. 이때 딜을 성공적으로 만들기 위해 한시적 임원(interim executives)이나 프로젝트 임원(project executives)을 고용하기도 한다. 아울러 팀 퍼실리테이터(team facilitator)가 필요하기도 한데, 의사결정이 자신의 이익과 아무런 관련이 없지만, M&A와 관련된 의사결정을 도와주는 역할을 한다. 특히 어느 한쪽이 M&A 딜을 일방적으로 지배할 경우 팀 퍼실리테이터의 역할이 중요하다.

제 3 절 기업공개(Initial Public Offering, IPO)

다들 동네 슈퍼나 인터넷 등을 통해 물건을 구매해 본 경험이 있을 것이다. 먼저 동네 슈퍼에서 물건을 구매할 경우, 그 물건이 있다는 사실을 알고 있는 사람은 주변에 거주하는 주민들 정도이다. 그러나 쿠팡, 네이버쇼핑 등 인터넷 사이트에 물건을 등록해 놓으면, 매우 많은 사람들이 정보를 취득하여 구매를 하게 된다. 이러한 과정이 IPO의 과정과 매우 유사하다. IPO는 외부투자자가 공개적으로 주식을 매수할 수 있도록 주식을 공개하는 것을 의미한다. 즉, 전자의 경우는 IPO를 하지 않고 정보를 알고 있는 소수의 사람들이 거래하는 형태이고, 후자의 경우는 IPO를 하여 누구나 기업의 주식을 취득할 수 있게 하는 형태라고 볼 수 있다.

많은 국가에 증권거래소가 존재하는데, 시가총액(주가와 발행주식수를 곱한 것으로 상장회사 혹은 기업가치를 평가하는 지표)을 기준으로 볼 때, 뉴욕증권거래소(New York Stock Exchange, NYSE)가 가장 크고, 다음으로 나스닥(National Association of Securities Dealers Automated Quotations, NASDAQ) 시장이다. 우리나라의 경우, 1.27조 달러의 규모로 16위 정도의 주식시장이 운영되고 있다. 국가별로 기업의 기술수준, 소비성향, 시장상황이 모두 다르기 때문에 여러 국가들의 주식시장을 있는 그대로 비교하기는 어렵지만, 시가총액이 크다는 것은 기업들에게 매력적인 요소로 받아들여지고 있다.

표 16-4 세계 주요 증권거래소

순위	주식시장	국가	시가총액(2020, B USD)	비중(%)
1	뉴욕증권거래소 (New York Stock Exchange,, NYSE)	미국	28.20	31.5
2	나스닥(National Association of Securities Dealers Automated Quotations, NASDAQ)	미국	12.94	14.5
3	일본거래소(Japan Exchange Group)	일본	5.35	6.0
4	상하이거래소(Shanghai Stock Exchange)	중국	4.91	5.5
5	홍콩거래소(Hong Kong Exchanges and Clearing)	홍콩	4.51	5.0
6	유로넥스트(Euronext)	유럽	3.85	4.3
7	선전거래소(Shenzhen Stock Exchange)	중국	3.49	3.9
8	런던증권거래소(LSE Group)	영국	3.09	3.5
9	사우디증권거래소(Saudi Stock Exchange)	사우디아라비아	2.13	2.4
10	토론토증권거래소 (Toronto Stock Exchange)	캐나다	1.94	2.2
11	독일증권거래소(Deutsche Borse)	독일	1.72	1.9
12	봄베이증권거래소 (Bombay Stock Exchange)	인도	1.72	1.9
13	스위스증권거래소(SIX Swiss Exchange)	스위스	1.66	1.9
14	국가증권거래소(National Stock Exchange)	인도	1.45	1.6
15	나스닥노르딕거래소 (NASDAQ Nordic Exchange)	유럽	1.39	1.6
16	한국거래소(Korea Exchange)	한국	1.27	1.4

출처 statistics.world-exchanges.org/reportgenerator/generator

그렇다면 이렇게 많은 주식시장 중에서 어디에 상장을 해야 하는 것일까? 대부분 한국 기업들은 한국거래소에 상장을 한다. 그 이유는 아무래도 일반적으로 우리나라 기업들은 자국 소비자들을 대상으로 제품/서비스를 제공하며 성장하고, 이를 바탕으로 해외에 진출하는 경향이 강하기 때문이다.

우리나라 주식시장을 보다 자세히 살펴보면, 유가증권, 코스닥(Korea Securities

Dealers Automated Quotation, KOSDAQ), 코넥스(Korea New Exchange, KONEX) 시장으로 나누어 볼 수 있다. 먼저 유가증권 시장은 1956년에 개장을 했으며, 주요 상장기업들의 주가를 지수화한 코스피(Korea composite Stock Price Index, KOSPI) 시장이라고도 불린다. 우리나라에서 가장 큰 규모의 시가총액으로 운영되고 있으며, 삼성, 현대, SK 등의 대기업들이 상장해 있다. 다음으로 코스닥 시장은 미국의 나스닥과 유사한 형태로 코스피 상장기업들에 비해 규모가 작은 일반기업들이나, 어느 정도 규모로 성장한 기술 스타트업 및 벤처 기업들이 상장해 있다. 마지막으로 코넥스 시장은 2013년에 설립된 시장으로 스타트업 및 벤처 기업들이 자금조달을 원활히 하기 위해 상장하고 있다. 2021년 2월 23일을 기준으로 코스피 시장에 상장되어 있는 종목수는 921개, 코스닥 시장에 상장되어 있는 종목수는 1,481개, 코넥스 시장에 상장되어 있는 종목수는 122개이다.

최근 상장건수를 살펴보면, 유가증권 시장이 2020년 8건, 2021년 상반기 9건으

표 16-5 주식시장에 상장한 기업의 숫자

구분		2017	2018	2019	2020	2021. 6.
유가증권	신규상장-일반	9	8	11	5	4
	신규상장-SPAC*	0	0	0	0	1
	재상장	12	9	2	3	4
	SPAC-합병	0	0	0	0	0
	합계	21	17	13	8	9
코스닥	신규상장-일반	54	70	66	65	36
	신규상장-SPAC	20	20	30	19	11
	재상장	4	0	1	2	1
	SPAC-합병	21	11	11	17	4
	합계	99	101	108	103	52
코넥스	신규상장-일반	29	21	17	12	2
	합계	29	21	17	12	2

주) 특수목적인수회사(Special Purpose Acquisition Company): IPO를 통해 주식시장에 먼저 상장하고, 비상장 주식회사 중에서 유망한 기업을 합병한 후 해산하는 형태이다. 3년 이내에 피합병법인을 찾지 못하면, 해산되고 주주들에게 자산을 돌려주는 형태로 공모가 기준의 원금회수가 가능하다.

출처 https://kind.krx.co.kr/

로 나타났다. 코스닥 시장에는 2020년 103건, 2021년 상반기 52건, 코넥스 시장에는 2020년 12건, 2021년 2건이 상장되었다.

유가증권 주식 상장의 첫 번째 요건은 기업규모 요건으로는 자기자본 300억 원 이상, 주식수는 100만 주 이상을 보유하고 있어야 한다.

표 16-6 유가증권 주식 상장 요건: 자기자본 및 주식수

항목	일반기업/지주회사
자기자본	300억 원 이상
상장예정주식수	100만 주 이상

출처 www.krx.co.kr

이외에도 매출액과 영업이익 등을 고려해야 한다. 최근 1,000억 원 이상 혹은 3년 평균 700억 원 이상의 매출이 발생했어야 한다. 또한 다음 조건 중 하나를 충족해야 한다. 첫째, ROE는 최근 5%, 3년 합계는 10% 이상이어야 한다. 둘째, 이익액은 최근 30억 원, 3년 합계 60억 원 이상이어야 한다. 셋째, 자기자본이 1,000억 원 이상이며, 최근 ROE가 3% 이상이고, 이익액이 40억 원 이상이어야 한다.

표 16-7 유가증권 주식 상장 요건: 매출액 및 이익 등

항목	일반기업/지주회사
매출액	최근 1,000억 원 이상/3년 평균 700억 원 이상
이익 등	다음 중 하나 충족 • ROE: 최근 5%, 3년 합계 10% • 이익액: 최근 30억 원, 3년 합계 60억 원 • 자기자본 1,000억 원 이상 기업 – 최근 ROE 3% 또는 이익액 50억 원 이상 – 영업현금흐름이 (+)일 것

출처 www.krx.co.kr

유가증권 시장과 마찬가지로 코스닥 시장 상장의 첫 번째 요건은 자기자본(혹은 시가총액)과 주식수이다. 코스닥 시장에 상장을 하는 유형에는 일반기업, 벤처기업, 기술상장기업이 있는데 각각 기준이 다르다. 일반기업의 경우에는 자기자본이 30억 원 이상, 벤처기업의 경우에는 자기자본이 15억 원 이상, 기술상장기업은 10억 원 이상을 기준으로 한다. 시가총액은 모두 90억 원 이상이어야 한다.

표 16-8 코스닥 시장 상장 요건: 자기자본 및 주식수

항목	일반기업	벤처기업	기술상장기업
자기자본 (시가총액)	30억 원 이상 (90억 원 이상)	15억 원 (90억 원 이상)	10억 원 (90억 원 이상)

출처 www.krx.co.kr

이외에 갖추어야 할 조건은 매출액과 이익이 있다. 일반기업은 당기순이익이 20억 원 이상, ROE 10% 이상, 매출액 100억 원 이상 및 시가총액 300억 원 이상, 최근 매출액 50억 원 및 매출액 증가율이 20% 이상이어야 한다. 벤처기업의 경우에는 당기순이익 10억 원 이상, ROE 5% 이상, 최근 매출액 50억 원 및 매출액증가율이 20% 이상이어야 한다. 기술상장기업의 경우에는 이러한 조건이 면제된다.

표 16-9 코스닥 시장 상장 요건: 매출액 및 이익 등

항목	일반기업	벤처기업	기술상장기업
순이익, ROE, 매출액 & 시가총액	• 당기순이익 20억 원 이상 • ROE 10% 이상 • 매출액 100억 원 이상 및 시가총액 300억 원 이상 • 최근 매출액 50억 원 및 매출액증가율 20%	• 당기순이익 10억 원 이상 • ROE 5% 이상 • 매출액 50억 원 이상 및 시가총액 300억 원 이상 • 최근 매출액 50억 원 및 매출액증가율 20%	면제
자본잠식	최근 사업연도 말 현재 자본잠식이 없을 것		자본잠식률이 10/100 미만일 것

출처 www.krx.co.kr

IPO 준비를 위해서는 최소 6개월 전부터 최대 2년까지도 준비를 해야 하는 경우가 있다. 일단 하기로 시작했으면, 2년 전~6개월 내에 회사 내에서 자체적으로 고문, 독립적인 외부감사인, 증권사, PR회사, 예치은행 등의 구성원을 팀을 꾸린다. 이렇게 만들어진 팀이 회사의 계획, 요구 및 재무적 대안에 대해 평가를 한 뒤, 증시상장의 장단점을 검토해야 한다. 다음으로 회계감사 후, 상장 시 요구되는 회계기준을 파악한다. 6개월 전쯤에는 기업이 주식 발생을 승인해야 하고, 회계법인, 주간증권사와 함께 전략 수립을 위한 회의를 개최한다. 그 뒤 기업실사를 진행한다. 5개월 전에는 회사와 증권사가 등록보고서 초안을 작성한다. 다음으로 인수의향서 초안 및 등록 요구사항과 관련한 질문서를 배포한다. 기업은 등록보고서 초안이 작성되면 이를 배포하고, 회계법인과 증권사는 이를 검토한다. 4개월 전부터는 등록보고서의 초안을 작성하고 배포하며, 증권거래소와의 협의를 개시한다. 동시에 컴포트레터 작성을 위한 요구사항에 대한 검토를 진행한다. 다음으로 등록보고서 초안에 포함될 재무제표를 확정하고, 예비투자설명서 최종안에 대한 승인을 획득한다. 마지막으로 등록보고서 초안에 대해 증권거래소로부터 컴포트레터를 수취하고, 답변을 위한 미팅을 실시한다. 3개월 전부터는 코멘트에 대한 답변 준비를 하는 한편 등록보고서를 재작성한다. 그리고 등록된 보고서의 승인을 위한 이사회를 개최하고, 증권거래소에 수정된 등록보고서를 제출한다. 2개월 전에는 예비투자설명서를 인수인단에 배포하고, 증권사에 컴포트레터 초안을 제공한다. 1개월 전에는 증권거래소로부터 코멘트를 수취하고, 등록보고서를 수정해 제출한다. 이 모든 과정이 끝나면 1주일 전 인수계약서를 체결하고, 공모가격을 결정한다. 해당기업은 증권거래소에 등록보고서의 수정가격을 제출하고, 등록이 완료되었음을 통보받는다. 최종적으로 인수자와 정산을 완료하고, 주식을 발행하고, 공표한다.

표 16-10 IPO 과정

활동		회사	회계법인	증권사
2년 전부터 6개월 전	팀 구성(고문, 독립적인 외부감사인, 증권사, PR회사, 예치은행)	●		
	회사의 계획, 요구 및 재무적 대안에 대한 평가	●	●	●
	증시상장의 장단점 검토	●	●	●
	회계감사 후, 상장 시 요구되는 회계기준 파악	●	●	
6개월 전	주식 발행의 승인	●		
	계획을 논의하고 전략 수립을 위한 회의 개최	●	●	●
	기업실사 시작			●

활동		회사	회계법인	증권사
5개월 전	등록보고서 초안 작성 시작	●		●
	인수의향서의 초안 작성 및 배포			●
	등록 요구사항과 관련한 질문서 배포			●
4개월 전	등록보고서 초안 작성 및 배포	●		
	등록보고서의 초안 검토	●	●	●
	증권거래소와 협의 개시 및 검토	●		●
	컴포트레터(comfort letter)*의 요구사항 및 절차 검토	●	●	●
	등록보고서 초안에 포함될 재무제표의 확정	●	●	
	예비투자설명서(preliminary offering circular)의 최종안 인쇄	●		
	예비투자설명서의 최종 승인 획득	●	●	●
	등록보고서 초안에 대해 해당 증권거래소로부터 컴포트레터 수취			
	컴포트레터에 대한 답변을 위한 미팅	●	●	●
3개월 전	코멘트에 대한 답변 준비와 등록보고서의 재작성	●	●	●
	등록보고서의 승인을 위한 이사회 개최	●		
	해당 증권거래소에 수정된 등록보고서 제출			
2개월 전	예비투자설명서(preliminary prospectus: red herring)를 인수인단에 배포			●
	증권사에 컴포트레터 초안 제공		●	
1개월 전	증권거래소로부터 코멘트(comment letter) 수취, 등록보고서 수정	●	●	●
	증권거래소에 수정된 등록보고서를 공식적으로 제출	●		
1주일 전	인수계약서의 체결	●		●
	공모가격의 결정	●		●
	증권거래소에 등록보고서의 수정가격 제출	●		
	증권거래소로부터 등록이 완료되었음을 통보 받음	●		
최종	인수자와 정산완료, 주식 발행, 주금 수취 및 최종 문서에 사인	●		●
	공표	●		●

주) 컴포트레터(comfort letter): 한 회사의 재정상태가 튼튼하다는 것을 확인시켜 주기 위한 비공식보고서로 법적 구속력이 없다. 국제금융거래에서 모회사가 자회사에게 대출을 하는 등 은행에서 제공하는 증서로 모회사가 보증한도의 제한 등을 받아 정식 지급보증을 할 수 없는 경우 사용하기도 한다.

출처 PwC(2020). 2020 해외 IPO 안내.

IPO의 장점은 일반적으로 다음과 같다.[6] 첫째, 상장 후 신주 발행/증자를 통해 기업의 상장을 위한 자본을 마련할 수 있다. 대부분의 비공개기업이 은행 차입을 통해 자금을 조달(부채)하는 것에 비해 상장기업은 시장에서 자금을 조달(자본)할 수 있다. 둘째, 기존에 장외거래 등으로 해당 기업에 투자했던 주주들이 공개 시장에서 투자금을 회수할 기회가 발생한다. 셋째, 상장기업은 주식 양도 시 양도소득세가 발생하지 않고, 비상장주식보다 상속 및 증여세 혜택이 있다. 넷째, 증권시장에 기업을 상장시키기 위해서 많은 조건을 통과해야 한다. 금융 당국의 필터링을 거친 기업이라는 점에서 해당 기업의 신뢰 및 평판이 상승한다. 마지막으로, 많은 IT 회사들이 종업원에게 스톡옵션을 지급하고 있는데, 상장을 하게 되면 일반적으로 행사가보다 시장가가 높게 형성되므로 많은 이득을 볼 수 있다.

IPO의 대안으로 최근에는 직상장(direct listing)을 고려하는 기업들이 있는데, 이 방법은 공모를 통하지 않고 기존 주주들이 기존 주식(구주)을 판매하는 형태이다. 이 방법을 통하면 신주를 발행하지 않고, 직상장(direct listing)을 통해 상장을 할 수 있다. 이때에는 주간증권회사가 대규모 신주를 판매하는 절차가 없어 상장에 소요되는 비용을 최소화할 수 있을 뿐 아니라, 평균 180 정도가 걸리는 보호예수(lock-up) 기간 없이 매각이 가능하다.

직상장에 성공한 기업들 중에는 스웨덴의 음악 스트리밍 기업인 '스포티파이(Spotify)'가 있다. 스포티파이는 이미 많은 현금을 확보하고 있어 더 많은 투자자에게서 현금을 조달할 필요가 없지만, 향후 성장을 위해 상장을 하기로 결정한 것이다. 스포티파이 상장을 위해서 뉴욕증권거래소(New York Stock Exchange)는 독립적인 가치평가방법(independent valuation)에 대한 기준을 제안하거나, 사모발행시장(private placement market)의 가치평가 없이 직상장을 할 수 있도록 했는데, 이 개정안을 스포티파이룰(Spotify rule)이라고 부르기도 한다. 직상장의 경우, 시가총액이 IPO의 지분에 비해 200% 이상이 되는 수준으로 요구하고 있어, 유니콘(unicorn) 기업에 적합하다. 이외에도 오바사이언스(Ovaxscience) 등 많은 바이오기업이 나스닥에 직상장했다.

IPO의 또 다른 장점 중에 하나는 종업원들에게 스톡옵션(stock option)을 부여함으로써 사기를 고취시키고, 이것이 기업의 성과와 연결될 수 있다. 스톡옵션은 상법상으로 "주식선택매수권"이라고 칭해지고 있으며, 회사의 주식을 일정한 기간(행사기간) 내에 미리 정한 가액(행사가액)에 매수할 수 있는 권리를 말한다. 기업이 스톡옵션을 부여하려면 다음과 같은 절차가 필요하다.

첫 번째 단계에서 주식매수선택권의 행사로 발행하거나 양도할 주식의 종류와 수, 주식매수선택권을 부여받을 자의 자격요건, 주식매수선택권의 행사기간을 정관에 명확히 규정한다. 두 번째 단계에서 정관을 변경하기 위해 주주총회를 개최하여 특별결의를 해야 한다. 세 번째 단계에서 정관 변경일로부터 14일 이내 스톡옵션에 관한 사항을 등기해야 한다. 마지막 단계에서 주주총회에서 주식매수선택권을 부여받을 자의 성명, 부여 방법, 행사가액과 그 조정에 관한 사항, 행사기간, 양도할 주식의 종류와 수 등이다.

이와 유사하지만 차이점을 가지고 있는 제도로는 우리사주(employee stock ownership) 제도가 있다. 스톡옵션과 우리사주는 모두 현재 다니고 있는 회사의 주식을 취득한다는 점에서는 동일하다. 그러나 다음과 같은 차이점이 존재한다. 먼저, 스톡옵션은 벤처기업의 경우 50%, 상장기업의 경우 15% 한도하에, 회사와 임직원 간 개별약정에 의해 권리가 부여된다. 행사기간은 주주총회 결의 후 2년 이상 지나야 가능하며, 이때 평가가격 이상으로 주식을 취득할 수 있게 된다. 차액보상은 허용하고, 예탁의무가 수반되지는 않는다. 우리사주는 우리사주조합이 결성된 후 주

표 16-11 스톡옵션과 우리사주의 차이점

구분	스톡옵션	우리사주
주식 취득 방법	회사와 임직원 간 개별약정에 의한 부여	우리사주조합 결성 후 주식 취득
부여한도	벤처기업 50%/상장기업 15%	발생주식 20% 우선배정
행사기간	2년 이상	6개월~2년 이내
행사가	권리부여 시 평가가격 이상	권리부여 시 평가가격의 80% 이상
차액보상	허용	비허용
예탁의무	없음	있음

출처 중소기업청(2016). 벤처기업 주식매수선택권 부여신고 안내.

식 취득이 가능하다. 행사기간은 6개월~2년 이내, 행사가는 평가액의 80% 이상으로 가능하다. 그러나 스톡옵션에 비해 차액보상을 허용하지 않고, 1년의 예탁 의무가 존재한다.

기업은 상장을 위해 다양한 분야의 전문가들로부터 자문을 받아야 한다. 또한 상장을 하는 데는 증권사 인수수수료, 법률자문료 등 다양한 형태의 비용이 수반된다. 아울러 상장 유지를 위한 연차료(annual fee) 납부는 물론 회계 및 법무 관련 비용이 발생한다.

그러나 모든 기업이 성공적으로 M&A를 하거나 IPO를 하여 투자금을 회수할 수 있는 것은 아니다. 기업이 경쟁력을 상실하거나 경영환경이 급변했을 때, 생존이나 회생을 위한 조치를 취하기도 한다. 회생이 가능하다면 워크아웃(workout)[7]을 개시하기도 하지만, 불가능할 경우에는 청산(liquidation)이나 파산(bankruptcy) 절차에 들어가야 한다.

표 16-12 청산과 파산

청산	파산
• 해산된 기업이 존립 중에 발생한 재산적 권리의무를 정리한 후, 법인격 소멸 • 기업은 주주총회 특별결의에 의해 언제든지 해산 결의 가능 • 채무를 변제하고 잔여재산을 주주에게 분배	• 채무자가 채권자로부터 빌린 빚을 완전히 갚을 수 없는 상태 • 법원의 재판을 통하여 채무관계를 정리하고, 법인 소멸

출처 이동원(2009). 법인의 파산과 청산의 경계에서 생기는 문제들. 법조, 58(5), 123-198.

제 4 절 M&A/IPO 이후 고려할 점

위에서 M&A를 결혼, IPO를 중고거래에 비유하여 그 과정에 대해 설명하였다. 두 과정에서 모두 행위가 이루어진 다음에 이를 어떻게 관리하는가가 매우 중요하다. 결혼의 경우 의사결정을 한 뒤, 두 남녀가 서로 노력하며 원만한 가정생활을 이루어 나가면 상호 시너지가 발생하게 되지만, 그렇지 않으면 어느 정도 시간이 지난 후 균열이 생기게 된다. M&A한 기업 역시 이러한 과정을 고려하지 않으면 안 된다. 인터넷 사이트에서의 물건 구매 역시 품질이 보장되지 않으면, 소비자들은 재구매를 하지 않게 된다. 마찬가지로 어떤 기업의 정보가 공개되는 IPO의 과정을 거쳐 일반인들이 주식을 매입했다고 하더라도 그 기업의 성과가 좋지 않으면 언제든 주주들은 주식을 팔거나 추가매입을 하지 않을 수 있다. 따라서 M&A나 IPO를 실시한 이후에도 지속적으로 관리를 해 주지 않으면 안 된다.

1. M&A 이후 고려할 점

M&A가 성공하기 위해서는 사후통합(Post Merger Integration, PMI)이 중요하다. PMI의 영역 중에서 가장 복잡하고 어려운 부분이 조직과 및 인사통합이다.[8)] PMI 작업에 있어서 팀워크는 필수적이지만 인수기업과 피인수기업 경영진 간 갈등으로 실제 통합이 완벽하게 진행되지 못하고, 융합에 실패하는 경우가 종종 발생한다.

PMI를 고려할 때는 "전략적 통합의 필요성"과 "피인수 기업 시스템의 우수성"에 따라 필요한 활동을 크게 4가지로 나누어 볼 수 있다.

그림 16-3 전략적 통합의 필요성과 피인수 기업 시스템 우수성에 따른 PMI 활동

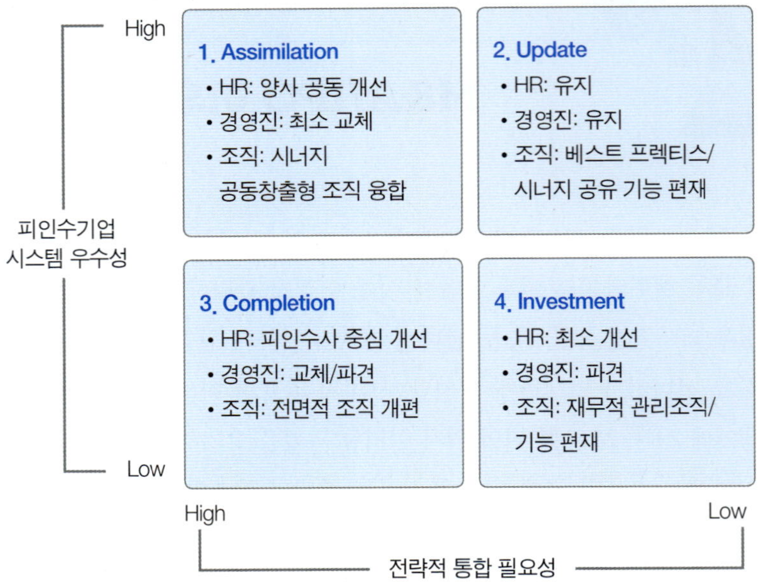

출처 박진석(2014). 피인수 기업과 함께하는 성공적인 PMI, HR Insight, 710, 66~69.

1) 최적화 동화(assimilation)

전략적 통합의 필요성이 높고 피인수기업의 시스템이 우수한 경우, 조직통합이 빨리 이루어져야 M&A의 시너지 창출이 극대화된다. 이 경우, 피인수기업의 인사조직 관리체계가 우수하기 때문에 반드시 인수기업의 채용 평가 · 보상 시스템을 도입할 필요가 없다. 양사의 물리적 통합을 이룬 뒤 최소한의 인사항목을 통합시키며, 서로가 보유한 장점을 활용하는 전략이 필요하다. 따라서 피인수기업의 경영진을 그대로 유지시키거나, 최소 인력만 교체하는 방법을 고려해 볼 수 있다.

2) 피인수 활용모델(uptake)

전략적 통합의 필요성은 낮으나, 피인수기업의 시스템이 우수한 경우이다. 피인수기업의 조직 및 인사관리 체계를 충분히 존중해 독립적인 운영을 보장하는 방식이다. 이 방법에서는 피인수기업의 경영진을 그대로 유지시키는 방법이 고려된다.

3) 전문개선형 모델(completion)

전략적 통합의 필요성이 높으나, 피인수기업의 시스템이 그다지 우수하지 않은 경우이다. 이 경우, 통합이 신속히 진행되어야 M&A 이후의 시너지가 창출된다. 때로 피인수기업이 구조조정 과정에 있을 수 있으며, 경쟁력을 높이기 위한 투자 활동이 필요하다. 이 경우, 피인수기업의 경영진 중에서 필수인력은 유지하고, 나머지 인력은 사업성과에 부합하는 체계로 개선하는 것이 필요하다.

4) 투자형 모델(investment)

전략적 통합의 필요성이 낮고, 피인수기업의 시스템이 그다지 우수하지 않은 경우이다. 이때에는 피인수기업의 조직 및 경영 체계를 그대로 유지하고, 비용부담이 큰 경우 시너지 창출이 가능한 영역으로 변화를 최소화한다. 비관련 다각화를 목적으로 M&A를 추지하는 경우에 많이 발견되며, 단기적으로는 피인수기업을 인수기업의 계열사 혹은 사업부로 편입하여 통합을 추진한다.

고용주(owner), 종업원(employee), 이해관계자(stakeholder)가 서로 존중하며 갈등을 최소화해 나가야 통합이 잘 이루어질 수 있다. 또한 인수한 기업과 인수된 기업의 핵심요소들을 자원(resources), 업무처리 방식(processes), 책임소관(responsibilities)을 바탕으로 완전히 합쳐야 한다. 자원은 브랜드, 인적 및 물적 자원, 재무적 자원 등이 있으며, 업무처리 방식에는 경영 시스템, 급여 제도, 복지 제도 등 모든 규정처리 방식을 포함한다. 포춘(Fortune) 500 기업이 200개 기업을 조사한 결과 60%가 M&A 이후 5년 이내에 회사를 그만두었다. 그러나 궁극적으로 통합을 하는 이유는 매출증대가 목적이므로 해고를 통한 비용절감을 하는 경우도 있지만, 새로운 신규고용을 하기도 한다.

이때 회사 인수를 위해 장부상에 기록된 금액과 실제 지불한 금액의 차이를 영업권(goodwill)이라고 한다. 즉, 이 항목에 핵심직원의 기술 및 지식 등이 모두 포함되므로 이들이 충분히 기여를 하기 전에 회사를 떠나게 되면 그 가치를 충분히 활용하지 못한 것으로 볼 수 있다. 이때 상당한 기간이 필요하기 때문에 매수기업이 좋은 평판을 유지하는 한편, 구성원들에게 가능성 있는 비전을 보여주어야 한다. 핵심인력들에게는 경쟁기업으로의 취업을 제안하는 계약을 별도로 체결하는 한편 연봉인상이나 승진과 같은 혜택을 부여하는 것이 가능하다. 이때 계약은 고용주의 이익을 보호하고, 합리적이어야 하며, 공공의 이익에 해를 끼치지 않아야 하는 조건으로 작성된다. 기존의 인력과 동일한 능력을 필요로 하는 인력을 신규채용하게 되면, 교육 및 훈련을 위해 비용을 지출해야 하므로 경제적이지 못하기 때문이다. 다운사이징(downsizing)이 비용을 절감하는 것처럼 보일 수 있으나, 장기적으로 볼 때 매출을 감소시킬 수 있다는 점을 고려해야 한다.

M&A를 하게 되면 현금, 유가증권, 매출채권 등의 항목은 물론 토지, 공장, 설비, 재고 등을 모두 통합하여 재무제표에 기록해야 한다. 이때 단순히 더하는 것이 아니고, 중복되는 부분은 제해야 한다. 또한 미수금 및 미지급금은 서로 상계해 삭제해야 한다. 토지, 공장, 설비의 경우에는 시장가격으로 재평가해야 하는데, 이때 감가상각이 많은 경우는 세제혜택을 받을 수 있게 된다. 재고 중 너무 오래되거나 판매까지 많은 시간이 소요되는 경우 이를 반영해 가치를 기록해야 한다.

2. IPO 이후 고려할 점

IPO 이후에도 기업은 영속적인 존재(going concern)로서 계속 성과를 내야 하고, 좋은 성과는 주가의 상승으로 이어질 수 있다. 그러나 IPO 이후 주가가 하락하기도 하는데, 그 이유에는 여러 가지가 있다. 첫째, 보호예수(lockup)로 인해 시장에 내놓지 못했던 주식들이 일정 시간이 지난 후(보통 180일) 매매되면서 일시적으로 주가가 하락했을 수 있고, IPO 이전에 고평가되었던 기업가치가 거품이 없어지면서 본래의 수준을 찾아갔기 때문일 수 있다. 혹은 현재 수익이 발생하고 있기는 하지만, 이미 투자한 비용을 만회하기 어려울 경우 주가 하락으로 이어지기도 한다.

골드만삭스(Goldman Sachs)가 IPO 이후 4,481개의 IPO 사례를 분석해 다음과 같은 공통점을 발표했다[9]. 첫째, 어떤 산업인가가 IPO의 성패를 결정한다. 1990년대 후반~2000년대 초반에는 ICT 산업, 2010년 이후에는 바이오 및 헬스케어, 2020년 전후로는 4차 산업혁명과 관련된 기술을 개발하는 회사들이 주로 상장을 하였다. 둘째, 기업의 나이가 중요하다. 설립일로부터 5년 미만 기업들이 IPO 이후 5분기 동안 50% 이상의 매출증가율을 보인 반면, 5~15년 사이의 기업들은 30%, 15년 이상의 기업들은 19%의 매출증가율을 보였다. 그리고 이러한 매출증가율은 주가에도 반영되었다. 셋째, 기업의 밸류에이션이다. 과도한 밸류에이션은 IPO 성과에 악영향을 미칠 수 있으며, 그 예로 2000년대 초반 IT 버블 시기 S&P지수에 포함된 기업들의 밸류에이션의 절반을 차지했으나 상장 이후의 성과는 지속되지 않았던 사례를 제시하였다. 넷째, 수익성이다. 2년 만에 순이익이 (+)로 돌아선 기업의 경우, IPO 이후 초과순이익이 발생해 시장에서 성과를 낼 가능성이 더 큰 것으로 나타났다. 마지막으로, 매출증가율이다. 2010년 이후 매출증가율이 20% 이상인 기업은 IPO 이후 3년간 뛰어난 성과를 보일 가능성이 매출증가율 20% 미만의 기업들보다 높았다.

IPO를 한 이후에도 기업은 지속적으로 매출과 영업이익을 발생시킴은 물론, 주식시장 상장요건을 만족시켜야 한다. 단기적으로 주관증권사는 5% 이상의 지분을 가진 비상장기업의 IPO 주관을 금지하고 있으며, 상장 이후 주가변동성을 관리해야 한다. 그러나 일부 기업들의 경우에는 정보를 왜곡하거나, 시장을 인위적으로 과열시켜 장기적으로 투자자에게 손실을 입히는 경우가 있다. 이러한 상황이 지속되면 증권거래소가 직권으로 상장폐지를 단행하는 경우도 있다. 특히 IPO의 경우, 기업 내부자와 투자자 사이의 정보비대칭(information asymmetry)이 매우 높기 때문에 투자자들이 가능한 정확한 정보를 갖도록 해야 한다.

상장폐지(delisting)는 유가증권이 증권 시장에서 거래될 수 있는 자격을 상실하는 것을 의미한다.[10] 상장폐지 요건에는 여러 가지가 있는데, 크게 다음 **표 16-13**과 같은 사항에 해당되는 경우 고려대상이 된다. 이외에도 최종부도 및 은행거래정지, 해산사유 발생, 우회상장기준 위반 등 중대한 사유가 있는 경우 역시 상장폐지를 결정할 수 있다.

표 16-13 유가증권 시장의 상장폐지 기준

항목	상장폐지 기준
정기보고서 미제출	분기/반기보고서, 사업보고서 미제출
감사 · 검토 의견	감사의견 부적정 의견거절
영업정지	주된 영업정지 혹은 조업전부중단
자본잠식	2년 연속 소액주주수가 200명 미만/지분율 10% 미만
거래량	반기 월평균거래량이 유통주식수의 1% 미만이 2반기 연속될 때
지배구조	사외이사수 1/4 미만
공시의무 위반	공시의무위반 누계벌점 15점 이상
매출액	최근 사업연도 50억 원 미만
주가	주가가 액면가의 20% 미만인 상태가 30일간 지속
시가총액	시가총액 50억 원 미만인 상태가 30일간 지속
회생절차	회생절차* 개시신청

주) 회생절차: 재정적 어려움으로 파탄에 직면해 있는 채무자에 대하여 채권자, 주주 · 지분권자 등 여러 이해관계인의 법률관계를 조정하여 채무자 또는 그 사업의 효율적인 회생을 도모하는 제도이다.

출처 www.krx.co.kr

코스닥 역시 약간 다르기는 하지만, 다음 **표 16-14**와 같이 유사한 상장폐지 기준을 정하고 있다. 이러한 요인 이외에도 최종부도 및 은행거래정지, 해산사유발생, 전액자본잠식, 감사의견이 부적정 · 의견거절 · 범위제한이 된 경우 등이 있다.

표 16-14 코스닥 시장의 상장폐지 기준

항목	상장폐지 기준
매출액	최근 연도 30억 원 미만이 2년 연속 계속될 때
법인세비용	3년 연속하여 경상손실의 규모가 자기자본의 50%를 초과하는 경우
영업손실	5년 연속 영업 손실 발생 시
시가총액	시가총액 40억 원 미만이 30일간 지속
자본잠식	반기 말 자본잠식률이 50% 이상이거나 자기자본이 10억 원 미만
정기보고서	분기/반기/사업보고서 미제출
거래량	분기 월평균거래량이 유동주식수의 1% 미만이 되어 2분기 이상 지속될 경우
주식분산	소액주주 200인 미만/소액주주지분 20% 미만이 2년 연속 지속될 경우
공시의무위반	공시의무위반 누계벌점 15점 이상
기업지배구조	사외이사, 감사위원회 요건 미충족 2년 연속 시

출처 www.krx.co.kr

챕터 마무리 이야기

재일교포 손정의 회장이 이끄는 '소프트뱅크' 그룹은 일본 최대 IT 기업이자 글로벌 투자기업이다. 시가총액 기준으로 도쿄 증시 3위 안에 들며, 1천억 달러 규모의 비전펀드(Vision Fund)를 운영하고 있다. 이 펀드는 사우디아라비아 국부펀드, 애플, 퀄컴 등의 합동투자를 받아 운용하고 있으며, 우버, 엔비디아, 알리바바, 위워크 등 기술력이나 성장성이 있는 기업들에 투자해 왔다.

아마 이 그룹과 펀드가 우리나라에서 유명해진 것은 2015년 10억 달러(약 1조 원), 2018년 20억 달러(약 2조 원)를 쿠팡에 투자하면서부터이다. 당시까지만 해도 쿠팡은 치열한 이커머스 시장에서 경쟁을 하고 있었으며, 적자가 많이 누적되어 있어서 미래가 불투명했다. 그러나 2020년 코로나19 사태 이후, 매출이 급격히 증가하면서 IPO를 고려하게 되었다.

표 16-15 쿠팡의 매출액 및 영업이익

구분	2016	2017	2018	2019	2020
매출액	1조 9,159억 원	2조 6,813억 원	4조 3,476억 원	7조 1407억 원	13조 3,000억 원
영업이익	(−)5,652억 원	(−)6,228억 원	(−)1조 1,383억 원	(−)7,488억 원	(−)5,257억 원

결과적으로 쿠팡은 한국이 아닌 미국 주식시장에 상장을 하게 되었는데, 이에 대해서는 다양한 견해가 존재한다. 먼저 한국에서는 차등의결권[11]이 없기 때문에 미국을 선택했다는 주장도 있고, 대규모 자본조달이 유리하기 때문이라는 의견도 있다. 아울러 이사회 운영, 주주총회, 주식과 사채 발행, 이익배당, 국민연금 등 경영간섭이 거의 없다는 장점도 있다. 이러한 장점을 활용해 쿠팡은 상장 첫날 100조 원 가치로 상장을 하게 되었고, 이 투자를 통해 약 3조 원을 투자했던 소프트뱅크는 21조 원 가치의 주식을 보유하게 되었다.

사실 소프트뱅크 그룹의 미래를 내다보는 투자는 훨씬 오래전부터 시작되었다. 이미 닷컴시대[12]의 대표기업이었던 "야후"에 1995년 2백만 달러를 투자하였을 뿐 아니라, 2000년 작은 벤처기업에 불과하던 "알리바바"에 2천만 달러를 투자한 바 있다. 이 기업들 모두 미국 증시에 상장하였으며, 초기 단계에 투자를 했던 소프트뱅크 그룹은 큰 배수의 투자회수를 하게 되었다.

그러나 소프트뱅크가 항상 승승장구한 것은 아니었다. 글로벌 공유오피스 기업 위워크(WeWork)에 100억 달러 이상을 투자하였으나 성공하지 못했고, 온라인 생활용품 상거래 업체인 브랜드리스(Brandless)도 비전펀드로부터 2018년 2억 4천만 달러를 투자받았지만 폐업을 선언했다.

그러나 2021년 쿠팡 등에 투자했던 비전펀드를 통한 투자이익이 7조 5천억 엔(77조 8천억 원)을 기록하며 다시 한번 그 저력을 보여주었다. 최근 손정의 회장은 투자포트폴리오를 500개로 늘린다고 발표하기도 하였으며, 우리나라 기업인 야놀자에 2조 원을 투자하기도 하였다.

토론주제

1. 다른 이커머스 기업들(예: 위메프, 티몬, 11번가, G마켓 등)에 비해 쿠팡이 가진 장점이 무엇인가.
2. 우리나라 기업인 쿠팡이 미국 증시에 상장한 것에 대해 어떻게 생각하는가.
3. 상장 이후 쿠팡의 주가를 찾아보고, IPO 시점에서 적절한 가치평가가 이루어진 것인지 논의해 보시오.

생각해볼 문제

1. 포트폴리오의 개념에 대해 이해해 보고, 벤처캐피털이 왜 포트폴리오를 만드는지에 대해 생각해 보시오.
2. 투자자 입장에서 지속적인 영업적자를 내고 있던 기업에 투자를 하는 이유는 무엇일지 고민해 보시오.
3. 적자를 내는 기업에 지속적으로 자금을 투입하는 것이 바람직한가에 대해 고려해 보시오.(배달의 민족, 마켓컬리 등의 사례 검색)

그룹토의(그룹토의는 3-4명의 학생들로 소그룹을 만들고, 다음의 문제들 중 하나를 선택하여 5-10분 정도 자유토론을 진행한 후 공유한다.)

1. 투자자들 입장에서 하베스팅에 성공한 국내 기업의 사례를 추가적으로 찾아보시오.
2. 구글과 페이스북이 M&A를 한 기업들을 검색해 보시오.
3. M&A 실패 사례를 찾아보시오.

핵심개념정리

본 장에서는 일정 시간이 지난 후 투자금을 회수하는 하베스팅에 대해 알아보았다. 투자금을 회수하는 단계는 크게 창업 초기 및 성장 단계, 기업공개 단계, 파산 · 청산 단계로 나누어 볼 수 있으며, 출구전략이 약간씩 달라진다. 가장 대표적인 예로 M&A와 IPO가 있다.

M&A 는 합병과 인수를 일컫는 용어인데, 창업자와 투자자들이 자금을 회수하고 싶은 경우 유용한 출구전략으로 활용할 수 있다. 대부분 규모의 경제 추구 및 시너지 창출을 위해 진행되며, 형태는 흡수합병, 신설합병, 주식매수, 자산매수가 있다. M&A를 진행하는 데 있어서는 매수기업과 피매수기업이 각 기업의 장점 및 단점을 잘 파악하여야 하며, 보다 객관적인 판단을 위해 외부 전문가를 활용하기도 한다.

IPO는 일반 투자자에게 기업의 정보를 공개하고, 주식시장에 상장을 하는 행위를 말한다. 각 국가별로 자본조달을 용이하게 하기 위해 단일 혹은 복수의 주식시장을 운영하고 있으며, 우리나라에는 유가증권 시장, 코스닥 시장, 코넥스 시장의 3가지 종류가 있다. 스타트업의 경우에는 대부분 코스닥 시장의 상장을 통해 하베스팅을 하게 되며, 이를 위해 일정한 요건을 갖춰야 한다. IPO를 하기 위해서는 최소 6개월 이전부터 준비를 하게 된다.

그러나 모든 스타트업이 M&A나 IPO를 통해 투자회수를 할 수 있는 것이 아니다. 많은 경우 기업이 목표수익을 창출하지 못하고, 영업활동을 중단해야만 하는 상황을 맞이하게 된다. 이 경우에는 파산□청산을 통해 기업운영을 중단하고, 잔여자산을 처분하게 된다.

마지막으로, M&A와 IPO를 성공적으로 했다고 하더라도 끝이 아니다. M&A 이후, 매수기업과 피매수기업의 문화가 다르기 때문에 이를 잘 조화하는 과정이 필요하며, IPO 이후에는 상장 조건에 부합하는 기업활동을 통해 계속해서 주식시장을 통한 자금조달을 가능하도록 하여야 한다.

참고문헌

Chapter 1. 기업가정신이란 무엇인가

1) Schumpeter J. A. (1934). *The Theory of Economic Development Cambridge Mass*, Harvard University Press.
2) Aparicio S, Urbano D, Audretsch D. (2016). Institutional factors, opportunity entrepreneurship and economic growth: Panel data evidence. Technological Forecasting and Social Change, 102, 45-61.
3) Chiles, T. H., Vultee, D. M., Gupta, V. K., Greening, D. W., & Tuggle, C. S. (2010). The philosophical foundations of a radical Austrian approach to entrepreneurship. *Journal of Management Inquiry*, 19(2), 138-164.
4) Hechavarria, D. M., & Reynolds, P. D. (2009). Cultural norms & business start-ups: the impact of national values on opportunity and necessity entrepreneurs. *International Entrepreneurship and Management Journal*, 5(4), 417-437.
5) Thornton, M. (2020). Turning the Word Upside Down: How Cantillon Redefined the Entrepreneur. *Quarterly Journal of Austrian Economics, 23*(3-4), 265-280.
6) Shane, S., & Venkataraman, S. (2000). The promise of entrepreneurship as a field of research. *Academy of management review, 25*(1), 217-226.
7) Peneder, M. (2009). The meaning of entrepreneurship: A modular concept. *Journal of Industry, Competition and Trade, 9*(2), 77-99.
8) Van Praag, C. M., & Versloot, P. H. (2007). What is the value of entrepreneurship? A review of recent research. *Small business economics, 29*(4), 351-382.
9) Ferreira, J. J., Fayolle, A., Fernandes, C., & Raposo, M. (2017). Effects of Schumpeterian and Kirznerian entrepreneurship on economic growth: panel data evidence. *Entrepreneurship & Regional Development, 29*(1-2), 27-50.
10) Acs, Z. J., & Armington, C. (2004). Employment growth and entrepreneurial activity in cities. *Regional Studies, 38*(3), 911-927.
11) Williamson, C. R., & Mathers, R. L. (2011). Economic freedom, culture, and growth. *Public Choice, 148*(3-4), 313-335.

Chapter 2. 기업가란 어떤 존재인가

1) Liñán, F., Rodríguez-Cohard, J. C., & Rueda-Cantuche, J. M. (2011). Factors affecting entrepreneurial intention levels: a role for education. *International entrepreneurship and management Journal,* 7(2), 195-218.
2) Reynolds, P. D., Camp, S. M., Bygrave, W. D., Autio, E., & Hay, M. (2002). *Global entrepreneurship monitor gem 2001 summary report.* London Business School and Babson College, 61-77.
3) Bruno, A. V., & Tyebjee, T. T. (1982). The environment for entrepreneurship. In C. A. Kent, D.

L. Sexton, & K. H. Vesper (Eds.), *Encyclopedia of entrepreneurship* (pp. 288-306). Englewood Cliffs, NJ: Prentice-Hall.

4) Singh, J. V., Tucker, D. J., & House, R. J. (1986). Organizational legitimacy and the liability of newness. *Administrative science quarterly,* 171-193.

5) Murnieks, C. Y., Mosakowski, E., & Cardon, M. S. (2014). Pathways of passion: Identity centrality, passion, and behavior among entrepreneurs. *Journal of management,* 40(6), 1583-1606.

6) Soleimanof, S., Morris, M. H., & Jang, Y. (2021). Following the footsteps that inspire: Parental passion, family communication, and children's entrepreneurial attitudes. *Journal of Business Research,* 128, 450-461.

7) Markman, G. D., Baron, R. A., & Balkin, D. B. (2005). Are perseverance and self-efficacy costless? Assessing entrepreneurs' regretful thinking. Journal of Organizational Behavior: *The International Journal of Industrial, Occupational and Organizational Psychology and Behavior,* 26(1), 1-19.

8) Bandura, A., Freeman, W. H., & Lightsey, R. (1999). *Self-efficacy: The exercise of control.*

9) Brinckmann, J., & Kim, S. M. (2015). Why we plan: The impact of nascent entrepreneurs' cognitive characteristics and human capital on business planning. *Strategic Entrepreneurship Journal,* 9(2), 153-166.

10) Groves, K., Vance, C., & Choi, D. (2011). Examining entrepreneurial cognition: An occupational analysis of balanced linear and nonlinear thinking and entrepreneurship success. *Journal of small business management,* 49(3), 438-466.

11) Higgins, E. T. (1998). Promotion and prevention: Regulatory focus as a motivational principle. In *Advances in experimental social psychology* (Vol. 30, pp. 1-46). Academic Press.

12) Jang, Y., & Morris, M. H. (2015). The Ethics of Guerilla Behavior in Early Stage Firms. In *The Challenges of Ethics and Entrepreneurship in the Global Environment.* Emerald Group Publishing Limited.

13) Jang, Y., & Lee, W. J. (2020). The Passion Pay: Exploring Practices of Talent Exploitation. *The Journal of Asian Finance, Economics, and Business,* 7(10), 1015-1024.

14) Thomas, T., Schermerhorn Jr, J. R., & Dienhart, J. W. (2004). Strategic leadership of ethical behavior in business. *Academy of Management Perspectives,* 18(2), 56-66.

Chapter 3. 사내벤처를 통한 창업

1) Roberts, E. B. (1980). *New ventures for corporate growth.* Harvard Business Review; 이민화 (2018). 기업가정신 2.0. 창조경제연구회(KCERN).

2) Roberts, E. B. (1980). *New ventures for corporate growth.* Harvard Business Review.

3) Von Hippel, E. (1977). Successful and failing internal corporate ventures: An empirical analysis. *Industrial Marketing Management,* 6(3), 163-174.

4) Burgelman, R. A. (1984). Managing the internal corporate venturing process. *Sloan Management Review,* 25(2), 33-48.

5) Burgelman, R. A., & Välikangas, L. (2005). Managing internal corporate venturing cycles. *MIT Sloan management review,* 46(4), 26.

6) Dollinger, M. J. (1995). *Entrepreneurship Strategies and Resource.* Illinois: Irwn.

7) Block, Z., & MacMillan, I. (1993). *Corporate Venturing.* Boston, MA: Harvard Business School Press.

8) Sharma, P., & Chrisman, J. J. (1999). Toward a reconciliation of the definitional issues in the field

of corporate entrepreneurship. *Entrepreneurship Theory and Practice§,* 23(3), 11-26; Covin, J. G., Garrett Jr, R. P., Gupta, J. P., Kuratko, D. F., & Shepherd, D. A. (2018). The interdependence of planning and learning among internal corporate ventures. Entrepreneurship Theory and Practice, 42(4), 537-570.

9) Birkinshaw, J., & Hill, S. A. (2005). Corporate Venturing Units: Vehicles for Strategic Success in the New Europe. *Organizational Dynamics,* 34(3), 247-257.

10) 백현기 · 배종태(1998). 국내기업에서의효과적인사내벤처구축방안에관한사례연구. *벤처경영연구*, 1(1), 71-99.

11) 이민화 (2018). 기업가정신 2.0. 창조경제연구회(KCERN).

12) D'aveni, R. A. (2010). *Hypercompetition.* Simon and Schuster.

13) Schilling, M. A., (2017). *Strategic management of technological innovation* (5ed). McGraw-Hill Education.

14) Miles, M. P., &Covin, J. G. (2002). Exploring the Practice of Corporate Venturing: Some Common Forms and Their Organizational Implications, *Entrepreneurship Theory and Practice,* 26(3), 21-40; Morris, M. H., Kuratko, D. F., & Covin, J. G. (2011). *Corporate Entrepreneurship and Innovation* (3rd Ed.). Boston: Cengage Learning.

15) 황선호 · 신준석(2018). 탐색적 사내 기업가정신: 삼성전자 C-Lab 사례 연구. 기술혁신학회지, 21(3), 1101-1126.

16) Lumpkin, G. T., & Dess, G. G. (1996). Clarifying the entrepreneurial orientation construct and linking it to performance. *Academy of management Review*, 21(1), 135-172.

17) Von Hippel, E. (1977). Successful and failing internal corporate ventures: An empirical analysis. *Industrial Marketing Management*, 6(3), 163-174; Sharma, P., & Chrisman, J. J. (1999). Toward a reconciliation of the definitional issues in the field of corporate entrepreneurship. *Entrepreneurship Theory and Practice*, 23(3), 11-26; Chesbrough, H. (2003). The logic of open innovation: managing intellectual property. *California management review*, 33-58.

18) Lumpkin, G. T., & Dess, G. G. (1996). Clarifying the entrepreneurial orientation construct and linking it to performance. *Academy of management Review*, 21(1), 135-172; Certo, S. Trevis, Moss, Todd W., & Short, Jeremy C. (2009). Entrepreneurial orientation: An applied perspective. Business Horizons, *Elsevier*, 52(4), 319-324.

19) Kuratko, D. F., Morris, M. H., & Covin, J. G. (2011). *Corporate innovation and entrepreneurship.* South-Western Cengage Learning Australia, United States.

20) O'connor, G. C., Corbett, A. C., & Peters, L. S. (2018). *Beyond the champion: institutionalizing innovation through people*. Stanford University Press.

21) Hisrich, R. & Kearney, C. (2012). *Corporate entrepreneurship: How to create a thriving entrepreneurial spirit throughout your company*. McGraw Hill Professional.

22) Hisrich, R. & Kearney, C. (2012). *Corporate entrepreneurship: How to create a thriving entrepreneurial spirit throughout your company*. McGraw Hill Professional.

23) Hisrich, R. & Kearney, C. (2012). *Corporate entrepreneurship: How to create a thriving entrepreneurial spirit throughout your company*. McGraw Hill Professional.

24) 김도현 · 이우진 · 오혜미 · 김가영 (2019). 국내외 사내벤처 운영실태 조사 및 정책 개선방안 마련. 한국벤처창업학회.

25) Gold, B. (2017). *Silicon Valley Start-ups and Corporate Innovation.* Springer Gabler.

Chapter 4. 사회적 기업

1) 엄형식(2008). 한국의 사회적 경제와 사회적 기업. 실업극복국민재단함께일하는사회 정책연구원, 서울.

2) 김경휘 · 반정호(2006). 한국 상황에서의 사회적 기업의 개념과 유형에 관한 소고. 노동정책연구, 6(4), 31-54.

3) 엄형식 · 마상진(2010). 유럽의 농촌지역 사회적 기업 현황과 시사점. 한국농촌경제연구원연구자료, 1-97.

4) Crossan, D. E. N. I. S. E., Bell, J. I. M., & Ibbotson, P. A. T. (2003). Towards a classification framework for social enterprises. In ARNOVA Conference.

5) Wu, Y. J., Wu, T., & Sharpe, J. (2020). Consensus on the definition of social entrepreneurship: a content analysis approach. Management Decision.

6) Nicholls, A. (Ed.). (2008). *Social entrepreneurship: New models of sustainable social change.* OUP Oxford.

7) George, Alexander L. & Bennett, Andrew(2005). *Case Studies and Theory Development in the Social Sciences.* MIT Press. pp. 233-262.

8) Kazmierczak(2013). "Toward a Social Mission-based Typology of Social Enterprises", *EMES-SOCENT Conference Selected Papers,* No. LG13-49(4th EMES Interanational Research Conference on Social Enterprise - Liege, 2013).

9) Hwang, D. S., Jang, W., Park, J. S., & Kim, S. (2017). Social enterprise in South korea. *Social Enterprise Journal.*

10) Davister, C., Defourny, J., & Grégoire, O. (2004). Work integration social enterprises in the European Union: an overview of existing models. *Revue Internationale de l'Économie Sociale: Recma, 293,* 24-50.

11) Nyssens, M., S. Adam & T. Johnson(2006). "Social Enterprise: At the Crossroads of Market, Public Policies and Civil Society", London and New York, Taylor & Francis.

12) 조영복 · 류정란(2009). "부산지역 사회적 기업가를 위한 사회적 기업 육성에 대한 연구", 인적자원관리연구, 16(2), 231-244.

13) OECD(1999). *The Non-profit Sector in a Changing Economy.* Paris.

14) 허희만(2021.01.03.). "충남도, 도시청년 모여 사는 시골공동체 '대통령상', 〈아주경제〉.

15) 곽정수(2018.02.13.). "환자부담 축소 · 간병사 대우 개선 · 재단 자립 1석3조", 〈한겨레〉.

16) Baden-Fuller, C., & Morgan, M. S. (2010). Business models as models. *Long range planning,* 43(2-3), 156-171.

17) Grassl, W. (2012). Business models of social enterprise: A design approach to hybridity. *ACRN Journal of entrepreneurship Perspectives,* 1(1), 37-60.

18) 김태영(2016). '열정'과 '냉정' 사이에서-딜라이트의 비즈니스 모델, *Asan Entrepreneurship Review.*

19) 이주호(2013). 협동조합기본법 제정과 사회적 기업 환경변화 분석. *사회적 기업과 정책연구,* 3(1), 73-104.

20) C Prahalad, C. K., Prahalad, C. K., & Fruehauf, H. C. (2005). *The Fortune at the Bottom of the Pyramid.* Wharton School Pub

21) Melinda, T. Tuan. (2008a). *Measuring and/or Estimating Social Value Creation:Insights into Eight Intergrated Cost Approaches.* Bill & Melinda Gates Foundation, Seattle

22) Weiss, C. H. (1997). How can theory-based evaluation make greater headway?. *Evaluation review,* 21(4), 501-524.

23) 조영복 · 류정란(2014). 사회적 기업의 사회적 가치 측정, 그 접근법과 발전방향의 모색. *인적자원관리연구*, 21(3), 475-494.

24) 조영복(2012). 사회적 기업 성과측정 도구로서의 사회적투자수익률 방법(SROI)과 측정사례. 한국지식정보기술학회 논문지, 7(6), 29-45.
25) 이상연 · 채명신(2015). 일자리제공형 사회적 기업의 DEA 모델을 통한 효율성 분석. 사회적 기업 연구, 8(2), 3-35.
26) Credit Suisse(2012). Investing for Impact: How social entrepreneurship is redifining a meaning of return.
27) Nicholls, A. (2010a). The institutionalization of social investment: the interplay of investment logics and investor rationalities. *J. Soc. Entrepreneursh,* 1(1), 70e100.
28) Rogerson, A., Whitley, S., Darko, E., Rabinowitz, G. (2014). Why and how are donors supporting social enterprise? *Overseas Development Institute Working Paper.*
29) 이가현(2017.05.08.). "억만장자가 만든 '착한' 스콜재단 이야기", 〈지속가능저널〉.
30) 이상배(2020.01.01.). "착한 투자 했더니 오히려 남들보다 잘 벌어", 〈머니투데이〉.
31) 박유진(2021.01.13.). "2021년, 지역에 돈 풀린다 임팩트 챙겨라" 〈이로운넷〉.
32) 해외의 사회적 기업 현황과 주요 사례, Weekly KDB Report, (2018.1.8.).

Chapter 5. 기업가정신과 대학 · 연구기관

1) 이성상(2014). 연구자의 창업의지를 중심으로 살펴본 연구소기업 설립 · 운영의 효과. 벤처창업연구, 9(1), 69-77.
2) Etzkowitz, H. (2003). Research groups as 'quasi firms': the invention of the entrepreneurial University. *Research Policy,* 32, 109-121.
3) 이성상(2015). 공공부문 기술사업화 기업 제도의 비교분석을 통한 개선방안 연구. 지식재산연구, 10(4), 291-316.
4) 이성상(2020). 해외 기술지주회사 운영 사례 분석 및 시사점, UNICO 이슈페이퍼.
5) Katz, J. A. (2003). The chronology and intellectual trajectory of American entrepreneurship education: 1876-1999. *Journal of business venturing*, 18(2), 283-300; Vesper, K. H., & Gartner, W. B. (1997). Measuring progress in entrepreneurship education. *Journal of Business venturing,* 12(5), 403-421.
6) 이성호 · 남정민(2020). 미국 대학의 창업교육 및 창업프로그램 비교분석: 미국 7개 대학 주요 기업가정신센터를 중심으로. 벤처창업연구, 15(6), 67-79.
7) 이우진 · 손종서 · 오혜미(2018). 앙트러프러너십 교육과 창업기회인식 역량과의 관계: 숙명여대 앙트러프러너십 전공 사례를 중심으로. 벤처창업연구, 13(3), 71-83.
8) 닐스 라이마스는 미국 대학 기술이전 모델의 창시자 또는 현대 TLO의 개척자로 알려져 있다. 그는 1968년 스탠포드 대학에서 연구 관리 업무를 시작하였고, 스탠포드 대학 TLO에서 일하면서 대면 마케팅을 중심으로 한 기술마케팅 방법을 도입하였다. 닐스 라이마스의 기술마케팅 모델은 1980년대 중반 미국 전체 대학으로 확산되었다. 닐스 라이마스의 기술이전 사례 중 가장 대표적 사례는 코헨, 보이어 교수가 개발한 유전자 재조합 기술에 대한 기술이전 사례로 450개가 넘는 기업에 기술이전을 하였고, 이를 바탕으로 많은 생명공학 벤처기업이 탄생하게 되었다.
9) 2006년「기술이전촉진법」이「기술의 이전 및 사업화 촉진에 관한 법률」로 전면 개정되면서 기술이전 · 사업화 전담조직으로 확대되었다.
10) 제도 도입 시에는 연구기관 등 설립 주체가 연구소기업 주식의 20% 이상을 보유하도록 되어 있었다. 이후 시행령 개정을 통해 연구소기업 자본금 규모에 따라 보유하여야 하는 연구소기업 주식 비율이 10~20%로 조정되었다가 2021년 6월부터는 자본금 규모와 관계없이 10%로 완화되었다.
11) 이성상(2014). 연구자의 창업의지를 중심으로 살펴본 연구소기업 설립 · 운영의 효과. 벤처창업연구, 9(1), 69-77.

Chapter 6. 기회의 발견과 평가

1) G. E. Hills and R. P. Singh(2004). "Opportunity Recognition" in Handbook of Entrepreneurial Dynamics: The Process of Business Creation, ed. W. B. Gartner, K. G. Shaver, N. M. Carter, and P. D. Reynolds, Table 24.1, page 266, Thousand Oaks, CA: Sage.
2) Davidsson, P. (1991). Continued entrepreneurship: Ability, need, and opportunity as determinants of small firm growth. *Journal of Business Venturing,* 6, 405-429.
3) Ries, E. (2011). *The Lean Startup: How Today's Entrepreneurs Use Continuous Innovation to Create Radically Successful Business.* Crown Business, New York, NY.
4) Blank, S. (2007). *The Four Steps to the Epiphany: Successful Strategies for Products that Win.* Cafepress.com, CA.
5) Blank, S. (2013). Why the lean start-up changes everything. *Harvard Business Review,* May, 63-72.
6) Deming, W. Edwards(1986). *Out of the crisis*. Cambridge, MA: Massachusetts Institute of Technology, Center for Advanced Engineering Study.
7) Boyd, J. (1986). *Organic Design for Command and Control.* In Discourses on Winning and Losing, unpublished Slide Presentation Archived at the Marine Corps University Research Archives, charts 16, 25, Quantico, VA.
8) 기업가치가 1조 원 이상이 되는 비상장기업을 유니콘(unicorn)이라고 하며, 전 세계적으로 유니콘 기업들이 급속하게 증가하여 750여 개가 넘는 2021년 현재에는 기업가치 10조 원 이상이 되면 데카콘(decacorn)이라고 부른다.

Chapter 7. 혁신이란 무엇인가

1) Schilling, M. A. (2017). *Strategic management of technological innovation.* McGraw-Hill Education.
2) Foster, R. N. (1988). *Innovation: The attacker's advantage.* Simon & Schuster.
3) 클레이튼 크리스텐슨(2018). 파괴적 혁신 4.0. 김태훈 옮김. 세종서적.
4) Teece, D. J. (2010). Business models, business strategy and innovation. *Long range planning,* 43(2-3), 172-194.
5) Afuah, A. (2014). *Business model innovation: concepts, analysis, and cases.* routledge.
6) Colombo, M. G., Mohammadi, A., & Rossi-Lamastra, C. (2014). Innovative business models for high-tech entrepreneurial ventures: the organizational design challenges. *Business model innovation: The organizational dimension,* 169-190.

Chapter 8. 신생조직의 설립

1) Gartner, W. B. (1985). A conceptual framework for describing the phenomenon of new venture creation. *Academy of Management Review,* 10(4), 696-706.
2) Aldrich, H. E. (1979). *Organizations and Environments.* Prentice Hall, Englewood Cliffs, NJ.
3) Moroz, P. W. & Hindle, K. (2012). Entrepreneurship as a process: Toward harmonizing multiple perspectives. *Entrepreneurship theory and Practice,* 36(4), 781-818.
4) Katz, J. & Gartner, W. B. (1988). Properties of emerging organizations. *Academy of management review,* 13(3), 429-441.
5) Scott, R. (1987). *Organizations: Rational, Natural and Open Systems,* 2nd ed. Prentice Hall, Englewood Cliffs, NJ.
6) Van de Ven, A. H., Angle, H. L. & Poole, M. (1989). *Research on the Management of Innovation.*

New York: Harper and Row.
7) Vesper, Karl. H. (1990). *New Venture Strategies,* 2nd ed. Englewood Cliffs, NJ: Prentice Hall.
8) Galbraith, J. R. (1985). Evolution without revolution: sequent computer systems. *Human Resource Management,* 24(1), 9-24.
9) Bhave, M. P. (1994). A process model of entrepreneurial venture creation. *Journal of business venturing,* 9(3), 223-242.
10) Baron, R. A., & Shane, S. (2007). *Entrepreneurship: A process perspective.* The psychology of entrepreneurship, 19-39.
11) Sarasvathy, S. D. & Dew, N. (2005). New market creation through transformation. *Journal of evolutionary economics,* 15(5), 533-565.
12) Reynolds, P. & Miller, B. (1992). New firm gestation: Conception, birth, and implications for research. *Journal of business venturing,* 7(5), 405-417.
13) Carter, N. M., Gartner, W. B., & Reynolds, P. D. (1996). Exploring start-up event sequences. *Journal of business venturing,* 11(3), 151-166.
14) Shane, S. A. (2003). A general theory of entrepreneurship: *The individual-opportunity nexus.* Edward Elgar Publishing.
15) Kim, H. J., Min, T. K., Wang, J., Schuler, D., & Oh, K. Y. (2020). Seeking for the Determinants of Entrepreneurship from National Level Data. *Asia-Pacific Journal of Business Venturing and Entrepreneurship,* 15(6), 55-65.
16) Venkataraman, S. (1997). The distinctive domain of entrepreneurship research. Advances in *entrepreneurship, firm emergence and growth,* 3(1), 119-138.
17) Amit, R., Muller, E., & Cockburn, I. (1995). Opportunity costs and entrepreneurial activity. *Journal of business venturing,* 10(2), 95-106.
18) Evans, D. S. & Leighton, L. S. (1989). The determinants of changes in US self-employment, 1968-1987. *Small Business Economics,* 1(2), 111-119.
19) Johansson, E. (2000). Self.employment and liquidity constraints: evidence from Finland. Scandinavian Journal of Economics, 102(1), 123-134.
20) Dolton, P. J. & Makepeace, G. H. (1990). Self employment among graduates. *Bulletin of Economic research,* 42(1), 35-54.
21) Praag, C. M. V. & Ophem, H. V. (1995). Determinants of willingness and opportunity to start as an entrepreneur. *Kyklos,* 48(4), 513-540.
22) Blanchflower, D. G., Oswald, A., & Stutzer, A. (2001). Latent entrepreneurship across nations. *European Economic Review,* 45(4-6), 680-691.
23) Levesque, M., & Minniti, M. (2006). The effect of aging on entrepreneurial behavior. *Journal of business venturing,* 21(2), 177-194.
24) Parker, S. C. (2007). Entrepreneurial learning and the existence of credit markets. *Journal of Economic Behavior & Organization,* 62(1), 37-46.
25) Klepper, S. & Sleeper, S. (2005). Entry by spinoffs. *Management science,* 51(8), 1291-1306.
26) Bhide, A. V. (2000). *The Origin and Evolution of New Businesses.* New York: Oxford University Press.
27) Robinson, P. B. & Sexton, E. A. (1994). The effect of education and experience on self-employment success. *Journal of business Venturing,* 9(2), 141-156.
28) Roberts, E. (1991). *Entrepreneurs in High Technology.* New York. US: Oxford University Press.
29) Reynolds, P. D., Reynolds, P. D., & White, S. B. (1997). *The entrepreneurial process: Economic growth, men, women, and minorities.* Praeger.

30) Johnson, P. S. & Cathcart, D. G. (1979). The Founders of New Manufacturing Firms: A Note on the Size of theirIncubator'Plants. *The Journal of Industrial Economics,* 219-224.

31) Casson, M. (1995). *Entrepreneurship and business culture,* Aldershot, Edward Elgar; Casson, M. (2003). The Entrepreneur: An Economic Theory, Second Edition, Cheltenham, Edward Elgar.

32) Borjas, G. J. (1986). *The self-employment experience of immigrants.*

33) Holmes, T. and Schmitz, J. (1990). A theory of entrepreneurship and its application to the study of business transfers. *Journal of Political Economy,* 98(2), 265-94.

34) Bates, T. (1995a). Analysis of survival rates among franchise and independent small business startups. *Journal of Small Business Management,* 33(2), 26-36.

35) Delmar, F. & Davidsson, P. (2000). Where do they come from? Prevalence and characteristics of nascent entrepreneurs. *Entrepreneurship & regional development,* 12(1), 1-23.

36) Mesch, G. S. & Czamanski, D. (1997). Occupational closure and immigrant entrepreneurship: Russian Jews in Israel. *The Journal of socio-economics,* 26(6), 597-610.

37) Ritsiläa, J. & Tervo, H. (2002). Effects of unemployment on new firm formation: Micro-level panel data evidence from Finland. *Small business economics,* 19(1), 31-40.

38) Van der Sluis, J., Van Praag, M., & Vijverberg, W. (2005). Entrepreneurship selection and performance: A meta-analysis of the impact of education in developing economies. *The World Bank Economic Review,* 19(2), 225-261.

39) Roberts, E. B. (1991). *Entrepreneurs in high technology: Lessons from MIT and beyond.* Oxford University Press.

40) Delmar, F., & Shane, S. (2002). *What firm founders do: a longitudinal study of the start-up process.* University of Illinois at Urbana-Champaign's Academy for Entrepreneurial Leadership Historical Research Reference in Entrepreneurship.

41) Ansoff, I. (1991). Critique of Henry Mintzberg's The design school: reconsidering the basic premises of strategic management. *Strategic Management Journal,* 12(6), 449-461.

42) Shane, S., & Delmar, F. (2004). Planning for the market: business planning before marketing and the continuation of organizing efforts. *Journal of Business Venturing,* 19(6), 767-785.

43) Roberts, E. (1991a). *Entrepreneurs in High Technology.* New York. US: Oxford University Press.

44) Eckhardt, J., Shane, S., & Delmar, F. (2002). Multi-stage selection and the financing of new ventures. *working paper,* University of Maryland, US.

45) Carroll, G. & Hannan, M. (2000). *The Demography of Corporations and Industries.* Princeton, NJ. US: Princeton University Press.

46) Bruder, J. & Preisendorfer, P. (1998). Network support and the success of newly founded businesses. *Small Business Economics,* 10, 213-25.

47) Lee, C., Lee K., & Pennings, J. (2001). Internal capabilities, external networks, and performance: A study on technology-based ventures. *Strategic Management Journal,* 22, 615-40.

48) Shane, S. & Stuart, T. (2002). Organizational endowments and the performance of university start-ups. *Management Science,* 48(1), 154-70.

49) Zott, C. & Huy, Q. N. (2007). How entrepreneurs use symbolic management to acquire resources. *Administrative science quarterly,* 52(1), 70-105.

50) Dean, T. J., & Brown, R. L. (1995). Pollution regulation as a barrier to new firm entry: Initial evidence and implications for future research. *Academy of Management Journal,* 38(1), 288-303.

51) Audretsch, D. B., & Acs, Z. J. (1994). New-firm startups, technology, and macroeconomic fluctuations. *Small Business Economics,* 6(6), 439-449.

52) Ventresca, M., M. Washington, D. Diadlin and R. Lacey (1999). 'Between traits and rates: Form

entrepreneurship in online database services, 1972-1992', working paper, Northwestern University, US.

53) Dean, T., R. Brown and C. Bamford (1998). 'Differences in large and small firm responses to environmental context: Strategic implications from a comparative analysis of business formations', *Strategic Management Journal*, 19, 709-28.

54) Siegfried, J. J., & Evans, L. B. (1994). Empirical studies of entry and exit: a survey of the evidence. *Review of Industrial Organization*, 9(2), 121-155.

55) Gerwe, O., Silva, R., & Castro, J. D. (2020). Entry of providers onto a sharing economy platform: macro-level factors and social interaction. *Entrepreneurship Theory and Practice*, 1042258720903404.

56) Dean, T. J. & Meyer, G. D. (1992, August). BARRIERS AND GATEWAYS TO THE ENTRY OF INDEPENDENT FIRMS: AN EMPIRICAL STUDY OF MANUFACTURING INDUSTRIES. *In Academy of Management Proceedings* (Vol. 1992, No. 1, pp. 12-16). Briarcliff Manor, NY 10510: Academy of Management.

57) Barnett, W. P. (1997). The dynamics of competitive intensity. *Administrative Science Quarterly,* 128-160.

58) Ranger-Moore, J. (1997). Bigger may be better, but is older wiser? Organizational age and size in the New York life insurance industry. *American sociological review,* 903-920.

59) Audretsch, D. B. & Acs, Z. J. (1994). New-firm startups, technology, and macroeconomic fluctuations. *Small Business Economics,* 6(6), 439-449.

60) McMillan, J. & Woodruff, C. (2002). The central role of entrepreneurs in transition economies. *Journal of economic Perspectives,* 16(3), 153-170.

61) Shane, S. (2011). The great recession's effect on entrepreneurship. *Economic Commentary*, (2011-04).

62) González-Pernía, J. L., Guerrero, M., & Jung, A. (2018). Economic recession shake-out and entrepreneurship: Evidence from Spain. *BRQ Business Research Quarterly*, 21(3), 153-167.

63) De Clercq, D., Lim, D. S., & Oh, C. H. (2013). Individual-level resources and new business activity: The contingent role of institutional context. *Entrepreneurship Theory and Practice,* 37(2), 303-330.

Chapter 9. 벤처자본의 원천

1) 스타트업에 대한 이야기를 다루는 미디어 스타트업. 'Entrepreneurship & Opportunity(기업가정신과 기회)'의 약자로 청년창업가인 김태용 대표가 유튜브 채널과 함께 운영하고 있다.

2) 창업가이자 엔젤투자자인 폴 그레이엄(Paul Graham)이 스타트업 자금지원 모델로 만든 프로그램.

3) 2021년 6월 30일 기준 창업기획자(액셀러레이터) 등록현황(K스타트업 공시).

4) 모험자본은 '창업-성장-성숙-구조조정으로 이어지는 기업 성장단계별 시장구조에 따른 투자자본'으로 정의되며, 크라우드펀딩, 액셀러레이터, 엔젤, 벤처캐피털(VC), PE(Private Equity) 등이 모험자본의 핵심주체들이다(자본시장연구원, 2017).

5) 2016년 8월 발간된 하워드 러브(Howard Love)의 《*THE START-UP J CURVE: THE SIX STEPS TO ENTREPRENEURIAL SUCCESS*》에서 설명되었다.

6) 과거에는 '전문엔젤투자자'라는 명칭을 사용하다가 2020년에 명칭과 일부 관리규정을 변경하였다.

7) 원래 실리콘밸리에서 스타트업을 육성하는 프로그램인 〈액셀러레이터〉가 포트폴리오 기업들을

외부투자자에게 발표하고 제품을 소개하면서 처음으로 공개하는 자리를 나타내는 이름으로 사용되기 시작하였다(출처: 스타트업위키).

8) (사)한국엔젤투자협회에 등록되어 있는 엔젤클럽 중 'A.I. 엔젤클럽'의 엔젤투자 과정.

9) Brav, A. and Gompers, P. (1997). Myth or Reality? The Long-Run Underperformance of Initial Public Offerings: Evidence from Venture Nonventure Capital-Backed Companies. *Journal of Finance*, 52(5), 1791-1821.

10) '대중(crowd) + 외부자원활용(outsourcing)'의 합성어로, 전문가 대신 고객과 대중에게 문제해결을 구하는 것을 의미한다(Jeff Howe, 2006).

빌게이츠(1999). 빌게이츠@생각의 속도. 청림출판.

조영탁(2011). 조영탁의 CEO 리더십탐구(e-book). 휴넷.

정승화(1999). 벤처 창업론. 박영사.

Chapter 10. 지식재산권 활용과 위험관리

1) 발명과 고안은 모두 자연법칙을 이용한 기술적 사상의 창작을 의미한다. 다만 발명은 기술적 사상의 창작으로서 고도한 것을 의미하고 특허권의 대상이 된다. 고안은 실용신안권의 대상이 된다.

2) 제품, 서비스 시장과 달리 기술 그 자체를 하나의 상품으로 보고 기술 보유자와 기술 수요자 간 거래가 이루어지는 시장을 의미한다.

3) 동일한 발명에 대하여 같은 날에 둘 이상의 특허출원이 있는 경우에는 특허출원인 간에 협의하여 정한 하나의 특허출원인만이 그 발명에 대하여 특허를 받을 수 있다. 다만, 협의가 성립하지 아니하거나 협의를 할 수 없는 경우에는 어느 특허출원인도 그 발명에 대하여 특허를 받을 수 없다(「특허법」 제36조 2항).

4) 발명자 등 특허를 받을 수 있는 권리를 가진 자에 의하여 발명이 공지되었거나 간행물에 게재된 경우 등은 예외적으로 12개월 이내에 특허출원을 하면 신규성을 인정한다(「특허법」 제30조).

5) 동일·유사한 상품에 사용할 동일·유사한 상표에 대하여 같은 날에 둘 이상의 상표등록출원이 있는 경우에는 출원인의 협의에 의하여 정해진 하나의 출원인만이 그 상표에 관하여 상표등록을 받을 수 있다. 협의가 성립하지 아니하거나 협의를 할 수 없는 때에는 특허청장이 행하는 추첨에 의하여 결정된 하나의 출원인만이 상표등록을 받을 수 있다(「상표법」 제35조).

6) 이병욱·나문용·박기문·이규녀·이성상(2018). 4차 산업혁명시대에 필요한 지식재산 분야별 전문인력 양성 방안. 특허청.

7) Griliches, Z. (1981). Market Value, R&D and Patents. Economic Letters, 7(2), 183-187.

8) 이성상·이재현(2017). 특허 가치와 기업의 시장가치 변화에 관한 연구. 지식재산연구, 12(1), 213-234.

9) 티켓몬스터의 신현성 대표는 2010년 8월 언론사와의 인터뷰에서 출원인이 상표 사용의 대가로 매출의 20%를 요구하여 어쩔 수 없이 티켓몬스터 명칭과 캐릭터를 바꾸게 되었다고 밝힌 바 있다.

Chapter 11. 기업가적 마케팅

1) 조덕희(2018). 창업기업의 지속성장역량 분석과 생존율 제고 방안. 산업연구원 연구보고서(2018-870).

2) Drucker, P. F. (1958). Marketing and economic development. *Journal of Marketing*, 22(3), 252-259.

3) Levitt, T. (1960). Marketing myopia. *Harvard Business Review,* 38(4), 138-149.

4) Kotler, P. (1994). Reconceptualizing marketing: an interview with Philip Kotler. *European Management Journal*, 12(4), 353-361.

5) Zuckerman, Gregory & Kris Hudson(2007). Will RadioShack Lead Investors to a Letdown? *The Wall Street Journal,* (April 25), C1-C2.
6) Krasnikov, A. & Jayachandran, S. (2008). The relative impact of marketing, research-and-development, and operations capabilities on firm performance. *Journal of marketing,* 72(4), 1-11.
7) Morgan, N. A., Vorhies, D. W., & Mason, C. H. (2009). Market orientation, marketing capabilities, and firm performance. *Strategic management journal,* 30(8), 909-920.
8) McKenzie, D. & Woodruff, C. (2014). What are we learning from business training and entrepreneurship evaluations around the developing world?. *The World Bank Research Observer*, 29(1), 48-82.
9) Anderson, S. J., Chintagunta, P., Germann, F., & Vilcassim, N. (2021). Do marketers matter for entrepreneurs? Evidence from a field experiment in Uganda. *Journal of Marketing*, 85(3), 78-96.
10) Buccieri, D., Javalgi, R. G., & Cavusgil, E. (2020). International new venture performance: Role of international entrepreneurial culture, ambidextrous innovation, and dynamic marketing capabilities. *International Business Review*, 29(2), 101639.
11) Gregory, G. D., Ngo, L. V., & Karavdic, M. (2019). Developing e-commerce marketing capabilities and efficiencies for enhanced performance in business-to-business export ventures. *Industrial Marketing Management,* 78, 146-157.
12) Patel, P. C., Feng, C., & Guedes, M. J. (2021). Marketing capability and new venture survival: The role of marketing myopia. *Industrial Marketing Management*, 93, 307-326.
13) 한정화(2003). 벤처창업과경영전략. 弘文社.
14) Morris, M. H., M., Schindehutte & R. W., La Forge(2002). Entrepreneurial marketing: a construct for integrating emerging entrepreneurship and marketing perspectives. *Journal of Marketing Theory and Practice*, 10(4), 1-19.
15) Kotler, P. (2000). *Marketing management: The millennium edition* (Vol. 199). Upper Saddle River, NJ: Prentice Hall.
16) 황시영(2021.05.06.). "제시카 알바가 창업한 회사, 상장 대박…지분가치 1,100억 원", 〈머니투데이〉.
17) 코트라 해외시장 뉴스(2018.04.07.).
18) 안경무(2020.12.08.). "백화점 2030 영앤리치 잡아야 산다", 〈이투데이〉.
19) 양지윤(2021.06.14.). "MZ보다 4050이 찐 큰손 패션 플랫폼 꽃중년에 꽂혔다", 〈서울경제〉.
20) 안정락(2010.01.28.). "아이패드는 애플 미니멀리즘 · 콘텐츠 혁신의 결정체", 〈한경IT 과학〉.
21) 김연지(2021.08.09.). "유니콘 등극 당근마켓…VC가 눈독들인 세 가지 이유는", 〈이데일리〉.
22) Iyengar, R., Van den Bulte, C., & Lee, J. Y. (2015). Social contagion in new product trial and repeat. *Marketing Science*, 34(3), 408-429.
23) 장형태(2020.08.18.). "여행사 망하는 코로나 불황, 400억 투자 받은 이사람", 〈조선일보〉.
24) 조정호(2021. 01.). "직장인 식대결제시장 석권한 '식권대장'", 〈동아비즈니스리뷰〉.
25) 박효주(2021.07.29.). "식권대장, 상반기 신규 고객사…전년 대비 2배", 〈머니투데이〉.
26) Trout, J. (1969). Positioning Is a Game People Play in Today's Me-Too Market Place, *Industrial Marketing*, 54(6), 51-5.
27) Trout, J. & Ries, A. (1986). Positioning: The battle for your mind. New York, NY: McGraw-Hill.
28) Trout, J. & Ries, A. (1972). Positioning Cuts through Chaos in Marketplace, *Advertising Age*, 1(May), 51-53.
29) 노아름(2020.04.09.). "기업가치 껑충 리디, 주관사 교체로 IPO 시동", 〈더벨〉.
30) 김종우(2021.06.24.). "'몸값 1,500억' 밀리의 서재, 내년 증시 상장", 〈한국경제〉.
31) 채서일(1996). 마케팅조사론(제3판), p. 529. 학현사.

32) Borden, N. H. (1965). *The concept of the marketing mix*. In Schwartz, G. (Ed), Science in marketing, pp. 386-397. New York: John Wiley & Sons.

33) McCarthy, E. J. (1964). *Basic Marketing*. IL: Richard D. Irwin

34) 서구원 · 김경선(2009). 뮤지컬공연 서비스의 마케팅 믹스요소와 관람동기가 재관람의도에 미치는 영향. *Journal of Leisure Studies*, 7(2), 65-88.

35) 정지수(2019.08.30.). "요리? 어렵지 않아요! 밀키트의 대표주자 프레시지", 〈소비자평가〉.

Chapter 12. 벤처의 투자유치 전략

1) 백종규(2021.08.06.). 문대통령 "2025년 백신 5대 강국 목표", 정부 5년간 2.2조 투자. 〈YTN〉.

2) 최석환(2021.07.29.). 현대차-LG그룹 전기차 1등 승부수..배터리셀 1.2조 합작투자. 〈머니투데이〉.

3) 이귀원(2021.07.21.). 가상화폐 사업 FTX 1조원 자금조달…소프트뱅크도 투자. 〈연합뉴스〉.

4) Guimard, A. (2013). *Investor Relations: Principles and International Best Practices in Financial Communications*, London: Palgrave Macmillan.

5) 스타트업이 기술개발에는 성공했지만 자금부족으로 상용화에 실패하는 상황에서 빠져나오지 못하는 상황을 의미한다.

6) Agrawal, A., & Knoeber, C. (1996). Firm performance and mechanisms to control agency problems between managers and shareholders. *Journal of Financial and Quantitative Analysis*, 31(3), 377-397.

7) Kaplan, S. & Zingales, L. (1997). Do financing constraints explain why investment is correlated with cash flow? *Quarterly Journal of Economics*, 112, 169-215.

8) 임성준(2021). 스타트업: 아이템 발굴부터 투자 유치까지. 유노북스.

9) 당기순이익 중 현금배당의 총액이 얼마나 되는지를 나타내는 비율로 주당배당금/주당순이익(Earnings Per Share, EPS)으로 계산한다.

chapter 13 사업계획이란 무엇인가

1) 13장의 내용은 대체로 마이클 모리스(Michael Morris)가 기획한 문건인 〈The Nuts and Bolts of Great Business Plans〉(2015-2016, 내부자료)와 그의 강의노트에 제시된 내용을 기반으로 작성되었으며, 저자의 강의, 경진대회 심사 및 학생지도를 통해 체득한 지식이 반영되어 종합적인 편집을 통해 정리되었다.

2) Shane, S. & Delmar, F. (2004). Planning for the market: business planning before marketing and the continuation of organizing efforts. *Journal of Business Venturing*, 19(6), 767-785.

3) Osterwalder, A. (2004), "The Business Model Ontology. A proposition in a design science approach", PhD thesis, École des Hautes Études Commerciales de l'Université de Lausanne.

4) Linder, J. C. & Cantrell, S. (2001). Five business-model myths that hold companies back. *Strategy & Leadership*.

5) Ries, E. (2011). *The lean startup: How today's entrepreneurs use continuous innovation to create radically successful businesses*. Random House LLC.

6) Burke, A., Fraser, S., & Greene, F. J. (2010). The multiple effects of business planning on new venture performance. *Journal of management studies*, 47(3), 391-415.

7) Lefebvre, V. (2020). Performance, working capital management, and the liability of smallness: A question of opportunity costs?. *Journal of Small Business Management*, 1-30; Liñán, F., Rodríguez-Cohard, J. C., & Rueda-Cantuche, J. M. (2011). Factors affecting entrepreneurial intention levels: a role for education. *International entrepreneurship and management Journal*, 7(2), 195-218.

8) Honig, B. & Karlsson, T. (2004). Institutional forces and the written business plan. *Journal of*

Management, 30(1), 29-48.

9) Dess, G. G., & Lumpkin, G. T. (2003). *Strategic Management: Creating Competitive Advantages.* (Ed.). McGraw-Hill/Irwin.

10) Morris, M., Schindehutte, M., & Allen, J. (2005). The entrepreneur's business model: toward a unified perspective. *Journal of business research,* 58(6), 726-735.

Chapter 14 벤처의 성장전략

1) Geoffrey A. Moore(1999). Crossing the Chasm. *Harper Business.*

2) 윤형준(2021.06.22.). "'곧 나온다' 91조 원 쏟아부었는데…'돈 먹는 하마'된 자율주행 車", 〈조선일보〉. (https://www.chosun.com/economy/auto/2021/06/22/ZZHJCSHVDJCMFKY4FH26L242TI/)

3) Reis, E. (2011). The lean startup. New York: Crown Business.

4) Hampel, C. E., Tracey, P., & Weber, K. (2020). The art of the pivot: How new ventures manage identification relationships with stakeholders as they change direction. *Academy of Management Journal*, 63(2), 440-471.

5) Garud, R., Schildt, H. A., & Lant, T. K. (2014). Entrepreneurial storytelling, future expectations, and the paradox of legitimacy. *Organization Science,* 25, 1479-1492.

6) Drori, I., Honig, B., & Sheaffer, Z. (2009). The life cycle of an internet firm: Scripts, legitimacy, and identity. *Entrepreneurship Theory and Practice,* 33, 715-738.

7) Furr, N. & Dyer, J. (2014). *The Innovator's Method: Bringing the Lean Start-Up Into Your Organization.* Harvard Business Review Press.

8) Nobel, C. (2011). *Teaching a 'Lean Startup' Strategy.* Harvard Business School Working Knowledge.

9) Hampel, C. E., Tracey, P., & Weber, K. (2020). The art of the pivot: How new ventures manage identification relationships with stakeholders as they change direction. *Academy of Management Journal,* 63(2), 440-471.

10) March, J. G. (1991). Exploration and exploitation in organizational learning. *Organization Science,* 2(1), 71-87; Bajwa, S. S., Wang, X., Duc, A. N., & Abrahamsson, P. (2017). "Failures" to be celebrated: an analysis of major pivots of software startups. *Empirical Software Engineering,* 22(5), 2373-2408; O'Reilly III, C. A. & Tushman, M. L. (2013). Organizational ambidexterity: Past, present, and future. *Academy of Management Perspectives,* 27(4), 324-338; Fernhaber, S. A. & Patel, P. C. (2012). How do young firms manage product portfolio complexity? The role of absorptive capacity and ambidexterity. *Strategic Management Journal,* 33(13), 1516-1539; Andriopoulos, C. & Lewis, M. W. (2009). Exploitation-exploration tensions and organizational ambidexterity: Managing paradoxes of innovation. *Organization Science,* 20(4), 696-717.

11) Leonard-Barton, D. (1992). Core capabilities and core rigidities: A paradox in managing new product development. *Strategic management journal,* 13(S1), 111-125.

12) Wang, S. L., Luo, Y., Maksimov, V., Sun, J., & Celly, N. (2019). Achieving temporal ambidexterity in new ventures. *Journal of Management Studies,* 56(4), 788-822.

Chapter 15 스타트업과 벤처기업의 가치평가

1) 김보경(2018). 미국 유니콘 기업의 혁신 비결. 기술과 혁신, 421, 32-36.

2) 최정우(2020). 스타트업은 어떻게 유니콘이 되는가? 쌤앤파커스.

3) 김상준(2021.07.23.). 직방 · 두나무 · 컬리 유니콘기업 가입. 〈중소기업신문〉.

4) 김권중(2020). 재무제표분석과 가치평가(K-IFRS). 창민사.
5) 한국기술거래소(2004). M&A 이론과 실제. 사회평론.
6) 박범진 · 배기수(2014). 벤처기업에 대한 신용평가가 기업가치에 미치는 영향. 한국국제회계학회, 58, 60-80.
7) Bielecki, T., Rutkowski, M. (2010). Credit Rick: Modling, *Valuation and Hedging*. NY: Springer.

Chapter 16 하베스팅

1) 김유정(2020.05.04.). 10년 만에 100만 배 성장한 카카오. 〈이코노미조선〉.
2) 김헌주(2013.07.08.). 실리콘밸리 또 하나의 축 벤처캐피털…성공 확률 1%에 투자해볼까. 〈매일경제〉.
3) 유근일(2021.02.23.). 지난해 벤처투자 회수실적 역대 최대. 〈전자신문〉.
4) 2005년 도입되었으며, 당장 이익을 내지 못해도 기술성과 성장성을 평가해 상장시키는 제도이다.
5) Reed, S. F. (2007). *The Art of M&A(Fourth Edition): A Merger Acquisition Buyout Guide*. NY: McGraw-Hill Education.
6) 김진수 · 최종인 · 임충재 · 고혁진 · 이유종(2019). 기술창업론. 홍릉출판사.
7) 일시적으로 자금난에 봉착하였거나 과다한 이자비용 부담 등으로 정상적인 경영이 어려운 중소기업에 대해 채권 은행이 대출만기, 금리 재조정 등을 통해 정상 기업으로 회생시키는 제도이다. [이병호 · 김문겸 · 김순철(2020). 워크아웃 중소기업의 성공과 실패 요인. 중소기업연구, 42(2), 23-42.]
8) 박진석(2014). 피인수 기업과 함께하는 성공적인 PMI, *HR Insight*, 710, 66-69.
9) Daniel Strauss(2019). Goldman Sachs analyzed 4,481 IPOs over 25 years and concluded that these 5 attributes can make or break a newly public company, Business Insider, Sep. 8.
10) 고태경(2017). 최근 5년 동안 유가증권시장 및 코스닥시장의 상장폐지 현황. *Corporate Governance Service*, 7(8), 14-19.
11) 1주당 1의결권을 부여하던 제도에서 벗어나, 1주당 다수의 의결권을 부여하여 일부 주주의 지배권을 강화하는 수단이다. 쿠팡은 김범석 의장에게 1주당 29배의 의결권을 부여하였다.
12) 1990년대 후반~2000년대 초반 인터넷 기술의 발전과 보급이 폭발적으로 증가하면서 다양한 기업들이 등장한 시대이다.

국문

ㄱ

ㄴ

ㄷ

ㄹ

ㅁ

ㅂ

ㅅ

ㅇ

P

R

S

T

U

V

W

Y

저자 소개

이우진(Lee, Woo Jin)
앙트러프러너십, 엔젤투자, 창업교육
현) 국민대학교 글로벌창업벤처대학원 / 경영대학 교수
경영학 박사(메릴랜드대) / 창업학 박사(중앙대)
아산나눔재단 AER지식연구소 소장, 전문개인투자자 및 GP, 창업대학원 부원장

장용석(Jang, Yong Seok)
앙트러프러너십, 경영전략, 창업정책
현) 미국 캘리포니아 주립대학교 경영대학 교수(Cal State University, San Bernardino)
플로리다 대학교 박사(Ph.D. University of Florida)
벤처창업학회 정회원, 미국 중소기업학회(USASBE) 정회원, Academy of Management 정회원

이성상(Lee, Seong Sang)
기술경영, 기술정책
현) 목원대학교 지식재산학과 교수
공학박사(서울대학교 기술경영경제정책)
기술이전사업화센터장, 산학협력단 부단장, 국책사업추진단장, 대한민국 기술사업화 자문위원

한유진(Han, Yoo Jin)
앙트러프러너십, 기술경영
현) 숙명여자대학교 글로벌서비스학부 앙트러프러너십전공 교수
공학박사(서울대학교 기술경영)
글로벌서비스학부 학부장, 글로벌거버넌스연구소 글로벌HRD센터장

배태준(Bae, Tae Jun)
앙트러프러너십, 창업 마케팅, 사회적기업
현) 한양대학교 산업융합학부 교수, 한양대학교 대학원 창업융합학과 주임교수
창업학 박사(University of Louisville)
전) Hofstra University 경영대 교수 역임, 동부제철 영업팀/기획팀 및 벤처산업연구원 재직

최병철(CHOI, Byung Chul)
전략경영, 신사업전략, 혁신전략
현) 한국외국어대학교 경영대학 교수, 경영금융학과 주임교수
경영학 박사(Rensselaer Polytechnic Institute)
아산나눔재단 AER지식연구소 소장, 기업가정신학회 상임이사, 벤처창업학회 이사,
University of Nottingham 교수 역임

저자와의
협의하에
인지생략

앙트러프러너십 개론

2022년 08월 29일 초판 인쇄
2022년 09월 01일 초판 1쇄 발행

저 자 : 이우진 · 장용석 · 이성상 · 한유진 · 배태준 · 최병철
발행인 : 정광식
발행처 : **비앤엠북스**
서울시 금천구 가산디지털1로 70, B1-103(호서대벤처타워)
등 록 2004. 12. 29. / 제313-2004-00298호
전 화 02-2627-5710~13, 팩스 02-2627-5720
홈페이지 www.대학교재.net
이 메 일 bnmbook@daum.net

정가 33,000원 ISBN 978-89-6821-160-7